U0740516

做终身学习的教师

教师教育随笔集（四）

马锐雄◎主编

北京工业大学出版社

图书在版编目（CIP）数据

做终身学习的教师 / 马锐雄主编. —北京：北京工业大学出版社，2020.12

ISBN 978-7-5639-7144-2

Ⅰ.①做… Ⅱ.①马… Ⅲ.①高中－中学教育－文集 Ⅳ.① G63-53

中国版本图书馆 CIP 数据核字（2019）第 274015 号

做终身学习的教师

ZUO ZHONGSHEN XUEXI DE JIAOSHI

主　　编：马锐雄
责任编辑：钱子亮
封面设计：国风设计
出版发行：北京工业大学出版社
（北京市朝阳区平乐园 100 号　邮编：100124）
010-67391722（传真）　bgdcbs@sina.com
经销单位：全国各地新华书店
承印单位：北京飞帆印刷有限公司
开　　本：787 毫米 ×1092 毫米　1/16
印　　张：29
字　　数：596 千字
版　　次：2020 年 12 月第 1 版
印　　次：2020 年 12 月第 1 次印刷
标准书号：ISBN 978-7-5639-7144-2
定　　价：98.00 元

序：打造教师专业发展的优质平台

龙城高级中学（教育集团）校长、党委书记
龙城高级中学校长　马锐雄

随着21世纪教育理论的不断深化和创新，中国的基础教育改革正在以前所未有的规模进入理论和实践改革创新的快速发展通道，以综合素养标准推行和新高考开启为重要标志的教育改革，为深入切近教育本质、解决长期以来素质教育中许多悬而未决的问题提供了明确的方向性指引。

面向基础教育领域实施的改革，实质上是基于核心素养的课程改革和课堂教学及教师专业发展的从内容到形式的革新。核心素养的本质是指向教育要培养什么人的问题，教育改革要从深刻认识核心素养的价值理念、促进有效教与学的实践及提升教师专业发展等多方面协同进行，实现从传统教育到现代教育的跨越。现代教育主张，教育不仅培养未来社会的劳动者，而且要培养文明社会健全的个体人格。即在培养和训练学生的劳动本领，提高他们的智慧水平，形成较高的政治素质，为未来社会服务的同时，还要使学生获得生活经验和生活能力，为将来的幸福生活奠定基础；在教学任务方面，现代教学理论主张教学任务不仅要求学生掌握知识和培养品德，而且要使学生获得能力，发展智力，培养学生的非智力心理品质，形成良好健康的品格，教会学生学习；在教学内容方面，强调让学生掌握知识的基本结构和典型范例，强调学科之间的内部联系。教学内容的选择注意适应性、适用性、时代性；在教学过程方面，要让学生认识活动的特点和目的，引导他们探索式地学习，自我感知记忆活动的规律，进而提高认识能力。主张教学过程不是固定不变的；在教师的作用方面，教师不仅要指出学生学习的方向，有目的、有计划地对学生施加影响，而且要不断地指导学生提高智能，得到发展。提倡教学民主，师生关系和谐，教师要热爱学生，特别强调的是热爱所有的学生；在教学形式方面，以课堂教学为主，辅之以分组教学、程序教学、设计教学、个别教学等形式，因材施教，充分调动每个学生学习的积极性、主动性、创造性，让每个学生的特长得到充分发挥。基于上述认知，我们看到，在现代教育理念的实践过程中，教师无疑起着核心和支配的作用，对教师基本素质的要求有了大幅度提高。

学生的成长，首先是教师的成长，学生的学习，首先是教师的学习。创新教师培养模式，锻造一支具有改革创新思维，有现代教育理念，掌握现代教育方法的优质教师队伍，是每一所学校的当务之急。

2017年6月27日，深圳市龙岗区首个涵盖小学至高中全学段集公办、民办于一体的教育集团——龙城高级中学教育集团正式挂牌成立。龙高教育集团的成立，使全体龙高人有了全新的工作平台和更重大的使命。我们肩负着为全区民众提供优质教育资源和为龙岗基础教育创新发展探路的双重使命。通过办学体制和机制的创新，实现人才贯通培养、课程文化一体化、师资队伍优化，探索出契合“深圳东进”定位、区域实际、教育规律的集团发展新路径，培养具有全国影响力的教育品牌是我们龙高人追求的新目标。为实现这一目标，我们在集团运作模式、特色发展、管理及人才培养模式等方面做了大胆改革，立足集团发展实际，结合现有师资力量，制定了集团教师队伍建设三年规划，探索出“引培融合，四轮驱动，打造名师发展平台”的龙高名师培养机制。

四轮驱动，增强名师发展动力

龙城高中是一所充满教育理想而又遵循教育规律的学校，开办之初，学校就确立了文化立校的发展战略。在“崇真尚本，追求进步”办学理念的指引下，以“拒绝平庸，追求卓越”为主要内容的龙城精神成为龙高人共同的教育价值观。这种“人人争当名师”的文化氛围引领全体龙高人不断努力，共同发展。

龙城高中现有省、市、区级名师94名，其中省级名师8名，市、区学科带头人、骨干教师60多名，区优秀专家3名，区骨干班主任20名，区教坛新秀45名。另据不完全统计，龙城高中累计向龙岗区教育主管部门和区内学校输送了50多位管理干部，被誉为龙岗教育的“黄埔军校”。

龙城高中名师辈出，源于学校实施的“四轮驱动：文化引领、学术导向、制度保障、组织推动”的人才战略。文化和学术就像汽车的两个前轮，牵引前进并指引方向，制度和组织是两个后轮，起到保障和推动作用。

文化引领：人人心怀名师梦

“新课改”的深入和互联网时代的到来，对教师提出了更高更新的要求，学校要成为打造教育高端人才的平台。师资队伍建设，首先需要一批有较高理论修养和学术能力的名师的支撑和带动。我们进一步建立和完善了名师造血机制，着力打造名师团队，鼓励教师成为学科教育的顶尖人才。教师要不断提升自己把握学科结构、学科思维的能力，不断增强学科能力、教学能力和指导能力；要加强专业学习，拓展学习的范畴。教师要成为终身学习者。

我们积极做好两支人才队伍的储备：一是名师团队。要使现有队伍人尽其才，快出人才，同时要引进高端人才；“名师”要充分发挥引领作用，成为“明师”，即聪明的教师、明白使命的教师，要知道自己在做什么，应该做什么，做出大家公认的出色的业绩。名师要名副其实，不能拖后腿，要对得起这个称号。二是管理团队。要加强管理人才培养，为现代学校管理储备人才。

蒋雁钦老师工作第九年评上了深圳市骨干教师，工作第十年成为最年轻的区年度教师提名奖获得者。回想起刚毕业时“年少轻狂”地“叫嚣”“我要成名师”，她很庆幸龙城高中的学校文化保护了她的“名师梦”：“在其他地方，刚毕业就想着当名师，大概大家会觉得你异想天开或者不自量力吧，可在龙高，‘追求卓越’是一件很自然的事情，没人会笑话你，而且大家都会鼓励你。”

学术导向：站在教改最前沿

龙城高级中学坚持以校为本的师资培训方式，认识到教师培养是学校自己的事情。学习借鉴英国“以学校为基地”的教师培养模式，把学校作为教师培养培训的主阵地，使之成为优秀教师的孵化器。营造人人都是培训师的氛围，激发教师自身发展动力，让学校的每个教师都能有机会分享教学体会与经验，使教学教研成果就地及时得到转化。

蒙头拉磨固然勤奋，但再怎么努力都还是原地转圈。我们常说教师是学生的燃灯者，其实教师自身发展也需要引领人。龙城高级中学以创新发展为使命，在新课程改革背景下，主动研究新高考，应用新技术，拓宽新视野，努力走在教育教学发展的前列，引导教师站在教育改革最前沿。

在2017年深圳市“好课程”的评选中，龙高创新建立的三大课程体系——荣誉体系、拓展体系、实验体系，入选“学校课程体系项目”。“荣誉体系”通过教学内容的深化，强化学科优势，发展系统性、批判性思维，提升创新能力。“拓展体系”对学科教学内容进行拓展，主动与社会发展对接，并开展通识教育，建立跨学科思维模式，提升综合能力。“实验体系”则是增加个性选修课程，挖掘学生的个性潜能，发挥个性优势，以特色发展促进全面发展。三大课程体系的建立促进了学生综合素养的提升，实现了多元发展；同时也引导教师开发和落实国际选修课程、艺术课程、科技课程、领导力课程、小语种选修课程、通识教育课程、竞技体育课程等各类课程，提高专业发展水平。

在应用新技术方面，龙城高中也走在前列。高爱国老师是龙城高中新引进的高端人才，对传统课堂非常熟悉的他很快开始尝试着用iPad上课了。面对日新月异的信息化发展，学校主动承担了教育部“互联网+中小学教学管理创新”课题研究，并以此为抓手，引导教师提升利用大数据丰富教学资源的能力、突破时空界限实现个性化教学的能力，以及使用新技术优化教学手段的能力。正如高老师所说的，大家都知道新技术来了，但具体如何应用，很多人都是一头雾水。学校所做的，正是引导教师往最新的路上走，站在教改最前沿。

制度保障：从“随意性”到“制度化”

没有规矩，不成方圆。龙城高级中学积极推进现代学校制度建设，建立了科学合理的教师招聘、评聘、任用等管理制度，教师发展从随意性走向了制度化。

2006年9月，学校就颁布了《关于加强教育教学研究，促进专业发展的决定》，引导教师积极主动地开展教学研究和教学反思，走专业化发展道路。学校制定了《青年教师培养制度》《名师工程培养制度》等一系列制度，使不同年龄段的教师都能找到自己的坐标，保障每位教师都有实现自我和超越自我的机会。学校还制定了《龙岗区龙城高级中学专业技术（职务）岗位评聘量化考核办法》，职称评聘向班主任管理、教科研等专业化发展领域倾斜，从控制型管理转变成激励型管理，鼓励教师主动成长，保障教师队伍建设的可持续发展。

组织推动：从“推着走”到“主动走”

青年教师罗睿大学毕业就来到了龙城高中，在很短的时间内就成长为龙岗区骨干教师、深圳市教坛新秀。在龙城高中，像他一样快速成长的教师不在少数。罗睿老师说：“龙城高中的教师尤其是青年教师无疑是幸运和幸福的，因为学校高度重视教师的专业发展，提供给我们不断创新、不断丰富的多元成长平台。在这样的环境氛围下，我们很自然地往前奔跑，想不进步都难。”罗睿老师所说的“想不进步都难”，其实是龙城高中多措并举，搭建名师发展平台的必然结果。

学校建成了设备齐全的教师备课中心，落实“定时、定点、定主题、定中心发言人”的主题式教研，以保障教研活动的常态化和有效性；邀请校内外专家进行讲座式、参与式等各种方式各类主题的校本培训，促进教师专业化发展；设立名师工作室，发挥示范引领作用；举行师徒结对仪式、各项基本功比赛，促进青年教师快速成长；成立龙高讲坛、教师读书会、青年教师先锋论坛等学习共同体，实现交流发展，分享共赢。

独创“名师+”模式，“1+1>2”效应凸显

龙城高级中学提出了名师队伍建设的十六字指导思想——“充分尊重、压实担子、搭建平台、推广经验”。“充分尊重”，听取名师意见，满足发展需求，给予时间专心

教研。“压实担子”，培养和任用并举，激发成长动力，在承担中促进发展。“搭建平台”，调动各方资源，开展各类活动，在实践中引领示范。“推广经验”，教学与科研并重，从校内到全区，发挥辐射带动作用。

在最大限度地发挥名师优势方面，学校推行“名师+”模式，产生了非常明显的“1+1>2”效应。“名师+”模式分为“名师+名师”“名师+骨干教师”“名师+青年教师”三个梯度，基本覆盖了名师成长的几个阶段。

“名师+名师”是名师之间共同研究，相互补充，促成名师个人的二次成长，以及教育教学的最优化。地理科组人数不多，但名师占比可谓首屈一指：康丽老师是省学科带头人，罗明军老师是深圳市名师，又引进了高端人才——特级教师高爱国。青年教师曹欢颜说，在教师备课中心进行科组研讨时，三位名师之间擦出的思维火花绝对是点燃科组头脑风暴的火种。“三位名师分别从不同角度解决同一问题，简直就是一场学术盛宴。”青年教师成军如是说。不同科组的名师也能产生化学反应，为学生带来全方位的影响。深圳市年度教师方静老师是学校培养的名师代表，徐治成老师是引进的高端人才之一。这两位不同学科的老师经常交流，增加对学生的全面了解，共同研究学生的个性特点，实施差异化教学。

骨干教师在进一步成长的过程中，往往会遇到“瓶颈期”。“名师+骨干教师”的模式能够帮助骨干教师在名师指导下，拨云见日，加快成长。游建龙老师是数学特级教师，较早成立了名师工作室，经验丰富；深圳市骨干教师李勇老师是龙岗区名师工作室主持人中的新秀。在教学研究过程中，游建龙老师积极带动李勇老师成长，采取“双室联动、活动整合”和“请进来、带出去”的方式，与“李勇名师工作室”开展了多次联合研修活动。

“名师+青年教师”则是通过师徒结对、科组研讨等方式，名师加强示范引领作用，帮助青年教师尽快成长。在新学年的师徒结对仪式上，青年教师的导师代表、特级教师吴国梁做了一番感人肺腑的真诚发言。他表示，一定率先垂范，真正做好传、帮、带工作，和青年教师一起追求教育梦想，成就彼此的教育事业。而对于英语科组来说，深圳市年度教师方静是值得信赖的领军人物。她担任教研组长多年，带领英语科组荣获“深圳市青年文明号”称号。在她的悉心指导下，青年教师徐勉过关斩将，获得了深圳市教学竞赛一等奖。

集群发展，打造人才蓄水池

一个人可以走得很快，而一群人可以走得更远。龙城高级中学经过10余年不懈发展，办学实力不断增强，课程改革、师资队伍建设走在全市前列。近年来高考成绩不断攀升，已经连续14年获得深圳市高考“卓越奖”。随着龙高教育集团的发展，学校要考虑的不仅仅是本部校区的发展，也要全面统筹集团各成员校教学质量的提升，甚至是全区教育质量的总体提升。对于如何带动龙岗教育从个体优质走向组团优质发展，龙高找到了自己的答案——建立名师发展规划，创新名师培养机制，发挥名师示范辐射作用。

为实现人才贯通培养，学校制定了《教师队伍建设三年规划》，建立起“研修行一体化”教师培养模式，为各级教师的成长搭建平台。

在名师引进与培养方面，学校将建立集团人才选调机制，引进学科类、竞赛类教师，实现正高级或特级教师、省级学科带头人全学科覆盖；探索“自招自聘”的人事自主选拔及用人机制，提高教师准入门槛，优化教师队伍结构，建立名师培养梯队；建立集团引领下教研一体化师资培训制度，设立集团名师工作室，整合优质资源，促进名师可持续发展，加快人才后备队伍培养。

用好名师，发挥名师示范辐射作用。学校将进一步盘活集团资源，促进名师、骨干教师的合理流动，建立“骨干教师流动蓄水池”；依托龙城高级中学品牌，发挥品牌辐射带动作用，从个体优质走向组团优质发展，打造“优质集群带”。

目　录

第一辑　教育管理

第二辑 教学探究

第三辑 教材教法

第四辑 教育实践

第五辑 读书随笔

后 记

第一辑　教育管理

国际视野下的“集团化办学”

——对英国诺丁汉市学校集团办学的考察与思考

龙城高级中学（教育集团）校长、党委书记
龙城高级中学校长
马锐雄

在深圳市“东进战略”的大背景下，龙岗区委、区政府致力于加快打造高端教育之区步伐，服务深圳东部创新中心的战略定位，为龙岗教育发展做出了顶层设计。龙岗教育只有在均衡发展的基础上走“品牌引领，全面优质”的发展道路，才能突破“优质学位紧缺、高端学位失缺”的困局，为龙岗实现“十三五”发展规划提供应有的支撑。集团化办学的目的在于发挥品牌学校的引领作用，形成优质学校联盟，扩大优质学位覆盖面，满足市民日益增长的对优质学位的需求，满足高端人群对教育的个性化需求。在深圳，实验教育集团、外语教育集团、南山区育才教育集团等，以总校为中心，布点建设新学校，为高端企业、高校、高端人才提供优质学位，满足高端教育需求。南山区的集团化办学为优化创业营商环境、吸引高端人才落户发挥了教育的支撑作用，给我们提供了成功的借鉴。在美国和欧洲，政府财政按统一标准投资建设学校，配置资源，满足公民对基本学位的需求，确保教育公平。社会各阶层对教育的需求有所不同，精英阶层需要高端教育供给，根据需求，社会财团、基金会等兴办私人学校、贵族学校，提供高于政府配套学校的教育资源，满足个性化高端要求，“高端学位”供给模式方兴未艾。如何借鉴国内外成功的办学模式，破解龙岗教育困局，已经成为龙岗建设教育强区的重要课题。

2015年12月30日至2016年1月19日，我受省教育厅、省校长培训中心的委派，带领省骨干校长22人到英国诺丁汉大学学习，并考察了诺丁汉市基础教育的集团化办学情况，获得了不少有益的启示。

一、课程改革催生了集团化办学

传统的英国教育一直过于强调“儿童中心论”，长期缺乏统一标准的课程管理体系，忽视基础知识、基本技能的培养，教学质量参差不齐，直接影响政府部门效率、国民经济和科技发展，造成英国国际政治经济地位日渐衰退。20世纪80年代，以“民主”“多样化”为口号的课程自由化管理模式开始受到人们的质疑，甚至被人们指责为英国教育质量低下的罪魁祸首。

1988年，英国开始实施新国家课程。1990年起，在强调学科课程的同时，强调以领域为基础，跨学科实现领域教学目标。可以说，这次英国的课程改革，开启了教育复兴之路，成为英国教育面向21世纪的战略方向。

配合新课程改革，英国教育标准局1992年由教育部分离出来，成为独立的教育管理部门，对全国中小学进行办学质量评价，形成评价报告，公布每一所学校课程学习情况相关数据，并评定学校等级。评价报告是对学校办学的权威性诊断，也成为家长选择学校的重要依据。在这种强有力的评价机制面前，有些办学质量低下的学校将无法生存，面临被接管或关闭的命运，这时候学校集团便应运而生，办学等级高的优质学校接管质量低下的学校，形成学校集团。

二、学校集团发展情况

以诺丁汉市为例，由全市7所英国一级学校牵头，成立了7个学校集团，每个学校集团有4—10所学校。学校集团设总校长，各成员学校设校长，集团之间定期交流，研究如何提升集团办学水平。

诺丁汉红山中学集团（The Redhill Academy Trust）有4所中学，由原红山中学发展而成。红山中学是英国一级学校，2011年接管Carlton中学，2013年接管Hallpark中学，2014年接管Oakwood中学，这3所中学均为质量低下的4级学校。红山中学集团实施教师跨校交流任课，激发教师的教学活力，重视从校内培养和校外引进优秀教师和领导者。红山教育集团用积极的心理学引导学生，提升学生的期望。集团坚持“三同”：同样的核心目标、同样的课程和管理体系、同样的评价标准。

4年来，红山中学集团在教学质量、家长认同度和学校办学等级方面均有突出表现（见下表）。

4年来4所学校3项指标变化情况表

学校	合格率	11岁学生报名人数	学校等级
Redhill中学	60%→68%	450人→729人	一级→一级
Carlton中学	41%→64%	110人→372人	四级→二级
Hallpark中学	48%→59%	95人→177人	三级→（未评）
Oakwood中学	37%→55%	205人→305人	四级→（未评）

注：后两所学校原有等级分别为四级和三级，因未满4年，未评级，从学校变化情况看，预计能评上二级。

我考察的另一个学校集团斯宾塞学校集团（The Spencer Academies Trust），是由英国一级学校乔治·斯宾塞中学（The George Spencer Academy）领衔成立的，该集团拥有4所中学和6所小学。斯宾塞学校集团在教师培训方面卓有成效，集团成立了教师学校提升教师师德水平、专业能力和领导力，由高技能教师培训新教师。他们认为学校教育可以弥补社区、家庭教育方面的不足，而学生的成功是对教师重要的回报。斯宾塞教育集团在学生培养方面有6条做法值得学习：

（1）开设学会学习课程。让学生学会有效记笔记，学会用不同的方法解决同一问题，学会面对困难不放弃，学会团队合作；

（2）设立挑战日：设计专项活动，挑战自我能力，如企业家创业挑战日，报纸日（班级、小组、家庭或个人出一份报纸）、历史研究日（到城堡上课，学生陈述历史）；

（3）开设大学选修课程：16岁以后，选修高级课程，与大学课程对接；

（4）成立天才俱乐部：从八年级开始，由牛津、剑桥大学的毕业生指导学生写学术论文，提升学生学术研究水平；

（5）关注需要关爱的学生：对学习困难学生、特殊家庭（家长吸毒、酗酒）学生、心理问题学生给予特别的学习指导和情感关爱；

（6）开设第二外语学习：除法语外，开设第二外语（含中文）让学生更多地了解世界。

有效的教师培训和学生培养模式，让斯宾塞教育集团保持领先的优势，连续两次荣获“英国杰出学校”称号。

三、诺丁汉市集团化办学的经验

通过在红山教育集团、斯宾塞教育集团的学习考察，我归纳和总结了他们的6条经验：

1. 管理体制改革

（1）集团自主办学，政府以评价为导向，约束和规范学校发展；

（2）集团与各成员学校建立行政隶属关系，集团校长提名任命成员学校校长；

（3）自主招聘教师，教师准入门槛高，中小学教师均需具有硕士研究生以上学历。

2. 成立“教师学校”

（1）好的教师成为孵化器，实现教学成果转化；

（2）每一个教师都可以成为培训老师，分享经验与成果；

（3）从内部和外部发现并培养领导者（学术和管理）。

3. 每一个孩子都重要

（1）给学生高期望；

（2）培养学生自信心；

（3）小班化（每班小于28人）让每个学生占有更多的教育资源；

（4）为学生制定个性化学习目标，关注学生学习和表现的提升。

4. 成员学校之间有清晰的共享精神

实践证明，信奉接受先进学校理念的程度越高，学生成绩、家长选择、学校等级上升越快。

5. 统一课程和评价标准

学校集团在接纳新成员校时，最重要和最大的挑战是修改课程、修改大纲、调高对学生的期望值。用课程规范教学行为，用课程实现培养目标。

6. 渐进式发展

稳定一所，发展一所，保障成员学校均衡优质发展。

四、对诺丁汉市集团化办学的认识

1. 背景不同，目标一致

诺丁汉市集团化办学是在学校办学两极分化，出现一批办学质量低下的学校的背景下出台的。通过集团化办学，以优质学校为火车头，拉动中等水平学校上升，改造薄弱学校，提升区域教育整体水平。

2. 形式多样，内涵不变

集团化办学可以是横向联盟（以红山教育集团为代表的相同学制学校联合体），也可以是纵向联盟（以斯宾塞教育集团为代表的不同学制学校的联合体）。但其基本内涵不变：输出理念，优化机制；发展教师，激发活力；统一标准，提升质量。

3. 以校为本，发展教师

诺丁汉市每个教育集团均成立“教师学校”，他们用数据表明：教师的发展对学生成绩提升的影响是所有因素中最高的（达到0.8）。作为校长应该把发展教师作为第一要务，打造有利于教师发展的专业环境。

4. 卓越校长，使命光荣

根据诺丁汉大学Christopher Day教授的研究，卓越校长的重要工作：

（1）设定目标、明确方向；

（2）从战略角度提供资源；

（3）设计、协调、评价课程；

（4）推动并参与教师学习、发展；

（5）确保学校是有秩序的支持学习的环境。

作为有使命感的校长，仅仅是学校管理者是不够的，要成为学校领导者，不仅要关注质量，更要关注全面发展；不仅要关注管理流程和过程，更要关注愿景和价值观。

五、关于集团化办学的思考

关于集团化办学是否必要，行内行外均有争议和不同意见。诺丁汉的经验用数据告诉我们：行必有功。北京、上海已有成功的实践，南山、福田、罗湖、宝安均已先行一步，我区如再观望，恐在新一轮学校优质发展浪潮中加大差距、错失良机。区教育局把龙城高中率先办教育集团作为2016年教育改革项目上报区委区政府。我们应以创新教育、国际选修课程、双语教学试验、小班化为特色，为集团化办学探索出一条发展之路。

人才是办学的第一要素，唯有高端人才才能实现管理和培养方式的创新。教师队伍“存量优化，增量高端”是龙城高中品牌建设的策略，也是集团化办学的第一要务。只有加快培养和引进名师，具备人才独特优势，龙高教育集团才能真正发挥示范和引领作用，服务龙岗高端教育之区建设。只有名师团队化，才能集聚能量，发挥驱动作用，加快学校品牌建设。最近市教育局教科院进行了2015年全市高考成绩评价，龙城高中的优生培养能力已经跃居全市第6名，龙高正处于从第二军团向第一军团挺进的关键阶段。为进一步提升学科能力，达到全市领先水平，我们应借鉴市直属学校和南山区的做法，以学校为主体，以需求为导向，引进教育高端人才，形成龙高学科领军团队。同时启动优秀中青年骨干教师准入绿色通道，充实骨干教师团队。还应根据集团化办学的需要，引进名优校长。整合市、区教育名家资源，以广东省马锐雄名校长工作室为培训平台，以龙城高中为实践基地，培养和储备学校管理人才，组建集团办学的管理团队。

在办学体制方面，应开展办学体制多元化创新实验。南山区、福田区、罗湖区通过集团化办学，改造优化了一批公办学校，实现了公办学校的优质均衡。结合龙岗实际，除了建立公办优质学校联盟，龙高教育集团还可以帮扶、提升一批民办学校，在“十三五”规划新建学校中承办一批新学校。在政策许可的范围内，借鉴美国政府特许学校、中国香港政府资助学校的做法，学习北京、上海等地名校以及深圳外国语学校办新体制国际部的做法，开展办学模式创新试验，重建学校功能，激发办学活力。

在管理体制方面，要在治理结构、运行理念等方面大胆探索创新。一是治理现代化。建立集团化办学的“责任清单”和“负面清单”，以学校章程为治校法规，“依法办学，自主管理，民主监督，社会参与”，以“互联网+”为手段打造以智慧学习、个性化培养为特征的未来学校，构建现代学校治理体系。二是理念国际化。借鉴国际通用规则，探索基本学位和高端学位供给模式。当前我区基本学位供给紧张，主要是结构性紧张。解决好公办学校的优质均衡和民办学校的水平提升，有选择地把一些民办学校纳入集团成员学校，给予管理和名师团队的援助，是更好地提升民办学校的路经。教育集团可以通过引进国际教育人才和国际课程，整合形成独具特色的兼顾中西的课程体系，也可以与境外知名专业教育机构合作，承办国际学校。三是布点区域化。根据龙岗“十三五”发展规划，依据区域发展定位和产业布局，布点教育集团成员校，形成中心城片区、大学（特色学院）片区、华为高新产业片区、宝龙现代制造业片区、低碳城生态健康产业片区等区域性优质学校群，以点带面，推动优质学区建设，为龙岗“三高一平台”建设提供优质教育配套支撑。

落实五大理念　统领龙高发展

龙城高级中学（教育集团）校长、党委书记
龙城高级中学校长　马锐雄

在“十三五”开局之年，习近平总书记强调提出创新、协调、绿色、开放、共享五大理念，指导进入新常态的中国经济和社会保持健康发展，也为创新中国特色社会主义教育理论、全面深化教育领域综合改革、加快实现教育现代化指明了方向和路径。在经济社会发展新常态下，对照五大发展理念要求，教育发展也亟待找准痛点，破解难题，补齐短板，重塑价值追求。

深圳市委市政府已确立了“深圳东进”战略。广东省委副书记、深圳市委书记马兴瑞在深圳市六届人大二次会议上指出，要坚定不移地推进实施“东进战略”，将东部地区打造成为深圳新的发展极，加快特区一体化建设步伐。龙岗区领导指出，龙岗当前正处在转型发展、创新发展、跨越发展的关键节点，将立足发展的阶段性特征，主动对接、全面融入市委、市政府各项重大战略部署，抢抓深圳“东进战略”机遇，规划建设多功能、复合型、以科教创新为内核的“深圳东部中心”，实现区域协同快速发展。可以想见，龙岗作为深圳的东部中心和前沿阵地，必将迎来经济发展的重大机遇，也给教育发展带来强大动力。未来五年，龙岗教育必将实现大跨越。面对前所未有的发展机遇，龙城高级中学要明确使命，敢于担当，紧紧围绕“创新、协调、绿色、开放、共享”五大发展主题，积极应对形势变化，主动做出自我变革，促进龙高实现新的发展与突破，为龙岗教育发展做出更大的贡献。

一、创新

在新的历史时期，国家确立了创新驱动的经济社会发展战略，使以创新为主要特色的高科技产业得到迅猛发展，在航空航天等领域中国已进入世界前列，获取得了良好的综合效益。创新是一个民族生存和发展的灵魂，也是一所学校生存和发展的不竭动力。作为深圳市“教育改革创新领跑学校”，龙高应从创新教育教学理念入手，推出一系列创新举措，在教师培养模式、学生培养模式、教学方式、评价方式等方面加大创新步伐。

1. 创新教师培养模式

我们要完善以校为本的师资培训方式，认识到教师培养是学校自己的事情。要学习借鉴英国“以学校为基地”的教师培养模式，把学校作为教师培养培训的主阵地，使之成为优秀教师的孵化器。要营造人人都是培训师的氛围，激发教师自身发展动力，让学校的每个教师都能有机会分享教学体会与经验，使教学教研成果就地及时得到转化。“名师”要充分发挥引领作用，成为“明师”，即聪明的教师、明白使命的教师，要知道自己在做什么，应该做什么，以出色的业绩为大家公认。名师要名副其实，不能拖后腿，要对得起这个称号。

2. 创新学生培养模式

要着力于学生培养模式的创新，使学校成为创新基地。要拓展学生的求知空间，营造更加优越的学习环境。要加强对学习环境和学科氛围的营造，使学校的每个角落都成为求知学习的空间。要优化学习资源配置，建立与学生创新素养相配套的资源支撑体系。要建立学生创新培养机制，重视创新精神的培养。龙腾创客实践室、智能学习室和学生自主学习室要尽快建成并投入使用。要拓展学生自主学习空间，培养学生利用信息技术进行自主学习的能力，借助互联网技术，把教师讲授知识、学生学习知识放在课外，将课堂变为通过教师个性化指导使学生内化吸收知识的场所。课程改革要进一步落实通识教育等教育实践内容。去年底，我校被深圳市教育局确定为深圳市中小学“智慧校园”示范学校，《中学生领导力课程》《劳动教育校本课程》《算法与程序设计》《时评阅读课》《演讲与口才》等5门校本课程当选深圳市“好课程”。我们要进一步发挥其引领作用，促进课改向纵深推进。

3. 创新教学方式

教育是一种生命体的感悟和体验过程，应该更加切近教育的本质。教育是人学，是研究人的学问，而不仅仅是学制教育、学科教育和分数教育。我们要尊重生命个体的选择权，注重学生的特色个性化发展和扬长发展。要推广通识教育和思辨教育，注重学生的创新精神、创新素养的培养。要优化教学材料的供给，为学生提供优质的学习素材。如果教师提供给学生的是老化、僵化的知识，不能引起学生的学习兴趣，那么这个教育就是有严重缺失的教育。要提高教育智慧和教学道德，重视教学流程设计和教学目标的达成。教师的教学智慧和道德努力要通过教学材料的选择、教学流程的设计、教学目标的达成得以体现。

4. 创新评价方式

“新高考”所带来的高考模式的变化，将深刻影响我们的教学形式和内容。要想考试取得好成绩，必须认清形势，接地气。考试命题要进行方向性的改革，既要渗透核心价值理念，弘扬优秀传统文化，又要理论联系实际，紧密联系中国现实发展中遇到的问题，把现实问题转化为学习中的问题。要加强应用能力考查，把学科能力考查与思想道德渗透结合，融会学科思想、方法，渗透到试题的方方面面，重视学生综合素养评价。

二、协调

《教育法》规定：“教育应当立德树人，对受教育者加强社会主义核心价值观教育，增强受教育者的社会责任感、创新精神和实践能力。”首次把社会责任感、创新精神、实践能力作为人才培养的重要内涵引入法定体系，具有十分重要的现实意义。我们的教育要使受教育者全面发展，综合素养得到提升。为此，我们要在课堂内外、校内校外的不同教育环境和分层分类教学中创新教育方法，实现学校教育的全方位、多层次协调发展。

1. 课堂内外协调发展

教育的目的是提升学生综合素养。一个人的才能体现在多方面，不仅包括知识文化水平，还包括各种专业技能和生存技能。我们要拓宽学生的课外活动空间，加强对各种兴趣小组的支持和指导，开展形式多样、内容丰富的课外活动，促进学生的课堂内外协调发展。

2. 分层分类协调发展

要促进学生的多元选择，实现多元发展。要针对一般和拔尖，找准不同基础学生的不同出口。要继续优化分层分类教学，按照学生需求推出更多个性化课程，如领导力课程、小语种选修课程、美国在线课程等。继续做好公费留俄项目，打通更多国家的公费留学管道，使我校的各层各类学生都得到充分的协调发展。

3. 校内校外协调发展

学校应整合资源服务学生发展，要善于利用和发掘校外资源，推动校内外协调发展，充分利用龙高与企业、大学特别是与大学城的友好关系，开展丰富多彩的师生校际、校企交流活动，建立与港中大、华为、龙岗众创等高端创新机构的常态交流机制，拓宽师生视野，汇聚教育资源。

三、绿色

实现教育的绿色发展，第一要实施绿色观念教育。绿色是保障永续发展的必要条件，只有保护生态环境，人与自然和谐共生，人类才有未来。我们的教育要追求物质环境与人文环境的和谐统一。我们要创建绿色校园文化，把资源环境、国情和生态价值观教育渗透到教学中去，培养学生的公民环境意识，保证绿色教育融入国民教育体系的全过程。

第二要建立绿色教育评价标准。教育的绿色发展就是尊重教育规律，坚持以人为本，追求教育物质资源和人力资源投入的高效益，追求学生、教师以及学校的可持续发展。我们要树立绿色评价标准，要多问问学生成绩是绿色的吗？学生成绩的单位消耗是多少？我们的教育是否是高消耗、高污染、低水平、低产出？不提高单位时间的教学效益，无异于浪费师生的宝贵生命。学习内容单调，学习方式粗放，发展目标单一……粗放式的教学方式只能以牺牲学生身心健康和幸福快乐为代价，这种教育方式是野蛮的、不可持续的。龙高未来的发展，要从创新教学理念、制度、手段和方法入手，切实提高单位教育时间的效能，创建“环境友好型、资源节约型”的课堂，打造绿色发展型学校。

四、开放

开放是国家繁荣发展的必由之路，也是现代化教育的基本特征。随着世界多极化、经济全球化、文化多样化、社会信息化所带来的世界格局的改变，教育必须开展多层次、多领域的对外交流与合作。

教育的开放是指资源、知识、技术、信息、人才、资本等教育要素的自由流动与共享。教育要适应国家经济社会对外开放的要求，培养大批具有国际视野、通晓国际规则、能够参与国际事务与国际竞争的国际化人才。一方面，要确立开放办学的理念，引进先进的教育理念和技术手段；另一方面，要实现教育资源和教育过程的开放，把开放性课程引入教学活动中，强调学生自主探求新知识的经历和获取新知识的体验，拓展知识的纵深和交叉学习。近年来龙高稳步推进“三跨教育”，积极开设跨学科、跨领域、跨文化的通识教育课程，在多元化和选择性建设上取得了明显进展。我们将坚持这一方向，努力探索，取得更大成效。

五、共享

教育共享发展的关键点是保障教育的公平正义，让人民共享教育改革发展的成果，让每个孩子都能接受公平的、有质量的教育，使全体人民在教育改革发展中有更多获得感。教育的共享发展不仅体现在入学机会公平上，更体现在对教育过程和教育结果公平的追求上。全面提高教育质量，扩大优质教育资源供给，是实现教育共享发展的重大议题。扩大优质教育资源供给，除了依靠传统的校舍改造、教师流动等模式外，还应拓展新路径，在课程资源、教学方式、学习环境、教育评价等方面深化教育内涵，提升教育品质，塑造教育的新生态。

龙高要实现共享发展，就是要在教师之间、学生之间、学科之间，建立融合、共享的沟通交流机制，形成学校和教师、学生内在发展需求的互动互助，相得益彰。我们正处在一个大数据时代，管理理念和管理模式正在发生着巨大变化。我们要致力于智慧校园建设，把学校教育教学工作纳入大数据管理体系，打造一个大数据背景下的学校教育教学管理平台。要建立教师备课研究平台，教师备课中心要以人为中心配置教学资源，做到资料随手可取、交流随时进行。我们要建立学生自主学习中心，为学生自主拓展学习提供条件。我们要打造家校互动平台，建立更加便捷开放的信息共享和沟通渠道。教师要善于利用新媒体、新技术，突破时空限制，实现师生全方位双向互动学习交流，从教育资源的共享到观念、共识、规则和机制信息的沟通，未来的龙高，要成为技术和经验共享、空间和场地共用、硬件和软件共进的智慧校园。

作为龙岗的龙头学校，龙高必须冷静分析和面对，既要看到自己的优势，也要善于发现不足，补齐短板。随着深圳东进战略的实施和龙岗社会经济的快速发展，龙高必将承担更多的责任和义务，区教育局已把率先开展集团化办学的重任交给龙高。办好龙高是全区人民的期望。龙高有很好的办学资源，有一个注重学习、思考、合作、奋斗的团队，未来龙岗的高端教育一定会有龙高的重要贡献。

以创新思维推动创新型人才培养

龙城高级中学（教育集团）校长、党委书记
龙城高级中学校长
马锐雄

党的十八届五中全会提出："坚持创新发展，必须把创新摆在国家发展全局的核心位置，不断推进理论创新、制度创新、科技创新、文化创新等各方面创新，让创新贯穿党和国家一切工作，让创新在全社会蔚然成风。必须把发展基点放在创新上，形成促进创新的体制架构，塑造更多依靠创新驱动、更多发挥先发优势的引领型发展。"全会将创新发展提到了一个新的高度。改革开放以来，创新引领中国经济社会发展取得巨大成功，也必将是中国未来持续、高质量发展的关键所在，创新能力的培养将成为中国教育的重要内容和发展方向。面对新形势和新要求，如何加速培养更多合格的创新型人才，是摆在学校教育工作者面前的一个重大课题。

创新是指以现有的思维模式提出有别于常规思路的见解为导向，利用现有资源，在特定的环境中，本着理想化需要或为满足社会需求而改进或创造新的事物，并能获得一定有益效果的行为。创新精神是进行创新活动必须具备的某些心理特征，包括创新意识、创新兴趣、创新胆量、创新决心，以及相关的思维活动。由此可见，创新是一种善于观察问题、发现问题、探索问题、解决问题的思维意识和行为实践。有创新精神的人，勇于抛弃旧思想、旧事物，创立新思想、新事物，不断追求新知，不断进行改革和革新。创新精神是一个国家和民族发展的不竭动力，也是一个现代公民应该具备的基本素质。

改革开放以来，我国学校的创新教育经历了一个从集体无意识到理论自觉和实践自觉的蜕变过程，取得了显著进步。但是，无论是在思想认识还是在学习实践上，都还处在探索阶段，不仅与国家经济社会发展战略的协调性、同步性有差距，也远远跟不上经济社会的发展速度，跟创新型国家相比更是存在较大差距，创新人才的缺口非常大。综合来看，目前的中学教育还未彻底摆脱以知识的灌输为手段、以知识的占有为目标的传统教学方式。特别是在高考的压力下，学校和教师在如何创新教育理念和方法上缺乏足够的内在动因和外部环境。要培养具有创新精神和创新能力的新一代中学生，就必须突破传统观念的束缚，调整办学思路，建立保障机制，创新管理模式，营造有利于创新教育的环境氛围，探索创造性的教学方法与学习方法，使创新精神固化为中学生的惯性和本能，让一批批具有创新精神和创新能力的中学生脱颖而出。

一、创新教育理念，营造育人环境

《国家中长期教育改革和发展规划纲要（2010—2020年）》要求“着力提高学生的学习能力、实践能力、创新能力”。创新人才的培养是一项周期长、涉及面广的系统工程，需要政府和学校从政策、机制、观念、方法等各个方面的保障和长期投入，还应充分调动社会各方面的积极性，形成合力。学校肩负着积极实践的重要职责，要在更新观念、营造环境、创新方法、积极实践等方面奋发有为。应按照建设创新型国家的要求调整教育目标和学科设置，倡导个性教育，采取多样化的培养方式，将创新理念贯穿于教育工作的全过程。

1. 更新观念

创新人才培养观念是创新人才培养的基本前提。必须坚持现代的、科学的教育理念，全面树立以人为本的教育思想，摆脱唯考试评价、唯分数论观念的束缚，真正建立起符合《国家中长期教育改革和发展规划纲要》提出的人才培养理念和人才评价标准。树立以人才培养为中心、以适应社会需要为检验标准、以学生为本、以学生评价为先的理念，要把强化学生创新意识、激发学生实践热情、提高学生动手能力作为实施创新教育、促进学生全面发展、个性发展和终身发展的重要手段，渗透到校园文化建设的全过程。

2. 完善制度

要按照创新型人才培养目标，全面加强人才培养的机制创新和技术创新，从制度建设入手，建立和完善有关课堂教学、实践教学、教学科研等系列规章制度及质量检测体系，并以此建立政策设计的标准和导向，引导和规范学校的教学行为，把创新精神、创新意识和创新能力列为评价人才培养质量的重要指标，把创新教育能力纳入学校检查、考评指标，并完善质量跟踪机制，实施过程管理。

3. 拓展空间

中学生处在知识积累和能力培养的重要转折阶段，让思维和方法有机会得到实践和验证，是创新能力成长过程中不可或缺的重要环节。学校要积极拓宽创新教育的实践空间，为创新人才培养提供一切可能的学习、实验、探索机会。学校应大力完善实验设备设施，加强教学实验室建设，并积极创造条件设立创新实验室。学校要鼓励设立多元化的学生社团，组织指导丰富多样的课外活动以及技能展示、科技创新、创意设计、社会实践、勤工助学、公益服务等丰富多彩的校园学习活动和社会实践活动，为学生搭建广阔的素质拓展平台，让每一个学生都能获得创新学习的契机和乐趣。学校还应积极探索建立校校、校地协同育人新机制，把创新教育的触角延伸到更加广阔的校际合作和社会实践领域。学校开展的国际教育，要注重创新教育方法的学习借鉴，探索和发现培养具有国际理解能力创新人才的途径，满足不同潜质学生发展的需要。

二、创新教育方法，深入推进课改

全面推进素质教育，培养学生创新意识、创新精神、创新能力是教育的灵魂，应该成为新时期学校教育的核心内容。要改革教学方法，彻底摒弃扼杀学生学习兴趣、思维活力和创新精神的教学方法，将知识灌输为主的教学方法转变为以启发学科思维和提高发现与解决实际问题能力为核心的教学方法。要真正把学生作为教学的主体，以着眼于学生的未来发展作为教育的目的。要重视培养学生的创造性思维能力，提高学生求知、分析、综合与理解的能力，以及运用已有知识提出和解决实际问题的能力。

1. 培养创新思维

创新人才培养，重点是思维方式的培养，要培养学生对学科的兴趣和好奇心，培养他们对事物的感知力和敏感度。学生对学科的兴趣要靠教师的引导和发掘，在这一过程中，教师要帮助学生从解决问题入手，引导和促进他们的思维发展和学习风格的形成。创新意识的培养关键是激发、保护学生的好奇心，引起探讨的欲望，使学生能够有机会、有勇气创造。

2. 重视个性化发展

要重视学生个性的发展。教育的目的是促进学生综合素养的提升。传统教育“时间加汗水”的模式已不可延续，“大数据”技术的应用将有利于个性化的教育。教师要由教学者逐渐转变为助学者，更多地关注学生的个性化培养。要培养学生开阔的思维，大力培养学生的自主学习能力，注重学思结合。倡导启发式、探究式、讨论式、参与式教学，帮助学生学会学习。激发学生的好奇心，培养学生的兴趣爱好，营造独立思考、自由探索的良好环境。要致力于高端人才成长模式的探索，建立优秀学生发挥潜能、超常规发展的教育机制，让优秀人才脱颖而出。

3. 实施扬长教育

扬长教育是由“长善救失”“因材施教”的教育原理生发构想出来的新的教育理念，从“道人之长，越道越长”的教育原理出发，发掘学生身上的积极因素和独特优势，通过“期待、激励、训练”，使未充分显现的学生潜能随时处于一种喷发状态，并将在此基础上形成的良好心态迁移到其他方向，即扬长促全，扬长创新。每个学生都具有创新的本能和潜质，创新教育工作者的责任就是把这种潜能发掘出来，并加以扩充、放大，继而施之以整固、培植、导引，使其获得显扬性特征。扬长教育理论承认人的创新才能的差异性，教师要在日常的教育活动和校园生活中，对学生悉心观察、分析、甄别，以宽容和欣赏的眼光面对学生表现出来的与众不同，发现、发掘学生的创新潜能。对于少数创新欲望特别强、创新思维特别活跃、创新能力特别突出的学生，要精心扶植、悉心呵护，要特别注意保护他们的创新热情，鼓励成功，宽容失败，不轻易否定其创意、构想。要创造条件，给他们提供更多的创新学习和实践机会，让稚嫩幼苗长成参天大树。

4. 开设拓展性课程

课程改革的落脚点是学生综合素质的培养。学生综合素养的提升，不能仅靠传统学科来完成，必须对课程进行全新设计。要积极推进跨学科教学和通识教学，在低年级开设公民教育和领导力课程，高年级开设多语言通识课程，为学生提供一个完整的培养链条。要以研究性学习为抓手，推行专题学习法，着力于学科知识的深化、拓展。要积极开设选修课，为学生跨学科学习创造条件。要积极推进国际教育，积极借鉴、吸收国外先进教育理念和方法。有条件的学校，可积极引进“学科外教”，让学生在中外教学思维的比较中，掌握更适合个人特点的学科思维和学习方法，为创新教育开启更加广阔的活动空间。

三、创新教育能力，打造专家团队

作为实施创新教育的主导，教师应首先具备良好的创新教育意识，并在教学理念、教学方法、教学手段、教学内容等方面协调一致，其知识储备、思维能力、表达能力、实践能力等方面都应达到相应要求。

1. 加强职业认知

要加强对现有教师的创新教育培训，提高创新教育教学能力。教育工作是创造性的劳动，创造是教学艺术的最高境界。教师要强化创新意识，富于创造精神，具备创新能力。要乐于接受现代教育的新观念、新经验，敢于在教育改革中开拓创新，要在丰富扎实的文化功底的基础上，具备敏锐的观察力、准确果断的判断力和应变能力。

2. 重视专业提升

面对“新课改”的深入和互联网时代的到来，教师要不断提升自己把握学科结构、学科思维的能力，不断增强学科能力、教学能力和指导能力。要加强专业学习，拓展学习范畴，成为终身学习者。教师的专业学习，要在对职初教师、经验教师、专业教师的课堂关注点和学习需求的对比分析中，明确教师专业成长与知识结构变化，努力积累策略性知识，使自己尽快成为专家型教师，并在实践中不断丰富和升华。

3. 促进团队融合

教师创新能力的学习，必须从团队建设出发，打造一支协同合作、不断进取的创新教育团队。学校创新教学氛围和风气的形成要靠全体教师的共同营造，每一名教师都应成为创新教育的发动机。要打掉学科壁垒，强化学科知识的连接与融合，形成相辅相成的学科共同体；要充分发挥教研组的工作效能，做到学科特色鲜明，充满创新活力。

研训与真收获真成长零距离

龙城高级中学（教育集团）校长、党委书记
龙城高级中学校长
马锐雄

“别因为走得太远，而忘记当初为什么出发”，这是时下非常流行的一句话，于名校长工作室建设而言，亦是重要提醒：在开展各项工作之前，需要首先明确并找准关键，不应让校长在繁忙的工作之余参加诸多没有实际意义的活动，而应让校长们在工作室中有真收获、真成长。

我所主持的广东省名校长工作室成立于2010年，三期共培养入室学员10人。工作室以专业引领为抓手，以教育研究为载体，以建立优秀人才成长的培养机制为重点，充分发挥名校长的引领和辐射作用，创设中青年骨干校长成才的良好环境，努力培养出一批具有先进教育理念、较高管理水平、良好师德修养、厚实专业素养、较强创新能力的骨干校长队伍。

理念明确：新认识、新目标

随着工作室活动的不断开展，我结合社会发展与改革教育新趋势，不断更新工作室发展理念。

在首期广东省名校长工作室运作时，我立足当时实际情况，将工作室理念定位为“合作—交融—发展—创新”，并确定工作室阶段目标，制定相关制度。在第二期广东省名校长工作室之时，我梳理前期思路，重新将工作室理念修改为“培养出一支具有先进教育理念、科学管理水平、良好师德修养、厚实专业素养、较强教改创新能力的有教育家情怀的骨干校长队伍，推进成员学校现代学校制度建设，推动成员学校走特色发展、品牌发展之路”。到第三期广东省名校长工作室时，经过两期的探索与内化，结合大数据、“互联网+”等技术发展背景，我将理念更新为“面向未来，为教育创新发展赋能（德能、智能、体能、艺能、技能、创能），培养能办好‘中国特色、世界水平的现代教育’的名优校长”。

所谓名校长工作室，旨在发挥名校长的辐射作用，培养出更多的名校长，这首先便需要对“名校长”有更深刻、清晰的认识。

作为主持人的我，不断丰富自身对“名校长”与“好学校”的认识，并将其内化为工作室的价值引领。所谓名校长，须是品格高洁、品行高尚、品位高雅的“大先生”；具备教育人文情怀、敬业精神、专业态度和与时俱进的教育视角；拥有思想家的真知灼见、企业家的经营思想、改革家的创新精神和建筑家的设计理念。

工作室建设则须博采众长，兼顾特色。于是，我提出自己关于“好学校”标准的见解：校园美好，即崇真尚本、向善尚美、公正有序、活力自然；主体幸福，即教师发展有内生动力（唤醒投身教育改革的自觉意识，激发不断进取的内生动力），学生成长有幸福体验（构建活动丰富的魅力校园，提升内心充盈的幸福体验）；办学成功，即内化为学校文化、教师风范、学生素养，外化为学校特质、教育行为、教学成果。

行动设计：针对性、标准化

工作室结合自身实际，讨论确立了工作室理念、工作室目标、工作室室训和“工作室三年发展规划”“工作室实施方案”“工作室考核制度”“成员自我分析报告”“个人成长规划”等规章制度；科学规划、精细设计，设计并开展了自主研修、专题研讨、跟岗学习、学校诊断、课题研究等一系列行之有效的培训活动，做到“规定动作做到最好，自选动作有所创新”。工作室在每期的行动过程中形成了具有针对性的特色：

第一期：首创“扬长教育”，使研究学习案例化。工作室为入室学员开设了“优质学校成长案例研究”“优秀校长成长案例研究”“张扬个性，办特色高中”“‘扬长教育’模式研究”等十多个培训课程，并以深圳市布吉高级中学优质发展为案例，通过建立坐标系，为学员提供鲜活范本。入室学员通过跟、听、看、观、访、思等学习方式，探寻布吉办学成功轨迹。此外，工作室还偕省、市、区专家团赴学员学校现场调研，对症下药，突破发展瓶颈，挖掘办学特色。

第二期：提出五项标准，使学校诊断系统化。工作室除了开展常规的跟岗培训、专题研修等活动外，还进一步加强对学员所在学校进行诊断指导的力度与系统性。汕头市翠英中学是工作室第二期学员学校，也是汕头市区一所规模较大的完全中学。学校虽已取得不错成绩，但受办学条件、生源质量等因素制约，发展遭遇瓶颈。工作室进行学校诊断时，采用“无缝对接、全面覆盖、重点突破”的办法，将工作室成员按工作性质分成三个诊断小组，分别针对校长、分管副校长、教师三个群体对象，就学校管理、团队建设、教育教学等进行交流问诊，提出解决方案。针对翠英中学以及中国当下学校发展现状和未来发展要求，我和工作室成员校长不但就校长工作定位及管理艺术、教师团队建设及专业提升、信息化建设、资源科学配置等具体问题做出详尽解答，而且提出指导改进意见并提出新形势下学校发展和评价五项标准，帮助学校走出高原期。

第三期：梳理培训流程，使六大环节体系化。这一期校长工作室的重点是打造更为完整的校长工作室培训体系。经过梳理，工作室明确六大培训环节，促进学员在学习中反思，在反思中成长，包括：集中研修与互动交流、自主研修与网络学习、专题调研与热点聚焦、课题研究与学术研讨、学校诊断与学校改进、经验总结与成果推广等。

培训联动：真情境、真课程

工作室的参训主体包括“教育部—中国移动”中小学校长培训“影子培训”项目跟

岗学员、我所主持的名校长工作室入室学员与网络学员、深圳市中小学校长任职资格培训班学员、龙岗区工作室学员及龙城高级中学（教育集团）后备干部培养对象等各级各类培训学员。国家、省、市、区、校五级联动，联合培训，协同发展，是本工作室的一大特点。由于承担着国家、省、市、区、校等各级培训工作，在繁重的培养任务中，我逐步摸索出行之有效的培训方式，形成有特色的工作室培训风格。

一是建立团队，大力培养培训师。校内名校长工作室成员，既是学员又承担培训课程开发任务。结合各自工作内容和特长，学员校长分别开发了教师专业成长课程、课题研究课程、教学管理课程、时评阅读课程、劳动教育课程等，最终打造出一支各人有专长、课程成体系、效果有保障的培训师团队。

二是管理与专业结合，让名师参与培训。将学科人才与管理人才的培养结合起来，让引进的正高级、特级名师担任学员的学习指导教师，有效促进学员管理与专业齐头发展，培养符合未来教育需要的复合型教育管理人才。

三是多校区联动，提供培训情境和案例。我所在的龙城高级中学（教育集团）是龙岗区首个涵盖小学至高中全学段集公办、民办于一体的教育集团。因此，集团各校区依照自身办学特色，创设“智慧校园”“外国语特色校园”等多种培训情境与案例，将具体的学员校长培养任务放在真实的办学情境之中。

工作室培训内容整合以往成功经验，生成了具有时代特色的六大培训课程：素养课程、管理课程、科研课程、技术课程、规划课程、创新课程。

借助联动培训与特色课程体系，不少入室学员所在学校成长为区域性名校，而入室学员校长也被评为广东省“南粤优秀校长”等。

在接下来的工作中，工作室将立足卓越案例，发挥团队力量，让入室校长与工作室形成学习、研究、实践、成长共同体，继续深化课题研究，推广教科研成果，尽快缩小广东省校长与其他教育强省校长在理论水平和研究能力方面的差距，延伸培训课堂，做到培训有期，学习无期。

（原载《中国教育报》）

构建和谐校园　减少职业倦怠

龙城高级中学（教育集团）常务副校长
龙城高级中学副校长　闫　斌

职业倦怠是20世纪70年代美国临床心理学家弗鲁顿伯格研究职业压力时提出的一个概念，主要用来描述个体在长期的工作压力下，由于得不到有效缓解而产生的心理、生理上的疲惫。具体表现为：工作能力下降、安于现状、工作缺乏激情、丧失职业理想、情绪衰竭、情感疏离冷漠、自我成就感降低等。

目前职业倦怠是学校的普遍问题，不仅中老年教师有，而且漫延到青年教师甚至新教师。职业倦怠在教师身上的表现可以概括为以下五个方面：①信念薄弱：对教育工作缺乏热情，未能树立起积极健康的职业观，认为教师只是一份养家糊口的职业；②态度淡漠：对学校的发展、同事的动向和学生的进步漠不关心，刻意保持距离，对工作敷衍了事；③斤斤计较：重个人得失，缺乏大局观，对工作能少则少，对工资锱铢必较，生怕吃亏；④发展停滞：工作得过且过，害怕竞争，没有职业规划，对专业和个人发展比较消极，甚至盼望早日退休；⑤业绩低迷：所带班级的班风、学风与其他班级相差甚远，不积极反思，拒绝学习进步，无整改措施，随波逐流。

教师产生职业倦怠的原因是复杂多样的，有共性也有自身因素。综合共性因素仔细分析，无非有学校、社会、教师自身三个方面。

首先学校的管理模式是造成教师倦怠的直接原因。学校的管理能否提供给教师一个良好的教育教学环境，直接影响到教师的情感状态。

第一，教师大强度的单调重复工作。教师工作在时间和空间上具有“无边界性”的特征，令教师长期处于压力之中。正如日本学者左藤所说：“医生的工作通过治愈一种疾病而终结，律师的工作随着一个案件终结，教师的工作则并不是通过一个单元教学的结束而宣告终结。”据有关机构统计，中小学教师的平均工作时间是9.67小时，超过8小时工作制。工作时间加大，同时睡眠和娱乐时间就会相应减少。尤其对于全寄宿制学校，特别是班主任以及带尖子班的老师来说，更是超负荷运转。而教师的工作基本是教室和办公室两点一线，常规无非是备、教、辅、改、考几个环节，工作单一，重复性强，对大多数教师而言，可能几年，甚至十几年或几十年不变，极易产生倦怠。

第二，制度管理和评价标准僵化、简单。目前仍然有很多学校实行刚性坐班制，严格的查岗和监控制度，给老师带来强大的精神压力。在中考和高考的指挥棒下，对教师的评价单一，基本以成绩为主要依据。对教师的培养功利色彩浓厚，缺乏长远的战略眼光，不重视职业规划和理想信念的培养。有些学校实行末位淘汰制、待岗制等。管理和评价刚性内容过多，缺乏温度和人文关怀，令教师身心俱疲。

第三，各种人际关系的困扰。各种竞争和评比活动容易导致老师之间，特别是同科组教师出现激烈的明争暗斗，增加同事间的不信任感，造成人际关系紧张，滋生孤独感。随着社会环境的变化，师生关系越来越受到社会的广泛关注，教师的一些言行影响较过去被放大很多倍，师生心理距离变远，心理沟通变少。很多老师感觉很难去把握师生之间相处的分寸，觉得学生越来越难以管理，焦虑感和疲惫感与日俱增。

总之，若学校管理不能促进良好文化氛围的形成，久而久之就会让老师们对每日工作和生活的环境感觉索然无味，体验不到工作的幸福感和成就感，产生厌教和倦怠情绪。

其次，社会环境的压力造成教师职业倦怠的心理，大致有以下几个方面。

第一，期望过高，不堪重负。教育始终是社会发展的热点，社会成员对教师的要求和期待过高。教师的行为举止被社会广泛关注，一旦出错，内心的谴责就会强烈而又持久，不但会令教师在工作中畏首畏尾，而且极易产生心理问题。如自2002年起的十年课改，褒贬不一；如深圳建“师德师风档案”，对失德违纪行为“零容忍”；又如各种媒体喜欢拿教师说事，让人口诛笔伐来博人眼球；比如“没有教不会的学生，只要不会教的老师”这句毒鸡汤，让老师们身心备受煎熬。教师的工作环境又相对封闭，内心矛盾无法排解，久而久之就会引起倦怠。

第二，教师承担角色的多元化。社会赋予教师的角色越来越多，教师既是知识的传授者，又是父母的代理者，还是学生集体的领袖、朋友、知己和心理治疗师。每一种角色承担就意味一种责任，一旦某种角色的转换不适当就容易导致冲突，带来心理压力。

第三，家庭责任的压力。作为社会的一员，教师承担家庭的职责一点也不少。不但要承担养家糊口的责任，还有赡养老人以及养育子女的责任。超负荷的工作导致教师回归家庭时常常显得力不从心，时有“种别人的地，荒自己的田”之感，自责感和负疚感也日日在吞噬教师的工作热情和耐心。

第四，学生因素。在经济快速发展的今天，家庭对教育越来越重视，学生普遍是在所谓的“爱的教育”“赏识教育”等教育理念之下培养长大的。学生个性普遍较强，抗挫能力偏低，软硬不吃，难于教育。可以说，学生的学习问题、行为问题、思想问题，给教师带来了难以排解的长期压力，使老师毫无成就感可言，加上考试压力，致使工作士气降低。

除了上述的四点共性因素外，还有教师个人的因素，主要有身体素质、心理素质、业务素质等。

如果教师的身体和心理素质不能适应教学的高强度要求，就会在心理和生理上产生压力，导致身心俱疲，甚至消极工作。长此以往就会产生各种问题，这些生理和心理的不健康很容易产生职业倦怠情绪。

在自身业务素质方面，不同年龄段的老师尽管有所差异，但面对如今的信息社会，若教师不能持续不断进行知识的更新换代，思想保守，仅把教学工作理解为简单的机械重复，缺乏创新意识和创新能力，就会在工作中思想落伍，不能与时俱进，会感到力不从心，逐渐产生职业倦怠情绪。

除此之外，每个人在不同的人生阶段都会面对不同的人生课题，若不能抓住主要矛盾，平衡好各类关系，极易困扰于各种琐事之中，裹足难行。青年教师初上讲台，肩负班主任、任课教师的重任，如不懂得进行时间管理，就会影响工作有序开展，也会不重视自身发展规划，从而白白蹉跎了岁月。俗话说“一步错，步步错”，没有踩准点前进，不仅在教学业绩上持续低迷，在个人进步上也颗粒无收。中年教师执教时间一般在八年以上，积累了一定经验，对教育教学模式比较熟悉，也取得了一定成绩，且正是为情感所扰、为生活所困的时期，生活与工作如不能很好地兼顾，也很容易产生倦怠情绪。老年教师的奋斗进取精神相对于青年、中年教师较弱，注重养生，强调自身资历，在思想上步步退让，在工作上能推则推，如果没有好的措施有效激发老年教师的积极性，不仅不能使其成为后辈的楷模，严重的还会成为后辈的绊脚石。

近年龙岗教育实现大跨越、大发展，龙岗区先后被评为广东省首批推进教育现代化先进区、全国首批义务教育均衡区，龙岗和谐教育发展模式更是被教育部列为全国教育改革创新的经验典型。在这激动人心的发展征途上，需要更多热血沸腾、充满智慧的教师投入教育事业中来，在《国家中长期教育改革和发展规划纲要》的引领下，只有坚守理想，勇于开拓，积极进取，才能为龙岗教育的后续发展注入有质量、有活力、有未来的正能量。通过多年的教育管理实践，我认为积极构建和谐校园可以明显减少教师职业倦怠情绪。和谐校园，就是学校有舒适宜人的工作环境，引领示范的管理团队，宽严相济的教师管理，尊重并拓宽教师发展路径的有效途径以及帮助教师进行自身调适的人文关怀。

一是营造舒适宜人的校园环境和文化。美丽的校园令人向往，武大的樱花、北大的未名湖、华东师大的丽娃河都很有名。作为一所全寄宿的高中学校，青山环拥，景色宜人，有着“近市而不喧，林深而宽敞”的幽雅之美。历任领导传承和发扬“科学、拼搏、团队”的龙城精神，不断建立完善各项规章制度，依法办学，规范办事，注重张扬个性与人文关怀的结合，不断改善美化环境，使校园里的每一寸土地都具有育人效果。文化墙、地理园、生物角处处是学问。百果园、孔子像、毕业石、纪念树，处处是回忆。绿草如茵的操场上，宽敞明亮的篮球馆内，碧波荡漾的恒温游泳池里，处处可见青春洋溢的矫健身姿。静谧的电子阅览室，储藏丰富的图书馆，开放式的探究实验室，高端大气的电视台和微格录播教室，给师生的发展提供了各种便利的条件。老师们在工作闲暇的傍晚，徜徉在如画的校园，大厅传来悠扬的琴声，怒放的木棉花迎着绚烂的夕阳，学生三五成群在开展各类社团活动，顿时一天的疲惫一扫而光，心情宁静放松。每逢一年一度的龙高传统盛会——体艺节，老师们的家属、毕业的学生、学生的家长、兄弟学校的领导和老师们必定会欢聚龙高，一起见证龙高的发展和进步。

二是建设示范引领的管理团队。火车跑得快，全靠车头带。学校一直以来都非常重视管理团队的建设，形成了一套较为成熟的干部选拔方案。龙岗区近些年教育发展很快，龙城高中为区兄弟学校输送了大批管理干部，有龙岗区“黄埔军校”之称，这样必定会造成学校管理人员流动较大。为此学校定期进行干部选拔，学校设置条件，通过报名、竞聘演讲、民意测评、干部讨论测评等程序，选出有教育追求、群众认可、敬业奉献的教师进入管理团队。他们经过岗位培训教育，都能做好教学、管理工作，从态度和效果两方面在学校引领示范，一定程度上成了校领导班子与一线教师的沟通纽带。这就要求他们一要及时做好上情下达的工作，在有效执行的基础上进行艺术沟通；二要努力做好下情上传的工作，真实反映教师心声，为学校领导班子制定措施提供有力的参考。在良好的沟通前提下，有干部带头，教师是认可的，工作当然有标杆有动力。当然校长责无旁贷，要做好管理引领，行为示范，并创设各种平台帮助中层干部锻炼打磨，积累经验，以便让他们更好地为学校服务。

三是教师管理要宽严相济，充分调动教师的主观能动性和工作积极性。李克强总理在人大报告会上讲过，过去农村集体群众统一行动，统一管理，而联产承包制以后，把过去束缚农民的制度、管理进行了解放，极大地调动了农民的积极性和创造力，创造了比过去多倍的财富。同样在教师的管理上也不能僵化、要求过细。比如课堂教学，在完成教学大纲的基本要求下，教师可以根据学生情况和自身教学特点自由发挥，不拘于固定的教学模式。只要教学效果好，能完成三维课程目标，就是好课。近几年我校正努力构建具有学科特色的拓展课堂，开展趣味教学活动，把主动权交给教研组，全力支持学科的教研活动，鼓励开发和研制各类课程。目前语文科组的“时评课”已经成为固定必修课程，最近几年陆续开展了“汉字英雄”和“诗词大会”“经典朗诵”等与教学相呼应的趣味活动；英语开展了“我爱记单词”和“英语周”等活动。文综的政治开设了时评演讲和辩论赛活动，历史开设了历史时评课，地理开设了趣味地理知识阅读课等。理综的物理、化学和生物也开展了“趣味实验课”等活动。为了拓展学生的视野，学校和香港学校结对培养学生，引入了领导力课程；与香港中文大学通力合作开设了通识课程。除此之外，开设了俄语、德语、法语和日语等小语种课程。对于班主任管理也同样如此，只要有利于学生健康发展，让学生养成良好的行为习惯，形成正确的价值观，级组长、班主任就可以自由发挥，充分利用社会的各种资源。只要教师主观能动性、智慧潜能发挥出来，当然就不会对工作倦怠。

四是尊重教师、拓展教师发展渠道。根据马斯洛的需求理论，教师最高需求是自我实现。老教师（45岁以上）曾经在教育教学中创造过辉煌，也评上了高级职称，工作中可追求的不多。但他们的工作能力、经验还在，教育的情怀还在。学校首先要做的就是给他们机会。我们大多数学校重视青年教师，其实中老年教师同样需要机会、需要肯定，需要我们欣赏他们的优点。很多中老年教师是十多年前选拔出的优秀教师，是当地的骨干教师，甚至曾经是学校的领导。他们工作能力强，群众基础好，有威信，顾忌少，能大胆管理。“士为知己者死”，他们的工作效果往往会超出我们的预期。其次就是给他们必要的尊重，对工作多肯定，对生活多关怀。我校每年一度的教育教学表彰大会表彰先进，树立典型，在肯定嘉许教师教育教学成果的背后，更多的是对人格的尊重，对努力的认可。

五是帮助教师进行自身调适。

首先是自我认知的调节，让教师以发展理性的观点看待教育事业，培养教育情怀，增加自信。在培养青年教师方面，我校一直都有优秀的传统，有系统的“青年教师培养工程”，比如“青年教师先锋论坛”“读书会”“师徒结对”“深一模教学基本功竞赛”等，帮助青年教师进行职业规划，使其尽快站稳脚跟。为青年教师设计了“熟手”“能手”“骨干”“学科带头人”“名师”等职业发展途径。多年来，我校都十分重视树立典型，充分发挥模范教师的引领作用。比如优秀班主任恽涛老师，深圳年度教师方静老师，各类深圳市名师和引进的高端人才，他们在各个学科和领域不断引领着龙高的成长和进步。除此之外，我校也大力借重校外专家的力量。近些年，我们邀请过深圳市内外各类优秀的心理专家，为教师和班主任们进行指导和心理调适；邀请李镇西、魏书生等各位教育名家，指导教师专业发展，开阔教师视野，确定目标，传播教育的正能量，让更多的老师享受成功的喜悦，获得职业成就感。

其次是身体和心理的调节。有证据表明，长期处于亚健康状态的机体会随着职业倦怠的发展而增加生理、心理异常。所以，学校鼓励教职工在工作之余积极参加各种文体活动，并积极牵头组织各类教师社团，以此丰富教职工生活、充实教育生命。我校的各类功能场馆，全部对教职工开放，并有体育老师现场专业指导。教师的社团活动也开展得轰轰烈烈。比如，羽毛球和乒乓球等社团定期进行训练和比赛；热心的教职工牵头组织了书法、瑜伽、健美操等社团，并得到工会的鼓励和支持。这些社团大大丰富了教职工的业余生活，增加了老师们对学校的归属感和信任感。除此之外，每年体艺节，专门为教职工设置的趣味运动比赛项目和文艺节目广受师生关注；工会定时组织带领老师们去听各类中医养生讲座，把中医理疗带进校园；等等。“健康快乐”的龙城文化已然形成。

学校管理层对教师职业倦怠的问题十分重视，积极了解思想、倾听一线教师的教育心声，与各年龄阶层教师进行沟通交流。学校拟设约谈制，从校长开始，包括各部门管理人员，定期约谈一线教师，充分了解教师对学校发展的期许以及个人的思想动态，加强沟通，及时发现不良苗头，及时鼓励良性发展。

减轻教师职业倦怠是一个系统工作，思想教育必不可少。一个优秀的教师要具备知识、学识、见识、思想、理想等素养，一个优秀的学校要拥有良好的学风、教风以及阳光健康的学生。而有机整合资源，着力于构建和谐校园，不但能让老师们减少职业倦怠，以更饱满的精神面貌迎接挑战，致力于教育事业，而且能使学校得到可持续的“绿色”发展，在教育教学上取得优异的成绩，得到社会的认可、家长的信赖和师生的归属感。

望眼未来，拒绝平庸、追求卓越的龙高人将继续坚实地走好每一步，继续在现代教育征程中焕发出无限青春活力，围绕“办人民满意的理想学校”的目标奋斗不已。

坚定理想信念，培养高素质教师队伍

龙城高级中学（教育集团）党委副书记　黄锦城

新时代，新征程。党的十九大报告指出，我国社会主要矛盾已经转化为人民日益增长的美好生活需要和不平衡不充分发展之间的矛盾。人民对美好生活的需求中，教育是最大的民生，对美好教育的强烈渴求始终不会缺席，因为教育是每个人、每个家庭乃至整个社会不断创造美好生活的重要基础。报告强调，建设教育强国是中华民族伟大复兴的基础工程，必须把教育事业放在优先位置，加快教育现代化，办好人民满意的教育。

2018年两会上，李克强总理在政府工作报告中指出：发展公平而有质量的教育；加强师资队伍和师德师风建设；要办好人们满意的教育，让每个人都有平等机会通过教育改变自身命运、成就人生梦想。

党的十八大以来，习近平总书记在系列讲话中对广大教师提出了明确指示与要求，做“有理想信念、有道德情操、有扎实学识、有仁爱之心”的“四有”好老师，做学生“锤炼品格的引路人、学习知识的引路人、创新思维的引路人、奉献祖国的引路人”，提出了教育工作要做到四个相统一：“坚持教书和育人相统一，坚持言传和身教相统一，坚持潜心问道和关注社会相统一，坚持学术自由和学术规范相统一”。“四有”好教师、“四个引路人”以及“四个相统一”都是师德师风建设的时代要求。

最近，中共中央、国务院印发了《关于全面深化新时代教师队伍建设改革意见》，这是中华人民共和国成立以来党中央出台的第一个专门面向教师队伍建设的里程碑式政策文件。

这些都充分凸显了党的教育事业是顺应人民群众对美好生活的向往，是从人民群众所关心的做起，从让人民群众所满意的做起。人民教师这一职业是多么神圣、崇高。不忘初心、潜心教育，做一名符合时代要求的人民教师是何等的重要！

深圳市龙岗区龙城高级中学（教育集团）党委坚持党对一切工作的领导，牢牢把握党的理想与信念，强化作风建设，充分发挥教育集团化办学优势，加强师德师风建设，培养高素质教师队伍，开放优质教育资源共享，坚持不忘初心，继续办人民满意的教育。

一、坚定理想信念，提高思想境界

理想因远大而为理想，信念因其执着而为信念。龙高教育集团党委把理想信念教育作为集团思想建设的战略任务，每一位教师和管理者都要保持理想追求的纯洁性，自觉做中国特色社会主义建设坚定的信仰者、忠实的实践者，在全面建成小康社会、实现中华民族伟大复兴中国梦的历史进程中充分发挥先锋模范作用。只有思想上清醒，理想才能坚定。按照上级的统一部署，集团党委聚焦主题，精心筹划“不忘初心、牢记使命”主题教育，组织广大党员干部进一步筑牢同以习近平同志为核心的党中央保持高度一致的思想根基。把学习习近平新时代中国特色社会主义思想和党的十九大精神作为“两学一做”学习教育主要内容，抓实“三会一课”，推动“两学一做”学习教育常态化制度化，坚持知行合一、学做结合，推动党员干部真正学有所思、学有所悟、学有所获。坚信中国特色社会主义理论体系是指导党和人民沿着中国特色社会主义道路实现中华民族伟大复兴的正确理论，是立于时代前沿、与时俱进的科学理论，是当代中国发展进步的保障；学习十九大党中央治国理政新理念新思想新战略，不断提高马克思主义思想觉悟和理论水平，巩固马克思主义在意识形态领域的主导地位，保持对远大理想清醒的认知和执着追求；弘扬社会主义核心价值观，弘扬中华民族先进文化，弘扬以爱国主义为核心的民族精神和以改革创新为核心的时代精神，不断提升自身修养，提高思想境界，做到真学真懂真信真用，在工作中不骄不躁，不消沉不动摇。

二、加强作风建设，强化师德师风

以德修身、以德立信、以德育人，是广大教师高尚教育事业的底色。龙高教育集团党委倡导教师为人师表，关爱学生，严谨笃学，增强教书育人的责任感和使命感，推动教师成为先进思想文化的传播者、党执政的坚定支持者、学生健康成长的指导者。为此，集团党委各支部深入贯彻习近平总书记对广东重要指示批示精神，贯彻落实全面从严治党的要求，以作风建设为抓手和切入点，大力弘扬“红船精神”和“长征精神”，规范教师职业行为，督促教师坚守师德底线，人人争做“四有”好老师，塑造新时代龙岗教师新形象，做人民满意的教师。全面提振全集团党员干部、教职员工作风，切实加强集团基层党组织和干部队伍建设，引导全集团广大党员干部、教职员工，不忘初心、牢记使命，爱岗敬业、立德树人，营造风清气正、敢于担当的新气象。对照区委、区政府“六解决、六提升”主要目标，按照区委教育工委、区教育局要求，坚持问题导向、目标导向，按照“12345”工作思路，坚持“一条主线”全面提振工作作风，做到规定动作、自选动作“两到位”，突出理论学习、制度建设、监督考核“三大抓手”，覆盖集团班子成员、中层干部、教职员工，实施大学习、大培训，立师德、正师风，强基层、增活力，树典型、学先进，建机制、强监督“五大项目”，以16项具体举措，包括开展师德师风提升九大专项行动、召开专题组织生活会、在关键岗位重点领域锤炼作风等，着力解决集团内党员干部、教职员工安于现状、进取不足、服务意识不强、“四风”反弹、隐形变异，不收手、不收敛、师德失范、正向激励不足等问题，努力实现党员干部、教职员工在履职尽责、担当意识、干事创业活力、为民服务质量、党纪党规法纪约束和党风政风教风持续好转上有大提升。

三、优化师资力量，开放共享教育

“功以才成，业由才广。”办人民满意的教育，办人民期盼的美好教育，就要把各方优质的教育人才和教育资源更好地聚集起来，使用起来，让教育均衡发展，高质量发展。正是广大一线教师持续多元的专业发展需要与优质师资相对稀缺之间的矛盾，薄弱学校教育综合发展需要与优秀师资配置相对不平衡之间的矛盾，造成人们对教育的诸多不满。随着我国社会主要矛盾的凸显，人民对美好教育的需要将变得更为强烈，而美好教育的支点是数量充足、结构合理的优秀师资。集团党委结合自身集团化办学形式和独特优势，推动广泛、多层、制度化的教师与资源合理配置，统筹推进各方优质师资参与实践，扩大优质教育资源供给，创新人才培养模式，努力形成人人渴望成才、人人努力成才、人人皆可成才、人人尽展其才的良好局面。通过办学体制机制创新、人才贯通培养、课程文化建设，形成多体制、多形式、多层次教育实体，打造名师互联、课程互通、平台共建、成果共享的名校发展共同体，办好集团每一所学校，更好地满足人民群众对美好教育的期待。

龙高教育集团党委全体党员干部及教师坚持不忘初心，紧紧团结在党中央周围，贯彻党的执政新理念、新思想、新战略，自信尽责、坚守底线，不断促进教育公平正义、面向未来、继续前进，努力办好人民满意的美好教育，为实现“两个一百年”奋斗目标，牢记习总书记寄语广东“四个走在全国前列”的殷切期望而努力奋斗，矢志不渝。

浅谈高中学校管理的“新常态”

龙城高级中学副校长　谢开碧

2014年5月，习近平总书记在河南考察时指出，中国发展仍处于重要战略机遇期，要增强信心，从当前中国经济发展的阶段性特征出发，适应新常态，保持战略上的平常心态。“新常态”的表述从此深入人心，深入各行各业，其内涵也在正确地指导着各项事业发展和工作推进。高中学校教育发展同样受到国家和社会“新常态”特征的影响，同样面临着“新常态”带来的机遇和挑战。我国经济由高速增长进入中高速增长的“新常态”；党风廉政建设不断推进的“新常态”；教育领域综合改革，特别是高考改革的“新常态”；依法治校治教、民主管理与校务公开机制不断深化与完善的“新常态”，都对我校的教育教学的管理与发展带来了重大影响。这就要求我们学会运用“新常态”思维，主动适应、有效引领教育“新常态”。

一、创新教学管理模式，主动适应高考改革“新常态”

根据《国务院关于深化考试招生制度改革的实施意见》，考生总成绩将由统一高考的语文、数学、外语3科成绩和高中学业水平考试的3科成绩组成，即“3+3”模式。高中学业水平考试科目由考生在思想政治、历史、地理、物理、化学、生物等科目中自主选择。对于学业水平考试科目的自主选择，学生可从6门中自主选择3门，由此产生20种不同的选课组合方案。高考模式的这一重大变革，势必对班级、教师队伍的数量和结构提出新的要求，教室、实验室等硬件设备、设施也需要大量增加。学校必须对高中学业水平测试的科目实行走班制教学。走班制教学给学校的课程设置、教学管理提出了更高的要求，学校将对不同学科师资配备进行必要调整，对授课教师本身的教学和管理能力也提出了更高的要求，从而实现教学与考试的衔接。2003年，我校就开始走班制教学的尝试，培养了一支高素质的教师队伍，形成了一些行之有效并可操作的制度。高考改革推动学校教育教学的变革，目前把“行政班教学”与“走班制教学”有机结合已经成为高中分层分类教学改革的必然选择，这将作为一种教学新常态，贯穿于教学管理的各个环节之中。

二、创新学校治理，主动适应依法治校治教“新常态”

党的十八届四中全会审议通过了《中共中央关于全面推进依法治国若干重大问题的决定》。这个决定是加快建设社会主义法治国家的纲领性文件，必将有力推进依法治国进程。根据教育部《关于深入推进教育管办评分离促进政府职能转变的若干意见》（教政法〔2015〕5号）、《全面推进依法治校实施纲要》（教政法〔2012〕9号）、省教育厅《关于加强公办中小学校章程建设的通知》（粤教策〔2014〕7号）的要求，深圳市在2015年加快推进学校章程建设工作，建立现代学校制度，提高依法治校水平和教育治理法治化水平。在依法治国、从严治党、依法治校的新常态背景下，学校领导干部、全体教职员工，一定要严格按照“四风”要求和“八项规定”严格要求自己，一定要严格遵守教育部颁发的教师“十条禁令”，一定要严格遵守市教育局下发的关于规范教师行为的“十不准”文件。学校要充分发挥全体教职员工的积极性和创新性，健全学校各项规章制度，把学校章程落实到学校各项教学教育管理中，通过制度管人管事，用制度规范广大教职员工的行为，充分发挥学校教职工代表大会、校长办公会、课程委员会、家长委员会等组织的作用，全面落实校务民主决策、民主管理与民主监督，主动适应依法治校治教新常态，从而推动学校发展。

三、创新教师专业成长，主动适应教育发展“新常态”

目前教育改革的一个重要特征是课程改革的全面推进和发展，国家近来将教育改革重点放在课程和教学的改革上。课程改革和高考改革对教师的专业发展提出了新的要求。一个学校的发展关键在教师，教师的专业发展的状况，决定学校发展的质量和速度。因此，在国家经济发展新常态和教育发展的新常态下，教师专业发展如何适应新常态对学校的发展非常重要。新常态下的教师专业发展，首先要把提高教师的师德水平放在首位，教师师德水平的高低直接影响学校教学质量的高低，关系到学生的健康成长。师德水平的提高，首先是一靠制度，二靠培训，形成师德师风监督体系；其次要注重教师的专业水平的提高，加强教师队伍建设、促进教师专业的持续发展是学校教育改革和发展的重要组成部分，是推进目前课程改革、高考改革、提高教师综合素质，提升学校办学水平的重要举措。教师专业发展可通过行政力和学术力双力推动方式促进学校教师的专业发展，可通过建立学习型组织，开展专题研究课、小课题的研究等活动营造氛围。

四、构建信息化管理模式，主动适应信息化教育“新常态”

2012年3月，国家教育部发布的《教育信息化十年发展规划（2011—2020年）》对未来10年的教育信息化建设提供了指导意见和总体方向，确定了“三通两平台”的教育信息化发展导向，即“宽带网络校校通、教学资源班班通、网络学习空间人人通”；加强数字教育资源公共服务平台、教育管理信息系统平台的建设。教育信息平台的搭建，对学校管理提出了新的要求，因此，学校要利用信息平台建立学校综合管理系统、教育教学管理系统、无纸化办公系统、安全管理系统、财务管理系统、后勤管理系统、图书管理系统、教学资源库建设等。不断完善管理手段，实现学校管理、教学资源的自动化、无纸化流通。使学校管理精细化、自动化，提高管理效率。在教育信息化浪潮中，学校管理要主动适应信息化的步伐，改变传统的管理模式，构建新的信息化模式，用

“新常态”的思维构建学校管理模式，树立信息化意识，突出人在管理中的作用，依靠广大教职工，发挥他们的潜能和创造性，从而优化管理提升效能，推动学校的发展。

“新常态”意味着新形势、新挑战，孕育着新机遇、新希望。当前，我们的学校正处于明特色、可持续发展的突破期和教育教学质量、管理水平的全面上升期。只要全校师生员工抓住发展机遇，适时而动，顺势而上，正确认识“新常态”，主动适应“新常态”，龙城高中就一定能够在“新常态”的创新发展中实现新的辉煌。

改进教学方式　丰富课程资源　深入推进课改

——结合龙高学生自主学习中心建设谈教学方式转变

龙城高级中学副校长　程烂谟

我们知道影响学习质量的因素很多，如动机、兴趣、方法和意志等。适当的学习方式，会将各种因素结合起来，尽可能提高良好的外在支持，从而提高学生的学习质量。近年来，微课、慕课和移动学习等众多基于互联网的学习产品，正日益改变学习者的学习方式。虽然这种学习方式未必是最好的选择，但它们的确为学习者提供了更多的选择，同时也为进一步深化课程改革提供了更多的途径。本文结合我校实际，谈一谈如何结合学生自主学习中心的建设改进我们的教学方式。

在马锐雄校长的倡导和指导下，我校学生自主学习中心已进入建设阶段。这是一个将互联网、电子读物与纸质图书结合的学习空间，学习中心包括语言文字类、科技类和社科类三个学习室，配备电脑、平板、图书等，并覆盖Wi-Fi。自主学习中心的建设，将进一步推进学生学习方式的变革，提高学生自主学习能力和学习质量，同时也对我们的传统教学提出了挑战，需要我们改进原有的方式以相适应。

一、微课制作

为实现学生选择性学习，需要有丰富的课程资源，其中包括微课。大量的微课，靠一个人和几个人完成是难以想象的。这需要我们各科组首先做好顶层设计，设计出资源库的框架结构，然后依托强大的互联网功能，给学生建立索引，以避免学生淹没在浩瀚的网络中，对网络中缺失的部分和不适用的内容，再组织人员进行补充和修改。如《物理静电场》一章，我们先确定本章资源库的结构，分为四项内容，分别是：学习要求（包括教学大纲和考试说明两部分），知识点课堂（由微课或Flash课件组成，内容涵盖本章所有知识点，每个微课均不超过2分钟），典型例题（微课，每个不超过4分钟），在线测试（包括测试后的讲解及学习建议）。目前可制作微课的工具软件很多，除了传统的PPT外，还有屏录软件、微课大师等，这些软件相对来说比较容易上手。

二、数据分析

学生在自主学习平台上的学习记录被保存在后台数据库中，数据库可对这些数据进行分类统计，对用户形成学习报告，包括学习诊断、学习建议和水平等级等。教师可利用这些统计数据，了解学生的学习情况，如搜索和点击最多的知识点，错误率最多的题目（一般来说，这是学习的难点），点赞最多的微课或Flash课件（说明符合学生的认知规律），在线测试成绩与平时表现是否一致，登录次数和在线学习时间与学业成绩是否相关等。另外，学生可通过网络（手机和电脑）向教师提问，教师和其他注册用户均可作答，从而实现了适时的师生交流和生生交流。在传统的备教辅改考各个环节中，获取如此多的数据并加以分析，势必耗费大量的人力和物力。因此，自主学习中心的建立，将进一步提升教育生产力，提高教学效率。

三、教学规划

让学生了解一个学段的学习内容和进度，可以直接影响到其学习效果。这就要求我们在学期开始之前，先制定教学规划，并通过网络发布。学生不仅可以在假期提前知晓学习内容，提前学习，而且可以根据学习进度预习和复习。教学规划可以由以下四个部分组成：一是教学内容，如化学“必修一”，第一章到第六章。二是学习进度，一般以周为单位进行时间分配，其间安排有小测验和阶段性测试、分组实验、社会调查等。三是学习建议。学习建议一般分整体和单元两个部分，为学生提供每一个单元的学习建议更为有效。四是学习资源，包括教室上课课件和资源库两部分。上课课件不一定在学习开始前全部上传完毕，可以根据学习进度，提前一周或两周上传，以供学生预习之用。制定教学计划的目的，一方面易将教学设计精细化，避免出现“盲人骑瞎马——走到哪里算哪里”的现象；另一方面，也是最重要的，就是用于学生学习指导，而且教师可以利用学生在线学习的数据分析，更加有效地进行课堂教学。

四、翻转课堂

有了丰富的学习资源和详细的教学计划，从而使实现翻转课堂成为可能。自然，翻转课堂未必适合所有学科的所有内容，但是对于那些需要进行辨析、讨论和质疑等的开放课堂，事先由学生通过在线学习，掌握基本知识，找出困惑点，然后通过课堂交流，将会达到更好的学习效果。如语文学习中的诗歌欣赏，学生若在课前将作者生平、字词释义等基础知识掌握，那么，课堂中将有更多时间深入探讨诗歌的深刻含义和意境，从而实现“课堂生成”。还有概念教学，由于学习者对于新概念的学习通常是一个渐进的过程，仅靠课堂上教师所提供的典型例子难以深刻理解。若用翻转课堂的方式，学生在课堂上，可以通过讨论、质疑等方式交流探讨，对概念的理解将更加深入。另外，需要利用归纳、发散思维等方法学习的内容也适合采用翻转课堂的学习方式。但对于程序性知识，特别是操作性强的学习内容，传统课堂更具优势。教学有法，教无定法，需要视情况而定。

总之，龙高学生自主学习中心的建设，是龙高推进课程改革走向深入的一个里程碑，同时也是一个起点，它向我们提出更高的要求，这就需要我们全体教师积极行动起来，转变观念，加强学习，依托互联网的强大优势，为学生提供更好、更丰富的学习空间和资源，使龙高的教学质量更上一个新的台阶。

克己　厚道　合群　有为

——副校长的四种修为

龙城高级中学副校长　魏育栋

一个学校要发展，靠什么？我一直这样认为：关键是正确的办学思想和科学的管理方略，是教师的专业发展和学生的健康成长，是学校的文化引领和精神感召。那么，推动学校发展，决策者和执行者要具备怎样的素质？从中华传统文化角度来看，我认为，“克己、厚道、合群、有为”这四种修养，是学校的决策者和执行者必备的素质。

一、克己

这里的“克己”即克制、战胜自己，使自己的内在修养、举止言谈符合人师的行为准则，躬身修己，修己安人，达到人与自然、人与社会的平衡协调、和谐统一。

那么，作为校长助手，副校长更是以此为准则，摆正位置，当好配角。“在其位谋其政”，作为副校长，首先是定好位，工作才能做到位。如果把学校的组织比喻为一个人的话，校长自然是大脑，是中枢，副校长应该是眼、耳、鼻、舌、身，不仅在思想、意识和价值取向方面一定要跟校长这个“大脑”保持一致，还要多跑、多看、多听、多观察，多方配合，协助校长把工作做好。尤其要善于在校长与基层干部及教职员工之间充当润滑剂，保持团队的上下和谐、团结一致，心往一处想，力往一处使。

在工作中，副校长尊重校长的核心地位，维护校长的威信，始终坚持“站好位不越位”“善于补台、勤于补台”的原则，牢固树立全局观念，发扬团队精神，做好校长参谋，协助校长实施办学方略。换句通俗的话说，副校长就是学校管理的参谋长。我认为这个参谋长不仅要为校长这个司令当好参谋，出好主意，还要为学校发展当好参谋，以自己的专业智慧影响校长的决策，参与制定学校的发展方案，努力保证校长的核心地位，这样才能发挥学校管理的执行力。

二、厚道

厚道意为修身做人，即克己明德、厚道包容，和合乐善，强调培育德行、养育人性，提升人文素养。

作为校长助手，副校长要加强自身的道德修养和理论学习，副校长要做到有修养、有教养、有涵养、有素养。自我陶醉者，常常迷失；自我标榜者，遭人鄙弃；自视甚高者，远离群众；自以为是者，终获大非。在2006年的一次校务会议上，马校长讲了干部干事创业的十六字原则：“对上以敬，对下以慈，对人以和，对事以真。”我深以为然，并认真践行。同时协助校长以厚道为根本，引领教师把道德修养放在首位，努力践行中华民族传统道德，认真履行社会公德、职业道德和家庭美德，倡导教师尚德质朴，宽以待人，以身作则，养成良好的品德，最终促使自身修养日臻完美，达到“德才兼备”的至高境界。

三、合群

“合”者“和”也，源于古代哲学家“和合思想”。中国古代传统文化中以“和”为最高价值，当今社会主张共建和谐社会，共建和谐教育。

作为校长助手，副校长要以合群为准则，积极引导教师群体互相欣赏、团结协作、共同提高，引导教师之间和睦共处，培育团队精神和协作思想，在工作中达成和谐融洽的氛围，使上下级能理解沟通，同事间能协作配合，以达到“和而不同”的境界。

副校长也要立功，但不是自己立功，而是要善于把管理职能化作挖掘才华和组织才华的艺术。在校长领导统筹下，具体的部门管理工作往往由副校长分项管理，但副校长不能包揽，应有容人、宽人、信人之胸，不必事必躬亲、包办代替。副校长不要以为自己在学校发展中功勋卓著，自己的作用举足轻重。其实离了谁地球都照样转。有句话说：“老把自己看成珍珠时就有被埋没的危险，把自己看成泥土吧，让别人踩出一条路。”

副校长作为副职，是校长的助手、中层的上级、教师的领导，起着举足轻重的桥梁作用。要发挥好上传下达的作用，对上要及时准确地反映民意，对下要积极主动地进行疏导，在校长和教师之间架起沟通理解的桥梁，这些是做一名合格副校长的关键。

四、有为

“有为”的要义是为“有为之为”，为“有为之言”，为“有为之举”，达到“可学而能、可事而成”的境界。即我们要积极主动、矢志不移地探究知识，提升学术素养，提高专业技能，以便达到学术精深、思想渊博的境地。

作为副校长一定笃学而有为，全面贯彻党的教育方针，全面实施素质教育，努力创设和谐教育氛围，每一个做副校长的都要明白这样一个道理：有作为才能有地位。因此做副校长的千万不能眼睛只盯着权力，只盯着利益，只盯着个人升迁，而要一门心思用在工作和事业上，从以下四个方面协助校长做好管理工作。

1. 当好助手，管好学校

副校长要协助校长，以和谐教育思想为指导，明确办学理念和办学目标，构建现代学校制度，注重公平和民主，讲求质量和效率，调动教职员工的积极性，让教职员工参与学校管理，推动学校管理的优质化，提升学校的竞争力。

2. 创设平台，打造队伍

教师的专业发展是学校发展的动力和源泉，副校长要协助校长，创设教师专业成长平台，培育克己、厚道、合群、有为的干部教师团队，“教、学、研、训”一体化，促进教师的专业发展，培育学校名师。

3. 构建体系，促进发展

副校长要协助校长建立以人为本的课程体系、构建学生全面和谐的发展机制，把课堂作为第一观测点，注重教学的实效性，唤醒学生的人生价值，实现知识与技能的增长、德行与悟性的提升、共性与个性的融合，促进学生的发展。

4. 形成特色，培育品牌

特色和品牌是学校可持续发展的关键。在未来学校的建设中，副校长要协助校长在教师专业发展、科组建设、学生个性发展、校园文化等方面形成特色和品牌，进一步增强学校的核心竞争力。

5. 家校同行，携手育人

重视社区与家庭在教育中的作用，副校长要协助校长积极构建“学校、社区、家庭”三结合的大教育环境。实现学校教育、家庭教育、社会教育协调发展、相互补充。

天道酬勤事竟成

——龙城高级中学2014年高考备考工作综述

龙城高级中学党委副书记　王光义

2014年，龙城高级中学高考取得重大历史性突破，呈现出三个显著特点：一是高进杰出，优生成功进清华。欧天盛同学以679分位居全省第70名，全市前10名，被清华大学录取；许俊洲同学数学单科以接近满分（149分）的成绩并列全省第2名，高考裸分668分，加上自主招生40分的优惠分，最终也被清华大学录取。美术专业郑文安同学也被清华大学国际班录取。尖子生总分和单科成绩在高考中的排位大幅提升，标志着龙岗中小学已具备培养全省乃至全国顶尖学生的能力。二是低进高出，重点上线接近四成。龙城高中2014年有1081人参加高考，重点上线人数414人，重点上线率38.3%，比上一年增加六个百分点，再次大幅超出省市区平均水平，为龙岗区和全市重点上线率的提升，做出了应有的贡献。三是全面发展，本科上线接近九成。龙城高中2014年本科上线率87.7%，将近九成的学生考入本科院校，而本届学生入学录取分数线只有540分。

本届高三年级高考成绩的取得，得益于区委、区政府和市区教育局的正确领导，得益于我校全体教师“俯首甘为孺子牛”的忠诚、孜孜不倦的勤奋以及淡泊名利、探索奉献的精神境界，得益于学生群体在学校教育理念引领下的勤奋刻苦、自觉学习、全面发展。

一、教师队伍高水平、高奉献，特别能战斗

高考备考工作对教师的教学能力、工作作风和心态是一个很大的考验，也是促进教师成长的良好机会。高三老师不但拥有与时俱进的科学精神，还具有追求卓越的拼搏精神，更具有携手共进的团队精神。在龙城精神的引领下，我们积极备考，建立团队制度，使教师、学生和家长，形成团队网络，在不同阶段召开大型的学生、家长、教师座谈会。教师分属各个班科团队、专业团队、综合团队，发挥队长的组织作用，依靠团队研究新考纲，搜集高考信息，研究试卷的结构模式，还要研究每一个学生，这些在高考备考中都发挥着至关重要的作用。

第一，定期培训，加强班主任队伍建设。教育教学成绩的优劣，关键在班级管理。班级管理的优劣在某种程度上来说，关键在班主任。学年伊始，按照学校的统一部署，结合高三实际情况，要求每位班主任要做到“一切为了学生，一切为了质量”；实现“三勤”，即“眼勤、腿勤、嘴勤”；树立“三种意识”，即“质量意识，安全意识，目标意识”。一年来，全体高三教师风雨无阻，起早摸黑，时刻把学生的冷暖放在心上。每一次考试过后，高三教学楼的走廊里，校园小道上，教师办公室中，都有师生分析得失、总结经验的身影，一声声鼓励，一句句鞭策谱写了校园最美的乐曲。本届高三可谓是班主任培训最多、各类主题交流活动最勤的一届。刚进高三，如何进行立志教育，我们鼓励班主任畅所欲言；目标已定，如何进行科学的学习指导，我们进行过专题的研究培训；学生疲惫，如何鼓舞士气重振精神，我们进行了讨论交流；临近考试，如何帮助学生调整心态，我们邀请了专家进行讲座。高三领导小组每周都根据不同时间段的工作重心对班主任、科组长举办培训，这不仅是在解决燃眉之急，而且培养和提升了两个群体的管理能力、工作效率，明确了每一阶段的方向、任务，同时强化了每一个人的大局意识、统筹意识。

第二，精细管理，增强科组工作效力。各备课组担负着备考效果的具体落实之责。各备课组强调以提高课堂教学质量为中心，组织落实集体备课和常规教学，要求所有教师及时进行考、析、调，对教学的各环节进行精细化管理。集体备课落实，就是“定时间、定地点、定内容、定中心发言人”，常规教学落实就是精心备好每一节课，用心上好每一节课，细心批好每一次练习，诚心辅导每一位学生。做到备课全面，讲解精练，训练得法，指导到位。在课堂上要求教师充分调动学生学习的积极性和主动性，最大限度地提高课堂40分钟的教学质量。学校领导也经常深入课堂听课，了解教学情况，指导教师互听互评，不断改进教法，使教学对路，质量有保证。及时进行考、析、调，就是复习完知识点之后及时“考”，考完后及时进行质量分析，遇到问题及时调整对策。根据各学科特点，经过实践摸索，我们已经建立了一套包括周考、月考、联考在内的检测系统。比如数学周测，贯穿学生整个高中三年，培养学生良好的数学习惯。比如语文周测，备考前半段以选择题为主，进行基础知识攻坚，后半段则进行完卷测试，加快学生答题速度。比如英语周测，听说训练和卷面测试相结合，各方面能力都有所兼顾。比如理科综合，第一轮复习时重视夯实基础，因此以单科测试为主，但其中穿插综合测试，以训练学生综合思考的能力。我们的质量分析，从备课组到个人，从试卷出题到知识点的落实，从班级整体到个别学生，层层分析，面面俱到，每位老师在每次考试后，都要上交一份合格的质量分析报告。对于考试暴露出的不足，我们在教学中体现“四补”，针对学生可能存在的问题及时补救，即缺知识补知识，能力低补能力，心理素质差补心理，师生感情差补感情。有多个班级、多个学科在调整之后都取得了跨越式的进步，使教师追求教学质量的积极性空前高涨。

二、学生群体勤奋刻苦、自觉学习，全面发展

高考最终是学生参加，学生自然就是高考备考活动中的主体。同时，高考不仅是对学生学业成绩的考核，也是对学生身心状况的考验。因此，高考备考的过程是学生全面发展的过程。基于此，我们的课堂教学、多元辅导都是以学生为主体进行的，尽力帮助学生形成完整的目标体系、知识与能力体系以及方法体系。

第一，强化思想教育，促进勤奋拼搏。高考备考中我们没有对高三学生有任何特殊化，日常规范照常检查；思想教育，班纪、班风教育照抓不误。我们认为良好的思想品质、远大的理想、坚韧的毅力、良好的习惯都有助于成绩的提升。我们坚持早上8点上课，老师带领学生晨练，保证学生每天1小时以上的体育锻炼时间。我们不仅请名师专家给学生举办学业讲座，还请心理健康专家为学生进行心理激励指导。

第二，及时进行心理调节，带动自主学习。努力发现、了解学生的需要，对学生进行系统的学法与心理指导。我们的干部、班主任及科任老师经常深入学生中间，了解学生的现实需求，发现学生中存在的问题后：①召开学生座谈会；②组织全体学生进行书面信息反馈；③加强巡视，检查各班自习课、课间操、就寝等各方面的整体活动的情况，及时发现问题的苗头；④深入课堂听课，通过学生在课堂上的思考、回答、讨论等外在表现，发现他们的内心需求；等等。为了及时给学生以系统的学法、心理调节方法以及考试方法指导等，我们集全体高三教师之智慧，创办了《发展——高三学与考》小报，每月一期，满足不同学生在不同阶段发展之需，及时解决学生在不同复习阶段存在的问题，深受学生欢迎。

第三，优秀文化引领，实现全面发展。高考备考过程中，我们的备考工作始终体现的是科学理性、人文和谐，始终贯彻的是素质教育的理念。坚持开展学生的早晚锻炼活动，开展年级或班级文体活动，开设心理辅导报告会等多种形式的心理活动，培养学生良好的心理素质。开展中华传统美德教育是我校德育教育的一大特色。即使在紧张的高考备考当中，我们也依然不放松这项工作。实际上，德育不仅不会影响高考成绩，反而有利于高考备考工作的开展。比如学生的励志教育、学法教育、心态教育等，从博大精深的中华传统文化中汲取营养，使我们的学生充满了力量。高三的开学教育中，我们从一副对联开始，对学生进行了励志教育：志存高远，效甘罗拜相，祖逖起舞，少年心事当拿云；脚踏实地，学孙康映雪，陶侃惜时，天道酬勤事竟成。事实证明，我们的努力取得了很好的成效：每一次集会，高三的学生主动留下来清理场地，高三的集会结束后，从没有留下一片纸屑；每个月的文明班评比、文明寝室评比，高三学生从没有因为学习紧张而落后于兄弟年级；体艺节、科技节活动中，高三学生更是为兄弟年级做出了榜样。

三、备考具体策略

（1）紧盯时间，确立框架，科学备考。三轮复习第一轮是章节复习，重基础。第二轮复习是专项复习，重提升。第三轮复习是模拟训练，重综合。做到第一轮“横到边”，第二轮“竖到顶”，第三轮“盖到死”。

（2）明确职责，科学管理，重在落实。组成“落级行政—年级组长—科组长”的“三位一体”的教学管理模式，实现由点到线、线到面的有机结合，把高考备考工作做到最细致、最全面。

（3）各种例会制度化，思想建设常规化，业务建设专业化。级组长例会、科组长和班主任例会经常展开，及时交流总结管理工作、常规落实工作情况，级组长和科组长队伍的思想建设和业务培训有序进行，使备考工作富有针对性。

（4）建立班科团队，落实目标跟踪工作。班主任是完成班级高考目标的直接责任人，任课教师是完成学科目标的直接责任人，各班形成以班主任为核心的班科目标跟踪团队，定期召开班科联系会，加大对班情、学情的了解。

（5）加强课堂教学的听课评课活动。加强听课评课活动的组织，由科组长负责组织本组教师听课评课。年级领导小组成员每周听课至少2节，高三教师每周听课至少1节。

（6）深入了解教情学情，加强教法学法的指导落实。通过在师生间的访谈、问卷调查、听课、教学常规检查等方式及时了解教情学情，随时调整备考组织工作，体现备考的科学性和针对性。

（7）加强教学辅导资料、备考信息的配置管理工作。教务处负责落实高三教学用网站的内容，并做好高三教师使用学科网站的辅导服务工作。

（8）加强德育工作，为高考备考保驾护航。班主任要利用班会、集会、教室文化、组织各种活动等多种形式开展德育工作，学校在每次大型考试后表彰先进，树立典型，邀请专家和往届优秀生举行励志教育，提升学生的学习信心。

（9）关注学生身心健康，促进学生全面发展。坚持开展学生的早晚锻炼活动，开展年级或班级文体活动，开设心理辅导报告会等多种形式的心理活动，培养学生良好的心理素质。

（10）及时调整备考策略，灵活应对新情况。除了上述提到的备考策略，在过去一年里，每一次的大型考试之后，高三领导小组、年级组、科组、班级都分别及时召开各个层面的质量分析会，以期与时俱进、灵活审慎地科学备考。

四、对存在的不足和对今后教学的建议

（1）尖子生培养虽有突破，但还缺乏一个有效的校本模式。优生培养策略还需要进一步完善。对尖子生的培养要从中考结束抓起，尖子生的课程要拓宽，各科学习内容不过分拘泥于考纲的限制，尽量使学生建立各学科完整的知识和思维体系。建立适应优生发展的评价制度，使老师们的教学更加有利于优秀学生的发展。逐步形成一套适应龙城实际的龙城优生发展模式。

（2）学科发展存在不平衡现象。尽量细化备考的各个环节，对备考的每一个细节进行科学化、规范化、有利于具体操作的设计，加强对每一个科组备考过程的管理力度，用制度推动各学科均衡发展。

（3）本科上线率有待进一步提高。从真正意义上落实分层教学，加强对中下层学生的基础知识、基本技能的综合训练，讲练有机结合，对典型练习及普遍性问题要及时评讲并检查落实到位，领导小组要加大对各层教学的过程跟踪。

建设激励型教科培管理模式，倡导问题导向的行动研究

教科培中心　陈旭东

《国家中长期教育改革和发展规划纲要（2010—2020年）》指出：“要提高教师业务水平，完善培养培训体系，做好培养培训规划，优化队伍结构，提高教师专业水平和教学能力。”随着素质教育与新课程改革的全面推进，中小学教育科研的重要性逐渐凸显，“科研兴校”“科研强师”成为中小学的共识，但在实践中也发现了诸多问题。

一、当前中小学教育科研中存在的问题概述

对当前我国中小学教育科研存在的问题，有研究者概括为“几多几少”：“一般号召多，具体落实少；立项课题多，结项课题少；一般性的成果多，有指导价值的成果少；理论构思的多，解决实际问题的少；工作经验总结的多，有理论色彩和学术价值的少；撰写论文的多，实际探索的少；靠外部压力的多，源于自身内在需求的少；依靠专家搞科研的多，自身开展校本研究的少。”

这些问题的出现原因是多方面的：

1. 对教育科研的认识与理解方面的问题

中小学领导在对教育科研的认识上存在两种不正确的倾向：其一是重视程度不够，将其作为学校正常工作之外的额外工作来对待；其二是过于看重教育科研项目，将其看作“面子工程”，看作对外宣传的一张名片。

中小学教师在理解教育科研上也存在着一些错误的认识，比如认为教育科研是专业研究人员才能做的事情，中小学教师无能为力、无从下手；搞科研要花费大量时间精力，没有精力和时间搞科研；搞科研会影响常规教学，会造成学生成绩下降等。此外，还有教师片面受功利思想影响，“搞科研”单纯为满足评职称、评模评先的需要。

2. 在教育科研实施过程中的问题

中小学教育科研的关键在于中小学教师的广泛参与。但有些教师从事科研的积极性并不高，对科研工作有偏见，不愿意参与其中，导致教育科研参与率低；在项目实施过程中还存在“两头热，中间冷”的问题，部分教师将热情和精力都放在课题的立项、开题和结题上，而不是研究过程；还有部分教师参与课题的热情虽高，但缺少教育科研的有关知识及训练，对教育科研的程序、方法掌握不够。

3. 在教育科研成果认知方面的问题

许多教师在研究中不是从中小学教育科研的特点出发，不是从实际存在的问题着

手，而是热衷于思辨性的或书斋式的研究，脱离了教育教学实际；还有一些教师简单地认为感想、经验即科研成果，其科研成果形式多为自己工作经验的总结或者对教育教学工作的感想、体会等，属于浅层次的实际工作经验总结。不少成果仅仅停留在论文发表或课题结项上，随后即进入了档案室封存起来无人问津，没有达到通过中小学教育科研解决教育过程中的实际问题、服务于中小学教育教学这一终极目的。

4. 在教育科研课题管理方面的问题

目前，中小学教育科研管理存在重阶段性管理、轻系统性管理，重走进管理、轻走出管理等误区。在成果的鉴定、推广上存在只注重发表论文的数量而不看是否适应学校需要，优秀成果没有组织人力物力进行推广等，使得部分教师只注重发文章而不立足于实际进行科研等。

二、龙城高级中学教育科研的阶段性成绩

1. 教育科研呈阶梯式网络分布

在深圳市教科院审批的179项深圳市“十二五”教育科学规划课题中，我校教师承担了其中5项；我校教师有15项小课题获得区教研室立项，区教育规划课题立项8项。共计约110名教师直接参与到各级各类课题的研究中。

2. 特色项目做大做强

我校以高分通过广东省青少年科学教育特色学校的复审工作；学校科技节方案在广东省科协组织的广东省优秀校园科技节征集活动中获得二等奖，并在广东省校园科技节活动成果汇报中展示；我校“龙腾创客实践室”通过深圳市优秀创客实践室审批，航海建筑模型社团、科技发明社团和无线电社团获得深圳市优秀科技社团。

3. 科研强师成绩喜人

广东省马锐雄名校长工作室辐射龙岗区，来自区内8所学校的18位校长中层干部科研骨干入室研修；方静名师工作室、罗明军名师工作室、黄斌胜名师工作室等三位名师工作室吸纳24名校内外骨干教师开展研修活动；我校教师近两年开发的校本课程中有7门通过了龙岗区第五批校本课程审批，10门校本课程当选为深圳市好课程。全校各级各类名师共82人；青年教师成长喜人，我校青年教师中19人成为第三批龙岗区骨干教师。

三、新格局下的工作设想

马锐雄校长强调“改革创新是龙高的魂”“任何事物都是以抛物线发展，龙高的发展也不例外。在抛物线的高峰期，我们就要去谋划下一轮抛物线的高峰，我们不能等到头碰到天花板了才去解决问题”。龙高的教育科研也需要居安思危改革创新。

1. 适切定位学校教育科研

我校教师研究的优势不在基础研究和规划系统性研究上，而在应用研究和自发性研究上，着力解决教育教学中的实际问题。其本质上是行动研究，是让广大教师发现和解决自身教学中存在的问题，不断优化自己的教学实践，提高教学能力。因此，我校教育科研要立足以师为本的微观研究，立足于本校的校本研究、应用研究和行动研究。

2. 转变观念端正科研态度

学校教育科研的领导者和管理者，既要对教育科研工作保持足够的重视，积极参与并号召广大教师参与进来，发挥榜样作用；同时还必须抛弃“唯课题马首是瞻”的错误思想，不要为了面子去做课题而忽视正常的教学工作，应该积极营造教育科研的氛围，发动教师参与教育科研，形成人人乐于参与、敢于承担课题的良好局面。

教师也要转变观念。一方面要认识到教育科研工作的必要性，自觉参与教育科研工作；另一方面要抛弃单纯为评职晋级而做课题的功利主义思想，认识到教育科研的真正价值在于通过科研转变自身的教育观念，提升教学能力，解决教育教学实际问题，提高教育教学质量。

3. 优化培训方式和内容

针对部分教师理论素养不足、科研方法欠缺的现实，必须优化教师培训方式和内容，提升教育科研理论素养与方法应用能力。传统的“听讲座”针对性不强、效果不明显，我们可以采用“以课题研究为载体的参与式培训模式”，将研究与培训整合在一起，按需要进行课题研究，通过研究活动与反思、探讨来达到培训目的。还可以通过邀请专家现场指导科研来开展培训，作为针对教师工作繁忙、无暇无力学习庞大枯燥的理论方法而实行的一种变通方法。

当然，鼓励教师通过自学方式强化自身理论水平和科研能力也是很重要的一个途径。

4. 建立有效管理机制，完善评价与转化机制

要进一步强化“科研兴校、科研强师”的意识，制定能引导教师积极参与的政策，从控制型管理转变成激励型管理模式，教科培中心将在马锐雄校长的指导下积极开展“教师职级任职与晋升条件”研究，采取有效措施激发广大教师参与教育科研、改善教学水平的热情和动力。

5. 做好各项教科培常规工作

做好常规教育教学研究，负责学校课题研究的组织与管理，组织全校教育科学研究课题的申报立项、过程管理和成果评优与推广工作，使学校教育科研管理走上规范化、制度化、常规化的轨道；改进名师工作室管理，加强名师工作室管理，带动教师群体的专业发展；加强教师培训，挖掘校内外资源，创新培训模式，总结培训成果；组织教师反思写作，并做好该项工作的反馈与指导；更进一步做好《发展》的编辑管理工作。

结语：《吕氏春秋》记载了“子贡赎人”和“子路受牛”这样两个故事：子贡出国游历见到一个鲁国奴隶，便出钱将他赎了回来。按照当时鲁国的规定，鲁国人在国外沦为奴隶，凡有人能花钱把他们赎回的，可以到国家报销赎金。但子贡赎了人却不愿接受国家报销的赎金，一时在鲁国被传为佳话。孔子的另一弟子子路救起一名落水者，那人为了表示感谢，送给子路一头牛，子路收下了。子贡赎人而不肯要按照法律应得的奖

金，孔子恶之，说：从此不会再有人替鲁国人赎身了。子路救人后欣然接受了别人送给他的牛，孔子知道后很高兴，说从此这样的救人的事情会更多。可见，“功利”不等于坏事，关键是要做好制度设计和制度实施。从学校的教育科研角度看，建设激励型教科培管理模式，推动问题导向的行动研究，都需要发挥“功利”的积极作用。

（作者为龙城高级中学教科培中心主任）

落实协同式教学机制，促进年级管理的有效性

行政和人力资源管理中心　李　亭

学期伊始，马锐雄校长在开学大会上指出："建立协同式教学新机制，实现协同作战，从整体上提高教学效率和教学水平。一是科组协同。各学科组和年级要加强协作，形成联动，改变个体化作战状态；二是班科协同。要推进学科组、班级的动态衔接，协同联动，杜绝学科和班级之间的游离和分隔状态，形成紧密的目标共同体。通过科组、班科协同作战，打通学科和班级壁垒，营造联系紧密、沟通畅顺、反应迅速、策略得当的教学联动机制，推进学生的协同发展和特色发展。"

高一年级是高中学习的起始年级，在整个高中阶段占有至关重要的位置。其首要任务是让学生尽快适应高中的学习和生活，在短时间内由初中过渡到高中。高一学得好，高二高三就能沿着正确的轨道顺利前行。在高一年级落实协同式教学机制，加强教育教学管理，充分调动教师、学生、家长的积极性，挖掘教育资源，形成教育合力，提高教育教学效益，实现三年质量目标，要从以下三个方面抓起。

一、建设多层次协作体系，为协同式教学建立协作共同体

没有各类协作体系，协同式教学无从谈起，年级管理着重建设四大协作体系：一是年级管理协作体，以落级副校长为中心，由落级中层和四位年级组长组成，六位管理者统一思想，统一步调，做好年级各项事务和教育教学常规的决策；二是学科管理协作体，以科组长为中心，由本学科教师组成，负责教学活动的具体实施；三是班级管理协作体，以班主任为中心，由班级科任教师组成，负责班级管理和班级教学常规的开展：四是家校管理协作体，由年级领导小组、班主任、科组长，全体科任教师和家长组成，实现家庭和学校共同协作，形成整体性和个性化的教育教学方法和策略。

二、完善通畅的沟通渠道，为协同式教学搭建起迅捷的沟通平台

（1）建立年级与校领导的沟通机制，通过落级副校长和落级中层向校长的汇报与请示，将年级重大决策和措施报校长办公室审议，审议通过后，通过校长办公室与各部门之间协调，落实相关工作。

（2）建立年级领导小组内部沟通机制，通过常态化的年级领导小组例会，讨论和决策每周的教育教学活动，布置相关任务，分责任人落实各项工作。

（3）建立年级与班级的沟通机制，通过每周年级班主任例会，将年级领导小组例会的各项决议布置到班级。

（4）建立年级与学科组沟通机制，通过科组长例会，讨论和布置学科教育教学活动。

（5）建立年级与老师沟通机制，通过科组长例会、年级教师大会、年级教学质量分析会、班科联系会，发布相关教育教学制度和措施，听取教师反馈。

（6）建立年级、班级和学生沟通机制，通过年级学生大会、学生干部会议、学情调查问卷、每周班会，了解和调查学情，教育和管理学生。

（7）建立家校联系机制，向家长发布年级教育教学规划，学生动态发展信息，听取家长意见，实现家校有效合作。

在“互联网+教育”的背景下，创新多种沟通渠道，利用微信、QQ和腾讯通三大互联网平台，建立年级组、班主任、科组长、班级家长等微信群、QQ群和腾讯通群组，实现协同式教学各环节之间的不受空间和时间限制的无障碍沟通。

三、建立科组、班科、师生、家校协同制度，为协同式教学做好制度保障

俗话说“无规矩不成方圆”，无论要达成什么目标，都需要有相应的制度来保证任务的完成和目标的达成。

（1）建立科组长负责制，制定每周集体研讨任务制。科组长既是年级本学科教育教学的把关人，又是学校和年级教育教学管理的执行者，更是年级教学活动的组织者。科组长必须团结科组全体成员，将备课组建设成高效互助的集体。年级组规范集体备课的时间、地点和内容，切实做到定时间、定地点、定研讨主题、定中心发言人、定研讨材料，科组长提前一周向年级组提交相关内容。集体研讨和教学要充分考虑到年级和班级的具体情况，针对不同层次班级制定相应的教学策略，要求学生认真落实教学活动的各环节，预习、听课、笔记、作业、反思小结认真完成，帮助学生养成自主学习的好习惯，教师引导学生多进行师生交流，多质疑，多启发，形成师生的有效互动，从而提高教育教学效率。

（2）建立班主任负责制，以班主任为中心纽带，团结班级科任教师，形成班级教学管理共同体。班主任和科任教师都是班级建设的管理者和参与者，班级建设的好坏，班科团队共同负责，改变过去班级管理只是班主任一个人的事的情况。班级科任教师和班主任通过班科联系会，分析班级学情，制定符合班级实际的教学方法和策略，建立班主任与学生、科任教师与学生顺利沟通的桥梁，随时激励学生和指导学生学法，随时调节学生的情绪状态，打造一个个团结奋发的班集体。

（3）制定各项教育教学常规管理制度，严抓教学常规。教育教学管理制度是各项工作是否落实的参照体系，建立起全面完善的常规制度，可使协同式教学落实到最后一公里。

（作者为龙城高级中学行政和人力资源管理中心主任）

科学决策　精细管理　团结协作　高质高效

——对2017届高三复习备考工作的思考

教学管理和学科发展中心　李　勇

认真组织高三复习备考，是深化教育综合改革，提升育人质量，努力办人民满意教育的重大行动，是提高学生八大素养的重要途径，高考质量能在很大程度上反映高中阶段的教育质量。2017届高三复习备考工作已全面展开，为确保此工作能紧张、有序、高效地进行，通过梳理归纳总结，得出一些管理体会，抛砖引玉。

一、指导思想

科学决策，精细管理，团结协作，高质高效；研究型备考，精细化备考，数字化备考，合作型备考。

贯彻学校“崇真尚本，追求进步”的理念，发扬龙城精神——实事求是、与时俱进的科学精神；拒绝平庸、追求卓越的拼搏精神；互相欣赏、携手共进的团队精神。认清形势，准确定位，因材施教，争取在2016年高考取得较好成绩的基础上，再创我校2017年高考辉煌。

二、现状分析

1. 高考背景

根据《国务院关于深化考试招生制度改革的实施意见》，广东省在2016年已经开始施行全国卷，试题难度加大，考查形式也复杂多变。本届考生面临的是广东实行全国卷考试的第2年，我们有了一定的备考经验，从试题的难度等方面考虑，仍然给新一届的高三备考提出了更高的要求，但是从2016届高考广东省的录取分数线来看，存在着一定的机遇，但又是我们新一届高三巨大的挑战，明年的高考成绩同样会受到各方的关注，进一步关系到我校的办学绩效和社会声誉。

2. 学校现状

学校创办于1995年，20多年的沉淀，从一所区属普通学校成长为国家级示范高中、广东省高中新课程改革样本学校、深圳市课改特色学校。作为一所承载着几百万龙岗人梦想的学校，龙城高中高考成绩持续多年稳步攀升，连续10年获得深圳市高考卓越奖。从2011年到2016年，高考重点大学上线率从17%到48.43%，连续增长31个百分点；普通本科上线率从65%到92.68%，连续增长27个百分点。曹骊亭、欧天盛、许骏洲、谢韵、李佳佳等一批龙城优秀学子相继从龙城高中跨入清华大学、北京大学、香港中文大学

（深圳）等全国名校。论办学实力和成果，龙城高中已跻身深圳名校。更重要的是，它是伴随着龙岗区社会经济快速发展成长起来的真正的本土学校。2016年高考受生源、试卷难度以及备考经验等因素影响，我校文化类考生未能进入全省前100名，拔尖学生与市属名校相比存在差距。我们期待龙高教育集团的诞生，进一步优化生源和师资队伍，提升我区基础教育竞争力，打造东部教育高地。

3. 师资团队

师为校之本，雄厚的师资力量是学校的核心竞争力，是学生和学校发展的根本保证。结合现状分析，我们对本届高三的优势和不足总结如下：

优势：

（1）学校领导以及各部门对本届高三年级给予了大力的支持，形成了一个全校备战高考、全校支持高三的良好氛围，集全校力量在新一届高考中再创新的辉煌。

（2）以年级组长、科组长为主体的年级基层管理干部队伍是一支责任心强、管理经验和高考备考经验丰富的干部队伍。

（3）高三年级教师队伍是一支师德水平高、业务能力强、富有创新意识和开拓精神素质全面的教师队伍。

（4）本届学生学习风气好，学习态度端正，学习积极性和主动性比较高，学生勤于思考，主动提问形成习惯。

不足：

（1）管理干部对于高考备考的科学性还要不断探索，在管理工作的计划、落实、检查、反馈、总结等环节上要更加细致到位。

（2）本届高三年级教师中老高三教师留下的比例不到1/3，在备考经验上尤其是全国卷的备考需要更多地向上届高三学习，也需要在今后的备考工作中锻炼和培养。

（3）本届学生生源状况总体质量在下降，各个分数段都比上一届人数要少，尖子生源数量较往年少，不够拔尖，离名校的要求有距离，同时低分学生群体又偏多，部分学生好的行为习惯还没养成，德育常规教育仍是高三工作中一项重要工作。

面对学校已取得的成绩，我们如何超越，如何再创新的辉煌，这是我们高三团队共同思考的问题，我们要在以上现状的基础上发扬科学精神、拼搏精神、团队精神，实现新的增长和新的突破。

三、本届高三年级工作目标

建设一支科学备考（实事求是、与时俱进）、努力拼搏（拒绝平庸、追求卓越）、团结协作（相互欣赏、携手共进）的高三年级教师队伍。

实现2017届三项高考目标（具体各班高考目标将在近期公布）：

（1）重点上线率超过50%，本科上线率94%，专科上线率99%；

（2）实现文理科全国名校的突破；

（3）在全市高考总分及单科前100名所占人数稳中有升。

四、本届高三年级备考思路策略

1. 备考思路：科学决策，精细管理，团结协作，高质高效

事物在发展，形势在变化。面对新情况、针对新问题，我们就要在借鉴运用过去成功经验的基础上有所创新，以适应新形势，迎接新胜利。

全国卷与原广东卷相比，全国卷中有些科目（数学、物理、地理等）的难度有所提高，有些科目（英语、政治等）的难度持平或略低，总体上全国卷比原广东卷难度要高。

语文：从考生的答卷情况来看，总体上是较好的，但也反映了考生一些普遍性的问题，例如对名句意义的理解有所欠缺，对作品深层次意蕴的把握有所欠缺，对漫画寓意的把握有所欠缺，仍停留在表层的思考，缺少社会学、哲学、文化学等高层面的思考。

数学：从评卷情况来看，大部分考生熟悉全国卷的题型与结构，部分考生能够灵活运用数学基础知识解决问题，并具有独特的思想方法。但也存在一些问题，如数学符号书写不规范，数学语言表述不清晰，推理论证能力较为薄弱，运算能力有待提高。

英语：从考生答卷情况来看，广东考生对英语科全国卷题型还是比较适应的。短文改错题虽然是原广东卷时没有使用过的题型，但只要语言知识基础扎实，得分相对比较容易。可遗憾的是，部分考生死板地按照备考时形成的思维定式去判断，误以为某些知识点是必考的考点，答题时纠结于对这些考点的确认中，而不去寻找真正错误的该改的地方，从而导致了误判情况。

政治：建议今后考生应从如下几方面加强：提高审题能力，领会命题意图；在熟悉基础知识、基本原理的同时，注重对知识与原理的综合运用；加强概念分析、判断准确、推理合理等逻辑思维能力训练；关注时事政治，学会理论联系实际。

历史：从考生答卷的情况看，全国卷难易度、区分度等方面与原广东卷相比基本一致。建议在注重基础知识、基本技能教学的同时，还要注重加强学生运用历史综合知识分析问题、解决问题能力的培养。

地理：教学中应注意下列问题：一是重视地理基础知识的教学；二是重视地理规律与原理的理解；三是重视地理方法的运用。

物理：从评卷整体情况来看，全国卷比原广东卷要难，建议平时的中学物理教学中，应在注重基本概念、原理的基础上，加强物理情景的分析，注重学生物理思维能力的培养，同时加强平时作业和练习中学生答题严谨性和规范性的训练。

化学：建议中学化学教学要加强对化学基本原理、概念、元素化合物知识等基础知识，以及化学用语、化学计算、化学实验等基本技能的掌握；对化学基础知识、基本技能、基本方法的教学应重视内容的理解与运用，而不应是机械式的死记硬背；同时，强化学生认真、细致、全面的思维与规范作答习惯，以形成良好的学习行为及思维品质。

生物：试卷结构和考试重点与以往广东省自主命题相比，差异并不大，考生比较适

应。建议中学生物教学中，要在加强基础知识、基本概念和基本计算的基础上，更加注重知识的融会贯通和综合能力的培养。

我们要及时了解教情学情，重视各方信息的交流，这样才能随时调整备考组织工作，实现备考的科学性和针对性，形成一套科学、规范、富有实效的管理模式，在抓高考备考的过程中，要秉承实事求是的精神，做出科学决策，突出以人为本，做到层层落实。

2. 备考策略：研究型备考、精细化备考、数字化备考、合作型备考

我们要研究并深刻剖析高考题，让学生找到“回家的路”，提倡“研究性”教学，把高考题讲成“俯视效果”，不要讲成“仰视效果”。

我们要认真钻研教材、大纲、考纲、考点、考题，以高考的难度、深广度教学，注重双基，培养能力，精讲精练，讲精练透，选点要准，落点要实，复习要透，同时，执行力是关键。所谓执行力，就是高质量地把小事做好，把常规做细，把细节做实，就是正确、速度、到位。执行力由五要素组成：落实什么、什么时间落实、谁落实、落实到什么程度、如何检查落实情况。NBA有一句名言：“没有最好的战术只有最强的执行者。”

我们要利用数字化备考提高效率，我们将充分利用微信群、学校监控、学校阅卷系统、质量分析系统辅助备考，提高工作效率。

永不言败的旺盛斗志是我们开启整个高三工作的金钥匙，不管是领导小组成员还是科组长、班主任都要形成强有力的团队，全体教师要相互欣赏，团结协作，资源共享，任务共担，上下同心，一起创建我们特有的精神家园：和谐的人际关系、温馨的人文环境、奋发向上的精神风貌、充满激情的学习工作状态。

3. 具体措施

（1）合理制定高三复习时间安排和考试安排：

第一轮总复习时间安排为2016年8月至2017年2月底；

第二轮总复习时间安排为2017年3月至4月底；

第三轮总复习时间安排为2017年5月至6月。

2016年8月25—26日：高二第一次月考；

2016年10月底：惠州模拟考试；

2017年1月：佛山一模；

2017年2月：深圳一模；

2017年3月：广州一模；

2017年4月：深圳二模；

2017年5月：适应性考试。

（2）实行通报表扬、单独提醒制度：

对于年级的正能量事件，老师全校通报表扬，对于一些个别不良的现象采取单独提醒制度，并存档。

（3）实行例会制度：

实行级组长例会，科组长和班主任例会，及时交流总结管理工作、常规落实工作情况，加强级组长和科组长队伍的思想建设和业务培训。

（4）加强集体备课活动的组织管理：

集体备课活动由科组长定期在固定地点组织，做到五定：定时间、定地点、定内容、定主题、定中心发言人。科组要成立传、帮、带小组，“拜师徒”“结对子”，请有丰富教学经验的老教师，做好青年教师的培养、帮扶工作。

（5）建立班科团队，落实目标跟踪工作：

班主任是完成班级高考目标的直接责任人，任课教师是完成学科目标的直接责任人，各班形成以班主任为核心的班科目标跟踪团队，建立对象生跟踪档案，班主任承担着指导、督促学生，协调、组织、指导任课教师跟踪对象生的责任，将目标分解到人，跟踪到位。做到：

①班主任定期召开班科联系会，协调对象生跟踪情况。

②班主任每周要与任课教师至少联系一次，及时交流沟通对象生情况，提出辅导意见。

③任课教师每周要主动与班主任至少交流一次，反馈对象生的学习表现情况。

④班主任和任课教师每天都要有针对性地对对象生进行学习指导、学法指导和心理指导等。

（6）教学常规检查：

为落实教学常规，提高备考效率，由教学处和教研室共同组织对教师的备、教、辅、改、考进行定期检查。每次检查前年级组长负责通知，高三年级科组长负责收集全体本组老师的教案、学案、作业（含试卷）和记分册，交到指定地点，重点将检查作业批改情况（批改次数，是否全批全改，批改是否及时），龙岗区教研室将首先对我们进行督导检查。

（7）加强学习与交流：

面对全国卷，我们要搞好校本教研，所有学科组将召开新老高三老师新高考备考交流会，讨论并制定学科组高考备考计划，上交龙岗区教研室。

我们还要请进来，走出去，他山之石可以攻玉，我们请教研员等备考专家来我校指导，同时我们也要和外面的高考备考名校加强交流，利用考察的机会多和名校老师建立联系，获得一手的教学资源，向使用全国新课标卷的地区和学校学习，这些是尽快提高我们自身应对能力的捷径。

（8）加强教学辅导资料、备考信息的配置管理工作：

①在购买中学学科网的基础上，进一步丰富高三教学用网站的内容，并做好高三教师使用学科网站的辅导服务工作。

②组织高三学科组教师购买最新教师用复习辅导资料，保证教师自编组卷的信息来源。

③严格控制学生用教辅资料，要求学科组针对学生实际自主自编复习资料。

④在高三年级学生使用的学习资料上不得出现下列情况：

·教师在教学中完全依赖购买的教辅资料。

·学生使用的练习或试卷是购买或下载的成套练习、试卷。

·学生使用的习题没有经过教师精选和审做，多次出现错题，或不能解答，或缺乏针对性。

（9）加强课堂教学的听课评课活动：

加强听课评课活动的组织，由科组长负责组织本组教师听课评课。

人员类别及要求：

年级领导小组成员，每周听课至少2节；

高三教师，每周听课至少1节。

（10）深入了解教情学情，加强教法学法的指导落实：

只有及时了解教情学情，才能随时调整备考组织工作，实现备考的科学性和针对性，具体调研方式有：

①访谈。干部每周至少一次深入教师和学生中间了解教师的教育教学情况，了解学生的学习情况，把与教师学生的访谈作为常态工作。

②问卷调查。由高三年级领导小组和教学处组织，每学期进行一次学生问卷调查。

③检查。每月一次对教学常规和学生学习中的预习、听课、作业、复习情况进行检查。包括教师的教案学案、学生的作业本、听课笔记、草稿本、纠错本等。

（11）加强德育工作，为高考备考保驾护航：

只有使学生树立正确的高考观、学习观、成长观，学生才能有明确的人生目标和持久的动力，才能够战胜可能遇到的一切困难；还要将培养学生的行为习惯和学习习惯融为一体。

①班主任要将德育工作作为高考备考工作密不可分的一项重要工作，利用班会、集会、教室文化、组织各种活动等多种形式开展德育教育，不得随意挤占班会课。

②每次大型考试后大力表彰和宣传优秀学生，表彰先进，树立榜样。

③加强学生的德育常规管理和学习习惯培养，提高学生的自我管理能力和自主学习能力。

④邀请专家和往届优秀毕业生举行报告会对学生进行励志教育。

（12）关注学生身心健康，促进学生全面发展：

我们要培养的适应社会发展的祖国的建设者，是具有高尚的情操、健康的体魄和心理的现代化人才，因此我们要促进学生的全面发展。

①坚持开展学生的早晚锻炼活动，养成学生良好的运动习惯，增强学生体质。

②分阶段开展年级或班级文体活动，调节学生的备考状态。

③从开展心理咨询、编辑并发放《心理之窗》、开设心理辅导报告会等多种形式的心理干预活动，培养学生良好的心理素质。

（13）抓好尖子生工作：

①要筛选出班级尖子生，发挥学生学习小组的作用。按尖子生成绩结合实际情况分成若干尖子生学习互助小组，组内学生相互帮助，相互借脑，共同提高，发挥各自优势，提高弱势学科，消化老师额外的学习任务。班主任任大组长，协调统一。科任教师任小组辅导员，协助班主任搞好小组间的竞赛或比赛工作。“独学而无友，则孤陋而寡闻”，要特别强调学生学会自主学习，划分好学习小组后，由组长带领大家主动学习，积极倡导学习是一个取长补短、共同受益的过程。小组间积极开展学习上的竞赛或对抗赛，充分调动学生勇于竞争的勇气与干劲。对取胜的小组可以给些物质或精神奖励。

②消灭尖子生的弱势学科。科任老师要积极采取一对一的结对帮助，必须确保尖子生真正“尖”起来。班主任在方法、思维、心理、应试能力的辅导要重于对知识的辅导。尖子生辅导不同于课堂教学，它不能对课本知识进行简单重复和讲述，因为学生都有较扎实的知识功底，他们缺乏的是学科思维和治学能力。因此思维、方法、心理的培养和辅导成为解决问题、提高成绩的关键。

③科任教师要积极做好尖子生的思想工作。老师要积极根据班主任提供的尖子生名单，经常进行重点谈话，仔细观察，不断给尖子生暗示，挖掘尖子生的内在潜力，调动尖子生的非智力因素，往往会取得意想不到的收获，同时积极采取相关措施消除学生的偏科问题。教师对总分比较好的同学的作用，主要在两个方面。一是对总分比较好的同学我们应采取什么措施呢？若总分比较好，而我们所任课的这一学科又是学生的强项，我们就应该进一步地发挥学生在这一学科的优势，对该同学报以更大的信心，进一步鼓励他在这一学科冒尖，提高他这一门学科对总分的贡献。二是对总分比较好但某一学科相对来说比较弱的学生，我们一方面要认识到本学科对学生总分的重要性；另一方面我们要从思想上让这些同学感受到本学科的重要性，以及本学科对这些同学来说并不是很困难的一件事情，即我们要从思想上先对这些同学补课，思想是起决定性作用的，只要思想问题解决了，学生的这一门课的学习也就会得到解决。所以对他们的补课要从思想补起，只有补思想才是让学生改变本学科的学习状况的最有效的方法。

④尖子生的各类作业、周练、试卷等批改要细致。要把存在的问题，哪怕是一个标点、一个不合理的步骤、不合理的书写也要积极纠正，不留死角，不留后患。要讲究作业、试卷评后思想态度、思维习惯、知识和方法的查漏工作，做到考后有收获。注意帮助尖子生设计错题本，保存试卷、补充试题和笔记本，积累错题，便于日常反思与总结。

⑤把老师们对学生的高期望积极地或明或暗地转达给学生，让学生按自己期望的方

向发展。要积极结合师生谈话多谈心交流沟通，多挖掘尖子生内部的潜力，调动学生的积极性，要让尖子生有强烈的考上北大清华以及名校的愿望，这就是所谓的皮格马利翁效应。要通过高期望给学生有效的动力，激发学生的学习热情，帮助学生学会自律，不断鞭策自己努力学习。在教育教学中各位任课教师帮助学生正确认识自己；激励尖子生超越自我；训练尖子生的耐挫心理；培养尖子生的创造能力；帮助尖子生夯实基础，开拓视野；有针对性地加强学法指导，克服不足，提高学习目标。

⑥任课老师要积极让尖子生学会自主学习。要培养学生养成积极独立思考、独立钻研的好习惯。放手让尖子生自主学习，增加自助餐作业和综合练习试卷，尖子生学习能力相对较强，按正常教学计划、教学进度，尖子生吃不饱。

⑦班主任要对班级的尖子生建立成绩跟踪档案。要使学生情况的分析做到经常化。每次的考试后均要有每科和总体的情况分析，通过分析要提出合理的整改措施，便于班主任和科任教师掌握落实。

⑧培养尖子生要重在细节、重在过程、重在积累。一般学生要想在较短时期大幅提高成绩是不太可能的，但是只要各科都能提高1分，总成绩就会有大的进步，所以要积极要求学生解决如何多拿一分，多做对一题的问题；要使学生解决会而不对、对而不全的问题；解决答题不规范，不会用学科语言答题的问题；不重视步骤，做题不严密的毛病；纠正审题不清的不良习惯，养成良好的读题、审题习惯；解决和反思粗心大意出错的地方；加强记忆，保证记忆题目的得分；提高书写质量和规范；注意提高做题速度，学会分配做题时间等。

⑨要加强对尖子生的管理，培养尖子生的自我约束力、自我性格的完善、自我情商以及自我胆商的发展。对尖子生要多进行思想上的疏导。既要严格要求，也要避免强制性的、不讲道理的严管。要明白严师出高徒的道理，但也要注意言之有道，避免走两个极端。

结束语：我们会一起去寻找工作的快乐，我们有理由相信，以我们高度的责任心、饱满的热情、集中的精力投身于高考复习，我们的成绩一定会有一个新的提升，新的发展，为即将成立的龙高教育集团贡献自己的力量，提升我区基础教育竞争力，打造东部教育高地。

（作者为龙城高级中学教学管理和学科发展中心主任）

不要忽视“吃”的问题

——对学校开展“食育”的思考

学生服务中心　谢　瑞

近年来，随着经济的快速发展，城乡居民生活水平日益提高，加之经济全球化和互联网的影响，一方面，居民（尤其是城镇居民）对食品的选择以及饮食习惯呈现出多元化趋势；另一方面，市场发展过程中出现的基因技术、成本因素以及社会诚信缺失等导致的食品卫生安全问题出现集中爆发的局面。这两方面的因素，对于当代人的身体素质而言，已经造成了不容忽视的影响，尤其对于时值生长发育期的中小学生，其负面影响更大，且难以在短时间内做诊断性评估。鉴于此，我校以2013届高三学生为直接调查对象，以饮食习惯为主要内容进行问卷调查，结合对当代青少年身心发育特点的普遍认识，对调查结果和部分学生访谈内容的分析总结，论述在中小学开展食育工作的重要性和策略。希望能为我校开展食育工作提供必要的依据和参考。

一、调查结果

（1）调查对象为16—17岁年龄段高中生，有效调查表为1000份，基本概括此年龄段在校寄宿制高中生的饮食习惯。

（2）早餐情况总体较好，对早餐重要性的认识有一定保证，但有四成受访者早餐并不规律，或者时间不固定，或者食品结构无保障，更甚至长期应付了事。对于青少年成长发育时期所需营养补给，值得关注。

（3）近七成受访者对于方便面等速食食品的认识是无所谓，认为偶尔食用没什么问题。实际上，在繁重的学业压力和紧张的时间安排背景下，方便面成为学生替代主食的主要食品，尤其对于在校学生，这一现象更为严重。

（4）对于营养均衡和食品结构等相对普及的饮食习惯，大多数受访者显示出理想的判断，水果和蔬菜的摄入量在有监控的前提下能够得到基本保障，但从现实观察的角度分析，偏瘦和偏胖的情况都占到了不小的比例，证明营养和食品结构的合理性仍有待提高。

（5）一日三餐的基本饮食格局很难得到保证。不少受访者信奉少食多餐的理念，但却过于强调多餐的形式，导致很多学生正餐不好好吃，依赖下午的零食和夜宵，学生群体中得胃病的比例日趋增高，主要源于进食时间和饮食结构的不规律。

（6）学生对油炸食品和高糖、高热量食品的摄入量比例偏大，对美味而健康度低的食品的自控力较弱。糖果和膨化食品成为零食的主要选择，几乎所有受访者对于油炸食品没有任何抗拒，危害较大。

（7）饮料代替白开水的现象较为严重。尤其是碳酸饮料的普及程度较高，近一半受访者平均每天喝一瓶饮料，平时喝白开水越来越少（各班水卡销售量呈下降趋势）。

（8）三餐的时间和吃饭过程中的习惯等问题的调查显示，有超过一半的受访者三餐时间不固定，吃饭过程中还做别的事情。这些习惯严重影响营养的吸收和食物的消化，不利于青少年的身心健康。

（9）调查显示，饮食习惯受情绪影响较大，学生对自身现有习惯的认识不足，认识到问题并做出调整的决心不够，盲目减肥、增肥的比例较高，对一些基本的健康常识的了解相对较少，这些都和教育行为有直接关联。

（10）受访者都表示对学校开设食育课程具有高度的需求和兴趣，希望能通过更多、更有效的渠道了解饮食健康的一些常识，通过适当的引导和约束来调整自身的饮食习惯。

教育部公布了2010年对全国18万多名学生14项指标的体质监测结果。我国18万多名7岁至22岁年龄段城乡男女学生身体形态、生理机能、体能素质、健康状况等4个方面14项指标的健康监控结果，与2002年类似健康监控结果进行比较后得出结论：学生整体营养状况有所提高，但体能下滑、近视、肺活量降低、肥胖等问题却呈上升趋势。这其中的几项重要指标变化主要是因为运动不足和“吃”造成的。

二、现实需要

针对现状而言，整个社会，包括家庭与学校教育，对于孩子成长过程中“吃”的问题的引导和干预或者说积极有效的干预是缺位的。《上海商报》曾做过一项针对10万名家长的营养调查，结果显示：有七成以上的父母都会带孩子去吃洋快餐，约九成的家庭或多或少在家中备有零食，还有四成的父母有时会带孩子吃街边食品，蜜饯、饼干、烧烤、油炸类等垃圾食品常常进入孩子们的食谱。70%左右的父母对儿童营养健康知识的了解程度比较肤浅，还有约10%的父母对此毫无了解，只有20%左右的父母对孩子身体、心理发展的不同阶段的食品营养搭配有较高的了解度。上海师范大学教育学教授钱源伟指出，不少家长知道孩子存在不良饮食习惯，但却对如何矫正束手无策。对此，家长应多参加一些儿童营养健康知识普及讲座活动，学习有关知识，补上食育这一课。

另一方面，学校对于食育课程的开发，就现状而言，基本上还处于零星的试点状态。传统观念认为，食育是家长的事。可事实上，家长普遍缺乏科学饮食观念，加上当今人们的生活节奏加快，家长很少有时间能对孩子进行系统食育。如今青少年在家就餐的次数减少，早餐和中餐经常在外解决，孩子自主选择时往往发生偏差。尤其进入初高中的学生，学业压力大、学习时间集中，家长对于孩子的引导和监控时间远低于孩子在学校的学习时间，在这种情况下，学校开设食育课能够保证食育的时间和授课的系统性。集中授课也容易激发孩子学习科学饮食知识的兴趣。食育进学校、进课堂，甚至课程化，对于现阶段的基础教育，意义重大，却任重道远。

我们有必要把当前食品安全事故频发的现象放在中国经济、社会转型期的大背景下进行观察。食品安全事故频发，表面上直接原因是不良生产者的违法行为，但更深层次的原因是中国农业生产方式的转变、社会对食品安全重视程度的提高和政府检测监督机制的不到位，甚至是整个社会意识和教育内容的缺失。面对形形色色的食品安全事故，很难简单地把问题归结于某一个环节。在食品生产、加工、储运、检测和消费的产业链上，每一个环节都可能存在不同程度的问题。我们按照导致食品污染的不同诱因和解决方式的差异，可以把食品安全问题的原因归结为五类：

第一类是自然环境或客观条件的影响，大体上属于不可抗力的外部因素造成食品污染或变质；

第二类是食品供应链上的利益相关者出于私利或盈利目的，在知情的状态下人为地影响食品质量；

第三类是食品检测监督条件不完善、对食源性病原菌缺乏认识或从业人员非主动性过失，造成劣质食品未被发现继而进入消费环节；

第四类是食品安全和追踪惩罚的法制不健全或者从业人员徇私舞弊，导致食品安全事故的危害继续扩大；

第五类是民众安全意识缺乏，对食品安全的基本认识不足而导致错食、误食等状况。

针对以上五类情况，加强学生必要的学习与训练是有效防范食品安全问题的必要条件。举例而言，当前中小学生饮食习惯中一个比较突出的现象是，饮料代替白开水，各种碳酸饮料、运动功能饮料、高糖高脂饮料甚至还有依赖性副作用的饮料在校园里颇为流行，中小学生在学校或者家里饮用白开水的比例不足50%。而这些饮料中各种添加剂和微量元素成分对于正值生长发育阶段的青少年而言弊大于利。学生中肥胖率大幅上升，第二性征普遍存在，营养过剩和营养不良等不健康状态比例提高，早熟等意识发育异常现象普遍，这些事实都表明社会、家庭、学校、学生自身对于食品的安全性和功能认识上存在巨大缺位，长时间放任不良习惯，势必加大对青少年身心发育的危害。

三、策略建议

（一）宏观层面

1. 观念的转变

根据现今社会环境，从某种意义上讲，食育的意义已经不亚于智育、体育，它不仅关系到国民的生命健康，关系到人与自然的和谐、资源的合理利用，还关系到本国农业的出路。

食育不能仅理解为知识的教育，不能仅满足于对营养成分的宣传。因为即使营养学家，也很少有人能坚持做到每天按营养成分表计算配餐。而是要通过许多“吃”的实践，使人们把健康有益的食谱和摄食方式，变成自己的习惯，其中最有效的做法就是重视幼儿的习惯养成。

一些传统的观念认为，教育应集中于智育、体育与德育，认为“吃”的问题是青少年应该在家庭教育中获得而且必然获得的知识，从而忽略了现阶段社会环境下，青少年在成长过程中所遇到的关于营养健康问题的困惑。实践决定认识，认识指导实践。客观地讲，社会观念的转变不是一朝一夕的事情，但却是从宏观层面出发的直接思考，这一点体现在民众对教育自下而上的需求上，更需要整个社会自上而下地引导和重视。

2. 行政主管部门对于食育问题的准确认识和定位，建立法律与制度的保障

在这方面，日本的实践走在了前面，有许多值得我们学习的地方。自20世纪50年代起，日本的小学和部分中学就开始给学生供应午餐。1954年日本政府制定了《学校给食法》，明确规定，学校供餐的目标是指导学生养成良好的餐饮习惯，促进人际交往，了解营养、健康以及和粮食生产有关的知识。2005年日本又颁布了《食育基本法》，将其作为一项国民运动，以家庭、学校、保育所、地域等为单位，在日本全国范围内进行普及推广。让人们通过对食物营养、食品安全的认识，以及食文化的传承与环境的调和，对食物的感恩之心等，达到“通过食育，培养国民终身健康的身心和丰富的人性”这一目的。日本作为长寿之国，对于饮食文化的重视和科学规划，尤其对于青少年饮食习惯的引导与保障上升到立法和制度的层面，值得我们借鉴与学习。

3. 国家课程体系的开发与运用

食育课程的开发与应用并不是一个新问题，包括我国在内的许多国家都做过这方面的尝试。在日本的小学，生活、社会等有关课程及课外活动中有很多食育的内容。日本不但注重让儿童在实践中进行食育，同时还把食育引入课堂，使儿童得到深刻的理性认识，加深对食育的理解。同时，日本在大学还不定期举行食育年会，吸引众多大学生参加。日本食育的经验值得我们借鉴，如注重立法、家校合作、政府引导，等等。我国疾病预防控制中心营养与食品安全所和营养学会共同编制的《中国儿童青少年零食消费指南》（以下简称《指南》）已经正式出台。《指南》涉及很多有关饮食知识与习惯的焦点问题。《指南》指出，零食可为青少年儿童提供一定量的能量及营养素，科学、合理吃点儿零食不仅无害，对身体还是有益的，关键是看怎么吃。目前，《食育教育手册》书稿的基本内容也已初步拟定。可见，在我国人们已经广泛认识到了食育的重要性并迈出了可喜的一步。我国食育的开展，可以借鉴他人经验并结合自己的国情，走出一条符合自己的新路。

上海市在食育课程开发方面做了一些尝试。上海市教育科学研究“十一五”重点课题“现代城市小学生‘生存教育’的实践研究”的主要研究成果之一《小学饮食教育读本》（限小学四、五年级学生试用），可作为学生家长和教师开展饮食教育的参考读本。该读本是以《中国居民膳食指南（2007）》为基础，并在上海市营养学会名誉理事

长史奎雄教授、副理事长蒋家骐的指导、审阅下完成的。

这样的课程化尝试目前在我国还处于零星的试点阶段。我国应结合各个地区自身特点编制有针对性的食育课程，构建国家课程体系，并积极推进其进入学校和家庭，使食育真正走进校园，走进家庭，成为与德、智、体、美并重的教育手段。

4. 加强市场监管，优化食品卫生环境

近年来频繁发生的食品卫生安全事故警醒整个社会对食品卫生问题进行关注。尤其对于受众面大、影响长远的青少年而言，远离食品卫生安全事故，优化食品卫生环境，形成健康的饮食习惯，是他们健康成长的必需条件。在政府加强市场监管，企业加强行业自律，消费者增强安全意识等多方面因素共同作用下，可为青少年成长建设一个安全、健康的饮食环境。

（二）中观层面

1. 地方政府统筹和落实，加大教育投入

教育投入有限是限制地区教育发展的一大难题，也是区域经济发展不平衡的一种直观体现。素质教育理念落实难从根本上讲也受制于教育投入有限的问题。就我国现有的食育发展状况而言，各地方对于这方面的投入占教育总投入的比例也是相对较低的。包括课程开发、教师培训、食堂等物质条件建设等问题，都限制了食育课程在学校教育中发挥作用。所以，加大投入、改善物质条件是落实食育效果的基础。

2. 建立健全评价机制

日本《食育基本法》中明确了对于教育行政部门和学校开展食育效果的监督和评价标准，以此作为衡量和评价教育部门对于食育开展的效果和水平，同时也发挥引导和激励的作用。当前应试教育为重的教育模式与素质教育、全面教育的冲突成为我国教育的一大特点，要真正使食育落实到学校课程和课堂当中，建立健全相应的评价机制是制度保障。

3. 加强专业教师的培训

在建立课程体系的基础上，加强对专业教师的培养和培训是保证课程实施效果的必要条件。目前，我国尚无专业的食育教师。针对这种情况，一方面，师范类院校要加快开发培养专业食育教师的相关课程和专业；另一方面，也是当前我国可主要采取的一种方式，就是利用已有师资力量，跨学科培训相应的食育教师，建立相应课程，将中小学生适用的、可操作性强、较为基础的专业知识传授给这些老师，以此强化指导的专业性与权威性，保证安全性。

（三）微观层面

1. 学校层面落实相关要求，保证课程实施，推进食育进课堂

学校是落实国家教育方针政策的主阵地，也是最基层的单位，同时也是确保教育效果的最直接要素。基础教育阶段的学校必须面对应试的竞争，同时，还必须强化素质教

育的理念。所以，学校层面既是国家课程的直接实施者，也是校本课程开发的主力军，更是推动课程真正进课堂，并发挥教育效果的关键层面。学校如何化解当前多元化评价机制带来的压力与冲击对于实施相应课程而言，难度和意义同样重大。

2. 丰富教育手段，强化师生意识，把握服务质量

社会观念的转变不是一朝一夕的事情，更不是一己之力能解决的问题。但在人员相对集中的学校内部，师生有效的互动和正确的引导能够有效地发挥教育的作用。其中，丰富的教育手段和科学的认识尤为重要，避免简单枯燥的说教对于食育这一新的教育内容意义重大。同时，可利用食堂和小超市的服务功能，从供货结构上优化设计，引导学生养成良好的饮食习惯。

3. 建立家校联合教育模式

应该树立一种理念，即食育不仅仅是学校的事，从儿童成长过程来看，食育本身应该从家庭教育开始，从小养成好的饮食习惯更多的责任在于家庭教育。但现阶段我国基础教育的特点决定了学校教育是影响青少年身心发展的主要因素。在此基础上，建立有效的针对食育问题的家校沟通机制，对家长进行必要的饮食安全和营养健康方面的培训对于纠正、引导中小学生在家的饮食习惯非常必要。

4. 食育宣传进社区

城市化进程形成了社区居委会的居民基本居住模式。教育部门包括行政部门和学校可与社区居委会建立一种联动宣传机制，利用社区人口集中的特点和其特有的宣传平台开展食育宣传，发挥这种宣传时效快、范围广、直接便民的作用。

四、结束语

我国对青少年体质的跟踪调查显示：20年来，我国中小学生体质呈持续下降的趋势。主要体现为超重和肥胖检出率攀升，糖尿病、缺铁性贫血等“富贵病”低龄化，青少年的骨质疏松症日渐增加。在现实生活中，常见青少年用饮料代替白开水，经常食用膨化食品、油炸食品，喜爱色彩鲜亮、形体硕大的瓜果蔬菜，在街头的无证摊贩处购买食品……由青少年不良饮食习惯引发的疾病甚至饮食安全问题，让人触目惊心。健康专家认为，导致青少年体质下降的重要原因之一，就是膳食结构的不合理和不良的饮食习惯。可见，对中小学生开展饮食教育势在必行。

食育不仅仅是通常所说的营养知识普及，还是通过许多吃的实践，使每个人形成对健康美味的牢固印象，使人们把健康有益的食谱和摄食方式，变成自己的习惯，自觉地体现在日常生活中。例如，许多人虽然有正确的营养知识，但却往往抵制不住偏食、饱食的诱惑，结果并没有避开生活方式病的危害。这和抽烟嗜好一样，一旦养成了嗜烟的习惯，即使明白吸烟的危害，也很难戒掉恶习。

和德育一样，食育不是枯燥的知识学习，而是满足身心需要的愉快实践。食育必须吸收现代预防医学的一系列成果，通过对人们日常生活饮食营养的分析、改进，让人们

养成科学的饮食习惯。食育当然还要体现人类和自然和谐的原则，让人们的饮食不仅有益于自身的健康，也有利于国家农业和环境的和谐发展，更有利于人类和整个地球的和谐。

食育应当是全民的教育，但有效的食育应该从儿童甚至婴幼儿开始。因此，发达国家不仅非常重视研究制定和不断修订指导国民饮食健康的膳食指南，同时也非常重视通过《家政学》等这样的课程培养，教育未来的母亲懂得正确的育儿知识。同样，要达到良好的效果，需要全社会的努力。

学校食堂既是为师生提供生活服务的地方，也是重要的育人场所，我们必须高度重视并采取有力措施，在食堂管理和食堂文化建设上下功夫，切实把食堂打造成安全实惠、温馨舒适、有文化内涵的地方。

在食堂管理上，龙城高级中学就致力于制度建设和规范管理。一是抓好食堂员工的思想教育工作。每月召开一次员工例会，强调食堂的服务功能和育人功能，提高服务意识和示范意识。二是制定切实可行的规章制度，规范员工行为。现在已制定了《龙城高级中学食堂管理制度》《龙城高级中学食堂员工十条红线》《龙城高级中学食堂员工工作纪律管理规定》，并将这些规章制度印发给员工，在每月的员工大会上学习，较好地规范了员工的举止言行。新招聘进来的员工，第一件事情就是学习这些规章制度，使他们清楚龙城高中食堂的要求，提高员工的整体素质。三是实行岗位责任制。现已制定《龙高食堂主管岗位职责》《龙高食堂班长岗位职责》《龙高食堂厨师岗位职责》，明确责任，分工到人，互相监督，在组织上为食品安全管理提供了有力保障，逐步实现了食堂管理工作的规范化、程序化和制度化。四是提高厨师的烹调水平。在学校领导的关怀下，学校鼓励厨工和厨师进修学习，使烹饪水平提高并拿到厨师证的员工能及时晋级，激发了员工提高烹饪水平的积极性。

在抓好食品卫生安全工作的同时，学校也没有忘记管理育人、服务育人的职责，尽力打造“食堂文化”，让食堂上升到一个更高的文化层次，让师生在就餐的过程中不仅仅感受到在消费食品，更能感受到知识的力量，享受文化的熏陶，并将此作为学校的终极追求。为此，学校重点抓了以下几个方面的工作：

一是规范学生的就餐秩序。利用高一高二学生在食堂劳动的机会，组织学生自觉排队就餐，爱护餐厅公物，遵守餐厅管理制度等。教育每一位学生进餐时注意节约粮食，尊重父母或他人的劳动成果，对他人的热情服务要表示感谢，在餐厅内不得追逐打闹和高声大叫，促进学生养成良好的行为习惯。

二是提高员工的服务水平，实现服务育人。认真做好食堂从业人员的“入口”关，食堂受聘员工上岗之前均必须接受卫生监督部门的培训和健康检查，所有从业人员必须持有健康证才能上岗；严把从业人员的“教育”关，学校强化对食品卫生工作管理人员和从业人员的培训，教育和引导他们牢固树立为教育服务、为师生服务的思想，坚持做到每月有一个教育主题，每周有一个教育重点，定期组织广大从业人员集中学习，分组讨论，完善制度，落实责任；严把从业人员的素质关，学校要求所有从业人员保持良好的个人卫生，穿戴统一的工作服、工作帽，一心一意为食堂工作，始终把尊重学生的生命权和健康权放在第一位，创建一流服务，做到服务育人。

三是充分发挥学校食堂的教育功能。食堂利用进餐时间为学生提供了学习其他相关知识的条件，在餐厅设置了“食品安全与卫生信息公告栏”以及“营养与健康”知识宣传专栏，让学生利用进餐时间学习更多的日常生活小知识。

四是抓好电视文化建设。学校“明厨亮灶”工程将在餐厅安装12台高清大屏电视机，让同学们能够边吃饭边欣赏精彩的电视节目，了解国内外时政要闻，胸怀天下，放眼世界，使他们在紧张的学习之余能够舒缓身心。

（作者为龙城高级中学学生服务中心主任）

创新发展，打造科技教育强势品牌

科研处　张小妮

2018年4月，我校高二年级杨景欣、吴昊两位同学在刘煜民等几位老师的指导下，获得第33届广东省青少年科技创新大赛一等奖；

2018年7月，我校高三年级陈淞等6位同学在以叶磊老师为核心的团队指导下，获得了NOC（全国中小学生信息技术创新与实践活动）乐聚人形机器人任务挑战赛一、二等奖；

2018年8月初，我校陈力玮等4名同学获得第20届全国青少年航空航天模型教育竞赛总决赛一枚金牌和一枚银牌……

以上是近半年来，我校学生在国家级各类别科技比赛活动中所取得的优异成绩，也是我校科技教育蓬勃发展众多成果的缩影。

龙城高级中学自建校以来，秉承“崇真尚本，追求进步”的办学理念，崇科学之真，尚人文之本，致力于科技教育的理论探索和实践行动，形成了较为完善的科技教育体系，取得了良好的科技教育成效。

纵观世界，现代化强国无一不是创新强国、科技强国。习近平总书记在党的十九大报告中提出，要坚定实施科教兴国战略、人才强国战略、创新驱动发展战略等一系列重大战略，从国家的战略方针上赋予教育、人才培养、科技创新极为重要的定位。

深圳，作为国家创新型城市和自主创新示范区，也坚持把创新作为城市发展的主导战略，围绕“双创”核心，设有青少年创新专项计划，大力发掘青少年创客，培养青少年群体的创新素养和实践能力。

2016年，龙城高级中学教育集团正式创建。随着集团的成立，我校学生生源逐渐优化，师资团队逐步加强，各项保障力度持续加大，这些一方面体现了社会各界对学校更为殷切的期盼和更为强力的扶持，另一方面也对我校的各项工作提出了更高的要求。在国家发展的新时代，在学校发展的新时期，如何在传承的基础上，把科技教育打造成龙城高级中学的强势品牌，是摆在我们面前的一个重要课题，如何让学校科技教育进一步促进学生多元化发展，多渠道成才，为更多学生的名校录取提供“优惠券”，是我们需要静心研究、精心筹划的重要工作。

一、特色发展，科技教育结硕果

1. 科技教育核心内容体系

我校科技教育以综合实践学科组为核心，其他各学科为辅助，依托课堂和社团平台，开展研究性学习，突出“三模一电+发明创造”科技特色，大力培养学生创新意识、提升创新能力和素养（见图1–1）。

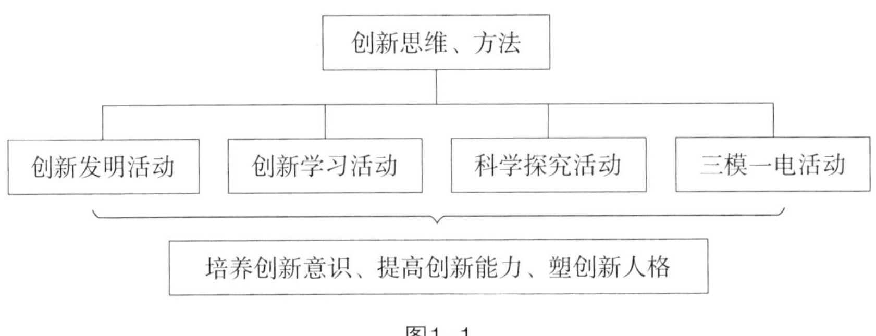

图1–1

2. 科技教育成果

龙城高级中学1995年建校，2004年开始探索科学教育特色发展之路，10多年来，全校科技教育蓬勃发展。一方面，作为科技教育主阵地的综合实践、通用技术和信息技术3门课程在全校基础年级满课时开设，做好全体学生的科学普及教育；另一方面，大力发展科技社团活动，创建精品社团，培养特长学生，目前，航空航天模型社团、航海建筑模型社团、发明创造社团、无线电测向社团“三模一电”已经是学校的社团品牌，在全区、全市都具有较强的区域影响力和辐射力，并且于2015年获评“深圳市优秀科技社团”。

在“全面普及+特色培养”模式下，学校科技教育成果丰硕，指导老师专业快速成长，学生整体科技素养、创新思维、实践能力均得到很大的提升，积极组织参与的各级各类科技类比赛成绩辉煌。多年来，我校科技教育论文、案例、学生作品参加各级各类比赛，共获得奖项近3000项，科技论文几十篇，指导学生的探究性课题不胜枚举，仅2016年就有16项入选深圳市教育局组织的“深圳市中小学生探究性小课题”。近几年，学生已取得了几百项发明成果，现有几十项成果已获国家专利授权，近期又有60余项成果正在申请国家专利。教师专业也得以发展，取得了8项专利，10多个作品在全国、省市创新比赛中获奖。2016年11月，发明创造社团刘煜民老师指导学生刘威孝、蔡佩燕发明的作品“山体滑坡预警系统”在第九届国际发明展览会上荣获“发明创业奖·项目奖”金奖，郑志豪、徐茜茜的作品“燃气灶辅助节能系统”荣获铜奖。2018年4月，高二年级杨景欣、吴昊两位同学在刘煜民等几位老师的指导下，获得第33届广东省青少年科技创新大赛一等奖。

我校科技教育探索挖掘特色课程资源，推进校本课程开发，构建本土性、特色化的“校本课程”体系。根据我校的育人总目标和素质教育原则，结合学校师资优势及学生个性发展的需求，相继开发了《创造力开发》《无线电测向》《建筑模型设计与制作》

《航海模型》《航空模型》《算法与程序设计》等多本特色校本教材。

3. 学校科技教育大事记（见表1-2）

表1-2

时间	龙城高级中学科技教育大事记
2004年	学校大力开发科技类校本课程
2007年	学校确立发展科技教育特色的目标； 被认定为“广东省航空航天科普教育定点学校”
2008年	被评为“全国科技活动教育实验基地”； 被评为“中国少年科学院科普基地”
2009年	荣获“全国科技教育示范单位”称号
2010年	承办龙岗区头脑奥林匹克竞赛； 被评为“全国科学教育优秀基地”
2011年	被授予“全国航空特色学校”称号
2012—2015年	连续四年获“航海模型特色学校”称号
2015年	龙腾创客实践室被评为“深圳市优秀创客实践室”； 航海建筑模型社团、创造发明社团、无线电测向社团三个社团被评为“深圳市优秀科技社团”
2016年	被评为“广东省青少年科学教育特色学校”
2016年	在国际发明展览会上，我校学生两件作品分获金奖和铜奖
2017年	猎狐与电子制作社团获评“深圳市优秀科技社团”
2007—2018年	先后4次被评为“全国青少年航空航天模型教育活动优秀基层单位”； 先后4次被评为“全国青少年车辆模型教育活动优秀基层单位”； 先后10次被评为“深圳市青少年科技模型教育活动优秀单位”

二、创新发展，打造科技教育强势品牌

1. 创建科创空间

我校是大型寄宿制学校，办学规模大，学生人数多，各功能场所需求量较大。目前，科技活动教室仅一间创客室，一间制作室，其他活动开展只能错峰使用实验室和电教室，这种空间的缺乏大大影响了学生活动的开展，限制了很多适合我校的科技创新类课程的引入，限制了我校科技教育的大规模品牌化发展。所以，我校需要寻找空间，增强顶层设计，系统规划，创建一个全国先进的、独立的、有特色的科创活动环境空间。

2. 增强教师团队

目前我校科技教育指导老师主要是综通和部分信息老师，且专职的极少，每人都身兼数职，造成老师很难集中精力深入钻研专业领域。同时，有些优秀项目校内并没有专业教师指导而导致无法开展。针对这种情况，我校结合实际，采用了“引育并举，专兼同行”的策略，一方面，大力发掘和培养校内对科技教育领域有兴趣和特长的老师，

提供平台，系统培训，助其专业成长，成为专职科技导师；另一方面，物理、化学、生物、地理等文化学科老师也可以作为科技教育兼职教师，利用课堂或第二课堂，开发拓展类课程，进行科普教育；第三，也可引入校外专家、优秀科技辅导员或专业人才来校深入课堂，开设讲座，定期指导，以弥补校内专业师资的不足。

3. 拓宽教育载体

增强学生的科学素养，培养他们的创新思维和能力、实践探究能力应该是涉及多个学科领域的全方位的系统工程，所以，应该倡导“全面普及+重点开发”。

（1）课程方面，继续以综合实践、通用技术和信息技术课程为核心和科技教育重点实施学科，同时进一步鼓励物理、化学、生物、地理等文化学科开发学科拓展校本课程，创新试验、课题研究、社会实践等都可以作为课堂或第二课堂研习内容，面向全体学生进行科学普及，培养全体学生的科学素养和创新思维。

（2）内容方面，科学知识、科教栏目、研究性学习、科技论文、实践活动等都可以全面普及，对有兴趣、有潜质、有能力的学生可以重点培养，扬长教育，鼓励其参加各类科技竞赛，进行发明创造，推动其申请专利，促其专业化成长。

4. 丰富展示平台

充分利用学校的软硬件环境和设施，营造浓厚的科技教育氛围。通过设置科普宣传栏、选播央视科教优秀节目、增设科技节中的科技创新作品展示、举办校园创意大赛等，一方面，让更多的学生及时了解科技前沿信息；另一方面，提供展示机会，激发更多学生的科技兴趣和潜质，促进学生的多元化发展，丰富龙高校园文化生活。

5. 加强互动交流

倡导“走出去，请进来”。一方面提供更多的机会组织科技教育导师甚至优秀的社团学生外出培训，观摩学习，参加竞赛，交流展示，同时，充分利用专家、家长、校友、高等院校、科技公司、公益组织等各类资源，让他们进校指导交流，或组织各类活动，以提升专业技能、拓宽视野格局。

6. 助力自主招生

新高考政策的落地实施，让更多高校有了自主招生的权利，这对高中教育是个导向标。所以，研究各类名校的自主招生政策，熟悉相关要求，相应地开设特色课程，系统培养，可以为更多具有科技创新潜质和以后有意愿从事这方面职业的学生，提供更多进入名校的“优惠券”，这也是我们要去静心钻研、用心谋划的具有开拓性的重要工作。

教育强则国强，教育兴则国兴。我们应抓住国家发展的新机遇，在龙城高级中学教育集团蓬勃发展的新时期，继续加强科技教育建设，让科技教育成为学校的一个品牌、一张名片，为学生的多元化发展、多渠道成才添一分力量。

（作者为龙城高级中学科研处副主任）

大数据时代学校德育工作的机遇和挑战

德育处　向亚君

“学生能不能带手机进校园？”

“学生能不能上社交网络？”

……

对诸如此类问题的讨论，不管是在官方媒体还是非官方平台，不管是在网络媒体还是平面媒体，一直“吸粉”无数，引来了众多德育工作者的热议，其中持保留、反对意见的，并不在少数。

可见，对于已经到来的大数据时代，多数中小学德育工作者是被动的。

但是，爱也好，怨也罢，都得面对。那么，大数据对于学校德育发展有哪些意义呢？

一、大数据给学校德育带来的机遇

1. 创新学校德育形式

我国传统的学校德育在实施形式上通常采取强制灌输式。德育场所局限于课堂，德育的传授则是在固定时间采取班级授课制，形成了枯燥乏味的“我说你听，不懂也背”的注入式德育学习。但实践证明，传统的德育形式不但没有取得显著的教育效果，反而使学生对德育产生了逆反心理。大数据时代，学校德育借助网络优势，学生不受学习空间和时间的限制，根据自身实际自由地选择德育学习。学生对于感兴趣的话题可以在网络上展开交流，网络的数字化与符号化消除了面对面沟通的尴尬，在一定程度上缓解了由年龄、学历和性别等引起的紧张心理，让学生能真实大胆地发表自己的意见和想法。大数据时代的学校德育使学生摆脱了传统课堂的束缚。自主式、参与式的德育形式强调以学生为主体，满足了当代青少年思维跳跃、好奇心强、善于探索的个性，学生将从“不得不学”转变为“我要学”，强烈的学习兴趣和热情势必使学校德育的效果事半功倍。

2. 德育内容广泛多元，获取方便快捷

大数据时代，网络新媒体每时每刻都在更新数据信息，内容涵盖了社会、经济、政治和科技等各方面，地域横跨世界各个国家，学生能够即时查阅大量信息，开阔了思维和视野，体味了社会百态，实现了和世界的零距离交流。如2015年3月11日上海某司机拖死交警一事在发生不到6个小时的时间里，网络上便出现了该事件的详细报道以及9万余条评论。学生在浏览新闻的同时，实则是在阅读一个真实的道德案例，通过文字、图片甚至是视频共同呈现的案例会比传统的教师讲授更加深入人心，更有说服力。而评论中的各种观点也会给学生带来启发，帮助他们形成正确的人生观，价值观。

3. 有利于预测当前学生群体道德发展的总体趋势

正是由于道德过程的复杂性和多面性，我们在数据中挖掘有关德育的有价值的信息才显得更有必要性。大数据的高效预测功能同样适用于学校德育。学校可以借助互联网和监控技术对学生浏览过的网站、参与的热点话题交流、发表的微博日志以及生活中的点滴道德行为等进行捕捉记录，我们便能从中概括出学生群体道德发展的总体趋势。一方面，教育者能从中发现学生潜在的德育问题，可通过谈话、暗示等方法及时帮助学生走出心理困境，纠正错误道德观念和行为；另一方面，教育者通过数据掌握学生处于不同年龄阶段的表现，包括进步、停滞、退后或是在某方面存在的困惑等，熟知每个人的个性特点和认知水平差异，有针对性地为每个同学“量身定制”自己的道德教育方案，弥补传统学校德育集体教育的不足，真正意义上做到以学生为本，因材施教。

4. 大数据有利于实现德育评价的客观化

传统德育通常以考试的分数和可观测的外在道德行为来衡量学生的道德发展水平。由于这种评价方式无法了解学生行为背后真实的道德动机，所以难以客观评价学生的道德状况。“随着大数据时代的到来，教育评价正在从经验主义走向数据主义，从宏观群体走向微观个体，从单一评价走向综合评价。”对于德育评价而言，一方面，大量的数据分析可以帮助教师较为客观地掌握学生个体和群体的思想、情感、行为等的动态变化，进而为学校德育评价提供较为客观的数据。比如，通过人脸识别系统，就可以将学生课堂交往中的面部表情、姿态和语调转换为数据，从而分析出学生的情绪状态。另一方面，大数据还可以实现学校德育的可视化。可视化的德育活动至少可以发挥两种积极作用：其一，学生能够清楚看到自己成长的过程，从而增加积极性和自信心；其二，德育活动中的各种行为表现都能被记录下来，进而成为今后德育评价的重要依据。

二、大数据带给学校的挑战

1. 造成“数据独裁”的现象

虽然大数据对于学校德育具有积极的意义，但是，如果人们过度地迷信和崇拜数据，认为数据就是学生道德发展水平的体现，那么就很容易造成“数据独裁”的现象。德育的对象是人，是不断变化成长中的独立个体，如果用数据代替人去“发声”，抑或仅仅为了堆砌庞大的数据而不探究数据背后的意义，那么，就容易导致学校德育偏离“以人为本”的根本。事实上，数据并不能够量化一切，它只是教育的辅助工具，即用它来了解学生、走近学生。数据分析者可能精通数据处理，却不一定懂教育，因此，再精确的数据分析和预测都不能代替教育。比如，通过数据可以汇总某个学生道德失范行为的次数，却无法辨别这些行为是学生自愿的选择还是迫于某些外在原因。此时，如果教师和家长仅仅依据数据就给该学生贴上标签，不仅会导致教育低效，还会引发学生的心理逆反甚至“破罐破摔”的不良后果。

2. 束缚学生今后的发展

通过大数据，学校可以将学生的行为表现都记录并永久保存起来。这些数据在任何时候都能被提取出来并成为学生评选某些奖项或担任某项班级职务的参考依据，如此，学生就很容易被贴上一个“数据标签”，造成人们有意无意地会戴着有色眼镜来看待他们，让他们失去公平竞争的机会。比如，教师可能会因为学生曾经的打架数据记录而不给他担任班级职务的机会。对于学生而言，曾经的数据记录会让他们惶恐不安，甚至成为成长路上的绊脚石。事实上，青少年时期的个体在认知能力、思维方式、人格特点以及社会经验上都存在着一定的不稳定性和矛盾性，个体正是在不断的犯错和改错中才形成了良好的自我意识和社会适应能力，从而发展出道德意识，建立起较为成熟的价值观和道德观。因此将学生在心理尚未成熟时所犯的一些错误、无意行为毫无遗漏地全盘记录并作为某些重要事务的评估依据，对学生来说就是一种束缚，他们可能会被某个时刻的道德错误遮蔽了其他的光芒，从而否定了他们成长和改变的能力。

3. 侵犯学生个人隐私

数据是一把双刃剑，在呈现透明、海量、准确的教育数据的同时，也可能带来侵犯学生个人隐私的严重问题。因为网络搜索、社交网络平台、在线学习等留下的数据轨迹都能被收集起来，教师很容易闯入学生的私人领域，观察他们的一举一动，掌握学生社交、家庭、学习等一切个人信息。因此，在大数据这“第三只眼”的监控下，学生都是没有秘密的“透明人”。道德教育的目的是培养学生的道德品质，这不仅需要教师的直接教育，更需要教师在日常生活中以身作则的示范作用。因此，以任何不道德的手段去获取学生隐私而达到“道德教育”目的的教育，都不是真正的教育，都只会走向道德教育的对立面。学生察觉到自己的隐私权被侵犯，时刻处于被监控的不自由状态下，很可能会以不道德的方式进行抵抗和反击，不仅严重影响身心健康，而且教师在学生心中树立的权威也会消解。另外，一旦学生的个人信息被泄露而被不怀好意的人利用，还可能给学生带来不可挽回的伤害。

三、学校德育如何合理运用大数据

1. 提升数据素养，科学运用大数据

大数据是技术发展给教育带来的一场势不可当的革命。接受学习它，发展与风险并存；逃避排斥它，则终将被时代淘汰。首先，教育者们应该积极吸收新的教育理念，主动掌握新的教育技术。学校既可通过组织书籍期刊研讨、名师讲座等活动增加教师对大数据的理论认识，了解大数据的产生和发展历程，又可以带领老师去模范学校参观交流，体验大数据给学校德育带来的变化，总结利弊，积累经验。其次，要强化教师的大数据运用技术。教育部门和学校可通过系统的技术培训，使教育者通晓数据的来源、挖掘、整合和分析，只有亲身实践，官止神行，才会在学校德育过程中如鱼得水，科学合理地运用大数据。

2. 防止数据独裁，把握学校德育运用大数据的限度

由于大数据追求的只是工作的高效性和最优化，因此，在利用大数据预测学生品德时，它往往提供的是冰冷的、无意识的建议，往往只注重权衡利弊而忽视学生的独特性

与主观能动性。但是，学生是有着独立思想、丰富情感的个体，所以，即使预测的结果再准确也不能完全替代学生的内心真实想法与喜好。因此，教师在利用大数据时，要认识到其限度，只能将其作为个性化定制服务的辅助工具。若是盲目依赖数据而强制学生遵照定制路线发展，就无异于传统德育忽视学生内心情感体验的做法。从这个角度讲，教师在利用大数据进行德育时，还应融入自己内心的情感和良知，积极关注学生个人意愿和自由选择的权利，多与学生沟通，多询问学生的意见，在尊重的前提下进行道德教育。

3. 综合运用多种德育途径，加强道德教育

学校德育在运用大数据的同时，也需要综合运用多种德育途径，共同促进学生品德的发展。首先，大数据的使用需要与家庭、学校和社会共同协作。一方面，需要将数据的收集范围从学校拓展到家庭社会、为数据分析提供丰富基础；另一方面，需要重视家庭、学校和社会等传统教育途径与大数据手段的互补作用，既通过大数据的运用提升传统德育的有效性，也通过传统德育来弥补大数据运用的不足。其次，借助大数据可以较为真实地反映学生动态，学校可以在此基础上，借助新媒体，搭建网络德育平台，宣传主流价值观，引领正确的舆论导向，净化网络空间。最后，大数据的运用也可以和学校德育课程相结合，一方面，通过大数据诊断学生真实的道德困惑和需求，了解不同地区和背景下学生道德发展的差异性，提升德育课程的有效性；另一方面，也可以利用大数据更新和丰富学校德育课程的教学资源，联系学生实际生活，满足学生对于德育课程内容丰富性和可选择性的需求。

4. 健全数据监管，重视尊重隐私

大数据如果使用不当极可能引发伦理危机，因此，健全数据监管体系至关重要。首先，教师应该注意尊重学生隐私，必须在一定的限度收集学生信息，且必须在合理合法的范围内进行，妥善权衡学生的隐私权和教师的知情权。其次，学生也需要培养数据保护意识，不随意将有关个人隐私曝光在社交网站上，保证自身信息安全。再次，国家应该制定相关数据监管制度，规定敏感数据信息存期限和使用期限，对使用后的数据进行及时处理，以防非法数据采集者对个人隐私数据进行二次利用，还要通过相关的制度对非法数据采集者进行必要的制裁。

每一次科技革命的到来，都会推动社会向前发展，而每一次科技革命都会给德育带来新的变革。大数据对于德育来说，无论是德育行为，还是德育认知，其影响都是深远的。人们担心，科技会对人类造成伤害，但谁都无法阻止科技的发展。在传统德育实践中，情感经验多于科学因素，因此，应主动接受大数据对德育的影响，让数据为智慧教育插上翅膀，让失衡的德育天平恢复平衡。对于德育工作者来说，不论大数据多么智能化，都不能缺少人的参与，也不能缺少教师情感的投入，在德育的天平上，情感与理性无论如何都不能失衡。

（作者为龙城高级中学德育处主任）

做携手前行的忠实伙伴

——年级组长的管理艺术

高一年级组　蔡双玲

韩非子认为管理者必须有效使用法、术、势三种工具，才能取得最佳的管理效果。实际上，作为基层管理者——年级组长，并不具备使用这三种工具的客观条件。“法”即规章制度，年级组长通常也是奋斗在教育一线的教师之一，与其他教师长期并肩作战，早已形成亲密无间的伙伴关系，在管理上往往情大于法，难以真正做到运用规章制度进行硬性管理。“术”即方法，年轻的年级组长经验不足，比较欠缺科学系统的管理方法。“势”即被赋予的权力，然而年级组长这一职位并无过多实权。但是，我们可以发挥主观能动性，在“术”上有所改善，即改进管理方法。

那么什么方法最有效呢？个人认为，建设一个有良好级风的年级组最为重要。在天时地利难以强求的情况下，“人和”显得至关重要。然而，级风和班风一样，大家都知道其重要性，但实际执行效果却难尽如人意。执行效果的好坏，实际与管理者的管理方式密切相关。

儿时，我总是很爱看《阿凡提的故事》。其中有一则故事这样写道：人们在街口议论刚刚从这里经过的县官。有人称赞道：“我们这位县官财大气粗，又充满智慧。”“朋友，这个你也不懂，真主发放智慧时，每人一份，对谁都没偏向。可我们这位县官只用他周围人的智慧，而不用自己的智慧，所以他充满了智慧。”阿凡提说道。

这则小故事虽短，却富有哲理性，让人十分受教。故事中的县官在中国人眼中是“芝麻官”，是充满智慧的基层管理者，但在智者阿凡提看来，县官之所以成为人们眼中的优秀领导者，是因为他能让周围的人发挥自己的智慧，体验自身的价值。

同样，年级组长身兼多种角色，不仅是年级管理者，还是一线教师、骨干教师、学习者等。如果只依靠自己的力量，管理团队势必非常吃力。个人的能力是有限的，但团队的力量却是无穷的。管理者可以借助团队的力量，合理分配年级组工作，使得团队里的每一个人都能尽展其才，有所成长，从而赢得同事们的信任和支持。每一位老师只有把年级组的工作当作自己的分内事，增强责任意识，才能齐心协力地做好年级工作，才能在工作的过程中获得成就感和幸福感，从而形成良好的年级风气。相反，如果过于看重权力，把年级组的工作变成管理者自己一个人的事情，事事亲力亲为，不仅会剥夺同事们的成长机会，还会影响团队凝聚力，造成吃力不讨好、事倍功半的不良后果。因此，依靠集体的智慧才是快速提升管理水平、促进年级教学质量不断提升的最佳方法。

知己知彼，方能百战不殆。年级组长首先要做一个有心人，了解每位老师的特点和优势。卢梭说过：“儿童教育其实很简单，就是顺其自然，发挥天性。”基层管理者亦是如此。每个人都有自己的特性，顺性而为，把每个人放在合适的位置，才能发挥出每个人的特长。从拿到年级组的教师名单开始，管理者就要对每一位老师有五成了解。之所以是五成，是因为这五成来自别人的观察和评价。如果要做到十分了解，则需要通过在一起工作来亲身体验和观察。了解老师们的优势，而不是劣势，是因为大家合作的第一身份是工作伙伴关系，只有相互欣赏才能成就你我，欣赏是首要举措。

充分了解每一位老师之后，要进行分类管理。一般分为三类：第一类是业务精英。他们是团体的引领者，有个性，需要尊重，需要管理者多创造发展的条件，给予其足够的空间去飞翔。对于这部分老师，管理者要有足够的尊重和包容，可适当减少一些不必要的制度性约束。第二类是同行者、倚重者。他们是骨干教师，他们需要得到认可和公平的对待。对于这部分老师，管理者必须多一份体恤心，愿意与其一起奋斗，一起前行，才能赢得他们的信任和支持。第三类是跟随者。他们是新教师或者业务能力较弱的教师，他们需要的是鼓励和指导。对于这部分教师，管理者要多一分耐心，鼓励他们，给他们压担子，带领他们快速成长为团队的中坚力量。

充分了解每一位老师的优势和特点，把每个人放在合适的位置进行合理的分类管理，能够更好地发挥他们在集体中的智慧和作用，做到人尽其才，物尽所用。引领型教师是年级组的业务标杆，一般应放在最精尖的班级担任班主任或科任教师。他们是教学改革和实验的策划者和执行者，给予他们充分的发展空间，让他们先跑、快跑，年级组和学校的教育教学质量才能有所提升和保障。中间群体的教师居多，大多数都是奋斗在教学一线的骨干教师。他们不但教学经验丰富，而且团队意识比较强，思想觉悟比较高，是学校和年级组的中坚力量。我们必须赢得这部分老师的信任和支持，成为我们坚定的战友。最好的方法不是管理，而是与他们一起努力奋斗和拼搏；对他们所取得的成绩了然于心，给予公正的评价；对他们遇到的困难，及时施以援手；一起同甘共苦，建立起牢固的工作友谊。每个年级组都有青年教师和业务能力稍弱的老师，我们要报以鼓励的心态，帮助其树立严谨的工作态度，给予成长和历练的机会。

其次，作为一个基层管理者，年级组长是一个团体的领导者，必须业务过硬，身先士卒，率先垂范，成为模范和榜样，成为忠实的工作伙伴。对于一个年轻的年级组长来说，身边大多数人都比自己优秀。此时，除了学习，没有其他方法比示范更有效。记得有一年，那时候高三年级刚刚组建起来不久，一位优秀的班主任说：“虽然你们几个年级组长要求比较严格，但是你们愿意和我们一起干，一起努力，所以我们也很愿意努力。”因此，对老师们提出的要求，年级组长不但要带头做，而且要做得更到位。

第三，我们要给予老师足够的尊重和宽容，令其保持对工作和知识的热情与活力。老师是一个特殊的群体，是知识分子，有情怀，有傲骨，有自觉性。对待教师，管理固然需要，但尊重更加不可或缺。只有不跪着教书，才能教出有创造力和有灵性的学生。有人评价美国宪法：妥协是一种智慧，制衡是一门艺术，弹性是一股活力。我觉得这同样适用于年级组的管理工作，好的管理要有常规的制约，更要有具体问题具体分析的弹性解决方案。适当的妥协和弹性能使管理更加人性化，使基层充满活力和创造力。所以，对教师的管理，靠制度约束，靠歇斯底里的恐吓，都不是上上策。

第四，基层管理要有温度，令老师们体验到工作的幸福和快乐。年级组长本身就是一线教师，与老师们接触最多，也最了解他们。以度己之心度人，实行有温度的管理，才能令老师们体验到工作的幸福和快乐。老师们的职业幸福感不仅来源于成就感，更是来源于同行和管理者的理解和支持。比如，每次举行质量分析会时，年级组长不但要用"显微镜"看成绩，还要结合老师平日的表现用"望远镜"看前景。没有人愿意落后，挫败的滋味也并不好受。尤其是教火箭班和重点班的班主任和科任老师，工作辛苦，心理压力大，尤其需要管理者的认可、理解和支持。当他们取得傲人的成绩时，年级组长要不吝表扬，及时宣传；当他们停滞不前，甚至有所退步时，年级组长更要和他们一起研讨和分析原因，帮助他们不断地调整教学策略。因此，在每一期火箭班科任团队的谈话会议上，我作为年级组长都会强调："火箭班是全年级和全校的火箭班，压力不可避免。但是我们一起努力，取得属于我们的成绩和荣誉。遇到难关，我们一起扛。"

一个和谐的年级组，应该是大家不争斗、一起奋斗、一起前进的团队。作为管理者不但要做好自己，更要做大家前行的忠实伙伴，带领团队一起进步，实现共赢。

（作者为龙城高级中学科研处副主任、高一年级组组长）

建设优秀团队，强化目标管理

——高二文科年级组管理策略

高二年级文科组　曹雪梅

年级组是学校组织教师、学生进行教育教学活动的基层组织。在学校的教育教学工作中，年级组是基层执行机构，年级工作的核心是如何把学校的德育目标、常规管理目标、课程教学目标、学生能力培养目标等与年级工作有机结合起来，形成具有本年级特色和管理风格的具体目标，并有效组织实施，全面推动学校发展。加强高中年级管理，首先要加强班主任团队的建设和师资建设，做好制度建设和常规管理，增强效益意识；还要通过年级组表达对学生的理解和信任，培养学生的自我教育和管理能力，加强工作环境管理。

一、加强班主任团队的建设

时代的发展和教育的改革呼唤高素质的班主任队伍。《中国教育改革与发展纲要》明确指出："振兴民族的希望在教育，振兴教育的希望在班主任。建设一支具有良好的政治业务素质、结构合理、相对稳定的班主任队伍是教育改革和发展的根本大计。"教育家何东昌说过："一个优秀的班主任就是一个教育专家。"班主任是教师队伍中的骨干和中坚力量。高二年级结合学校的具体实际，配合德育处管理，落实了一系列行之有效的管理制度，形成了以制度服人，以制度培育人，以制度发展人的管理方式。如建立班主任一日常规工作制度、班级工作检查制度、配合学生发展中心落实文明班级量化评比制度等，把班主任工作的管理引入规范化渠道，充分发挥班主任的团队合作精神，使班主任工作更细致、更深入、更全面，更具有条理性。

年级组还应注意做好各种协调工作，尽可能地处理好年级与学校各中心之间，班主任与班主任之间，班主任与科任老师之间，班级与班级之间的各种矛盾，使班主任与班主任团结融洽，班主任与科任老师精诚合作，事与事之间互相促进，人与事之间组合得当，通过对班主任工作的指导与协调，及时发现问题、解决问题。

班主任工作是一项专业性、实践性和艺术性都很强的工作，从优秀班主任的成长经历看，注重不断地学习和研究班主任工作的规律，是班主任成长的必由之路。因此，加强班主任学习培训，为班主任学习、研修提供帮助和支持，是加强班主任队伍建设的重要举措。年级尽可能为班主任提供多样化的学习机会和条件，鼓励班主任参加专项培训，在每周一次的班主任会议上都有优秀班主任的经验分享。班主任之间团结协作、互相学习，形成了一支具有正确的价值观、强烈的事业心、先进的教育理念、完备的现代教育理论的高素质的班主任团队。年级还鼓励班主任多研究、多学习，积极参加龙岗区、深圳市的各级班主任技能大赛，鼓励班主任学会研究、善于反思、敢于创新、不断积累、勤于写作。高二文科组优秀的班主任代表晨曦老师和姜严老师先后代表龙岗区参加了深圳市班主任技能大赛，取得了不俗的成绩。

二、强化科组建设，在研究状态下工作

科组是教师专业化发展的重要依托。有效的、有针对性的科组研讨活动是教师队伍建设的重要途径，也是提高教师业务能力和水平的关键。高二年级严格落实学校科组活动制度，每次科组活动定时间、定地点、有主题、有中心发言人、有课件讲稿、有反思反馈，不断调整、改进科组活动的方式和内容，调动了老师们参与科组活动的热情和积极性，提高了科组活动的实效。此外，高二年级领导小组成员坚持参与科组活动，为科组活动提供服务和保证，推动科组活动朝着规范、有效的方向发展。老师们通过在科组会上相互学习、相互借鉴、共同反思，形成了一种研究、学习、发展的良好氛围，每位教师在每次活动都有所收获，老师们的教研意识不断增强，教学观念也发生了变化。地理科组的专题课例研讨、语文科组的时评课教学研讨都卓有成效。高二年级将继续加强科组建设，增强科组活动的针对性和实效性，聚焦课堂，促使老师们关注自己教学中最现实的问题，使科组形成一股合力，引领教师不断解决问题，实现教师专业水平的螺旋式上升，促进教师群体逐步走向成熟。

三、抓好常规管理、强化目标意识

管理要靠制度作保证。要搞好学生自主管理，必须健全各项规章制度，使学生的自主管理有章可循。高二文科组的常规管理注重抓好以下几方面的工作：一是认真贯彻学校的各项决策，广泛搜集本年级教师、学生的意见和建议，为年级工作、学校的决策提供依据；二是定期召开本年级教师座谈会，交流教育、教学信息，交流班级管理经验；三是通过建立班级、年级家校微信群、QQ群，电话联系沟通等方式加强家校联系，形成社会、家庭、学校、年级教育的合力；四是抓好集体备课、个人听课、作业、课后辅导检查等常规工作，结合文科学生的特点，落实学生的要求；五是组织年级全体教师认真学习课程标准和考试说明，对高二年级进行学业水平考试和分阶段高考指导，在教学中做到有的放矢，提高教学效率。同时加强课堂教学质量的检查，为学生创设良好的学习环境。

四、培养学生的自我教育能力，突出人本管理

高中生强烈希望作为一个自主的人得到他人的理解、认可、尊重、信任。相互信任是师生沟通、交流的基础。教师要相信学生，要诚心让学生相信自己。使学生主动向老师敞开心扉，就要加强教师队伍的道德建设，使年级组教师具有善解人意的品质，以带动年级德育的其他方面。高二文科组立足于发展年级组教师的理解意识，使之渗透到教育的各个方面，使学生在做人与为学上获得进步。师生之间言而有信，在信任中增进交流，在交流中加深信任，达到情感交流，形成了良好、和谐的师生关系。

现代传媒的不断发展，育人理念的不断更新，促使整个教育回归更高意义上的社会生活。教育融入社会、融入生活，关注教育、参与教育的教育社会化趋势已成为必然。因此，高二文科组非常重视以社会发展为远景目标，着力培养学生的自我认识和自我评价能力，自我监督和自我控制能力，自我体验和自我激励能力。在年级管理中，坚持“以人为本”，充分发挥学生的主体作用，让学生通过自主管理，培养自我、发展自我、完善自我，获得全面发展。在年级管理过程中，工作的着眼点是通过学生自主管理，充分发挥学生的主体作用。中学生都有强烈的自我表现欲，实行年级学生自主管理，既符合学生年龄特点和心理需求，又利于挖掘学生的内在潜能，发挥学生主体作用。

五、营造良好的工作学习环境

是否有团结和睦、共同进步的工作氛围是一个年级能否良好发展的关键。年级组着力营造乐教、善教、优教的教师教育环境，注意引导教师寻找适合自己的位置，使其充分发挥个人优势，努力做到用人之长，人尽其才。全年级教师在工作中互帮互助，共同探讨，营造出积极向上的竞争环境，促使年级组教师不断增强危机意识，不断提高自身修养和业务水平。

文科的学科特点使得学生更需要有宽松、和谐的人文环境。年级鼓励班级建设有班级特点、人文特色的文化角和班级环境，通过宣传栏展示班级文化特色和班级风貌，营造出了积极向上、团结和谐具有人文氛围的学习环境。

（作者为龙城高级中学高二年级文科组组长）

第二辑　教学探究

以文化人

——新课标背景下文化教学的本质

语文教研组　胡兴桥

文化教学在时代的助推下已然不可小觑，教育部新颁布的新课标，凝练了学科核心素养，优化了教学内容，就高中语文学科而言，“文化的理解”是其重要的组成部分，为此课程较大幅度增加了中华优秀传统文化的教育，同时加强了“革命传统的教育”等，这些举措，其教育目标是为了促进学生坚守中国文化立场，增强文化自信。新课标的这些变化，我们可以抓住“文化”这一关键词去理解。那么，我们将如何顺利推展“文化教学”呢？它与传统的古诗文教学有何不同？新课标背景下文化教学的本质是什么？为了弄清这些基本的问题，我们不得不关注“以文化人”的时代命意。

要想弄清楚“以文化人”，先要弄清楚“文”的古今流变。《说文解字》里说：“文，错画也，象交文。”意思是说“文”字的本义是指“交错画的花纹”。但“文”字的这一本义并没有始终保持下来，而是不断地被引申出其他含义，如由“花纹”引申出“纹路”义，此外“文”字指“文采”的还有如“文情并茂”“文采风流”“文如春华”等。后由“文采”“文章”又引申出由各种仪式组成的礼乐制度等一类古代文化，如《论语·子罕》里说：“文王既没，文不在兹乎？”再后来就是《易·贲》的“观乎人文，以化成天下”，这里最早提出了“文”与“化”两个概念，它们分别指的是“人文”这一实体及其“化成天下”的功能。化成天下，当然也包括“化人”或“人的自化”，只是“化人”其实是“人文”在化成天下过程中的自我提升。所谓“人文”，《易·贲》指的是“文明以止”，区别于“以察时变”的“天文”。如果说，“观乎天文，以察时变”指的是人们对“天下”的感知，那“观乎人文，以化成天下”指的就是人们以先进的价值观对“天下”的改造。这里的“人文”，范围更为广阔，意义也更为深远。

通过上述有关“文”的渊源的梳理，从文化教学的层面来说，应该可以有三层主导含义：一是基于“文章”的角度，主张对“文采”“文情”进行“教化”；二是基于“文化”的角度，主张对古代优秀文化进行习得传承；三是基于“人文”的角度，主张吸纳人类先进的价值观及规范。综合上述三层含义，笔者认为在文化教学中的“以文化人”，即是以文章为前提，立足于古代优秀的传统文化，积极传递人类先进的价值观与规范，从而以之教育人、熏陶人、感化人，最终真正达到“化人”的目的。因此，笔者认为文化教学的本质即是“以文化人”，我们提倡文化教学，就是为了“化人”。即以优秀传统文化中的价值观念、道德规范、人生智慧等先进价值观及其规范来增强核心素养，从而使学生建立起坚定的文化立场与文化自信。

在文化教学中践行“以文化人”，重点在于“化”字，无论是“他化”还是“自化”，强调的是内在的体认与习得和“感化、熏陶、共鸣”，是理性的沉浸与诗意的烛照，因此有别于传统的古诗文教学，我们不能满足于“书读百遍其义自见”，还应该更多地引领孩子沉浸到“文化的理解”层面，就优秀传统文化的精髓进行感知、讨论与交流，在理性思维的基础上进行“精华”的汲取，让孩子从文化作品中更多地产生精神的同构与共鸣，进而自觉地吸纳与传承中华文化。就语文教师而言，面对语文新课程，也应积极调整文化教学的心态，积极改变传统的简单知识灌输的教学方式，增强自身的文化积淀，让自己尽快走进文化引领者的角色。

既然“以文化人”在文化教学中的位置如此重要，那么我们可以从哪些方面入手来具体操作呢？笔者通过多年的研究与实践，认为可以从如下几个层面来进行初步的尝试。

其一：凭借经典古诗文来教化人。中华文化源远流长，上下五千年，经典的古诗文的文本可谓汗牛充栋，星光熠熠。从《诗经》到《乐府》，从诸子百家到唐诗宋词，从元曲到明清小说，从“建安风骨”到“唐宋八大家”，从《资治通鉴》到各代正史……而入选中学部编教材的经典古诗文，虽然从篇幅上相较以往有了大幅度的增加，但也只是中华辞海文宗之中的凤毛麟角，拓展、发散的余地非常大，这些经典的古诗文，积淀了丰富的文化内蕴，其中就包蕴着中华民族优秀的传统美德、价值观念和人生智慧。比如读《诗经·氓》，读《论语》，读《逍遥游》，读《洛神赋》，读《阿房宫赋》，读《陈情表》等，都可以教导孩子守信、仁爱、通达、爱国和孝道等，海量的古诗文真是取之不尽、用之不竭的“化人”泉眼，是我们进行文化教学的最为难得的资源。

其二：凭借文化名人情怀来感化人。中国古代的文化名人，群星璀璨。他们身上折射出来的人文情怀，无疑是中华民族最为宝贵的精神财富，也是我们进行文化教学的重要渠道。就拿诸子百家来说，首先是儒家，包括孔子、孟子、荀子三个代表人物，他们的思想精义是：仁、义、礼、智、信；然后是道家，主要是老子、庄子，他们的思想奥义是：道德、无为、逍遥；其三是墨家，代表人物是墨子，其思想主要为：兼爱、非攻、举贤、节俭；其四是法家韩非、李斯等人，他们的思想主要是君主集权、以法治国等。这些文化名人，因为其精神的光芒而烛照后世。在文化教学的过程中，以他们的精神来感化孩子，让孩子在无形中吸纳并自觉体认这些人文精神，无疑是非常重要的一环。

其三：凭借地域文化来熏陶人。地域文化是孩子成长的母体环境，在文化教学过程中，积极引入地域文化的文本，引领孩子在耳闻目见的地方文化因子中，得到文化的熏陶，是非常有效的教学方式。比如河北、山西、河南，可以大胆引进中原文化，山东的语文课堂，可以大胆地引进齐鲁文化，两湖地区可以引入楚文化，苏浙地区可以引入吴越文化，两广地区可以引入岭南文化。这些地域文化，同属于中华文化，里面有着丰富的人文积淀，本区域的价值取向、道德规范和社会道德都统属其中。而且，这些大格局的地域文化还可细分，比如岭南文化下属广府文化、客家文化等，甚至每所学校都有其独特的校园文化……这些地域文化的因子，时时刻刻影响着孩子的成长，是最能熏陶他们的文化母体，文化教师如果能够在这些方面有所作为，必将提升孩子对文化教学的兴趣，进而产生事半功倍的文化教学效果。

当然，文化教学的方式方法还有很多，我们在教育教学中还可以尝试诸如“传统文化进校园”主题活动，通过演讲、读书、讲座、摄影、访谈、征文、VCR等形式增强“文化教学”的氛围，还可以通过“百家讲坛”“文化电影”等方式增强教学的内容与形式，总之，应该让孩子在喜闻乐见、符合其身心特点的前提下积极创设大环境，让文化教学真正走入孩子的内心，以达到“以文化人”的教育目的。

文化教学是一项系统工程，帮助孩子破译优秀传统文化的密码，进而提升孩子“文化的理解力”。自觉内化与继承优秀传统文化的精髓，是新时期语文教师的责任与担当，而“以文化人”是文化教学的本质皈依，明白了这些，在进行新课程语文教学的时候，我们的文化课堂，或许能出现别样的风景！

教学行为是一种交往行为

——龙岗区教育高端人才培养对象上海研修学习心得

历史教研组　黄斌胜

2018年年底，我们一行50余人参加了龙岗区教育高端人才培养对象上海研修活动。研修活动的第一天，由李海林教授给我们讲授课堂教学改革的问题。李教授讲到教学行为首先是一种交往行为，我听后深有同感，下面结合理论学习的体会和教学实践的经验，谈谈我对这个问题的理解和认识。

一、什么是“交往行为”

“交往行为”是德国哈贝马斯用语。指人与人之间以符号为媒介进行交流以达到相互理解、承认、一致的行为，是人们在社会劳动与社会生活中发生的相互作用和相互反应。哈贝马斯（Jürgen Habermas）秉承法兰克福学派的批判传统，继续致力于建构一种关于现代社会的批判理论。他在1981年出版的鸿篇巨制《交往行为理论》中，探讨了现代西方社会中普遍存在的重大理论和现实问题，批判了这个社会日益严重的弊病和危机，并在此基础上提出了一种旨在克服这些弊病和危机的方案，力图使西方民主社会重新获得稳固的基础并向更为民主、自由和公正的方向发展。哈贝马斯的交往行为理论被定位为一种“批判的社会理论”。他正是通过对交往行为的规范分析而为西方社会提供了一种建设性的方案，并由此得以重建他的批判理论。哈贝马斯将他的交往行为理论和话语伦理学的基本原则，运用于国家道德秩序和法律体制的改进与完善，认为这是实现人的自由和社会公正必不可少的前提。

二、关于“教学交往行为”的理论研究

教学交往行为的内涵是指师生在教学过程中，以教学活动为背景，以教学信息为中介，相互之间交流知识经验、技能技巧、情感意志、思想信念、道德品质、人生体验及行为规范等诸方面的人际交往活动。教学交往行为是教师与学生之间所进行的一种特殊的人际交往活动。

对教学交往的教学论研究可以追溯到20世纪70年代德国的交往教学论流派，此后相关研究形成了描述性、关联性与价值性三类主题，研究揭示了教学交往与日常交往的联系和区别，指出了教学交往的特殊性，提出了如何提升教学交往的有效性、合理性、互惠性、公平性等问题。

人们在强调教学交往的重要性时，经常援引杜威的话。杜威说：“社会生活不仅和沟通完全相同，而且一切沟通都具有教育性。”此处的教育性，指的是事物对人的影响。教育学的所谓教育性，一般强调的是事物对学生的正向、积极的影响。教育研究的重要使命，在于揭示事物正向影响学生的机制、条件等规律性的东西。

另一方面，随着教育环境因社会政治、经济与文化环境变化而产生的复杂多变性，教学工作的不确定性与复杂程度增加，实证研究亦揭示：教学互动作为教学交往的具体表现形态，存在着不同的品质与方法。

那么，教育性的教学交往应该是怎样的呢？在教学交往的关系上，是否应该将教师仅仅理解为“平等的首席”，将教学交往仅仅理解为“平等的对话”？学理与事实的分析发现，忽视教师对教学交往的主导作用，其错误与后果绝不亚于将教师仅仅理解为课堂知识的传递者、将教学理解为知识的灌输。事实上，世界上并不存在绝对好的具体某一种教学交往方法，教学交往质量的提升离不开教师根据教育情境、课型、任务、教育内容、教育对象等动态地选择具体的教学互动与师生交往方法。

课堂教学情境或网络教学情境，传统教学情境或现代教育技术支撑下的教学情境，幼儿、中小学生或大学生，新任教师或专家型教师，新授课或复习课，活动课程或学科课程，小组讨论或集体授课，均影响我们对教学交往具体形式、方法和评价标准的选择。

三、必须重视教学交往行为的设计和实施

教学过程是教师的教和学生的学所组成的交往活动过程。交往是教学活动的前提和条件，没有交往就没有教学活动。教学交往行为是促使学校教育教学情景中师生相互影响、相互促进的活动，是实现教学目标的基本途径之一。教学交往行为的质量如何，是否符合教学规律和教学目标要求，不仅直接关系到教师的教学效果，而且对于全面提高学生素质，适应未来社会的需要，都有着十分重要的意义。苏霍姆林斯基曾说过：“常常以教育上的巨大不幸和失败而告终的学校内许许多多的冲突，其根源在教师不善于与学生交往。”因此，为了提高学校教学质量，教师必须要重视教学交往行为的设计策略研究。

教学活动的主阵地是课堂，传统课堂教学主要看教师讲得如何，以对教师的教学行为评价为中心，主要包括教学目的是否明确、教学重点是否突出、难点是否突破、教材掌握如何、教法是否运用灵活、教态是否自然、课堂气氛是否活跃、板书是否工整等，这些都是从教师的角度出发，看教师把教材教得如何，很少甚至没有涉及课堂教学的主体——学生。

长期以来，我们的传统课堂教学也一直存在几个误区：①教师讲得清，学生就听得懂。②教师觉得很简单，学生学得就容易。③教师讲得越多，越能充分运用课堂上的45分钟。④学生在课堂上听懂了，所学知识就掌握了。传统的课堂教学方式，教师在教学过程中设置很多问题和情境，师生之间、生生之间有问必答，或讨论或交流，教师将课堂组织得“热闹非凡”，将学生兴趣调动得“兴趣盎然”，但检测学生实际掌握知识和形成能力的情况却并不理想。传统的教学方式往往是把一节课上成了表演课，演员就是教师，或者说主角就是教师，学生则是配角，是观众。结果我们发现，许多所谓的公开课、优质课、观摩课成为表演课、作秀课，远离了教育的宗旨。

我们的教师没有想过，课堂教学既然是为学生学习服务的，就必须围绕学生在学习中的实际需要来设计，其目的是使所有的学生都真正地参与到学习中来，获得知识与技能、训练过程与方法、形成情感态度与价值观。为此，新的教学观认为，教学应包含如下三层含义：第一，强调教师教和学生学的结合或统一。教学永远包括教与学，但不是简单地相加，而是有机地结合或辩证地统一。第二，明确教师教的主导作用和学生学的主体地位。在教学过程中，教师主导着教学活动的方向和性质，学生永远都是学习活动的主人。教师只能指导学生学习而不能代替学生学习，学生只有在教师的有效指导下才能更好地进行学习。只有充分调动教师和学生两个方面的积极性，才能保证教学活动的顺利进行。第三，指出教学对学生全面发展的促进功能。学生的身心健康成长，离不开学校教学的深刻影响。学校教学不仅使学生掌握一定的知识技能，而且在学生身心发展和形成思想品德诸方面也起到积极的促进作用。

教学要体现课程理念、落实课程目标、达到课程标准，这就需要教师在教学时充分考虑学生的心理发展规律和不同的学习需要，积极探索和运用自主学习、合作学习、探究学习等学习方式，提高学生的学习、合作交流、批判性思考以及分析解决问题的能力。教学就是教师教着学生自己去学，是教师与学生之间交往、互动、和谐共处的过程。一直以来我们把教学理解为老师的“教”和学生的“学”，并且在老师的“教”上下了很大的功夫，尽管取得了一定的成绩，但是，教师教得很苦，学生学得很累的局面日渐突出。为进一步提高教育教学水平，我们有必要也必须在学生的“学”上做好文章，更多地关注师生之间交往、互动的程度与水平和方式与成效。

例谈数学教学中学生创新能力的培养

数学教研组　李　勇

《普通高中数学课程标准（2017年版）》指出："数学在形成人类理性思维和促进个人智力发展的过程中发挥着独特的、不可替代的作用。数学是人类文化的重要组成部分，数学素质已成为公民所必须具备的一种基本素质。"这里所说的数学素质包括学生的创新能力。

《2019广东高考考试大纲》明确要求我们要培养学生的创新能力，要求学生能发现问题、提出问题，综合与灵活地应用所学的数学知识、思想方法，选择有效的方法和手段分析信息，进行独立的思考、探究和研究，提出解决问题的思路，创造性地解决问题。

创新能力是理性思维的高层次表现，是对数学问题的"观察、猜测、抽象、概括、证明"，是发现问题和解决问题的重要途径，对数学知识的迁移、组合、融会的程度越高，显示出的创新能力越强。

因此我们日常数学教学应该体现数学的价值和特点，并把当今数学发展所体现的理念适当地反映到新的高中数学课程中，要培养学生的创新能力。下面笔者就结合数学教学中的一个具体实例来探讨如何培养学生的创新能力。

《普通高中课程标准实验教科书数学4–5》（苏教版）中有下面一道习题：已知n是大于2的自然数，求证：

$$1+\frac{1}{1}+\frac{1}{1\times 2}+\frac{1}{1\times 2\times 3}+\cdots+\frac{1}{1\times 2\times 3\times\ldots\times n}<3.$$

在教学过程中，我设置了一系列的创新能力问题，步步深入，层层递进，唤醒学生的创新意识，培养学生的创新能力，激发学生对知识的再创造。

创新能力问题1：这道题从表面上观察，可以采用什么方法？

这是一个有关自然数的命题，学生很容易想到证明此类问题常用的方法——数学归纳法，可是通过计算发现并不能得到结果，于是老师通过问题唤醒学生的创新意识。

创新能力问题2：这个不等式的左边并不容易过渡到右边，能否通过一个中间量过渡到右边，即把左边适度放大？

经过刚才的失败和现在对成功的期望，学生非常渴望解决这个问题，此时老师带领学生梳理学过的知识，探索发现放缩法，证明方法如下：

因为 $\dfrac{1}{1\times2\times3\times\ldots\times k}\leqslant\dfrac{1}{(k-1)\times k}=\dfrac{1}{k-1}-\dfrac{1}{k}$

所以 $1+\dfrac{1}{1}+\dfrac{1}{1\times2}+\dfrac{1}{1\times2\times3}+\cdots+\dfrac{1}{1\times2\times3\times\ldots\times n}$

$\leqslant1+1+\left[\left(\dfrac{1}{1}-\dfrac{1}{2}\right)+\left(\dfrac{1}{2}-\dfrac{1}{3}\right)+\cdots+\left(\dfrac{1}{n-1}-\dfrac{1}{n}\right)\right]=3-\dfrac{1}{n}<3$，证毕。

创新能力问题3：思考放缩法的本质，请问你还能不能找到不同的放缩方法?

经过刚才成功的体验，学生积极在方法上创新：因为$n>2$时，

$$\frac{1}{1\times2\times3}<\frac{1}{2\times2},\frac{1}{1\times2\times3\times4}<\frac{1}{2\times2\times2},\cdots,\frac{1}{1\times2\times3\times\ldots\times k}<\frac{1}{2^{k-1}}$$

所以 $1+\dfrac{1}{1}+\dfrac{1}{1\times2}+\dfrac{1}{1\times2\times3}+\cdots+\dfrac{1}{1\times2\times3\times\ldots\times n}$

$\leqslant1+1+\left[\dfrac{1}{2}+\dfrac{1}{2^2}+\dfrac{1}{2^3}+\cdots+\dfrac{1}{2^{n-1}}\right]=3-\dfrac{1}{2^{n-1}}<3$，证毕。

创新能力问题4：观察不等式，右边的3能否缩小，得到更为严格的不等式?

此时，老师引导学生跳出解题方法，从出题的角度进行创新：因为$n>2$时，

$$\frac{1}{1\times2\times3\times4}<\frac{1}{2\times2\times2\times2},\cdots,\frac{1}{1\times2\times3\times\ldots\times k}<\frac{1}{2^k}$$

所以 $1+\dfrac{1}{1}+\dfrac{1}{1\times2}+\dfrac{1}{1\times2\times3}+\cdots+\dfrac{1}{1\times2\times3\times\ldots\times n}$

$\leqslant1+1+\dfrac{1}{2}+\dfrac{1}{6}+\left[\dfrac{1}{2^4}+\dfrac{1}{2^5}+\cdots+\dfrac{1}{2^k}\right]=2+\dfrac{19}{24}-\dfrac{1}{2^n}<\dfrac{67}{24}<3$，证毕。

因此老师通过问题引导学生，学生通过自己的创新发现了一个新的结论：

$$1+\frac{1}{1}+\frac{1}{1\times2}+\frac{1}{1\times2\times3}+\cdots+\frac{1}{1\times2\times3\times\ldots\times n}<\frac{67}{24}。$$

创新能力问题5：观察不等式 $\dfrac{1}{1\times2\times3\times\ldots\times k}<\dfrac{1}{2^k}$，左边相对右边放大许多，能否得到更为严格的不等式?

因为$n>2$时，

$$\frac{1}{1\times2\times3\times4}<\frac{1}{4\times4},\cdots,\frac{1}{1\times2\times3\times\ldots\times k}<\frac{1}{4^{k-2}}$$

所以 $1+\dfrac{1}{1}+\dfrac{1}{1\times2}+\dfrac{1}{1\times2\times3}+\cdots+\dfrac{1}{1\times2\times3\times\ldots\times n}$

$\leqslant1+1+\dfrac{1}{2}+\dfrac{1}{6}+\left[\dfrac{1}{4^2}+\dfrac{1}{4^3}+\cdots+\dfrac{1}{4^{k-2}}\right]=\dfrac{11}{4}-\dfrac{1}{3\times4^n}<\dfrac{11}{4}<\dfrac{67}{24}$，证毕。

层层递进，体现不断创新的精神。

创新能力问题6：这好像永无止境，那么这个不等式的左边到底有无上界呢?

老师此时引导学生提出问题，让学生主动创新。学生开始主动翻阅这方面的资料，收集、整理、抽象、概括、证明，从而证明函数$f(x)=e^x$展开为x幂级数（Maclaurin级数）为：

$$f(x)=e^x=1+x+\frac{x^2}{2!}+\frac{x^3}{3!}+\cdots+\frac{n^3}{n!}+\cdots$$

特别地，当时，就得到了e的展开式

$$e=1+1+\frac{1}{2!}+\frac{1}{3!}+\cdots+\frac{1}{n!}+\cdots$$

所以$1+\frac{1}{1}+\frac{1}{1\times2}+\frac{1}{1\times2\times3}+\cdots+\frac{1}{1\times2\times3\times\ldots\times n}+\cdots=e=2.718281828\ldots$

创新能力问题7：那e到底是什么？有哪些应用呢?

这个问题为学生创新能力的培养提供了更为广阔的空间。

从无限变化为有限，学生带着这个问题开始研究e，e是一个无限不循环小数，其值约等于2.718281828…，它是一个超越数。

学生开始提出“自然律”是e及由e经过一定变换和复合的形式。e是“自然律”的精髓，我们定义$e=\lim\limits_{x\to\infty}(1+\frac{1}{x})^x$，人们在研究一些实际问题，如物体的冷却、细胞的繁殖、放射性元素的衰变时，都要研究$\lim\limits_{x\to\infty}(1+\frac{1}{x})^x$，正是这种从无限变化中获得的有限，充分体现了宇宙的形成、发展及衰亡的最本质的东西。

老师总结：

“法国著名的数学家费马曾经提出一个猜想：形如$F_n=2^{2^n}+1(n=0,1,2,\cdots)$的数都是质数，如：$n=0$，$F_n=3$；$n=1$，$F_n=5$；$n=2$，$F_n=17$；$n=3$，$F_n=257$；$n=4$，$F_n=65537$。100年后瑞士数学家及自然科学家欧拉发现费马错了，并举出反例。世界上许多伟大的发明和发现，科学原理的起点都源自我们日常学习和生活中一些平凡的‘问题’，通过这些‘问题’，一些智者进行创新，得出猜想，但他们的猜想绝不是妄想，因为他们在有了这些猜想之后，首先是通过大量的实践经验总结出来的，然后再上升到理性的论证，尽管有一些猜想在之后的进一步论证过程中被否认，但正是通过这样一个猜想、论证、否认或肯定的过程，才使得人类对整个世界的认识程度不断提高。可以这么说，一个没有创新、没有联想、没有丰富想象的人，即使他的才学再丰富，也注定他一生不会取得多大成就的。”

从上面这个实例我们可以看到，问题1到问题7有合理的程序和阶梯性，由浅入深，由易到难，层层递进，把学生的思维逐步引向新的高度。学生从一道具体的题一直思考到了我们数学的前沿，甚至是整个科技的前沿。老师设置的情境展现了数学知识的产生过程，或由旧知识的探索、发现、拓展引出新问题，或由有趣故事展开，让学生身临其境，实现和展开思维活动，这样学生就亲自参与了数学思维创造的全过程，培养了学生的创新能力。

我们知道，创新能力总是在问题解决中发展起来的，问题解决是创新的土壤，并不一定所有的问题解决都包含有创新，但创新无疑都包含着问题解决。“问题”是数学的心脏，因此我们老师在数学教学中要有策略地设置一些问题，注意挖掘教材中具有某种创新价值的问题，引导学生思维发展，当然问题要具有阶梯性、方向性、开放性。

从2004年开始，在新课标的指导下，高中数学教材大量出现了适合培养学生创新能力的内容。教材大部分章节中都有“阅读”“链接”等板块供学生阅读，用大量的篇幅生动地介绍了数学专用名词或术语产生的历程。我们要好好利用这些资源，将这些资源与教学内容有机结合，通过不断变换命题的条件，引深拓广，产生一个个既类似又有区别的问题，形成一浪高过一浪的气势扑向学生，唤醒学生的创新意识，培养学生的创新能力，激发学生对知识的再创造。

通过上面这个实例我们发现，只要设置良好的问题情境，就可以激发学生积极主动地使新旧知识相互作用，产生有机联系，从而使新知识获得实际意义，最终实现有意义的学习，并在这个过程中培养学生的创新能力。

借鉴先进经验　提升备考能力

政治教研组　林艳桃

2019届高三学生政治学科备考面临着新的问题，四本必修教材已是第7版改动，必修1“经济生活”第十课课题更改为“新发展理念和中国特色社会主义新时代的经济建设”，课文内容更是全部更换。2018年1月高中政治学科新颁布的课程标准与之前的有很大区别。2020年秋季学期高一将使用新课程新教材，普通高中课程由必修课程、选择性必修课程、选修课程三部分构成。面对这些变化，如何在新形势下科学高效地备考，以不变应万变，是摆在我们高三政治备课组4位成员面前最紧迫的课题。为此，高三开学之际学校就最大限度地为我们提供了学习资料和优秀资源网站，我们备课组也针对新形势分配了不同的学习任务。我们借鉴国家和省市优秀高中政治教师先进经验，通过两个多月的学习交流，整理出厚厚的资料，逐渐摸索出适合龙高2019届学生高三备考的有效方法。以下是我们整理的学习资料和心得体会。

一、研究考情，明确备考方向

1. 学习教育部考试命题中心的精神

2018年3月3日，教育部考试中心主任姜钢、党委书记刘桔，在《中国教育报》发表了署名文章《牢记立德树人使命，写好教育考试奋进之笔》，就教育考试工作发表了重要的意见。此文可以说是对高考命题的“最新定调”。高考命题工作，必须把习近平总书记提出的“四个坚持”和“四个服务”作为基本遵循，把握好人才培养和人才选拔规律，使其贯穿于高考全过程，全面提升高考的育人功能和导向作用。2018年高考全国卷和各地的高考命题就贯彻了这个命题思想，对于2019届考生复习和老师指导也有重要的指引作用。

文章特别指出：高考命题要增强综合性，体现学生的综合素质和学科素养，通过对试题情境的深入思考，整合所学知识得出观点和结论；高考命题更要加强应用性，注重理论密切联系实际，通过设置新颖的问题情境，引导学生关注社会进步和科学发展；高考命题还要增强探究性和开放性，考查学生的创新意识和创新能力，通过设问开放，对同一问题得出不同的结论，使学生能够从唯一标准答案的束缚中解放出来，增强创新意识。

在这一思想指导下，2019年文科综合政治全国卷注重创新试题设计，挖掘时代主题，构建问题情境，突出思想政治学科所独具的思维和分析方法。

2. 研读《考试大纲》以及考试说明

2018年考纲在保证考试大纲总体框架不变的前提下，进一步巩固考试内容改革成果，确保高考内容改革的顺利推进。其“考核目标与要求”、“考试范围与要求”、四个必修模块的考点与2017年保持一致。教育部考试中心在2018年考纲中着重强调了高考“考什么”，即“必备知识、关键能力、学科素养、核心价值”。考核目标与要求的变化传递的信息是注意政治学科思维精准性和完整性的考查，注重考查考生分析、解决和探究问题的能力，聚集学科素养，凸显新课标理念和高考考试内容改革。

“题型示例”与2017年相比：选择题部分保持不变，为五道选择题，分别是经济函数图像、哲学唯物论、哲学认识论、政治国家司法机关、哲学辩证法联系观；2018年《考试大纲》的说明提供的题型示例增加了两道题，2017年全国Ⅰ卷第39题即题型示例的第1题、2017年全国Ⅱ卷第38题即题型示例的第2题，非选择题示例总数由三道题增加至五道题。题型示例的变化传递的信息是注重核心价值、传统文化、依法治国、创新精神的考查。

3. 2018年1月颁布课程标准对2019年高考的影响

2018年1月，教育部发布《普通高中课程方案和各科课程标准（2017年版）》，此次课程标准的修订力度较大，并首次提出凝练“学科核心素养”。对学科核心素养的考查，将是2019年乃至今后高考的重要内容。内容上注重考查学生政治认同、理性精神、法治意识和公共参与的培养，以考试的形式帮学生记忆、领会、内化；形式上注重创新设问的方式，让学生关注思维过程，注重探究，找出设问的核心与实质；作答的过程就是其核心素养提升和外化的过程。

这些影响体现在：首先是鲜明的育人导向。新课标将习近平新时代中国特色社会主义思想全面融入高中课程之中，新充实和强化了五个方面：

一是强调党的领导的重要性，在思想政治“政治与法治”部分，要求学生理解坚持党对一切工作领导的重要性。

二是强调坚持中国特色社会主义道路，在思想政治“中国特色社会主义”部分阐明社会主义初级阶段主要矛盾转化的意义等。

三是强调发展中国特色社会主义文化，新课标要求学生树立正确的历史观、国家观、民族观、文化观，理解中国特色社会主义文化，能够在跨文化交流中讲好中国故事，坚守中国文化立场。

四是强调牢固树立生态文明观，要求学生树立“绿水青山就是金山银山”的理念，树立人与自然和谐共生的观念。

五是强调创新精神、实践能力的培养，要求学生学习了解物联网、人工智能、大数据处理等内容，培养精益求精的工匠精神和创意设计能力，感悟和弘扬劳模精神。

其次，在课标中还体现了健康中国建设等要求，对课标中一些提法和表述也根据十九大报告做了规范。

4. 研究2018年全国卷高考试题

2018年全国卷三套高考政治试题都体现了国家意志。通过“一点四面”、“一体四层四翼”、学科核心素养的考核，强化了育人功能和积极导向作用。试题围绕“改革开放、转型升级、调整结构、解决民生、加强党建、宪法修改、依法行政、注重生态、呵护传统、维护和平、促进发展”选材，用“是什么”“为什么”“怎么样”“怎么办”设问，助力解决“培养什么人、怎样培养人以及为谁培养人”这一根本问题，在考查考生对学科基础知识的识记、理解、运用能力基础上，着力考查考生如何获取和解读信息、调动和运用知识、描述和阐释事物、论证和探讨问题的思维能力，更加突出了对考生综合素质能力的考查。

无论是选择题还是主观题，都是基于考纲、考试说明、课程标准、课程内容，都是以热点（当年热点或长效热点）材料设置新情境考查考生运用科学理论的能力。各套高考政治试题都体现了政治性、科学性、思想性、时代性，落实了立德树人的根本任务，有利于服务高校选拔人才，有利于引导高中政治教学，引导考生增强文化自觉和文化自信、培育和践行社会主义核心价值观。

5. 学习十九大，加强时政术语运用

2018年9月15日，我们备课组拿到四本必修2018年4月第7版的新修改教材，学习十九大与新教材的结合就成了每周备课组集中的任务之一。教材新增与2018年相关的热点有：新时代中国特色社会主义思想；社会主要矛盾变化与新时代；供给侧结构性改革为主线与深化改革；乡村振兴战略与建设美丽中国；坚持党对一切工作的领导；坚持以人民为中心；文化强国与文化自信；修改宪法与党和国家的关系；宪法宣誓；科技创新与创新驱动战略（“墨子号”、“蛟龙号”、超级计算机、共享单车等）；提高个人所得税起征点、2018年减税让利4000亿，改革开放40周年，纪念马克思诞辰200周年；设立国家监察委员会与国家机关改革；建立人类命运共同体等。

我们整理了经济、政治和文化教材中吸纳与十九大相关的基本观点。

第一，经济生活新增的基本观点：

（1）贯彻创新、协调、绿色、开放、共享的发展理念；

（2）建设现代化经济体系；

（3）深化供给侧结构性改革；

（4）实施乡村振兴战略；

（5）加快完善社会主义市场经济体制；

（6）推动形成全面开放新格局。

第二，政治生活新增的基本观点：

（1）中国特色社会主义进入新时代；

（2）习近平新时代中国特色社会主义；

（3）党建理论：伟大工程；

（4）坚持以人民为中心的发展思想；

（5）社会主义协商民主；

（6）构建人类命运共同体。

第三，文化生活新增的基本观点：

（1）发展中国特色社会主义文化

①内涵：以马克思主义为指导，坚守中华文化立场，立足当代中国现实，结合当今时代条件，发展面向现代化、面向世界、面向未来的，民族的、科学的、大众的社会主义文化，推动社会主义精神文明和物质文明协调发展。

②要求：坚持为人民服务、为社会主义服务；坚持百花齐放、百家争鸣。

③坚持创造性转化、创新性发展，不断铸就中华文化新辉煌。

（2）坚持社会主义核心价值体系

要求：

①必须坚持马克思主义，牢固树立共产主义远大理想和中国特色社会主义共同理想；

②培育和践行社会主义核心价值观，不断增强意识形态领域主导权和话语权；

③推动中华优秀传统文化创造性转化、创新性发展，继承革命文化，发展社会主义先进文化，不忘本来，吸收外来，面向未来；

④更好构筑中国精神、中国价值、中国力量，为人民提供精神指引。

（3）培育和践行社会主义核心价值观；

（4）加强思想道德建设；

（5）推动文化事业和文化产业发展。

二、把握考情，科学高考备考

1. 回归教材，夯实基础，理清易错易混知识点

基础知识不扎实，知识体系构建不完整是历届学生的通病，特别应在第一轮复习中引导学生重点放在打基础、夯实基础上。全国卷注重基础性、通用知识的考查，侧重知识的理解和运用，小切口设问较多，这种小切口，包括选用知识的单一化，设问要求的具体化等。我们备课组以教材为主体，除了学会梳理搭建知识的框架图以外，更要学会总结知识模块。不仅要做到知识线索清晰，关键知识点掌握到位，更要学会围绕核心知识点发散延伸。

2. 精选精练，提高培养审题和解题能力

基础不牢固然是学生失分的主要原因，但思维不活跃、能力不强却是学生不能得高分的关键因素。在复习阶段，要重视学生的能力培养，切实提高他们的审题和解题能力。学校要根据高考命题规律、时政热点和学生实际，利用典型试题进行变式训练，在

原有设问的基础上进行改造、提升和拓展，加大思维训练的力度；要引导学生探求高考试题的命题方向和考查规律，领悟答题方法。我们备课组一方面要注重同类题型的归类、整理和延伸，归纳提升，引导学生把握不同题型的答题基本思路；另一方面，要注意培养学生具体问题具体分析的思维习惯，结合材料，紧扣设问回答问题，摸索答案生成的过程，切忌把所谓的方法当成万能的公式生搬硬套。

3. 关注时政，提高理论联系实际的能力

时事引入是政治命题的重要内容。2019年适逢一系列“周年”：新中国成立70周年、五四运动100周年、中美建交40周年、互联网诞生50周年、澳门回归20周年、戊戌变法120周年，这些时间节点意味着更多的时政备考点，以此为背景设置突出政治学核心素养并有思维含量的试题并引导学生加以演练，是备考2019年高考必不可少的内容。

4. 开阔学生视野，丰富学生时政知识

文综政治全国高考主观性试题的答案一是来源于教材，二是来源于材料，三是来源于时政术语、党和国家领导人的重要讲话。2018年全国高考政治三套试卷非选择题最后一问都是开放型设问，且分值有增加的趋势。基于全国卷的命题风格和特点，教师在教学中特别是复习备考中一定要高度关注时政教学，建议争取和创造条件：组织学生阅读《半月谈》《时事资料手册》《中学生时事政治报》《人民日报》等报纸、杂志以及弘扬中华优秀传统文化、革命文化和社会主义先进文化的课外读物。我们备课组应在每一框的复习学案中有针对性地安排时事政治阅读资料，要求学生记录一些国内重大时政，注意思考它们与教材的哪些知识对接，如何运用这些知识论证、探究和解决问题；要求学生熟记一些重要的时政术语、党和国家领导人的重要讲话等。

5. 科学讲评，加强试卷分析

我们高三文综每隔一周考选择题，每个月有完卷训练。在试卷分析中，要指导学生针对错题和薄弱环节归纳整理课本中的知识结构，构建知识网络，形成知识体系；指导学生巩固和记忆考点知识的方法；指导学生正确审题、解题和答题的方法；指导学生要准确而综合地运用考点知识分析解决实际问题，特别要指导学生如何根据设问和材料准确而全面地组织好答案。

高中政治是与时俱进的学科，成功没有捷径，但是借鉴别人的先进经验能让我们少走弯路。高考备考路漫漫，让我们携手共进，提升教师教学能力，提高学生政治素养，为2019年高考备考搭建上升的阶梯。

微平台，大人生

——微信平台下的高中语文教学探索

语文教研组　蒋雁钦

在数字化的社会环境中，公民的阅读方式、交流方式等都发生了巨大的变化。教育教学也必然要满足时代的发展需求，因此，在“互联网+”的大背景下，教师应理解并运用新技术，使之成为教育教学的一部分。

特别是随着计算机网络和通信技术的迅速发展，手机等数码终端已为大多数人拥有。作为“互联网原住民”的学生，他们回家的第一件事可能就是打开手机，刷刷微博、聊聊微信。语文学科的特殊性，使得语文教学更应该也更容易打破时空限制，因此，语文教师应适当运用微信这种新型的交流平台，实现“随时随地”的语文教学，使语文真正渗透到生活之中。

在教学实践中，笔者主要利用朋友圈、微信聊天、公众平台三种方式促进师生交流、生生交流，以此共享学习内容，指导学习过程，展示学习成果。

一、关注朋友圈，共享学习内容

深圳市著名语文特级教师陈继英先生提出“人生语文”的教学理念，其宗旨是“培养学生听、说、读、写、思五种能力，提升学生的语文素养，培养学生的想象力、创造力，启迪和丰富学生的人生智慧，构建学生人生发展的精神家园，为学生的人生发展奠定语文根基”。语文学习不仅在课堂之内，更是贯穿整个人生过程，微信朋友圈可以说是人生智慧“数字化”的展现。

传统的语文基础资源被大量地直接转载在朋友圈，不同点就是提取和阅读更为便捷。微信朋友圈中丰富的文化内容也是薄薄的几本语文教材无法比拟的。学生或教师阅读到了一篇好文章，就可以便捷地将文章的链接分享到朋友圈，进而随时随地进行阅读和讨论。

此外，朋友圈还可以记录平常的生活点滴。学生在阅读朋友圈的同时，不仅可了解周边人的生活，也可以获得人生的启迪。学生关注教师的朋友圈，可以了解教师最近的所读、所悟，也许教师的一篇读书心得就会引发学生的阅读兴趣，也许教师的一则生活感悟就会演变成思想观点的激烈碰撞，也许教师的一次精彩表达就会成为学生竞相仿写的对象。相对地，教师关注学生的朋友圈，就能更多地了解学生最近的状态。针对学生的某些困惑，教师可以妙语开解或者介绍相关书籍进行阅读；看到学生的文学创作，教师可以及时地给予点评，加以赞赏；看到学生某次出行所拍的照片，教师可以提醒学生为之取个文艺的标题，写几句文艺的介绍……这些都是在生活中轻松完成语文学习的例子。

朋友圈的内容共享，促使学生的学习具备了“生活化”的特点，使得学生的语文学习内容“生活化”，极大激发了学生的学习兴趣。

二、运用聊天模式，指导学习过程

微信的英文名称是Wechat，中文可以理解为我们聊天吧。顾名思义，微信首先应该是作为一种对话的手段存在的。鉴于微信强大的对话功能，教师可以有效地发起师生间的对话并组织学生进行群体对话，建立教与学的动态论坛。

首先，可以进行一对一的对话。微信提供的免费聊天环境和实时留言、消息推送等功能，适合学习者随时随地向教师提问。师生之间可以是文字和语音的交流，也可以是视频的面对面沟通，双方都在线时可以进行即时对话，不在线时也可以互相留言。利用这种模式，教师可对学习有困难的学生进行个别辅导，因材施教。在实践中，有许多语文学习的相关问题都是在节假日不上课时通过微信聊天解决的。许多平时内向、不敢向教师提问的学生，在微信中都可以大胆地表达自己的观点。

其次，微信还有群聊的功能。每班可以建立一个群聊团队，在群聊团队中各位成员均可发言，也可以看到其他任何一位成员的发言。教师可以把学生分成若干小组，定时给予相关话题，组织群聊对话。比如期末试卷的讲评一般要等到下学期开学才进行，其效果非常不好，因为一个假期的时间过去，学生早已不记得当时到底如何答题的了。这个问题在传统教学中很难解决，但在“互联网+”的教育时代，教学完全可以摆脱时空限制。于是，期末考试结束后，笔者用极快的速度写完了一篇试卷讲评的文档，运用微信的群聊功能发送给学生。在分数出来之后，又及时分析了学生的优劣势，据此给学生布置了相关的假期作业。此举不仅趁热打铁让学生进行了期末考试的总结反思，也让学生假期的语文学习更有针对性。

三、利用公众订阅号，展示写作成果

互联网时代，任何人都能在任何时间、任何地点以任何方式获得任何内容。不仅如此，微信公众平台还是互动的、传播范围广的、快捷并且易于刷新的。

现在，微信公众平台已经被许多教师运用。他们或者建立网上作文教室，在公众平台推送一些写作技巧的指导，进行写作知识的系统讲解；或者开设文化知识讲坛，推送经典诗文和百科知识，拓展阅读宽度，提升阅读深度；或者推送一些微课、视频，服务于学生的个性化发展；或者申请个人公众号，进行教师个人风格明显的创作，调动学生的学习兴趣……运用种种，不一而足。这些教师都借助公众订阅号实现了和学生在文字、图片、语音、视频等方面的全方位的沟通、互动，让微信平台为语文教学服务。

近期，笔者所在语文科组专门申请了一个“悦读致远高中生”的微信公众订阅号，坚持每天推送一篇学生自己的习作，而且教师还对习作进行细致的修改编辑和欣赏性点评。公众订阅号开设至今，受到了学生、家长、教师等多方面的关注，受众早已由深圳本地推广至全省甚至外省，不仅学生深入阅读、积极投稿、参与讨论，更有多角度的声音参与评论。仅今年寒假期间，平台就收到了五万多字的投稿。

“互联网+”时代给我们提供了海量的信息和充分沟通的空间，对于高中语文教师来说，不关注新媒体发展，不会运用数字化产品，肯定会成为落伍者。利用好微信这一平台，进一步拓展语文教学时空，调动教与学两方面的积极性和创造性，势必成为高中语文教学的一个新突破点。但另一方面，我们也要清醒认识到在这一教学新模式中，以微信为主的多媒体网络平台只是辅助教学的手段，教师始终是教学的组织者，学生也始终是学习的主体。只有创新教师的教学模式和学生的学习方式，以课堂教学为主，微信平台为辅，将课内外语文学习协调发展，才能使高中语文教学更加有效，更能“提升学生启迪和丰富学生的人生智慧，构建学生人生发展的精神家园，为学生的人生发展奠定语文根基”。

高中地理新课标的新变化与新应对

地理教研组　罗明军

《普通高中地理课程标准（2017年版）》已经正式颁布。基于核心素养的2017版新课标的修订，不是在原有文本基础上做些文字的改动，而是基于核心素养的知识观、学习范式对我们国家原有的教育教学观念和体系的弊端进行反思，重新构建以核心素养为导向的基础教育理论框架和课程体系。因此，2017版新课标凝练了学科核心素养，更新了教学内容、研制了学业质量标准、增强了对教学和评价的指导性。作为高中地理教师，也是新课标、新课程的重要实施者，如何快速理解新课标带来的新变化，如何尽快适应新课程实施的要求，是目前高中地理教学的紧迫任务。龙城高级中学地理教研组组织教师认真学习了新课程方案和新课程标准，教师们在课标理解、教学启示和教学实施等方面都有了新的感悟。

一、新课标带来的新变化

党的十八大把立德树人作为教育的根本任务。党的十九大进一步强调“落实立德树人根本任务，发展素质教育”的总目标，因此立德树人全面落实在普通高中课程方案和课程标准当中。而《普通高中地理课程标准（2017年版）》不仅是国家教育行政部门制定和颁发的指导高中地理教学的纲领性文件，更是高中地理教材编写、地理教学实施、地理学业水平合格性考试和等级性考试命题与检测的依据。

（一）课程性质与基本理念的新变化

通过对比实验版课标发现，2017版新课标在文本表述上有以下新变化：在课程性质的表述上，继续保留了地理学概念及特点的表述，即地理学是研究地理环境以及人类活动与地理环境关系的科学，具有综合性和区域性等特点。在地理学具有自然科学与社会科学的性质的表述上，强调了“建设美丽中国，维护全球生态安全具有重要作用”的表述。在课程性质中，除了继续延续了“高中地理课程是与义务教育地理课程相衔接的一门基础学科课程，其内容反映地理学的本质，体现地理学的基本思想和方法”之外，特别强调了“地理课程旨在使学生具备人地协调观、综合思维、区域认知、地理实践力等地理学科核心素养，学会从地理视角认识和欣赏自然与人文环境，懂得人与自然和谐共生的道理，提高生活品位和精神境界，为培养德智体美全面发展的社会主义建设者和接班人奠定基础”。

在基本理念方面，2017版新课标变化更大。实验版课标五个基本理念中有的内容被整合到新课标的四个基本理念之中。而且，这四个新的基本理念都是围绕地理学科核心素养进行表述的。其中，有四大变化值得我们关注：

变化一，将“培养现代公民必备的地理素养”改为“培养学生必备的地理学科核心素养”。2017版新课标强调学生通过高中地理学习，强化人类与环境协调发展的观念，与2011版义务教育地理课程标准的基本理念，即“学习对终身发展有用的地理，引导学生从地理的视角思考问题，关注自然与社会，使学生逐步形成人地协调与可持续发展的观念，为培养具有地理素养的公民打下基础”相衔接。这当中，正确的价值观念、必备品格、关键能力，作为核心素养的三个核心得到突出。新课标使得高中地理的学习落实到培养学生地理学科核心素养上，落实到“立德树人”的根本任务上，突出地理学科的尺度概念、更加明确学生要学会关注地方、国家、全球的地理问题及可持续发展问题，使学生具有家国情怀和世界眼光。

变化二，将“满足学生不同的地理学习需要”改为“构建以地理学科核心素养为主导的地理课程”。新课标明确要求选取有利于学生地理学科核心素养形成的课程内容，在考虑校际差异、学生差异基础上，增加基础性课程，兼顾多样性课程。强调更关注学生个性发展的要求，建设科学性、实践性、时代性的课程体系，满足学生面向未来的工作、学习的需要。

变化三，将“重视对地理问题的探究”和“加强对信息技术在地理学习中的应用”改为“创新培育地理学科核心素养的学习方式”。新课标强调自主、合作和探究等学习方式，在教学设计上强调在遵循学生身心发展规律和地理学科核心素养形成过程的基础上，重视问题式教学，在创设真实的教学情境上，开展地理实践活动，将地理教学由课内延伸到课外，在自然、社会、生活等真实情境中，营造更直观、生动的地理课程实施环境。

变化四，将“注重学习过程评价和学习结果评价的结合”改为“建立基于地理学科核心素养发展的学习评价体系”。新课标弱化了形成性评价，没有提及定性评价与定量评价相结合，更没有提及反思性评价和鼓励性评价相结合，只强调过程性评价与终结性评价相结合的学习评价体系，指出评价体系或评价工具要以学业质量标准为依据，科学测评学生的认知水平、价值判断能力、思维能力、实践能力等，准确把握地理学科“核心素养”的发展状况。

（二）课程目标表述的新变化

课程目标是指课程本身要实现的具体目标和意图，它规定了国家或学校为了实现某一教育阶段的学生培养目标，确定的课程内容、课程教学方法和课程实施手段等。课程目标具有整体性、阶段性、持续性、层次性、递进性和发展性的特征。

实验版课标的课程目标是从知识与技能、过程与方法、情感态度与价值观三个维度来表述的，并强调这三个维度在实施过程中是一个有机的整体。2017版课标的课程总目标是对三维目标进行了整合、提炼，比实验版课标的课程目标更加简洁、精准，明确提出高中地理课程的总目标是通过地理学科核心素养的培养，从地理教育的角度来落实“立德树人”的根本任务。2017版课标给出了学科核心素养的概念，并分别阐述了地理学科核心素养（人地协调观、综合思维、区域认知和地理实践力）的内涵。

课程目标描述的行为动词有了变化，实验版课标多是认识、了解、理解、学会、分析、运用、观测、实验、调查等，2017版课标去掉了了解、观测、学会的要求，更加突出了观察、考察、解释、比较、评价等，特别关注培养学生的地理思维能力和行动能力。且对“认识”的要求都是有限定条件的，如深入认识、综合的视角认识等。2017版课标四个具体的课程目标突出了学生的主体，即用四个“学生能够”，分别聚焦在地理学科核心素养的培养上，体现了地理学科的本质、思想和方法，突出强调培养学生形成正确的价值观，形成尊重自然、和谐发展的观念，这是地理学科核心素养的基本价值观念，也是最核心的素养。学生要形成从综合、空间—区域的视角（培养地理学科核心素养的基本思想和方法）认识地理事物和现象的意识，对地理事物和现象的空间格局有较强的观察力，并在一定程度上解释它们发生、发展的过程，对地理各要素之间的相互作用关系有较强的观察能力和分析能力，形成更辩证地看待地理问题的思维模式，即用联系的观点、发展的观点、矛盾的观点看问题，用内外因的观点分析问题，培养哲学思辨能力；要学会用区域综合分析、区域比较、区域关联的方法认识区域，简要评价区域现状和发展。2017版课标继承和完善了实验版课标提出的地理技能的培养，注重培养学生基本的地理活动经验；对应地理实践力的培养，它提出了学生要能通过考察、实验、调查等方式获取地理信息，探索和尝试解决实际问题，从而具备活动策划和活动实施等行动能力。

地理教育的课程目标和国家整体教育目标相一致，经历了“双基（基本知识、基本技能）→三维目标→核心素养”的演变过程。课程目标的演变遵循事物的发展规律和时代特征，既有继承又有发展和提高。从三维目标中的“知识与技能”“过程与方法”中，可以提炼出正确的价值观和关键能力；从“情感态度、价值观”中也能提炼出必备品格。在具体表述上，“人地协调观”可能更加侧重于“知识与技能”的渗透；“综合思维、区域认知、地理实践力”侧重于“过程与方法”的落实。地理学科的四大核心素养涵盖了情感态度与价值观的培养。

（三）教学内容的新变化

变化一，必修模块的新变化。新课标必修模块新增内容主要有：

1.3运用地质年代表等资料，简要描述地球的演化过程。

1.4通过野外观察或运用视频、图像，识别3—4种地貌，描述其景观的主要特点。

1.9通过野外观察或运用土壤标本，说明土壤的形成因素。

1.10通过野外观察或运用视频、图像，识别主要植被，说明其与自然环境的关系。

1.11运用资料，说明常见自然灾害的成因，了解避灾、防灾的措施。

1.12通过探究有关自然地理问题，了解地理信息技术的应用。

2.7以国家某项重大发展战略为例，运用不同类型的专题地图，说明其地理背景。

2.8结合实例，说明国家海洋权益、海洋发展战略及其重要意义。

2.9运用资料，说明南海诸岛是中国领土的组成部分，钓鱼岛及其附属岛屿是中国固有领土，中国对其拥有无可争辩的主权。

2.11通过探究有关人文地理问题，了解地理信息技术的应用。

总体上来看，必修模块在学时明显减少的情况下，教学内容有增有减，大体上是增加趋势。虽然必修模块的标准总计由实验版的47条减少为2017版的23条，表面上看，减少一半还多。但是，减少后的23条中，有近一半为新增内容，而且新增内容更加宽泛，涉及地理学的土壤和植被的识别、地球的演化史等科学史的培养、避灾减灾防灾意识的形成、国家的海洋权益和政治决策的关注等。地理信息技术的学习相比以往更注重地理问题的探究。

变化二，行为动词和发生条件更加明确。从实验版课标开始，课标内容就开始使用“行为发生条件+行为动词”的目标表述模式，来描述教学内容的学习目的和实施途径。2017版新课标中延续了这种表述。据初步统计，新课标共使用了“说明”“描述”“解释”“了解”“识别”五种行为动词。从表述的频率上看，大约65%使用了“说明”这一行为动词。“说明”“描述”“解释”共计占85%的比例，出现了14次，而这三项按照布鲁姆教育目标分类等级，可以归于“领会（Comprehension）”这一等级。这一等级对认知的要求是：对事物的领会，但不求深刻的领会，而是初步的，甚至是肤浅的。2017版新课标中，“了解”“识别”共计出现了四次，大约占到15%。按照布鲁姆教育目标分类等级，可以归于“知道（Knowledge）”这一等级。这一等级对认知的要求是：具体知识或抽象知识的辨认，用一种非常接近于学生当初遇到的某种观念和现象时的形式，回想起这种观念或现象。

2017版新课标的行为发生条件的表述中，“运用资料”“结合实例”出现最多，共出现六次，此外就是“示意图”“图表”等。这显示在教学过程中要通过真实的案例和材料，让学生在案例和材料的分析中获得知识的认知。尤其值得注意的是，新课标中行为条件增加了“野外观察”“土壤标本”“视频、图像”“专题地图”等，因此，在关注地理学科的专业属性、教学条件的更新使用上，以问题为导向的实践操作在地理教学中的作用将更为突出，知识的生成性将比结论性更为重要。

变化三，教学指引更加到位。延续实验版课标的结构框架，2017版课标也同样给出了总体的“实施建议”，涉及“教学与评价建议”“学业水平考试命题建议”“教材编写建议”和“地方和学校实施本课程的建议”等，以供不同群体在实施教学中参考。在教学与评价建议中，运用了重视问题式教学、加强地理实践、深化信息技术运用、开展思维结构评价、关注表现性评价等表述，说明2017版课标更加关注学生在问题解决的过程中通过地理实践、信息技术等多种途径和手段实现他们思维和能力的生成与转变。值得注意的是，2017版课标在内容标准中去掉了旧课标表格式的活动建议，改为在模块内容要求之后提出明确的“教法提示”。其中，地理1强调利用图像、视频等各类资源支持教学，指导学生运用各种方式开展地理常规实践活动，以辩证地看待自然环境对人类活动的影响。地理2强调通过案例学习，掌握人文地理的思路和方法，联系生活实际解决现实问题。这些明确而有效的教法提示，突出了必修模块学科核心素养的具体表现与达成途径，突出了关注核心素养生成的过程性。

变化四，评价要求关注核心素养基础性达成。根据新课程的评价要求，地理学业质量水平分为四级。从水平1到水平4要求不断提升，强调在复杂的地理情境中运用地理的概念、思维、方法和观念来解决地理问题，从而实现相应水平核心素养的达成。为了突出对思维结构评价和表现性评价的关注和落实，2017版课标还针对学业水平考试命题提出了指导建议，以帮助教师更好地制定评价目标、构建测评框架、设立试题情境、提供标准参照和结果反馈等，力求使关注核心素养的课程能评价全面、分级有效地完成。以地理1为例，学业要求描述为：学习本模块之后，学生能够运用信息技术或其他地理工具，观察识别描述与地貌、大气、水、土壤、植被等有关的自然现象；具备一定的运用考察、实验、调查等方式进行科学探究的意识和能力（地理实践力）；能够运用地理科学的基础知识，说明一些自然现象之间的关系和变化过程（综合思维）；能够在一定程度上合理描述和解释特定区域的自然现象，并说明其对人类的影响（区域认知、人地协调观）。可以看到，必修模块的学业水平指向了最基础的地理意识和基本地理能力。

二、基于2017版课标的教师教学行为

针对2017版课标的诸多变化，教师的应对方法应该是课程理念更新、课程开发组织、课程实施与教学评价等多个方面的综合，具体表现如下。

（一）深刻理解核心素养的基本内涵

核心素养的提出是教育理念和实践相互推进、有效结合的结果。地理实践力、综合思维、区域认知和人地协调观是地理学科的关键知识和能力，突出了地理学科通识性和共性的技能，强调了学生在地理学习中认知的生成过程。培养学生核心素养是育人的重要目标。核心素养的达成，需要教育实现从“教书”到“育人”的转变，以落实立德树人的总目标。依据2017版课标的规定，必修模块的内容更加广泛，更加贴近学科基础和社会生活，而对应的学分较之前却大大缩减。因此，必修模块的教学需要更加突出学生基本思维和关键能力的训练，摈弃至今依然普遍存在的知识本位意识，增加课程的弹性和层次性。面对不同需求的学生，可以完成多样化的分层教学引导，而完成这一任务的前提正是对核心素养的深刻理解。

（二）丰富学科知识储备，制定基于学情的课程实施规划

必修模块内容的设定，是在原有经典的基础上增加了许多地理概念，如地理1中的地球的演化、地貌、土壤、植被；地理2中的国家发展战略、海洋权益等。这些内容极大地丰富了中学地理教学的广度，“运用资料示意图、图表、视频”“通过野外观察”“结合例子”等表述暗示了教学将更加贴合现实，绝不能再照本宣科。教师必须不断完善自己的知识储备，并具有极高的学科知识敏感性，以满足教学中整合教材、创设教学情境的需要，同时也为制定课程规划奠定知识储备基础。同时，相较于实验版课标，2017版课标删除或者后置了较多偏、难和对学生要求过高的内容。这些内容不再作为学业水平合格的考核必需，而是列入选择性必修以满足高考选拔的专业要求。如此的增删，正是面对不同学情的差异化考量，强化了学生核心素养的层次性和阶段化要求。在教学中，教师不能一味追求挖掘知识的深度以应对高考，而是要立足于整个学科和社会发展的大背景，快速建立基于学情需要的、面向学生核心素养的进阶式发展的课程实施规划，为差异化分层教学奠定基础。

（三）关注教学模式变革，促进学生深度学习

我国全面深化课程改革，是以转变育人模式、促进学习方式和教学模式的变革为重要标志的。基于核心素养的教学，将更加聚焦于核心素养的形成，并以此开展教学方案的设计。根据2017版课标，教师在继承传统教学方式的同时，要积极尝试问题式教学、实践教学、信息技术支持下的教学，以突出素养的形成过程。

教学情境是2017版课标反复强调的重点。与现实生活密切联系的真实地理情境是开展教学的前提和基础，不同复杂程度的地理情境是评价地理素养形成水平的前提。因此，教师应针对不同的学习水平和阶段的要求，对真实的地理事件进行甄别和筛选，创设相应的教学情境。借助地理情境，关注学生的学习认知发展，凸显教学过程的实践性和生态化，促进核心素养的形成，才能从真正意义上促进学生的深度学习。

（四）注重资源整合，强调技术与方法在教学中的运用与渗透

地理教学一定是基于多元化教学资源的整合。2017版课标教学提示中强调：充分利用地图、景观图像、地理视频、虚拟技术、地理信息技术和周边自然与社会资源支持教学。在实现诸多课程资源的有效搭配和合理使用中，资源整合至关重要。

在2017版课标中，必修模块的地理信息技术不再作为单独的内容标准，而是被视为地理探究的工具。在地理1和地理2中，分别单独有一条“通过探究有关自然（人文）地理问题，了解地理信息技术的应用”。相应地，2017版课标要求教学能够指导学生通过体验、观察、观测、实验、野外考察等方式开展地理实践活动。

因此，综合分析基于诸多教育资源的教学要求，未来的教学必然要强化案例的探究，突出信息技术与地理方法在教学中的渗透。

（五）突出多元化的评价手段，关注知识和认知的生成性

开展思维结构评价和关注表现性评价是2017版课标中针对评价建议所提的关键内容，以侧重对学生地理学思维发展和实践能力发展的评定。从前文的分析可以看出，地理必修模块要求的学生认知水平不高，更主要的是其对学科最关键的概念和技能的认知和理解。因此，教师必须要明确评价的目的是在核心素养的培养过程中，帮助学生发现兴趣和潜能，为进一步的兴趣和专业发展做好铺垫，而非单纯的选拔性的甄别考试。具体操作中，要关注学生学习过程性思维和能力发展的记录和评价，进一步减弱以考试为主的终结性评价的作用和地位。

总之，基于核心素养的地理课程标准的颁布，是在总结10多年课程改革经验的基础上进行的进一步改革和创新，体现了学科特色、社会发展和个人成长的多重需求。核心素养的落实是一个长期而艰巨的任务目标，期待龙城高级中学地理教研组师生有更多的实践探索和理论提升空间。

迎接新一轮高考改革，打造高质量的高中英语课堂

英语教研组　方　静

当代的高质量的英语课堂中，老师不仅仅是teaching about English，而是teaching about English language。所以，我们的英语课堂，要培养核心素养，要看得到文化品格，看得到思维品质，看得到批判性思维。

我们的英语课堂，往往将语言切割为单词、语法、篇章分析，而忽略作为整体的英语本身的美和运用，这样的课堂不是科学的，更不是高质量的。

一、备教材时要学会：删、替、补、改

备课，首先要备课标。教师要将教材与课标相融合，当教材与课标有所出入时，教师要尽量以课标为准绳，对教材进行适量地删、替、补、改，这样我们的材料才是高质量的，因为高质量的材料是高质量课堂的基石。所以，高质量的英语课堂上，不是教教材，而是用材料去教——有模仿“A red red rose”的诗歌鉴赏、有欣赏英国女演员Emma Watson在联合国的有关女权主义的演讲、有美国前总统奥巴马的“我们为什么要上学”、有中国整顿网络安全、有清华大学要求每个学生学会游泳带来的争论、有新时期的“一带一路”政策，等等。这样的课堂，是看得到文化的，看得到语言在生活中的应用。

二、课堂上要培养学生的批判性思维

传统的英语课堂有太多的低端层面的信息搜索（information searching）和模仿（imitation），而忽略了对学生的批判性思维（critical thinking）的培养。而批判性思维，无论是从应试的角度，还是从育人的角度，都具有重要的意义。特别是在新课标着重强调核心素养培养的大背景下，学生批判性思维能力的培养就显得更加迫切和重要。一节高质量的高中英语课堂的重要评价点就是是否培养了学生的批判性思维能力。

培养学生的批判性思维的方式是多种多样的，从常规的教学环节看，brainstorm、group work和debate和after-class activity是比较常见的和有效的方式。以外研社必修五的module 5“A Life in Sport”为例，学生对著名的体操运动员李宁的运动员生涯和商业经历有了大致的了解后，这时可以布置一个讨论的话题：“What should we wear，national brands or western famous brands？”这个话题需要学生有一定的生活阅历、结合自己和他人在服装穿戴上的不同理念进行批判性思考。在辩论的同时，老师的正确引导不可忽略。指引工作做得好，借助这个话题，我们能清楚地感悟到英语教学在传承、传播中外

文化方面的优势，学生们批判性思维可以得到发展和锻炼，借助语言也能够彰显我们的民族自信、文化自信和大国自信。

三、课堂上培养好的习惯和规矩

高效的课堂应该是有规矩的，科学的教学方法和学习习惯并重。也就是说：如果没有你，这个课堂就永远不会是这个样子，永远不会这么有秩序、有手段、有方法，学生永远不会这么有效率、有好的习惯。比如：学生回答问题是不看着书照本宣科的，而是合上书，组织自己的语言再次输出；比如：小组合作要求清楚，任务具体，责任明确，在小组角色分配上责任到人，活动步骤到位；比如：学生的笔记不是随意的，而是有分类、有注释、有剪贴、有批注等。高效的课堂是要经过反复的打磨和科学的培训的。

总之，高中的英语课堂，不再是简单的知识的传递和迁移，而是知识升华为智慧。那么，我们的英语课堂，要看得到文化，看得到人性，看得到语言的本真，看得到学生的主体，这才是新课程、新课改背景下的高质量的高中英语课堂。

从功能的角度看中学语文教材的选文原则

语文教研组　蔡铭淳

阅读人民教育出版社的新版语文教材，我们不难发现新版的教材增选了梁实秋先生的《记梁任公先生的一次演讲》一文，而明显减少了鲁迅先生的作品。对于这件事，北京师范大学文艺学研究中心研究员王丽认为这只是“正常的调整，几篇文章的变动说明不了什么问题”。王丽说：“这种微调对整个语文教育来说意义不大，我现在更关注教育本身的功能问题。”但我认为：选入梁实秋先生文章的同时相应减少鲁迅先生的文章，其内在意义也许正是正视“教育本身的功能问题”的一个具体体现，原因很简单：梁实秋先生和鲁迅先生同为新文化运动的主将，却因文艺观点的不同，而成为一生的论敌！

语文具有人文性和工具性两个基本属性。抛开它的工具性不谈，单就其人文性而言，其主要的功能指向不外乎情感的熏陶与思想的感染，至于熏陶什么情感，感染什么思想，其根本的表现形式自然非课本选文莫属。如此看来，选与不选，多选或少选，自然是一个需要谨慎为之的事情了。

具体到选梁实秋先生的文章还是鲁迅先生的文章，其关键还在于两人的文学思想。梁与鲁文学思想分歧乃至论战不休的关键点就在于文学的阶级性！梁实秋高举文学是表现最基本的人性的艺术的大旗，斥拒文学具有阶级性的观点；而鲁迅先生则严守文学具有阶级性的观点，并大力倡导无产阶级文学。针锋相对的文学思想直接引发了两人的口诛笔伐，也引发了派别之争。文学上的百家争鸣本无可厚非，也无须非要得出孰是孰非的终极价值判断，但若是以国家的行政力量使之进入本国所有青少年必读的文章之列，其中的意识形态价值导向是不言而喻的，必须审慎以待。从这个角度来看，时代性便是人教版新版语文选材的一个关键因素，其突出的两个表征就是：从阶级性走向人性，从单一性走向多样性。

无须讳言，在新中国成立后相当长的一段时期内，阶级斗争或是类阶级斗争在国内一定程度上还占据着主流。在这样一个社会大环境下，社会的意识形态必然会投射到教育领域中，而鲁迅先生强调文学的阶级性特别是无产阶级文学的文学思想与国家的意识形态若合一契，于是，鲁迅的作品便在中学课本里占据了半壁江山，而作为鲁迅的论战对手、强调文学无阶级性的梁实秋是不可能出现在中学教材中的。然而随着社会的发展，时至今日，科技的发展拉近了人与人之间的距离，地球村已成为一种生态趋势，大谈阶级斗争也已成为一种不合时宜的行为，阶级性在文学中也淡化成了历史的一抹痕迹。此时的中学语文教材中过于浓重的阶级性对阶级感受已极为淡化甚至是全无痕迹的青少年来说，已经有些寡淡和隔阂了。这个时间，梁实秋先生的强调文学表现人性的主张自然也就要浮出水面了。从这个角度看，人教版教材选文的调整正是当下的时代特点在教育中的一个具体表征。

另一方面，多样化、个性化是当下社会的另一大特色。在我们这个大时代中，到处都是“小时代”，处处都充满差异性。此时，再一味把鲁迅先生的文章在中学教材中高举高打，硬塞成主流，就未免扯了历史的裙角，赘了时代的脚跟了！所以，梁实秋先生文章进入中学语文教材，鲁迅先生文章在中学语文教材中的比重略减，实际上体现了我们这个时代的多样化特征。

总之，社会流行什么样的文学在某种程度上是由大众决定的，但什么样的文章进入中学语文教材，则必须是由社会意识形态根据时代特征进行的有意为之的选择。反过来看，何种文章能选入中学语文教材也必然投射出社会意识形态的核心价值导向。

从我的教学看十年课改

政治教研组 蔡 雯

“什么都可以重来，但是教育不能够重来，教育做好了，功德无量。”这句话是我在某节培训课上听黄爱华老师（数学特级教师）说的，当时印象特别深刻。现在我们强烈呼吁并已实施了十多年的课改，初衷就是为了做好“功德无量”的事情。

普通人不懂教育教学可以不教，但是如果作为教师，不懂教育教学，那就是一个残害人生的刽子手。课改势在必行，并且一定要做得卓有成效，中国的未来才有希望。

这里我不想谈我们课本的不是，因为课本是死的人是活的，课本内容的确定具有滞后性而我们就生活在当下。当然如果要修改，我们的课本内容还有很大的调整空间，尤其是“文化生活”的内容以及“哲学生活”的某些晦涩难懂和因过时而毫无生趣的思考题。

一、课改与教学内容的设计

我记得我高中学习政治课，虽在重点高中读书，按道理老师们都是当地最厉害的一批老师了。但说实话，我从来没有上过一堂结合案例的课程，没有机会自己出练习题，没有所谓的学习方法的学习，甚至连小组讨论的机会都非常少，更不用说将小组讨论结果与各组分享，感觉更多时候都是靠自己拿着练习册摸索。我觉得那个时候的学习就是单枪匹马，势单力薄。教学更多的常态就是大家都再熟悉不过的老师讲、学生练、课后追问老师的模式。

如今，到我教书了，目前的教学模式在课改的十年之后已经大不相同。为了恢复学生的学习主体地位，很多老师都有让学生小组讨论的意识，有些班级还是以小组为单位轮流换组，这让小组讨论能更好地实施下去。为了让学习能够更快进入情景和保持愉悦的学习氛围，很多老师都懂得采用案例教学模式。而案例教学，直到我上了大学才开始接触，而课改十年之后的高中也有这样的教学模式，这是一大进步。

结合我从自己当学生到自己教学生的实践感受，首先从案例教学来谈谈教学内容的准备。

新课标要求的三贴近原则：贴近学生、贴近生活、贴近实际。我对第一年教书时的某节课堂内容设置，有非常深刻的体会。当时我在上“经济生活”的第三课“多彩的消费第二框消费及其类型”的时候，采取了以案例教学法为主、以知识竞赛形式为辅的教学方式。当时课备好后，我对上课效果信心满满，因为自觉采用的教学方式既新颖又有独创性，案例也是精心挑选的，一个案例贯穿课文前后，而不是用几个独立的案例引出课本知识。我觉得这样比一般的案例教学更增添了学习的趣味性和连贯性，但实际上上课效果并不理想。问题就出在这个精心挑选的案例上。

为了引出课本中“居民消费水平不仅取决于当前的收入，而且受未来收入预期的影响”，我以李嘉诚在香港金融危机下的行为为例引导，案例和问题设置如下：

后来，李嘉诚凭借其才智和毅力，渐渐富有。当香港在1997年出现金融危机，港人都纷纷卖房换钱离港时，他却买入许多土地并花巨资建房。因他估计香港的经济不久会恢复，楼市好转时，到时可以通过高价出售楼盘而获利。

问：为何李嘉诚会看似反常地别人卖房他造房？

当时，学生几乎答不上来，或者答的并非是我期待的内容。而我之前还让其他老师看过我的案例，都说设计很好有创意。一节课下来，我猛然发现，这些内容只是贴近老师，贴近我们的生活，贴近我们的实际，但对高一新生实在太难了，光是题目中关于投资的专业术语已经让他们在阅读时产生了困难，更何况这个金融危机的背景对他们来说也是比较陌生的。这不仅提不起他们的阅读兴趣，反而加大了理解负担。

经过第一次的教训，我将李嘉诚的案例换成与学生更为贴近的大学生的消费行为，引导同样的知识。案例如下：

李农生平日特别节俭，除吃饭和学习的花销外，没舍得更换那破旧得已不宜外穿的衣物。所以那天富友在商场看见农生买衣服时非常惊讶，忍不住走了过去。

张富友：“阿生？怎么是你？”

李农生：“哦，我打了暑期工，想到两天后可以拿到工资，一下兴奋就提前过来买了两件衣服替换，我也知道我的衣服早该退休了。”

问：为什么平时非常节省的李农生忽然舍得花钱买新衣？

这样，同学们稍加思考，这节课想要教授的知识点就呼之欲出了。

“三贴近”原则在教学过程中的地位和意义自然不用多说，而且很容易做到，只要平时注意融入学生的生活，总能找到些能获得他们共鸣和引起他们兴趣的话题切入。第一，融入他们生活的方式很多，首要就是要利用好当下学生们最流行的通信工具，从以前的QQ，到微博再到现在的微信，时刻紧跟学生的步伐，与时俱进。因为在上面你可以最直观地了解到学生发布的各种生活状态和心情状态，这些是把握学生状态的第一手资料；第二，适当组织和参加学生活动，制造共同经历，寻找共同话题；第三，充分利用好课余的辅导时间，在辅导他们学习的过程中自然而然地与他们谈话交心。这三种方法，能为我们将抽象的知识转化成贴近他们生活的方式累积许多素材。

二、学生主体地位与教学方式的关系

贯彻“三贴近”原则可以提升学生的学习兴趣，这是课改的一种要求，课改的另一种强烈要求是归还学生的学习主体地位。如果说提升学习兴趣是第一步，那么学生的学习主体地位则是第二步，如果说第一步是从教学内容准备的，那么第二步则是在教学方式上做文章。因而，我认为要凸显学生学习的主体地位，主要靠备课时设计的教学方式。传统的讲授式，不能抛弃，但要结合更多的以学生为主角的教学活动，方式有很多，主要运用过小组讨论、小组竞赛、小组合作和探究的方式。这里还是以我自身的教学经历来谈谈小组合作和小组竞赛。

曾经一直认为高三的教学不适宜采用太多的开放式教学方式，觉得讲练结合配以常规的抓默写抓背诵是最扎实的政治课教学方式。这种形式非常平静，平静得太难激发学生的学习激情，更多的只能靠他们作为高三学生的自觉性。所以我做了一次比较大胆的尝试，以小组竞赛的形式在班级里举办了两次命名为《中国强政治》的抢答比赛。比赛的内容是“哲学生活”的第一单元的所有内容，因为这个单元的内容比较零散且高考频率不高，所以从这个单元着手尝试。

根据高考备考的全面性要求，我将问答题的设计覆盖到所有知识点，然后以自学、简答和背诵等各种形式考查，其间针对疑难点和易混点穿插讲授。一节课下来，学生的学习热情高涨，效果是不错的。

从这个经验来看，我认为高三的教学方式也可以创新。对于每本书的比较零散或者考试频率比较低的内容，不妨采用小组竞赛合作的方式进行，可以更好地调动学生的学习激情。

三、我的困惑

课改十年，有人说效果最好的在小学，其次初中，高中的课改成效最差。究其缘由，关键问题在于高考制度。如果高考的评价制度不改，那么高中教学还是大多以最传统的方式呈现。或许是吧。我从教三年，其实感觉目前在课改要求的影响下，高一高二的教学模式已经渐渐融入课改的理念，学生学习的主体性和趣味性增强，师生关系也更多地从专制关系变成了民主关系。只是客观来说，课改的春风还没有深入吹进高三的教学里。我最大的疑问是，如果高考不取消，或者高考的评价体系不改变，那么高三应该如何教学才能更好地将高考和课改很好地结合起来？

广东省美术生高考志愿填报策略

美术教研组　陈钟鸣

广东美术高考填报志愿和本省普通类文理平行志愿不同，仍然实行梯度志愿。目前普通文理科可以借助完美志愿、信息通等软件把个人排名准确定位，考生只要结合自己兴趣点，选择专业和院校，就很好填报了，志愿填报软件大大方便了考生。而美术没有类似的填报软件，专业考试又分省统考、校考等，每所高校的录取方式、原则各不相同，这些都给美术生填报志愿带来了很大困难。那么到底怎样填报美术类高考志愿？

一、首先了解我省美术考试类别、招生人数、考试人数，感知美术类录取的难度

美术类专业一般可以分为设计类、纯艺术类、师范类、建筑类、史论管理类五类，考生根据合格的院校，结合自己的兴趣点来填报。

广东美术类考试分统考、校考两类，录取时分统考、统考加校考、校考三类。统考主要是针对本省的高校和部分外省综合类院校。

表1是官方2016招生目录中统计的数据。从中看出美术艺考竞争异常激烈。

表1　录取率

统考					统+校		校考			录取率	
	本省		外省		省内外		本省	外省		16年考生37969人	
层次	高校数量	招生人数	高校数量	招生人数	高校数量	招生人数	高校数量、人数	高校数量	招生人数	人数	录取率
一本	8所	1780	25所	300	50所（在粤设点30所）	1600—2000	一本二本10所	20所	100	4180	11%
二本	38所	7600	103所	1120	11所	500—1000		13所	420	10140	38%

二、熟读官方考试指南，弄懂省招办招生政策

（1）美术生投档原则及比例：省招生办根据美术类招生计划，在专业、文化双上线基础上，先按术科分从高分到低分投60%的考生档案；再按文化分从高分到低分，投40%的考生档案，由院校择优录取。投档比例为1∶1至1∶1.2，如第一志愿未满，按补投第一志愿及第二志愿、第三志愿顺序进行第二次投档，按1∶1比例一次性提供考生档案给高校择优录取。

（2）投档顺序：第一批，按先投统考+校考，再投校考，最后投统考的顺序投档；第二批本科按先投统考，再投统考+校考，最后投校考的顺序投档。

2017年的专科AB合并，详情未出，但写明了“统考和校考录取有先后顺序，两者间不构成梯度志愿关系。梯度志愿仅在统考内部3个院校、校考内部2个院校之间存在”。这句话很好理解：既然有顺序，那么录取时间上就有先后，统考或校考内部要有梯度。大家要把梯度、冲稳保的工作做好。

（3）独立设置院校（如美院类，非第二批独立院校），按院校确定的分数线由省招办投档。比如，广东省的美术类一本线是文化305分，但中央美院有权规定造型必须达到400分、设计达到420分才有资格填报，只能比省线高不能低，达不到不能投档。

（4）统考加校考：招办把文化分上线，术科统考合格、校考合格的考生按志愿顺序分别一次性投档给招生院校，由招生院校根据本校招生章程公布的录取原则择优录取。

（5）校考未涉及省统考的专业：如书法、史论等专业，省招办按考生志愿顺序，将双上线考生一次性投给招生院校，由招生院校根据本校招生章程公布的录取原则择优录取。对未完成招生计划的院校，再投第二志愿考生档案。

（6）看样表，找填报的位置。表2为样表的缩减版，从表中可以看出：①统考有2—3个院校志愿，校考+统考、校考只能填1个院校。②批次不一样，统考+校考、统考和校考顺序不同。

美术类填写在打“√”的地方，见表2。

表2　志愿简表

<table>
<tr><th colspan="3">批次</th><th>志愿号</th><th>院校代码</th><th>院校名称</th><th>专业1代码</th><th>专业2—6代码</th><th>服从其他专业</th></tr>
<tr><td colspan="2">提前批军队、自主、农村计划等</td><td>1、2批本科 3批专科</td><td>12.12.12</td><td></td><td></td><td></td><td></td><td></td></tr>
<tr><td rowspan="6">第一批本科院校</td><td rowspan="4">艺术类★</td><td>统+校</td><td>1</td><td>√</td><td>√</td><td>√</td><td>√</td><td>服从</td></tr>
<tr><td>校考</td><td>1</td><td>√</td><td>√</td><td>√</td><td>√</td><td>服从</td></tr>
<tr><td rowspan="2">统考</td><td>1</td><td>√</td><td>√</td><td>√</td><td>√</td><td>服从</td></tr>
<tr><td>2</td><td>√</td><td>√</td><td>√</td><td>√</td><td>服从</td></tr>
<tr><td rowspan="2">普通类</td><td>第一组</td><td>A</td><td></td><td></td><td></td><td></td><td></td></tr>
<tr><td>第二组</td><td>A</td><td></td><td></td><td></td><td></td><td></td></tr>
<tr><td rowspan="7">第二批本科院校</td><td rowspan="5">艺术类★</td><td rowspan="3">统考</td><td>1</td><td>√</td><td>√</td><td>√</td><td>√</td><td>服从</td></tr>
<tr><td>2</td><td>√</td><td>√</td><td>√</td><td>√</td><td>服从</td></tr>
<tr><td>3</td><td>√</td><td>√</td><td>√</td><td>√</td><td>服从</td></tr>
<tr><td>统+校</td><td>1</td><td>√</td><td>√</td><td>√</td><td>√</td><td>服从</td></tr>
<tr><td>校考</td><td>1</td><td>√</td><td>√</td><td>√</td><td>√</td><td>服从</td></tr>
<tr><td rowspan="2">普通类</td><td>第一组</td><td>A</td><td></td><td></td><td></td><td></td><td></td></tr>
<tr><td>第二组</td><td>A</td><td></td><td></td><td></td><td></td><td></td></tr>
</table>

续表

批次			志愿号	院校代码	院校名称	专业1代码	专业2—6代码	服从其他专业
第三批专业院校	艺术类★	统考	1	√	√	√	√	服从
			2	√	√	√	√	服从
			3	√	√	√	√	服从
		校考	1	√	√	√	√	服从
			2	√	√	√	√	服从
	普通类		123					

从上表可以看出：①填报省内的院校或认省统考成绩又认省招办投档规则的院校，要么专业好要么文化好，两者都不突出这类考生高校录取时不讨好。②如高校按1∶1.2拿到档案，高校有权按照自己的章程刷掉“多余”的考生。省内认省统考的院校“处理”这些考生一般发生在按专业的投档过程中。③投档有顺序，录取时间有差异，前面的志愿不妨碍后面的录取。

三、填报志愿的技巧、策略

（1）专业文化双高，选择余地大，好填报。值得注意的是：根据填报顺序，前面录取了，后面的志愿当然没用了。同批次后面录取有把握，前面就不要填了，免得“挡路”。

（2）专业文化均达二本线，文化相对较好，可以读到一批次的院校。

①专业刚过二本线，文化优秀的同学可填史论、管理等专业，有机会读一类院校。比如，W同学文化成绩较好460分，省专业统考216分很弱。如按照专业来看只能读二本院校。但经研究发现湖北美院史论专业没有校考，只要通过广东省统考达本科线210分、文化280分就可填报，按常理史论类都在450—480分。经电话咨询，湖北美院2016年史论专业广东最低454分，湖北本省最低分423分，那么W同学完全合格，并且有优势。②这种在省内或和我省录取方式一样的外省，是可以读一个好学校的，像广东财经大学等。专业刚过本科线210，可以通过40%的文化指标获得，文化分数一般在410左右。

（3）边缘分数段，一定填报外省。哪些是边缘分数段？重点类：专业230—234分，文化380分。二批本科：专业统考218—224分，文化350左右。无论重点还是二本，用专业统考分和高考文化分填省内重点风险很大，怎么办？外省院校是很好的选择！

（4）少数一本的美术类放在二本中录取，注意捡漏。在二本统考中不难发现很多老牌的好学校，比如，湖北大学、是一本，但2016年在粤美术类放在二本，符合专业210分、文化280分就可以报考，按照该校的录取方式，最低综合分592.27分也不高，能达到这个分数的同学很多，像这类的高校还有四川师大、三峡大学等在部分省整体是一本，部分省放在二本，不过这类院校只有很少几所。深大的动画专业就是一个很好的例子。

（5）用好大小年节奏，逆向思维很重要。广东高考在线公布了2015年、2016年部分高校的专业和文化录取最低分数线，仅2016年文化分有参考价值，每个考生都去参考这分数，又会产生大小年，所以逆向思维很重要。

（6）统考有2—3个志愿，填报时同批次拉开档次增加录取机会，统考栏中的第二志愿还是很有用的。

（7）独立学院和民办院校的填报。独立院校、民办院校在学历学位上等同公立院校，都是国家计划。如果说考生专业文化都比较弱、刚达线的，第一志愿就填偏弱本科，一次到位，不建议冲，冲不上去补录分数更高，就没你的位置了。比如白云学院在补录时专业达224分，升高了14分。

（8）关于AB类合并等事宜。2015年以前的AB类之间，文化和专业都梯度，本科10分左右，专科接近30分。不管是本科AB类合并，还是专科类的AB合并，带来的好处是刚双上线，专业或者文化一科很好的同学能够读到更好的学校。比如，本科AB合并，专业刚过210分，但文化接近400分的学生可以读到很好的本科，专业反之亦然。专科类同理，好处更大，但对本地生源的降分优惠要等2017年具体规则出台，合并就有点“以前只能填民办的现在有机会填公办了”的意思。

（9）补录有机会。补录也叫征集志愿，在每个批次结束后都有一次征集志愿的机会，要每天关注省教育考试院、5184考试服务网上的信息，千万不能错过时间点。补录只针对该批次的院校，以前填报的其他批次不受影响。表3是2016年的录取时间表，每年时间点接近。

表3　录取时间

批次	艺术类、体育类录取工作	文理类录取工作
7月7日—11日	艺术类第一批本科院校	
7月17日—19日	第一批本科院校（含艺术类统考专业、体育类专业）网上征集志愿	
7月20日—24日	艺术类、体育类第二批本科院校	文理类第二批本科院校
7月25日—27日	第二批本科院校（含艺术类统考专业、体育类专业）第一次网上征集志愿	
7月28日—30日	第二批本科院校（含艺术类统考专业、体育类专业）第二次网上征集志愿	
8月4日—7日	艺术类、体育类第三批专科A类院校	文理类第三批专科A类院校（含专科少数民族班）
8月7日—9日	第三批专科A类（含艺术类统考专业、体育类专业）院校网上征集志愿 B类省略	

四、预填、试填志愿

（1）熟读两本书。即《广东省201×年普通高等学校招生专业目录》（俗称大厚本）、《广东省201×年普通高等学校报考填报志愿指南》。第一本把说明、目录、美术类批次顺序、每个学校的专业及招生人数、收费办学地点等具体要求一一看清楚并做好记号，这本书关键是招生专业人数及要求。第二本看清楚体检要求、招生政策规定、录取时间、志愿填报代码表、附录中相应院校的往年分数。

（2）罗列自己成绩、选出合适院校。把自己的专业统考成绩、校考合格院校、文化成绩罗列出来（还没高考或还没出分，可以根据深一模广一模加上50分，或者深二模加上15分），然后把该校的录取原则、章程、三年分数线逐一列出来，试计算一下自己的综合分。"美术ms315"网站资料比较齐全，部分还有填报提示，然后再上官网核实，极少数没有公布的院校趁早打电话问该校招生办。各大学的招生章程中均会公布各自的录取原则与单科要求。

（3）试填两份志愿。根据2016年分数线，自己的专业成绩、文化成绩试填两份，实战更重要，见表4。

表4　广东2016年普通高校招生录取最低控制分数线

科类/批次	一批	二批	三批A	三批B
文科类	514	417	360	245
美术类	305/230	280/210	240/190	230/160

（4）向有经验的高三美术老师咨询报考的相关问题，或直接打电话咨询高校招办，整理出最佳方案。

（5）利用好微信等媒体资源，关注你想报的高校，实时掌握高校的招生动态。

五、境外求学

高考失利，于境外求学也是一个选项，它和国内批次录取互不矛盾。①直接用统考分高考分读澳门理工学院等大学，如果统考专业过了185分、文化在280分的艺术类二本线，可以申请该类院校，所有费用每年6万—7万元。②到大学的外培机构读一年预科班，过了语言关和准备好作品集，申请国外多个院校，费用分作两部分，机构是一部分，出国就读后是另外一部分，也有像意大利图兰朵计划，学费是全免除的。如果设计思维比较好，到国外读设计也是不错的选择。读纯艺术那就要有为艺术献身的精神，史论类语言的概念抽象、表达困难，用外语就更难了，如果语言关不通过，笔者认为境外求学不是特别好的选择。

论生物实验教学的预设与生成

生物教研组　付红祥

随着教育课程改革的不断深入，课堂教学正发生着实质性的变化，呈现在我们眼前的是“课前预设”在课堂中具体实施、解决和生成的精彩过程。生物实验教学应从实际出发，加强高质量的课前预设，把握课堂精彩的生成，从而提高实验教学的有效性，进而让课堂焕发生命的活力。

一、课前精心预设，为生成而起航

新课标指引下的预设应是一种以学生为本的预设、人性化的预设，同时更应是一种富有弹性的预设。只有充分的预设才能灵活地捕捉、调控生成！

（一）弹性预设——促进教学内容生成

实现有效的实验教学，既要求教师能对教学内容有全面、系统、深入的解读，又需要教师有“瞻前”和“顾后”的能力。所谓“瞻前”，即实验研究是在怎样的基础上发展起来的，哪些内容会引发学生的兴趣，成为实验教学的兴奋点。所谓“顾后”，即了解学生是否已经了解了实验中的有关内容，达到什么程度，要求教师不要机械地教教材，而是要用材教，要超越教材，力求在实验教学中达到“挈领而顿，百皱皆顺”的境界。

例如，在蛋白质酶活性测定实验之前，导入“蛋白质酶”这个耳熟能详的词，针对蛋白质结构等的特殊性，附加对其作用机理的大猜想，并特意安排了“友情提醒”这个环节：回顾蛋白质形成的过程。果不其然，学生毫不迟疑地中了我的预设，异口同声地回答道：“肽键！”我反问：“那构建空间结构的化学键呢？”课堂一片哗然，少顿，有学生胸有成竹地道：“蛋白酶破坏的是空间结构的化学键，而肽键是由肽酶来水解的。”这一回答足见这位同学将酶的专一性运作得很娴熟，以致无人批驳这点，绝大多数的学生都表现出恍然大悟之状。正值我启动表扬机制总结发言时，竟然有学生因此有些不屑地问道：“那我们人的肽酶存在在哪？”当时我不是震惊，更多的是觉得这种问题讨论的意义不大，故顺便回了一句：“小肠，故简称为肠肽酶。”然而，竟然有多事的小子故意刁钻地调侃道：“肠肽酶跟长太美有没有关系呢？”作为老师，我觉得无论是置身职业本身还是调节课堂气氛，都似乎不容许我敷衍了事，故让他们利用书本知识结合相关逻辑来解决这位同学的尖锐问题。还真别说，这会儿他们翻阅资料比平时任何时候都有劲头，最后还得出两者之间有着绝对的关系，论据就是蛋白质功能。我呢，不用吹灰之力就将蛋白质的功能彻底灌输进了他们的脑海。由此可见，实验教学的弹性预设，既有利于课堂教学的及时调控，又有效地促进实验教学内容的动态生成。

（二）弹性预设——促进有效情感生成

情感、态度和价值观是生物教学目标的重要维度。因此，关注学生在学习过程中的情感体验，创设课堂教学中情感体验生成的情境，也是生物课堂教学的一项重要任务。但学生的情感态度不能自发地形成，也不能生硬地灌输，而是需要借助于预设，在弹性预设的基础上进行灵活机动的激发，以促进其有效生成。

例如，在“检测生物组织中的糖类、脂肪和蛋白质”的实验之前，我发现学生的精神状态着实参差不齐，有些学生连肢体形态都已经是萎靡的“C”。我针对此情形创设如下的情境来引发学生的兴趣：社会上出现食用劣质奶粉的小孩成为大头娃娃，你能检测我们买到的奶粉是否是劣质奶粉吗？现在市面出现的假鸡蛋你能通过实验加以检测吗？真的没想到，学生们都齐刷刷地开始做环顾教室的“保健操”，激发了学生探索的热情和丰富情感的生成。从而达到了真正意义上的师生互动，课堂也真正成为学知识、增情感的高效课堂。

二、课堂生成，因预设而精彩

只有在精心预设的前提下，教师才能随时捕捉学生的疑问、想法、创见等精彩瞬间，进而因势利导改变原来的教学程序或内容，自然地变为课堂生成，产生事半功倍的效果。然而，课堂生成是高屋建瓴，只有教师善于甄别优劣，并能将恰当的问题作为课堂生成的课眼引导实验教学进程，才能让实验教学精彩纷呈。

（一）捕捉“亮点”资源，激活学生思维

在实验教学中，老师要善于利用实验资源，抓住教材中、实验中有利于教学的亮点资源，为教学服务，提高课堂教学效率。

例如，在做完“叶绿体中色素的提取和分离实验”后，有一位学生提出有无其他实验方法，我抓住这一“亮点”鼓励学生依据分离原理探索其他实验方案。全班学生组合成若干个探索，相互交流信息，提出的方案有：①用汽油做层析液；②用毛细玻璃管蘸些色素提取液点在圆形滤纸中心；③以粉笔取代滤纸条做实验等。

（二）挖掘“错误”资源，点化学生困惑

课堂中出现的错误，是学生真实思维方式的暴露，这往往是正确的先导，也是思维过程的闪光之处。教师要抓住错误，给学生创设一个自主探究的空间，让学生在纠错的过程中自主发现问题，解决问题，为学生开辟一条成功之路。

例如，用过氧化氢酶探究pH对酶活性的影响的实验方案讨论后，有位学生质问为什么一定要用过氧化氢酶，而不是用唾液淀粉酶？我让那位学生给大家说一说他的实验设计思路。记得他的设计思路如下：①取三支大小相同的试管，编号为A、B、C，并分别加入1 mL新鲜的稀释唾液，再各加入1 mL 10%HCl、10%NaOH、蒸馏水，摇匀。②

分别向三支试管中加入3 mL淀粉溶液，振荡。③将A、B、C三支试管下半部浸到37℃左右热水中保温5 min。④取出试管，各加入2 mL斐林试剂（边加边振荡）。⑤热水浴检验，观察试管内物质颜色的变化。并预测实验结果。

他的话音刚落，有个学生迫不及待地站起来说“应将淀粉溶液设置不同的酸碱度”，“将新鲜的唾液和淀粉溶液都设置相应的酸碱度更好”。刚弄清如何设置酸碱度，又有一位学生跟旁边同学嘀咕用斐林试剂检测有问题，我没有让这个好机会溜走，鼓励他给大家说说理由，经他一番理论，同学们都点头赞同。

（三）把握“分歧”资源，引发学生辩论

每一位学生都是有差异的，这就决定了他们掌握知识能力以及程度的参差不齐。然而学生们从各自的视角出发，总有着一份属于自己的发现，“横看成岭侧成峰，远近高低各不同”，他们相互启发、相互辩论，总能把一次次的“再创造”演绎得更彻底。

例如，教学酶的专一性以及受温度影响这一内容时，关于如何确定是否发生了反应，是通过检验反应物是否依然存在还是检验产物是否产生呢？如果进行定量试验，是测定反应物被消耗的量还是测定生成物的产生量呢？在这节课上，我灵活运用学生的意见分歧，引导学生参与辩论以及实验，在参与探究的过程中共享了集体成果。不同的思维能在交流中凝集和碰撞，这样的课堂必然是高质量的课堂。

三、协调统一，实现教学双赢

预设与生成是实验教学的两翼，缺一不可，同时预设和生成又是矛盾统一的。实验教学既需要预设，也需要生成，没有预设的教学是不负责任的教学，而没有生成的课堂是不精彩的课堂。教师该怎样灵活把握？我认为有以下两点：

（一）以课前预设为基础，提高课堂生成的质量和水平

怎样才能做好充分的课前预设呢？教师在课前必须对实验教学进行精心、周密的预设，对实验教学中可能出现的情况进行充分的估计。只有做到充分预设，教师进而思考应怎样给予肯定补充或纠正、启发，这样才能做到心中有数，才能做到从容不迫。但也要把握好度，预设要有弹性和开放性，不能一味地以老师的想法替代学生的想法，在预设中要留下很多空白，随时让学生来补白、润色，给生成腾出时间和空间。这样，教师才能真正从容不迫地面对学生，胸有成竹地与学生沟通、交流，才有可能收获更多精彩生成。

（二）以课堂生成为导向，提高预设的针对性、开放性、可变性

生成是师生的“即兴创造”，这就要求教师做到：心中有案，行中无案，随时把握实验教学中闪动的亮点，把握促使课堂教学生成的切入点。

总之，“预设”使我们的实验教学有章可循，“生成”使我们的实验教学精彩纷呈。它为生物课堂增添了一份灵动的美。面对着新的课程改革，我们要有弹性的预设，更要积极引发并探索“生成”的有效途径。这样的峰回路转、柳暗花明、豁然开朗的课堂才能令人叫绝，才能捕捉到生命中绽放的最精彩的音符。

零距离感受香港基础教育

英语教研组　郭园园

作为骨干教师，我有幸参加了今年3月由区教育局组织的为期一周的赴港考察学习活动。依照培训计划安排，我们对香港福建中学进行了实地考察和学习。此次之行有幸感受香港福建中学深厚的文化内涵和清雅幽静的治学环境，参与香港基础教育的课堂，领略香港基础教育的教学策略与方法，让我感受和收获颇多。

香港福建中学是一所老校，始建于1951年。从它的创立，到它的发展；从它的巩固提高期，到它的崭新发展期，每一步都走得扎实稳健，让我们对这所学校的施教育人理念肃然起敬。香港福建中学注重培养学生独立的人格和积极思考、追求真理的精神，把让学生在关爱的环境下学习，培养学生自强不息的精神、独立思考的能力和求真择善的信念作为培养学生的第一要务；同时将培育学生成为爱护家庭、关心社会、热爱国家、放眼世界、与时俱进及德才兼备的人才作为办学宗旨；学校尊重学生，尊重家长，尊重教师，求真务实，于朴素中彰显风华，于平凡中追求卓越。现将香港福建中学考察见闻分享如下：

一、教学课堂以学生为中心

在香港福建中学听课时，我感触最深的是授课老师充分展示了当前先进教育理论所支撑的教学方式，让我们感受到现代教学法的无穷魅力。通过他们的讲授，一些抽象的新概念、新理论，已成为活生生的、可操作的课例。精心设计的课堂教学，能有效激发学生自我学习的启发式教学策略，被充分调动的学生间的合作学习，作为主导而不是主宰一切的教师角色等，这些元素整合起来使得每一个教育者和受教育者都成为鲜活的生命。例如，在一堂英语课上，老师为了让学生们能够把学到的英文价格表达用语在生活中灵活地运用，全班的学生被分成了若干小组，利用周末时间对香港几家店铺提供的货品进行价格调查。当学生们一组一组站在前面展示调查报告时，下面聆听的学生没有丝毫的打闹和嬉笑，并且时不时地提出相关的问题。从学生们的互动中我们可以看到，教师能够创造利于学生学习的学习环境，不失时机地激发学生的学习动机，学生从中受益，他们的情境型学习动机得到激发，自主学习能力有所增强。

二、选择最适合学生的课本因材施教

香港福建中学的校长向我们介绍，香港的教材是出版社根据教学大纲请专家编写的，所以香港的教材分门别类，五花八门。而香港福建中学所用的教材是教师根据本校学生的程度精心挑选的。这样的好处是能使学生的基础更扎实，提高更迅速。在教学上，香港福建中学采用分层次教学，依照学生水平不同来进行教学。因此，在因材施教的课堂上，我们可以看到学生们学习的专注力和参与性都很强，甚至能够明确感觉每个学生的思维都被调动起来，没有游离状态。另外，老师还可以根据不同的模块内容，采用多种多样的教学活动充分调动学生的学习积极性；教师的言行也无时无刻不在关注着每个人，不论学生的学习成绩如何，他们在这样的课堂里自信心都增强了，个个都不甘落后，跃跃欲试。

三、以育人为宗旨的人性化管理模式

从踏进香港福建中学的校门起，学校倡导的育人准则就扑面而来，校园的每一个角落，每一面墙壁甚至楼梯和卫生间，所到之处时时能见到中英文的行为规则。例如尊重教师和同学（Always show respect to teachers and classmates）、分享（Share）、尊重（Be respectful）、发言先举手（Raise your hand when you want to speak）、离开座位需要得到允许（Stay in your seat unless you have permission to leave it）、认真听指挥（Listen carefully to direction）、保护和尊重学校财产（Always show care and respect to school property）。规则的作用在于让所有学生明确知道自己可以做什么，不可以做什么。这些规则既是学生在学校要遵守的规则，实质上也是学生进入社会后必须遵守的基本社会规则。这些规则明确、具体，因而容易执行。学生遵守学校规则时，随着时间慢慢内化为个人的观念和习惯行为，自然就会遵守社会规则和法律法规。

综上所述，香港福建中学施教育人理念启示我们：①作为教师要注重激发学生的内在动机，进而提高他们的自主性学习能力。②支持性学习环境的创造是学生自主性学习的一个必不可少的因素，同时这种环境可以激发学生的情境型动机，进而促进他们自主性学习能力的形成。③教师在传授知识的同时，注重培养学生独立思考能力和高尚人格的培养。

高中英语教学中跨文化交际意识的培养

英语教研组　廖全英

一、依据课程标准的要求，确定跨文化交际意识培养的重点和难点

在英语教学中，文化主要指英语国家的历史、地理、风土人情、传统习俗、生活方式、文学艺术、行为规范和价值观念等。接触和了解英语国家的文化有利于对英语的理解和使用，有利于加深对该国文化的理解与认识，有利于培养世界意识和跨文化交际能力。高中英语新课标对跨文化交际意识培养提出了具体标准，其中对七级提出了如下要求：①理解英语中的常用成语和俗语及其文化内涵；②理解英语交际中的常用典故或传说；③了解英语国家主要的文学家、艺术家、科学家、政治家的成就、贡献等；④初步了解主要英语国家的政治和经济等方面的情况；⑤了解英语国家中主要大众传播媒体的情况；⑥了解主要英语国家人民与中国人生活方式的异同；⑦了解英语国家人民在行为举止和待人接物等方面与中国人的异同；⑧了解英语国家的主要宗教传统；⑨通过学习英语了解世界文化，培养世界意识；⑩通过中外文化对比，加深对中国文化的理解。

这些标准所包含的主要内容，体现在高中英语教学内容上，也是高中毕业英语所要求达到的基本水平。显然，学习外语不是简单的一些语言知识点的相加，而是知识、感觉、运用、经验等的结果；学习外语不仅是掌握语言的过程，也是接触和认识另一种社会文化，学习和其他文化进行交流的过程。因此高中英语教学中应强调并培养学生跨文化交际意识。

1. 确立重点

跨文化交际教学，旨在培养学生跨文化交际的意识，并逐步提高学生跨文化交际的能力。重点在扩大学生接触异国文化的范围，帮助学生拓宽视野，使学生认识不同文化之间存在的异同，提高对中外文化异同的敏感性和鉴别能力，尤其要增强对影响语言表面使用的隐性文化因素的了解，为发展学生的跨文化交际能力打下良好的基础。实践中，一些老师把异国地理文化特点当作跨文化交际的主要内容，甚至是全部内容，比如英语课堂上林肯和废奴运动或者英国工业革命的历史能讲得很透彻，而忽视了不同文化之间交际模式的学习和训练，这是需要引起注意的。要把提高对汉语和英语文化异同的敏感性和应对能力当作主要目标。

有学生让我分析一道题。________ the children found the strange object the day before yesterday isn’t clear. 学生眼瞅着这句话一直辩解只能用What time的理由。表面是个语法

题，实则是关于交际意识的问题。学生总会按惯有汉语思维理解英语句子，而不知道英语的直接表达的特点，缺乏对英语的交际功能的了解，因而不能把握句子所要表达的重要信息。

2. 关注难点

跨文化交际意识不同于词汇、语法等语言知识，也不是理论话题。要通过大量客观、具体事例的介绍，和对隐性跨文化因素的解读，培养学生的跨文化意识，而教学中各种跨文化因素在于教材的各个成分，教师很难直观地呈现在学生面前。这就要求教师本身有很好的跨文化敏感性，同时能够灵活运用这些素材组织教学。新教材第七册和第八册的Reading Practice是深入探究文化意识的板块，文章有些难理解，很多教师将这块内容一带而过甚至直接略过，更多是专注每个模块的第一篇课文的词汇和语法的讲解，却忽略了培养学生跨文化交际意识。

二、高中英语教学中跨文化交际意识培养方法

跨文化交际意识培养的教学方法，主要依据以下具体目标：使学生认识到不同文化有着不同的价值观念、交往习惯；培养学生对不同文化之间差异的敏感度；培养学生在不同文化交往方式之间的调适能力。

1. 英语国家知识介绍

新教材中普遍设置了跨文化的知识介绍。如外研版的高中英语教材课文和其他材料无不包含了跨文化意识。本教材的课文以人类共同生活的话题为主，兼有西方文化和中国文化知识的课文。教师可以借此引导学生对比英汉语文化的异同。一般而言，英语语篇的思维模式是直线的，首先提出论点，然后展开阐述论证，基本特征是先概括，后细节，先开门见山言明论点，然后逐步进行论述，层次分明，组织严密，环环相扣。而汉语语篇思维模式是围绕主题先做铺垫，不直接从主题入手展开讨论。外研版教材，每个单元都有Culture corner，专题介绍具体英语国家的历史地理文化知识，这个板块应该很好利用。教师应结合各个内容，选配一些相关主题的软性知识补充进去。

外研版第四册第二模块的课文部分Getting Around in Beijing描述了北京的交通并介绍了胡同文化，在Cultural corner：The London Congestion Charge借对伦敦的交通拥堵状况的描述，勾勒出了伦敦的前世今生，学生能体会出伦敦和北京厚重的历史。教师可以借此引导学生认识中西文化历史的异同，强化学生跨文化历史观的意识。

2. 中国与英语国家文化对比

文化现象无处不在。新课标的英语教材中充满了跨文化的内容，认识西方文化，加强西方文化意识的最佳方法，应该是采用对比的方法。教师应有意识地随时就某个表达的使用，某个交际策略的学习，和课文中具有文化特征的内容引导学生将中英两种文化进行对比，尤其要增强对影响语言表面使用的隐性文化因素的了解。对比练习还有助于提高学生对文化异同的敏感度。

本教材每单元都有Cultural Corner，教师要利用好这部分有关英语国家文化的知识性材料。“English Tea and Coffee Culture”，教师可以利用中国文化里的茶文化与西方的咖啡文化做对比。中国喝茶不分阶级，而西方文化里，“Today，afternoon tea parties continue to play an important part in the social life of wealthy people in modern Britain.”这样的对比可以加强学生对不同文化习俗差异的敏感度。

3. 组织文化活动和竞赛

英语课堂有这么一个很典型的案例。一个中国人和一个美国人对话：

李伟：We are going to New Orleans this weekend.

White：What fun！I wish we were going with you. How long are you going to be there?

李伟：Three days.（I hope he will offer me a ride to the airport.）

White：（If he wants a ride he will ask me.）Have a great time.

李伟：（If he had wanted to offer me a ride，he would have offered it. I'd better ask somebody else.）Thanks. I'll see you when I get back.

显然李伟没了解交际中文化和思维的差异性，没有识别和调整不同交际策略的能力而没有达成自己坐顺风车的愿望。这个案例说明教师要通过多种多样的方式方法锻炼学生跨文化交际的能力。

新教材中设计了较多课堂活动，教师应尽可能利用这些活动，充实文化内容，精心挑选典型话题，推介典型句型和短语，指导学生模拟演练。英语文化周活动中，学生总会有各种生动有趣的表演。课堂上的小竞赛要反映学生对跨文化知识的了解，要锻炼学生运用不同调适手段，识别和调整不同交际策略的能力。比如结合电影艺术的话题，让学生尝试电影经典片段的配音，会发现英语里多是很简单的表达，这些活动很有利于培养学生交际时的调适能力。

总之，教师要有培养学生的跨文化交际意识的观念，在教学中要有意识多种途径多种方法培养学生了解英语文化的能力，培养学生的跨文化交际意识，提高跨文化交际的能力。

新课改背景下中学化学最优化教学策略初探

化学教研组　林海川

新课程改革在经过不断的“实践—总结—实践”的基础上全面展开，其理论和实践也不断趋于完善。伴随着课程改革的步伐，中学化学教学也将不断向最优化迈进。新课程倡导为了每一个学生全面发展。根据新的课改理念，从课改的实验现状出发，探讨中学化学最优化教学策略，以促进化学教师的专业化发展。

教学最优化理论是苏联教育家巴班斯基的教育活动、教育思想和成就的集中代表。教学最优化是在全面考虑教学规律、原则、现代教学的形式和方法、该教学系统的特征以及内外部条件的基础上，从既定标准来发挥最有效的作用。

美国教育心理学家加涅认为，教学策略是指“管理策略”和“指导策略”，它的实质就是具体处理如何教的问题，它包括教学内容、教学思路、教学方法、教学评测等一系列有助于最优实现教学目标的工作方式的总和。从系统的观点可以看出：教学策略是教学设计的有机组成部分，是在特定的教学情境中完成教学目标和适应学生认知需要而制定的教学程序计划和采取的教学实施措施。中学化学最优化策略是为达到教育目标而制定的教学实施的综合方案。主要从以下几个方面来体现：

一、中学化学教学目标的最优化策略

教学目标是教学的方向，对教学起着指导性作用。巴班斯基指出：“教学最优化的第一步，也就是第一个方法就是用综合的观点选择教学任务。”只有制定出科学、合理的教学目标，才能使课堂教学具有正确的导向，提高教学效率。最优化教学目标是最优化教学过程的首要环节。

因此，中学化学教师设计教学目标必须遵循的基本要求是：教学目标的制定上具有多维性和整体性相结合的特点。构建多维的化学教学目标已成为新课标理念下课堂教学最优化的显著特征。新课程理念下，作为科学教学的化学教学，其功能是将化学知识作为一种载体，培养学生的社会责任感，促进其人生观、价值观、世界观的形成，培养其终身学习的愿望和可持续发展的能力。在新课程理念下设定教学目标，要体现目标设计的人本观，即一切为了学生的全面发展；体现目标的整体性，应将知识与技能、过程与方法、情感态度与价值观三维目标同时作为化学的教学目标，要三位一体，注重整体性，注重把知识的传授、能力和兴趣的培养以及德教育有机结合的典范；突出重点、难点。课程目标由系统的教学目标来体现，每一章节的目标服务于教学总目标，每堂课的目标要突出重点，强调目标的整体性。教学目标制定得是否适宜决定了目标的达到程度。

二、中学化学教学方法的最优化策略

教学方法是“为达到教学目的，实现教学内容，运用教学手段而进行的，由教学原则指导的，一整套方式组成的，师生相互作用的活动”。教学有法，贵在得法。化学教师应根据素质教育的要求，围绕教学目标，依据不同的教学对象和教学内容，选用良好的教学方法是提高教学效率的关键。

教学方法最优化是牢固地建立在现实客观条件所提供的可能性基础之上的，是此时、此地、此情、此景下的最优化，选用与探索最优化的化学教学方法，是教学实践取得最优效果的重要保证，也是锻炼与提高教师教学水平的重要途径。这就需要化学教师根据课程标准的要求和学生的实际情况慎重选择、正确决策，必须符合化学教学规律和教学原则及化学学科自身的特点。同时教法的选择应考虑内容、学生知识水平、课时、教学环境与教学条件等因素，不能生搬硬套，有时也可多种方法综合运用。教学方法的设计还必须体现素质教育的主体性要求，充分调动学生的学习积极性，让学生在积极参与教学的过程中获得知识。

三、教学程序的整体性最优化策略

教学程序是实现目标的具体规划，课前必须做好准备，完善各个教学程序。教学程序的设计必须体现完整性，从导入新课到总结反馈，各个教学环节前后连贯，环环相扣。例如，设计《金属的腐蚀与保护》的教学程序，以讲授法、讨论法实验探究为主要教学方法，同时采用指导阅读、投影演示等，让学生积极参与学习。在设计教学程序时，主要分三步：

（1）激趣引入，播放泰坦尼克号沉船的影片片段，引出金属腐蚀的问题及危害，请同学们交流讨论自己身边观察到的金属腐蚀现象以及人们采取的措施来防止金属腐蚀，激起学生强烈的求知欲。

（2）新课传授，是整堂课的主体部分，教师总结学生的讨论情况，总结金属的腐蚀就是金属从游离态向化学态转变的过程。展示出土文物中金属物品为什么多是青铜器而很少有铁器，引发学生思考，教师展示现有的实验材料，激发学生探究铁钉腐蚀需要的条件，并要求学生认真做好实验记录，写好报告。

（3）总结反馈，通过课堂提问等形式评价教学效果。

四、教学反馈最优化策略

科学的化学教学过程，既包括明确的教学目标、合理的教学方法、完整的教学程序，还包括运用科学的评价手段获取准确的反馈。教学反馈重在及时性。心理学家实验表明，及时反馈及勤于反馈与教学效果极为相关，反馈间隔越短、反馈次数越多，学生的成绩提高越快。从反馈的途径看，应采用灵活多样的手段，如提问、观察课堂反应、当堂测试等。为了加强反馈信息的广度和深度，教师既要着眼于“评教”，又要着眼于“评学”，即对教学双方的情况进行全面的信息反馈，教师根据反馈信息对课堂进行调控，使课堂教学更具有针对性。此外，教师也可以把记录教学作为一种很好的反馈形式。把每节课教学任务的完成情况、存在的问题及教后的感受记录下来，对教学的构思及实践进行总结，日积月累，可以不断完善和提高自己的教学水平。

五、中学生化学学习方式的最优化指导策略

在新课程理念下，呼唤学习方式的转变，以学生为中心来设计教学活动。在教学中不但要做到教师教学活动的最优化，更重要的是要能结合本学科特点，最优地安排学生的学习活动，通过多种学习方式的最优组合，发挥不同学习方式的优势，使学生在课堂上实现耳、眼、口、手、脑的协调运用，形成识记、理解、应用、分析、综合、反馈、调控的适时交叉、穿插、渗透的“立体式”教学模式，使学生的大脑皮层处于积极的兴奋状态，提高学习活动的效率，从而实现化学教学的最优化，并且实现为学生终身学习奠基的良好效果。

（1）探究式学习方式。新课标化学课程将科学探究作为课程改革的突破口，强调探究学习是重要的学习活动和实践过程，是一种使学生体验探究过程和探究乐趣的学习经历，是一种有效的学习方式。探究学习以基于学生的好奇心和需要解决的问题为中心，主动地参与学习实践活动，并与他人交流合作收集证据，达成对问题的合理建构，进而获取知识，理解科学的本质，培养科学方法和科学态度。

（2）自主学习。自主学习，又称为自我调节的学习，是指学生在老师的科学指导下，自觉确立学习目标，自我选择学习方法、监控学习过程、评价学习结果，通过创造性学习活动，实现自主性发展的教育实践活动。爱因斯坦曾说过：“学生神圣的好奇心好比一株脆弱的幼苗，它除了需要鼓励，还要有自由，要是没有自由，它不可避免地会夭折。”化学学科具有自身特殊的学科特点，化学教师应该充分地分析教材内容，挖掘适合学生自主学习法素材，并加以科学的指导，给学生以更多的时间、空间和活动自由，指导学生进行自我设计、自我管理、自我调节、自我检查、自我评价和自我转化，帮助学生主动构建学习方式，让学生能够充分展示自己、张扬个性，真正成为学习的主体、教育的主体。

（3）合作学习。新课程改革以来，合作学习成为中小学课堂的一大亮点，是许多教师教学设计和应用的教学策略之一。合作学习是以“组间同质、组内异质”的小组为基本组织形式，以小组成员合作性活动为主体，旨在促进学生相互合作，达成共同的学习目标，并以小组总体成绩评价和奖励为依据的教学策略体系。合作学习有利于协作交往，共同进步，优势互补，资源共享。学生转变角色，主动学习，活跃气氛，情感沟通。化学教学采用合作学习时教师要特别注意自己在课堂上的角色，要把学生看作课堂的主角，创建合理的合作学习小组，根据学生的个性特长，恰当分配角色，组织学习小组建立实验百宝箱，为合作实验打好基础。在适当的时候给予一定的指导，并且要努力创造生动活泼、民主和谐的学习氛围，促进师生间、生生间的友好协作，才能实现共同进步，实现教学的最优化。学习方式不是单一在教学实践中实施，而是交杂于课堂中。无论是哪种学习方式，教师都要明确学生是学习的主体，教师是学生的引导者。

六、现代教育技术与中学化学教学的最优化整合策略

新课程改革下呼唤以计算机为核心的现代信息技术与化学课程的有机整合。其具有多种优化化学教育、教学过程的特性。这些特性的集中体现就是能充分发挥学生的主动性与创造性，从而为学生创新能力和信息运用能力的培养营造最理想的教育教学环境。充分利用以现代信息技术为核心的多种媒体手段，通过联系生产生活实际，选择既贴近生活又具有时代气息的事例，以图文并茂、形象生动且有利于激发学生学习化学知识的兴趣。

学生难于理解、易于混淆和误解的知识，是教学的难点。中学化学教学中有很多反映微观本质的内容，具有很深的抽象性，也是教学的重难点，如果能够针对教学进行精心设计并使用多媒体配合教学，并以此为契机，结合教师讲解，就能化难为易。

运用多媒体，配合教师的口授教学，通过生动的画面和化学情境，以境激情，能使学生在心灵上受到强烈的感染，在思想上受到深刻的启迪，于潜移默化中达到心理认同，产生情感的共鸣，从而受到生动的思想教育。例如，高中化学的环境保护这一节的学习，教师可收集不同原因造成的污染图片做成超级链接，并结合一定的动画展现给学生，让学生深切感受到人类在飞速发展的同时，也带来了不同程度的危害，认识到化学与人类生活密切相关，增强学生对人类面临的与化学相关的社会问题，培养学生的社会意识，激发学生对化学学习的浓厚兴趣，树立可持续发展的理念。

现代信息技术环境下中小学课程建设研究管窥

科研处　林依定

"建设"一词在现代汉语词典中是"创立新视野、增加新设施、充实新精神"的意思。课程建设是以学校为主体积极开展的课程设计、开发、实施等创新性活动。课程建设是以一定教育理论为基础，以学生培养目标为导向，有目的、有计划、有步骤地开展的，课程建设至少涉及相互关联、彼此依存而螺旋式循环的四个要素：教育、课程、教学与评价，主要涉及课程设计、课程管理、课程实施、课程评价四个环节。课程建设是以学校为主体依据办学理念和育人目标、办学特色，以学生核心素养为导向，有计划有步骤地设计、管理、实施和评价课程的活动。

自推进新课程改革以来，教育一直强调开发校本课程，校本课程推陈出新。随着校本课程的数目增加、质量提升，校长及教师的课程领导力的提升，校本课程局部开发的局限性凸显出来。为了克服学校只关注校本课程而忽略课程与国家课程、地方课程之间的天然联系，教育界开始了对课程体系建设的探索。课程建设的探索最初主要是在大学课程体系建设中，而近年来课程建设已经成为当下基础教育改革发展最活跃的探索主题。中小学校对于课程建设的探索已经从原来的局部、割裂、粗放的模式逐渐呈现出三大趋向（王本陆等，2016）：整体化趋向、精细化趋向、协同化趋向。对于课程建设的内涵，研究人员基于不同的理论与实践，提出不同的观点。有学者（李润洲）指出："学校课程建设是指在重组、整合国家课程、地方课程与学校课程的基础上，构建适合学生发展需求、反映学校特色的课程体系的过程。"该观点课程建设的着力点在于理顺三级课程之间的关系，系统开发课程。有学者认为："学校课程建设的基本特点是：学校作为专门教育机构，基于自身教育理念与教育目标，整体规划学校的课程体系，并积极建设存在于学校之中的每门课程。"该观点的课程建设着力点在理清学校现存课程，体现学校特色。还有学者提出"学校课程建设是学校教师对学校的与人需求或问题，而对学校课程进行持续改进的专业活动"。该观点的课程建设着力点在于改革和改良现有的课程。

针对高中课程建设存在的问题，有学者（李润洲）指出"普通高中课程及社会，不能就课程建设课程"，提出课程建设应"跳出课程、走向教育，从教育学的视野来筹划、创建自己的课程"，让课程建设植入"灵魂"。实践领域涌现出一批课程建设的先锋。如北京师范大学附属中学的"全人格教育课程"、北京师范大学二附中的

“6+1+1”课程、南京市中华中学附属小学的“问学课程”、上海中学研究型和创新型课程体系、深圳中学的学术性高中课程体系等。一批在教育改革前沿地区的先进学校已经进入比较理想的课程建设状态中：围绕自己的学校定位、培养目标，构建自己的特色课程体系，用创新的课堂教学落实自己的培养目标，同时优化自己的课程评价，推动课程体系的完善。

纵观我国教育发展史，中小学学校对于课程建设的认识与研究大致经历了三个阶段：第一个阶段是2001年课程改革之前学校完全执行而不建设课程阶段；第二个阶段是中小学校局部建设校本课程阶段；第三个阶段是国家“十三五”以来，中小学校进入课程建设阶段。中小学在十余年的课程改革过程中积累了一定的课程开发经验，提升了课程建设能力，具备了自主构建符合学生发展需求、学校发展需要的特色课程体系的能力。在第三个阶段，现代信息技术在课程建设中的应用是我们必须研究的课题。我们从原来的教师自主的自下而上的、缺乏系统的开发课程，到现在专家型校长引领下的整体构建、系统开发课程，建设有学校特色的课程体系。而这种系统、科学开发的课程体系也是在现代的信息技术环境下，运用先进的技术手段实现的。

在课程建设中，现代信息技术不仅仅是一种资源，更是教育教学的一种环境，因特网、多媒体、数学处理及其他工具软件包等不仅仅是一种客观的资源，它与教师、学生都有着不可分割的联系，它就一直存在于人身上。现代信息技术环境不仅仅是计算机、网络技术，更是在这个大数据时代环境下，教师、学生、家长自身掌握的现代信息技术手段和运用现代信息技术的意识，这是比冷冰冰的“技术性资源”更广泛、更加智能的大环境。在这种广泛的、智能的现代信息技术环境下的中小学课程建设应具有时代特色，应用现代信息技术并基于现代信息技术开发课程体系。

综上所述，现代信息技术环境下的课程建设是基于现代化和智能化的技术环境，在专家型校长的引领下，围绕学校育人目标，以学校教师为主体，有计划有步骤地设计、管理、开发学校的课程体系，实现学校课程体系的精细化、科学化和规范化，以提升学生总体素养的提升，实现育人目标，促进学校发展。

学法指导在数学教学中的应用

数学教研组　刘　星

研究学生思维活动，激发学生学习情感和学习动力，提高学生学习兴趣，使不同层次的学生都有所收获是深化课改的目标与方向。正确处理师生之间的关系，培养学生在未来学习、生活和工作中科学地提出问题、探索问题、创造性地解决问题的能力应是素质教育重点之所在。作为学法指导正是深化课改，提高学生综合素质的切入点之一。

一、把学法指导渗透到教学之中

古人云："授之以鱼，不如授之以渔。"它深刻地道出了思想与方法的重要性。教材中的每一章，每一节，乃至每一道习题的解答都是知识、思想、方法的有机体，它们共同构成数学的基本内容；反过来，思想方法又寓于基础知识之中，以知识的发生、发展和问题的解决为其形成展示的载体。在基础知识的传授过程中，无处不隐含着人们在数学活动中解决问题的途径、手段和方法。而数学思想方法又是知识、技能通向能力的桥梁。所以，数学教师应在传授知识的同时，明确恰当地讲解与渗透思想方法，讲活方法。如消元法、配方法、换元法、待定系数法、反证法、坐标法、数形结合法、归纳法等基本方法，要贯穿于整个教学之中，教师应站在方法论的高度，讲出学生在课本字里行间看不到的奇珍异宝，引导学生发现解决问题的策略和方法。

（1）教给学生预习的方法。预习，是学生学习的起点，是提高学习效率和教学质量的一个重要环节。通过预习，首先让学生对教材有一个感性认识，明确这一节学什么。其次要了解教材的重点、难点以及自己对这一节的疑点，从而把握听课的主动权，让学生带着问题去听课。另外，通过预习让学生发现与本节内容有关联的旧知识，提前做好复习准备。久而久之，学生就形成良好的学习习惯，同时又提高了学生的自学能力。

（2）教给学生课堂学习的方法。课堂学习是学生获取新知识的重要途径，是培养学生创造能力的主阵地。教师往往只重视教，忽略了学生学的状况；备课只备教材，不备学生，课堂仅是机械地传授知识的场所；未能充分发挥学生用眼、耳、手、脑积极地获取知识，掌握知识的能力。所以教师要精心设计课堂教学，将课堂交给学生，要倡导学生主动参与，乐于探究，勤于动手。培养学生整合信息，获取新知识，以及交流与合作的能力。课堂学习应从五个方面加强指导：听课、思考、动手、提问、记忆。

（3）教给学生重要的数学思想方法。数学作为一门基础学科，有它自身的特点，使学生终身受益的恰好是能有效地解决问题的思想方法。高中数学的主要思想方法有：

函数与方程的思想、分类讨论的思想、数形结合的思想、等价转换的思想等。教师在日常教学活动中要让学生潜移默化地掌握这些重要的数学思想方法，使他们体会数学家们的思维过程，感受数学的魅力所在，从而掌握它、运用它。

（4）教给学生完成作业的方法。作业是学生将所学知识用于实践的一种形式。教师通过作业可以了解自己的教学效果和学生的学习状况，学生通过做作业，可以检查自己的听课效果以及知识的掌握是否全面。我们在学生作业指导中应注重以下问题：

首先让学生明确作业要求。看清题意，分析条件，要正确选用解题方法，鼓励学生用多种方法解题，以拓宽学生的解题思路及知识面。

其次注意培养学生良好的作业习惯。一是规范书写，保持书写整洁、步骤合理、论证严密。对学生作业的格式、书写、各种符号等做出明确统一的要求，并经常督促检查，及时纠正不规范行为。二是培养学生良好的行为习惯，使学生明确作业目的，养成学生按时完成作业、自觉地独立思考、独立完成作业的习惯。

（5）做好学生课后复习指导工作。课后复习是学生系统地掌握知识，使知识真正内化的正确途径。因此在搞好课堂教学的同时，注重做好学生课后复习指导工作，侧重归纳总结的指导方法，引导学生高效地学习：①根据不同层次学生的特点，因人而异，分类指导。②指导学生归类复习。③有的放矢，重点复习。

二、发挥“第二课堂”优势，开展丰富多彩的学法指导活动

（1）开办“数学问题征解”活动。“数学问题征解”是我校数学教研组开展的一个生动活泼的第二课堂活动。活动主要是对解题方法进行指导，过程用框图表示为：

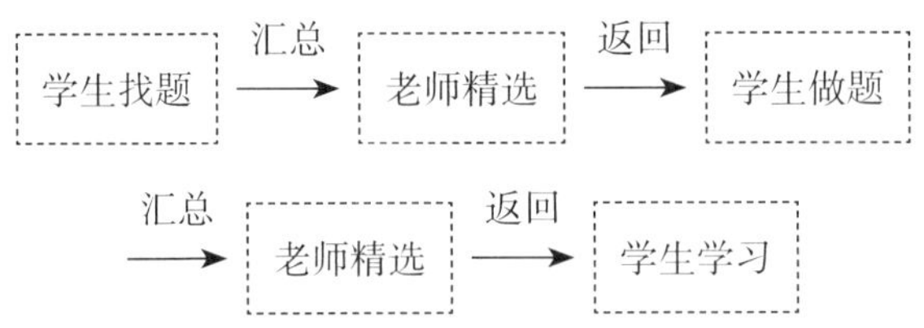

（2）成立“数学兴趣小组”。兴趣是最好的老师，是学好数学的主动力。“数学兴趣小组”的成立，不仅使所学的知识生了翅膀，又激励了学生学习数学的兴趣；既调动了学生学习的积极性，同时又开拓了学生的数学视野。活动中主要采用讲授式、交流式、合作式、辅导式开展指导工作，教师也可充当学生，参与到学生的讨论行列，让学生真正成为学习的主人，使学生感到所学的知识有用、有趣，从而产生“我要学”的良好学习心态和越学越有劲的主动学习的习惯，使“枯燥无味”的数学成为飞翔的天使，使学生学习数学成为一种享受。

（3）组织“合作学习小组”。为弥补课堂教学对个别学生的指导不足，除个别指导，还可成立“合作学习小组”。即把班级中的学生按数学水平的高低分为A、B、C三个层次，考虑性格相容性，组织能力等因素，分为4—6人的学习小组，使A、B、C三个层次的学生在每个小组的人数基本相当，进行集体学习，共同完成学习任务，取长补短，从同伴中迅速得到高质量的学习方法，尤其对概念理解、解题方法、复习方法，利用学生进行互相交流、互相指导。

（4）开展竞赛指导活动。为开发学生思维，提高应用知识解决问题的能力，我们开展了竞赛辅导的学法指导。老师精选题目，精讲题目，重点讲思路与方法，使学生的思维上层次，要质量，攻难题，找技巧，培养学生的创新思维，使所学知识活学活用，充分挖掘学生潜在的解决问题、处理问题的能力。

（5）开展专题讲座。紧扣课本，搞专题讲座，对某章节或某个知识点的学习，搞专题讲座，使学生更系统地掌握所学知识。可从多角度、多方位去指导方法，如“生活中的极限”“导数的应用”“生活中有‘立几’”等。

三、指导学生学会课内外阅读

自从有了阅读能力，人自主获取知识、借鉴他人经验和了解继承前人经验和成果等活动便有了质的飞跃。作为中学生，这一能力更是必不可少。老师应教给学生最基本的阅读方法，并介绍一些名人卓有成效的阅读方法。

数学课外阅读，是数学阅读的必要补充，也是我们比较重视的一个方面。通过课外数学刊物的阅读，既扩大学生的视野，又巩固课堂所学，这些刊物上出现的解题方法和思维方法面广、量大，课堂教学中很难涉及，但它们却往往都是很典型、很重要的方法。因此，我们还要求课外阅读时做好笔记，以期达到滴水穿石、聚沙成塔之效。

学法指导的开展，教师的教学观念应先转变，考题应大量地查阅各种有关资料，尝试试用符合校情、学情的教学方法，能放手让学生主宰课堂，教师适时进行方法、思维点拨，善于总结经验，完善指导方法，只有这样才能将素质教育落到实处。

跨学科自主实验培养学生创新能力的模式研究

通用技术教研组　刘煜民

一、问题的提出

21世纪是知识经济的时代，也是创造的世纪，知识经济的本质和核心就是创新。最近，国家领导人提出了“大众创业、万众创新”的发展策略。培养学生创新能力，也就成为学校教育的重要目标，“创造性地教，教会学生创造”，这是对教师的基本要求。

物理、化学、生物属于实验科学，其知识的形成、规律的探究都依靠实验，因此，通过实验教学培养学生创新能力也就成为学校实施创新教育的重要途径，但是，传统的理、化、生实验教学模式是教师演，学生看，教师的角色是“演员”，学生的角色是“观众”。“学生实验”的实验原理、实验步骤、数据处理方法，甚至数据记录表格都是教材或教师设计好的，学生只需要照方抓药就可以了。对于物理、化学、生物中的实验仪器、设备，学生从来就不曾想过为什么是这个样，这些仪器、设备是否有其他的设计。

近年来，对传统的理、化、生实验教学模式的改革有一定的研究。目前，通过理、化、生实验教学培养学生创新能力的优化策略主要有两种：一是改验证实验为探究实验，但实际教学中，由于时空、观念等的限制，往往是为探究而探究，缺乏科学态度、科学思维、科学方法、创新思维等科学素养的培养价值，这种探究大多不是科学意义上的探究，可形象地称为“伪探究”；另一种采用非课程化的学科研究性学习方法，这种方式的学习时空和内容过于开放，没有与独立开设的研究性学习课程建立关联，缺乏有效指导和监督，基本是流于形式，最后不了了之。

从学习内容、研究方法、科学思维、创新方法等角度来看，理、化、生实验、研究性学习课程、通用技术课程之间存在较大的内在关联，它们之间存在整合的可能性。为了改变传统的理、化、生实验教学模式，让学生在实验探究中迅速提高科学素养和创新能力，为了提高研究性学习课程、通用技术课程的教学效果，我们构建了一种新的自主实验学习模式，探究学生创新能力培养的新途径。

二、自主实验学习模式培养目标

自主实验学习模式的培养目标是多元的，既有知识目标，又有情感、态度、价值观目标，更有能力目标，这里，就创新能力培养目标做简单介绍。

创造性思维是创新能力的核心，中学生创新能力的外在表现为创新学习能力和创新发明能力。创造性思维能力、学科创新学习能力、科学探究能力和创造发明能力是四位一体的。本模式着重从这四方面提高学生创新能力。

1. 创造性思维能力

创造性思维是相对于常规再现性思维而言的一类高级思维，是人们在已有经验的基础上，发现新事物，创造新方法，解决新问题的高级思维过程，它注重发散和求异，本模式重点关注学生创造性思维的流畅性、灵活性、独创性和精密性。

2. 学科创新学习能力

学生的创新学习，是指学生在教师的指导下，不迷信书本上的知识，而是在已有知识的基础上，结合实际，独立思考，组合加工，大胆探索，积极提出一些新思想、新方法的学习方式。创新学习的主要特征是质疑、联想、迁移、变通、组合和标新。

3. 科学探究能力

通过开展实验探究活动，反思学科学习中的实验缺陷，将实验探究的知识科学化、理论化和系统化，提高实验设计、操作和评价能力，在此基础上开展方法类发明专利的探索。

4. 创造发明能力

创造发明能力是创造力的具体体现，创造发明能力的高低可用创新成果的数量和质量衡量。本模式注重学生创造发明作品的如下特性：新奇性、适用性和突破性，利用上述标准对学生的创新设计和创新成果（实物作品、创意作品）进行评价和引导，进而提高其创造发明能力。

三、自主实验学习模式设计

自主实验学习指在多学科老师指导下，学生自主发现、自主设计、评价、操作、总结、反思和拓展的实验形式，它对学生综合素质有较高要求。自主实验包括演示实验、学生实验、创新探究实验和教具发明等内容。

1. 自主实验学习模式相关素质的跨学科培养

（1）创新思维、创新方法的训练与渗透。实验探究过程是一个创新的过程，为了保证学生在实验探索的过程中创造性地提出、分析和解决问题，加强创新思维和创新方法的训练尤为必要。创新思维和创新方法有许多，本模式中重点强化的创新思维和创新方法有：发散思维、联想思维、直觉思维、求异思维和举例法（希望点举例和缺点举例）、组合法、头脑风暴法、信息交合法、类比移植法、检核表法、价值分析法等。

（2）实验基本方法学习。指对科学研究过程、实验设计思路（包括实验目的和内容的确定、实验原理的选择、实验变量的分析界定和控制方法，实验过程设计、实验器材的确定方法）、实验数据的记录、处理等知识技能的系统学习和训练。这是自主实验科学性、有效性和教育发展性的重要保障。

上述相关素质的训练和培养在研究性学习和通用技术课程中开展，一般采用任务式教学法。例如，通过“开发一种新饮料”任务来学习信息交合法和商品概念法，通过伽利略理想斜面实验演示器、氯气制取与性质实验的改进的发明活动学习举例法、价值分析法和头脑风暴法，通过影响化学反应速率因素的实验研究、关于钼是否是玉米生长所必需的元素的实验研究、二氧化硫性质探究学习实验设计和变量控制方法等。

2. 自主实验学习模式操作流程（见下图）

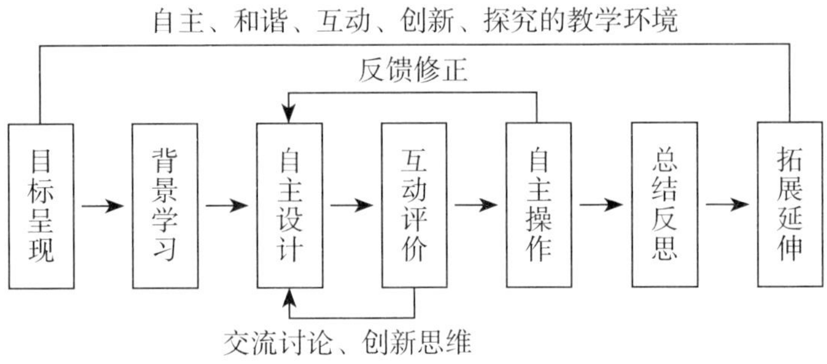

自主、和谐、互动、创新、探究的教学环境

反馈修正

目标呈现 → 背景学习 → 自主设计 → 互动评价 → 自主操作 → 总结反思 → 拓展延伸

交流讨论、创新思维

操作流程说明：

自主实验以课题组形式开展，每次任务都由课题组成员共同完成，因此，要求课题组成员合理分工、科学组织探究。

（1）目标呈现。

自己提出或教师提供实验目标、实验内容或问题背景。

演示实验、学生实验由教师课前提供实验目标和实验内容。

创新探究实验由自己提出或教师课前提供实验目标和实验内容。

教具发明由自己提出或教师提供设计问题。

（2）背景学习。课题组成员共同学习与实验目标、实验内容相关的知识，了解现有的相关仪器设备及药品特点等。对于教具发明类课题还要求进行技术查新。

（3）自主设计。选择实验原理、确定实验条件控制方法、设计实验程序、确定实验用品、明确实验结果的呈现、记录和处理方式等。要求以头脑风暴会的方式产生多个设计方案，通过综合比较、评价，优选1—3个实验方案参与互动评价。

教具设计是利用创新思维和创新技法解决实际问题进行创造发明的过程。教具设计活动包括对已有教具的改进、设计新教具演示学科中的某一规律或原理及由此引发的其他创造发明活动。

（4）互动评价。一般分三种评价方式：

①相关教师评价：学生每个课题组的实验设计方案（1—3个）上交给相关任课教师，由该教师评价并提出改进意见，直到科学合理为止。

②课题组互评：由相关任课教师调配，课题组之间互评。

③利用研究性学习和通用技术课互评：每个课题组选择最佳实验设计方案参与课

堂互评，“互评”以头脑风暴会的方式在研究性学习和通用技术课中开展，程序为：陈述→互问→优化。优化后的实验设计方案交给相关教师，再由该教师评价并提出改进意见，直到科学合理为止。对于“教具发明”，优化后的设计方案交给研究性学习课和通用技术课教师，再由该教师评价并提出改进意见，直到科学合理为止。

（5）自主操作。“演示实验”改为学生演示：该学科教师从学生的实验设计方案中选择最佳设计，课堂上由该课题组派代表上台演示。

“学生实验”按每个课题组自己的最佳实验设计方案在实验课时自主实验。

“创新探究实验”按每个课题组自己的最佳实验设计方案在社团课时自主实验。

“教具发明”由“研究性学习”和“通用技术”教师指导完成模型的制作。

（6）总结反思。对实验数据进行科学处理，对实验过程进行反思和评价，撰写实验报告和工作报告。

教具模型由研究性学习、通用技术教师和相关学科教师指导完成技术试验和技术革新。

（7）拓展延伸。由该实验引发相关的问题。开展问题拓展头脑风暴会和衍生问题展。

四、自主实验学习模式操作原则

1. 自主原则

实验教学中要构建民主和谐的师生关系，尊重学生的主体性，强调自主设计，自主思考，自主操作；强调独立、批判和开拓，鼓励发表不同的意见和产生不同表现方式。

2. 开放原则

包括：①内容开放，既有课本中的问题，也有非课本中的问题，既有实际性问题，也有虚拟性问题，既有本学科中的问题，也有其他学科中的问题；②思维开放，强调思维的发散、联想、迁移、变通、新颖和独创；③时空开放，强调课内课外相结合，个人探究与小组合作探究相结合。

3. 延缓评价原则

在实验教学中，注重相互激励，教师对学生，学生对学生的设想、意见等不当场分析评价，鼓励学生开放思维，设想越多越好，鼓励学生要善于利用他人的智慧，学会转化、创新他人的想法。

在充分的开放思维后，再进行缜密的分析判断和评价。

4. 动机激励原则

动机是行为的内驱力，实验教学中教师要鼓励学生增强成就感，在讨论中，在解答问题的过程中，在自我学习中，在实验设计与操作过程中，在创造发明过程中要体验到成功的快乐，感受到自身的价值，要创造条件激发学生的学习探究动机。

5. 理论与实践相结合原则

实验教学中既要强调理论的分析探讨，也要注重实际操作和应用，要让学生在实践中体验、反思、修正和提升。

五、讨论

1. 自主实验学习模式有效实施的关键在于常规化

任何一种教学方法只有变成一种教学常规后才能显现其效果，自主实验学习模式改变了学生现有学习程序和学习方式，定式的力量一定会阻碍学生主动改变，因此，教师的引导、激励与监督也就尤为重要。

2. 自主实验学习模式对学生创新能力的培养效果显著

自主实验学习模式为学生提供了广阔的自我发展机会和发展空间，学生在自我发现、自我设计、自我操作、自我总结和反思中，在激烈开放的交流讨论与评价中激发潜能，发展创造性思维，培养创新意识，优化创新个性，进而提高创新学习能力和创造发明能力。这种教学模式，使学生彻底从按部就班的被动学习中解放出来，极大地提高了学生的积极性和主动性，提高了学生的学习和探究兴趣。同时，这种教学模式，也促使教师打破传统的千篇一律的教学程式，要求教师在教学中思想开放，大胆创新。

3. 自主实验学习模式的有效实施能显著提高学生创新学习能力

自主实验学习活动的开展，改变了学生现有学习程序和学习方式，迫使学生提前学习、自主学习、合作学习和探究学习，教师的鼓励、团队智力激励式学习和自我表现，调动了学生学习理、化、生的积极性，培养了他们科学的学习方法，发展了创新学习能力，使他们在学习过程中从单一模仿思考问题逐步发展能从多角度去联想，较快地提高了学科成绩，同时，反过来又能促进自主实验学习。

4. 促进了学生实验设计能力和动手能力的提高

通过自主实验学习活动，学生从原来不重视科学实验到自觉地设计实验、创作自制教具，开展创新实验，既丰富了知识，提高了实验设计能力，又培养了学生的动手能力，使学生终身受益。

5. 以学科学习为载体，对学生进行科技创新教育具有可行性

科技创新教育作为素质教育的重点，一直为教育界所广泛关注。在实际工作中，许多学校将科技创新教育看成综合实践课程的内容，学科教学中科技创新教育变成了单纯的形式，变成一种口号、一种点缀。本研究提供了一种切实可行的学科科技创新教育途径：以实验改进和教具改进为载体，开展创新思维和创新技法训练，进而将科技创新活动引向其他领域。这种学科科技创新教育活动必将反过来促进学生学科学习兴趣和学习能力的增强。

6. 实施自主实验教学时应尽量拓展学习生长点

为了更好地激发学生的探究积极性和探究时空，实施自主实验教学时应尽量拓展学习生长点。

我校定期举行科学论坛、科学讲座、科学沙龙、论文答辩活动，举办小改进、小

制作、小发明比赛，对优胜者给予必要的精神和物质奖励；我校注重“请进来，走出去”，开展各种各样实践活动：近年来我校不间断地聘请各高校、科研单位的知名专家、教授、学者（如袁隆平、负责“神舟”飞船发射的科学家等）来校讲演，不定期组织学生到华为、神舟、中兴通讯、隆平高科等高新技术企业和科研单位参观，开阔了学生的视野，大大激发了学生学习和探究的兴趣。这些活动的开展对自主实验教学起到了积极促进作用。

创新教育是一项持之以恒的系统工程，它必须与学科教学关联才具有生命力和可持续性。多年的不断探索，我们取得了一些成绩，目前，已开发了几十项与学科学习有关的发明成果，现有十多项成果已申请国家专利，有多项作品在各级各类创新大赛中获奖。应该说，上述自主实验学习模式还有不少探索的空间，我们在后续教学中将不断改进，也希望与各位同人探讨，共同推进创新教育事业。

浅谈归因理论在物理教学中的应用

物理教研组　彭　玲

一、归因理论概述

归因理论探讨的是人们对过去行为的解释，是一种以认知的观点看待动机的理论。美国心理学家伯纳德·韦纳（Bernard Weiner，1974）以成败行为的认知成分为中心，提出了一个归因模型。他认为，个人对成败的解释不外乎以下四种因素：①自身的能力；②所付出的努力程度；③任务的难度；④运气的好坏。其中，能力和努力两种是描述个人特征的内在原因；难度和运气则是表示环境因素的外在原因。韦纳又按稳定性维度对四种原因进行了划分：能力和任务难度属于稳定的因素；努力程度和运气好坏则是不稳定的，在各种情境中变化很大。他认为"内外控制点"（内外因素）和"稳定性"这两个维度是相互独立的，对一个人成就动机的产生和质量分别起着不同的作用。"稳定性"维度对以后类似情境中是否成功的期望或预测产生重大影响。如果某人将在某项任务上的成功归因于稳定的原因，如他的能力很强或这项任务对他很容易，他自然会期望自己在以后类似情境中继续成功。如果成功被归因于随情境变化而变化的不稳定原因，如工作努力或运气不错，显然对下一次成功就不那么有把握了。相反，在某项任务上的失败，如果归因于个人难以改变的稳定原因，如能力太差或任务太难，对以后类似的任务显然也会做失败的打算；如果把失败归因于不稳定的原因，如运气不好或还没做出充分的努力，则会对以后的成功抱有更高的期望。

控制点起什么作用呢？韦纳认为对成就行为的内控或外控判断影响到这一行为对个人的"价值"，并进而影响着其成就动机。人们更看重由内部原因所致的成功，并为此而奖励自己。考试中获得好成绩，若被归因于自己的能力或努力这些内部原因，而不是运气好或题目太容易这些外部原因，那么，个人会感到愉快并会继续争取成功。而归因于内部原因的失败则会对个人的自尊产生消极影响，并会削弱以后对成功的追求；如将失败归因于外在原因则不会如此。如果我们认为某门功课成绩不好是因为自己在这方面确实缺乏才能，即使加倍努力也往往无济于事，我们可能会突然觉得这门功课不那么重要，也不再对它用功了。但如果认为成绩不好是因为考试太难或试题太偏，则不会影响个人自我感觉，也不会降低这门课的价值或以后的努力。以下是韦纳的成就归因理论示意图：

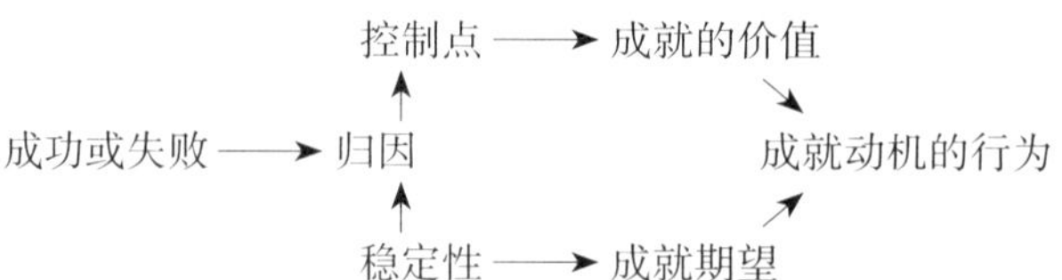

从以上介绍可看出，韦纳的归因效果论实际上也是一种关于成就的期望和价值的理论。即控制点影响着人对成败赋予的价值，归因的稳定性则影响着成就期望，价值和期望共同决定人在以后的成就行为中所付出的追求。

二、运用归因理论改善物理教学

了解人们的归因倾向，掌握人们的归因规律，并按此规律指导和训练人们的归因倾向，有助于更好地调动人们工作的积极性，提高工作效率。从物理学习的角度来看，不少同学认为物理是难以理解的学科，学习成绩决定于聪明程度，对物理学习的成败不能做出正确的归因，结果大大影响了学习物理的兴趣和信心。因此探讨如何将韦纳的归因理论运用到物理教学中以改善物理教学，帮助学生正确归因，增强学生学习物理的兴趣和信心具有十分重要的现实意义。

根据韦纳的理论："良好的动机是推动受教育者学习的内在动力。学习者对先前学习行为及原因的认知，影响其后继学习的动机，而这一动机又决定其后继学习的行为，在这种因果循环中，受教育者成绩的好坏以及对此产生的归因，就成为他一系列行为产生的关键。"分析得出学生在学习物理的过程可能会出现的几类归因以及其对后继学习的影响如下：

（1）如果学生把其学习物理的困难归于脑子笨、能力低这一类稳定而不可控的内因，他们往往会因此而产生耻辱感，从而丧失自信，破罐子破摔；如果他们把这种困难归于不稳定且不可控的外因，那么他们在遭受挫折后则不一定会降低学习的积极性，相反，在一般情况下，他们还能坚持努力行为。

（2）如果学生把其学习物理的困难归于自己学习不够努力等这类不稳定但可控的内因，那么可能会使学生增加努力行为；但如果学生把这种困难归于学习任务太繁重、老师上课枯燥等稳定但不可控的外因时，他们的自信心、成就动机和行为的坚持性等就可能会降低。

（3）如果学生把其学习物理的成功归于自己思维活跃等稳定但不可控的内因，他们往往会因此而骄傲自满；如果学生把这种成功归于学习环境优越等稳定且可控的外因，那么他们可能会产生惊奇或满意的心情，学习热情和努力行为会空前增加。

（4）如果学生把其学习物理的成功归于碰巧等不稳定且不可控的外因，那么他们可能会产生幸运感或羞愧感，学习热情可能会提高，也可能会降低；如果学生把这种成功归于自己学习努力、注意力集中等不稳定但可控的内因，那么他们一般就会产生自豪感、兴奋感，学习热情和努力程度就会相应提高。

为此，物理教师在进行物理教学的过程中应引导学生进行正确的自我评价和学习归因。

首先，教师应根据学生的不同个性特点引导他们对自己的成功和失败进行正确的归因。对于独立型的学生，由于他们过分强调自己的主观努力，忽视环境对其学习的影响，他们在自我评价时往往倾向于做个人倾向归因。在自我归因后，成绩差的同学往往因此而自卑，成绩好的同学则往往因此而自满。因此，教师对这部分学生要引导他们进行情境归因。例如，可用难易悬殊的试题，既使成绩优者认识到学无止境，也使成绩差者感到自己并非无药可救，从而激发起他们的学习热情，提高他们的努力程度。相反，对于顺从型的学生就要引导他们进行自我倾向归因。要使他们意识到自己的智慧与能力，唤起他们的自信心，调动他们学习的主动性。

其次，教师应根据学生的现有知识水平引导其进行合理的归因，正确评价自身行为及结果。对于成绩较差的学生，教师应引导其把失败归因于学习不够努力等稳定且可控的内因，尽量避免其把失败归因于自己笨、能力差等稳定且不可控的内因，从而弱化甚至消除其自卑、灰心、无可奈何的情绪。对于成绩好的学生，教师应引导其把成功归因于不稳定但可控的内因和稳定的但不可控的外因，从而使其认识到自己的不足，明白成功是多种因素作用的结果，今后的成功还要靠自己去加倍努力，而不应骄傲自满、故步自封。

最后，教师在教学中要转变传统教育观念中阻碍学生思维发展的观点，鼓励创新学习，发挥学生的主体作用，鼓励大胆质疑与创新、提倡教学相长、共同进步；重视实践活动，重视物理与社会、物理与生活的教育，培养学生探索精神和培育学生良好的思维品质，如不怕挫折、敢于创新等。

物理是一门以实验为基础的学科，因此实验教学在物理教学中占有很重要的地位，也是物理教学区别于其他学科教学的一大特色。学生在实验时会遇到各种各样的困难和挫折，浓厚的兴趣和强烈的责任感促使他们想方设法战胜困难，尽量寻求解决问题的新途径，这无疑是在锻炼和培养他们的意志和毅力，开拓他们的思维，增强自信心、自觉性，提升创造力。在实验室中可以培养学生的动手、观测、查阅、记忆、思维、想象和表达能力。创新思维不仅能揭露客观事物的本质及内在联系，而且能在此基础上产生新颖的、独创的、有社会意义的思维成果。所以实验不但可以培养学生观察能力、分析和解决问题的能力，还可以培养学生思维能力的品质（思维的敏捷性、严密性、整体性、创造性）。因而，物理教师应该充分重视实验教学，通过这种独特的教学方式加强对学生智力、能力和心理素质的培养，而具有良好的智力、能力尤其是心理素质的学生通常认为比一般的学生更容易对成败能进行正确的归因。所以，物理实验教学应该成为培养学生学习物理的兴趣、引导学生学会正确归因的重要途径。

三、总结

在物理教学过程中，学生的心理现象对物理学习的效果影响非常大，教师能否运用归因理论为自己的教育活动服务，往往会对整个物理教学的效果产生重要影响。因此对于物理教师而言，不仅需要扎实的专业基础，更需要善于运用有关学科的知识，特别是相关的心理学知识，关注学生的归因反应，引导学生进行积极的归因。

模型构建教学在生物课堂中的应用

生物教研组　邱惠玲

生物科学素养包括对生物科学知识的理解，对科学过程与方法的理解，对生物科学，生物技术和社会三者之间的关系的理解。模型是人们为了某种特定目的而对认识对象所做的一种简化的概括性的描述，这种描述可以是定性的，也可以是定量的；有的借助于具体的实物或其他形象化的手段，有的则是通过抽象的形式来表达。模型的形式很多，包括物理模型、概念模型、数学模型等。模型构建是一种重要的科学认知手段和思维方法，是学生将来从事科学研究的必备能力之一。因此，模型构建教学时培养学生生物科学素养的重要手段之一。

在生物教学过程中使用模型构建教学能打破教师满堂灌的局面，可以提高学生的观察能力、动手能力、思维能力，也可以提高学生学习生物的兴趣，提高课堂效率。模型构建教学的实施沟通了师生之间“教”与“学”的关系，又增强了教学的民主性和双向交流性，这样就极大地调动了学生学习的主动性和积极性，优化了课堂结构。

那么模型构建教学在生物教学应用中有哪些具体应用？其功能和效果如何？经过实践教学中的摸索后，我浅谈一下我的见解。

一、模型构建教学有利于培养学生的自学能力

美国的布鲁巴克说过：“最精湛的教学艺术，遵循的最高准则就是让学生自己提出问题，自觉学习。”在生物新课程标准中也提出“以学生的终身发展为本”的理念。可见能不能让学生学会自觉地学习是十分重要的。而模型构建教学能激发学生的学习兴趣，让学生学得更有动力。

苏霍姆林斯基对学生的心理发展规律做出这样的结论：“在人的心灵深处，都有一种根深蒂固的需要，这就是希望自己是一个发现者、研究者、探索者，而在儿童的精神世界里，这种需要则特别强烈。”高中生物教材大部分的内容涉及细胞内的微观领域，这部分的内容让学生感觉很抽象不易理解。针对此，我让学生自愿分组，尝试构建生物的物理模型来理解重点和难点内容。

比如，必修一第三章《细胞的基本结构》里面涉及动植物细胞的亚显微结构，学生在学习后往往对抽象的知识仍然有云里雾里的感觉。但是这节课中如果运用模型构建教学的方法让学生动手制作真核细胞模型，这样能使学生从枯燥乏味的文字中摆脱出来。学生通过自己的动手和全面的思考来建构细胞模型的同时，全面掌握细胞的基本知识，理解了细胞结构与功能相统一。于是我让学生自愿分组，利用泡沫塑料、木块、纸板、纸片、塑料袋、布、线绳、细铁丝、大头针、彩色笔等材料制作真核细胞的物理模型。每个小组的成员都积极参与其中，对模型制作的实施和具体分工做出了细化。学生从设想到设计、制作、最后的定型，都要经过团体的深入思考并且反复论证。于是学生们通过对模型的制作和不断的修正中，真正将枯燥的文字内容内化成自己的形象的知识体系。

二、模型构建教学有利于学生认知水平的发展

科学模型是对所研究问题原型的简化、优化和理想化，是对已有的经验、知识进行去伪存真、去粗取精后建立起来的。因此，模型本身体现为对客体的已有认识的总结，是科学认识的一种阶段性成果。在生物的学习过程中，构建模型能提供学生直接的观念和印象。所以模型构建教学不仅让学生获取系统的生物知识，而且重新构建了学生的认知结构。

例如，在生物必修二中，减数分裂中染色体变化多是用多媒体图片或者是动画展示出来的，再通过常用的有丝分裂和减数分裂的概念图和比较列表让学生构建知识体系。但是这样的教学方法缺少了学生的思维锻炼，往往效率不理想。但是如果我们运用了模型构建教学的方法，让小组成员利用红黄色橡皮泥和硬纸板制作出已经复制的同源染色体一对，并用白色细线进行牵引或者直接双手抓住移动同源染色体。然后再请小组代表在讲台上展示、介绍减数分裂中染色体变化的模型，其他小组成员补充。通过这种方法让能积极思考、仔细观察，更加深刻地、直观地对“同源染色体”“联会”“配对”“同源染色体分离”等概念。于是学生通过设计和制作物理模型，直观地理解“联会”等概念。同时通过染色体变化的模型构建完成了“减数分裂”这一核心概念，既是物理模型，又是概念模型。最后，还通过数据分析构建了数学模型，所有这些模型从不同的侧面来反映减数分裂的本质属性，使学生对减数分裂这一认知构建得更完善。

三、模型构建教学有利于学生逻辑思维能力的发展

美国著名学者阿尔温·托夫勒指出：“未来的文盲不再是不识字的人，而是没有学会怎样学习的人。”这说明了学习方法的重要性，它是获取知识的金钥匙。那逻辑思维与学习方法之间到底有什么相互作用？心理学家认为：逻辑思维是人类认知的一种高级形式，对人的素质能力有着重大影响。逻辑思维时时刻刻影响着人的表达、分辨、学习和创新能力，为学习提供使之有效的一般方法。所以，掌握逻辑思维方法，能成效地持续、终身学习。

生物教学中有许多数学公式，也就是需要建立数学模型。在建议数学模型的过程中，首先应该让学生共同研讨影响因素，让学生初步构建数学曲线，再和共同讨论并且修正曲线。在质疑、研讨、修正过程中对建议起来的数学模型的印象就会更加深刻，也能更好地理解数学模型反映的规律。

但是在实际教学中我们会发现，学生对构建数学模型明显感觉到棘手和困惑。所以在教学中应理清并强化模型构建的每一步。让学生不仅知道该数学模型，更要清楚模型成立的条件、模型中各项参数的含义、模型的应用规律。

例如，《种群数量的变化》中构建种群数量模型的方法中，我们可以设置相应的情景：科学家做了一个实验，把一个某细菌放在营养、生存空间适宜且没有限制的情况下进行培养，随着时间的推移，得到如下数据。请仔细观察数据，同学们能得出怎样的结论？

时间（min）	细菌数量（个）
20	2
40	4
60	8
80	16
100	32
120	64
140	128
160	256
180	512

同时设置多个环环相扣的问题让学生一步一步建立数学模型：你发现了某细菌其实是每20 min分裂一次，繁殖一代了吗？你能使用坐标图表述起始数据为1的某细菌种群来绘制坐标图吗？从这坐标图中可以看到种群数量的变化呈现什么趋势？于是学生就构建了用坐标图描述种群数量变化的数学模型。

通过数学模型的构建，也就将数学的严谨逻辑思维的特点引入生物学科，让学生感受到不同学科的不同知识之间交叉与融合的乐趣。

总之，模型构建教学是新课程改革大背景下的新式教育教研成果，它前景还非常广阔，带来的效果也很明显。模型构建不仅提高了学生学习生物的兴趣，也促进了学生逻辑思维和认知能力的提升。

语文高考备考的探索与实践

语文教研组　邱晶晶

上一学年度，我担任高三文科（21）班的语文教师。

高三（21）班是龙城高中文科总分成绩最好的班级。但是，这届学生高二期末语文成绩和同区平岗中学相比，在平均分上优势不大，在尖子生的占有率上更是呈现劣势。在这种情况下，提高龙高文科学生的语文成绩成为语文科组的迫切任务。作为文科成绩最好的（21）班，语文成绩的提高，对提高我校高三语文成绩更是起到至关重要的带头作用。在这种情况下，我对（21）班高三语文备考，做了如下一些探索：

一、目标瞄准高考，又高于高考

所谓瞄准高考，即语文老师要清楚语文高考的每个考点、重点和难点，对各种题型的评分标准也要把握清楚，以便在试题评讲时给学生一个明确的答案。为此，我认真研读教学大纲和考试说明，力求准确把握高考方向。开学不久，广东省考试院召开高三备考会议，深圳市考试院也召开语文高考总结暨备考会议，会议上各位专家对各个考点进行详细精准的解读，并提供许多备考策略，对我后来的复习备考，提供了很大的帮助。

所谓高于高考，就是在教学过程中，不能仅就高考的考点和题型反复演练，还要扩大视野，提高学生学习语文的兴趣。就学生的阅读能力、辨析能力、审美能力等综合能力进行全面的提升。语文成绩是表，综合能力是里，综合能力提高了，语文成绩的提高是水到渠成的事。

二、激发学生学习语文的兴趣

俗话说兴趣是最好的老师。对重压下的高三学生而言，兴趣犹如兴奋剂。为了提高学生学习语文的兴趣，我特意做了一些工作。

如开学伊始，我从学校找来一个旧书柜稍做修整放在教室前面，从自己家的书柜里挑选四五十本适合学生阅读的文学书籍放在书架上（我放在书架上的书，有王小波杂文、鲍鹏山诸子散文、周国平哲理短文等）。并且引导学生在课前饭后的零散时间里，阅读这些书籍，权当作消遣。鼓励学生自己订阅报刊。

我还坚持让学生课前进行五分钟演讲。为降低学生准备的难度，演讲内容可以是课前读过的文章。学生每天轮流上台，大声朗诵美文，分享阅读心得。这样既能活跃课堂氛围，又能开阔学生视野。

再如，给常规的复习资料起一个特别的名字。我将“诗词赏析短文”汇编成册，做一个美丽的封皮，并起名“朝花不待夕来拾”；给“文言实词”汇编取名“古堡密钥”。让常规的资料带上神秘感。有时，在资料上，附加几句温馨的提示语或哲理名言，让学生在浏览时，感受语言的魅力。

我还鼓励学生置备“案头书”。所谓案头书，就是文辞兼美、思想深刻的书籍，如古典诗词、古代散文。让学生把这些书放在课桌边上或床头上，闲暇时间反复阅读。

三、注重激发学生的自主性，舍得将大量的时间留给学生，提高学生自主学习的能力

新学期第一课，我讲课的重点就是“自主学习”的重要性。让学生明白，内驱力是第一动力。只有自己才能明白自己的长处和不足，只有自己才是最好的老师。为此，在明确学习任务的前提下，我把大量的课堂时间留给学生自主学习。

如早读课，在明确早读内容的前提下，让学生自由诵读而不是齐读。如文言文讲评，我会让学生自己全文翻译然后自己提出疑问，老师做个别解答。如作文写作，我会同时提供两种类型的作文题若干，让学生自由选择。

让学生完成常规的作业，如每周的读书笔记，有时限制写作范围，有时让学生自由发挥。让学生自己整理归纳字音、成语、文言实词虚词等。

四、根据复习内容的需要，将常规的课堂做一定的切分，以提高课堂效率

龙城高中高三语文，每班每周七节课，周四早上安排语文周测。剩下六节课，我做如下切分：周一到周三三节课，按照复习进度上常规复习课；周四另外一节课，周测试题归纳讲解；周五和周日重点是阅读和写作。之所以安排周五周日阅读写作是因为这两天学生家校奔波内心相对浮躁，当然思维也相对活跃，便于引起学生阅读兴趣和激发写作欲望，也便于他们回家查找资料。

总之，这些做法使学生对复习计划比较明确。课堂内容有变化，师生都不至于太过疲惫。

五、明确高三复习的重点和难点，区分题目类型择法复习

就整个高三复习而言，我将重点和难点放在了古诗文的阅读和作文的写作上。为提高这两个模块的学习效率，我们花费了许多功夫。

1. 文言文复习

我把文言文复习的重点放在文段的翻译上面，而对一些文言实词虚词的理解，我认为必须在文段中落实。为此，我首先让学生自主记忆120个文言实词和18个常用虚词。而我没有对此做过多的讲解和测试。我的目的是让学生在大致理解这些实词虚词含义的前提下，准确翻译文段。

文言文第一轮复习，八月补课至九月底两个月时间，我重点让学生翻译《史记》中的篇目。我将《史记》里的内容重新编辑，留出空白，让学生逐字逐句翻译，然后印发译文，让学生自己对照，有疑问的地方教师讲解。最后，教师再抽查学生对重点字词的理解和个别难句的翻译。两个月时间，我们共翻译《史记》原文近20篇。重点掌握文言实词虚词的意义和用法，特殊句式的翻译。

文言文第二轮复习，重点训练学生对高考文言文的阅读和解题能力。我选取2012年和2013年全国各地高考语文文言文汇编成册，并留出空格，让学生逐字逐句翻译，并归纳常考易错的文言实词虚词意义和用法。2013年底，我将各地级市大型考试试题中的文言文10篇汇编成册，仍然让学生逐字逐句翻译，并归纳记录。经过这些训练，学生对文言文的阅读基本没有障碍。

文言文第三轮复习，重点训练学生在有限时间内的解题能力。

经过三轮训练，每次测试，在各题中，学生文言文的得分率都是比较高的。

2. 诗词鉴赏复习

我将诗词鉴赏的重点放在对诗词内容的理解上，将难点定为运用术语赏析诗词。

我认为诗词鉴赏能力的提高，功夫在课堂外。即不能单单利用课堂时间讲解个别诗词，这样学生很难融会贯通。为此，我做了如下安排：

首先，我建议学生每人买一本诗词鉴赏辞典，建议他们有时间就翻阅。

其次，印发诗词鉴赏短文，新学期开始，我将100首诗词原文和赏析编辑成册，作为早读材料，印发给学生。其后，再编辑名家名作各20首并附加赏析短文，如陶渊明诗20首、李白诗20首、杜甫诗20首、王维诗20首、苏轼词20首、李清照词20首等，并让学生在早读课上诵读，让他们在诵读的过程中理解诗词的内容、掌握鉴赏方法。在第二轮复习中，按题材分类，再给学生汇编资料，如边塞诗、田园诗、送别诗、怀古诗等。

最后，规范答题。在第三轮复习中，重点训练学生准确审题和规范答题的能力。

3. 阅读和写作

阅读和写作是语文高考的重中之重，是贯穿整个高三教学始终的主旋律。

我把阅读分自主阅读和专题阅读。自主阅读就是学生在课外时间自由阅读自己感兴趣的书籍杂志。教师要始终强调无目的的自由阅读的重大意义并营造良好的阅读的氛围，让学生热爱读书。为此，我们自备书架，自备图书，自己订阅杂志；开设课前五分钟演讲，交流读书心得；让学生每周上交一篇摘抄或读书笔记。主题阅读则是教师就课堂所学的内容印发专题阅读资料，有目的的阅读。如在学习文言文《李斯列传》时，我搜集有关李斯的论文，让学生阅读，并让学生写下对李斯人物形象的评价。再如在学习《刺客列传》时，印发有关刺客的评析论文，然后再让学生写下自己对刺客的评析。另外，就社会热点，搜集时事杂文，印发给学生，以扩大学生视野，开拓学生思维。我还给学生印发了刘小川的品文人系列文章、鲍鹏山的评先秦诸子系列文章、徐百柯的民国人物评传系列文章等。在专题阅读的过程中，各种观点互相激发，可以引发学生的思考，从而引导学生形成自己的独立见解。

我把写作分成自由写作和高考作文写作。自由写作基本不做要求，只要分析见解有理即可。自由写作主要在上半学期深圳“一模”之前进行，以读书笔记或周记的形式每周上交一次。我会全部阅读批改，对写得好的提出表扬。

高考作文写作，则紧扣广东省高考作文命题趋向，认真筛选作文材料，让学生在课堂上限时完成并上交。我会严格按照高考作文评分标准来评分。并且，在早读或晚修时，我会依次叫学生面谈，当面指出学生作文的优缺点，并提出修改意见。同时，我还会印发这个作文题目的标杆作文供学生参考。一个作文题目通常写两遍。最后将学生自己写出的优秀作文复印并装订成册放在教室里让他们传阅。在这一过程中，我发现，学生写作水平的提高，重点在于多阅读学习优秀的范文。另外，把学生自己写的好文章装订成册并使其在班上传阅，对学生也是一个很大的鼓舞。上半学期，重点训练学生对材料的审题、文章结构布局等能力，第二学期结合周测完卷测试，重点提升学生思维的深度广度、训练语言的升格等。

对其他模块的复习，则依次滚动进行。修改病句要重点训练各种病句类型，现代文阅读则重点规范答题，语言运用多做模拟题。最后，对学生的各种作业要积极反馈。

总之，高三语文复习备考生活，对师生而言，多是枯燥乏味的。我想做的，就是时时提醒自己我是一个语文老师，我尽量带领学生将庸常的日子过得有滋有味。如中秋节、春节，我要每一个学生拟写符合情境的短信发给我，我会一一回复。临近高考，我在精美的诗词明信片上，用小篆体书写《春江花月夜》诗句，作为毕业礼物赠送给学生。我不知道我所做的这些对高考到底有何实质意义，但是，它让我体会到做一个语文老师的幸福（让我们的教学生活充满语文味）。

如何把课上“活”

——关于通用技术教学的几点体会

综通教研组　邱俊辉

在我国普通高中课程结构中，技术是一个基础学习领域，也是一个全新的领域。新课标下的通用技术课是以提高学生技术素养、促进学生全面而富有个性的发展为基本目标，着力发展学生以信息的交流与处理、技术的设计与应用为基础的技术实践能力，努力培养学生的创新精神、创业意识和一定的人生规划能力。通用技术课程不仅注重对符合时代需要、与学生生活紧密联系的基础知识与基本操作技能的学习，而且注重学生对技术思想方法的领悟和运用，注重学生对技术的人文因素的感悟和理解，注重学生在技术学习中的探究、试验和创造，注重学生情感态度价值观以及共通能力的发展，为每位学生应对未来挑战、实现终身发展奠定基础。由此可见，学好通用技术课，学生将受益一生。

下面是我对通用技术教学的一些体会和反思：

第一，对开设通用技术课学生是欢迎的。当今学生对新事物接受快，喜欢时尚，爱动手，只要教师充分调动他们的积极性，通用技术课一定会受到学生的广泛欢迎。问题是，我们现在上课受到了场地、资源的限制，特别是课时的限制，不能做更多的科学试验、实践活动，也不能按照系统的教学计划来进行。

第二，对开设通用技术课不少人持怀疑态度，有人认为现在高考竞争那么激烈，连主科课时都不够，哪有课时来开设这“副科”，因此能不开尽量不开。另外通用技术课的活动较多，学生容易浮躁，甚至占用一些课外时间，为完成作业、做设计作品需要花大量的时间和精力，因此有些班主任有意见，担心影响学生学习成绩。这就需要我们去做好协调工作，通过技术课带动主课的学习。

第三，教师要多做试验，尽可能地多为学生创造条件，培养学生的动手热情，把课上得“活”起来。每一门学科都有其自身的特点，通用技术课程也不例外，通用技术的实践操作性是无法用其他形式替代的。比如说，在讲“结构稳定性”的时候，我就设计了一个试验，让学生亲手制作一个被誉为古代神器的“欹器”。它是盛水的器皿，有着“空则倾，中则正，满则覆”的特点，学生通过反复的动手试验，最终获得成功。那么他们对于影响结构稳定性的三个因素“重心的位置、结构的形状、支撑面积”一定会有一个深刻的认识，这是讲理论，讲一百遍都不能达到的效果。因此，动手实践对于通用技术学科来说，非常重要。

第四，教师要多学习借鉴其他省份的先进经验。通用技术在全国试验已有几个轮次（这里所指的通用技术课程主要指必修Ⅰ和必修Ⅱ），从各地反映的情况来看，目前最大的问题是对动手实践操作在通用技术课程所处的地位还拿不准，主要表现为重理论、轻实践操作。老师上课模式基本是先讲一段理论，再举几个案例，学生合作讨论，老师提问，学生回答。如此反复循环，时间久了，学生从感觉新鲜到枯燥乏味，老师也自觉没劲。如何改变这种状况，关键在于要正确认识动手操作在通用技术课程中所处的地位。从学生的学习角度来说，动手实践更能激发的学习兴趣。如果课堂教学老是讲理论、举案例，学生感觉乏味，学科关注度下降，穿插适当的动手实践活动，可起到平衡作用。另外，要上好通用技术课，学生讨论是必不可少的，课堂讨论环节不只是活跃了课堂气氛，更重要的是开拓了学生的眼界。但这也有一个问题，相信很多技术老师在上课的时候都会遇到：一堂课只讲理论，没有实践，会把活的内容讲死；放手实践，能把课上“活”。很多老师都曾陷入过“只讲就死，动手就活，再活就乱，一乱又讲”的怪圈。通用技术课要想上好，首先要抓好学生心理需求和他们认知能力，缺少实践侧重理论，是教学走进低谷的致命问题。个人认为一些线条不清晰的理论，最好不讲。几年实践，我的感受是要对理论课学会选择和放弃，不要一味按教材编写顺序授课，要学会按照课堂前后情绪反馈，灵活选择内容和授课形式，特别是活动课一定要选择既有创意也有挑战性的内容，还要让一部分有设计潜能的学生有露脸机会。活动选材是尽可能让学生设计有创意的生活物品，并让成功者展示设计作品及讲解设计思路，效果就会好一些。

随着课程改革的深入，素质教育的呼声越来越响，但应该怎样实施素质教育及用什么来体现素质教育的成果？我们通用技术课正好可以解决这些问题。

第一，通过通用技术课的学习，培养了学生对事物敏锐的观察能力。我们都知道，世界上的许多科学家、发明家都是从小对身边的事物有浓厚的兴趣和强烈的探究欲望。例如，牛顿通过观察苹果落地，发现万有引力定律。创新包括发明和革新。对于大多数设计人员，从事的都是革新工作，但要有所成就，必须要对现有的技术或产品有所突破或改进，这就是我们常说的创新意识。所谓的创新意识，并非很深奥、高不可攀，其实就是要有从自己身边已司空见惯的现象和事物中，用敏锐和独特的眼光去发现问题，并有致力于加以解决的冲动，从而取得突破。

第二，通过通用技术课的学习，培养学生解决技术问题的基本能力。我们知道，任何技术都具有跨学科的性质，一般地，每一项技术都要综合运用多个学科、多方面的知识。小到板凳的制作，大到航天飞机的制造，都是多种知识共同作用的成果。通过通用技术课的学习，可以使我们的学生把各门学科的知识整合起来，为实现同一个目标而奋斗。它打破了学科间的界限，真正起到培养综合型人才的作用。

第三，通过通用技术课的学习，培养学生与人合作和交流的能力。联合国教科文组织倡导教育的四个支柱“学会认识、学会做事、学会共处、学会生存”，其中就强调了共处合作的重要性。当今的技术都是跨领域、跨学科的综合性的结果，需要许许多多的人共同努力才能实现。平时我们通用技术课的实践试验都是分组进行操作的，很多时候要大家分工合作，各司其职，最后在大家共同努力下，一项新的技术，一个新的发明，才应运而生，让同学们体验到通过合作后获得成功的喜悦。

第四，重视通用技术课堂中的技术实践，提升学生的技术素养。我校在近十年的通用技术教学中积极开展了技术实践活动，也取得了良好的教学效果。在几年的教学实践中，我们挖掘了几个具有一定难度，又能引起学生动手兴趣的、切实可行的设计制作课题，并形成了几个传统的设计制作项目。如讲授“技术设计2”关于结构设计内容的时候，我们会开展桥梁结构设计和木结构设计的实践活动。通过活动，我深深地认识到技术设计实践活动是提升学生的技术素养的有效途径。

通过技术设计实践活动，可以充分体现高中通用技术课程的基本性质：以学生为主体，可观测和评价，既反映了课程的基本要求，又体现了素质教育的内在要求。这个活动给同学们提供了一个培养动手能力，普及设计分析能力的平台，同时更是给一些在动手设计方面有特长的学生提供了一个展示自我能力的一个机会，使得个人学习兴趣和信心得到极大的提高。

技术实践是基于学生的直接经验，密切联系学生自身生活和社会生活，体现了对知识的综合运用。活动使学生通过人与物（如台钳、钢锯、木锯、戒刀、锤子等）的作用，人与人的互动来从事操作性学习，促使学生动手与动脑相结合，使学生在活动过程中形成初步的技术意识和技术实践能力。

技术设计实践活动与其他教学活动相比，具有如下的特性，有利于提升学生的技术素养。

首先是实践性。技术设计实践活动以小组为活动形式，强调学生的亲身经历，要求每一个学生积极参与活动的每一环节，在合作、实验、探究、设计、创作、想象、反思、体验等活动环节中体验和感受生活，发现和解决问题，发展实践能力和创新能力。

其次是开放性和自主性。技术设计实践活动面向全体学生，尊重每一个学生个性的发展需要。只要你满足设计要求，其他都由学生依个人的兴趣、爱好来选择决定，充分发挥学生的主体作用，教师只对其进行必要的指导，不包揽学生的工作。其实从结果上来看，学生的设计成果很多都出乎老师的意料，设计制作得非常完美。如一个小组做的木结构，自身质量是16.6 g，但承重能力达到了50 kg，整个结构设计非常合理，做工精密细致。因此，只要给学生机会展示自我，他们一定会给你带来出乎意料的效果。

技术设计实践活动有利于引导学生学会方法，拓展思维，自主创新。

学生在设计制作活动中，常常因考虑不够全面而出现设计或设计制作缺陷的状况。这时，教师能适时、适当地予以点拨、引导，及时诱导学生思维正向迁移，启迪学生智慧的火花，使学生从不知怎么办到解决不好，再到能完善地解决，经历“实践—认识—再实践—再认识”的过程，思维的发展实现了从肤浅到深入的飞跃。技术设计实践活动有利于教师创设多维互动，宽松民主的交流氛围，形成“生—生”“组—组”及“生—师”之间交互、开放式的设计制作活动局面。学生可在活动中展开激烈讨论、各抒己见，吸取优秀的设计思想和思维方法，发展创新能力。

作为一名普通的通用技术课的教师，我们要抓住机会，把通用技术课程推广开来，告别以往的教学模式，把课上得“活”起来，把学生领进技术的世界，在我们这个学科上首先实现应试教育向素质教育的转变。

我们的课堂需要翻转吗

语文教研组　任秀馨

近几年来，翻转课堂，这种新型教学模式在世界各地的学校广泛传播和实践。毋庸置疑，这是教育界具有颠覆意义的重大事件。翻转课堂的兴起让一些教育者看到了改革的希望，于是乎，一些学校跃跃欲试，各种以翻转为名的尝试应运而生。其实，在翻转课堂的尝试如火如荼进行的同时，我们更应该做的不是盲目跟风，而是应该静下心来仔细思考，问一句：我们的课堂需要翻转吗？

那么，到底什么是翻转课堂？我们国家、我们的教育背景下是否需要翻转课堂？

首先我们看看什么是翻转课堂。

郑朝晖老师在他的一次讲座中对翻转课堂的核心内容进行了一个界定。他认为，翻转课堂的核心内容是基于认知主义教学理论的课堂教学实践。它包含几个要点：①课前传授，课内内化；课前学习的终点是课内学习的起点。②微视频。③“问题解决”的学习（问题解决，即problem solving，是由一定的情景引起的，按照一定的目标，应用各种认知活动、技能等，经过一系列的思维操作，使问题得以解决的过程）。④教师是导师和组织者。

那么，如何看待翻转课堂？

正如任何一个事物总有正反两面一样，翻转课堂本身也要从两方面来看。

从积极方面来看，翻转课堂是一种混合了教与学的学习模式，是一个使课堂更加人性化和个性化的学习策略。

首先，翻转课堂的实施有强大的技术支持。随着互联网和信息技术的普及，好的视频教学一旦放到网上，可以让更多的学生受益。而且对同一个问题不同角度的解析、不同人的讲解，可以让学生把这个问题或知识点有更加深入和透彻的理解。

其次，它有助于师生之间建立融洽的关系，从而有效改善学生的学习效果。学生非常在意教师对自己的关注度，当教师和学生交谈并且评估每个学生的进步时，学生会感到自己在老师心目中的重要性，无形中激发了他们学习的热情。

最后，翻转课堂为个别化教学及培养更加独立的学习者提供了可能。翻转课堂注重学生的课前预习，老师在课堂上可以根据每个人的不同情况答疑解惑。这就为同学的个性化学习提供了可能。

但是，当我们静下心来，对翻转课堂进行冷静思考的时候，一系列问题也随之而来。对于“我们的教育是否需要翻转课堂”这一问题，我们不能人云亦云，也不能妄下结论，我们要做而且必须要做的是对其进行缜密的思考，考虑清楚我们要面临何种问题。

首先，在翻转课堂教室里面的学生数量应该多少才最适合？在当前我国学生如此之多且教室固定的情况下，翻转课堂是否可行？老师一节课是否能够解答每个学生的疑惑？

其次，翻转课堂要求学生提前做好充分的预习，对于那些自律能力较差的学生，应该采取怎样的措施来监督他们在课堂外的有效学习？如果这个问题解决不了，翻转课堂只能是一次空想。

最后，我们应该以什么方式来评测翻转课堂的学习效果？是延续以往的考试机制、以分数为唯一的标准？还是应该探究与之搭配的新的评价机制来评价学生的综合素质？

总之，对于翻转课堂的实施，我们不能一概而论，而是需要更多冷静的思考，考虑这种新的教学模式与我国的教育背景是否相符，如果真的在我国实施的话，应该具备哪些条件等。

那么，如果在我国实施翻转课堂，需要什么样的条件呢？

第一，要有足够多的优秀教学视频，这些教学视频需要任课教师录制并完成后期制作。如果教学视频不好看、不优秀的话，学生是没有兴趣去看的，更别说提高教学效果了，这一点对教师的教学水平和视频制作技术水平的要求是很高的，而这一条件就目前来看是不太成熟的。

第二，翻转课堂对于学生的自律性和意志力的要求是很高的，而且这种自控能力不是一两天能够训练出来的。所以，翻转课堂的实施对学生本身的自控力要求很高。相对而言，年纪大一点的学生实施起来可能效果更好。

所以，总的来说，在我国，翻转课堂不是不可行，而是应该一部分先行，在不同的地区、不同的学校要采取不同的策略，因区、因地、因校施教。

浅析“四种问题方式”在高中生物合作学习课堂中的应用

生物教研组　万彩霞

合作学习指学生为了完成共同的任务，有明确的责任分工的互助性学习。合作学习鼓励学生为集体的利益和个人的利益而一起工作，在完成共同任务的过程中实现自己的理想。某种意义上讲，合作学习是对过去一节课只有老师讲学生被动听（“填鸭式”教学）的否定。是让异质的学生在小组活动中，根据一定的学习目标，通过共同学习讨论研究，使每个学生都达到一定目标的学习活动。是学生在小组或团队中为了完成共同任务，有明确的责任分工的互助性的学习活动。合作学习已经成为当前课改的主流。

合作学习，有利于将个人之间的竞争转化为小组之间的竞争，有助于培养学生合作的精神和竞争的意识；有助于因材施教，可以弥补一个教师难以面向有差异的众多学生教学的不足，从而真正实现使每个学生都得到发展的目标。在合作学习过程中，教师和每个学生之间的差异能得到承认，其潜能得到充分的发挥；有助于张扬个性和满足学生的需要，使学生感到学习有信心；合作学习不只是一个认知的过程，同时还是一个交往与审美的过程。它有助于因材施教，培养学生的合作精神和竞争态度。

在合作学习背景下的高中生物课堂，教师不再是传统课的讲授者，他应该既是策划人和支持人，又是优秀的学科专家。而一堂好的合作学习课，离不开课堂的设计、执行和落实。在这些环节中好问题是关键。笔者认为，课堂学案的设计应该有一连串的设问，课堂的执行应该有及时的追问，教师要顺利地完成主持人的角色需要简单的碎问，而课堂的总结与提升则离不开有启发性的疑问。

一、“连串的设问”为学生提供学习和探索的方向

一堂好的课，七分功夫在课前。这需要老师能走在学生前面，像一名活动策划人一样去设计好教学环节，而策划的关键仍然是对问题的设计。预设的问题是学生学习的方向，是学生探索知识的路标和指引。

1. 知识问题化

课本的知识是理论知识，高度抽象和概括的。老师在设计教学的时候可以直接告诉学生有这个知识点，但是这样得来的知识毕竟是机械的、抽象的。而通过设置简单的问题，再让学生通过解决问题而获得的知识则是灵活的、具体的。在课堂教学中，教师让学生通过解决问题来获取知识并将知识强化的办法，对于基础薄弱的学生尤为有效。

[案例一]　知识问题化，学生通过解决问题获得知识

目标	教学过程	设计意图
生长素的生理作用	学生预习阅读课本50—51页，结合学案所给的材料，分析、推导生长素（或生长素类似物）有哪些生理作用？ 资料1. 农业生产上，在棉花开花和结果的关键时期，农民要给植物喷洒一定浓度的生长素药物以提高棉花的产量，而未喷洒药物的棉花因花和棉铃的脱落而减产。 资料2. 发育中的种子内会生成生长素，草莓的外部有“廋草”，即为种子。在草莓未成熟之前将其“廋草”剔除，则草莓停止发育，此时若在剔除“廋草”而停止发育的草莓上喷洒一定浓度的生长素药物，则草莓能继续发育。 资料3. 高二（2）班同学发现，剪去根的葱头放在清水中，生根少而短。而经生长素溶液浸泡过的葱，一段时间后根长度明显增加。 课堂上，由学生展示推导结果及其思维过程，教师简评。	学生自主学习得出结论，展示结论

例如，在《生长素的生理作用》这节课中第一层次的知识，要求学生知道生长素的主要功能有防止落花落果，促进果实发育，促进扦插植物生根等。在教学中，教师不是将这些知识直接呈现给学生，而是让学生分别通过分析“喷洒生长素类药物促进棉花产量”，“剔除种子的草莓上喷洒生长素类药物而获得无子草莓”，“浸泡生长素类药物使去根的葱大量生根”等几个例子推导出生长素具有什么样的作用。这样的做法，从本质上把获取知识的过程和权力交回给学生，是一种充分信任学生、尊重学生、依靠学生的做法。同时，在课堂知识传递的模式上看，知识的获取方式由传统的教师传授式变成了学生主动获取式，这样就很好地体现了学生的主体性，也很好地发挥了学生的主观能动性。

正是因为知识是学生自己推导的，自己通过解决问题获得的，所以他们对这个知识点自然就印象十分深刻。当代建构主义者主张，世界是客观存在的，但是对于世界的理解和赋予意义却是由每个人自己决定的。我们是以自己的经验为基础来建构现实，或者至少说是在解释现实，每个人的经验世界是用我们自己的头脑创建的，由于我们的经验以及对经验的信念不同，于是我们对外部世界的理解便也迥异。所以，学习不是由教师把知识简单地传递给学生，而是由学生自己建构知识的过程。学生不是简单被动地接收信息，而是主动地建构知识，这种建构是无法由他人来代替的。本堂课中体现的这种获得知识的方式与建构主义学习理论强调学习的主动性、社会性和情境性相吻合。

2. 问题层次化

在《生长素的生理作用》这节课中，总共有三个有价值的问题：“1. 生长素对扦插植物生根具有什么作用？”“2. 是不是生长素的浓度越大对植物生根的促进作用就越大？”“3. 不同浓度的生长素对植物同一器官的作用不同，那么同一浓度生长素对植物不同器官的作用是否相同？”这三个问题非常有效，在难度系数上也体现出了很好的层

次，引起了学生的思考，并且要解决这三个问题也是在学生能力范围内的。

[案例二] 连串问题层次化，有效吸引学生

目标	层次化大问题	问题意图
生长素的生理作用	问题1:“生长素对扦插植物生根具有什么作用？”	第一层级问题，让所有学生尝试回答。
生长素的作用特点1	问题2：“是不是生长素的浓度越大对植物生根的促进作用就越大？”	第二层级问题，承上启下，引发思考。
生长素的作用特点2	问题3：“不同浓度的生长素对植物同一器官的作用不同，那么同一浓度生长素对植物不同器官的作用是否相同？”	第三层级问题，总结延伸。

更重要的是，这三个递进式的问题是由易到难，具有一定的层次。第一个问题，让同学们观察了兴趣小组做的实验结果之后思考生长素对植物的作用，学生顺理成章就能想到生长素能够促进植物生根。学生答对了问题，教师给予了及时肯定，学生尝到了甜头这样才有动力去思考接下来的问题。第二个问题，“是不是生长素的浓度越大对植物生根的促进作用就越大”是学生提出的问题。学生提出这样的问题完全是合情合理、顺理成章的，因为这个问题跟上一个问题是一脉相承的，同时也是课前同学们探究实验的主题。这个问题的提出，引起学生进一步的思考，也为下一环节请出学生代表来汇报实验做好铺垫。第三个问题“同一浓度生长素对植物不同器官的作用是否相同”是在“不同浓度的生长素对植物同一器官的作用不同”的实验结论的基础上提出的。因此，它既在情理之中，又能引起学生的深度求知欲。

3. 层次系统化

教学是一个系统的工作，一节课的知识也是一个系统性的工作。为了使学生好学、乐学，我们人为地设置了几个学习的层次，但实际上归根结底这几个层次都是为教学这个系统服务的。

既然教学是个系统的过程，我们就应该系统的进行把握，我们可以将知识的突破过程放在任何一个层次。讲解能解释清楚的知识，通过讲解来突破，实验推导能突破的问题我们将结论推导出来并进行相应强化。而有些问题不是很好讲解，也不是很好推理的，可以在后面的环节中通过练习题，通过合作讨论来解决。

此外，这个系统化的原理也体现在学生的合作学习上面。第一层次的知识，学生可以自主完成，第二层次的问题，可以通过学生展示和补充来完成，第三层次的问题，要通过小组讨论甚至需要聚集全班的智慧来解决。

二、“及时的追问”能把控课堂行进的方向

然而，好的“设问”只代表成功了一半。在小组合作学习中，课堂是属于学生的，学生的智慧是无限的，课堂也是变化的、开放的。在课堂上，学生每时每刻会提出不同的见解，因此如何引导课堂正常有序地推进，就需要教师像一名优秀的主持人一

样把握时机，及时的追问。“追问”会引发学生思考，追问能检验学生是否真正理解问题，追问还能让老师把控课堂行进的方向，让课堂开放而不散乱。

下面将以《生长素的生理作用》中的一个环节为例，说明老师追问在课堂中的重要作用。

[案例三]　课堂上教师“及时追问”，一步步引导出生长素的作用特点

目标	教学过程和教师追问	设计意图
生长素的作用及特点	学生汇报后，教师要求学生合作分析实验数据得出结论，并强化与升华 1. 尝试分析 **学生**：有些浓度的生长素利于植物生根，而有些浓度的生长素则不利于植物生根。 **教师追问**：你是怎么看出有些浓度适合生根，有些浓度不适合生根的呢？你的依据是什么？ **学生回答**：通过比较得出这个结论，将实验组的根长度与对照组葱根长度做比较，如果比对照组的长表示适合，比对照组的短表示不适合。 **教师追问**：这里哪些组是对照组，哪些组是实验组？哪些是自变量，哪些是因变量？ **学生回答**：清水组表示对照组，含有生长素的表示实验组，生长素的浓度是自变量，葱根的长度是因变量。 2. 绘制曲线 **教师追问**：表格所列数据虽然很精确，但是不够直观，能否有更加直观的表达方式？ **学生回答**：曲线图。学生用描点作图法在课堂上绘制曲线图。 3. 分析曲线 教师请同学根据曲线描述生长素浓度变化对植物生根的影响。 **教师追问**：对于这个复杂的问题，我们该怎么解决呢？引导学生要利用“明点”和“析线”的办法化繁为简，各个突破。 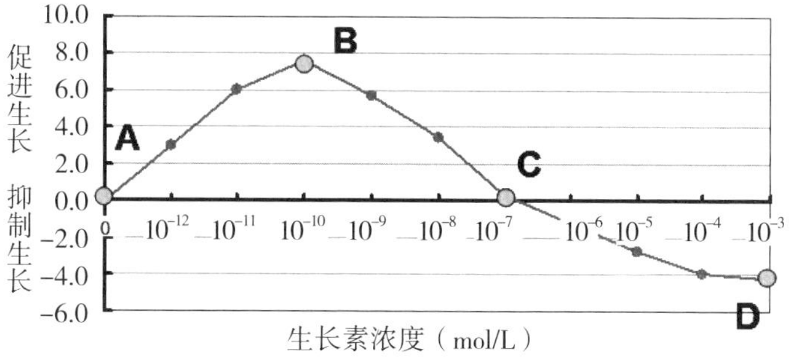 **教师追问**：低浓度促进生长，高浓度抑制生长。体现了生长素作用的什么特点？ **学生回答**：两重性。 **学生回答**：提出各种问题，其中有学生提到同一浓度的生长素对植物的不同器官的作用。	探究实验课前布置 学生自己尝试解决实验中遇到的问题 教师只给方法，学生自己动手 先突破实验设计的难点，从探究实验入手，分析实验得出两重性特点

三、简单的“碎问”能激励和引导学生

课堂中，并不是老师的所有的问题都是为了学习知识，有的问题表面上看起来比较简单，没有实际意义，不能解决问题，但它能鼓励学生参与，引导学生思考，激励学生进步。这样的问题，我们称之为简单的“碎问”。

[案例四]　“生长素的生理作用和作用特点”教学中教师简单的“碎问”

目标	教师提问	问题意图
生长素的生理作用	“哪位同学来展示预习的结果？” “他说的大家都赞同吗？”“谁来点评？” “由生长素能促进生根这个结论为基础，你能提出什么样的探究性问题？”	学生评价学生 引导学生提出问题，过渡
生长素的作用及特点	一、学生汇报实验开展情况 “哪位代表能勇敢地上台展示？” “他讲得好不好？” “掌声在哪里？” 二、学生合作分析实验数据得出结论，并强化与升华尝试分析 “谁来尝试分析兴趣小组同学的实验数据？” “为什么得出这个结论，你的依据是什么？” “能否只选取一点进行说明？”	学生展示 正面鼓励，激励学生 鼓励学生自己解决同学遇到的问题

简单的“碎问”实际上帮助教师在课堂中很好地扮演了“主持人”这一角色：有效问题的提出掌控了课堂的推进方向，鼓励和激励的语言调控学生的参与的积极性，也调控小组内部合作以及小组之间竞争的激烈程度。

四、“启发性的疑问”能提升学生

一个优秀的教师，在小组合作学习中除了要做好一名优秀的策划人和主持人以外，还应该扮演好“学科专家”这个角色。学生通过组内合作，组间合作，能够解决课堂中遇到的百分之九十的问题，但是依然有百分之十的问题是解决不了的。这就需要老师像一名学科专家一样，总是在大家最需要的时刻出现。学科专家的出现，能给大家带来“启发性的疑问”，而这恰恰是提升学生，升华课堂的关键。

学生解题往往单纯追求答案是否正确，而教师讲题要注意落点：方法点和知识点。要通过疑问让学生注意从解题方法的角度和题目所用知识点的角度来分析，帮助全体学生建立自己的解题方法。

[案例五]　“根向地茎背地弯曲题目”学生展示和教师的疑问与点评

题目	启发性的疑问	意图
将幼小的植株在适宜的条件下横放，一段时间后根弯曲向下生长，茎弯曲向上生长，这与重力影响生长素的分布和根、茎对生长素的敏感性不同有关。根据你的推测并结合本节课所学知识分析： C A D B （1）A处生长素浓度较B处______，茎对生长素敏感性______，______处生长快，茎向上生长。 （2）C处生长素浓度较D处______，根对生长素敏感性______，______处生长受抑制，______处生长快，根向下生长。	1.题目讲完了，我们结束了没有？ 2.这个题目用到了什么知识点？ 3.解决这个题目要用到什么方法？ 4.题目可以进行什么样的变化？	回顾知识点 引发思考 引导学生总结提升

总之，小组合作学习的课堂模式对老师的要求更高。要求老师在尊重学生、相信学生、依靠学生的前提下，做好课堂设计的策划人、课堂推动的主持人和疑难问题解答的学科专家。而贯穿这些角色始终的就是“问题”，借助好“四种问题方式”能让课堂能够顺利开展，能让教师在课堂中如鱼得水、左右逢源。

音乐创新教育与学生创造潜能开发

音乐教研组　王　斌

随着社会的不断进步和科技的飞速发展，国际竞争日趋白热化。人们已达成共识：国家间的竞争就是创造性人才的竞争。而衡量一个民族、一个国家是否富有生机与活力，最重要的一点就是看其是否具有创新的能力。音乐作为创造性最强的艺术形式之一，在人的发展方面表现出来的最大优势就是培养人的创新精神。2001年我国颁布的《音乐课程标准》指出：创造是艺术乃至整个历史发展的根本动力，是艺术教育功能和价值的重要体现。音乐创造因其强烈而清晰的个性特征而充满魅力。在音乐课中生动活泼的音乐欣赏、表现和创造活动，能激活学生的表现欲望和创作冲动，在主动参与中展现他们的个性和创造才能，使他们的想象力和创造性思维得到充分发挥。

将“创造”纳入音乐教育之中，作为音乐教育的一个学习领域，这是我国音乐教育的重大发展。这对于培养学生的个性与创新精神，发展创造力，促进学生全面和谐发展具有十分重要的意义。本文从树立创新意识、培养发散思维、拓展创新途径、摸索创新方法等几个方面对实施创新教育、开发学生创造潜能进行分析与探索，望能起到“抛砖引玉”的作用。

一、树立创新意识，构建全新教学模式

要开发学生的创新思维，培养学生的创新能力，首先是教师自己要有创新意识。因为音乐教育的目的不在于学生最终实现了什么、成就了什么，而在于学生在音乐学习的过程中，其想象力、创造力以及学生的探索、参与、感受和创新的积极性是否得到充分发挥，对于音乐教育而言，这才是至关重要的。因此，教师应在教学理念、教学方法、教学手段、教学结构等诸多方面针对这一目标进行全方位的综合思考，力求在原有的基础上进行大胆创新。只有这样，才能适应新形势下音乐教育的要求。

改革课堂教学观念，创造新颖的课堂气氛是构建全新教学模式的途径之一。在实施创新教育的过程中，要特别注重学生自信心的培养。因为充满自信，才能使人具有创造力和独创力。对于学生的独创和奇特的想象，教师要特别注意保护，对于学生的灵感与智慧的“火花”，要及时进行“助燃”。即使学生会有这样和那样的不足，教师都应给予充分肯定，并允许“犯错”，还要多给学生“犯错”的机会，使其在失败面前不气馁，并敢于挑战自己，明了“失败是成功之母”的真谛，从而更加激发他们的创造热情，培养和锻炼他们的创造潜能。而以往那种“家长式”执行“一言堂”“一刀切”，以一个模式要求学生而大兴“听话教育”的方法，只能泯灭学生的灵性和创新的火花。总之，教师要千方百计地努力构建以学生创新活动为基础的全新教学模式，使音乐课堂成为审美活动和创新活动的园地。

二、培养发散思维，开发创造潜能

发散思维是创造性思维的一种。具体反映到音乐教学中，就是以欣赏某一音乐作品为核心，通过想象、联想、直觉等思维活动，对这一作品进行多层次、多角度、多方面、多因素、多变量的考察，从而拓展思维空间，获得多种情感体验。作为听觉艺术的音乐，由于用来表现视觉形象或事理而本身就带有不确切性和多解性，给欣赏者留下了广阔的三度创作空间。不同的欣赏者又由于生活经历、知识水平、审美能力等方面的差异产生不同的欣赏结果和不同的情感体验。在音乐欣赏教学中，教师不应把教案提示作为唯一的标准答案，或把自己的思路强加给学生。这样做既不符合音乐艺术本身的属性和特性，又违背了创新教育的原则与要求，更为严重的是束缚了学生创造性思维的发展与创造潜能的开发。教师要鼓励学生发挥联想和想象，激发他们的学习兴趣，主动探索音乐作品中丰富的情感内容，同时要重视学生自身的情感体验，尊重来自不同学生的审美结果。这些对于学生创造潜能的开发是很有裨益的。

三、突出音乐学科特点，拓展创新途径

1. 自制乐器，提高学生创造能力

音乐是声音艺术和听觉艺术。在音乐活动中帮助学生探索声音的奥秘，了解音乐的特性，是音乐教育的重要内容之一。在音乐教学中，乐器是不可缺少的教学工具，常用的是钢琴、风琴等键盘乐器。为了使教学更加新颖独特，更重要的是为了弘扬民乐来激发学生的爱国情操，有不少教师根据自身演奏民乐的优势，用笛子、二胡、琵琶、扬琴等民族乐器来辅助教学，使课堂气氛焕然一新。学生们不仅扩大了音乐视野，同时对祖国博大精深的音乐文化有了更进一步的了解和认识。尤其值得称道的是，有的教师不但自己自制乐器，还精心辅导学生土法自制简易乐器。一方面启发学生积极思考，另一方面又放手让学生自己设计。这些适合学生能力的简易乐器既包括了自寻音源材料（如书本、课桌、玻璃杯、搪瓷盘以及身体各部位等），用以探索表现、体验音乐的进行、休止、速度、力度、段落、情绪等。也包括铃鼓、酒瓶吹奏乐器、自制弹拨乐器、用铝条制作的“铝板琴”、用塑料吸管制作的“排箫”、用易拉罐制作的“沙锤”等。诸如此类的制作活动，取材方便，制作简单，极大地提高了学生学音乐的兴趣，同时也提高了学生的创造能力和动手能力。

2. 鼓励创作，提高学生创造能力

创作，其本身就是一种创新，这对于中学生来说，是有一定难度的，在由易到难完成新课标规定的内容后，可充实教材中没有安排但符合学生认知规律的创作教学。如节奏、旋律的最基本创编，到简易的歌曲（如班歌）的写作，进而到歌舞表演（如班级晚会）的创作等，充分发挥学生的主观能动性，在创作中感受音乐，表现音乐。教师应正确引导学生进行创作实践，注意循序渐进，不可操之过急。对于学生的各种创作，都要予以充分肯定的鼓励，重在学生参与，重在发掘学生创造潜能，不要过高要求学生创作结果。对有特殊才能的学生，应多给予关注、引导，以利于其创造潜能的提高和发挥。

3. 充分利用音乐活动课提供创造空间

音乐活动课是音乐课的延伸，是进行音乐实践的最好形式之一。这种特殊的课堂教学活动，能使学生创造思维更为广阔。活动课除了完成基本的教学任务外，更多的是把活动的主动权交给学生，鼓励学生创编、排练、表演歌舞、音乐剧。尤其值得一提的是，有些教师特别注意引导学生把其他学科的学习内容用音乐改编成音乐童话或音乐剧等形式表现出来，收到了很不错的效果。这不仅有利于学生良好个性心理品质的形成，也有利于创新意识与创造能力的提高，还激发了学生的团队精神与协作精神的养成。如在《穷人和富人》欣赏教学中，我运用小组讨论和创作表演形式，恰到好处地发挥学生的创造力和想象力，让学生积极参与到表演的创作中去。凡是符合角色形象的表演，都给予充分的肯定，平时那些腼腆、害羞的学生也被轻松、愉快的气氛所感染，表现得大胆而饶有兴致。每次活动不仅满足了学生的表现欲和创造欲，发展了学生的创造性思维，还培养了学生的创新精神，使其既学会了表现自己，也学会了与人合作。同时也使我体会到：只有这样，才能使学生走进音乐、感受音乐、热爱音乐，并在活动中发现美、体验美、创造美。

创新是一个民族的灵魂，是一个国家兴旺发达的不竭动力。面对教育改革的新形势，我们音乐教师必须以崭新姿态，迎接挑战，深入进行音乐创新教学研究，构建与时代相适应的新型音乐教学模式，共同点燃学生心灵中创新的火花，鼓励学生在失败和挫折面前敢于质疑、敢于探索、敢于创新，培养更多具有创新意识、创新精神、创新能力的优秀人才！

学生自主学习与教师有效教学的尝试

英语教研组　王　婧

新课标英语教学理念实施以来，教师努力钻研其精髓，更新观念、转变方法。《全日制义务教育普通高级中学英语课程标准（实验稿）》强调课程从学生的学习兴趣、生活经验和认识水平出发，提倡体验、实践、参与、合作与交流的学习方式和任务型的教学途径，使语言学习的过程成为学生形成积极的情感态度、主动思维和大胆实践、提高跨文化意识和形成自主学习能力的过程。为达到这一目标，教师们需要进一步思考如何利用有限的课堂时间让学生在兴趣的引领下自主并有效的学习英语。

一、英语教学的现状

随着新课标理念的实施，我们开始思考课堂、学生和整个教学过程。目前，高中英语课堂仍然存在着以下特点：

（一）围绕认知教学

《普通高中英语教师教学用书》明确给出了每一单元的Teaching aims and demands并以话题、词汇、功能和语法各个要求展开说明。教师在牢固抓住教学目的和要求的同时，往往偏向于认知方面的语言知识的讲授而忽略了其他的教学任务。比如，话题的有效功能性发散思维展开对学生情感、跨界知识的重要作用。

（二）围绕教材备课

教师备课的过程主要以教材为主，并以教材的格局顺序讲述书本知识旨在掌握各个环节的词汇或句型知识。在此同时，忽略了学生主体的兴趣及接受情况。作为语言科目，教学过程略显单调。

（三）围绕教案讲授

在课堂上的教学环节按照教案预期进行，缺少语言和情感的互动。没有发挥师生共同的自主能动性，生硬的“背”教案失去了生态课堂的多维性。

二、理论依据

（一）自主学习

指学生在教师的科学指导下，通过创造性的学习活动，实现自主性发展。主要包括三方面的内涵：自主学习意识、自主决策与选择能力、自主地完成学习任务后的自我评价和自我调控能力。教师的科学指导是前提条件，学生是教育的主体，又是学习的主体；学生的能动的创造性的学习是教育教学活动的中心，是教育的基本方式和途径。

（二）建构主义学习理论

学习是学习者主动构建自己知识的过程，学习者不是被动地接受外在信息，而是根据自己的经验，对外部信息进行主动选择、加工和处理，主动地建构信息的意义。它让我们注意到培养学生的各种能力必须以其主体性的发挥为前提，只有自主学习才有自我实现、发挥潜能的机会，学生才能获得发展。

（三）新课程标准

新课程标准要求以培养学生的科学素养为宗旨，从知识与技能、过程与方法、情感态度与价值观三个维度对学生进行科学教育和综合评价，挖掘和发展学生多方面的潜能。要让学生感受、理解知识产生和发展的过程，培养学生的科学精神和创新思维习惯，重视培养学生收集处理信息的能力、获取新知识的能力、分析和解决问题的能力、语言文字表达能力以及团结协作和社会活动能力。可见“自主学习，自主发展”是新课程标准的重要理念之一，处处体现学生的自主意识、参与意识、创新精神和实践能力。

三、新课标理念在高中英语教学的体现

此次英语课程改革的重点就是要改变英语课程过分重视语法和词汇知识的讲解与传授、忽视对学生实际语言运用能力的培养的倾向，从认知水平出发，发展学生的综合语言运用能力，使学生主动思考、大胆实践、提高跨文化意识和形成自主学习能力的过程。在这个阶段，教师要充分体现引导者的作用，以学生为主体备课、讲授和解惑，使得课堂上真正建立学生自主学习的平台。新课标理念在有效地达到目标上起到了显著的作用，体现如下：

（一）语言技能

语言技能是构成语言交际能力的重要组成部分。语言技能包括听、说、读、写四个方面的技能以及这种技能的综合运用能力。

（二）语言知识

基础教育阶段学生应该学习和掌握的英语语言基础知识包括语音、词汇、语法、功能和话题等五方面的内容。

（三）情感态度

情感态度指兴趣、动机、自信、意志和合作精神等影响学生学习过程和学习效果的相关因素以及在学习过程中逐渐形成的祖国意识和国际视野。保持积极的学习态度是英语学习成功的关键。

（四）学习策略

学习策略指学生为了有效地学习和发展而采取的各种行动和步骤。英语学习的策略包括认知策略、调控策略、交际策略和资源策略等。教师应在教学中，帮助学生形成适合自己的学习策略。

（五）文化意识

语言有丰富的文化内涵。在外语教学中，文化是指所学语言国家的历史地理、风土人情、传统习俗、生活方式、文学艺术、行为规范、价值观念等。接触和了解英语国家文化有益于对英语的理解和使用，有益于加深对本国文化的理解与认识，有益于培养世界意识。在教学中，教师应根据学生的年龄特点和认知能力，逐步扩展文化知识的内容和范围。

四、学生自主学习和教师有效教学的尝试

通过理解新课标的理念，我在课堂上做了一些尝试和实践。用一堂课作为例子详谈学生自主学习和教师有效教学。

课前设计：

Ⅰ. Teaching Aims

1. Students will understand：A. what is friendship?

B. why do we need friends?

C. what kind of friend do you like?

D. what qualities should a good friend have?

2. Students can enlarge their vocabulary on this topic.

3. Students may develop oral English and writing ability.

Ⅱ. Teaching approaches：

1. Ask-and-answering between the teacher and the students

2. Interaction among individuals，pair-work and group-work

Ⅲ. Teaching procedures：

1. Revising the text：Anne's best friend

2. Brainstorming：

A. Why do we need friends?

B. What kind of friend do you like?

C. What qualities should a good friend have?

D. Does a friend always have to be a person? What else can be your friend?

E. What is friend or friendship in your opinion?

3. Rational test.

4. Story telling.

5. Writing.

6. Homework for today.

英语有一句谚语Education must be fun. 因此，教师在英语教学中应努力为学生营造一种轻松愉快的学习氛围，激发他们的学习兴趣，使学生主动进行英语学习。

（一）引导学生进行可理解输入（comprehensible input）

1. 问题引入：

1）—What kind of friend do you like?

—She/He must be（adj.）________________________________

2）—What qualities should a good friend have?

—She/He should be a person of（n.）________________________

3）—Does a friend always have to be a person? What else can be your unusual friend?

—Yes/No, my unusual friend can be___________________________

2. 合作学习：学生在已分组的基础上，通过小组讨论进行信息整合，话题词汇的爆发和重现在课前五分钟内得以实现。

3. 词汇呈现：各小组内reporter在展示台上呈现本组收集的话题词汇供大家交换学习。

4. 总结：教师点评，展示相关词汇并对学生的成果表扬鼓励。

（二）读、写&听、说

1. rational test：联系话题内容，通过教师以自身事例为背景的一篇建立在语法填空基础上的文章的练习，学生能够达到阅读和练习的读写能力并且在情感上对友谊产生共鸣，进而继续为下一阶段的教学奠定基础。

2. story-telling：在上一阶段的基础上，学生将模仿篇章以两人为小组互相讲述自己与朋友之间的故事。五分钟后，彼此复述对方的故事。通过此环节，学生不仅能够达到“说”能力的锻炼，还能间接地提高对听的感知能力。

（三）输出过程的继续

建立在输入的基础上一系列能力的锻炼，教师有针对性地设置了一篇结合社会问题和本节话题为内容的基础写作，作为对本节的延伸和学生的输出知识的训练。

Should students make friends online?（学生应该网上交友吗？）

人们对于学生网上交友持不同意见。请你用5句话写一篇关于学生网上交友的短文，介绍人们的不同观点，并表达自己的看法。

赞成的理由	反对的理由	你的看法
1. 广交朋友	1. 浪费时间	……
2. 可自由表达思想	2. 影响学习	
3. 利于外语学习	3. 可能上当受骗	

注意：1. 文章必须包括表中的全部内容；

2. 参考词汇：网络朋友 online friends（s），上当受骗 to be cheated。

（四）总结

一次尝试，总结如下：

1. 学生兴致较高，课堂气氛活跃；

2. 话题词汇得到扩展，学生听说能力得到训练。

体现出的问题：

作为对话题课的复习，在内容上略显薄弱，再思考如何能力和知识兼得。

五、将新课标理念运用于英语课堂教学中应注意的问题

（一）以单元话题来设计教学

外研社的教材明确指出其为同学们提供探究、发现式、任务型等多种学习方式及语言应用的平台并遵循“为用而学，在用中学，在学中用，学而能用”的原则，力图使学生逐步获得独立学习和自主学习的能力。作为教师在使用教材的同时，应熟知教材编排的目的并较好地运用自己的智慧从深度和广度围绕话题对其加工。这样，学生能够通过围绕这个话题下的语料拓展自己的各方面能力并达到课标和教材所期望的能力水平。

（二）以提高英语课堂教学效率为目的来安排教学

英语课堂教学应遵循“趣味性原则、真实性原则、递进性原则、主体性原则和运用性原则。”我在一节课中对此做了尝试：

Teaching procedures：

Step1. Lead-in

Competition

Aims：To activate the students' knowledge and interest by collecting the students' ideas.

Step2. Prediction

Read the title and predict the content

Aims：To let the students predict the content and get a brief impression.

Step3. Fast reading

1. Choose some key words from each paragraph.

2. Try to summarize.

Aims：To train the students'ability of catching key words.

Step3. Careful reading

1. Find some details to support the title.

2. Read two passages together carefully and silently with one or two questions.

3. Competition： “Ask and answer.”

Aims：1. To lead the students to find out the detailed information by themselves.

2. To help the students understand the text and smooth away the difficulties in reading.

3. To train the students' ability of acquiring information.

Step4. Group work

1. Talk about your idol.

2. Enjoy the song.

Step5. Assignments.

Choose any one of these three：

1. Summarize these two passages within 30 words and write a composition within 120 words，which includes：

（1）The reasons why they are so successful.

（2）Something that you've learnt from them.

2. Please finish extensive reading material using the reading skills we have learnt today.

3. Do a report about Yao Ming or kebo Bryant next class.

通过这节课，学生不仅对篮球英语及球星产生浓厚的兴趣，并通过循序渐进的阅读策略掌握了语料内容的同时收获了阅读技巧。同时，学生是这堂课的主人，而老师是每个环节的纽带，这充分体现了学生的主体性和学生对知识的运用原则。重要的是，学生在这堂课上各方面的能力都得以锻炼，他们有所收获。

六、转变教学观念，树立新型教学观

（一）树立新的教材观

学生的语言学习，可以是基于教材，但是要高于教材。新课标理念指导下的教师应该在以教材为依托的基础上，从话题角度多层面的拓展内容，从而使得学生能够接触到此类话题下更多的语言材料并用于自己的表达、沟通和写作当中。这样，教材就发挥了其最大的作用，指导了教师的有效备课并引导了学生的语言构架。

（二）树立学生主体观

教师要转变在教学活动中的角色。教师不再是教学活动的中心，而是学生学习活动的“促进者、指导者、组织者、帮助者、参与者和合作者”。学好外语离不开良好的语言环境，而我们欠缺的正是这个环境，可以说我们的“语言环境”绝大部分时间是在课堂40分钟。然而，为了使学生充分利用这段时间，教师应针对具体对象设置相应的话题以供学生有的放矢。通过优化教学过程，创新教学策略和方法，留足学生语言实践的时间和空间，最终让课堂“动”起来。

（三）树立语言实践观

传统的“注入式”教学不仅使课堂教学效率低下，调动不起学生的主体参与意识，而且也发展不了学生的思维能力、创新精神，当然也培养不了学生的整体素质。根据《英语课程标准》要求，要改变以教师为中心，单纯传授书本知识的教学模式，加强语言实践活动，实现师生互动，具体来讲就是：

（1）倡导“任务型”教学模式。这种教学方式是一种体现以学生为主体的学习方式，是交际教学方式的发展。它利用真实语言材料，在真实的交际活动中培养真正的交际能力。

（2）采用“合作学习”方式。外研版《英语》（新标准）教材中每一个模块（Module）、每一个单元（Unit）都有大量的“Work in pairs”。要求教师采用“合作学习”方式教学，这种方式是以“学生小组”为基本形式、“小组成员合作活动”为主体、“小组集体成绩”为评价依据的一种学习策略体系。教师通过教给学生协作技巧，培养学生的合作意识。学生在互动合作中相互学习，取长补短，共同提高。

（3）探索“问题式”教学方式。外研版《英语》（新标准）教材中每一个模块（Module）、每一个单元（Unit）都有大量的“Ask and answer”。教师可以采用“问题式”方式教学，这种教学方式是探究性学习的重要组成部分，教师应从多角度、多方位引导学生从问题出发，发展类比、联想等发散性思维，为学生提供展示其创造思维能力的空间。学生探索、思维的过程就是问题解决的过程，教师要变“让学生提问教学”为“以问题为纽带教学”。

（4）应用现代教育技术于英语课堂教学中。只凭“一支粉笔、一块黑板、一张嘴”，是很难适应“新课程标准”的要求的。在素质教育这种新的英语教学环境中，要应用现代教育技术于英语课堂教学中，促进学生自主学习，优化整合教学资源、教学要素及教学环节，创设条件培养学生的创新精神和实践能力。

（5）创设学生“自主、合作与探究学习”的氛围。外研版《英语》（新标准）教材许多项目的设计都是要求学生自己思考完成的，如每个模块的Speaking、Reading和Writing。教师要努力创设学生“自主、合作与探究学习”的氛围，使学生通过主动学习，形成以能力发展为目的的学习方式，通过联想、推理、归纳等思维活动用英语分析问题、解决问题、获得经验、增强信心、提高能力，从而形成适合自己学习需求的学习策略并能不断地调整自己的学习策略。

教学如画　教学如诗　教学如歌

——浅谈历史教学中的美育渗透

历史教研组　向亚君

美育，是审美教育或美感教育的简称，“是指培养审美的能力、美的情操和艺术的兴趣为主要任务的教育”。历史学作为人类社会生活的记录，它反映了人类在进化发展中不断地向往美、追求美、创造美、享受美的过程。因此，美育自然成为中学历史教学的重要内容，无论是从时代发展、素质教育和人自身发展的需要以及从历史教学改革各个角度考虑，都有必要探讨如何在历史教学中实施美育。中学历史教学中美育教育的主要目的是“要使学生学习和继承人类的传统美德，从人类历史发展的曲折过程中理解人类的价值和意义，逐步形成真诚善良、积极进取的品格和健全的人格，以及健康的审美意识和情趣，为树立正确的价值观和人生观奠定良好的基础”。

一、美的历史和苍白的历史课

历史教学中蕴含着丰富的美学因素。如北朝民歌《敕勒歌》中“天苍苍，野茫茫，风吹草低见牛羊”的塞外风光，岳阳楼与八百里洞庭相映生辉，体现了历史的自然美；“天行健，君子以自强不息”“地势坤，君子以厚德载物”展示了中华民族自强不息，博大宽容的精神美；“稻米流脂粟米白，公私仓廪俱丰实”描绘出唐朝盛世景象的社会美；屈原“长太息以掩涕兮，哀民生之多艰”，“路漫漫其修远兮，吾将上下而求索”，谭嗣同“我自横刀向天笑，去留肝胆两昆仑”，尽显历史人物的人格美；张骞通西域、玄奘西游、鉴真东渡、郑和下西洋、玻利瓦尔和圣马丁领导的拉美独立战争、罗斯福新政蕴含着历史人物的行为美；楚辞汉赋、唐诗宋词、“颜筋柳骨”、随县编钟、云冈石窟、敦煌飞天等彰显出历史的意境美。凡此种种，不胜枚举。

可是，长期以来，历史教学是一种以知识为本位的教学。教师在讲台上抽象地讲，枯燥地教。一根教鞭、一支粉笔传递教材信息，学生则在台下茫然地听、教条地背、强行地记。历史课堂就是“背景—原因—经过—影响”的简单梳理。这种教学在强化知识的同时，淡化了人的价值、情感，从根本上失去了对人的生命存在及其发展的整体关怀，从而使学生成为被肢解的人，甚至被窒息的人。波澜壮阔、气象雄伟的人类历史本应留给人强烈的震撼，留给人最丰富的美育资源，但在教学过程中泯灭了。首都师范大学历史系赵亚夫教授不无批评地说：“讲屈原只知《离骚》名，不知《离骚》事，内容无力，概念空洞；说到司马迁，只有一部书，一句话的印象；谈张骞、苏武不过陪衬丝绸之路而已；谈霍去病也只渲染一个情节——马踏匈奴。”这样的历史教学，不要说熏陶和陶冶情操，就是其试图追求的培养学生的思维能力，也难以达成。正如德国教育家第斯多惠指出：学生往往不太容易去死记一些不能理解的东西，由于教育中美育精神的缺失，他们丧失了对真理的热爱与渴求，学习变成了一种负担，而不像应该有的精神解放。

随着历史新课程标准的出台，历史教学中的美育教育得到了回归和前所未有的重视。那么，怎样改变历史教学如此尴尬、窘迫的境况，更好地实施美育，为祖国培养“四有”新人呢？这就有待历史教师潜心教研，创造性地去实施课堂教学了。

二、教学如画，教学如诗，教学如歌

1. 形象而非抽象的

车尔尼雪夫斯基说过：“形象在美的领域中占着统治地位。”黑格尔说：“美只能在形象中见出。”可见，美是与具体生动的形象联系在一起的。没有形象，美就没有存在的依托，就无法进行美育。在历史教学中，我们可以充分地利用教材中现有的插图，或是运用语言的直观描述，或是广泛运用模型、投影、录音、录像、参观等方式方法，使历史形象更加丰满动人。

例如，学习唐朝的灌溉工具——筒车，教师可对照插图，引用《调笑令·筒车》：“翻倒，翻倒，喝得醉来吐掉，转来转去自行，千匝万匝未停。停未？停未？禾苗待我灌醉。”该词非常形象地描绘以水力为动力的筒车，在灌溉中的运行情况及作用，向学生展现了一幅逼真的历史活画，有一种动感美和科学的创造美。

一种生产工具尚且可以表现得如此之美，纷纭的历史人物更可立体地展现其人格魅力。如讲到林则徐，可先勾勒出一个经济落后、政治腐败的晚清政治背景，再通过林则徐在虎门销烟、鸦片战争等事件中的具体活动，再现其浩然正气和民族气节。在讲到美国总统华盛顿时，老师可读一下陆军上尉尼古拉给华盛顿的信，面对金灿灿的王冠，具有民主共和思想的华盛顿半点也没有动心，他踢开了王冠，甚至谢绝了“尊号”，拒绝了君主制的闹剧，其人格美将深深地打动学生。

例如，在讲“中国工农红军长征”的内容时，可先播放《长征组歌》中的几段歌曲——“横断山，路难行……”“雪皑皑，野茫茫……”缓慢低沉的歌声把同学们的思绪引向那艰辛的革命历程，“红军都是英雄汉，千山万水只等闲……”激越高亢的旋律使同学们对英雄的崇敬之情油然而生。伴随着歌声，学生们很快地加入“长征”的行列当中，同时也迫切地急于了解红军长征的具体情况。同学们的求知欲无疑被调动了起来；另外，红军战士那种不畏艰险、坚忍不拔的革命气概，英勇不屈的英雄形象，一次次地震撼了学生们年轻的心灵——新中国，来之不易！新生活，无比幸福！

其实，几乎所有的历史都是一幅幅场景壮阔、气象恢宏的画面。像张择端的《清明上河图》、德拉克洛瓦的《自由引导人民》、毕加索的《格尔尼卡》，而鸦片战争、抗日烽火、解放战争、经济全球化又何尝不是画呢？总之，再现历史形象是历史教学中落实美育的基础，也是关键环节。教师在教学中做好这一工作，就能给学生以美的体验和享受，从而逐步推动学生追求真理的信心，并培养学生追求美及创造美的能力。

2. 情感的而非枯燥的

审美教育是一种情感教育，“动人心者，莫先乎情”。任何教育，它首先要使教育者在情感上接受，只有在感情上接受才可能在思想上认同。布卢姆曾在《教育评价》中指出：“在这个过程中，情感成分从单纯的觉察开始，经过具有一定动力的阶段，最后达到对一个人的行为的控制。”情感因素是历史素材中固有的且丰富的资源，历史中的悲、喜、美、丑，真真切切，有血有肉，教师在教学过程中，应以物（图片、实物等）激情，或以景（录像片、幻灯片的情景等）激情，或以史激情，或以情节激情，或以语言、表情激情，寓情于对历史事件和人物的分析、比较、综合归纳之中，引发学生喜、怒、哀、乐之情，以震撼心灵，留下烙印。通过这种形式的历史教育和远大人生观的教育，学生才真正懂得了什么是丑和恶，什么是美与善，也才有可能在历史学科的学习中真正做到扬“美”抑“丑”了。

诗词的有机运用也是历史教学中实现情感教育的有机途径，诗词美象反映历史的具象，深化历史的具象。它使学生在潜移默化的诗词美象中形成新的审美角度，有了新的情感体验，在美的愉悦、史的雄奇中，学生崇高的道德情感油然而生，美育与德育实现了有机的结合。如讲到“宋元文化”时，我和学生一起吟诵苏轼的“大江东去，浪淘尽，千古风流人物”。仿佛让人身临其境，油然而生报国之志；也和学生一起歌吟“今宵酒醒何处？杨柳岸、晓风残月”。在这种教育过程中所体现的人文主义思想，可以消除美育教学中的雕琢痕迹，“大江东去”“风流人物”“晓风残月”等形象化的语言便会在学生的心中悄然生根。

如讲到彭德怀率西北人民解放军粉碎敌人对陕甘宁边区的重点进攻时，可引用毛泽东的六言诗：“山高路远坑深，大军纵横驰奔。谁敢横刀立马？唯我彭大将军。”毛泽东诗词营造的豪迈意境，使学生对彭大将军的一般认识，上升到多情的情感认识，从而培养了学生良好的情感素质。

又如近代史上的谭嗣同，是戊戌变法时激进的政治活动家。他在变法失败后没有退却，他选择了以死警醒国人，在刑场上他慷慨高声：“有心杀贼，无力回天，死得其所，快哉！快哉！”表现了一个爱国志士舍身报国的英雄气概，他的死是历史上进步势力向落后势力宣战的一种特殊方式，他的精神激励人们不畏牺牲，去追求进步、去追求光明，去追求美好的事物。人活着就要活得有价值，死要死得光明磊落，这是一种完美的价值。他的献身精神激励着后人一代又一代为之奋斗的事业前仆后继。这种人的行为美，正说明美具有进步的倾向性。在中国历史上，这样的英雄数不胜数，正是由这些精英形成了我们民族的脊梁。

3. 理性的而非盲从的

美是“真”的表现形式，“真”是美的具体内涵，哲理是通过美表现出来的，没有哲理性的美是难以想象的，哲理本身就是一种深奥的美。作为历史教师最需要做的就是用求真务实的教学态度去引导教育学生，让他们学会正视历史，尊重事实，让理性的思维伴随着生动的史实一同走进课堂。唯有这样，学生对美的认识才能进入一个情理交融的新高度，学生的美感才能得以凝聚升华。

例如，我在讲康乾盛世时，教材中对这一时期基本上是褒扬态度，真的是这样吗？如果在讲述康乾盛世时设计一个17、18世纪东西方世界的对比题，效果又会怎样呢？

	东方（中国）	西方（英国）
地理位置		
经济基础		
社会形态		
军事力量		
对外政策		
科学技术		
综合国力		

通过这个简单的表格，学生会很快地发现：康乾盛世下的中国与正在崛起中的英国相比，只是一个农耕文明的盛世，却没有产生近代的工业文明，毫无疑问，我们在封建的农耕文明中悄然衰落了。

这样的教学思路设计，不仅让学生对康乾盛世有了客观全面的认识，抛开了长久以来积存于心中的盛世情结，也为后来中国近现代史中，中国落后挨打的教学思路奠定了基础。

又如在讲到作为人类历史上一个伟大的思想家、教育家，孔子生前的艰辛和死后的哀荣形成了鲜明的对照，这本身就是一个耐人寻味的问题。那么，生前周游列国十余年相继碰壁的落魄文人为什么到死后能成为“至圣先师”呢？由“焚书坑儒”到“罢黜百家、独尊儒术”，儒家思想为什么会有如此的不同待遇，如何运用社会存在决定社会意识的原理来分析上述的变化？如何看待儒家思想与现代精神文明建设的关系？通过这一系列由浅入深问题的探讨，不仅让学生还原了孔子这一历史人物的本来形象，更重要的是通过这一激疑、质疑、释疑的整合结构教学，帮助学生对历史的感知上升为理性认识，揭示了历史本质与历史规律，从而达到从更高层次上培养学生历史思维能力的目的。

4. 自由的而非强制的

审美教育不同于法制教育带有强制性，也不同于道德教育以说理为主，它在形式上是自由的，用黑格尔的话说：“审美带有令人解放的性质。”在历史教学分配成明确的教学任务的同时，有意识地又不露痕迹地给学生以美的感染，以心理和行为的影响，就有可能收到“随风潜入夜，润物细无声”的效果。

例如，宗教是文化史中的一项重要内容，教师单纯通过宗教教义分析可以简单得出“宗教是麻醉人的精神鸦片”，这固然是对宗教认识的一种途径，但如果能从寺庙建筑、宗教音乐的鉴赏，即从美学的角度悟出宗教的职能，这种潜移默化的效果，必定要深刻、牢固得多。云冈佛像、龙门石像都在17米以上，从宗教美学的意义看，是把神与人对立起来，说明神的伟大，人的渺小，同样，伊斯兰教的清真寺颜色浅，是通过有形的建筑物，向人显示神性是崇高圣洁的，宗教音乐节奏缓和，不激烈、不刺激，让信徒们摆脱闹嚷嚷的尘世，进入一个清静、安谧、肃穆的境界。教育就是在这种无拘无束、轻松愉快的自由观赏和审美享受中进行的。

宋代诗人陆游曾说“纸上得来终觉浅，绝知此事要躬行。”审美教育除了课堂教学外，还可以采取课外活动的形式，既可以作为课内教学的延伸和补充，巩固课堂教学成果，也可以作为课堂教学的实践环节。如可以组织学生参观展览、瞻仰名人故居、祭扫烈士陵园、进行社会调查等。如有位教师在讲述乡土历史时，就将课堂搬到博物馆，学生在博物馆里听着滚滚黄浦江水的浪涛声、隆隆机器的马达声、各种各样的叫卖声，仿佛身临其境，顷刻又回到往昔历史，深切感受到上海的百年沧桑巨变，起到很好的审美效果。还可以举办兴趣小组来丰富学生课外知识，加强美感体验。有位教师组织了集票证小组，通过对各个时期各种票证的识别、用途的了解，使学生了解历史，为新中国成立后，尤其是改革开放后经济建设的飞速发展、人民生活的深刻变化而欢欣鼓舞，对祖国的热爱之情油然而生。学生不自觉地进入情境之中，不是强制接受，而是用他们自己的目光去观察社会，审视人生，净化了灵魂。

总之，美育不仅是情感的教育、形象的教育、理性的教育，还是自由的教育。从这个意义上说，历史和历史教学应如诗如画，如美好而又动人的音乐。罗丹说：“美是到处都有的，对于我们的眼睛，不是缺少美，而是缺少发现。”我确信，只要我们用心，用情感去体验历史，遵循美育的规律，历史教学中的美育一定会发挥其巨大的精神作用，去净化学生心灵，愉悦学生身心，增长学生智慧，完善学生人格，促进人的全面发展，进而促进社会的进步和人类文明的发展。

浅析高中生“上课能听懂，但不会解题”现象

数学教研组　熊焕平

作为高中一线教师，我们可能都碰到过这种情况：每当大考结束之后，都有一些学生很沮丧地找到老师，尤其是理科老师，向我们倾诉苦恼并寻求解决办法：为什么上课能听懂，课后就是不会做题呢？带着这个问题，在通过对一些学生的了解分析基础之上，我做了一些认真的思考。下面结合自己所教的学科——高中数学，来谈谈自己的一些想法和做法。

一、分析问题原因

“能听懂课，就是不会解题”这一现象，是高中数学教学中普遍存在的一个问题。究其原因，是多方面的。为了探索解决问题的办法，以便在今后的教学中，采取相应的策略，改进教学方法，切实提高教育教学效果。试从教师及学生两方面进行原因分析。

（一）教师方面

首先，对学生的基础与能力估计过高，不能因材施教。老师在备课过程中，没有切实联系学生实际，只是按照自己的思路、想法备课，忽略了学生。老师在上课时好像讲得头头是道，可是没想到学生却听得晕头转向，听也听不懂，结果只是学生自己一动手就不知从何处着手。

其次，讲课方式和教学方法。老师讲课时，若采用全盘灌输的方式，把所有的步骤、思路都讲出来了，学生只是被动地听，而根本不知道为什么要这样想、为什么会想到这方面去。学生所谓的“听懂”，只是老师具体的解法，而不是抽象的解法，学生没有主动地参与教学活动当中去，当然谈不上运用知识解题了。老师没有侧重教会学生学习的方法和技巧，培养学生学习数学的兴趣。

最后，老师对学生完成作业情况的检查不落实、训练题的针对性不强，不能起到巩固知识的作用。在学习的过程中，老师要及时督促学生完成学习任务，否则教学就不能得到很好的落实，学生的学习也只能是纸上谈兵。

（二）学生方面

学生方面的原因主要体现在预习、听课、作业、复习等各个环节。

首先，课前不预习，被动听课。预习是听好课的前提，虽然不预习有时也能听懂课，但预习后更能做到有的放矢，根据自己的情况有选择地听，不会把所有的时间和精

力花费在整节课上，被老师“牵着鼻子走”。

其次，听课时精力不集中，缺乏思考。听课是学生学习的关键环节，教材和课堂是学生获得知识和能力的主要来源。不认真听课，就失去理解数学题的基础。这也是不会解题的一个原因。

再次，没有认识到作业是巩固所学知识的重要手段，只是当作一种任务。学生对老师讲课内容只是表面上的接受，而没有仔细思考，认真领会；课堂练习的时间太少，做作业急于完成任务；在做作业、解题时，往往只满足于问题的答案，对于推理、计算过程，解法的简捷性和合理性不够重视。这又是学生“能听懂课，不会解题”的原因之一。

最后，不懂装懂，缺乏学习的兴趣和动力。学生能“听得懂课，不会解题”的原因，是对“懂”的理解上有误。有些学生的懂，只是懂得了解题的每一步，是在老师讲解下的懂，自己想不到的地方，老师讲课时有提示、有引导，才能想起来，却认为自己懂了。同样的问题，没有老师的提示，就想不起来，说明学生的“懂”不是真“懂”，碍于面子，不好意思说不懂。

二、找出解决办法

既然在教学过程中，存在老师教的问题，也有学生学的因素。要解决好这两方面问题，我们可以从以下两方面入手。

（一）从“教法”方面想办法

第一，教师要充分发挥学生的个人潜能，注重培养学生创新能力，培养学生学习数学的兴趣，引导学生走出解题的困境。

第二，因材施教。在教学方法上可采取多种方式，教学内容上更有针对性，让学生有更多的机会参与数学学习；学生提出的疑问，及时给予答疑解惑，并加以肯定和鼓励。

第三，老师要适当降低要求，选一些他们自己能独立解答的题目，让他们也能体验成功的喜悦。

第四，加强对学生学习方法的指导，鼓励学生自己动手，积极主动地参与、思考、探索。

（二）从“学法”方面找出路

要学好数学，学会解数学题，只有调动学生学习的主观能动性，在学生的“学法”上找出路，才能从根本上解决“能听懂课，不会解题”的问题。

第一，加强学习的主动性，养成预习的好习惯。由于学习的功课多，学习任务重，所以时间要合理地安排。要力争抽出一些时间进行预习，做到心中有数，为听好老师讲课做好准备。

第二，勤学好问，虚心向老师请教，向同学学习，自觉培养学习数学的兴趣。有问题及时问，每解决一个问题，你就有一分收获，你就有一个进步，你也会收获一份好心情，你就会发现学数学原来是一件很愉快的事，也会为自己学习数学种下“兴趣”的种子。

第三，牢牢抓住听课这一重要环节，真正听懂课。上课时，听懂学习内容是学好数学的关键。课堂上不仅要认真听，积极思考，多问几个为什么，而且重点内容、方法、技巧要记住，即使一时不能记住，也要做好笔记，以备复习时再用。总之，要注重听课的环节，真正听清楚想明白，把知识融会贯通，这样才能做到事半功倍，为解题奠定坚实的基础。

第四，课上课下积极思考，独立完成学习任务，养成自觉复习的好习惯。课后要积极复习所学过的内容、方法、技巧；解一些相应类型的习题，以达到巩固知识的目的。数学是要靠积累的，前面的知识就是后面的基础。大多数学生认为自己能听懂，自己就会了，就放弃了复习巩固，做题时，就出现懂而不会的情况。所以要养成复习的良好习惯。

总之，如果师生都能在教学中有意识地思考这些问题，并积极采取行之有效的解决办法，“上课能听懂，但不会解题”现象定能得到很好的解决，学生的思维水平和创新能力也将得到很大的提高。

以辩明理　以论启思

——略谈辩论在高中语文课堂中的尝试

语文教研组　杨　慧

《课程改革·主动参与教学》中指出："课堂上，教师应当好启动机，激发学生的学习兴趣，点燃学生情感、智慧的火花，为学生提供活动的愉悦空间；应当好向导，引导学生学会积极思考，指引学生思维的途径，提供思维活动的指向，教给思维的方法。"

回看当下的语文课堂，老师依然是主导，即使有活动，也仅是一些泛泛的讨论，激发不了学生思维的火花，很多引人思考的问题只能浅尝辄止，无法进行深入的探讨和交流。针对此教学现状，可否将辩论有效地引入课堂？《辩论通论》中提到"辩论之道，在自启，在明理，在止于至善"。意即辩论的宗旨在于使人得到启发，在于使人明白道理，在于使人达到最完善的境界。运用在语文教学中，适应课堂教学改革，体现自主、互动、开放、建构合作精神的课堂辩论，既激发学生表达欲望，彰显学生口才，又能调动学生学习语文的积极性，有利于培养学生的"思维能力""表达能力""问题解决能力"，进一步提升学生的思维水平。就高中语文课堂上的辩论，笔者在教学实践中，做了以下几个方面的尝试。

一、引导课堂辩论前的"读"

就学生自身实际情况而言，只有极少数学生有参加辩论会的经验，有的学生甚至都没有观看过一场完整的辩论赛，对于大多数学生而言，只听辩论其名，未曾实践。

就教师教学经验而言，教师的主要精力放于课堂教学内容上，没有系统的学习辩论技巧，即使教师有组织辩论赛的经验，也很少和课堂教学有效地结合起来。

针对此种情况，一则发挥教师教学引领的作用，引导学生阅读辩论的相关知识，尤其是辩论的要素、辩论的逻辑思维、辩题的选择、辩论的形式、辩论的语言和辩论的技巧。就此给学生印发了辩论学的部分讲义，让学生阅读、质疑、再阅读、再质疑，经历一个反复阅读、质疑和理解的过程，做足辩论前的知识储备。

二则发挥学生主观能动性作用，让学生自主选择符合课堂辩论的论题，并阅读与辩题相关的作品。学生选择的辩题一般是矛盾型辩题和对立型辩题，内容通常新颖鲜活，贴近学生生活现实，素材来源于课本、报刊、网络上的时事评论等。譬如在学习《史记·项羽本纪》时，学生确定了一个辩题："时势造英雄"还是"英雄造时势"？确立辩题后，学生阅读了一些名家的文章，如易中天的《项羽原本是可以不死的》、王立群的《项羽岂是“勇释”刘邦？》、梁衡的《秋风桐槐说项羽》、王明珂的《项羽传》以及历代名人对项羽的评价等。

三则师生共同观摩重大辩论赛事，阅读大型辩论赛事的范文。先组织学生观看《世界听我说——两岸及港澳大学辩论赛》，此次赛事以辩论赛为基本载体，在方寸舞台间展现东西方思想的碰撞，观点的交锋，文化的交融，富有文化底蕴和感染力，激发出学生“同根同源、血肉相连”的民族认同感。再和学生一起揣摩范文，如《高校世博辩论大赛：北京大学与北京师范大学文字实录》等。赛事的精彩对决、范文的完整再现让学生更能掌握辩论的流程和技巧。

课堂辩论前丰富多样的“读”既深化了学生对辩论的理解，极大地激发了学生学习语文的兴趣，又拓宽了学生的知识面和眼界，可谓一举多得。

二、注重课堂辩论中的“说”

生活在沿海特区的大部分学生，因经济改革的发展，得以接触更多的新鲜事物，他们往往热爱表达，对事物有自己独特的看法，也不畏惧他人的评头论足。基于此，语文课堂辩论中的“说”必然是他们心头所爱。

既是学生所爱，那又怎么“说”呢？下面就谈谈“说”的要求及课堂辩论中“说”的几种应用。

课堂辩论中“说”的要求有六点：一是口齿清晰，这是对辩手的基本要求，否则辩论就无法进展下去了。二是言简意赅，辩论赛的时间控制是极其严格的。在有限的时间内表达本方观点，反驳对方观点，使用语言的简洁是必需的。三是言之有别，辩论语言对于不同性别的选手要求不同，男女辩手在语言的把握上应有明显的差别。男选手多用“势”，有自信而无霸气。女选手宜亲切，多用“情”，应该以柔克刚。整场比赛刚柔相济，以生变化。四是言之有物，辩词要词能达意，紧扣辩题，不讲无关紧要的话。不要把稿子写成抒情散文，不能给人感觉很浮躁。五是言而有序，辩论语言要在逻辑上层次清楚，条理分明。六是言之有理，陈述语言时要有根有据，顺理成章。胡编滥造论据不行。

课堂辩论中的“说”不同于正式的辩论赛，内容上当与课堂及学生实际生活相关，形式上当符合课堂节奏，不超过课堂时间安排。鉴于此，尝试采用了两种“说”的方式。

一是课堂小辩论中的“说”，时间是15分钟，只选取正式辩论赛中的自由辩论环节，由学生选择一个和课文相关的辩题，在课堂的最后15分钟展开辩论，而后由出辩题的学生进行立论陈述，当天评选出最佳辩手。

二是课堂大辩论中的“说”，时间是30分钟，采用两组对垒的模式，分为正反两方，以宿舍为小组单位，选择一个和作文素材相关的辩题，提前做好相关论据的搜集，以言载道，以据为实，以语诉请，以辨明理。

语言是人类最重要的交际工具，是思维的外壳。而口头表达能力是现代社会要求人们能够充分展示自我融智慧、知识、能力、素质为一体的体现，是学生走向社会、立足社会终生受用的语文能力。语文课堂中有理有据的“说”，几个回合的你争我辩，增强了他们口头表达的欲望和能力。

三、总结课堂辩论后的“写”

高中学生写作文最棘手的便是议论文，有相当一批学生虽然能做到结构完整，论点明确，也能做到观点与材料的统一，但是，由于他们思路狭窄，对问题的认识肤浅，作文无法展开，也无法深入地论述自己的观点，结果内容单薄。而将辩论与“写”联系起来，既缓解了学生写作的畏难情绪，又让学生的思维得到拓展与深化。

“写”通常是在课堂大辩论之后，在教学实践中，和课堂辩论的内容紧密结合，有辩必有得，有辩必有写。

一是课堂小辩论后的“写”。因辩论时间紧，学生了解还不够深入，故而除了课堂辩论所呈现的观点和论据，还会印发其他一些和辩题相关的资料。如在学习曹禺先生的《雷雨》中，学生展开了“周朴园对侍萍有没有真爱”的激烈辩论，辩论课后，学生意犹未尽，就此让学生写了400字左右的感悟，部分学生写出《爱是可以遗忘的》《真爱是不会忘却的》等短篇习作。

二是课堂大辩论后的“写”。因课堂辩论时间较为充裕，学生在之前也查阅了丰富的资料。因而在课堂辩论中会让学生记录各方观点和论据，以供后面写作的不时之需。如在学生开展的“该不该支持小学生的网红梦”辩论中，学生列举的年轻有为的“学霸网红”柯洁、低调多产的“文青网红”苏炳添等人，让学生认识到不可一棒子打死所有“网红”，更不能视“网红”为洪水猛兽，世界是丰富多彩的，“网红”只是一个称号，而修行靠个人的品性和风骨，当用思辨性的眼光看世界阅人生。

课堂辩论后的“写”，符合语文“创造思维”“创新能力”的教学要求，和“和谐高效，思维对话”的课堂教学模式合拍，学生能有自己独特的感受，有自己独到的见解，主动进取，张扬个性，集思广益，互补互促，提高了学生们的听、说、读、写的能力，培养了创造性思维，提升了创新能力，增强了主动学习的信心和力量。

卡皮克重复提取理论在高一历史教学中的应用实践

历史教研组　杨　林

一、教情学情介绍

笔者一直担任广东省深圳市龙城高级中学历史教学工作，且致力于提高历史课的课堂教学质量，积极进行教学改革实践。本次特选择龙城高级中学2016级高一实验（1）班和实验（2）班作为对象班级进行实践研究：一是由于笔者按照学校安排担任其历史教师；二是由于两个班的中考均分基本相同，学习背景相似，学习的接受能力相近；三是高一开展九门文化课，课程多，任务大，又是新知识大量编码进入大脑的重要时期，如何利用卡皮克重复提取理论巩固高一学生的学习效果，既有利于笔者的教，又有利于学生的学。

二、教学策略制定

1. 确定理论实施的学生对象

笔者将在高一实验（1）班采用卡皮克重复提取理论指导教学过程，在实验（2）班用普通教学方法指导教学过程。

2. 确定理论实施的教学内容

龙城高级中学高一历史采用岳麓版教材，第一学期学习政治文明史，第二学期学习经济成长史。由于政治文明史中记忆性的内容较多，但彼此关联性又强，既有陈述性知识，又有程序性知识，所以笔者选择2016—2017学年第一学期政治文明史的内容开展教学，围绕卡皮克重复提取理论开展实践。

3. 确定实施方式

（1）实验（1）班采取卡皮克重复提取理论指导教学过程，对于新的知识和概念，采用填空预习式提取—提问并总结式提取—设疑讨论式提取—课堂讲授—课堂测试式提取并教师反馈—课后扩展练习并教师反馈这六大环节。以明朝内阁这个知识点为例，实施过程如下。

以明朝内阁这个高中新知识点为例展示卡皮克重复提取理论在高一历史课堂中的应用

知识分类	教学环节	设计意图	具体内容
陈述性知识	填空预习式提取	通过课堂填空，要求学生回想看书预习的内容，提取信息，增强记忆。	明朝____废除了丞相制度，权分六部；明太祖设立__________，其职责是备皇帝____，兼协助皇帝处理政务，不参与____；设立内阁，开始参与军国大事的商讨；明中后期，内阁的地位、权力逐渐上升，阁臣拥有“____”权，皇帝用朱笔批示，裁定，称为“____”。
	提问并总结式提取	学生通过教师提问明朝内阁的有关陈述性知识，再次提取信息，并利用课件的形象表达，增强记忆。	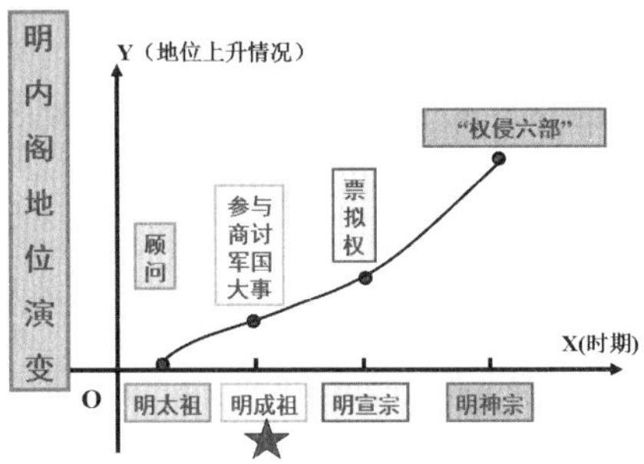 明内阁地位演变 Y（地位上升情况） “权侵六部” 票拟权 参与商讨军国大事 顾问 X(时期) O 明太祖 明成祖 明宣宗 明神宗
程序性知识	设疑讨论式提取	将陈述性知识变为程序性知识，教师通过设疑和讨论，更多地引导学生去思考，建立起新知识与先前知识的联系，引发新旧知识之间的认知冲突，激发学生的学习兴趣。	教师提问：明代内阁是否能被看成是变相重设的宰相？ 学生分组讨论。形成了两种意见：一种认为可以，因为内阁的权力一直在不断增大；一种认为不可以，但是没有办法答出具体的原因。
	课堂讲授	教师展现四则史料，学生依次分析，对明代内阁和三省六部制下的宰相进行比较，得出两者的不同，从而概括出明代宰相的性质，由此加深对明代内阁的理解。	材料一：万历四十年内阁首辅叶向高说：“我朝阁臣，只备论思顾问，原非宰相！中有一二权势稍重者，皆上窃君上威灵，下侵六曹之职掌，终以贾祸。” ——《神宗实录》 材料二：（明朝）国家并未正式与阁臣以大权，阁臣之弄权者，皆不免以不光明手段得之。此乃“权臣”，非大臣。故虽如张居正……为明代有数能臣，而不能逃众议。 ——史学家钱穆《国史大纲》 材料三：张居正……死后，满门查抄，长子自杀，次子充军，全家饿死十多人，威震一时的首辅竟落得如此悲惨的下场！ 材料四：唐代在三省体制下，决策不再是单纯的皇帝个人行为，皇帝的最后决定权包含在政务运行的程式中。 ——钱穆

续表

知识分类	教学环节	设计意图	具体内容
	课堂测试式提取并教师反馈	学生选出答案后进行分析，运用所学知识指出正确答案和题目的切合之处，同时分析错误答案的失误之处，老师给予反馈并指正，增强学生的自信心。	据《资治通鉴·唐纪八》记载，贞观年间，唐太宗签署了征收十八岁以下体壮者当兵的敕书，但魏征就是不肯署敕。魏征只是门下省正五品的给事中，居然有权阻止最高指示的下达。这主要是因为（　　）。 A. 门下省参与决策程序制度化 B. 皇帝昏庸大臣操纵朝政 C. 门下省可监察政府政令实施 D. 分割相权避免君主独裁 明初废丞相、设顾问性质的内阁大学士，严防权臣乱政。明中后期严嵩、张居正等内阁首辅操纵朝政，权倾一时。这表明（　　）。 A. 皇权渐趋衰落　　B. 君主集权加强 C. 内阁取代六部　　D. 首辅权力失控
	课后扩展练习并教师反馈	重复提取相关知识，教师给出反馈，加深学生理解。	略

（2）实验（2）班用普通教学方法指导教学过程，仍然以明朝内阁这个知识点为例，采取课前预习—传统讲授—课后扩展练习三个环节。主要以教师为主体，实施过程如下。

以明朝内阁这个高中新知识点为例展示普通教学方法在高一历史课堂中的应用

教学环节	设计意图	具体内容
课前预习	熟悉新课内容，提高课堂效率。	看书预习，划出重点内容，发现疑难点。
课堂讲授	学生紧跟老师的思路，落实教学三维目标，形成统一明晰的历史发展线索。	明朝废丞相、设内阁： 1. 废丞相事件。 2. 原因：（1）丞相胡惟庸骄恣擅权；（2）吸取历史上丞相权势过重，以致皇权不稳的教训。 3. 措施：（1）裁撤中书省和丞相，皇帝亲自掌管六部；（2）朱元璋下令以后不许再立丞相。 4. 影响：（1）皇帝集皇权和相权于一身，君主专制进一步加强；（2）皇帝政务繁多，负担加重。 5. 明朝内阁的形成过程。 6. 明朝内阁的性质：是皇帝的咨询顾问机构，是专制皇权的产物。
课后扩展练习	对知识点进行测试和巩固。	略

（3）两种教学方式的课堂反思和总结：

卡皮克指导下的课堂教学，以学生为主体，需要教师根据授课内容和学生的学习背景和学习能力选择合适的提取方式。在学习从未接触过的新知识点时，第一次提取主要在课堂，需要注重概念等基础知识并适当增加设问，促动学生动脑思考；第二次提取在讲完知识点后，进行回顾和分析，主要表现为课后扩展复习；第三次提取是在后续学习过程中，可以让学生运用所学知识举一反三，解决更深或者更广层面的问题。这三次提取不是一次完成的。在这个过程中，教师的反馈非常重要，可以及时指正学生的学习方向，并激发学生学习的动力。而普通方式指导下的课堂也有自己的优势，它以教师为主体，教师的思维主线非常突出，很容易引导学生建立完整统一的知识结构。值得注意的是，此类课堂在某些时候也是不自觉地运用到了卡皮克理论。好的讲授，也会引导学生思考，激发学生建立起与先前知识的联系，不断产生认知冲突并在冲突中产生新的认知结构，但从整体上还是从教师的角度上注重输入和编码，对于学生的输出和提取处于无意识或者不刻意的状态。如果学生的课堂反馈或者成绩反馈不好，普通指导教学首先会从教师的角度去反思是否“讲清楚”，主张进行细化学习和精加工策略，而卡皮克理论更侧重学生不断地自我提取后对知识的巩固和加深，需要较长的学习周期。

三、卡皮克重复提取理论在高一历史教学实践的结果比较

以2016—2017学年第一学期高一入学测试、期中考试和期末考试三次考试为量化标准，通过前测、中测和后测，对比分析实验（1）班和实验（2）班的成绩，确定卡皮克重复提取理论在高一历史教学实践中的效果，得出此理论在历史教学中是否具有可实施性。

1. 数据呈现

表1　2016—2017学年第一学期高一历史入学测试成绩比较

班级	人数	100—90分	89—80分	79—70分	69—60分	<60分	平均分
实验（1）班	50	3	39	5	3	0	83.97
实验（2）班	51	4	40	4	3	0	85.01

表2　2016—2017学年第一学期高一历史期中考试成绩比较

班级	人数	100—90分	89—80分	79—70分	69—60分	<60分	平均分
实验（1）班	50	8	25	10	6	0	80.50
实验（2）班	51	10	20	9	11	1	80.24

表3　2016—2017学年第一学期高一历史期末考试成绩比较

班级	人数	100—90分	89—80分	79—70分	69—60分	<60分	平均分
实验（1）班	50	8	30	11	1	0	85.94
实验（2）班	51	8	24	15	4	0	82.05

2. 数据分析

（1）表1中实验（1）班和（2）班各分数段的人数和平均分基本持平，因为此时的考试比较简单，主要是针对初中历史的基础知识。他们的入班背景相似，起点基本相同，实验（2）班稍有优势，属于正常范围，为之后的教学实践提供了一个合适的平台。两个月之后的期中考试中，两个班的平均分几乎一样，卡皮克理论的优势还没有较好地凸显出来。但值得注意的是，在卡皮克理论指导下的实验（1）班的优秀率达到66%（分数≥80），已经超过实验（2）班的58.82%。且实验（1）班及格率达到100%，也优于实验（2）班，平均分也较（2）班高出0.26分，但整体上两个班仍然处于持平状态。在期末考试中，两个班级的差异有了一个比较清晰的对比：实验（1）班的优秀率达到76%，远高于实验（2）班的62.75%，平均分高出3.89分。

（2）笔者以期末考试中两个班正确率差距最大的第13题为例来分析原因。

13题. 1845年，美国国会通过一项法案：禁止总统在未经过国会同意拨款的前提下授权建造海上缉私船。总统约翰·泰勒否决了该法案，但国会推翻了总统的否决。根据美国宪法，随后（　　）。

A. 这项法案将会自动生效　　B. 国会将自行建造缉私船

C. 最高法院可废除该法案　　D. 总统可再次否决该法案

此题正确答案为A，实验（1）班的正确率为100%，但是实验（2）班的正确率仅为49.01%，很多同学误选了D。此题考查的知识点为美国的三权分立。围绕下面这个三权分立的形势图，教师在普通教学法指导下的实验（2）班，一直反复讲解，并要求学生记忆、默写。

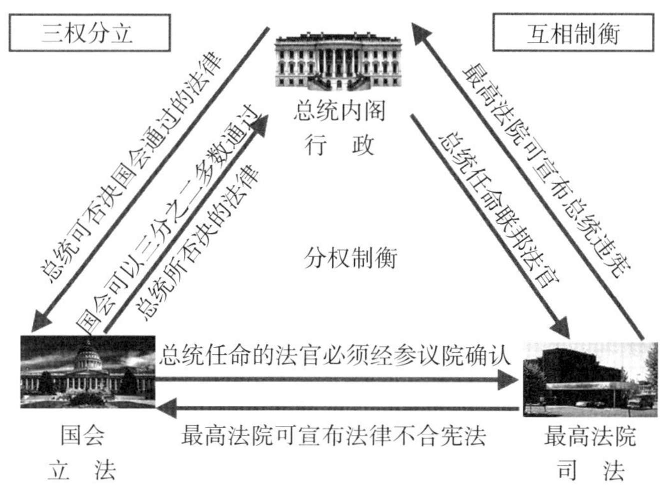

这个关系图比较难记，在卡皮克指导下的实验（1）班，除了传统的方法，还用了

两个反复提取的手段，第一，向同桌进行复述，通过一对一的复述，对知识点进行回想；第二，让学生课后收集美国的政治实例，来分组讲解它们之间的制衡关系。其中有一组的同学，收集到一个政治实例："2007年11月8日，参议院以79票对14票的表决结果通过《水资源管理法》，布什将其否决。法案连同总统异议书退还给参议院，参议院议员的2/3仍然同意通过该法案，参议院又将该法案连同异议书送交众议院，众议院也以361票对54票的表决结果通过《水资源管理法》。由于这份法案在参众两院都得到2/3多数支持，足以推翻总统否决。"该组同学通过分析此实例，得出国会有立法权—总统有一次立法否决权—国会复议，仍然以2/3通过—即成法律的结论。学生通过对应知识点—收集资料—分析提取—概括总结这个自我测定的过程，对已有的知识点进行回想、分析、细化，加深了记忆和理解。而得出的结论和第13题的考点不谋而合，所以实验（1）班的正确率达到了100%。

四、卡皮克重复提取理论在高一历史教学实践的总结

长期以来，教师受困于"教了很多遍，学生还是记不住"的窘境，甚至会萌发出"学习是要有天赋的"的片面思维，不仅教学情绪受影响，还陷入了"教了一遍—再教—再三教"的被动局面，学生也很痛苦。实际上，学习应该是"输入—输出"的完整过程，卡皮克重复提取理论不是认为输入编码的过程不重要，而是强调人是有遗忘的。教师应该有意识地创造提取的机会，并引导学生增强自测即自我提取的意识，双管齐下，这样才能提高学生的学习和记忆效果。

在实践过程中，笔者发现，卡皮克理论在短期的实践效果并不明显，而且比较局限于陈述性知识，但是长远观测，在重复提取的过程中，学生不仅能加深记忆，而且有种"书读百遍，其义自见"的效果，会对知识点加深纵向理解的深度和横向联系的广度，从而对陈述性知识有更灵活的应用，学生也在这个过程中挖掘了更多的学习能动性，在量变的学习方法下促成质变的进步和飞跃，相信这是每个教师都希望促成的事情。

但是教与学从来都不是一种理论就可以完成完善的事情，它应该"以学定教"，从了解学情出发，制定不同的学习和教学策略，运用金字塔、思维导图、卡皮克等多重理论提高课堂效率。本文仅以笔者所在的学校为实践平台写此小文，希望能对各位同行们的教学实践，提供一点借鉴和参考，共同为促进中学教育而努力。

人生语文教学理念下语文教学中批判性思维的培养

语文教研组　杨　眉

特级教师陈继英在他的“人生语文”教学理念中“强调学生的主体地位，强调思维核心”，笔者非常认同此观点，并在语文教学实践中尝试对学生进行批判性思维的培养。《普通高中语文课程标准》中提到“高中语文课程应进一步提高学生的语文素养”，“语文素养”到底是什么？如何提升？笔者经由李均教授和陈继英老师的指导，研读了谷振诣和刘壮虎著的《批判性思维教程》、美国理查德·保罗（Richard Paul）和琳达·埃尔德（Linda Elder）著的《批判性思维工具》、马正平著的《高等写作思维训练教程》和陈继英著的《语文教学的战略思维与艺术》等论著，结合自己十几年的语文教学实践，认为批判性思维素养应当是语文素养的重要内容，甚至是核心内容。语文学习的过程，应当是渗透着质疑和反思的过程，语文方法应当包含质疑和反思的方法，情感也应当是与理智相互制约的。

现将笔者一些实践与思考记录如下，以供同行共同探讨研究。

一、阅读教学中批判性思维培养

“疑”是思维的开端，是创造的基础。阅读教学应以“疑”激“思”，发展学生思维。“激疑”是培养学生的批判精神的前提基础。如何“激疑”？

1. 营造民主、自由开放的师生对话方式，让学生敢于提问

首先，教师要有“着眼学生长远发展需要”的教学理念，有民主、亲和的态度，有宽容的心态。教师自身也要具备批判性思维的能力，或愿意为此而努力。

其次，充分给予学生“话语权”。陈继英老师在引导学生学习张洁《捡麦穗》这篇课文时，上课时教师只介绍这是一篇非常有意思的散文，然后让学生从自己的视角阅读课文，在有疑处提出问题，无疑处也可质疑设计问题，每人设计两三个问题，15分钟后展示，供同学讨论。阅读开始，课堂气氛宁静，学生展示问题环节气氛很热烈，学生既有自己对问题的思考，又有同学之间的质疑与答问。现摘录学生问题如下：

（1）文中的“我”为什么要嫁给卖灶糖的老汉？

（2）“她们”为什么要“捡麦穗”？文中的“我”又为何“捡麦穗”？两者“捡麦穗”态度一样吗？……

深圳北京师范大学附属中学阎敬霞老师在第四届“圣陶杯”全国中青年教师课堂教学大赛中，获得一等奖第一名。她参赛课例是《拿来主义》，她的教法被茹清平评为

“太大胆”。她先让学生预习质疑，然后再整合学生问题，再引导学生解决问题。在课堂上，教师直接把学生的问题拍成图片，放到幻灯片中，直接投影，教师展示了八个组所提出的问题。学生提出的问题有“文章的标题是‘拿来主义’，为什么作者开篇没有写‘拿来主义’？为什么不开门见山？”“为何要写到‘大宅子’”等。教师的课堂就以学生提出的问题为线，引导学生自己解答。

笔者曾听过一个语文教育专家到我校给学生上公开课，时隔多年，课文内容早已模糊，但一上课，教师就环绕于学生间，让学生提问题的情景，至今令我印象深刻。

营造民主、自由开放的对话方式，让学生对课文提问，就是对学生批判性思维素养的培养过程。

2. 教师创疑引趣，激发学生思维活力

学生能质疑，是批判性思维的前提基础，但引导学生深入思考，需要教师“创疑”。教师如何提问，提什么问题能激发学生的思维活力。

深圳市教育科学院黄爱华提出“大问题教学法”，我觉得这正是对教师设问方向的一个指导，教师应尽量少问简单无思考的问题，如“是不是”“对不对”或直接能从书本找出不用思考的问题。教师提的问题要能促进学生思考。

在学习鲁迅的小说《祥林嫂》时，笔者提出问题“为什么说祥林嫂是一个没有‘春天’的女人？”；在学习曹禺的戏剧《雷雨》时，笔者提出“结合戏剧，谈谈你如何理解‘一滴眼泪中的人性世界’？”；在学习朱自清的《荷塘月色》时，笔者放着轻柔的班得瑞音乐，让学生闭上眼睛，“想想自己曾见过的荷塘”；在学习《氓》时，笔者提出“当女人面对爱情会怎样？爱情婚姻会让一个女人产生怎样的变化？”这些问题，激起了学生的兴趣，学生乐于阅读文本，争相回答问题，激发了学生思维的活力。

3. 突破“定式”，善于“无疑处生疑”

中国自古有对权威、正统遵从的传统。受定式及传统观念的影响，教师满足于将书本知识传授给学生，学生也只是记住现有的结论，不敢评价、怀疑。这就造成学生批判性思维素养较弱，所以教师要善于在“无疑处生疑”。

宋代张载说：“于不疑处有疑，方是进矣。”笔者有如下几种“生疑”方法。

（1）在课题处质疑。如《为了忘却的纪念》既然是为了“忘却”，为何还要撰文“纪念”？这不是自相矛盾吗？《项链》又为何以“项链”为题？

（2）通过比较，求异质疑。如《项链》中马蒂尔德的故事与“灰姑娘”的故事有何异同？与《项链》相类似的故事还有哪些名著里有？李清照前期诗歌与后期诗歌的比较、苏轼婉约与豪放风格词的比较等。

（3）对传统观点的质疑。如传统认为马蒂尔德爱慕虚荣，你怎么看？祥林嫂是勤劳、能干的农村妇女形象，你怎么看？

在学习《鸿门宴》时，我让学生对《鸿门宴》的历史人物进行评点，力求用批判性思维，尽量求新，对传统观点质疑，有自己独特的观点。现摘录部分学生评论如下。

《鸿门宴》人物评析——刘邦

从秦朝的一介亭长到汉朝的开国皇帝，刘邦的实力不容小觑。从《鸿门宴》中便可探知此人除了有胆识，更是老谋深算。

一派对项羽忠心耿耿，毕恭毕敬的话语便传入了项羽的耳里，用现在的话说，这位汉高祖人际关系搞得不错。

一番与刘邦先前所说的相似之话让项羽无言以对，侧面体现出刘邦用人之术可谓高深啊。

此话一出，更让人觉得所谓大丈夫，就应如此能屈能伸。礼节方面上如此细心，更何况大计。

他不是一个能屈能伸的君子和一个满腹奸计的小人，如何成大业?

——龙城高中　吴炜桐

项羽——败于慈悲的英雄

力能举鼎，一声大喝，敌军也会惊得四散溃逃，但不善任用贤才和大将，这是匹夫之勇。他心地慈软，说话小声细气，战士有病，常常难过得流泪，把自己的饭菜也送过去。这是乡下老太婆的慈悲。

自刎之际，他把乌骓马赠予亭长，把身体托付予多年前的好友，让他去领功。他的死，那样光明磊落，他是英雄。心慈阻碍他成为帝王，却使他成为堂堂正正的英雄。

——龙城高中　黄钰琪

罗素说："能够使学生不信，教育就成功了。"在阅读教学中，让学生敢于突破"定式"。学生在此过程中，批判性思维素养逐步养成。

二、写作教学中批判性思维培养

人生语文提出"思维核心，读写互动"的作文教学体系。笔者以培养批判性思维为核心，培养学生的写作能力。

1. 时评课

时评课即让学生对新近发生的热门时事，发表自己的看法，"百花齐放，百家争鸣"。现简述笔者的一节时评课如下。

2014年9月10日，习近平总书记在北京师范大学表示："我很不赞成把古代经典诗词和散文从课本中去掉。"源于此前一些地区的一年级语文课本删掉了旧版本中全部8首古诗，引起争议。

我让学生先思考自身从小学到现在学习古诗的真实感受，然后再提出自己的观点。有些学生根据下发的时评材料谈到古诗很重要，谈着谈着，一个女生很愤然地站了起来："我想谈谈我学习古诗的感受。我小学一年级到六年级都是语文老师做班主任，然后经历了痛苦的六年，一年级开始我们就背《三字经》《弟子规》还有很多古诗，背到五六年级又重新背一遍，我又不懂什么意思，非常痛苦。”她的情绪感染了很多同学，有些同学在下面小声议论深有同感，“所以，我认为古诗文不一定背得越多越好，特别是像不明白意思的小朋友一样的死记硬背。”一个男生马上站起来说：“我不这么认为，我从小就背了很多古诗，是我爸爸妈妈要我背的，像‘花开堪折直须折，莫待无花空折枝’等，我就很喜欢，我觉得古诗教会了我很多哲理，我觉得要理解地背诵，对我们生活与成长有意义这才会让我们喜欢学习古诗。并不是所有的古诗都是有意义的，编排者在选择时责任重大。”

学生通过讨论，从自身的角度提出了观点，小学课文古诗可以有，但要对成长有指导的诗文，并且是能让学生理解的诗文。我还提醒学生，你在思考时，是否有从众性，或是倾向于权威。

在时评教学过程中，学生敢于质疑，并能清晰表达自己的观点，批判性思维能力得到提高。

2. 周记：启迪学生反省自身非理性

“人类自我中心有两个基本倾向：一是倾向于自我服务，追求个人良好感觉，却总是自私地以牺牲他人的利益和需求为代价……第一种动力因素是自我中心，它常常将非理性信念视为理性的……”

抓住身边小事写周记，促使学生反思自身的非理性，优化思维方式。

我校为加强管理，在新生入学后第一次家长会，就让家长与学生一起签署“不带手机进学校”的协议。在家长会上学生签署了协议，但内心存在不满，后来学生在微信朋友圈，发表了很多反对的声音，并且一呼百应。

在此次事件中，学生从自身的角度出发，个别学生提出与学校观点相反的观点——“在学校也能带手机”。后来由个人意愿带动学生群体，学生做出一些非理性的行为。

学生在思想上了解自身行为非理性，才能有效杜绝因非理性而做出的错误行为。针对这个问题，高一新生入学不久，笔者就让学生写“高中生谈手机问题”的周记。

现摘录学生《谈手机》周记片段如下：

手机之所以如磁石般吸引高中生，主要因为它是一座联系过去的桥，微信、QQ本身并不有趣，而是列表里的人牵动心弦。

——凌国豪

你失去它一分钟，就开始心痒痒，浑身都感到不自在，似乎缺少了什么东西似的。人类是欲望的食物，它吞噬你、干扰你、迷乱你的心智，而我们要做的便是，别让“它”太过得逞，太过嚣张跋扈。

“瘾”像是毒药一般，永远无法想象它会如何毁掉你，当你一刻摸不到手机时，那便是瘾；当你失去它开始惴惴不安时，那便是瘾了。当你开始想要知道某时某刻某人给你发了条信息，你拼了命地也想拿手机去获取时，那便是瘾。别让它轻易产生，让它轻易不知不觉进入你的内心，它的威力，你无法想象。

——梁淑姗

没有手机玩的这两天，少了与旧友的联系，却也多了属于自己的时间。

——邓佳怡

周记中有如下几种观点。

（1）真实地表达了自己对手机诱惑的无法自制性。“失去它一分钟，就开始心痒痒”，“手机放在身边，像一只潘多拉的盒子，里面的秘密一直吸引着我”，“只要手机在手上，都会忍不住拿出来玩一玩，上个网、听会儿音乐”。

（2）提及手机危害。“通过手机拓展外面的世界，却隐藏自己，以至于我们在现实生活中几近休克”，“我们的生活还是生活吗？只不过是一群被手机支配的傀儡罢了”。

（3）陷入手机诱惑的原因。“它是一座联系过去的桥，微信、QQ本身并不有趣，而是列表里的人牵动心弦”，“手机成了个人的精神寄托”。

学生在分析清楚手机危害以及存在陷入玩手机无法自拔现状后，开始理解学校制度的出发点——帮助未成年学生杜绝“手机控”。再从家长的角度出发，很多家长都很赞成学校的建议，呼吁学校严控手机。学生仅因对手机的依赖，或是因“瘾”而携带手机上学，或仅受周边同学的煽动受群体影响来反对学校制度是不理智的。

继续分析学生陷入手机诱惑的原因，源于学生对情感的需求、对关注的需要，在手机里他获得一种满足。教师可以通过开展活动与运动，用各种各样的方式，将学生心中所需求的东西，在现实中进行弥补。

在反省自身的非理性中，学生写作才能更公正，更符合批判性思维的要求。

高中化学实验教学的改进措施

化学教研组　杨忠兵

虽然新课改在广东已实行几年了，但在实际教学过程中由于新课程设置和课程安排不足、实验条件限制、安全环保因素的影响等各种原因，演示实验、学生实验、探究实验、家庭实验都有一些没有落到实处。

化学是一门以实验为基础的自然科学。实验教学是培养学生学习兴趣和提高能力的重要环节。化学新课程标准中强调“化学实验是进行科学探究的主要方式，它的功能是其他教学手段所无法替代的”。因此，我们应该充分认识到化学实验的不可替代性。做到课本上要求开的实验要开全，课本上没有要求的我们想方设法也尽量用实验来讲授。如在讲人教版高一“必修2”中原电池时，水果电池没要求做，但我还是在分组实验中安排了橙子和西红柿让学生体验，学生热情高涨，兴趣很浓。另外在讲习题时有一道题，说铝片和镁片在氢氧化钠溶液中形成原电池时，铝不是做正极而是做负极，许多学生不太好理解，对此我做了个验证实验，从实验室中拿来装置，让学生观察电流计的指针偏转，并与干电池做比较，让学生从感性上更加认识到铝做负极的原理。所以搞好化学实验教学，不仅仅是完成教材上的实验，还应创造有利实验环境，让学生感觉到化学实验在生活中、在身旁无处不在。

1. 化学实验教学要以学生为本

搞好实验教学根本的一点还是要以学生为本，充分调动学生的积极性，树立知识传授、能力培养、素质提高、协调发展的教育理念。中学化学课程必须帮助学生掌握化学实验的基本知识和技能，通过化学实验体验实验探究过程，认识物质及其变化，体会化学实验的价值。教师可结合具体实验，教会学生一些基本的实验研究方法，然后让他们主动查找资料，弄清实验原理，选择合适的实验仪器、材料与实验方法。从而加深对全过程的认识，提高实验效率，培养他们的兴趣和特长。例如，在“渗析”这一实验前，“半透膜”的材料可以让学生自己寻找。学生会想到鸡蛋内膜、鱼鳔等，那么不妨拿来逐个试验。这样既培养了学生的动手能力，又使学生在某种程度上获得成就感。这在人教版教材中有一个专门的栏目——实践活动，但是在实际教学过程中，由于受实验器材等多种因素的影响，严重制约了实验这一独特优势在培养学生创造力方面作用的发挥，这就要求教师要改进实验，充分利用身边的物品做化学实验，如用墨水瓶可改装成酒精灯，喝水的无色玻璃杯可代替烧杯，矿泉水瓶的上部分可做成漏斗，用输液气管代替导管，用一次性注射器做量筒，用眼药水瓶做滴管，筷子做玻璃棒，包装药片的塑料凹槽做点滴板等。教师充分利用身边物品做实验，更能培养学生的创新意识，激发学生学习化学的兴趣，培养学生的科学素养。

2. 化学实验教学要科学合理、规范有序、安全第一

一个化学实验，不论是演示实验、教学实验，还是科学探究实验，都可以归纳为作为实验对象的物质体系（若目的在于探究化学变化过程，也可以称作化学体系）、适当的仪器装置和必要的安全措施、合理的实验步骤和规范的操作技术。三者不可或缺。特别是安全措施一定要做好，这犹如给学生和老师吃了一剂定心丸。

在保障安全性上可适当采用绿色化学，微型实验的方法，就是用小型的仪器、装置和极少量的试剂进行的一类化学实验。符合环保理念，同常规化学实验相比，微型化学实验具有以下特点：

（1）节省实验经费。实验表明，微型实验的试剂用量比常规实验节省90%，且采用代用品做实验，在仪器上花费也很少，故微型实验大大节省了实验经费。

（2）操作安全、污染小。微型实验药品用量少，反应产物少，实验中不会造成危险；同时，生成的污染性物质的量少，对环境的污染就小。这点在新课程中有所体现。

另外，在做实验前一定要做好充分的准备，详尽的计划、设计好每一环节，尽量做到科学合理，规范操作，安全第一。

3. 化学实验教学要与老师业绩挂钩

现在学校都实行了业绩考核，为了鼓励老师多开实验，学校可以对每学期开全了实验的老师给予奖励，超额完成的老师再给予超额完成奖。这样肯定会大大调动教师的积极性，有创新设计的实验还可设立创新奖。这样一来，势必会迎来一个化学实验蓬勃发展的新时代。

4. 化学实验教学要与时俱进

化学实验在中学化学教学中的重要性及作用应该说已得到了广大化学教师的认可，从发展角度看，化学实验已不再是单一的为学生学习化学知识而提供的直观手段，实验教学还具备激发学生兴趣，学习实验技能和科学方法，培养学生解决问题的能力，培养学生的科学品质和科学思想等多种教学功能，所以实验教学的发展必然要导致其质和量的双重变化。新课程实验比重的加大，让更多学生从实验的旁观者更多地转变为参与者，探究性实验已成为化学实验教学的主要内容和方式。

但是我想，在现阶段，在高考这根指挥棒的指挥下，为了加强实验教学，不妨学习英语考试方法的改进——增加听力内容，或者说是和初中升学考试中体育考核一样，当场测试学生的100米、引体向上或是立定跳远成绩，逼得一些只重视文化成绩，不重视学生体质的学校每天不得不安排组织学生进行体育锻炼。如在化学高考中增加一些实验操作和设计的现场考核，改变过去高考中化学实验知识的考核只是采用笔试的形式，

与理论知识的考核无本质区别，这会让一些只在黑板上做实验的人无地遁形，这种方式在一些地方的中考中，和在一些大中院校中都有尝试。如果移植到高考中，又有何不可呢？这只会促进中学化学的实验教学，因为用笔试考实验知识，会造成实验技能考核内容的缺失，这背离了化学实验教学目标的要求，对广大学子是善莫大焉。

时评课，新课程改革背景下孕育的一朵奇葩

语文教研组　于香玲

高中语文新课程标准明确要求：“养成阅读新闻习惯，关心国内外大事及社会生活，能准确、迅速地捕捉基本信息，就所涉及的事件和观点做出自己的评判。”单纯的服膺中学语文课本使语文课程过于单薄、刻板，思想过于沉重，不能更好地切合一个快速变革的、文化思想和价值日趋多元的社会需求，也不足以充分激发中学生的阅读潜能，张扬他们的阅读个性。基于课程改革的核心价值观，以“提升语文教学质量”为中心，提高学生人文素养及生命体验，拓展教师专业知识结构，我校语文教师通力合作，反复论证，精心准备，在2008年开设了语文时评课。每周一节语文时评课。时评课内容分为时评阅读课、时评评论、时评写作等。至今历时四年，笔者学校语文时评课取得很好的成果，部分成果已形成教学论文发表在学刊上。

课程改革实施以来，语文教科书的课程纲要仍然是教育部决定，但教科书内容的实际编写和印制则不再统一。各个地区根据地域特点及课程改革的需要由地方教育部组织专家编写地区教材。即便这样，教科书仍是“专为学习而编，所记载的只是各种学科的大纲，原并不是什么了不起的著作，但对于学习还是有价值的工具”。教科书的工具性在应试教育体制下被发挥得淋漓尽致。不为阅读，只为应考，语文教材卑微地扮演着工具书的作用。生字生词、文章中心思想、文体特征、阅读技巧，等等，在语文教学中贯穿始终。语文教学及语文学习在自觉不自觉中，局限于一些界限之内。这种界限可能是“考试教育锁定教科书与参考书所形成的，可能是中学长达十几年时间阅读口味的影响所形成的”。在这种界限的限制下，学生对语文失去了学习兴趣、阅读兴趣、写作兴趣。而阅读是教育的灵魂，这是对教育本质的一个深刻解释。而今，正如郝明义所说的“我们犹如‘原始人’，‘身处丰饶之中，却逐渐饥饿至死’”。

语文时评课及时打开了语文专题阅读的另一个出口，打破了学生厌弃语文阅读的僵局。时评，即时事评论，属新闻体裁，既有新闻性又有思想性。及时推荐优秀时评供中学生阅读，拓展学生的阅读视野，有效改变学生“课本论”“习题论”的思维模式，改变学生只关注“生存需求的阅读”的现状，使其在多元思考中，培养了独立思考能力和批判精神。

阅读是一种精神活动，它可以“打破时空界限，自由穿梭于古今中外，漫游于人类所创造、拥有的一切文化空间，在阅读中重新经历、重新感受书本中的生活”。语文时

评课阅读的内容都是对生活中发生的时事新闻的评论。时事贴近学生生活，评论角度不同，思维方式多样，适合学生个性解读。学生通过阅读时事新闻，重新经历、重新感受新闻事件的一切，进而在正确人生观、价值观的引领下产生感情共鸣，形成对时事的个性评论。这种对时事的评论及阅读不同于对经典的阅读，它有效避免了历史、时代等因素的隔阂，更容易使学生产生兴趣。

语文课程标准指出“语文课程应植根于现实”。纸质媒介的产生，使文字信息传播成为可能；新媒体时代，文字信息传播平台多样，覆盖面广，速度快。这种变化引起阅读方式的变革。原来主要是印刷品的阅读，而今通过电视、网络等强势媒体阅读的比例越来越大。各种文字信息从四面八方倾盆而出，充斥眼前，不免有鱼目混珠之嫌。中学生因时间、空间等条件的限制，不加指引，往往会被新媒介迷惑了双眼，久而久之可能就会变成《束氏蓄猫》里的那只狸狌，“因啖肉故，竟不知世之有鼠”。语文时评课的开设顺应了信息时代背景下语文课堂资源的整合、课程改革及教师专业知识结构的调整的要求。笔者学校语文教师及学生每周分别从《人民时评》《凤凰网评论》《南方时评》《新华时评》《红辣椒评论》时评网及《新闻周刊》《新闻调查》《今日说法》《焦点访谈》《一虎一席谈》《文涛拍案》《倾倾百老汇》《锵锵三人行》节目中筛选出时评材料，汇集后集体讨论，选出相对最具有阅读价值的时评资料印发给学生。选材料的标准：新闻及时性、评论核心价值观、具有时代特征、隐含学生有话可说的可能、情感共鸣及争鸣……教师相对的有效筛选有效整合了时评资源，提升了教师信息处理能力及信息道德，避免了学生漫无目的的阅读，提高了语文时评课的质量。

语文时评课的开设对教师专业知识结构提出了新的要求。韩愈指出“师者，所以传道受业解惑也”，把教师定位为传授道理教授知识的人。而今教师不仅仅只是要具备会备课、会写教案、会施教、会评价、会辅导等方面的能力，还要具有与时俱进的创新意识及较强的科研能力。语文时评课不只是要求教师会整合信息，还要求教师在课堂上要有很强的理性思维，要成为一个理性的“冷眼旁观者”。教师要具备对时评课的研究能力及理论基础，不然，语文时评课很容易上成道德批判、颂扬课或作文材料积累课。道德评判时评课使学生成为道德捍卫者，继而产生对社会强烈的不满情绪；作文材料积累时评课使学生成为“移动硬盘”。语文时评课文学性及艺术性的缺失，也违背了开设语文时评课的初衷。语文时评课要与语文的文学性及艺术性有效结合。

美国教育家艾德勒强调要使“教育过程成为一种艺术的事业”。没有艺术的语文时评课不能真正地成为语文课程，而仅仅是时事评论课，那与政治时事评论没有本质的区别。丰富的美感经验、艺术修养及人的优秀的思维要在语文时评课上有所体现。

课程改革风雨11年，我有困惑，也有收获。作为高中语文教师，我从课程改革中收获了很多，在不断质疑与怀疑中，行走在语文课堂改革的路上。

高中音乐课堂活动探究式拓展初探

音乐教研组 袁国才

随着新课程改革的发展，新课程理念逐渐深入人心，特别是《国家基础教育课程改革纲要》的出台，对《音乐课程标准》提出了新的要求，对基础音乐教育工作指明了明确的方向。“探究式的拓展学习”作为一种先进、有效的教学模式，已受到教师的高度重视，并在教学中积极探索实施。在音乐教学中采取以学生为本的探究式学习是社会进步和教育发展的要求，教师在课堂中，应该发挥学生的主体地位，培养学生的创新协作精神和实践能力。通过活动探究式的拓展学习，充分发挥音乐对学生情感培养的促进作用，并使情感与认知相结合，以使教学取得最佳效果。

1. 创设良好氛围，提高学生的音乐感受力

在音乐教学中，巧妙地创设情境是使课堂妙趣横生、学生乐于学习的一种有效手段。不论是基础知识还是基本技能，都应该是在学生乐学的基础上，有效地学习，整个课堂气氛应该是活跃的、积极的、愉悦的。音乐教师要精心设计教学环节，多多利用探究式的学习方法，激发学生的学习欲望。针对课时内容进行情境创设，积极引导学生参与各种音乐活动，使学生变被动接受为主动探究和发展，从而提高学生的音乐感受力，达到教学目的，提高课堂效率。

课堂教学情境的创设要注重趣味性、情感性、导向性、形象性和目的性的特征。引导学生针对教材内容，在生活中进行主动的观察和探索，让学生觉得音乐课堂上的内容的是自己身边的事，从而引导学生主动创设情境，主动融入情境。着重培养学生对音乐的情感体验，引导学生正确把握音乐表现形式和情感内涵，从而净化心灵、启迪智慧。

2. 以学生个性发展为主体，引导学生积极参与课堂

每个学生都是一个完整独立的主体，人的发展始终是作为独立主体而存在的，环境的影响，只有通过人的主体活动才能发生作用。在音乐课堂中激发学生的学习兴趣，是还给学生主体地位最好的表现。通过发展学生的主体性，引导学生主动参与教学，掌握基本的探究式学习方法，获得主动发展的能力，还能增强学习能动性。同时，经过细致入微的情感陶冶，也有助于学生的身心发展和人格的完善，利用艺术的魅力吸引学生主动积极并有创造性的在轻松愉快的氛围中参与音乐活动，让他们在美的感染中受到美的教育。如此，既能满足学生的心理需求，又能丰富学生的情感需求，既能落实学生的主体地位，又能充分发挥每个学生的个性。

3. 发挥小组作用，鼓励学生合作学习

小组合作学习是在教师主导下，学生集体研讨、合作交流的一种学习方式。在合作学习的过程中，学生共同讨论，相互交流，一起表演，能有效地改善学习环境，扩大学生的参与面，提高学生参与度。音乐课堂教学中，以学习小组为单位进行合作学习，有利于引导学生用不同的方式探讨和表现音乐，培养学生的参与意识、创造意识。

小组合作学习为学生终生喜爱音乐、享受音乐奠定了良好的基础，促进了学生音乐素质的可持续发展。这一学习形式，能充分唤起学生的主体意识，为每个学生创造主动参与学习提供条件，同时也培养学生主动学习和交往合作的能力。

4. 加强音乐实践能力，提高学生创造性思维的发展

创造是孩子的天性，作为教师有责任呵护好学生的创新热情，培养好学生的创新意识，创建有利于创新的环境，让学生从小就激发起好奇心、持续的学习和探索欲望，在不同的年龄接受不同特点的创新教育、创客教育。

开展多种多样的音乐实践活动是培养和提高学生感知音乐创造能力的重要方面，实践活动能激发学生的学习兴趣，使学生自觉地把学到的知识和技能技巧运用到表现创作中去。教师要把自己放到和学生一样平等的地位，从学生的角度和学生一起去分析、判断、评价、探索，在这样轻松愉悦的氛围中，让学生展开创造的想象，尽情遨游在音乐探索的海洋中。

高中地理课堂教学目标达成度的探究

地理教研组　张红娟

如何让教学目标落实到地理课程教学当中？笔者以中图版“必修三”第一章第三节里的内容“资源跨区域调配对区域地理环境的影响——以‘南水北调’为例”，证实在地理课堂教学当中，通过科学的教学设计和有效的课堂教学组织，采用高中地理课堂“展示目标—创设情境—合作探究—模式构建—目标测评”的目标导向性课堂教学模式，逐步深化地理课堂教学目标，让学生学会地理知识和技能的基础上，从而使人地关系理念落到实处，并在一定程度上达到三维教学目标的有效整合。

一、展示目标，明确学习任务

教学目标是教学活动的起点和指向标，教学活动的设计与实施必须围绕教学目标进行。在充分分析课标、明确教学内容及结合班级学情的基础上，事先确立并展示学习目标，目的是为了调动学生学习的积极性，提高教学效率，清楚需要掌握的地理知识及技能。例如，本节课的教学目标：通过课前资料查找，知道“南水北调”工程背景及工程概况；通过小组合作交流及相关图文资料，分析“南水北调”对地理环境的利弊影响；通过案例学习，掌握资源跨区域调配对地理环境影响的一般分析方法。目标指向十分明确，由浅入深，由简单到复杂，让学生逐步生成知识，同时，过程与方法、情感态度与价值观目标也在知识生成的过程中得到充分的体现。

二、创设情境，激发学习兴趣

情景导入能激起学生的学习兴趣，是学生积极主动学习的重要前提，是决定一堂课成功的关键因素之一。本节课创设情境导入新课，是让课前查找资料完成情况最优秀的小组代表进行成果展示，以唤起学生想了解南水北调工程的兴趣，从而进入新课学习。

三、合作探究，落实教学目标

三维教学目标相互依存、相互制约、相互促进，有效的课堂合作探究活动，不仅是把学生置于教学的出发点和核心地位，还能促成三维教学目标的有效达成。新课学习围绕“南水北调”的案例，设计了三个合作探究活动，实践证明合作探究活动在教学目标达成过程中起重要作用。

1. 合作探究，能使学生自主构建“知识与技能”目标

针对活动一，笔者按“材料呈现・问题设置・合作探究・归纳总结”的设计思路，完成对“南水北调”工程背景知识的达成。首先，多媒体课件呈现出我国降水量、

人口、工业及农业的分布图。随后，老师梯度设问："根据降水量、人口、工农业分布图，分析我国哪里最缺水？为什么缺水？如何解决缺水问题？"紧接着，组织各小组展开开放式交流合作，然后由各小组长说出各组讨论的结果。最后，老师引导学生总结归纳，得出结论。活动探究中，学生既经历了知识的生成过程，又在读图析图中注重了对"过程与方法"目标的培养。

针对活动二，笔者依然按"材料呈现·问题设置·合作探究·归纳总结"的设计思路，引导学生从可调水量、水源地水质、现有可用配套设施和地形地势等方面总结归纳出东线调水方案的利弊。本次活动探究不仅让学生知道"南水北调"的工程概况，还培养了学生从图文资料中获取有效信息的能力。

2. 合作探究，促使学生深入认识"过程与方法"目标

课前分组，每组都选出小组长、监督员及记录员，并做到责任到人，任务细化。课前让学生查找关于"南水北调"工程的视频、工程基本概况及相关的图文资料，并提供参考网址（见表1）。课堂上让资料收集任务完成最好小组进行成果展示，并及时进行表扬，做到有任务、有落实、有检查、有反馈，并进行适当的评价，由此激发学生学习新知的兴趣。课前收集资料，不仅为学生案例分析提供素材，还培养学生对资料加工、处理及自我学习能力，此过程充分体现了"过程和方法"目标的达成。

表1　资料收集内容调查表

小组	资料收集内容	完成程度		
		优	良	差
第1组	关于"南水北调"工程的视频 "南水北调"工程基本概况 "南水北调"工程相关的图文资料			
第2组				
第3组				
第4组				
第5组				
第6组				

3. 合作探究，提升学生"情感态度与价值观"方面的素养

"南水北调"对调入区、调出区及沿线地理环境产生的利弊影响属于教学的核心部分，也是教学的重难点。为突破教学的重难点，教学中补充了丰富的图文资料、图表及视频等素材。结合这些素材，活动三中老师最后提问并引导学生分组展开模拟对话活动，3组扮演调出区的居民，3组扮演调入区的居民，交流看法。随后，老师在投影仪上

展示出随机抽选小组的交流探究结果，并对学生的成果展示及时做出反馈性的过程评价，答案详细又准确的则给予表扬，答案不够全面的小组成员则给予补充，答案错误的小组则给予及时的纠正，对于参与程度比较差的小组及学生则给予鼓励。在此过程中，学生学会了互相接纳、赞赏、分享、互助等情感，树立了正确的资源观、环境观，培养学生分析归纳、生成并陈述观点的能力，培养了小组合作精神与竞争意识。

总之，合作探究，交流反馈，使三维目标彼此渗透，相互融合。知识与技能是过程与方法、情感态度与价值观目标实现的载体，情感态度与价值观是实现另外两个目标的动力系统，过程与方法是连接另外两个目标的纽带，另外两个目标都能在过程中实现。

四、模式构建，归纳分析方法

通过对个案“南水北调”的探究，在黑板上引导学生提炼归纳出水资源跨区域调配对地理环境影响的一般分析方法，需要考虑对调出区、调入区及沿途自然地理环境及人文地理环境带来的利弊影响，并能够迁移应用到对电、气、煤等其他资源跨区域调配对地理环境的影响上。要求学生在梳理、分析地理事实的基础上，逐步学会运用基本的地理原理探究地理过程、地理成因以及地理规律等，以实现知识的迁移和能力的提升。

五、目标测评，深化教学目标

1. 终结性评价

为了考查学生阅读、分析和运用地理图表，处理地理信息的能力，再次引导学生对“西电东送”问题进行应用拓展、演绎分析。学案呈现出材料1“西电东送”示意图，材料2“中国区域能源生产与消费情况图”，材料3“西电东送相关报道”，根据材料1、材料2和材料3，设置三个问题：

（1）“西电东送”工程实施的原因是什么？（4分）

（2）“西电东送”工程对西部地区的地理环境产生怎样的不利影响？（8分）

（3）“西电东送”工程对东部地区的地理环境带来哪些有利影响？（8分）

三个问题的设置依据学习目标进行，由浅入深，并进行细化。要求学生独立完成，小组交换互改，得出分值。一方面，通过课堂练习，检测学生对资源跨区域调配对地理环境影响分析方法的运用能力；另一方面，讲练结合，进一步深化教学目标。

2. 过程性评价

新课学习围绕三个探究活动进行，每次活动探究时，各小组的监督员根据“成员参与监督表”（见表2），对每次活动中学生的发言次数和发言质量做出评价，以检测小组成员课堂活动的参与度，通过自评和他评，选出今日明星和最佳小组，并给予表彰，以满足学生学习的成就感及激起他们学习的热情。为检测学生对本节课教学目标的达成程度，教学最后引导学生填写小组成员学习效果自评表并收回（见表3），不仅对课堂教学效果起到反馈作用，还利于教师进行教学反思。

表2　成员参与监督表

第____小组 成员姓名		发言次数			发言质量		
		活动1	活动2	活动3	很好	较好	一般
1							
2							
3							
4							
5							
6							
7							

表3　小组成员学习效果自评表

评价内容	5分	3分	1分
知道“南水北调”的地理背景及工程概况			
通过阅读图表和文字资料分析问题			
积极参加小组讨论，发表自己的观点			
能分析“南水北调”对地理环境的影响			
举出并解释三个以上资源跨区域调配的实例			
运用本课总结的规律解决实际问题			
总分			

实践证明，有效的目标导向性课堂教学模式，能准确地落实教学目标贯穿于整个地理课堂教学的各环节当中，能有效地促进地理课堂教学目标的达成。

浅谈高中生数学语言能力的培养

数学教研组　张为静

在教学过程中往往碰到这样的问题：教师说到某个已经学习过的数学公式、定理或性质的名称时，学生一脸茫然，但当教师把它写在黑板上时，学生却能回忆起来，然而让学生自己说，又不能准确地说出这些公式、定理或性质的名称来。这正是高中生数学语言能力缺失的一种表现。

数学语言，可分为文字语言、符号语言和图形语言。简单的数学语言可表达丰富的数学思想。数学语言能力的强弱是学生数学素质发展水平的重要标志，也是培养学生数学能力的重要途径。然而长期以来，许多老师把逻辑思维能力、创新应用能力、空间想象能力、分析解决问题的能力作为高中数学能力培养的全部内容，却忽视了最为根本的能力——语言运用能力的培养，使学生在数学学习中产生理解上的困难：学生读不懂题目、错误地理解信息、听不懂老师在讲什么，或是错误地运用公式、定理，使学生认为数学很难学，甚至有些学生认为上数学课就像听“天书”一样。针对这一普遍存在的现象，本文对高中生数学语言能力的培养提出一些看法。

一、教师正确的语言示范是学生形成数学语言能力的基础

正像语文教师重视语文的范读，音乐教师重视歌曲的范唱一样，数学教师也必须重视对数学语言的正确示范。

数学本身是一门抽象的学科，许多老师包括本文作者都会采用数学知识通俗化的方法来帮助学生理解，但是如果因此而忽略了对数学专业用语的使用和培养，将会不利于学生数学语言能力的培养。与初中数学语言相比，高中数学语言抽象、符号多，如集合的知识。而且这部分内容是学生进入高中接触的第一部分数学知识，教师如果不能在开始进行正确的语言示范，将会阻碍学生以后的学习。另外，教师对数学语言的正确示范，也会直接影响学生对数学语言理解的深刻性、对数学语言各种形式间互译的灵活性，以及数学语言运用的准确性。因而正确的数学语言示范是学生听数学课的基础，是学生形成数学语言能力的基础。

教师怎样做才能达到正确的语言示范呢？作者认为可以从以下几个方面来进行和检验。

1. 基本概念是否讲述清楚

数学概念、定理、公式中往往含有大量的数学符号和文字语言，这就不可避免地使得它们抽象化、形式化。虽然高中生的形式运算思维已占优势地位，但在第一次接触这些概念、定理、公式时如果不能揭示其本质内涵，势必会直接影响学生的记忆、识别，转译互译、语言组织表达能力也会随之受到影响。所以，教师在讲解基本概念时务必讲透，能让学生抓住其本质。

例如，在学习任意角的正弦函数$y=sinx$时，很多学生会把sin同x分开，认为是sin乘以x，即误认为$sinx=sin\times x$。那么教师在第一次讲解的时候应该讲清楚：

（1）$sinx$是一个整体，sin只是正弦函数的一个标识，单独出现在数学上是没有任何意义的；

（2）x代表的是一个角，可以是角度制下的角，如$sin1$、$sin30°$，也可以是弧度制下的角，如$sin2$、$sin\frac{\pi}{6}$；

（3）举出一些典型错误，加深学生对$sinx$的理解。如$sin2x\neq 2sinx$，而应把$2x$理解为一个角，那么$sin2x=sin(2x)$；又如$sin^2 30°\neq sin2\times 30°$，而是$sin^2 30°=(sin30°)^2$。

2. 知识之间的联系与区别是否讲述清楚

一方面，数学知识之间是相互联系的；另一方面，知识与知识之间又有着千差万别。在教学中，对相近的概念、定理、公式要进行区分、类比，既要说明它们之间的联系又要讲清它们之间的区别，这样才有助于揭示数学语言的内涵和本质。

如高中数学中有很多地方出现了“角”：解析几何中有直线的倾斜角、两直线所成的角，立体几何中有两异面直线所成的角、直线与平面所成的角、二面角的平面角；平面向量中两向量的夹角等。这么多“角”很容易让人混淆，在教学时可以对比讲解。如两异面直线所成的角α的范围是$0°<\alpha\leqslant 90°$，直线与平面所成的角β的范围是$0°\leqslant\beta\leqslant 90°$，二面角的平面角$\theta$的范围是$0°<\theta\leqslant 90°$。

3. 是否尽量用多种语言形式表述同一数学问题

文字语言、符号语言及图形语言是数学语言的三种形式，这三种形式语言之间的相互转在数学学习过程中无处不在，也是解决数学问题的敲门砖，所以在教学中用多种语言形式表述同一数学知识就显得尤为重要。

如在讲解集合间的运算这部分内容时，可以把集合间的交、并、补运算的三种语言形式都表述出来，见表1，说明各种形式之间的优劣，让学生切实体会到多种语言形式表述同一个问题的必要性，使之从不同角度来掌握集合间的运算。

表 1

	集合的并集	集合的交集	集合的补集
符号语言	$A\cup B$	$A\cap B$	$\complement_U A$
图形语言	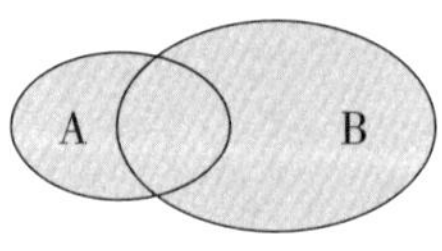 A B	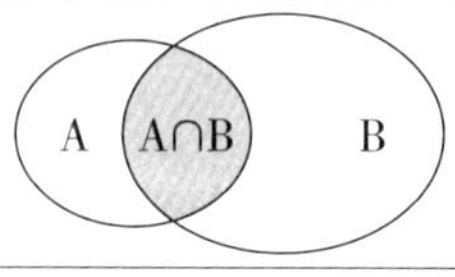 A A∩B B	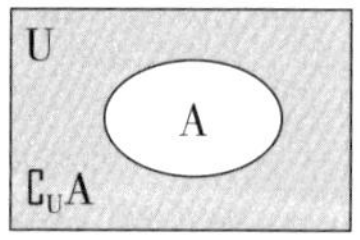 U A $\complement_U A$
文字语言	由所有属于集合A或属于集合B的元素所组成的集合	由属于集合A且属于集合B的所有元素组成的集合	由全集U中不属于集合A的所有元素组成的集合

又如立体几何这部分内容，几乎每个概念、定理、公理都可以用这三种数学语言形式来表述。以“直线与平面垂直的判定定理”为例，见表2。

表 2

	文字语言	图形语言	符号语言
直线与平面垂直的判定定理	如果一条直线和一个平面内的两条相交直线都垂直，那么这条直线垂直于这个平面。	l α a P b	$a\subset\alpha$, $b\subset\alpha$, $a\cap b=P$, $l\perp a$, $l\perp b\Rightarrow l\perp\alpha$

在讲解的过程中将这三种语言形式展示出来，有助于学生更好地理解定理的本质。

二、有意识地进行数学表达的训练是培养学生数学语言能力的有效途径

培养学生数学语言能力，只靠教师正确的语言示范是不够的，还必须有意识地让学生实践。那么学生怎样练才能达到较好的效果呢？作者在平时的教学过程当中积累了一些方法，提出来供大家参考。

1. 让学生用心听

听课是学生接受知识的第一步，怎么听、听什么才是关键，要让学生学会听教师讲解中的重点、难点、容易出错的点。

2. 让学生说出来

语言首先是用来交流的，要说出来，数学语言亦是如此。让学生自己复述数学概念、定理、公式，不仅可以提高数学语言的表达能力，而且在不知不觉中培养了数学语感、锻炼了分析数学语言的能力。

3. 让学生写出来

听和说是学习的基础，只有实践才能把知识变成自己的。在课堂教学中让学生多动笔，在黑板上写出概念、定理、公理的不同数学语言形式。虽然在考试中基本上不会考书本上的概念、定理、公理，但这样做却是必要的。这样做一方面便于教师掌握教学效果，可以及时发现学生存在的问题，并调整自己的教学；另一方面帮助学生正确理解数学知识，掌握其本质。在课外布置作业时，也不妨设置一些数学语言形式互译的题目。

总之，在数学教学中，教师应注重培养学生的数学语言能力，使学生能灵活掌握各种数学语言形式所描述的问题及其相互转化，以加深对数学概念、定理、公理的理解和应用，探讨解题思路，提高数学能力。

新课标教材以及现行高中物理教材试验部分的比较

物理教研组　郑　斌

学生实验在物理教学中占有重要的地位，一方面是因为物理学本身是建立在实验基础上的学科，另一方面实验教学对培养适应21世纪的创新人才起着重要作用，它既是物理教学的基础，又是物理教学的内容、方法和手段。随着新课程改革在全国各地的普遍开展，新物理教材开始逐渐取代了旧版教材。虽然在新课程标准的物理教学中倡导学生自主学习、研究性学习、加强科学探究，但是在学生实验部分的实施中不是十分明显。本文通过对新课标实验课程和现行实验教材的比较，期望对课程改革中的物理实验教学有所帮助。

现行物理教材普遍为人民教育出版社按照教育部2002年颁布的《全日制普通高级中学课程计划》和《全日制普通高级中学物理教学大纲》编写的。而新课标教材是人民教育出版社按照《全日制普通高级中学物理新课程标准》编写的。该教材现在只是在一些实验区试用，正准备在全国大面积推广和使用。对新课标教材和现行教材学生实验的比较分析，可得出以下几点不同。

一、实验内容的比较分析

在现行教材中，学生实验内容分为两部分：第一部分为学生分组实验，教材按照教学大纲的规定，将大纲要求的22个（其中带*的2个）实验作为学生实验内容的重点，同时对实验所需器材以及实验的方法做出了定性的规定。第二部分为课题研究，这部分内容主要以学生的自主探究为主，教材提供了探究的课题，以及探究的基本方法，由学生在课外来完成操作。实验教学的目的强调的是学生的实验技艺的训练。而在新版教材中，以分组形式出现的学生实验（必修加选修）一共只有6个。按照学生实验的数目来看，实验教学的地位明显下降了。但是研究新教材我们会发现，新教材中对具体实验项目的要求是非刚性的，实验项目散落在各个教学模块中，按照新课程的理念，教学中的科学探究过程为提出问题、猜想与假设、设计实验、进行实验、分析与论证、评估、交流与合作。因而在新课标教材中加入了课堂实验这一部分，这部分实验和以往的教师演示实验有很大的区别，其强调在教学过程中学生自己动手实验，这种实验是教师或学生根据知识自己设计，自备实验器材的小实验，学习者在这个过程中来领会科学探究以及科学知识。因而实验成为探究学习的桥梁，成为学生探究新知识的一种手段。

新教材实验教学的目的强调的是学生心智技能的训练。2套教材的实验主要是以力学和电磁学实验为主，实验的内容过于集中，没有体现教材的时代性，虽然新课标教材引进了传感器的实验，但是在现代物理（原子物理实验）相对于老版本教材没有大的改变。探究其原因：一方面，由于我国传统教材就不重视原子物理实验以及和我国中学落后的实验设备有关；另一方面，这两套教材没有注重在实验条件限制下的模拟仿真试验，如在美国试验教材上的“电磁现象”的模拟实验——“模拟质谱仪”：其根据电场与引力场物理性质的相似性和可比性，采用钢球在重力场中沿斜面的运动来模拟质谱仪中电荷的运动状况，并以此来研究质谱仪的工作原理（见图2）。实验选用了实验室中常用的直尺、橡皮泥、钢珠、永久磁铁、坐标纸等器材，既克服了实验器材的不足，同时又达到了对学生的猜测、推理、建模、联系等思维方法和基本技巧训练。

二、实验方法以及手段的比较

从两套教材的写法来看教材实验方法、手段的差别。下面从力的平行四边形法则这一实验来看。

（1）现行教材：

……

在力F1和F2的方向上各做线段OA和OB，使它们的长度分别表示力F1和F2：以OA和OB为邻边作平行四边形。量出这个平行四边形的对角线的长度。可以看出，合力F大小和方向可以用对角线OC表示出来（见图1，甲乙）。

（2）新课标教材：

……

我们需要研究的是：合力F与分力F1、F2有什么关系？

探究时要注意下面几个问题。

1.几个力的方向是沿着拉线方向的，因此要把拉线的方向描在木板的白纸上。

2.几个力的大小由所挂砝码决定，用力的图示法在纸上画出表示几个力的箭头。

3.怎样表述合力的大小、方向与分力的大小、方向的关系？

建议用虚线把合力的箭头端分别与两个分力的箭头端连接，也许能够得到启示（见图1，丙）。

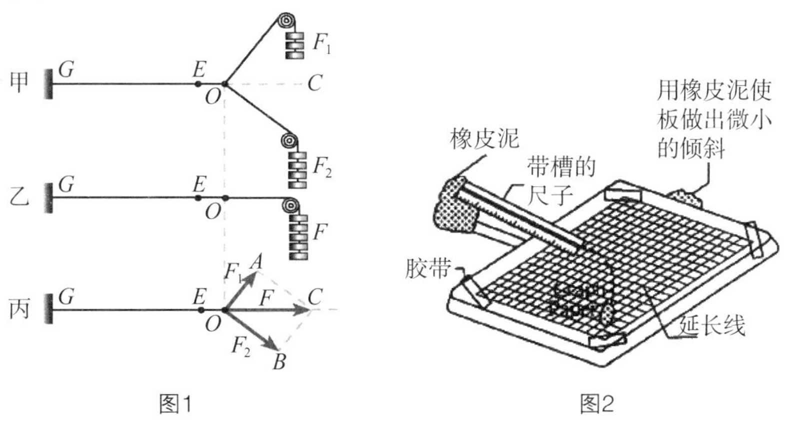

图1　　图2

可以明显地看出来，新课标教材明显加强了实验的探究性，试验由过去直接规定实验仪器、提出实验方法以及实验的结果转变为在实验中加入了设计性的因素，给学生提供实验的方法，由学生自己探索性地进行试验。

其实设计思路也反映了认识观和学习观的问题。新课标教材中的实验其实在训练学生如何发现问题和解决问题，更加注重对学生的科学素质训练，体现了认识观。新课标教材中合力与分力的关系等实验问题，非常明显的特点就是提出问题，让学生通过实验解决问题，体验科学研究的过程，训练学生的科学精神和将来从事科学研究或者其他日常工作的基本思路和素质。再看现行教材对实验的安排思路，集中体现的是学习观。同样是对分力与合力关系的探讨，教材的重点在让学生明白平行四边形法则这一规律。显然，实验主要想让学生学习到什么对知识的期待更加强烈。

相对于现行教材，新课标教材更加强调在实验中运用新技术，其中最典型的就是DISLab在物理实验中的大量运用。DISLab系统是传感技术，计算机技术与真实实验的结合。它有利于使学生了解现代实验技术的思想方法；有利于解决教学中的难点实验；有利于提供更多的探究实验课题；有利于学生进行某些探究实验设计和探究技能的训练。但不是这类实验越多越好，关键是要选择有利于发挥数字化实验系统优势的实验和设计适当的教学过程和方法。

通过对新旧教材的实验内容进行对比，我们可以获得以下几点提示。

1. 加强近代物理实验的模拟实验的设计

通过对教材的分析我们发现，现行教材和新课标准在现代物理实验这一模块的缺失非常严重，从而造成了学生对现代物理知识的缺乏。但是我国大部分中学由于经济条件的限制，不可能引进相对较昂贵的现代物理实验仪器；另外，由于现代物理实验特别是原子物理实验在进行操作时对安全性操作要求很高，在高中进行这一类实验存在安全的隐患较大。因而建议在高中阶段进行一些类似于“电磁现象”的模拟实验——“模拟质谱仪”一类的模拟实验来进行现代物理实验。

2. 由知识本位向过程本位转变

按照新课标对实验设计的理念，逐步改变教材在实验设计时过分强调对知识点的学习与掌握，通过提出问题和解决问题的思路，让学生通过实验过程的体验，培养他们的认识观，回归与还原科学的本质。最好不要直接说明物理实验中学生应该学习哪些知识，而是提出需解决哪些问题，在解决问题的过程中让学生潜移默化地了解与物理现象相关的知识。改变过去知识本位的实验目的，转为强调实验过程的重要性，让学生在实验的过程中体会科学思想和科学方法。

3. 反对盲目的实验和滥用探究性实验

物理科学探究不要流于形式主义，物理实验是科学探究的“要素”，但不等于“环节”。不要因为追求探究的“完整性”，而在教学中毫无目的地进行实验，使科学探究成为新的八股文，科学探究没有一定的模式，完成科学探究不一定都要做实验。反对将高中物理课程幼儿化，物理定律不是直接通过有限的几个实验“归纳”出来的，在物理的教学过程中要注意提高教学效率。

4. 注意先进手段和技术的利用，又重视自制教具和小型实验的开发

由于新技术在实验教学中的运用也存在一些缺点，如新技术可以通过先进的仪器很直接地得到数据，一方面降低了实验难度，使实验现象更加直观；但是在另一方面，新技术将传统实验中很多中间过程都省略了，而这些中间的转化过程突出了事物的本质，包含着很多独到的实验思想和实验方法。因而应当重视自制教具和小型实验的开发。自制教具和小型实验对学生来说，比较亲切，参与性和吸引力强，简单明了，易于突出事物的本质，凸显了实验的过程，富有创造教育的因素，且成本低廉、易于推广，所以它将成为新课程物理实验教学的一种发展方向。

对于现行物理实验课程以及新课标实验课程，还有很多地方值得改进，如在哪些实验适合于新技术的应用？哪些近代物理实验可以通过模拟的手段来进行？同时如何利用自制教具和小型实验来提高物理教学的教学效率是教师永远探讨的话题。可以相信的是，随着教学改革的深入发展和新课标精神的贯彻，通过广大物理教师、教育研究工作者和教学仪器研究工作者的共同努力，我们的物理实验教学将会出现一个新的面貌，高中物理教学的质量也就会上一个新的台阶。

语文美感教学之魅力

语文教研组　周玉明

马克思曾经说过：“社会的进步就是人类对美的追求的结晶。”纵观当今世界，自然美展示旖旎多姿的情态，生活美发出诱人的光芒，艺术美散发令人心旷神怡的馨香，我们的时代、生活、心灵都不能缺少美。《普通高中语文课程标准（实验）》强调“高中语文课程应关注学生情感的发展，让学生受到美的熏陶，培养自觉的审美意识和高尚的审美情趣，培养审美感知和审美创造的能力”，因此，在语文教学中，要“感受艺术和科学中的美，提高审美境界”。应该建立以美感为中心的语文教学，即语文美感教学，让语文美感教学具有身心健康、培养品德、开发智力、审美创新的功能，促进学生内化品格。

一、身心健康——美感教学之源泉

健康是一种身体、心理和适应社会的完善状态，是身体健康与心理健康的有机结合，是外表美和心灵美的和谐统一。语文美感教学肩负着对学生进行健康心理教育的责任，健康的体质、坚强的意志、良好的心理状态和社会适应能力才是全面发展的源泉。

身心健康是语文美感教学的源头活水，语文美感教学对心理健康以及智力与能力的发展起着促进作用，健康的心理素质对人的身体健康和高效地吸收社会文化信息具有重要的意义，要把心理素质教育融合到美感教学活动之中，培养积极健康的情感，正确地看待社会与生活，珍爱生命，向往美好，憧憬未来，才能适应未来社会的需要。现实中部分大中学生、众多人心中的偶像张国荣……残酷地结束了自己美好的生命，一个又一个网络骗子的出现，惊醒了教育者，感觉肩上担子的沉重。鲁迅在《〈呐喊〉自序》中分析“凡是愚弱的国民，即使体格如何健全，如何茁壮，也只能做毫无意义的示众的材料和看客，病死多少是不必以为不幸的”，并提出“我们的第一要著，是在改变他们的精神，而善于改变精神的是，我那时以为当然要推文艺”的基本观点。《我与地坛》的作者史铁生在二十岁时下肢不幸瘫痪，思想感情经历了一个从苦闷、绝望到充满希望的过程，感悟到赖以支撑自己生命的人生哲理和情思。《报任安书》的作者司马迁历经磨难而矢志不移，受了宫刑而不自杀，忍辱苟活发愤写出《史记》，表现了他对生命的珍惜和对事业的崇高信念，将个人价值置于历史、社会中来衡量，超越了庸常的生命价值观。语文教育工作者要充分利用这些优秀课文，大力培养学生的耐挫能力，使他们能在顺境与逆境中自我调节，形成自我激励机制，始终保持良好的心境和旺盛的精力，充满朝气。

二、培养品德——美感教学之灵魂

完美人格的塑造，优良品德的陶冶，健康个性的发展，良好习惯的养成以及思想的培育，心灵的教化，生活的导引，做人的训导等皆在“培养品德”的内涵之列。《普通高中语文课程标准（实验）》指出：要通过语文教学“丰富自己的情感世界，养成健康高尚的审美情趣，提高文学修养”。“培养品德”是春风细雨式的一种潜移默化的过程，是一种有计划、有目的、有组织的活动。以知养德、以史养德、以人养德构成语文教育中实施培养品德的重要途径。

以知养德即在教学中要使学生理解知识本身，掌握教材美的规律：第一，文章的立意美。是指文章立意新颖，不落俗套，格调高尚，感情健康，能给人以新鲜的感受和生活教益。如茅盾的《白杨礼赞》借白杨的“景美”“形美”“神美”，联想到中国共产党领导下的广大军民保卫祖国的英雄气概和团结向上的精神。白杨，是生活中极普通的事物，然而在作家笔下，被赋予新意和凝聚着巨大的情感魅力，这就是文章的立意美。第二，文章的语言美。文学是语言的艺术，文学语言是语言的玫瑰，它以艳丽的色彩和芬芳的香味誉满人间。文学的语言美，主要表现在准确、简练、生动、朴实几个方面。第三，文章的结构美。文章的结构美，一般表现为均衡、对称、和谐、统一的美，它是一个整体的美。这正如古代人所说的“凤头、猪肚、豹尾”。第四，文章的表现手法美。叙述娓娓动听，平中见奇，波澜起伏，柳暗花明；描写惟妙惟肖，栩栩传神，使人如见其人、如闻其声、如临其境；议论入情入理，抒情扣人心弦，动人心魄，使人精神清爽，心胸开朗。正所谓“入芝兰之室，久而不知其香”，如果所接触的都是言语和文章的精华，那么，耳濡目染，潜移默化，不仅语文水平在不知不觉中提高，而且在“感悟作品的艺术魅力，获得丰富的审美感受”的同时，培养自己高尚的情操。

以史养德即教学中不失时机地介绍与学习与相关知识直接联系的文学史，既可激发学习兴趣，调节学习节奏，又是进行爱国主义教育，奉献精神教育和严谨态度教育的极好素材。例如“人生自古谁无死，留取丹心照汗青”的千古名言，激励了多少在艰难选择中的中华儿女大义凛然、视死如归；“砍头不要紧，只要主义真，杀了夏明翰，还有后来人”的豪言壮语，鼓舞了多少革命者奋不顾身、前仆后继。他们的爱国与献身精神，是一曲曲人类美的赞歌。

以人养德即教师要以自身良好的师德教育人，文明的行为引导人，严谨的作风熏陶人，和蔼的态度吸引人，优美的心灵感染人。现实中不少商家以次充好等不诚信的现象不能不让我们深思：这些不良行为不仅严重干扰了社会正常秩序，而且使许多人丢掉了珍贵的诚信；教育改革是势在必行，可也不能一蹴而就；如果管理者都具有高素质，教育者都具有良好的师德，受教育者都具有诚实的品德，那么社会会少很多阴暗的角落。作为教师要言传身教，乐为人师。教师也要在学生中树立榜样，对勤奋学习、善于思考、品德优良的学生注重培养，树立典型，让他们成为更直接的教育者，影响和带动一片，形成健康的人格影响力，“星星之火，可以燎原”，阳光会普照社会的每一个角落。

三、开发智力——美感教学之核心

《普通高中语文课程标准（实验）》指出：“继续提高学生观察、感受、分析、判断能力的同时，重点关注学生思考问题的深度和广度”。开发智力，激发潜能，培养能力，促进发展是课堂教学的核心。

开发智力的核心是在传授知识的同时，使学生掌握文学的学习方法和科学的思维方法，培养学生不断发展的学习能力。通过知识的教学引导学生用联系的、发展的辩证观点观察问题、分析问题、处理问题。语文知识之间以及知识的产生过程中充满着辩证唯物主义的认识论观点、美学方面的知识，培养学生树立辩证法和认识论观点，插上联想和想象的翅膀是美感教学中开发智力的一个重要内容。语文教材中蕴含着极为丰富的美的知识，同是秋天景色，为什么毛泽东笔下的《沁园春·长沙》的湘江寒秋图多姿多彩、生机勃勃、郁达夫《故都的秋》却寓于清、净、悲凉的冷色之中、峻青笔下的《秋色赋》绚丽灿烂，象征着繁荣和昌盛、而欧阳修的《秋声赋》则肃杀可怖、凄凉阴沉、王勃《滕王阁序》“落霞与孤鹜齐飞，秋水共长天一色”是乐观旷达、景象开阔、刘禹锡《秋词》中“自古逢秋悲寂寥，我言秋日胜春朝”又生意盎然、激越向上……如果从辩证的观点、认识论的观点、美学的观点来分析作品的立意，无疑会有利于学生开发智力、激发潜能、培养能力。

四、审美创新——美感教学之神韵

《普通高中语文课程标准（实验）》指出“使学生增强探究意识和兴趣，学习探究的方法，使语文学习的过程成为积极主动探索未知领域的过程”，并强调“未来社会更崇尚对美的发现、追求和创造”。审美是一种个性鲜明、创造性品质较高的活动，审美能力本身就是一种高品位的创新能力。教师在教学中要牢固树立“自主、合作、探究”的教学思想，引导和启发学生学会用审美的眼光去审视世界、审视他人、审视自己，充分发挥学生的主动性、独立性、创造性和发展性，注重培养学生的创新意识和创新能力。

要培养审美感受力、提高审美鉴赏力、激发审美创造力。文学努力去拓广真、善、美的疆界，语文学科是一个充满生机和魅力的学科，教师启发学生通过想象、联想，引导发掘文学美的丰富素材，并通过美的设计，在课堂教学中充分展示出文学美的特征，创设美的意境，使学生明确地或潜移默化地受到美的感染和熏陶，激起学生对文学强烈的学习兴趣，点通学生领悟的那一点“灵犀”，依靠学生的心智去体验、感悟，从而逐渐产生审美情趣和爱美意识。文学家精心凝铸成的文学作品，它有自己的个性、气质与生命的亮色。无论是形式，还是内容都呈现着一种撼人的美。这种美要让学生用心去感悟，诱导他们去体味那只可意会不可言传的意韵，并用从中获得的感悟去认真观察、体味生活，以美的眼睛去寻觅生活中的美，并且创造性地表现出来，去感动更多的人。

要提高教师自身的审美修养，并展示教学过程的形式、结构、内容、表达美。教师作为语文美感教学的组织和施行者，在欣赏文学美的过程中起主导作用，所以教师要从修养、人格、语言等方面树立一个良好的施教者形象，使学生在自觉的学习中提高对美与丑、善与恶、真与假的识别能力，促进智能全面发展。总之，美感教学不仅能培养学生的高尚情操，还能激发学生的学习活力，促进智力的开发，培养创新能力。

“身心健康、培养品德、开发智力、审美创新”四者相互联系、相辅相成，互相促进。身心健康是本，培养品德是魂，开发智力为心，审美创新为韵。语文美感教学，教给学生审美的认识，使学生情满胸臆，还必须提高审美鉴赏力，激发审美创造力，这样，才能使学生内化品格，才能真正培养出身体健康、会做人、会求知、会生活、会审美的高素质的创新型人才。

第三辑　教材教法

近五年（2010—2014）全国新课标卷与广东卷

地理选择题图表系统的对比分析

地理教研组　罗明军

广东省即将告别自主命题，改用全国统一试卷。为了促进面向全国卷的高中地理高效备考，本人从选择题使用的图表系统角度，对2010—2014年全国新课标卷与广东卷的地理选择题命题思路进行了初步分析，试图作为引玉之砖。

一、全国新课标卷地理选择题图表系统的统计

表1　2010—2014年新课标文综全国卷选择题中地理图表统计

新课标文综全国卷选择题		地图（包括政区图、地形图以及地理要素等值线图等）	示意图	景观图	地理统计资料及图表
2010年新课标文综全国卷选择题		1.2.3新疆地区区域图（12分） 9.10.11死海区域图（12分）	4.5某国2000年不同年龄人口数量与0岁到1岁人口数量的比值连线示意图（8分）		6.7.8沿海某鞋业公司全球化发展的历程（12分）
2011年新课标文综全国卷选择题			6.7某区域等高线、河流示意图（8分）	8.9.10.11河流景观图（16分）	1.2日本在华工厂资料（8分） 3.4.5世界大豆进出口国家资料（12分）
2012年新课标文综全国卷选择题		6.7国内某区域气候地形图（8分） 10.11某区域地形图（8分）	4.5流域水系分布示意图、河流流量变化曲线示意图（8分） 8.9剩余劳动力数量与人均工资的关系示意图（8分）		1.2.3耕地面积与粮食产量资料（12分）
2013年新课标文综全国卷选择题	卷Ⅰ	1.2.3哥伦比亚、墨西哥、美国区域图（12分） 9.10.11某区域等压线图（12分）	7.8某城市人口年变化率示意图（8分）	4.5.6某区域遥感影像图（12分）	
	卷Ⅱ	6.7.8台湾地区等温线图（12分） 9.10.11加利福尼亚地区区位图（12分）	1.2部分省区人口迁移比重（8分）		3.4.5地膜资料（12分）

续表

新课标文综全国卷选择题		地图（包括政区图、地形图以及地理要素等值线图等）	示意图	景观图	地理统计资料及图表
2014年新课标文综全国卷选择题	卷Ⅰ	4.5.6吐鲁番地区区域图（12分）	10.11某国移民人数变化示意图（8分）	1.2.3太阳能光热电站景观图（12分）	7.8.9实验植被数据变化表（12分）
	卷Ⅱ	3.4.5委内瑞拉区域图（12分） 8.9科隆群岛区域图（8分） 10.11新西兰南岛区域图（8分）		1.2“握手楼”景观图（8分）	6.7蓝水、绿水资料（8分）

由表1可见，近五年全国新课标卷地理选择题高度重视图表在命题编制中的作用。主要使用地图（包括政区图、地形图以及地理要素等值线图等）、示意图、地理统计资料、图表及景观图。

二、广东卷地理选择题图表系统的统计

表2　2010—2014年广东卷地理选择题图表系统统计

广东卷选择题	地图（包括政区图、地形图以及地理要素等值线图等）	示意图	景观图	地理统计资料及图表
2010年广东卷选择题	第2题，1971—2000年甲、乙两地各月气温和降水分布图	第10、11题，2005年我国东部沿海某市各圈层间人口净迁移模式图	第7题，三峡大坝下游附近河床某测点，沉积物粒径对比图	第5、6题，2006年我国水资源、人口、耕地和经济总量区域比重图
2011年广东卷选择题	第1题，某区域地质剖面简图	第10、11题，汽车产业链结构图		
2012年广东卷选择题		第7题，某次长江洪水过程洞庭湖入、出湖径流量的变化图。第10、11题，高速公路与城市建成区空间关系示意图	第5题，我国东南部某地出现的灾害现场	第3题，2009年四个国家人口统计数据；第8题，某城市高铁站影响范围内，三类企业数量的统计图
2013年广东卷选择题		第11题，某城市空间结构示意图	第1题，某地地质构造实景图	第3题，我国某省区植被覆盖度沿经度变化示意图；第5题，四个国家的主要人口指标统计图；第7题，1950—2007年黄河入海口附近的利津水文站径流量与输沙量变化图；第9题，我国四大城市群两个年份城市首位度数值统计图

续表

广东卷选择题	地图（包括政区图、地形图以及地理要素等值线图等）	示意图	景观图	地理统计资料及图表
2014年广东卷选择题	第11题，欧洲西北部图			第1题，某年许昌与周边部分城市的高速公路日均流量图；第4题，我国某地不同海拔、不同坡度的乡村聚落数量统计图；第9题，我国1980—2010年水稻产量重心移动方向图

由表2可见，近五年广东卷地理选择题也重视图表素材在命题中的作用，但主要侧重于地理统计资料及图表、示意图和景观图。地图（包括政区图、地形图以及地理要素等值线图等）使用频率明显少于全国新课标卷。

三、全国新课标卷与广东卷地理选择题图表系统对比分析的教学启示

启示1　重视对地理课程标准的研读，重视对主干知识的教学

《普通高中地理课程标准（实验）》提出的基本理念和课程目标是地理教学和地理考试的基本依据。在日常教学中，教师应当经常使用地理课程标准，对其进行深入的研读。高考地理考试内容突出对主干基础知识的考查，即地理基础知识、原理和规律，避免偏、冷或有争议的内容。从全国新课标卷与广东卷图表系统考查的知识点上看，我们要继续重视对主干知识的教学。

启示2　重视两大能力的培养

从全国新课标卷与广东卷地理选择题能力考查的对比研究上看，都侧重于获取和解读地理信息、调动和运用地理知识解决地理问题的两大能力的考查。能力立意已经成为高考命题的基本指导思想。教学中引导学生构建地理思维，培养地理能力至关重要。

启示3　重视地理读图能力的培养，尤其是地图、等值线图的判读

通过对近五年全国新课标卷与广东卷地理选择题图表的统计分析，可以看出：地理图表在高考中频繁出现，尤其全国新课标卷，基本上一题（或题组）中出现一幅或两幅图（或表格），地图（包括政区图、地形图以及地理要素等值线图等，在试卷中占有相当比重。而广东卷地理选择题中统计资料及图表所占比重较大。在我们面对全国卷的备考中，应该把培养学生的读图能力作为地理教学的重点。

启示4　要加强区域地理的学习

全国新课标卷高考选择题常常出现以区域地图为背景的地理选择题。从高考命题者的角度来看，可能是觉得区域地理是实现高中与初中地理、人文与自然地理的最好结合点，是展示我国热点地理事物和图像的最好平台。而广东卷选择题则没有单纯的区域地图背景地理试题。因此，在面对全国新课标卷的高中地理教学中，应再加强区域地图为背景的地理学习。

“不是”之中乾坤大

——评析总结龙岗区2013—2014学年第二学期期末高二语文统考作文

语文教研组　唐梓钟

高中语文的教学与考试尽管涉及方方面面，但作文无疑是重中之重。而随着高考改革的日益催逼，语文的分值权重将明显增加，作为语文教考之重点和难点的作文，自然又成为不得不高度重视和突围的大阵地。

近年来，龙岗区高中语文的教与考都取得了不俗的成绩。在考的方面，高一高二每学期都采用全区期末统考的模式，而教研员曹清福老师主导的特色试题则是这一模式的主心骨。本次高二语文期末统考阅卷，我全程参与了作文的评改工作，现将评改体会总结如下。

先看作文题：

阅读下面一段话，然后按要求作文。（70分）

不是每一个枝头都开花，不是每一朵花都结果，不是每一个果子都甜蜜。

不是每一个黎明都有朝霞，不是每一次哭泣都有眼泪，不是每一个祝福都传递善意。

要求：根据上面文字的意思，从上文中选出一句话作为自己作文的题目，自定体裁，写出自己的感悟、感受、感想，或者写出自己类似的经历、故事、见闻；所写不能脱离材料的意旨……

再看立意所指：

仔细阅读“不是……都……”的六句组合不难发现，其立意的核心在于体悟过程与结果的关系；而在该关系中，“不是”隐含了写作的侧重点，一是指过程是重要的，二是指如何对待过程中的曲折、挫折、不顺意，且对待的方式是辩证的、多元的、开阔的、积极的、乐观的。当然，写作亦有次重点，即如何认知成长过程中的个体存在价值，例如，即使开花没结果，那开放的那朵花也有奉献灿烂和芬芳的价值。

如果说“每一个孩子都是天使”，那么，成为天使的过程何其丰富复杂；即便最终不能成为天使，那他的存在也有价值，即他成长在追求天使的路上——从这个意义上说，尽管人人都向往好的结果，而懂得过程同样重要；或者说，善待过程的每一种姿态都是向往结果体现出的神性，恰如你跋涉着去赏风景，而你本身亦成为风景的一部分。

1.“不是”之中乾坤大

（1）追求朝霞与成功，别指望每一次出行都一帆风顺。不是所有的相遇都会顺着你的心意，朝霞不在的时候，你要学会努力坚持，并相信拨开云雾必见朝阳。

（2）不是每一个果子都甜蜜，恰如人的一生难免坎坷不顺。虽然不是每一个果子都甜蜜，但面对失败，也要相信下一个果子会是甜的。

（3）困难不是我们停下脚步的理由，在没有朝霞的日子里，我们同样能博得人生的精彩。哪怕风雨历程，我们也能一路进取，放歌勇敢者的豪迈情怀。

（4）花开，预示着花落；花落，却未必代表着结果。不是每一朵花都结果，但每一朵花都有绽放的理由。

2. 存在的问题和改进的方向

（1）完全不看要求，随意命题。从上文中选出一句话作为自己作文的题目。如命题“胸怀”，写作完全没有材料的影子。

（2）体裁颠倒。记叙文和议论文的表达方式是有较大差异的，标明记叙文，却排列分论点；标明议论文，却大半篇幅讲述成长经历。

（3）有常识性错误。当一抹美丽的朝霞如火燃烧时，你怎么可能仰望到星空呢？当皓月当空时，怎么会有满天星斗呢？

（4）字数不够。600字以下甚至更少，这在写作中要尽量避免。

（5）优秀作文总嫌其少。好作文的命题和立意往往都是准确的、到位的，难点在谋篇布局的个性化，也在语言的质感和理趣以及表达的深化和升华方面。

3. 不知所云的胡乱写作举例

……（以上内容未拍照，以下内容是根据现场拍照整理的文字）

所以，有个好老板很重要啊！

小红帽，一只萌萌哒少女想送苹果给外婆，结果一只成精的狼知道了。为什么说狼成精了？首先，它能听懂人话。然后它扮成了小红帽的样子去奶奶家敲门并说自己是小红帽。狂炫酷跩叼有没有！此狼能听会说会站还会敲门卖萌！金刚狼兄它都要躲得远远的！狼吃掉外婆还能装外婆吃掉小红帽。说真的，这狼的智商真心不要太高！

这故事真是太血腥了！小孩子能看吗？！

老师！如果看到这里没看懂我在写什么鬼，这就对了！我也看不懂！万水千山总是情，给点分数行不行！（结束）（点评：乱用标点，滥用感叹号，此乃标点的悲剧和无奈）

阅卷时看到如此奇葩作文，真是令人哭笑不得，可作者还油腔滑调，调侃阅卷，似乎超然戏谑，一副光彩自得的样子。无疑，这是写作的失败，更是考生写作状态的无端散漫。面对如此考生，老师切忌怒言恶语或嘲讽贬损，而是要和考生单独谈心，发现问题，合情疏导，个别指导。这样的学生往往不在乎分数，不在乎老师的感受，甚至也不在乎家长的反应。学生的无所谓态度实际上是一种以丑为美的自残式挑衅，但这恰恰是老师教育关怀的着眼点之所在。超出课堂看学生，抛开作文谈人生，也许劝导的支点恰在非智力因素的广阔时空里。态度转变了，改变也就成为育人的自然风景。这风景当然隐喻了教育的真谛，亦是文学之于人学的点滴气象，未必妩媚动人，却已然生动绽放。

作文天地乾坤大，难点突围内外功。不是每一个枝头都开花，但每一个枝头都迎风招摇。指导写作，评改作文，这是语文老师永远的内功和挑战，亦是语文人生的价值体现，不唯定规，但求玉成。

高考数学全国Ⅰ卷试题特点及教学建议

数学教研组　游建龙

作为基础教育的终结性考试，高考事关万千学生的前途命运，也牵动着无数家庭的敏感神经，它一端连接基础教育，一端连接高等教育，在我国教育体系中具有极其重要的地位，可谓每年当中的一件国家大事。

因为历史原因，我国高考曾一度中断，自1977年恢复高考以来，从全国高考“一张卷”，到多省自主命题，再到现在越来越多的省份用回全国卷，我国的基础教育和高考与招生都经历了多次重大改革。2016年起，广东省也加入了使用全国Ⅰ卷的行列。诚然，高考是一个系统工程，招生与考试改革给高中阶段的教学带来了很多新的思考，了解和研究全国卷高考数学试题的基本特点，对于如何组织高考复习将有积极的指导意义。

一、恢复高考以来录取率的变化情况（见下表）

年份	1977	1980	1987	1997	2007
报考人数（万）	570	333	228	278	1010
录取人数（万）	27	28	62	100	567
录取比率（%）	4.7	8.4	27.2	55.6	56.1
年份	2008	2009	2010	2011	2012
报考人数（万）	1050	1020	946	933	915
录取人数（万）	590	629	657	675	685
录取比率（%）	56.2	61.7	69.45	72.3	74.9
年份	2013	2014	2015	2016	2017
报考人数（万）	912	939	942	940	940
录取人数（万）	694	698	700	772	700
录取比率（%）	76.1	74.3	74.5	82.1	74.5

据统计，刚恢复高考的1977年，参加高考人数达到了570万，而实际录取人数只有27万，录取率不到5%，毋庸置疑是最难考的一年；2008年高考全国报名人数成为历年之最，达到了1050万。而近年来，由于20世纪90年代以后出生人口的持续下降，全国高考报考人数基本稳定在950万以下。但从总体上看，各年录取比率依然呈上升的趋势，表明当前我国正逐渐步入高等教育普及化，高考的意义也逐渐由父辈们所赋予的“知识改变命运”转变成为大多数人一生都要经历的一个阶段（见下图）。

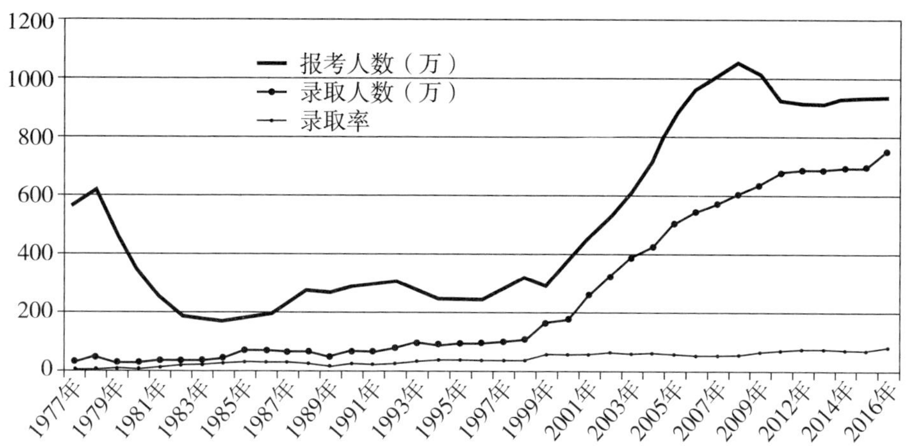

二、高考数学全国Ⅰ卷显著特点分析

具体到数学学科，高考命题的改革也必然要顺应教育发展变化的这一情况，把重点放在考试内容的改革上。命题进一步贴近时代、贴近社会、贴近考生实际，从知识立意转向知识与能力并重立意，更加注重对学生素质与能力的考查，引导日常教学注重对学生相关能力及学科素养的培养，从本质上体现课程改革的理念。

与分省自主命题“百花齐放、各具特色”不同，全国Ⅰ卷的高考数学试题，延续了全国卷试题的主要风格：严格遵循考试说明和新课程标准的要求，以能力立意，多角度多层次考查基础知识和基本技能，注重对考生数学思想和学科能力的考查。整个试卷由易到难，循序渐进，试题的结构、考点、试题的难易度基本保持稳定。具体来说有以下几个方面的特点：

1. 考点覆盖全面、重点突出

试卷中很多试题源于课本的例题或习题，强调双基。着眼于考查基本概念，公式的理解和运用，题目常能给人“似曾相识”的感觉。

一方面，试卷所涉及的知识几乎覆盖高中所学的全部重要内容。比如，集合的关系与运算，复数的概念与运算，等差、等比数列的通项公式、性质、求和公式等，基本初等函数的图像与性质，三角函数的图像与性质，解斜三角形，概率与统计，三视图，球体的表面积与体积，空间图形中点线面的位置关系，程序与框图，线性规划及实际应用，平面向量，直线与圆的方程，二项式定理，圆锥曲线的定义与性质，导数的几何意义与应用，极坐标与参数方程等都进行了不同层次的考查。

另一方面，解析几何考“两小题一大题”，占22分，并且三大曲线都出现了，仅以理科卷为例，2016年，第5题考双曲线、第10题考抛物线，第20题考椭圆；2017年，第10题考抛物线，第15题考双曲线，第20题考椭圆。立体几何也是考“两小题一大题”，占22分，如理科卷2016年的第6、11、18题，2017年的第7、16、18题。而三角函数与解三角形、概率统计、函数与导数通常都是“一小一大”，占17分等，这些都体现了重点知识重点考查的命题原则。

2. 注重考查数学本质，风格稳中求变

近年来全国（Ⅰ）卷试题，保持了基本稳定，重视考查主干内容，突出体现数学的科学价值、应用价值和文化价值，在考查数学基本技能的基础上注重数学思想方法和数学本质的考查。有利于纠正教学中“题型化、套路化”的不良倾向，推进中学数学的素质教育，如2015年理科第6题和文科第6题，以数学经典《九章算术》中的问题为背景考查圆锥的体积计算；2017年以太极图为背景考查几何概型等，凸显了当前高考对“数学文化”的关注。

在保持题目总体风格稳定的同时，部分问题也进行了创新。以理科数学为例：2016年19题的概率统计，以统计为背景考查概率，在概率方面再重点考查了随机变量的分布列和数学期望；而2017年对概率统计模块的考查，则综合了正态分布、二项分布，体现用样本估计总体的统计思想，对考生的阅读理解能力，综合应用能力都提出了更高的要求，在落实数学能力中的对数据处理能力有一定的突破和创新。又如2016年理科的第9题，文科的第10题，把程序框图与数列巧妙融合在一起；理科第18题，以五面体为载体，定性和定量地考查线面关系，题目设计匠心独具、用心良苦；近几年理科的函数综合应用问题，都考查了函数的双零点问题。2017年的第16题，三棱锥的体积函数出现五次方，与平时接触到的函数“最多不超过三次方”似乎不同，这些都体现了高考数学试题的灵活性，需要学生沉着冷静，具体问题具体分析，增强了对发现和提出问题、分析和解决问题能力的考查力度，关注学生的创新精神和实践能力。

3. 重视数学通性通法的考查，贴近中学教学

全国卷非常重视对具有普遍意义的知识与方法的考查。所谓通性通法，是指具有某些规律性和普遍意义的常规解题模式和常用的数学思想方法。例如，解析几何中将直线方程与圆锥曲线方程联立，整理成一元二次方程后，再利用根的判别式、求根公式、韦达定理等求解，体现了解析几何的基本思想方法。又比如从含参数的函数关系式中分离参变量和不分离参变量两种选择，二者的区别在于选择不同，解决问题的效率也大不相同，这正是区分考生数学水平与素养的极好载体。

4. 梯度明显，强调能力

试卷坚持由易到难、分段把关的传统做法。整卷难度起点低，结尾高，综合题入手易，深入难。这样的安排有利于考生正常发挥，也有利于稳定考生的情绪。试题都有一定的综合性，基本没有考查单一知识点的题，这对于检测考生的学科综合能力，思维的灵活性与深刻性、创造性都起到很好的作用。如实际应用题出现过的“太极图”“生产线质量控制”，其背景考生都比较了解，对阅读理解能力、推理论证能力和理性思维进行了全方面的考查，体现了高考对公平公正的追求。

三、全国卷给高三复习教学带来的启示

1. 始终要重视基础

全国卷重视对考生基础知识、基本技能、基本数学活动经验、基本数学思想的考

查，所以无论是基础年级，还是在高三总复习阶段，都要始终重视基础。在数学教学实践中，有轻视概念教学，一味强调解题甚至“刷题”的现象。概念不清，往往导致学生对问题的理解模棱两可，很难更深入地把问题研究清楚、透彻，这一点需要引起特别的注意。现行高考的一个原则就是淡化特殊技巧，如果能在复习教学的过程中足够重视数学的通性通法，尤其是待定系数法、配方法、换元法、消元法等的教学，对这些具有普遍意义的知识与方法不断地进行总结和强化，才能达到以不变应万变，减轻师生负担，事半功倍的效果。

2. 提高教学活动的针对性

高三教学主要就是两件工作：复习教学与解题训练。在每轮的知识复习中，都要有准确的定位，在全面重视基础的同时，重点内容重点关注，加强“小专题”的教学安排。解题训练中，着力提高训练题的针对性，注重知识间的纵向与横向联系，随着复习的深入，逐步提高试题的综合程度，实现学生数学能力的螺旋式上升。

结合全国卷的特点，每次训练题的题型、题量和难度设置上尽力与高考卷保持相当的吻合。加强对课标、考纲的学习和研究，准确理解考查要求，在此基础上着力提高训练的效率。

3. 特别重视运算的训练

有人说数学高考成也运算，败也运算！一份高考卷至少80%的分数都与运算有关，所以这句话是很有道理的。例如，解析几何的实质就是用代数方法研究几何问题，因而解题时一定的运算量是不可避免的，这是解析几何的一大特色。所以教学中要大力加强对学生运算能力的培养，重视引导学生学会正确分析算理，合理安排运算程序，不断提高心算、估算能力，在正确率和运算速度的训练上苦下功夫。

4. 关于学法指导

学生的情况千差万别，除了面向全体的教学，还要加强对学生的个别化指导。

在基本相同的学习条件下，学生的水平却有明显差异，这既与他们的努力程度有关，又与学习的方法和效率有关，其中是否善于归纳总结数学问题中的一般规律就是很重要的一个方面。教学中通过变式训练，“一题多解”“多题一解”，引导学生看本质、悟规律，不断提高他们的数学素养。

从学生的作业和考试中，我们常注意到有答题过程表述不清、数学语言使用不规范、不准确，推理论证、计算和综合分析问题等能力较弱的问题。所以要重视培养学生结合自身的情况，学会自主学习，养成关注细节、注重反思的好习惯。

《基础教育课程改革纲要（试行）》中提出，“高等学校招生考试制度改革，应与基础教育课程改革相衔接。要按照有助于高等学校选拔人才、有助于中学实施素质教育、有助于扩大高等学校办学自主权的原则，加强对学生能力和素质的考查，改革高等学校招生考试内容，探索提供多次机会、双向选择、综合评价的选拔方式”。全国高考数学卷多年来一直践行这一目标，坚持以能力立意命题，对中学数学教学有着良好的导向作用。在复习教学中帮助学生夯实基础、重视数学能力的培养，这样的复习才能更富于成效。

文学教学实践对课程理念的践行

——我教《荷塘月色》

语文教研组　杨　眉

殚精竭虑地上了这节录像课，总要为以后的语文教学留下些什么，现将我对本课的几点反思记录如下：

一、设计依据（略）

二、教学目标的设定

语文阅读教学目标的指向是“语言文字的教学永远是语文教学的核心任务”，“语文教学应关注学生的精神成长及核心价值观的渗透”。

经过反复的思考和前后4稿的修改，我最终将本课的教学目标定为：1.体会语言选择与内容、情感表达的一致性，重点训练学生的语言感受力和表达力。2. 领悟中国文人精神的栖居：浓得化不开的愁融入诗化的自然环境。

三、教学点的选择

1. 平等对话——自主、合作、探究

为保证每个学生的参与，我设计了一个学生分组环节。

“优秀的课堂，有很多自然的生成”。在上课时，学生的回答，很让我出乎意料，有很多都是我未曾想到的。在我提到“通感”手法后，后面的同学就能直接指出他们分析段落中的“通感”，我很惊喜。

2. 举象

“语言、符号对于有生活体验的人来说，不仅仅是符号，首先是一个象。”除了理性思维，我们还需要形象性思维，需要想象。在课堂的导入环节，我设计了一个举象环节，让学生“闭上眼睛，想象一下荷塘月色”。由抽象的文字，进入形象而内涵丰富的人生经验。这样的象，是跟学生的生活体验结合在一起的，学生很容易将文本的语言文字转化为自己的语言文字，积累为自己的东西，这才是活学活用的语言。

3. 矛盾冲突中，深入解读作者思想与情感的变化

“能否对作品有独到的感受和创造性理解，是否具有批判质疑的能力”。在学生品读文字的过程中，朱自清先生思想的矛盾渐渐凸显，既有喜爱、闲适、放松、自由；又有不宁静、烦闷。学生就质疑：“朱自清先生的情感到底是‘喜悦’还是‘哀愁’？”由感情的矛盾，引导学生自主思考——用几何图形分析作者情感的变化。

4. 教师个性解读探究：作者思想感情的深层矛盾

为解读朱自清先生感情的深层矛盾，教师阅读了较多的参考资料，了解朱自清先生的生平人生，读朱自清先生的作品，同时在互联网上查询相关资料。

这是一个难点，教师选择了讲读，给学生补充了一些资料放在幻灯片上。在讲读朱自清作为一个丈夫、儿子、父亲和社会职员的困难时，用朱自清自己作品中的话，作为教师观点的佐证。作为一个29岁的青年，朱自清——“生计的窘迫”“哪里走”。而他想——“教书、卖文的学者、教授，一个本本分分”的“寻常人”。想走自己的路，但又被周围一切的责任与角色所束缚。这应该是很多文人所共有的无奈。

四、教学流程的铺排

我将教学流程分解为四步：第一，朗读课文，感知文本内容和思路；第二，再读课文，品味语言之美；第三，仔细阅读，感受作者思想与情感；第四，探究作者思想感情的深层矛盾（提供材料）。

五、教后反思

有幸本节课被拍成了录像课。看录像课，让我又从另一个角度来分析自己的课。“不识庐山真面目，只缘身在此山中”，看了录像课，发现还有几个方面有待提升。

1. 课堂应渗透教师与学生生命对话的三个步骤

王崧舟老师提出师生对话基本模式应该是这样的：“倾听—理解—应对”。

（1）首先要“倾听”，没有倾听就没有对话。这里的倾听，不仅仅是耳朵听，而是生命的一种全方位的敞开。看学生的表情，是“倾听”；关注他的眼神，是“倾听”；观察他的姿势，是“倾听”；甚至注意到小组排位组合的关系；学生身体之间的接触程度。老师都应“听”出其中的声音。课前，我就知道课堂有不可预设性。如有学生提到“酣眠固不可少，小睡也别有滋味”，她的解读是“花未全开，月半圆”。学生在回答这个问题时，说话有点断断续续，这时，教师应用眼神或肢体语言给予其鼓励。

（2）第二个环节是“理解”，对话的实质是理解。对话的本质内涵不是评价，是理解！只有理解学生的言说，理解学生的朗读，理解学生的表现，理解学生的行为方式，才有可能找到与学生对话的支点。

教师理解的是学生这个作为生命个体的鲜活的存在。

（3）最后是“应对”，应对是理解之后做出的那种自然而然的反应。在课堂上，我们要为理解而去倾听，而不是为评价去倾听。把倾听和理解融合在一起，对话才有可能真正发生。如何实现倾听中的理解？关键是多问几个为什么。学生为什么这样想？学生为什么这样说？在课堂上，有学生回答“花未全开，月半圆”，教师应加问：“为什么？”如果教师有些朦朦胧胧的未理解学生的回答，就牵强地给个评价，敷衍过去，也显出了教师的尴尬与无奈。

2. 课堂应是生命关怀的对话

（1）对话，心灵的抚慰。当学生讲台上紧张，结结巴巴，身体微微颤抖的时候，其他同学给予热烈的掌声。这既是对他回答的肯定，也是对他紧张的鼓励。这时的教师，可以与同学们一起给他鼓掌。并且，根据实际情况，也可给予学生拥抱，给予语言的赞许："你战胜了自己，老师也为你高兴。"我相信，课堂给予这个学生的，将远胜过知识，而是生命的成长。

（2）对话，智慧的启迪。本课中，有个学生答道："……浮想联翩的感觉。"我追问"浮想联翩，你想到了什么？"学生有点语塞，不知道如何回答。这时，我可以给学生一些启迪："有的问题，可能我们暂时想不出来，但有可能在十年、几十年后的某一天，某一个情境中，一下子深深地领悟。重要的是，我们一直在思考。"

（3）对话，生命的赏识。学生成长的动力，更多来自同伴、亲人与师长对他们发自内心的关爱、欣赏和鼓励。我在课堂上说"非常好"，是对学生的肯定与鼓励，但千篇一律学生听起来会觉得少了"真心"。所以，在用语言赏识时，也应该变着法儿夸赞。

（4）对话，真情的交融。师生之间的感情，学生与学生之间的感情，在课堂上，主要是通过对话交流。感人心者，莫先乎情。本课中，学生在回答自己与父母吃饱饭，去荷塘散步，很开心。当学生回答"当然吃饱了，很开心。"其他学生听到此回答，都发出咯咯的笑声。就因为，此话中流露出了学生一种真实的生活情感，师生得到了共鸣。

反复研读文本，以一种生命过程的形式来与学生交流，在师生互动中，生命流转，真情交融，我们的语文课，定能实现，用语言文字，促进学生精神成长、智慧生成、乐趣人生。

作文的起承转合

语文教研组　蔡　麟

唐宋八大家的文章是起承转合的典范，如王安石《孟尝君传》：

世皆称孟尝君能得士，士以故归之，而卒赖其力以脱于虎豹之秦。（起题）

嗟乎！孟尝君特鸡鸣狗盗之雄耳，岂足以言得士？（承题）

不然，擅齐之强，得一士焉，宜可以南面而制秦，尚何取鸡鸣狗盗之力哉？（转题）

夫鸡鸣狗盗之出其门，此士之所以不至也。（合题）

全文共九十个字（不含标点），结构模式是：起—反承—反转—合。

苏洵《六国论》：

六国破灭，非兵不利，战不善，弊在赂秦。赂秦而力亏，破灭之道也。

或曰：六国互丧，率赂秦耶？曰：不赂者以赂者丧。盖失强援，不能独完。故曰：弊在赂秦也。（起题）

秦以攻取之外，小则获邑，大则得城，较秦之所得，与战胜而得者，其实百倍；诸侯之所亡，与战败而亡者，其实亦百倍。则秦国之所大欲，诸侯之所大患，固不在战矣。思厥先祖父，暴霜露，斩荆棘，以有尺寸之地。子孙视之不甚惜，举以予人，如弃草芥。今日割五城，明日割十城，然后得一夕安寝。起视四境，而秦兵又至矣。然则诸侯之地有限，暴秦之欲无厌，奉之弥繁，侵之愈急。故不战而强弱胜负已判矣。至于颠覆，理固宜然。古人云：以地事秦，犹抱薪救火，薪不尽火不灭。此言得之。

齐人未尝赂秦，终继五国迁灭，何哉？与嬴而不助五国也。五国既丧，齐亦不免矣。燕赵之君，始有远略，能守其土，义不赂秦。是故燕虽小国而后亡，斯用兵之效也。至丹以荆卿为计，始速祸焉。赵尝五战于秦，二败而三胜。后秦击赵者再，李牧连却之。洎牧以谗诛，邯郸为郡，惜其用武而不终也。且燕赵处秦革灭殆尽之际，可谓智力孤危，战败而亡，诚不得已。（承题）

向使三国各爱其他，齐人勿附于秦，刺客不行，良将犹在，则胜负之数，存亡之理，当与秦相较，或未易量。

呜呼！以赂秦之地封天下之谋臣，以事秦之心礼天下之奇才，并力西向，则吾恐秦人食之不得下咽也。（转题）

悲夫！有如此之势，而为秦人积威之所劫，日削月割，以趋于亡。为国者无使为积威之所劫哉！

夫六国与秦皆诸侯，其势弱于秦，而犹有可以不赂而胜之之势；苟以天下之大，下而从六国破亡之故事，是又在六国下矣。（合题）

本文的结构模式是：起—正承—反转—合

怎样做到起承转合呢?

1. 起要妙，关键在于找好切入点

（1）从自己中心论点的反面切入：

世皆称孟尝君能得士，士以故归之，而卒赖其力以脱于虎豹之秦。

我所说的心要在焉，不是不辨真伪，不是在错误的道路上一意孤行，也不是冷眼旁观，不理不睬，而是在方向正、目标明的前提下摒弃浮躁，拒绝诱惑，专心致志地朝自己的人生目标进发。

（2）以辩驳的方式切入。提出自己的中心论点，别人质疑，自己辩驳：

六国破灭，非兵不利，战不善，弊在赂秦。赂秦而力亏，破灭之道也。或曰：六国互丧，率赂秦耶？曰：不赂者以赂者丧。盖失强援，不能独完。故曰弊在赂秦也。

（3）以一个短小的故事切入：

唐传奇当中，有这么三个小故事，叫作《纸月》《取月》和《留月》。《纸月》的故事是讲有一个人，能够剪个纸月亮照明；《取月》是说另一个人，能够把月亮拿下来放在自己怀里，没有月亮的时候照照；至于《留月》是说第三个人，他把月亮放在自己的篮子里边，黑天的时候拿出来照照。

我被这样的故事折服了。

（4）以问答的方式切入：

心在何处?

阿基米德说，我的心在数学那儿，于是有了“让我画完这个圆”的千古绝唱。钱钟书说，我的心在文学，于是有了目不窥园，名满天下。“扫把姐”说，我的心全在那一把扫把上，于是那把扫把像有了灵性，与她共舞出无限曼妙风情。

心要在，在所爱之处。

2. 承要顺

承是起的延续，是对起的切分。起→承① →承②（注意其间的逻辑关系）。写这两个段落，关键是要用好材料。

让人难以忘记的大提琴演奏家杜普雷，以生命为代价忘我演绎热爱的大提琴——她拉弦的姿势并不如女性的温和，而是充满野性与疯狂。她全心专注，没有观众，没有外物，她全心全意地演绎着自己热爱的音乐。一位提琴家在听过她的琴声后预言：“这样演奏提琴的人，一定活不长久。”不幸的预言成真，杜普雷在风华正茂的年岁患上多发性硬化症，从此无法演奏，最终过早地逝去。然而她的演奏，她专注的演奏却成了乐史上的华美乐章，她演奏的《埃尔加协奏曲》充注了全身心血与情感，至今无人超越。

3. 转是文章深刻的法宝之一

转有两种常见方式：反面转，假设转。

段落一：

如今，世人常叩问，为何我们的时代再难出天才，为何我们的时代再难出大师，天才的音乐家们，不朽的文学巨匠们，他们都随岁月而逝去，而再难寻得接班人。

原因在何？只因对比之下，过去的大师们哪一个不以毕生热情投入自己的事业，哪一个不以“追求学术顶峰”而全心为之？他们，都共同拥有“心在焉”的专注品质，因而铸得大器，因而书写传奇。

反观急功近利的当下，哪一位演奏家能够不为高昂演出费而出场？哪一位学者能够不为响亮的头衔而潜心钻研？一旦贴上利益标签，心，也难在焉。

段落二：

有些人将心放错了位置，便只能品尝失败的苦涩。唐玄宗爱着杨贵妃，沉迷于“温泉水滑洗凝脂”，换来的却只是“此日六军同驻马”，马嵬兵变，大唐风光不再。现在的一些人爱着名利金钱，向往高官厚爵，换来的却只是贪婪的双眼与累弯了的腰杆，却再也找不回“一蓑烟雨任平生”的旷达。可见，选择所爱，也应慎重。

心在何处？

有些人不知心在何处，便只能“解把飞花蒙日月，不知天地有清霜”。有些人找错了所爱，便只能如无头苍蝇，乱飞乱撞。而有些人，找对了心的位置，方不惧艰险，矢志不渝。

4. 合要升华

段落一：

眼泪不争气地涌出我的眼眶，我多想呐喊：这条巷子拆不得，拆不得啊！它不仅仅是我出生的地方，也是培育我温和性格的地方，更是让我感受人间温暖的开始。这里的一花一草，一砖一瓦都是岭南文化形成的开始。将这里拆掉，就是毁了我的根，就是毁了上百广州老街坊的根！可是，这样的呐喊谁会听见呢？人生的原点，文化的原点与高速发展的经济，与拔地而起的大厦相比，似乎已经变得渺小了。

段落二：

世人难道不应冷静下来，慢下生活的步调，心专注于事业，心在焉。那样，我们便可坚信，传奇将会再现，大师将会再临。

心要在焉，专注，投入，热爱，钻研。

地理综合题审题偏差原因分析及对策

地理教研组　曹欢颜

全国卷文综地理学科中，综合题分值共56分，包括两道必答题（36、37题）和一道选答题（10分，42题旅游地理、43题自然灾害、44题环境保护），题目往往以某一大比例尺区域为背景，以区域特殊地理事象（未曾出现在各版本教材中）为切入点（体现公平性），要求学生通过题目设问，结合图文信息，调动已有知识，确立解题思路，最终独立编制题目答案。其考查的核心是地理综合思维能力，难度、区分度都较大，体现高考选拔性考试的特征。因此，对考生及教师的有效备考提出了更高的要求。

在全国卷复习备考的第一年中，通过几次全市统一的大型考试，对考试综合题答题情况做了如下分析，发现一些具有普遍性的问题。比如，考生审题偏差，往往会导致严重失分，以下以深圳市第一次调研考试（深一模）为例进行分析说明：

一、针对题目设问出现的审题偏差

（1）阅读理解能力差，无法很好地理解出题人的意思，从而出现漏答或误答。以深一模36题第（1）小题为例，本题分值8分，难度0.40分，平均分3.23分，区分度0.23，就全市数据来看，得4分的学生占到35.7%。结合题目做进一步分析，题目设问为“分析卓乃湖溃决外溢的主要原因”，绝大多数得分低的学生直接将设问中的关键词“溃决外溢”等同于一概念，只认为“外溢”的原因就是湖水水量增大，从而导致答案只分析了冰川融化和连续降水对湖水上涨外溢的影响，未对“溃决”条件进行全面分析，忽略了“溃决”的地形地质条件，材料中关于“溃决”条件分析的信息如“东岸有古河道、东西侧湖泊的海拔”等也就无法捕捉运用。

（2）思维惯性，错误理解题目，导致整体答题跑偏。以深一模37题第（2）题为例，本题分值8分，难度0.29，平均分2.33分，区分度0.21，考生得分主要集中在0分（24.29%）、2分（29.8%）和3分（21.7%）三个分段，5分以上学生仅占4.1%。题目设问为“分析洞里萨湖沿岸出产‘世界最好大米’的主要原因”，该题的关键词是“世界最好大米”，考生如果抓住该关键词，稍微分析转换，即可将题目转换为“分析该处大米品质好”的原因，从而紧抓影响“农产品品质”的因素，如气候（生长周期、光照、昼夜温差）、土壤（肥沃程度、特殊营养物质等）、生产过程（无农药化肥）、生长环境（无污染）等结合区域具体特征组织答案即可。绝大多数考生却误将此题理解为“分析洞里萨湖沿岸‘发展水稻种植业’的区位条件”，机械调用答题模板，认为自己表述的农业区位条件就是产好大米的原因。

（3）生活经验不足，对设问中的隐含信息“想当然”地理解拔高。如深一模36题第（3）问：“为防止湖水通过狭窄的清水河外泄时毁坏青藏公路和青藏铁路，请提出防治措施。”该题满分4分，难度0.36，平均分1.43，区分度0.29，0分考生占48.3%，2分考生占41%，满分考生仅为10.7%。该题设问指向明确，需要学生有一定的生活实践，题目的关键点在于“河道狭窄”“河水外泄毁坏公路、铁路”，绝大多数学生的着眼点只在河流，且认为导致公路、铁路毁坏的根本原因是“河水外泄”，所以想当然地认为只要河水不外泄，就不会毁坏路基，从而给出了普遍性的错误答案，如“上游修建水库，植树造林，拦蓄部分河水；沿河修建大坝，阻挡河水外溢”等。其实，该题考查的是自然地理环境对交通线路的影响，其正确打开方式应从河流（自然地理环境）和路基（交通线路）两个方面出发，从河流本身看，为防止河水外溢，就要降低水位、减小流量，可通过“开挖加深加宽河道引流分洪”解决；从公路、铁路方面看，要避免毁坏路基，可通过抬高路基或者修建跨河桥梁解决。

（4）无法将题目设问和背景材料有效联系，导致答题脱离图文信息的指引和限制，失去得分助力点。典型题目是37题第（1）问，该题满分8分，难度0.07，平均分0.52，区分度0.10，0分学生占了86.5%，几乎是全军覆没。题目设问为“柬埔寨洞里萨湖沿岸农民主要从事渔业捕捞和稻米生产。分析当地农民一年中安排这两项农事活动的时间及成因”。抛开出题的局限性，学生在作答该题时基本上受到了惯性思维的影响，认为雨季雨热同期才有利于水稻种植，而之所以会受此惯性思维的支配，是因为没有将题目设问和背景材料有效联系。设问中的“当地”仅仅指“洞里萨湖沿岸泛滥平原”，这在题目所给的区域图中有明确的图例指示——泛滥平原（香米产区），如果考生注意并有效联系了图文信息，该题的答题方向就不会出错，后面的成因分析也就不会截然相反了。

（5）应试紧张，心态不稳，导致时间安排不合理，拿到题目就盲目作答，而没有思考整理编制答案的时间。该现象在考生中比较普遍，几乎每道题都有学生存在此问题。全国卷文综三科总分300分，时间安排两个半小时，而且题型除了选择题就是问答题，地理、历史两科还有选修题，因此时间紧张是必然的。但时间紧张不代表没有思考时间，尤其面对地理综合题试题难度增大，重视地理思维能力考查这样的现实，每道地理题在作答前都必须预留一定的思考整合时间，从全局着手，才能做到全面、准确。

二、应试策略

（1）平时多做限时训练，合理安排作答时间，稳定考场心态。这里的限时训练可根据实际情况灵活安排，平时的文综周测和历次大型模拟考试前，都需要向考生强调时间安排的重要性，答题之前应该有充足的读题（把控题目全局）、关键词勾画（获取有效信息）、题设预审的时间，落笔之前最好在试卷相应的题目旁边简单写出答题思路，即一道综合题的时间安排一般为3：2，3/5的时间用于审题、思考，2/5的时间用于完成答题卡。另外，可每周抽取3—4节课进行课堂限时训练，题量限定为1—2个小问，题型可根据复习内容针对性地设置。

（2）后期扩大知识面，教师可利用专题整合材料。近年来，“山”“河”“海”“岛”“湖”成为高考命题的活跃因素，其本身既是考查对象，又是重要的命题载体。对这些载体进行整合和集中研究，能帮助考生扩大知识面、串忆考点，在考场上遇到此类材料也能迅速进入状态，找到思考的着力点。因此，后期利用晚读和考生其他空余时间，分专题精心编制世界著名的“山”“河”“海”“岛”“湖”相关资料作为阅读材料，帮助考生扩大知识面，提高阅读速度。

（3）加强审题训练，避免答题偏差。只有正确理解题意，才能把握命题方向，做到有的放矢。平时训练可通过把握题设中的四大关键词来提升审题的精准性。四大关键词即：①内容回答词——题目必须回答的内容，常见分为六类：特征类、（区位）条件类、成因类、影响类、措施类、过程类。②解答方式词——回答问题的方式要求，常见为描述、分析、比较、评价、判断、简述等，其中与第1类内容回答词相联系，特征类的要求常为“描述”“比较”，条件类和影响类常为“评价”，成因类常为“分析”，过程类常为“简述”。③条件限定词——一般为地理事物的范围、时间或性质等。④题目中心词——题目讨论的直接对象。第③第④类关键词是联系图文材料和题设的关键，往往是我们在阅读材料时需要勾画的关键内容，是高考两大核心能力“获取和解读信息”“调动和运用知识”的体现。在平时训练中，要有意识地引导考生分解题设，找出这四大关键词，从而确定答题方向。比如，以深一模36（1）题为例，题目设问是“分析洞里萨湖沿岸出产‘世界最好大米’的主要原因”。其中，解答方式词是“分析”，内容回答词是“原因”，题目中心词是“洞里萨湖沿岸”，题目中心词是“出产世界最好大米”。准确找出四大关键词后，马上对题目进行转换，旨在分析洞里萨湖“沿岸洪泛区”大米品质好的原因，在此基础上确定答题思路，从影响“农产品品质”的因素：气候（生长周期、光照、昼夜温差）、土壤（肥沃程度、特殊营养物质等）、生产过程（无农药化肥）、生长环境（无污染）等着手，再结合洞里萨湖“沿岸洪泛区”区域特征，选择符合题目要求的因素分析即可。

地理综合题是考生失分重灾区，一部分考生在第一关“精准审题”时就被挤下独木桥，因此，在高三复习中，根据考生在审题过程中出现的问题进行针对性训练是必须且行之有效的。

对一节信息技术课的反思

信息技术教研组　陈家璇

教学内容：表格信息的加工与表达（2）。

教学背景：同学们已经上过一节表格信息的加工与表达，对表格有了一定的了解，对用Excel处理数据产生了浓厚的兴趣，为这节课打下了一定的基础。针对学生的学习情况，教师对本节课的教学过程进行精心设计，努力做到“教师带着学生走向知识”，而不是“教师带着知识走向学生”。学生在电脑室上课，为学生创设了一个良好氛围，这是发挥学生的主体性的基础。

教学过程：①学生根据课本的提示步骤把表格数据转换成图表，然后老师演示根据以前的经验，学生一般不愿意看课本，所以我做了精美的网页放在局域网里，这样学生更乐于接受；②通过学生自行探究得出利用图表加工信息的价值；③学生参与教学互动过程得出不同的用途要用不同的图表表示，才能得到有用的信息；④学生能从案例中体会如何通过数据表格及图表的分析得出结论，并写出报告的过程。

教学反思：

1. 本节课基本完成了课程目标，体现了新课改思想

在引入新的教学任务之后，我运用的是“学生主体性教学”。其指导思想是：一切从学生主体出发，让学生成为知识技能的“探究者”、难点问题的“突破者”，使学生真正成为学习的主人。由学生根据网页或课本上的步骤提示把表格数据转换成图标形式，学生通过亲自琢磨体会动手操作，会更容易产生疑问，也更有成就感，以上教学策略实践证明，以此作为原则的课堂是生动的，也是学生所乐于接受的。在以后的教学实践中，我会把它作为永远不变的中心法则，使课堂真正成为学生的舞台。

2. 体现了分层次教学

我上公开课的班级是中等层次的班级，这个层次的学生特点是课堂气氛比较活跃，但是学生的个体差异明显，完成任务的时间差距较大。考虑到这些因素，我在课件中设置了一栏扩展的内容，这样那些先完成任务的学生就不会觉得无事可做，以致扰乱课堂秩序，使整个课堂更好管理。

3. 把课本做成网页，提高学生学习兴趣

根据以前的经验，每每要学生看课本的时候，学生总会觉得无事可做，特别是需要学生自己根据课本操作的时候。总有那么一两个不死心的学生问我电脑室里能不能上

网。我想，既然学生那么喜欢上网，虽然外网上不了，每个电脑室有一个服务器，局域网是能上的。于是，我把课本上枯燥的操作步骤做成精美的网页放在服务器上，这给学生的感觉就是能上网了，学生一边点击各个网页，一边根据网页里的内容操作，使学生对知识产生亲近感，从内心乐意去接受新的知识。

4. 问题与改进

第一，忽视了与其他学科的联系。备课的时候，只注意了要体现新课改思想，小结的时候也只是提了一下和现实生活的联系。评课的时候，赵老师建议能把这节课的内容和数学里画抛物线联系起来，听了之后很受启发。很多时候，学生都是因为信息技术而学信息技术，很少会和其他学科联系起来，而信息技术学习的主要目的是应用，学生没有这个意识，老师应该慢慢地把学生往这方面引导，这样学生才能把信息技术学活。第二，课堂驾驭能力有待提高。作为中层次的班级，课堂气氛比较活跃，但是过于活跃的课堂会难以控制而显得课堂秩序有点乱。在何时收何时放，放到什么程度，把握得不太好。在以后的教学中还要继续积累经验，摸清学生的脾性，使课堂的节奏有张有弛，紧而不呆，弛而有度。

通过这次听课评课，我受益匪浅。今后的备课环节，在注意体现新课标对课堂教学的要求、注意分层次教学研究探索的同时，我将多多注意信息技术与其他学科的整合，让教学过程成为师生交往、互动、共同发展的过程。

高中物理必修板块教学研究性学习的程序和模式

物理教研组　陈伟锋

一、研究性学习的定义

教育部在2000年1月颁布的《全日制普通高级中学课程计划（试验修订稿）》中认为，研究性学习“以学生的自主性、探索性学习为基础，从学习生活和社会生活中选择和确定研究专题，主要以个人或小组作用的方式进行。通过亲自实践获取直接经验，养成科学精神和科学态度，掌握基本的科学方法，提高综合运用所学知识解决实际问题的能力”。大部分研究教育的专家认为，“研究性学习”可以有广义和狭义的两种理解。广义上的理解，它泛指学生探究问题的学习，可以贯穿在各科、各类学习活动中；从狭义理解，它是指学生在教师指导下，从自身生活和社会生活中选择和确定研究专题，以类似科学研究的方式主动地获取知识、应用知识、解决问题。

就研究性学习的上述定义可以看出，研究性学习运用了类似科学研究的方式，不仅注重学习书本知识，强调了学习如何从自然、社会中获取并应用知识的能力，把培育学生发现问题、研究问题、解决问题的能力摆在了十分突出的位置，让学生处于一种动态、开放、生动、多元、交互性的学习氛围下，充分地体现了学生的主体地位及教师的主导作用，在自主学习和主动探究的物理学习环境下，培养了学生的创新精神和实践能力，从根本上颠覆了传统的学习模式。

二、研究性学习的特点

根据研究性学习的定义，我们可以看出物理学科的研究性学习具备以下几个特点：

1. 实践性

研究性学习的实践性，主要体现在学生通过自己提出问题、解决问题的过程，不断以自身的自主意识与队友或教师进行交流和合作，并亲自动手制作有关物理模型或查阅相关文献、搜集信息资料甚至开展社会调研等。学生通过在教师的引导下，学会像科学家一样去经历“物理研究”的过程，体会其中的情感态度和价值观，学会科学知识，并掌握得到科学知识所需要的自身能力等。

2. 开放性

研究性学习的开放性，主要是指在开展课题研究的过程中，学生始终处于一个宽松而平等的交流位置，以及自由探索、积极分享的学习环境中，课题对答案的探求没有标准，学生对问题的看法都可以有自己的主张和发现。这样的学习可以拓展学生的视野，充分开发学生的想象空间，增长学生的知识，并提高学生的发散思维和创新能力。

3. 全面性

研究性学习的全面性主要包括两方面。第一，它面向每一个学生，在课题开展的调查、归纳、整理、观察、实践和体验过程中，要求每个学生都积极参与进来，各尽其能，各显神通，使课题的学习得到效率的保证。第二，在其过程中，学生的综合能力得到全面的锻炼，各项探究工作使得他们的信息搜集加工能力、直接经验提炼能力、综合分析能力、实际操作能力、社会交往能力及合作能力等都得到全面的发展和提高。

4. 互动性

研究性学习的互动性一方面表现在教师的组织和指导上可以适时地根据实际情况和学生反馈进行适当调整和协助，使学生们在过程中能够顺利进行并学有所成；另一方面体现在学生的成果汇报形式上，学生的成果可以直接反映学生对课题的深入程度，也能间接看到学生的成长和不足。在展示的过程中，可以渗透教师课题理解和成果，与学生进行比较，进行师生间的互动和交流。当然，更多的，每个小组之间也会有相互切磋、相互完善、相互评价等交互形式。这无疑为师生共同学习、共同提高提供了条件。

三、研究性学习与传统教学的比较

高中物理新课程理论认为课程是教师、学生、教学媒介和环境组成的一个有机的生态系统。传统物理课堂的教学普遍存在以应试作为目标，以记住知识作为标准的情况。最常见的物理课堂教学模式则是接受式的学习，强调的是对现成答案的攫取而不是对问题本身的探索。课堂完全由教师控制，单纯地提供传授知识的服务，学生的自主意识荡然无存，以背代辩，以读代做，以考代思，物理学应有的科学思想和求实态度视若无睹。课堂的提问知识以低层次的推理性、记忆性的问题为主，只为了考查学生对知识的记忆情况；而课堂的练习也停留在低层次的反复和套用，用统一标准作为判断的依据。这样无疑是将学生的创造性扼杀在摇篮中，使得大多数学生始终处于机械被动的学习状态，无法满足学生学会终身学习和健康发展的要求。首先，在此过程中，学生学习物理的兴趣逐渐消退，对待物理学习的印象更多地停留在了枯燥的概念、乏味的规律、烦琐的公式、抽象的思维、不明所以的实验而已。其次，在传统教学中，我们普遍推崇的是自我学习，即让学生对不明白的知识点进行课下的研究和理解，主张每个人需要对自己的学习负责，故而容易走向一个自我为中心的极端学习状态，不仅在让学生理解知识点上缺乏效率，也容易缺失与他人共同交流、相互成长的体验。

总之，研究性学习较之传统的教学模式在尊重学生主体地位、发挥学生创造力、强化物理知识的获得体验及构建交流合作的实践平台上，更能体现物理学习和学生能力培养的真正目标，能充分地贯彻新课改的素质教育方针和提高学生的物理学习积极性。

四、在高中物理必修板块开展研究性学习的必要性和优势

《普通高中物理课程标准》中提到，新的课程改革的目标是：高中物理课堂要基于九年义务教育的根本，以进一步提高学生的科学素养为主要目的，激发学生学习物理的兴趣，尊重和促进学生的个性发展；帮助学生获取未来发展所必需的物理知识、技能和方法，提高学生的科学探究能力；激起学生的创新潜能，培养学生的实践能力。

新的课程改革的出台无疑是对高中物理的课堂教学提出了更高更新的要求。要能真正实现新课改的教学目标，则必须放手让学生作为课堂的主体，激起学生的学习积极性，让学生学习并运用知识去解决实际问题，挖掘学生的创新能力。而这几点与开展研究性学习不谋而合。开展研究性学习，不仅能改变实际课堂的教学模式，使之更适合新课标全面发展的要求，也能够在根本上改变教师根深蒂固的教学理念和学生长久以来养成的接受式学习的错误观念，通过长时间的尝试和改变，才能让我国教育的发展走向更注重过程、更注重实际、更注重综合的新高度。

除此之外，在开展研究性学习上，高中物理有其得天独厚的独特优势。高中物理的课堂大可分为概念规律的学习、物理实验的操作及课外综合实践应用等三类，这其中包含着研究性学习开展的先决条件。首先，高中物理的概念、公式和规律大部分都是建立在前人观察研究的基础上，丰富的故事情境和事实素材能够为研究性学习提供有效的课题内容。其次，物理实验作为高中物理中不可或缺的重要成分，也是物理科学性的最高体现，在粤教版高中物理必修板块的教材中包括了14个学生实验，且几乎每节课都贯穿着演示实验，这些都为开展研究性学习提供了发现问题和研究问题的依据。不仅如此，在课题的设计上，更能够结合实验进行开展，充分地诠释了科学发现、解决问题及获取本质知识的探究全过程。最后，课外综合实践和应用则是要求学生根据课堂学习的知识解决生活问题或者制作物理小发明等，这一点可以作为研究性课题开展的成果部分，令学生在整个课题的研究上不仅能够学有所得，并能够结合知识解决问题或是完成有趣的物理小制作，满足了学生对成就感的追求，使学生在研究性学习的过程中对自身有更具体的要求和行动的动力。

再者，高中物理的必修板块作为高中物理学习的敲门砖，其重要程度不言而喻，不过其主要内容为动力学部分，知识难度不大，在门槛上比较低，并在课时的安排上有较大的宽松度，能够在满足了知识主线的学习之外每周留有一至两节课的时间用以开展研究性学习，这样可以大大地保证研究性学习开展过程的持续性和可操作性。而进入高中阶段，学生的思维能力、分析能力、想象能力、实验能力和数学能力上都有了较大的提升，在心理上也更容易接受新鲜事物和知识的刺激，对新奇和具有思考性的物理问题有较高的持续关注度，而这些条件都是开展研究性学习所必需的。所以，抓住学生在这个转换期对物理课堂进行研究性学习的模式改造，成功的可能性较大，也能对学生的成长起到毋庸置疑的促进作用。

五、高中物理教学研究性学习开展的程序

在研究性学习课程的设计上，首先，需要根据教学内容和生活实例确定研究性学习的课题，教师在此过程中需要事先做好一定的信息搜索和整理工作，并调查学生对课题的感兴趣程度；其次，结合物理教学的重难点及课标要求对教学流程进行设计，在此环节主要是将先前所整理的资源进行有机的排序和综合，并主要以提问题的形式作为课堂的核心部分；再次，进入实际的课堂，针对学生的学习情况的反馈进行适时的调整，并通过教师求得问题的解决；最后，便是通过安排课下学生需要完成的研究性课题的任务，如物理小制作、物理小论文或物理小发明等，通过在此过程中学生亲身体验和了解科学探究及物理结合生活的经历，使学生养成自主探究、创新的意识及动手实践的习惯，实现研究性学习的教育意义。其程序流程图如图1所示。

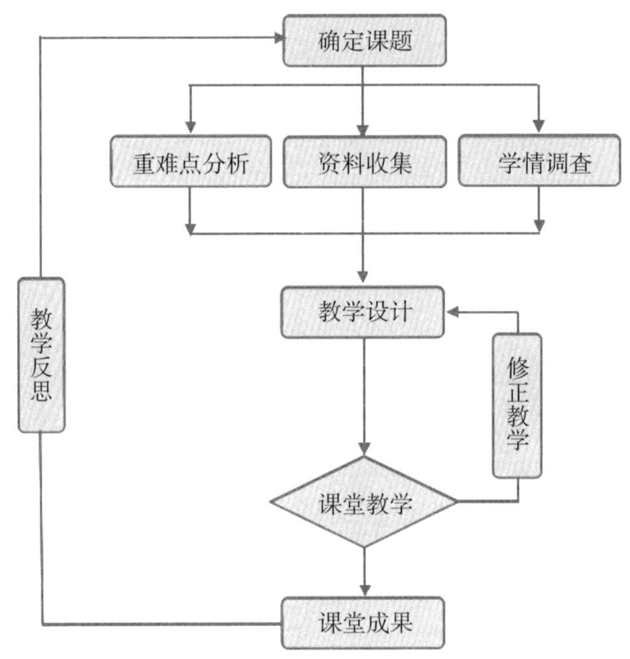

图1　研究性学习课程开展流程图

六、高中物理教学研究性学习的操作模式

作为在课程设计及实际实施上都与传统课堂相去甚远的学习方式，研究性学习更强调理论与社会、科学和生活实际的联系，更注重开发学生的创造潜能和探究意识。所以，如何在高中物理必修板块的教学上采用研究性学习，或者应该在教材的什么章节，或者教学的什么阶段采用研究性学习，这个正是广大教师所关注的。笔者根据自身的理解与对高中物理必修板块的研究，针对高中物理教学研究性学习的操作模式上，提出了以下几种操作模式：

1. 章节应用模式

在高中物理的必修板块教学中，我们可以看到，教材对教学内容的划分采用的是章节式的划分方式，各章节之间的知识都能独立成章，也有一定程度上的交织，有些章节甚至是下一章节所学习的基础。所以，在开展研究性学习的时候，教师可以通过用某一章前部分课时作为知识的讲授部分，并在章末开展一次研究性学习。借此对之前所学的物理知识进行复习和总结，并主要以日常生活或是高新科技作为课题背景，引导学生对所学内容学以致用，在实际中学习。如匀变速直线运动的操作模式，便是通过对前部分学习内容匀变速直线运动的相关运动学规律进行拓展和应用，以小组探究的形式对交通法规中的物理知识进行挖掘和解释。引导学生主动寻求问题的解决方法，使他们更关注社会，进而树立正确的世界观和社会责任感。

2. 情境创设模式

在高中物理必修板块中，教材越来越注重情境的创设和理论与实际的联系，也更倾向于让学生通过解决情境中的问题作为知识点的引入部分。所以，在开展研究性学习时，教师也能利用情境创设的方式，以情境下的“问题”或“课题”为中心，以“研究”为主线，将“学习”贯穿全过程。让学生在学习过程中主动收集相关研究资料，将被动学习转变为主动学习，将课业驱动转变为任务驱动，将外在管理转变为自我管理，将所学知识转变为问题的答案，则必然可以激发学生的学习激情，实现教师的教学期望。

如在高中物理必修板块中有一章是针对万有引力定律及航天技术的，对这一章节的学习，教师无疑可以在整个教学的设计上采用情境创设的模式。让学生充当航天研究员的角色，对航天技术的实质进行研究，并认识各类天体运动之间的联系。通过在情境下角色的体验，让学生保持学习的积极性，也认识到物理对科学研究的贡献。

3. 成果研究模式

物理是一门实验科学，许多物理规律的发现其实都脱离不开实验的探究，其重要地位是不可撼动的。在研究性学习课程开设之初，教师可以事先布置一个与本章节学习息息相关的研究任务，如撰写调查报告、设计物理实验、制作物理小发明等。将学生的注意力转移到一个共同的学习目标上，并在此过程中，通过资料整理、交流学习与动手实践等形式，内化物理知识，解决实际问题。而在研究性学习课程进入尾声时，学生通过以文字、图表、公式、实物等将本章节的内容总结出来时，学生将不仅得到知识，更能收获过程中的精彩经历和无与伦比的成就感。

如在高中物理必修板块中的机械能与能源章节，针对章节的知识，教师可以布置研究性学习任务，即通过自己的想法，制作一个能源转化装置。学生得到一个任务的驱动后，对后面的知识学习则会更有针对性，而教师在教学过程中也可以适时引导，提示学生可以通过怎样的方式将光能、机械能或化学能等能量与电能之间进行转化等。在最后的成果展示环节，每个小组都将作为课堂的主角去演示他们的物理小发明，这对学生自身的提高和对知识的深度理解都是极大的帮助。

基于历史核心素养的历史概念教学解读与实践

——以《两极世界的形成》为例

历史教研组 晨 曦

历史概念意指对一目、一节课、一个专题（单元）、一个模块乃至整个高中历史课程知识能起到统领、主导作用的概念。和初中历史教学相比，高中历史课本明显减少并简化了历史基础知识，更注重强调历史概念和历史理论的分析，倡导促进自主学习的教学方式，培养学生的创造性和独立性思维能力。从现有的高中历史课程内容的安排来看，无论是必修课程还是选修课程，都明确了学生需要重点掌握的核心概念。据统计，人教版教材必修（Ⅰ）（Ⅱ）（Ⅲ）学习模块明确要求掌握的概念分别达到88个、71个和74个，选修（Ⅰ）（Ⅳ）在导入中提到的核心概念分别是61个和52个。因而如何更好地教授和落实历史概念成为高中历史教学中一项非常重要的工作。因此，笔者试图在新课程标准颁布的大背景下，力求在历史概念解读与教学实践中落实核心素养的养成。

本文试图以人教版《两极世界的形成》高三复习课为例，总结以下心得体会，抛砖引玉，以期和同行之间进行交流探讨。

一、培养时空观念——历史核心概念体系化

历史概念能揭示历史现象的本质属性，具有抽象性和概括性，而某个历史概念抽象程度越高，学生理解起来就越困难，老师在课堂中也难以讲清。实际上，学生理解历史概念的过程是形象与抽象的结合。美国教育专家保罗埃金指出："问题常常可以通过具体化或形象化的实例来解决。"而新版高中历史课程标准就时空观念这一核心素养对学生做如下要求："知道特定的史事是与特定的时间和空间相联系的，知道划分历史时间与空间的多种方式，并能够运用这些方式叙述过去，能够按照时间顺序和空间要素，建构历史事件、历史人物、历史现象之间的相互关联。"

据此要求，笔者于课前布置学生以概念导图形式呈现历史概念，要求学生将一个历史概念的不同历史时期的阶段特征予以联系整合，从而更好地将抽象的历史概念形象化，并能有效地同化相关概念，深化对历史概念的理解。更重要的是，它还可以帮助学生建构历史的时序性和整体性，将历史事物放在历史发展的长河中进行观察和认识，探寻不同时间和空间下的历史事件、历史现象之间的相互联系，从而更好地提升学生运用时空观念分析和解释历史的能力。

以本课为例，本课所涉及的历史概念即为"冷战"，其在高中历史中地位非凡。从

狭义上而言，“冷战”所指美苏两国由同盟走向对峙这一历史过程。但从广义上来看，“冷战”涵盖了整个“二战”后国际关系和世界格局，布雷顿森林体系建立、苏联体制改革、20世纪70年代以来日本和欧洲经济的崛起、新中国外交思路的转变都和“冷战”有着一定的关系，而时至今日，“冷战思维”“冷战阴影”更是经常见诸报端，可见它对当前的国际政治关系仍然影响深远。

（一）交流分享：我眼中的“冷战”

教师：“冷战”这个词，我们并不陌生。大家作为高三的学生，我想在讲课之前请大家用简短的语言概括自己对“冷战”的理解。

设计意图：在课堂的开始，以交流的形式让学生来畅谈他们对冷战这一历史概念的理解，有几个意图：第一，通过学生的阐述，让教师对学生掌握知识的水平进行了一定程度的了解，从而在接下来的教学进行适当调整，避免知识的重复教学，实现教学的有效性。第二，以“说出来”的形式让学生分享自己对这个概念的理解，也是学生对已有知识内化巩固，并形成严密逻辑体系的重要阶段。第三，经过学生略带感性和粗线条的描述，为接下来老师教授形成理性认识奠定重要基础。

（二）两极对抗：“冷战”的定义

教师：我们在学习一个觉得比较困难、比较深奥的概念的时候，其中有一个很好的方法就是对这个核心概念进行拆分。比如对于“冷战”这个概念，我们可以将其拆分为时间、国家、范围、形式、内容五个重要要素，并分别对此解读。下面我请同学回答一下这五个要素的内涵。

学生：时间：“二战”后到20世纪90年代初；国家：以美苏为首两大集团；范围：全球；形式：“冷”除直接战争之外，“战”指经济、政治、军事、外交、意识形态等各个领域的对抗争夺。

设计意图：本环节是落实历史概念教学的第一步。教师首先教会学生拆分概念这一思路，然后引导并且提示这一概念的构成要素，从而便于学生直观而形象理解这个概念，并借助学生的思维进一步运用概念同化方式进行教学。

（三）横岭侧峰：“冷战”的过程

教师：在学习并掌握了“冷战”的定义之后，接下来我们将共同学习“冷战”的过程。在原有复习的过程中，我们主要是从政治角度来学习“冷战”，实际上作为“二战”后将近半个世纪的重要历史事件，“冷战”对世界政治、经济均产生了极其深远的影响。如果以思维导图的方法来呈现“冷战”和世界史关系，同学们又有什么样的奇思妙想呢?

学生：（展示思维导图1，见图1）我们组将“冷战”的过程分成四五十年代、六七十年代和九十年代三个时间段，其中四五十年代的美苏两国在政治、军事、经济方面的一系列对峙，标志着两极对峙格局的正式形成。而六七十年代期间，美国深陷越南战争泥潭，造成实力大规模的削弱，与此同时，西欧和日本崛起，因而世界多极化趋势初现端倪，到了苏联解体之后，世界多极化趋势得到发展。

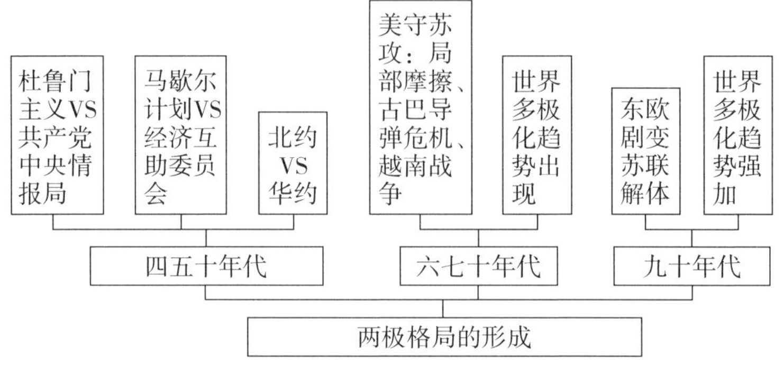

图1　思维导图1

教师：这位同学的思路非常清晰，更难得的是它将孤立的“冷战”和整个“二战”后的世界政治局势的变化结合在了一起，还有没有其他不同的见解呢？

学生：（展示思维导图2，见图2）我们组认为“冷战”涵盖以下六个方面的内容。它们分别是冷战爆发的原因、冷战的具体表现、美苏之间关系变化、冷战的影响、冷战的启示及冷战对“冷战”下的中国。我认为“冷战”并不是美苏之间孤立的斗争，实际上它的发展对新中国外交政策也起到了很大的影响。比如新中国成立初期的“一边倒”政策、比如七十年代中苏关系恶化、美国改善对华关系实际上都和“冷战”有着密切的联系。

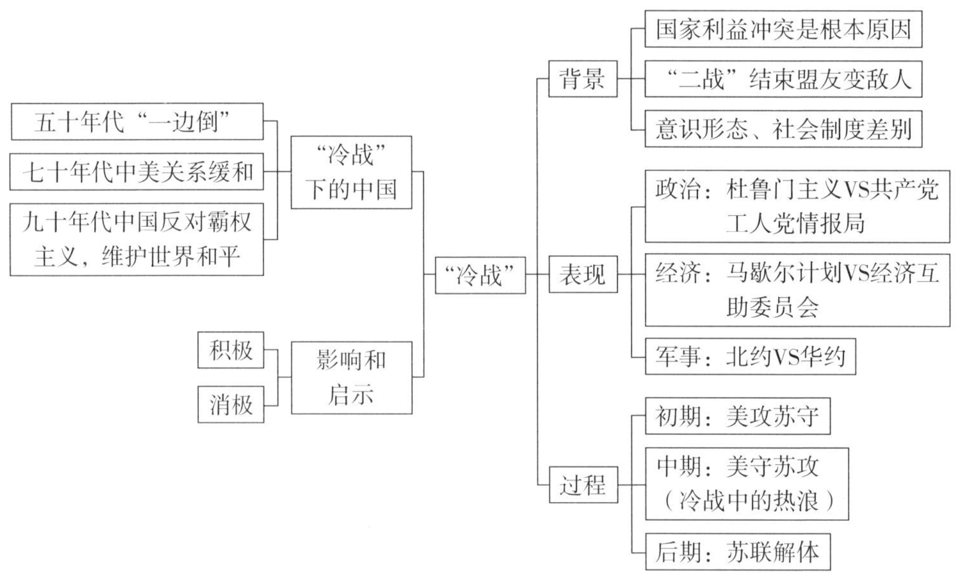

图2　思维导图2

教师：那么通过这份分析，你认为从“一边倒”政策到中美关系的缓和，反映出新中国外交发展什么特点？

学生：我认为新中国的制定的外交政策越来越成熟，更能够符合本国的根本利益，也同时体现出独立自主的外交原则。

设计意图：思维导图是一种比较直观的表示、检查、修正和完善知识的认知工具，它可以通过图示方面将各类概念连接而成并形成知识网络，这种形象化的方式可以加深学生对知识结构的理解，架构学生对时空观念和空间观念的基本认识，从而将历史概念体系化。

二、历史解释：历史核心概念内涵化

历史解释是指以史料为依据，对历史事物进行理性分析和客观评判的态度、能力和方法。新版的高中历史课程标准把历史解释作为核心素养之一，并提出了具体的要求：“区分历史叙述中的史实与解释，指导对同一历史事物会有不同的解释，并对各种历史解释加以辨析和价值判断。”因此，在我们复习历史概念的教学过程中，高中历史老师应“充分汲取历史研究的新成果、合理吸收史学阅读成果中提炼出核心观点，体现出史学阅读成果和学情、学法的有机结合”，从而帮助学生更好的深化理解原有的历史概念，拓宽其对历史深度和广度的思考，并借此培养他们的历史解释能力、史料研读能力以及历史思维能力。

以本课为例，在第一环节“化友为敌：‘冷战’的起源”部分，笔者选取了美苏两国学者对于“冷战”的主流观点，在讲解清楚这一概念的同时，也增强学生历史解释和史料实证能力。

教师：“冷战”的起源是分析美苏从战时同盟转变为对手和敌人的原因。那么“冷战”究竟为何会爆发？长期以来，美苏两国各执一词，接下来我们就了解一些美苏两国学术界一些主流观点。

材料1：“冷战”初期，美国政府认为，苏联应对“冷战”的产生负责。因为苏联是一个注重军事和侵略的国家，具有沙俄扩展主义传统。而美国所采取的行动是“自由人民对苏联侵略的勇敢和根本的反击”。苏联方面则认为美国是出于对苏联和社会主义力量壮大的恐惧，是镇压、破坏世界社会主义运动、工人运动、民族解放运动的需要。

——刘金质《冷战史》

材料2：“冷战”结束后，美国历史学家加迪斯认为“冷战”的起因要从军事、经济、意识形态、各国相互作用进行多层次的研究，研究美苏建立各自帝国的方式及其差异，他特别强调美国战后对“现实政治”的追求，只要斯大林掌权“冷战”就不可避免。

——戴超武《“新冷战史”与冷战后美国外交史学思潮的发展》

教师：通过阅读，你认为以上这两段史料在描述“冷战”起源的问题上有什么特点？

学生：美苏两国都站在本国利益的角度批评指责对方，因而不够客观。随着历史的发展，两国对于“冷战”的看法愈发公正客观，但仍然不全面。

在总结提升环节，笔者引入“‘冷战’对‘二战’后全球化做出了贡献”这一最新的历史观点，实际上意在突破学生的传统思维局限，加强学生对于历史横向联系，将“冷战”和“布雷顿森林体系”这个重要的概念进行有效的联系，从而拓宽学生思考的广度和深度。

4. 战争和平：新视野下看“冷战”

教师：提到“冷战”，传统观点认为“冷战”对于二战后的世界造成毁灭性的打击。有人认为“冷战”将世界分裂成两个方面，极大破坏了世界的和平。那么“冷战”有没有产生一些积极的影响呢？我们看一组学术界最新的资料。

材料1：欧洲1792—1945年的153年中发生了23场战争，平均造成2820万人死亡。但“冷战”期间欧洲没有发生一场战争。

——约翰·米尔斯海默《大国政治的悲剧》

学生：从这段材料所提供的数据来看，“冷战”虽然伴随着热战，但在一定程度上保证了世界处在一种相对和平的状态。

材料2：“冷战”的最终作用是一体化而非一体化，虽然它造成了东西方深刻的分裂，但是这种分裂为西方内部的一体化整合服务。并且潜在地为“冷战”后形成单一的全球体系做出贡献。

——叶江《大变局——冷战与全球化》

教师：谁来告诉我“二战”后美国推动“西方一体化”和“全球化”的体现？

学生：美国对欧洲的援助，促进欧洲经济的恢复，这就为它走向联合奠定了重要的物质保障。而“二战”后由美国所倡导建立的布雷顿森林体系和国际贸易体系，虽然保障了美国的霸主地位，但是使得世界经济朝着体系化、制度化方向发展。

材料3：“冷战”期间，资本主义为避免大危机再次发生，纷纷改变形象，加强国家对经济的干预，建立广泛福利制度。

——白建才《美苏冷战史》

学生：“二战”结束后，美国继续加大了对本国经济的干预，而苏联也进行了一系列经济体制改革。

这实际上也体现出美苏两国并非完全的对峙，至少经济政策方面两国有着一定的借鉴。

设计意图：历史概念的学习不仅在于历史知识的传授，更重要在于历史解释能力的提升。学生通过阅读史料，知道了对同一历史事物会有不同的解释，并能对各种历史解释加以辨析和价值判断，从而学会透过历史表象发现其根本问题的能力。笔者一贯主张在高三的复习课上不应仅仅只把重心和时间花在基础知识的巩固上，更应该在大时间跨度的复习里，更好地落实和提升学生解读、辨析史料的能力，教会学生历史分析思路和方法，通过历史解释和史料互证将历史概念内涵化。

三、家国情怀——历史概念现实化

葛兆光教授说过：“历史真正的普遍意义仍然在于布罗代尔所说的‘国民意识’的建构，用一个比喻形容，历史仿佛给人们提供着关于‘故乡’的回忆……使人们一想起故乡就觉得亲切，使互不相识的人一听到共同的故乡就有‘同乡’甚至‘同根’的感觉，‘君从故乡来，应知故乡事’，即使是在很远的地方，也始终存在着眷念，这就是历史的价值。”作为一门人文学科，中学历史教学的终极目标在于培养学生的“国民意识”，落实核心素养中“家国情怀”的教育，增强学生对于国家和民族的高度认同感、归属感、责任感和使命感。因而在本课最后环节，笔者将“冷战”这一概念从历史引入现实。

教师：“冷战”虽然已经结束，但“冷战”思维和由“冷战”所构筑的国际关系和国际准则依然产生深刻影响的今天。比如当前备受关注的中美贸易战问题，在一定程度上讲它也是美国对中国崛起的遏制一种手段。那么请你谈谈崛起之时的中国应该拥有怎样的大国智慧？作为中学生的我们，又该肩负什么样的历史使命？

总之，笔者在自己有限的教学实践和思考中感觉到，在高中历史概念教学中贯穿对历史核心素养的落实和思考，不仅有助于更好地解读历史概念，从而更好地提升学生掌握历史的能力，还能够有助于涵养学生的“时空观念”“历史解释”“家国情怀”等核心素养的落实，从而更好地符合新课程标准的课程目标设计以及学生素养的发展。

作为一名历史老师，经常会被学生问：“老师，学习历史究竟有什么作用？”我的回答是：“无用乃大用！”诚然，历史无法帮助我们解决现实的问题，但是历史至少能够带给我们在现实面前一些启迪和思考，历史能够引导我们理性客观地分析问题，同样历史也能够带给我们人文精神的熏陶和智慧的启迪。我想，作为一个历史老师，应始终心怀高尚教育的情怀，做学生精神世界的引路人和同行者。

以“六顶思考帽”辨析滴滴顺风车事件

语文教研组　成　娟

2018年8月24日，乐清女孩赵某乘坐滴滴顺风车前往永嘉县，途中不幸遭受侵害，嫌疑人钟某次日被抓获，交代了犯罪事实。此事距离5月6日空姐事件仅三个月。悲剧接连发生，当我们为生命的凋零而痛惜时，又不断有新闻曝光：“滴滴客服”对赵某家人的求助一再延误；事发前，该司机因猥亵女乘客被举报却未被处理；“滴滴公司”事后希望用金钱“三倍偿还”受害者的父母……社会的广泛关注导致该事件不断升级，滴滴是被叫停还是整改，网评各执一词，莫衷一是。

为了对滴滴顺风车事件有更全面的认识，进行更客观的评价，提出更理性的建议，2019年9月初，我们开展了《滴滴打车，能否让生活更美好》的时评课，并将“六顶思考帽”引入课程教学中，本文是关于此次时评探究课的一点思考。

一、六顶思考帽的含义

“六顶思考帽”由英国学者爱德华·德·波诺提出，早已被美、日、英、澳等50多个国家引入学校课堂，同时被世界许多著名商业组织所采用作为创造组织合力和创造力的通用工具，譬如西门子公司有37万人学习了波诺的思维课程，随之产品开发时间缩短。“六顶思考帽”是一种平行、多元、立体的思维工具，六种不同颜色的帽子代表六种不同的思维模式。

1. 蓝色思考帽

蓝色代表冷静与理性，蓝色帽是指挥之帽。戴上蓝色思考帽，我们可以调动思维中的控制与调节功能，可以支配另外五个思考帽的使用顺序，规划和管理整个思考过程，并负责做出结论。

2. 白色思考帽

白色代表数据与信息，白色帽是客观之帽。戴上白色思考帽，意味着保持中立，关注客观的事实与数据。例如，我们可以这样提问：滴滴顺风车事件提供了哪些具体事实？呈现了哪些细节？从哪些片段，我们可以找到与这些细节相关的证据？

3. 红色思考帽

红色代表敏感与预感，红色帽是直觉之帽。红色是情绪的颜色，换上红色思考帽，我们就能马上表现自身的感受和想法，不用思考，也不用说出对应的理由，因此较为感性而缺乏理性。例如，滴滴顺风车恶性事件频频发生，是否应直接叫停滴滴。当然，我们的直觉又告诉我们不可以。

4. 黑色思考帽

黑色代表逻辑与批判，黑色帽是严谨之帽。换上黑色思考帽，我们可以运用否定与质疑的方式，尽情发表负面的意见，找出逻辑上的错误。例如，如果因乘客安全受到威胁要叫停滴滴，我们需要考虑这个事实：是不是叫停滴滴，乘客的安全就一定能得到保证？

5. 绿色思考帽

绿色象征着生命力，代表着探险性，是创造力之帽。换上绿色思考帽，意味着个性与创新，我们可以运用求异思维进行创造性的思考或头脑风暴等活动，往往会产生新的想法和看待事物的新方式。例如，当讨论遇到瓶颈时，我们会想想是否有别的方法可以处理这个问题？换一个角度来思考，是不是有新的可能性？例如，网络时代，消费习惯已经养成，乘客有需求，滴滴作为最大的网约车平台，真正叫停的可能性不大，那么从整改的角度考虑，滴滴公司可以做点什么呢？

6. 黄色思考帽

黄色代表正面与肯定，是乐观之帽。换上黄色的思考帽，我们就能从事情的正面去看待问题，表达欣赏与赞同，或是提出建设性的意见。黄色思考帽往往涉及肯定性的评估，它会去探测和侦察意见事物的价值及利益，然后努力为这些价值和利益寻求逻辑上的支持。黄色思考帽和黑色思考帽都需要找到支撑自己想法的证据，但黑色代表负面，黄色代表正面。例如，滴滴自身加强管理，提高司机入行门槛，进行职业培训，及时处理乘客投诉建议，安装一键报警系统，乘客的安全很大程度上可以得到保障。

二、运用六顶思考帽辨析“滴滴打车，能否让生活更美好”

一般说来，六顶思考帽团队在探究问题时，要求所有人同时戴同一种颜色的帽子，使用顺序如下：①陈述问题事实（白帽）；②提出如何解决问题的建议（绿帽）；③评估建议的优缺点：列举优点（黄帽）；列举缺点（黑帽）；④对各项选择方案进行直觉判断（红帽）；⑤总结陈述，得出方案（蓝帽）。

在本节时评课中，由蓝帽子调控，六顶思考帽的使用顺序是：红帽—白帽—黑帽—黄帽—绿帽—蓝帽。

1. 红帽子阶段

学生了解到滴滴顺风车恶性伤害事件接连发生，当即谴责缺乏社会责任感的滴滴公司及毫无人性的肇事司机，表示会直接把滴滴拉入黑名单，抵制滴滴，不坐顺风车。

部分网民的素质堪忧，以空姐顺风车事件为例，悲剧在网络传播后，各种谴责空姐本人的言论甚嚣尘上，这些舆论对受害者家属造成了二次伤害，即使删除相关恶意评论，也无法从根源上改变网民素质。

2. 白帽子阶段

滴滴公司在凭借各方优势，在竞争中一家独大，在网约车行业中处于龙头地位，滴滴公司的司机和用户数量远远多于其他平台。

2018年5月空姐事件之后，滴滴表示会整改，但仅仅三个月后，恶性伤害事件再次曝光，网民质疑滴滴公司的整改力度。滴滴公司司机的准入门槛太低，审核机制欠缺。乐清事件中的肇事司机之前多次猥亵女乘客未遂，乘客投诉，滴滴公司并未及时处理，管理不善。从聊天记录来看，客服礼貌的答复和实际做法有天壤之别，这更加说明滴滴对客服人员的管理培训不足。

滴滴表现出社会责任感的缺乏。在受害人的父母正为女儿之死悲痛不已时，滴滴竟公然对人命标价，对受害人的父母造成了二次伤害，中年丧女，人心的冷漠，未来可预见的悲寂……这伤害将是深刻的，无可愈合的。从这一点来看，滴滴的冷漠难以被原谅。

滴滴作为一个提供网约车服务的企业，却在情人节顺风车平台推出了“我们约会吧”“顺风车，就该这么玩”的广告，宣传语暧昧，明显赋予了服务以社交属性，这种做法虽无可厚非，却在某种程度上促使了此次案件的发生，这进一步反映了滴滴对外宣传策略上的缺陷。滴滴公司管理有漏洞引发信任危机，滴滴公司出台所谓“最严”整改，并无限期下架顺风车。

肇事司机人性扭曲，其犯罪行为严重违反道德准则及社会法制，是非人性的行为。乐清案司机钟某的背景调查显示，他曾向22家公司借贷，且有多次不良记录。钟某本身也处于社会底层边缘群体之中。悲剧发生，这究竟是个体的不幸还是社会的悲哀？但是，无论生活多么艰难，钟某都不应该做出如此丧尽天良的行为。

乘客网约车出行时，不能只考虑性价比，应把安全放在第一位。乐清赵某作为独自出行的女性，目的地偏远，本身更应注重自身安全。从某种程度上来说，她对安全意识的忽视间接导致了悲剧的发生；另外，女孩下午两点左右已发出求救信息，家属却在将近四点才报警，在第一声“救命”发出后，受害者的朋友并未多加考虑（也可能是没有看到求救信息），有可能以为是开玩笑，直至一小时后才发觉不对劲，这类疏忽本可以避免。

部分同学认为，女性的身份是此次事件中不可忽视的案发因素，其根源在社会上仍存有的对女性的偏见，例如有人认为：女性不应穿着暴露，否则就是诱使他人犯罪。但我们必须明确，无论女孩如何穿着，这都不应该成为坏人实施犯罪的理由，罪责也不应该落到受害人的头上。

滴滴顺风车事件只是网约车乱象的一个缩影，其内部的黑暗深不可测。

3. 绿帽子阶段

滴滴公司提高企业的社会责任感，对生命怀有敬畏之心。滴滴公司积极提高企业内部管理水平，提高司机入行门槛，采用实名制，加强从业人员的素质培训，密切关注乘客投诉内容并及时处理，健全用户反馈机制及应急机制。

国家出台网约车相关条例和法律，对网约车的经营范围进行评估，能否将网约车司机个人信息及GPS实时位置与警方的“天网”系统连接，能否将乘客出行信息整合到公安部门的大数据监控分析系统中。国家规范市场秩序，还网约车市场一片和谐。

滴滴事件让大众聚焦社会底层边缘人群，其中夹杂的不甘、艰苦与苟且可能隐藏着犯罪的源头，应当加强对这类人群的关注，尽可能地减少社会阶级断层，加强人文关怀。

网约车出行，安全应在第一位。例如，乐清赵某乘坐顺风车前往永嘉县，自以为方便省钱，也足够安全；司机钟某注册假车牌后作案，将赵某杀害后抛尸，自以为能成功逃脱法律的制裁；滴滴在空姐遇害案后，并未积极整改，自以为可以蒙混过关。参与事件的各方都存有侥幸心理，都在事故发生的小概率上坚持自我。在各个因素的叠加之下，这场悲剧最终发生。

4. 黄帽子阶段

滴滴公司是中国大陆网约车行业的领头羊，承担着更多的社会责任，危机之下，积极整改，下架顺风车服务，建立健全改善机制，推出新方案、新举措，说明滴滴知错就改，亡羊补牢，为时不晚。

滴滴联合政府和公安部门行动，出台有效的整改措施，提高滴滴公司自身的美誉，给滴滴用户带来安全感，也可引领其他打车公司一同创造和谐的网约车市场。

中国互联网行业也会受益，毕竟中国互联网处于恶性竞争的初级阶段，政府要求滴滴全面彻底整改，杀一儆百，调节市场规范，也让深陷泡沫之中的互联网大佬们醒醒脑。

5. 黑帽子阶段

从事件本身来看，作案司机的行径正是底层边缘人群犯罪的一个代表，这充分体现了在当今社会人民日益增长的美好生活需要与不平衡不充分的发展之间的矛盾。

从空姐遇害到赵某遇害，滴滴的安全保障机制都存在大量漏洞，但如果将网约车司机个人信息及GPS实时位置与警方的“天网”系统连接，将乘客出行信息整合到公安部门的大数据监控分析系统中，那么司机和乘客的个人隐私是否能被保护?

从事件后各方的反应来看，部分媒体为了吸引眼球不惜继续进行不恰当的追访，设置舆论导向，此等举动对正处于困境中的滴滴，以及悲痛万分的受害者家属，都是一种伤害。当今社会，这种只顾利益、自私冷漠的行为，着实令人心寒。而部分网友对受害者“诱使犯罪”等不恰当评论，亦表现了性别歧视及教育素养的缺失。

6. 蓝帽子阶段

滴滴企业方积极整改，健全审核机制，提高管理水平；以滴滴为代表的网约车企业应提高自己的社会责任感，尊重生命，富有情怀；市民出行应当注意安全，不能贪求方便而置自己于险境；提高公民素养，加强社会文明建设，给予社会底层边缘人群更多关怀，构建和谐社会。

三、六顶思考帽在时评课运用中呈现的优点

六顶思考帽是一种角色扮演的思维游戏，同一时间戴上同一种颜色的帽子，思考者在一个时间段只需要做一件事，围绕着“滴滴打车，能否让生活更美好”这一问题，同学们积极讨论，提出各式的意见，这种思维模式的优点很突出。

第一，关注学生的思维过程，可以使思考有序化简洁化。六顶帽子的思维与六种颜色形象地对应，依次按六个颜色来推进思维过程，易于理解，容易操作，且活动者不必花太多时间照顾自己的情绪、情感、创造力、领导力等。

第二，提高学生的学习动机，化解针锋相对的矛盾冲突。思维游戏可以让课堂活泼有趣，戴上不同颜色的帽子，思维可以自由地切换，坦诚交流而不陷入互评尴尬的状态，使得思维锻炼的可接受性大大提升，让各种不同的想法和观点能够和谐地组织在一起。诸如看到红帽子就联想到直觉与情感；看到黑帽子就联想到逻辑与批判，看到黄帽子就联想到积极与乐观，看到绿色帽子就联想到创新与冒险，看到白色帽子就联想到数据与信息，看到蓝色帽子就想到系统与控制。

第三，促使学生进行主动构建，六顶思考帽可以促使学生调动各项思维能力，进行全面思考。帮助学生跳出新闻事件本身，把自己的生活经验与新闻事件进行链接，可以客观看待新闻现象，辩证地多向度地思考社会问题，提出良好的问题，理性地表达，并勇于为社会问题的解决献计献策。

四、六顶思考帽在时评课运用中出现的困难

将六顶思考帽引入语文时评课中，需要教师和学主动积极参与，在我们的行为逻辑中，这种参与有着潜在的困难。首先是高中学生群体，他们中的大多数习惯于被动地灌输式的课堂，除非是这种训练和努力有很明显的收益，否则他们很难克服长期以来形成的“惰性区域”，激发和培养学生佩戴不同的思考帽来分析问题，学生需要大量的阅读，需要牺牲大量的课余时间，才能总结和提炼有效的问题，梳理出有效的汇报资料。

同时，六顶思考帽对教师提出了更大的挑战，教师不再是讨论的旁观者，而是时评辩论中的组织者、参与者和协调者，相比起学生，教师的“惰性区域”更难克服。六顶思考帽可以提高学生的思维能力和创造力，但是这种成效在考试分数上短期内并不能显现，且显而易见的是，教师需要付出大量的时间和精力准备与不同的思维进行衔接，并且在讨论中要与学生保持高强度的关注，这对于教师本身来说也是一种挑战。

五、结束语

滴滴顺风车事件已然过去，留下的不只是一张道歉声明及一纸判文，该事件体现出的是互联网企业高速发展中存有的监管漏洞，是媒体只为流量博人眼球的自私冷漠，某种程度上也体现了当今社会的矛盾。

以六顶思考帽来管窥滴滴顺风车事件，在多角度地解读时事新闻的同时，引导学生做一个有温度的社会公民，我也感受到学生思维火花碰撞时的愉悦。我们真诚地希望，生活在这样一个时代的你和我，能够摒弃浮躁，辩证地看待时事热点，深刻地思考事件的本质，能理性地发问，多一些坚守与关爱。我们立足于社会，也将有能力尽绵薄之力来改变社会。衷心祝愿整改后的滴滴，能让出行更美好！

核心素养导向下的英语语法情景教学

——以名词性从句为例

英语教研组　奉青松

一、学科素养与英语情景教学法

情景教学法（Situational Teaching Method）指“在教学过程中，教师有目的地引入或创设具有一定情绪色彩的、以形象为主体的生动具体的场景，以引起学生一定的态度体验，从而帮助学生理解教材，并使学生的心理机能能得到发展的教学方法”。余文森在《核心素养导向的课堂教学》一书中将其归纳为六种核心素养为导向的基本教学策略之一。可以说，在新一轮的课改中，这种形成与20世纪60年代的教学形式被学科素养赋予了新的生命。

把语法知识放在特定的情景中，能够使呆板无趣的语法知识变得灵活生动，使复杂的语法现象更加容易为学生理解。通过创设情景、提供例子，让学生参与到语法现象的呈现和语法规则总结归纳的过程中，比起传统的叙述性方法（Descriptive Method），这种方式更具生成性（generative），学生对所掌握的语法知识更为牢靠。当然情景教学也有一定的局限性，如果学生思维方式错误，就不大可能参与语法规则的归纳；另外，情景教学法比起单纯的语法知识讲解要耗费更多的时间。

情景化语法教学设计的几个原则：①生活化：语法的学习应该强调语用，联系生活、把生活引入课堂，让课堂走进生活，以生活中的实例，把语法知识活化。②实际性：创设的情景要以解决实际语法问题为原则，不能为了创设情景而创设，流于表面，创设情景的目标、依据要明确。③适应性：创设的情景应该难易程度要适合全班大多数的同学。④形象：情景要新颖、生动，要能激发学生学习兴趣。

在教学中，知识的情景化可以“让学生参与、体验知识产生或者运用过程的情景，从而直观地、富有意义地、快乐地理解知识或者发现问题乃至创智知识”。情景教学是一种站在学生认知和世界观角度的教学形式，注重学生的观感和体验，不仅能够调动和提升学生的学习兴趣，提高学习效率，更能增强学生的创造力。这正符合核心素养对于学习能力、文化品格、思维品质的要求。

二、课堂实例——名词性从句，我是这样创设情景的

这堂课需要解决以下几个问题：什么是名词性从句，名词性从句的连接词有哪些和各自的用法。难点在于知识点众多，为了将复杂的语法知识简化，让学生更为直接、高

效地掌握这一语法现象，我创设了Dinning Out（在外就餐）这一大的情景和六个小的情景，具体如下：

情景1：Should we leave a tip?　　情景2：A Careless Housewife

“Should we leave a tip? ”及“A Careless Housewife”这两个情景呈现不同用法的名词性从句，让学生对名词性从句的概念以及语用功能形成初步的认识。场景的设置源自真实生活，比起传统的归纳模式（Inductive Method），更符合学生的认知水平和语言能力。

Noun Clauses with ***That***

情景3：The Upside-down Spaghetti

We use *if* and *whether (or not)* to introduce a **yes or no questions**. They are similar in meaning, but *if* doesn't precede an subject, appositive or a predicative clause. *If* is not used after a preposition or together with "or not".

情景4：Overcooked Food and Outrageous Price

Embedded Questions

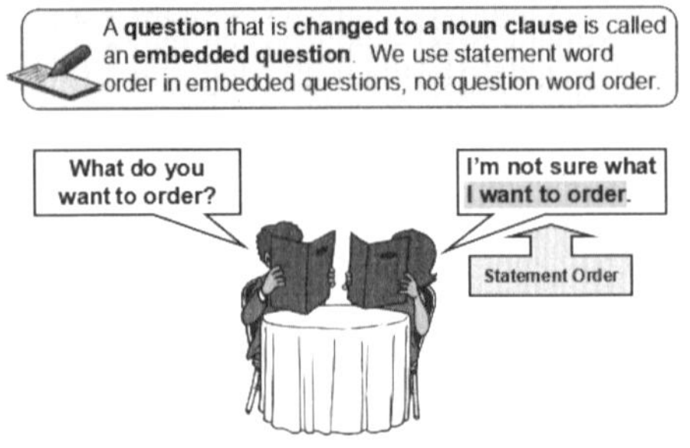

情景5: What to order?

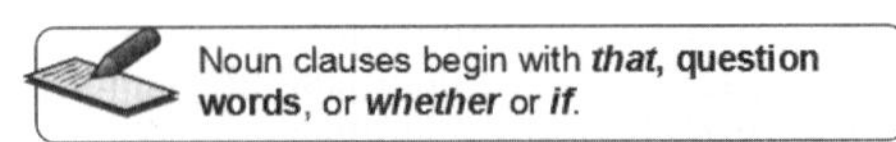

情景6: Pay the bill

以上四个情景中通过对话的形式，分别呈现了that，wh-疑问词，whether/if这三种名词性从句的引导词，这也是该语法点的重点和难点；通过真实的场景和生活化对白，学生对原本复杂、难懂的语法概念有了更为直接的认识。

在这堂课中，通过就餐这一学生熟悉的生活情景，并分别设置了六个小的场景，一一将名词性从句的重难点呈现出来，化繁为简，深入浅出，收到了不错的教学效果。但是也存在一些不足，比如虽然六个小情景都在就餐这一大情景下，但彼此之间缺乏联系，从而没有形成一个连贯的情节。对于在核心素养导向下如何开展语法情景教育，我将继续探索下去。

高中音乐与戏剧表演课浅谈

音乐教研组　甘　玲

《音乐与戏剧表演》这门课程涉及面很广，包括中国戏曲、中外歌剧及音乐剧，无论是哪一种戏剧都离不开音乐与表演。其中，音乐剧是本模块重要内容之一，它是音乐、歌曲、舞蹈和对白结合的一种戏剧表演，剧中的幽默、讽刺、感伤、爱情、愤怒作为动人的组成部分，与剧情本身通过演员的语言、音乐、动作及固定的演绎传达给观众。它的音乐通俗易懂，因此很受大众的欢迎，但是在课堂上我们如何上好这个单元呢？教师先要清楚《音乐与戏剧表演》这门课程的宗旨不是仅限于让学生观看视频、欣赏作品，应把握本模块的课堂教学、具体实施组织教学将传统的“逼我学”的模式变成“我要学”的模式，让学生真正参与其中，把学生真正压抑的个性张扬出来。作为教师一定要清楚实施的目的，这也是我们高中音乐教师现阶段很有必要思考的问题。结合自身的教学实践，谈谈几点个人思考：

一、音乐剧的定义

音乐剧早在19世纪晚期已活跃在英国伦敦西区，而美国百老汇音乐剧的出现，将音乐剧推进一个崭新的历史阶段，成为最时髦的大众文化形态，代表作有大家比较熟知的《西贡小姐》《悲惨世界》《猫》等作品，还有一些目前比较流行的美国音乐剧《歌舞青春》《妈妈咪呀》等作品。20世纪80年代，中国引进了欧美音乐剧的成功经验，并将它与我国传统的民族戏剧有效嫁接，产生了中国式的现代化本土音乐剧。代表作有《小草》《四毛英雄传》等。在教学中，教师首先要让学生了解什么是音乐剧，它有什么特征？它与歌剧的区别是什么？其实二者的区别还是很明显的。与歌剧比较，音乐剧的音乐及歌唱分量相对较轻， 戏剧剧情、舞蹈的成分更重要，内容形式更加丰富，它是一门综合于戏剧，音乐，舞蹈于一身的现代舞台剧，具有艺术的综合性、现代性、多元性和灵活性。

二、选取学生比较熟悉的作品或歌曲入手，培养学习兴趣

在普通高中课程标准实验教科书里，音乐剧里面的作品内容都是比较早期的经典之作，如果第一节课就让学生接触这些作品，可能有些学生不太愿意接受。因此，教师可选择学生比较熟悉、流行的现代音乐剧或歌曲入手，先培养他们的兴趣，例如学生比较熟悉的西方音乐剧《猫》，它在西方世界的成功益于家喻户晓的艾略特诗歌，其中，剧中一曲《回忆》（Memory），是音乐剧音乐经典之作也被大家广为传唱。因此，教

师可以通过这首歌来吸引学生注意力，并且将它延伸到剧情中。这是剧中“魅力猫”演唱的歌曲，她是全剧最重要的角色。她年轻时是猫族中最美丽的一个，厌倦了猫族的生活到外面闯荡，但尝尽了世态炎凉，再回到猫族时已经变成了一只蓬头垢面、丑陋无比的老猫。整个猫族不愿接受这个背叛猫族的流浪者，对她非常敌视。她以一曲《回忆》平息了所有猫对她的敌意，唤起了对她的深深同情和怜悯。因此，歌曲也是充满忧伤的感觉。所以可以通过学生比较熟悉的作品或歌曲入手，吸引学生的注意力，培养学生的兴趣。

三、培养学生鉴赏能力及评价能力

在音乐课堂中，教师的引导作用很关键，在以往上音乐剧这个单元的时候，绝大部分老师只是放作品给学生看，学生真正收获的很少，也许过几天就忘记了。所以，教师要培养学生欣赏作品的鉴赏能力，深入作品中研究剧中的剧情、音乐、舞蹈及每个人物特点。例如，在欣赏《猫》这部作品的时候，教师可以提出问题：“剧中的音乐、舞蹈、剧情都起到什么作用，哪个最突出？”请学生做出评价。其实《猫》中的剧情是很简单的，音乐虽动听，但仍敌不过舞蹈的丰富多彩，所以看过《猫》的观众都知道它的舞蹈相当突出。为了传达剧情，编导们不惜用了大量的舞蹈场面来表现猫的不同特征和性格，教师可以从舞蹈方面去引导学生分析猫们的性格特征，这里有轻松活泼的踢踏舞，又有凝重华丽的芭蕾舞，还有充满动感的爵士舞和现代舞，使全剧风格奔放，角色突出，活力四射。又如音乐剧《西区故事》中，在充满暴力和争斗中，也有《玛丽娅》这样异常柔和婉转的旋律，这是整个故事情节中最经典的一幕，他是托尼抒发内心体验甜蜜爱情的一段唱，教师可以从音乐上去引导学生分析，歌曲分为三段体结构，每一段主人翁所表达的感受是什么？从音乐特点上去分析，第一段用到大量三连音、切分音，并在低声区重复模进表达了托尼初恋中爱的萌发，第二段中转调，虽有切分音三连音，但是旋律加宽，旋律在中高音徘徊，再加上#4和b7的离调色彩，将主人公急于表达幸福情感升华。最后一段，作曲家用了大跳与前两段进行强烈对比，意味着这美好的爱情是永恒的。通过对音乐的分析来引导学生感受主人公的情绪，所以在课堂中教师应不断引导学生，要把主动权交给学生，让学生在欣赏作品的同时能够深入作品分析，学会鉴赏及评价作品的能力.

四、创造角色与尝试表演

音乐剧不是一种单纯的表演，而是一种综合性的表演，它是音乐、舞蹈、剧情相结合的一种高难度表演，对演员的综合素质能力要求高，对于学生来说难度较大，所以教师应鼓励学生去尝试表演和创造角色。对于高中阶段的学生来说，他们内心是很渴望有属于自己的舞台，但是由于害羞而不敢尝试，怎么样去诱发学生的表现欲望，使他们敢于展现自己，从“我能够”转变到“我善于”的境界，从而使其个性得以充分张扬，成为充满自信、有个性的人，而这种个性意味着创造力。没有个性就无所谓创造性，因此，教师在这过程中要发挥引导作用。

1. 引导者

教师一定要注重自身的参与，这种参与不仅是角色上的参与，而要在整个角色分配、剧本道具的选择中都要给予学生引导，同时教师也是一名心理调剂师， 要善于发现每个学生的优势，不断鼓励学生参与表演，克服学生羞怯的心理，让学生对教师产生一种信任感，从而一步步引导学生参与到表演中来。

2. 大胆模仿，尝试表演

一定要在学生对作品深刻了解的基础上让学生去模仿剧中的人物表情、演唱及舞蹈动作特点，对剧中的戏剧表演这部分，教师首先一定要专门设两堂课先解放学生的天性，让每个学生当众去模仿一些动物，进行无实物表演，解除学生心理的顾忌，鼓励他们大胆表演，通过这个氛围来解放天性，为音乐剧排练奠定基础。音乐剧的演唱含有很高的技术性，教师可以引导学生先建立角色的声音形象，如音乐剧《猫》中扮演没礼貌的演员，在演唱《回忆》这首歌时，为表现悲哀的内心情感，运用了时断时续的声音、颤抖的声音及绝望的呼喊声等，而这些声音的运用都需要美声歌唱的基础，因此在学习的时候尽量让学生打开纵向腔体，体会着力点在鼻腔以上的位置，尽量模仿歌曲的演唱风格。

3. 阶段性排练

在教学上可以分组演习，每组学生在自选或教师指定的“导演”的指导下，根据自己的特点和特长来分配角色，进行排练。如音乐剧《悲惨世界》，第 一段监狱场景中既有困囚《苦囚之歌》的合唱，又有冉阿让和雅维特的对白，既有表现一群囚犯在监狱里顶着烈日劳作的形体表演，又有狱卒施暴的舞台动作等，这些都需要“导演”在规定音乐中进行舞台调度和指导，在初排所形成的构架基础上，进一步去创造鲜明性格的舞台人物形象。教师应协助“导演”随时让同一角色的学生相互观摩和交流，以形成教学与创作表演的互动，并且可以让学生把角色分为ABCDEF角，尽量让更多的学生尝试到不同角色的表演，教师给予每组一定的评价。这样，人人都参与角色，充分发挥了学生的主体性。如果有条件，可在彩排和正式演出时进行摄像，可以让学生更直观地评价自己。

4. 创造角色

任何一种艺术创作都离不开想象，学生的创作表演也是如此，尽管音乐剧演员是在剧作家和曲作家创造的人物形象的基础上进行再创造，但是要想把剧本中的文学形象再创造为舞台形象，演员仍然必须运用自己的理解、想象和感觉进行再创作。在初次表演中，学生可以先对本角色进行模仿，建立好自信心后，把学生的个性激发出来，再尝试不遵循故事情节规律来创作表演。教师应该引导学生发挥想象力，让学生根据自己的理解和想象，对剧中人物进行增加或延伸，创编更加充实和深刻的音乐剧。

五、与生活结合，创编音乐剧

通过对音乐剧的学习，学生在实践中了解音乐剧编演的常识，教师应鼓励学生结合生活，创编音乐剧，发挥学生的创造力和组织能力，并且在校内给学生提供舞台，让更多热爱表演的学生来参与实践活动中。

通过以上教学，基本达到音乐与戏剧表演的情感与价值、过程与方法、知识与技能这三项教学目标。总之，作为高中音乐教育工作者，我们应积极投入课堂实践中，不断总结音乐新课改的成绩与经验教训，不断更新教学理念，改进教学方法，在真正提高音乐教学质量的同时激发学生的艺术想象力，发掘学生的艺术创造力，在课堂中与学生一同感受美、体验美、创造美。

解析几何二级结论在高考解题教学中的应用研究

龙城高级中学　郭朋贵

近年来，高考试题一直关注对数学核心素养的考查，尤其是数学运算求解能力的考查。运算求解能力是思维能力和运算技能的结合，包括分析运算条件、探究运算方向、选择运算公式、确定运算程序等一系列过程中的思维能力，也包括在实施运算过程中遇到障碍而调整运算的能力。高考中对运算能力的考查主要体现在运算的合理性、准确性、熟练性和简捷性。解析几何是高中数学的重要内容，是考查学生运算求解能力的载体之一。高考主要考查直线与圆、椭圆、抛物线、双曲线的定义、标准方程和简单的几何性质。其中，直线与圆锥曲线的位置关系是考查重点。在解析几何解答题中，载体主要是椭圆、抛物线和圆。在与椭圆相关的题目中，椭圆弦长公式是高频考点，是求三角形或四边形面积的必备条件。解析几何计算量较大，学生不愿计算，一看到解析几何就想逃避。广大一线教师深知这一点，也在这方面加大了教学力度，但是效果不尽如人意。如何突破瓶颈，提高学生的分数呢？高中数学二级结论是指通过教科书给出的原始公式或定义所推导出的结论。笔者在2017届、2018届高三数学教学中进行了一些尝试，取得了较好效果。

一、解析几何中几个简单的二级结论

在高三一轮教学中，笔者发现当出现离心率、通径、双曲线的渐近线等相关知识时，学生总是算不对。而如下结论则在解题中多次出现，笔者就在课堂中将它们提炼出来。

（1）在椭圆中，$e^2=1-\dfrac{b^2}{a^2}$；在双曲线中，$e^2=1+\dfrac{b^2}{a^2}$；

（2）在椭圆 $C:\dfrac{x^2}{a^2}+\dfrac{y^2}{b^2}=1$（$a>b>0$）或双曲线 $C:\dfrac{x^2}{a^2}-\dfrac{y^2}{b^2}=1$（$a>0$，$b>0$）中，过焦点$F$（$c,0$）作与$x$轴垂直的直线，其与圆锥曲线的交点坐标为$\left(c,\pm\dfrac{b^2}{a}\right)$；

（3）双曲线 $C:\dfrac{x^2}{a^2}-\dfrac{y^2}{b^2}=1$（$a>0$，$b>0$）的焦点$F$到渐近线的距离为$b$.

上述三个小结论，笔者在教学中有意多次重复，各层次的学生都能快速接受并主动应用，有效提高了学生解选择填空题的速度。

二、直线与椭圆的位置关系和椭圆中弦长公式的两种形式

1. 两个结论

结论1：已知椭圆$C:\frac{x^2}{a^2}+\frac{y^2}{b^2}=1$（$a>0$，$b>0$，$a\neq b$），直线$l:Ax+By+C=0$（$B\neq0$）.

联立$\begin{cases}\frac{x^2}{a^2}+\frac{y^2}{b^2}=1\\ Ax+By+C=0\end{cases}$，可得关于的一元二次方程：

$(a^2A^2+b^2B^2)x^2+2ACa^2x+a^2(C^2-b^2B^2)=0$,

$\Delta=4a^2b^2B^2(a^2A^2+b^2B^2-C^2)$. 有如下结论：

（1）$\Delta=0\Leftrightarrow A^2a^2+B^2b^2=C^2$，此时椭圆与直线相切；

（2）$\Delta>0\Leftrightarrow A^2a^2+B^2b^2>C^2$．此时，直线$l$与椭圆C有两个交点$P(x_1,y_1)$，$Q(x_2,y_2)$，则

$$x_1+x_2=-\frac{2ACa^2}{a^2A^2+b^2B^2},x_1x_2=\frac{a^2(C^2-b^2B^2)}{a^2A^2+b^2B^2}.$$

弦长$|PQ|=\sqrt{\left(1+\frac{A^2}{B^2}\right)}\ |x_1-x_2|=\sqrt{\left(1+\frac{A^2}{B^2}\right)}\ \sqrt{(x_1+x_2)^2-4x_1x_2}$.

结论2：已知椭圆$C:\frac{x^2}{a^2}+\frac{y^2}{b^2}=1(a>0,b>0,a\neq b)$，直线$l:Ax+By+C=0(B\neq0)$

联立$\begin{cases}\frac{x^2}{a^2}+\frac{y^2}{b^2}=1\\ Ax+By+C=0\end{cases}$，可得关于$x$的一元二次方程：

$$(a^2A^2+b^2B^2)x^2+2ACa^2x+a^2(C^2-b^2B^2)=0.$$

则$\Delta=4a^2b^2B^2(a^2A^2+b^2B^2-C^2)$.若$\Delta>0$，设直线$l$与椭圆C两个交点为$P(x_1,y_1)$，$Q(x_2,y_2)$.则

$$x_1=\frac{-2ACa^2+\sqrt{\Delta}}{2(a^2A^2+b^2B^2)},x_2=\frac{-2ACa^2-\sqrt{\Delta}}{2(a^2A^2+b^2B^2)},|x_1-x_2|=\frac{\sqrt{\Delta}}{a^2A^2+b^2B^2}.$$

所以弦长$|PQ|=\sqrt{\left(1+\frac{A^2}{B^2}\right)}\ |x_1-x_2|=\sqrt{\left(1+\frac{A^2}{B^2}\right)}\ \frac{\sqrt{\Delta}}{a^2A^2+b^2B^2}$.

由此可得推论1、推论2。

推论1：已知椭圆$C:\frac{x^2}{a^2}+\frac{y^2}{b^2}=1(a>0.b>0,a\neq b)$，直线$l:y=kx+m$与椭圆C有两个交点$P(x_1,y_1)$，$Q(x_2,y_2)$．联立$\begin{cases}\frac{x^2}{a^2}+\frac{y^2}{b^2}=1\\ y=kx+m\end{cases}$

可得关于x的一元二次方程$(a^2k^2+b^2)x^2+2kma^2x+a^2(m^2-b^2)=0$……①

则$\Delta=4a^2b^2(a^2k^2+b^2-m^2)>0$，$x_1+x_2=\frac{-2kma^2}{a^2k^2+b^2},xx_2=\frac{a^2(m^2-b^2)}{2(a^2k^2+b^2)}$.

所以弦长$|PQ|=\sqrt{1+k^2}\ |x_1-x_2|=\sqrt{1+k^2}\bullet\sqrt{(x_1+x_2)^2-4x_1x_2}$.

推论2：已知椭圆 $C:\frac{x^2}{a^2}+\frac{y^2}{b^2}=1\,(a>0,b>0,a\neq b)$，直线 $l:y=kx+m$ 与椭圆C有两个交点 $P(x_1,y_1)$，$Q(x_2,y_2)$. 联立 $\begin{cases}\frac{x^2}{a^2}+\frac{y^2}{b^2}=1\\ y=kx+m\end{cases}$

可得关于x的一元二次方程 $(a^2k^2+b^2)x^2+2kma^2x+a^2(m^2-b^2)=0\cdots\cdots$ ①

则 $\Delta=4a^2b^2(a^2k^2+b^2-m^2)>0$,

$$x_1=\frac{-2kma^2+\sqrt{\Delta}}{2(a^2k^2+b^2)},\ x_2=\frac{-2kma^2-\sqrt{\Delta}}{2(a^2k^2+b^2)},\ |x_1-x_2|=\frac{\sqrt{\Delta}}{a^2k^2+b^2}$$

弦长 $|PQ|=\sqrt{1+k^2}\,|x_1-x_2|=\frac{\sqrt{1+k^2}\cdot\sqrt{\Delta}}{a^2k^2+b^2}$（分母为方程①的二次项系数）.

2. 试验情况

2016届高三，笔者执教高三文科数学。文科数学解析几何解答题较少考查弦长，直线与椭圆的位置关系是必考内容之一。在教学中发现大多数同学在解相关题目时，很少想到用Δ来确定直线与椭圆位置关系。少部分同学想到了，也由于Δ计算复杂容易算错而直接放弃。由上面的结论1和结论2可得：

椭圆$C:\frac{x^2}{a^2}+\frac{y^2}{b^2}=1\,(a>0,b>0,a\neq b)$ 与直线$l:Ax+By+C=0$相切，则$\Delta=0\Leftrightarrow A^2a^2+B^2b^2=C^2$；椭圆 $C:\frac{x^2}{a^2}+\frac{y^2}{b^2}=1\,(a>0,b>0,a\neq b)$ 与直线 $l:Ax+By+C=0$ 相交，则 $\Delta>0\Leftrightarrow A^2a^2+B^2b^2>C^2$.

在教学中，笔者带领学生推导并提炼了这个结论，经过三周的练习。全班39名同学由最开始的5名同学能得到这结论，变为31位同学能得到这一结论，效果显著。

2017届和2018届高三，笔者执教高三理科数学。直线与椭圆的位置关系、弦长公式是理科数学解析几何解答题必考内容之一。在高二解析几何教学和高三第一轮复习时，学生熟知的都是结论1和推论1。在高三一轮复习时，学生回顾了解析几何基础知识，重点班的同学可以完成解析几何解答题第一问。对第二问要么算不对，要么不做。2017深一模考试数据如表1所示。

表1　2017深一模各班平均分和解几解答题（20题）平均分

班级	1班	2班	3班	4班	5班	6班
各班平均分	99.33	98.33	112.62	97.52	98.28	91.81
20题平均分	3.88	3.10	5.44	4.52	3.94	4.83
班级	7班	8班	9班	10班	11班	12班
各班平均分	82.36	89.4	88.23	88.8	80.34	83.19
20题平均分	3.02	2.60	1.63	3.00	1.66	1.46

试卷总分150分，20题满分12分。3班为火箭班，1、2、4、5、6班为第一层次班级，7—12班为第二层次班级。

经过二轮复习，重点班的同学第二问都会动笔，但是弦长算不出来，从而无法进行下去。2017年4月，笔者和董松锋老师在各自执教的高三01班和04班做了如下试验。我们带领学生推导并得出结论2和推论2，并引导学生应用，并通过每周一测检验效果。具体实验数据如下：

（2017.5.7周测试题）20.已知椭圆 C：$\frac{x^2}{a^2}+\frac{y^2}{b^2}=1$（$a>b>0$）：过点 $\left(-1,\frac{3}{2}\right)$，且离心率为 $\frac{1}{2}$，过点P（1, 0）的直线l与椭圆C交于M，N两点.

（Ⅰ）求椭圆的C的标准方程；

（Ⅱ）已知O为坐标原点，且 $\overrightarrow{PO}=\overrightarrow{OR}$，求 ΔMNR 面积的最大值，以及此时直线l的方程.

各班得分情况如表2所示。

表2　2017.5.7周测平均分和解几解答题平均分

班级	高三01班	高三02班	高三03班	高三04班	高三05班	高三06班
全卷平均分	103.77	97.02	122.93	103.98	100.04	97.95
20题平均分	4.55	2.57	8.21	4.02	3.26	3.35
20题算出弦长的人数	25	12	31	21	15	16

（2017.5.31周测 厦门二模）在平面直角坐标系xoy中，△ABC的周长为12，AB，AC的中点分别为F_1（-1，0）和F_2（1，0），点M为BC中点。①求点M的轨迹方程；②设点M的轨迹为曲线Γ，直线MF_1与曲线Γ另一个交点为N，线段MF_2中点为E，记$S=S_{\Delta NF_1O}+S_{\Delta MF_1E}$，求$S$的最大值。

各班得分情况如表3所示。

表3　2017.5.31周测平均分和解几解答题平均分

班级	高三01班	高三02班	高三03班	高三04班	高三05班	高三06班
全卷平均分	106.65	106.05	117.44	106.94	103.24	105.5
20题平均分	7.2	5.5	9.38	6.90	5.85	5.83
20题算出弦长的人数	20	8	34	16	9	10

3. 试验带来的启示

在求弦长时，数学成绩中等或以上的同学使用推论1或推论2能有效提高计算速度和准确率，提高得分率提升自信心，从而降低同学们对解析几何的畏惧感。在使用这些结论时，应让学生先理解，明确各个结论的适用范围和可能出错的情况。在教学中发现学

生会出现如下错误：推论2中，判别式分别为同学们由此得到判别式中括号前面的系数一定为$4a^2b^2$，事实上，这样是有风险的。例如联立$\begin{cases}x=my+3,\\ \dfrac{x^2}{12}+\dfrac{y^2}{3}=1,\end{cases}$所得方程$(m^2+4)y^2+6my-3=0$（*），其判别式$\Delta=48(m^2+1)$而不是$\Delta=144(m^2+1)$，产生错误的原因是椭圆中$a^2$，$b^2$不是互质的，我们在去分母得到方程（*）时同乘的是$a^2$，而不是$a^2b^2$，如果学生把握不了此种情况，建议学生直接计算$\Delta$，又如在使用结论$|y_1-y_2|=\dfrac{\sqrt{\Delta}}{a^2+b^2t^2}$或$|x_1-x_2|=\dfrac{\sqrt{\Delta}}{a^2k^2+b^2}$时，同学们经常会问：老师这个到底什么时候能用啊？抛物线可以用吗？事实上引导学生回顾一下结论推导过程，就能轻松发现只要直线与圆锥曲线有两个交点，此结论就是适用的。不管这个曲线是圆、椭圆、双曲线还抛物线，都可以使用这个结论。

三、其他解析几何的二级结论

解析几何二级结论很多，笔者在教学中也认真跟学生一起探讨过如下结论：过椭圆$C:\dfrac{x^2}{a^2}+\dfrac{y^2}{b^2}=1(a>b>0)$上一点做斜率互为相反数的两条直线交椭圆于$A$、$B$两点，则直线$AB$的斜率为定值；椭圆$C:\dfrac{x^2}{a^2}+\dfrac{y^2}{b^2}=1(a>b>0)$上不与左右顶点重合的任一点与左右顶点构成的直线斜率乘积为定值$-\dfrac{a^2}{b^2}(a>b>0)$；圆锥曲线在一点处的切线方程、圆锥曲线的切点弦方程等。在教学中，同学们兴致盎然，乐于接受。但由于其考试频率相对弦长公式少一些，且结论可在解题时自行推导出来。甚至部分同学为了应用所学结论反而答题时无法下手。因此，建议老师们只需在课堂上讲解相关推导过程开阔学生解题思路，不必要求学生记忆结论。

“思维导图”在高中概念复习中的应用

——《通过激素的调节》教学反思

生物教研组　何　龙

高中生物《通过激素的调节》内容属于微观的人体内部生理知识，比较抽象，既有主干的、核心的知识要点，又包含了众多的与生活相联系的零碎知识点。因此，这部分内容的复习，往往成为教师教学的难点与学生复习的难点，需要为学生找到一个有效的能够系统归纳知识要点又不是教师生硬灌输的复习方法，而思维导图可以很好地帮助学生整理知识，提高理解准确度。

一、思维导图的作用

研究表明，思维导图能够帮助人们在认识事物方面拥有一个整体的全局化的观念。它注重表达与核心主题有关联的内容，并可展示其层次关系以及彼此之间的关系。它以放射性思考模式为基础的收放自如方式，为教师和学生提供了一个有效思维图形工具，运用图文并重的技巧，开启了学生大脑的无限潜能。生物概念复习中引入思维导图的教学模式，具有其可操作性、高效性。思维导图不仅涵盖了大量生物概念，且梳理了生物概念之间的关系。学生可以事半功倍地回忆知识要点，然后理解每个要点和涵盖的二级要点，依次类推下去。此回忆的过程即是知识的再现和再加工过程。这样，知识就可以在头脑中留下较深刻的印象，其保持效果就可以得到提高。通过思维导图让学生进行自我梳理、自我总结，可以很好地发现问题、找出不足，并及时地解决不足之处。在生物知识的实际运用中，即使学生不能在头脑中准确查找到知识要点，但可通过紧密的“思维导图”网络，寻找知识点彼此之间的关联性，非常有利于解决实际问题。

二、思维导图的“构图”

在绘制思维导图之前，首先要学习如何构图，而不是把纸张当成草稿纸，随意地进行思维导图的“设计”。生物教学中采用思维导图即是用图形、符号、曲线表达生物思想、记录生命现象、总结生物规律的方法。它展现的是大脑抽象思维的过程，对关键词、图像、符号、线条建立记忆链接，从一级主题开始向四面八方辐射、延伸，产生二级、三级主题，直至学生现有、特有思维的暂时终结。

1. 思维导图的“设计”

第一步，要明确一级主题，所有的思路、想法都围绕一级主题展开。

第二步，展开联想，从这个主题想到什么，越多越好。不管属于什么层次，不管正确与否，不要去管，尽管想出来，写下来。

第三步，进行分类，围绕一级主题确定好二级主题，这些二级主题不应该重叠，把它们写在一级主题的四周，用线条链接起来。

第四步，围绕二级主题，重复前面三个步骤，找出三级主题。依次类推，直到穷尽所能，不能再发散开去了。

以上步骤全部结束后完成最后一步，也是尤为关键的一步，寻找和确立各级主题之间的横向和纵向关系。

如本课例中，我们将一级主题确定《通过激素的调节》。围绕这一主题，我们联想到的是体液调节和激素调节，便将它们确立二级主题。三级主题便是调节的对象、物质来源和去路、参与的系统、影响因素、构建模型等。有了思维导图的基本构思后，绘图时，要从一张白纸的中心开始绘制，周围留出空白。东尼·博赞认为“从中心开始，可以使你的思维向各个方向自由发散，能更自由、更自然地表达你自己”。因此，我们应该在白纸的中央写上《通过激素的调节》，然后在周围写上“来源、去路、调节机制、影响因素、模型”等，用线条将之与一级主题之间联系起来。思维导图的分支要注意自然弯曲，而不要经常性的使用一条直线。通常人的大脑会对直线感到厌烦。有了曲线更像一棵“知识树”，有主干，有分支，有绿叶，有花朵和果实。

2. 思维导图的“形式”

绝大多数的思维导图都采用文字，通过简单的点和线的结合来进行表述。这对于其他的学科来说理所当然，但生物是有生命的，有其独特的外部形态和结构。如果只是文字，很难将之完美地表达出来或非常烦琐。如“胰腺”的结构、《通过激素的调节》的路径，我们就可以采用图形的形式予以快速简洁的表达，其涵盖的信息量将更加丰富。

研究表明，有时一幅图可以抵得上一万个词汇。如果我们尽可能用图形来代替文字，这样的思维导图将更加让学生喜闻乐见。图像越有趣，学生越能精神集中，调动多元智能的表达形式让学生更愿意去学习。

3. 思维导图的“色彩”

如果思维导图始终是黑色，会让人感到压抑和无趣。和图像一样，色彩丰富的思维导图更能让人兴奋和有兴趣。颜色让我们的思维导图有强烈的生命力和感染力，而且可以为学生的创造性思维增添巨大的能量。如我们用红色箭头表示一级主题，蓝色箭头表示二级主题，不仅让人一目了然，更可以表示出不同的生物概念及其之间不同的关系。

三、思维导图的“绘图”

1. 学生独立绘图

学生不可能一下子就能很好地掌握思维导图，首先可以从最简单的思维导图开始绘制，经过两三节课的绘制基本就可以绘出比较完整的、能够反映学生已有知识储备的思维导图。学生自行、独立、闭卷绘图，是学生自我建构、梳理知识体系的过程，也真实反映学生现有的知识储备和知识网络，有利于学生找出不足，加以复习。对于《通过激素的调节》这一复习课中，学生若能够在课堂上当堂绘图，效果最佳。如果时间有限，可以让学生在课前预习时独立完成初步的、核心概念的构图，课堂上再进行完善，这样可以很好的节约有限的课堂时间。

思维导图的绘制中学生经常出现的问题是“简单的抄袭课本”“有的学生所列内容只有原理、概念等，有的学生却过于详细、繁杂，没有重点”。教师课堂巡视时要着重指导，让学生明确思维导图应该绘制的一、二、三级主题，拨冗存精。

2. 小组分工绘图

《通过激素的调节》的思维导图由于内容丰富，如果将知识要点全部绘制完成，耗时较长，可以进行分组绘图。分组绘图可以集中各组同学的知识储备和智慧，将思维导图尽可能地完善化。但分组绘图也有其局限性，学生没有能够将全部的知识点进行梳理。因此，是否分组分工绘图的选择应由教学内容决定，根据教学内容予以判断，如果分组不影响知识的整体掌握，可以采用这种方式也可以采用另一种方式进行绘图。

3. 小组完善绘图

由于分组时关注了组内异质，学生个体之间存在差异，个人的能力是有限的，不可能每位同学都能绘制出比较完善的思维导图。这时，可以指导小组长，让全体小组成员参与，选出一份相对完善的图画。在这份图画上，通过小组讨论，共同完善这份近乎完美的思维导图，以便组间的交流。其过程中充分调动了组内成员的全部知识储备，发散思维，多元智能。

还可以查阅相关资料，合作学习、探究学习，让所有的学生参与其中，获得成功的喜悦。

四、思维导图的“说图”

自行绘图、小组讨论是学生的自主学习过程，“说图”过程是对学生掌握情况的检测、思维过程的重演过程，某种程度上说，这个过程通常是学习过程的重点也是难点。

1. 重视“说图”过程

由于时间关系，图形的绘制可以简单一些、不那么完美，有些零碎的知识点可以采用关键的词语、短语甚至图形进行标示，但“说图”要尽可能翔实、精练，充分展示个人和小组的学习成果。这不仅可以锻炼学生的口语表达、训练学生的思维能力，而且可以实现组与组之间的观点的碰撞，实现共同学习。

2. 开展“说图”评价

小组代表“说图”之后，通过学生之间、教师和学生之间的交流可以发现自己小组成果的成功之处、不足之处，最终实现不断完善“思维导图”。

3. 运用多样“说图”

如果教师将“说图”过程简单地理解为就是让学生上台展示他们的绘图，并只是口头的讲解的话，学生将会逐渐丧失学习的兴趣。因此，在“说图”过程中，教师尤其要调动学生的学习积极性，开展丰富多彩的活动形式突破这个重难点。小游戏、动画展示说图、顺口溜等形式的“说图”，同学们尤其感兴趣。

五、思维导图的“默图”

通常绝大多数的复习课中都是通过“当堂检测”来检查学生本节课的学习效果，采用思维导图的生物概念复习课中，我们依然要抓住复习的重点，依然是这个图。由于前面的思维导图的形成过程是全体学生共同复习完成的，可以在本节课结束前让学生独立默写出“思维导图”的主干部分内容。这样，全体同学都能够自行检测出本节课的最重要知识内容的掌握情况。“思维导图”目前已在高中阶段被广泛的利用，我们高中阶段的生物教学中如果能够有效地加以运用，每节新授课都采用这种思维导图的方式进行总结，一个章节、一个单元的复习中再采用这个思维导图将本章节、本单元的知识要点进行链接，将非常有利于学生对整个生物知识体系的构建。

浅谈全国卷背景下高三化学常见无机物及其应用的复习策略

化学教研组　林海川

一、该部分内容考试大纲要求及复习重点

全国卷考试大纲（2017）对常见无机物及其应用这部分内容要求表述如下：①常见金属元素：了解常见金属的活动性顺序；了解常见金属及其重要化合物的主要性质及其应用；了解合金的概念及其重要应用。②常见非金属元素：了解常见非金属元素单质及其重要化合物的主要性质及应用；了解常见非金属元素单质及其重要化合物对环境质量的影响。③以上各部分知识的综合应用。

由此可见，无机物及其应用部分的主干知识如下：①以Na、Mg 、Al为代表的ⅠA、ⅡA、ⅢA性质。②以N、O、S、Cl为代表的ⅤA、ⅥA、ⅦA性质。③Fe、Cu单质及化合物性质。④常见物质的制备和常见物质（离子）检验。⑤环境保护问题。

二、当前复习教学中普遍存在的问题

1. 教师存在的主要问题

（1）缺少对《考试大纲》中的该部分内容考试范围和要求，以及近年高考试题的研究，因而有些教师在复习备课过程中心中无纲，针对性不强。

（2）第一轮按教材章节顺序复习过慢，知识点讲解过细，随意拓宽或拔高教学内容，造成知识点很多比较零碎，学生不容易掌握。

（3）练习的题量过多，难度过高，不加选择的“题海战术”，大量重复的机械训练，使学生感觉到复习训练中重点不突出，学习枯燥无味。

（4）在平时课堂教学中，老师的灌输太多，“教”多“学”少，缺乏对学情的了解和研究，缺少对学生的学习动力的激发，学生感觉没有学习成就感，造成学生学习积极性不高。

（5）教师在复习过程中缺少对教材中前后知识的联系、综合，没能让学生形成知识体系，造成学生的综合应用能力比较薄弱。

2. 学生存在的主要问题

（1）在复习过程中，轻视教科书的基础作用和导向功能，遇到书本基础记忆相关知识练习中不会做的题目，自己不主动去看书查阅，造成基础不牢，学习效率不高。

（2）方程式书写不规范。如反应条件没有注明，未配平，沉淀与气体符号漏写，可逆反应未用可逆符号，等等。另外，对于陌生方程式的书写，方法和技巧欠缺，造成

丢分严重。

（3）表达能力有待提高。从平时测试和作业的完成情况来看，学生答题不理想，主要原因是语言表达能力与化学学科的基本素养较差，表现为表达出现科学性错误或不规范不严谨，表述不符合化学学科要求，等等。

（4）自我总结能力比较薄弱。每一单元复习以后，没有有效地把零碎知识形成思维导图，造成解题时不能有效快速提取相应知识，不能运用已复习知识来解决具体问题。

三、常见无机物及其应用的复习策略

1. 教材是高考的“根”，《课程标准》和《考试大纲》是高考的“脉”

高考试题万变不离其宗，其根源于教材，从教材知识点、能力考查点衍生而来，教材是高考的“根”。《课程标准》和《考试大纲》是高考命题的重要依据，也是复习备考的方向。特别是《考试大纲》已明确传达出“考试目标”“考试范围”“命题指导思想”“题型比例”“题目难易比例”“组卷原则”等重要信息。认真研究《课程标准》和《考试大纲》就会把握高考的“脉”。

了解命题趋势和要求，明确复习要点，这必然会提高复习的针对性和复习的效率，特别是在全国卷高考中考试内容和形式有较大变化的情况下，《课程标准》和《考试大纲》的把握更显重要。根据《课程标准》和《考试大纲》要求，找到各个考点在课本中的“根”，并落实到位，融会贯通，灵活运用教材知识，通过知识的实际应用上升到高考要求必备的能力。切不可舍本逐末，重教辅轻教材。要切实做到重视教材而不完全依赖教材，从而实现由“知识立意”向“能力立意”转变这一命题指导思想。对理解和综合应用的内容要下功夫，挖掘知识规律和信息，探究知识的生长点和可能的命题点。

2. 构建知识网络，形成思维导图，使知识系统化、结构化

常见无机物及其应用是高中化学知识的重心，它串起了高中化学的各个知识点，可以说高考题除有机题外均离不开这部分的内容。这部分知识内容繁杂、零碎、分散，在高考复习的过程中，我们必须立足教材，将知识结构化、网络化、系统化。学习具体的单质、化合物时，既要以“结构→性质→用途→制法→保存”为思路，又要从该单质到各类化合物之间的横向联系进行复习，同时结合元素周期律，将元素化合物知识形成一个完整的知识网络，这样就给学生自主学习和形成思维导图提供方向与策略。在复习构建知识网络的过程中，还要培养学生的概括与比较、归纳与总结、融合与抽象等化学学科的思想方法，从而培养学生的思维能力和自学能力。

比如，在复习铁及其化合物时，可引导学生从知识线、方法线、价值线三个方面，把铁及其化合物知识结构化（见图1）。所谓知识线，就是以铁元素为线索，按照元素—单质—氧化物—对应水化物—盐，掌握元素单质及其化合物之间的转化关系。方法线就是复习铁元素的单质及其化合物之间的转化关系时，应按反应类型注重讲清化学

反应的规律，避免因死记硬背化学反应方程式而产生对化学方程式恐惧、乱用、误用等问题。价值线就是铁元素及其化合物在生产、生活和科技中的应用价值以及性质对人类生产、生活、环境的影响价值。实践证明，常见无机物及其应用知识的复习不仅要落实单一知识点，更要把主要精力放在知识之间内在逻辑性、系统性的理解和把握上，真正实现学科内主干内容之间的融会贯通。同时，在知识构建过程中，务必要由学生自己总结建构，只有学生亲身体悟，才能获得真正的、灵动的、有生命力的知识结构，否则，跟着老师抄知识网络笔记，只是死的知识结构。

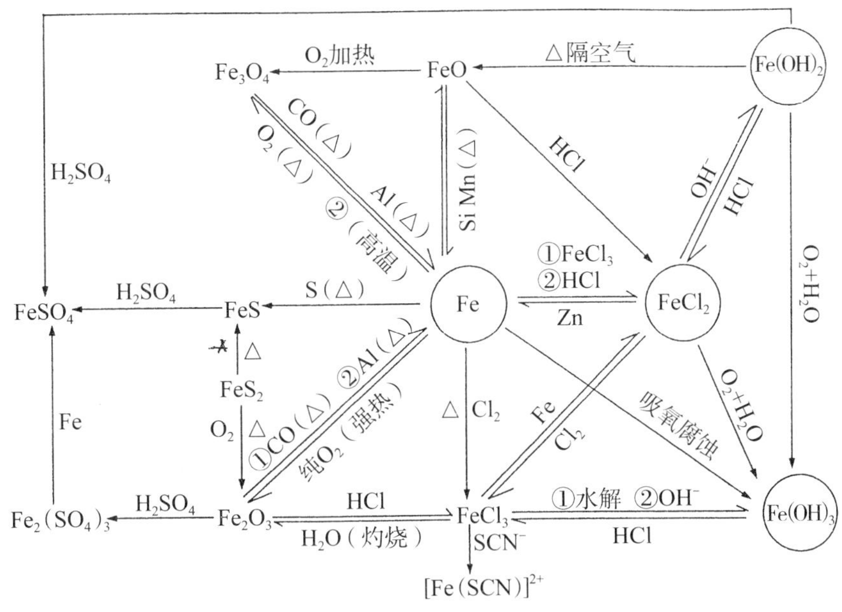

图1　铁及其化合物的知识结构

3. 抓好“三个融合”，进行横向联系，切实提高学生学科内综合能力

近几年高考试题中，常见无机物及其应用部分的试题一直是紧扣中学教学内容，涉及较多的基本知识点，特别是各部分知识的进一步融合。在选择题、实验题及无机化工流程题中，都在重点考查元素及其化合物知识，同时考查学生的实验能力、计算能力以及获得信息、整合信息、推理分析能力。在复习元素及其化合物时要将元素及其化合物与理论、实验、计算融为一体，提高学生学科内综合能力。

（1）元素化合物与基本理论的融合。元素化合物知识虽然内容繁多，但其中有许多内容和化学基本理论紧密联系，复习时应引导学生从基本理论入手进行联想复习，使元素化合物知识的教学能在一定的理论指导下进行。例如，根据物质结构理论，可以一般地判断元素及其化合物的通性；应用同主族元素或同周期元素的性质递变规律，可以推断其他元素的性质特点；根据氧化还原理论，能判断一种物质的氧化性、还原性，以及发生反应的可能性；应用电解质溶液理论，可以分析溶液中物质粒子之间的关系（粒子守恒、电荷守恒）；根据化学平衡、电离平衡、水解平衡、沉淀溶解平衡等理论，可以解释物质发生变化的一些现象和本质原因等。因此，在复习元素化合物知识时，若以化学基本理论为指导，不仅能够知其然，还能够知其所以然。结合化学基本理论复习元素化合物，并以此强化基本理论知识基础，突出应用。抓好各板块知识的相互渗透和有机融合，就能起到事半功倍的效果。

（2）元素化合物与化学实验的融合。近几年，高考试题还注重以元素化合物的性质为材料考查实验操作、实验探究、实验方案的设计和评价等。随着新课程改革进一步实施和推进，探究性学习也日益受到重视。高考题注重变课本演示实验为探究实验的考查，一般这类试题主要涉及物质成分的探究，反应原理的探究和异常现象的探究。解答这类问题要求平时复习过程中应注意利用课本中的反应原理，在老师引导下设计有关探究性实验和综合性实验等。

因此，在元素化合物的复习过程中，教师要深入钻研教材、挖掘教材，在书本的基本实验基础上改编或设计探究性实验和综合性实验，同时要求学生在归纳元素化合物的性质时，能够设计简单的实验，研究物质性质，具备研究物质性质的基本思路。例如在复习硫的转化中，要求学生如何设计实验并结合氧化还原反应的知识来探究不同价态硫元素之间的相互转化，从而掌握不同价态硫元素的氧化性和还原性，归纳出硫、二氧化硫和浓硫酸的主要性质，使元素化合物的复习与化学实验的复习有机融合。

（3）元素化合物与化学计算的融合。复习元素及其化合物的性质时与计算结合，将定性深化为定量是必不可少的，既巩固加深对物质性质的理解和运用，又可提高学生的分析和计算能力。化学计算可以认为是元素化合物知识的延伸，只有清楚物质性质，才可能挖掘题目中的隐含条件，洞悉各种数量间的关系。解题过程中，质量守恒、电子守恒、电荷守恒等守恒思想的灵活应用可以提高解题的速度。在元素化合物的复习过程中，应该正常结合元素化合物的主要性质或某些特性来介绍各种守恒的相关计算等，使元素化合物的复习与化学计算的复习融合为一体。

4. 重视经典试题、高考真题的使用，抓好练、讲、评

近几年全国卷高考试题，都是命题专家深思熟虑的优秀试题。这些试题对于考查学生知识的掌握、能力的提高都具有很高的价值。使用好这些高考题，既能训练学生的思维又能巩固基础知识，同时还可以减轻学生的负担。因此，在每一单元元素化合物复习的过程中，要精选试题，所选的习题力求紧密结合知识点，同时要体现基础性、典型性、针对性和综合性。对学生练习中出现的问题要进行讲评，讲评时要有针对性，讲知识要讲联系，使之系统化、条理化；讲思路要突出关键，找题眼来突破；讲方法要讲基本思路、常规解法，并适时向学生介绍一些解题技巧，激发学生求知欲，发展学生智力。评要及时，要评出问题的特征，它不是简单地讲评试题，而是组织学生深入学习有

关知识，加强理解过程，并教给学生探索问题的思考方法的过程，起到纠错、巩固、提高的效能。

此外，高考化学试题中有相当一部分内容与生活、生产、社会、科技密切相关，体现了知识的应用性。这些试题以现实生活实例或现代、经典科技立意，以材料新、情景新、问题新等特点来凸显能力素质的考查。要求学生运用题目信息和已有知识，创造性地分析其中的化学原理。在复习教学中，应尽可能将元素化合物与生产、生活、环境、自然、能源等实际问题紧密联系起来，重视理论联系实际，关注科技发展与社会进步，学以致用，在新情景中提高分析问题、解决问题的能力。

总之，常见无机物及其应用的复习，重在学法的指导和典型知识的归纳、总结、有序储存和检索，并关注各类知识间的渗透，把零散的元素知识变为完整的科学体系，才能提高综合能力，达到运用自如。

高中生物必修一的教学规划与策略

生物教研组　林系红

在新课程的实施过程中，老师们普遍感到课时不够，很多教学任务无法落实，学生也就无法充分地开展各项研究性学习，甚至在规定的时间内完成教学任务。我校因此组织了“合理加快教学进度”的专题研究，尝试制定了我校高中生物教学的规划和策略。由于各教学阶段生物教学的差异性较大，限于篇幅，本文仅就高一第一学期“人教版”生物必修一教材《分子与细胞》的教学规划和策略谈谈我们的教改尝试。

一、教改尝试的必要性和可行性

实行新课程以来，由于生物教学内容更加充实，三维目标要求更高，课堂教学结构发生改变，出现教学时间十分紧张、学生研究性学习受到时间和空间等条件的极大限制等困难，这个矛盾在高一阶段尤其突出，一些教师甚至学校又走回传统应试教学的老路。

多年来，我们一直强调基础的重要性，按教参的进度稳打稳扎地进行教学。然而，由于学生对知识的及时把握能力不太强，平时很多较难的问题不能及时解答和掌握，又由于每周只有两个课时，时间相隔长，学习过程和所学的知识都不连贯，考前又没有太多时间系统复习，知识得不到巩固，能力得不到有效提高。因此，高一阶段适度降低教学标高、提高教学进度十分必要。为此，我们组织了高一阶段的部分班级开展了“合理加快教学进度”的教改实验，取得了较好的效果，并在此基础上制定了相应的教学规划和策略。

参加教改实验的是我校第一层次班级学生。他们基础较好，学习能力较强，适度提高教学进度是可行的。在高一（2）（4）班的生物教学中调整了教学计划和教学标高，加快了教学进度，在中段考前3周结束了新课，余下的时间针对各章进行了充分的系统复习，还针对性地组编了几份练习，相对集中地对学生进行了强化训练。

如此设计教学进度，可以在新课学习时重点抓基础，完成三维目标中较低标高的学习任务，同时将原先分散的教学时间相对地集中，让学生有时间在复习的基础上构建知识网络，能站在更高的角度更全面地分析问题，解决更难的、综合性更强的问题，从而有效地提高学生的学习能力和成绩。

与对照组相比，学生学习更加轻松，学习的自主度和参与度很高，学习效果更好，效率也更高。这个实验结果为我们进一步制定教学规划和策略打下了很好的基础。

二、几项教学规划和策略

1. 统筹规划，进度灵活安排

全盘安排教学进度，压缩新课学时，使教学节奏更紧凑。使学生注意力更集中，适度增高学习紧张度。及时与学生沟通，争取学生的理解和支持。过于紧张的环节可以适当放慢进度，增加习题辅导时间。

2. 先易后难，教学主线清晰

先要帮助学生打好基础，注重学习方法和基本题型的解题方法的教学，在进行章节小结时再提高教学标高。特别要注重对不同难度题型的选择，不能一开始就面面俱到，要循序渐进，否则会有“对牛弹琴”的感觉。

3. 手段多样，注重课堂实效

（1）加强提问的技巧和针对性。好的提问，可以调动学生学习的主动性。利用提问可以设置学习情境、组织思考讨论等学习活动，帮助学生打通思维脉络、掌握方法要领。问题忌多、忌难、忌易、忌滥。围绕教学重点设置“问题串”开展教学活动。问题的呈现形式要多样，减少直接提问，课堂上要有意结合实例设置隐性问题，引导学生挖掘隐性问题。

（2）设置课堂学生自主学习活动。主要活动包括阅读教材、观察课件材料、发现问题、提问质疑、查询问题答案、独立思考分析问题、争议讨论交流、回答教师提问、画图表（结构图、规律图、概念图、对比性表格）、板书演示、课堂练习、及时检测、批改订正作业、总结归纳、朗读重点、背诵生物规律口诀……适度而有序的争议讨论交流，可以增强学生在教学中的参与性和主动性。

（3）用好多媒体和电子白板，加强教学互动。媒体手段的使用已经常规化，用好则事半功倍，否则会“拖累”课堂，使课时不够。制作课件要版面美观精致，内容更要精简新颖，要结合教学环节需要设计课件，突出重难点，适度拓展。内容忌多、忌全、忌重复呆板。在使用上要讲求技巧，不能被课件牵着鼻子走，而是要利用好课件组织教学活动。课件的作用无外乎是呈现，但利用其独特的无所不能的呈现作用还可以实现：复习旧课、承上启下、呈现材料导入新课、围绕材料进行阅读、设疑并组织学生分析讨论、归纳、演示纠错、分析典型例题、呈现分析、解题或实验等过程组织学生判断分析、呈现表格曲线，组织学生进行对比、绘图等思辨活动……也就是围绕教学重点，结合教学环节需要，利用多媒体和电子白板开展师生教学互动，使课堂动起来，而非仅仅是起显示作用；既要有助于学生直观认识和直观思维，更要有助于学生抽象思维能力的提高。特别注意的是：一些显示内容要通过互动完成，一些任务性的内容可部分呈现，不必全部呈现，要为学生活动留点空间。尽量不要线性展现课件内容，要立体显示各板块内容的联系。在用好多媒体的前提下根据需要多用、用好，但不必节节课用。

（4）充分运用教材、学案组织学习。生物教材上有大量的材料需要学生阅读、分析和讨论，要教会学生利用教材学习。我们自编或精选了一系列生物学案，有“学习目标”“知识清单”“经典透析”“两点突破”“巩固练习”“拓展练习”，内容简要，习题典型适量，能很好地引导学生阅读教材、对比归纳、两点突破、典例分析、练习提高、知识拓展……学生在学案的引导和帮助下开展自主学习，克服了自主学习的无序化和差异化，各层次的学生都能得到发展和提高。多年来，我们采用学案导学法开展教学，效果十分突出。

（5）处理好讲与学、课内与课外的关系。教师该讲解时就要讲，正如叶圣陶先生所说：“‘讲’当然是必要的，问题是如何看待‘讲’和怎样‘讲’，教师就要朝着促使学生‘反三’这个目标精要地‘讲’。”张志公先生也说：“讲什么，讲的多和少，详或略，深或浅，都要恰到好处。”也就是要精讲、有针对性地讲，让出时间来给学生进行阅读、思考、讨论、练习、小结等自主性学习。学习活动要精致流畅，针对性和目的性要强，不要拖泥带水。课内学习任务落实好了，课外学习任务也就会高效地完成。

4. 课代表引领下的班级学科自主管理和自主学习

培养好课代表，能很有效地帮助教师组织好课外的教学活动甚至是课堂教学准备。研究性课题的确定和分工、作业的布置及作业量的确定等学习任务由课代表与学生协商确定，教学中存在的问题也能很快得到反馈，一些疑难问题可以委托学生讲解。课代表既能组织管理和督促班级学生自主学习，还是师生沟通的桥梁，学生自主学习习惯的养成和能力的提高本身就是教学的目的，也是教学成绩进一步提高的原动力，师生沟通则是学科教学和谐高效的前提保障，促进教和学的相互适应，提高教和学的“转化率”，例如，及时反馈可以提高课堂教学的针对性和有效性，学习任务适时适量的安排可以提高学生的可接受度。有人说：教学效果=教学计划×学生接受度。

5. 归纳总结，注重学生知识框架的搭建

每节课、每节、每章的内容都要总结归纳，通过组织学生绘制或完善概念图、对比表等形式，帮助，通过专题讲座帮助学生总结方法技巧，提高分析、解题能力。

6. 强化演练，注重问题讨论和精析

复习阶段精选了分章训练题和模拟测试题，题量不大，针对性很强，课堂上限时完成，互对答案，分组讨论，公布答案后再充分讨论出现的共性问题，老师根据学生需要选择性地精讲。习题不要全讲，避免学生产生依赖感，培养学生发现问题并自我解决的能力和习惯。

三、问题讨论：

目前，我们制定的教学规划和策略应该是成功的，但在教学实践中还是发现了一些问题，必须引起关注或改进：

（1）学生感受参差不齐，如何兼顾？

（2）不同层次班级的教学规划和策略，如何区分？

（3）相对松散型的教学管理是否有利于培养所有学生的自我管理和自主学习？

（4）如何高效开展课堂教学互动？

我们将在今后的教学实践中进一步探讨实践。

浅析诗书画印的关系

——由2018年书法高考的考题想到的

美术教研组　罗蔚萍

书法走进高中教学，没有固定的教材，甚至没有具体的详细的考纲。但从历年来各个学校的考题来看，大部分主要由临帖和创作组成。还有个别的学校重视理论和古文翻译等能力考核。

很多人对书法的理解有误区，以为书法只是单纯的书写。评价也仅仅围绕字的优劣进行鉴赏，其实是非常错误的。中国三大行书《兰亭序》《祭侄季明文稿》《黄州寒食诗帖》，它们都是书法家有感而发的作品，感情真挚，诗书文相结合的作品。

2018年中央美术学院和广州美术学院的考题，让我们对书法有了重新的认识。下面谈谈我的一些理解。

一、书法与篆刻

相比一些院校设立的书法专业而言，中央美术学院的书法与篆刻专业的书法味道更为浓厚。很直接地表明了书法与篆刻之间不可分开的关系，也更增加了专业学识的厚度和深度。

中央美术学院和广州美术学院等院校在书法高考中都很重视对篆刻的考核。2018年中央美术学院的篆刻创作考题：使用提供的印石，用汉白文印形式，创作篆刻作品一方，内容为“智水仁山”。

“印从书出，书从印出”。书法和篆刻同是以中国汉字为基础的艺术，同属于造型艺术的范畴。篆刻是通过刀刻艺术对书法艺术的再现，因此，书法必然是篆刻艺术的基础。篆刻有“七分篆，三分刻”之说。

篆刻和书法的篆书更有密不可分的关系。虽然也有个别的篆刻是以隶书、行书、楷书、草书甚至印刷体入印的现象，但那是很特殊、很少数的。书法是篆刻的基础，篆书更是篆刻的基础。篆刻家首先要擅长对篆书的书写，设计好篆书的设计稿才能进行下一步的刀刻。

书法与篆刻就好比鱼与水的关系，有水然后有鱼，不能有鱼没有水。学篆刻前须先练好篆书，打好基本功，对篆刻的线条的表现和章法的分布都娴熟，这时进行篆刻更容易如鱼得水。如果没有练过篆书的，线条往往比较呆板僵硬、绵软无力，缺少美感和艺术感。这就好比“无源之水，无本之木”。

二、书法与国画

2018年，广州美术学院书法专业考题：根据《赠汪伦》一诗，要求以三个人物加场景画一幅国画。无疑让认为书法只是单纯写字的机械者有点措手不及，却让真正喜欢书法的人士不禁拍手称好。人物和场景并不难画，难画的是表达那种氛围和意境。没有从小到大的诗书培养是很难画出好的作品的。

古人云："诗中有画、画中有书。"宋代的米芾，元代的赵孟頫，明朝的沈周、文徵明、董其昌，清代的石涛、八大山人、郑板桥、金农、赵之谦等，都是在书画上皆有深厚造诣的，他们书法方面的成就在他们绘画中有明显的体现，书法又得益于在绘画形式美方面的造诣。创造了墨戏云山的米芾，其点画之米点，以侧笔横卧，草草而成；其书之用笔，也以侧笔取妍，迅即利落。米芾自称刷字，其笔法在宋代书家中变化最为丰富。其刷字的爽快与墨戏云山的意气淋漓如出一辙。

八大山人堪称以书入画、以画入书的代表，他将书法和绘画两个方面相互渗透、相互联系，使其书法充满了画意，绘画增强了书法的味道。一是以书法丰富而内敛的中锋用笔运用于绘画挥写；二是用书法抽象的空间构成处理画面的造型布白。其绘画的奇石造型，如石的上大下小，鸟的鼓腹缩颈，弓背露足，树干的上粗下细等失重造型都能从其书法的空间结构中找到渊源关系。八大山人的以画入书，可分为精神层次两个方面。在精神层次上，追求画意通书意，将写意的神采意渗入书法中来。

唐代张彦远说："书画异名而同体。"书画自古相同，用石涛的话说是"其具两端，其功一体"。"书画同源"是中国书画家的独得之秘，它的内涵幽远深邃，它使中国的书法和绘画自立于世界艺术之林。

三、诗词与书法

2018年中央美术学院的书法专业，在书法创作上要求：自作《咏春》七绝一首。这要求学生不仅仅会书写得好，对作诗也有要求。而诗文的内容也要和书体相结合，作品才能达到相得益彰的效果。

诗书结合的代表作无疑是《兰亭序》，晋穆帝永和九年（公元353年）三月三日，时任会稽内史的王羲之与友人谢安、孙绰等四十一人会聚兰亭，赋诗饮酒。王羲之将诸人名爵及所赋诗作编成一集，并作序一篇，记述流觞曲水一事，并抒写由此而引发的内心感慨。这篇序文就是《兰亭集序》。王羲之书写过程连贯、一气呵成；笔法丰富多变，行笔飘逸灵动，字形俊逸潇洒；文章立意深远，文笔清新朴实，语言通顺流畅。

《兰亭序》第一段从兰亭集会开始叙说。首先用简单明了的文字点明集会的时间、地点、缘由和与会人物，接着用抒情的笔调，描绘了清雅优美的山、水、林、竹等自然景物。而正是这些自然风光激发了集会者饮酒取乐、吟诗作赋的雅兴。下文就转入叙写"一觞一咏""游目骋怀"的种种欢乐情景。段末以"乐"字作结，揭示了集会者沉浸在美好的自然和人文环境中得到审美愉悦而暂时忘却烦恼的情趣。

第二段作者紧承上文“俯”“仰”二字和“信可乐也”一语，转写人世变幻、情随事迁的情况。他们虽都在一时一事上“快然自足”，但是这些眼前的美景和人世的欢乐，“俯仰之间，已为陈迹”，乐极而悲生，他们不得不面对严酷的现实：“老之将至”“终期于尽”，人生苦短。至此，作者自然提出“死生亦大矣”这一主旨。本段末以“痛”字反诘作结，不仅为呼应上段的“乐”，更为引起读者深思“死生”这一人生最重大问题。

第三段作者抓住死生问题，进一层表明自己的生死观。作者首先借古立论，说明从古至今，人们一直重视死生问题，自己也不能例外。接着，作者针对当时士大夫务清谈、鲜实效、无经济大略的社会风气，痛斥“一死生”“齐彭殇”的老庄学说为“虚诞”“妄作”，从而表明了作者积极进取的生死观，而这正是作者编辑《兰亭集》并为之作序的目的。文章前面两段分别以“乐”“痛”作结，最后一段以“感”字作结，表明作者坚信后世读者会从斯文（这篇序文）中产生同感：认识死生问题的重要，树立正确的生死观。

四、诗书画印完美结合

诗、书、画、印的完美结合是中国文人画成熟的标志，也是中国艺术的最高境界。宋徽宗强调形神并举，提倡诗、书、画、印结合，他的花鸟画作品上经常有御制诗题、款识、签押、印章。诗题一般题在属于精工富丽一路的画作上，如《芙蓉锦鸡图》轴，左下角秋菊一丛，稍上斜偃芙蓉一株，花鸟锦鸡倚枝，回首仰望右上角翩翩戏飞的双蝶，顺着锦鸡的目光，导向右边空白处的诗题：“秋劲拒霜盛，峨冠锦羽鸡。已知全五德，安逸胜凫鹥。”全图开合有序，诗发画未尽之意，画因诗更显圆满。这首诗题，实际上已巧妙地成了画面构图的一部分，从中可以见出赵佶对诗画合一的大胆尝试和显著成就。画上的题字和签名一般都是用他特有的“瘦金体”，秀劲的字体和工丽的画面，相映成趣。

诗、书、画、印融为一体，相互辉映，技能丰富画面内容，又能扩大画面意境，给人以更多的审美享受。诗、书、画、印的完美结合是中国文人画成熟的标志。是中国文人画的典型风格。作为一名优秀的书家，理应对诗书画印方面都有比较深的钻研。树立正确的书法学习的方向。

用做雕塑的方法来练习素描

——例谈高中美术专业班人物头像结构教学

美术教研组　陈钟鸣

一、案例背景

在高中美术专业班素描头像学习中，我发现学生表现出的难点有三个：第一，画的头像平面化、很单薄、不厚实，没有立体感；第二，经过一段时间的训练，学生对头部结构的认识仍然是模糊的，表现为结构意思不强，找不准结构点或者是勉强找准了结构点但对其形状的大小、高低表现不到位；第三，面对结构复杂的人物头像，不知应如何简化这些复杂的结构。

在教学中，很多老师采用讲解结构、画结构示意图、画骷髅头骨、画肌肉石膏像等方法来学习头部结构。但是这样教学，学生作画时间较长，收效也不大，最后对人像结构仍然一知半解。

如何在高中美术专业班素描头像教学中，使学生能够准确画出头像的结构？ 怎样把复杂的头像结构简单化，使学生画出的平面图像立起来？通过长期的教学思考和实践，我把雕塑引进头像素描课，采用了先做雕塑头骨、头像，再来练习素描头部结构的方法，收到了很好的教学效果。

二、案例描述

1. 比较雕塑与人像的区别，强调人像结构

教师：前一段时间，我们画过石膏头像，下一步要画人物头像，那么真人头像与石膏头像有什么区别？

学生：眼睛瞳孔不一样。石膏是用孔表现的，真人的眼珠是饱满的，瞳孔是黑色的；真人的头发、眉毛也是黑色的，肤色也比石膏深。

教师：这只是细节的不同，大家从整体的形体结构来看，比方说广东青年石膏像与我们的同桌比一比，有什么不同？

学生（经过一番对比后）：广东青年石膏头像结构分明，而我们真人块面不明显。

教师：对，这就是说结构不明显，真人头像给我们增加了表现难度。为什么石膏头像结构分明？

学生：我们所画的石膏像都是挑选过的名家的作品，其造型生动，结构明显，不用分析太多，在上面都“标明”了。

教师（顺势介绍结构的重要）：说到结构，就我的观察，同学们可能是一知半解，有些同学勉强画出结构示意图，但离准确还有距离。结构不掌握的话，画起头像来很被动，往往会描摹照抄对象，缺乏立体感，头部结构体块当然不明确。

在这里，我们用做雕塑这种立体的方法来练习素描与头部结构，我相信通过同学们亲手触摸、亲身感受每个部位的形状，会记得更牢一些。雕塑和绘画不一样，一件作品要从多个角度来考虑，这样就如同练习了多张头部结构素描。

大家做雕塑时临摹的对象可以是头骨，也可以是分面像，不管是哪一个，但是做的方法是相同的。

…………

2. 通过雕塑强化学生的立体意识

这个过程中，我们始终强调的是立体，是把头像简化成方体、球体等最基本的形体。学生在绘画中这种意识不强，看到哪里就描摹到哪里，这就是造成画面支离破碎、平面化的原因。难道学生连基本的形体都画不出体积感吗？其实，学生是画得好基本形体的，关键还是立体意识不够。所以我们要通过雕塑过程强化学生的立体意识。下面是引导学生雕塑人物头像的具体引导过程：

（1）学生做出大的外形，注意额、颧、颌、颏、枕丘这些突出的结构点。

（2）学生用工具切出眼眶的位置，使颧两边的前后高低一致，再从侧面检查轮廓。

（3）粘上立体的鼻子，并做出眼球的形状。

（4）做出牙床、嘴的半圆柱形状，同时强调嘴角边脸颊的形状，使之更有型。

（5）若有头发则要求做出一定的厚度类似帽子戴在头上，若做头骨则强调头顶、枕丘、后颈的形状。

（6）强调脸的正面、半侧面、全侧面，并做出细节。

学生在具体雕塑、理解人物头部结构的基础上再来练习素描人物头像，多数学生很快就画出了结构准确、立体感很强的人物头像了。

三、案例反思

1. 在画人物头像时，可以变学生被动的照抄描摹为主动的绘画

美术班的绘画教学往往是一种经验式的教学，没有教材，师傅传徒弟，对人物头部结构的教学没有行之有效的方法。老师在讲解的过程中也凭着自己的感受去讲，往往会说“这里骨点要突出一点”“这里的转折要强烈一些”“这里要画出一种硬的感觉”之类的话语，或者画出一些已经有透视变化的结构示意图。这些话语和示意图仍然要借助学生的想象来理解，所以学生画出来的头像很难突破平面化局限。

在我的这个教学过程中，学生做雕塑时已经感受到实实在在的实体，知道这些实体怎样做出来的，学生会有意识地用各种基本的几何体来概括。比如，嘴巴用半圆柱形来表现形体、额头、脸颊简化成几个转折面。这样使复杂的形体简单化，使结构的感觉更

清楚、更立体。

通过做雕塑，学生的结构意识、立体意识都得到了增强。其实，在高校雕塑专业素描教学中，老师并不要学生画调子、画变化，要求的只是体块结构来画对象，这便是强调了学生的结构意识。有了结构意识，学生用结构的观点去理解人物头部，去指导自己的绘画实践活动，用这些观念来表现自己的绘画，学生便有了一种主动的绘画兴趣。

2. 可以起到精讲精画、大幅度提高课堂教学效益的效果

美术专业班的教学，老师往往要求学生多练多画，在一遍又一遍的绘画中体会各种要求，以量取胜。这难道不是和我们反对的题海战术如出一辙吗？何况在现有的高中阶段也没有大量的时间让学生来多练多画。用做雕塑的方法来练习素描，可以起到精讲精画、大幅度提高课堂教学效益的效果。

高中美术专业班的素描教学，虽说是以掌握素描基础知识和基本技能为目的，但不能因为“双基”“统考”而使教学过于死板、乏味，求异思维、适当的变形教学也是很有必要的。丰富多样的教学方法和学习方法会使学生思维开阔，更好地掌握“双基”知识。采用做雕塑的方法来练习素描，使学生能够很好地将雕塑与绘画结合起来，丰富学习活动，同时让学生通过一次性的雕塑过程深刻理解人物头像的结构特点，为绘画打下坚实的理论基础，学生在绘画的过程中很容易捕捉到人物头像的结构特点，提高了绘画质量，起到了以少胜多、精练精画的目的。

物理选修3-3教学现状调查与思考

物理教研组　涂太平

一、问题的提出

2014年9月，国务院发布《关于深化考试招生制度改革的实施意见》。明确高考命题落实“立德树人”任务，充分发挥育人功能和高考导向作用。教育部考试中心在2015年提出“一点四面”的高考命题意见。“一点”就是以立德树人为核心，强化高考考试内容改革的育人导向；“四面”是指要在高考当中体现核心价值、传统文化、依法治国、创新精神四个方面，分别是加强社会主义核心价值观的考查，指引学生培养正确的世界观、人生观和价值观；加强依法治国理念的考查，引导学生树立宪法意识和法治观念加强中国优秀传统文化的考查，引导学生提高人文素养、传承民族精神，树立民族自信心和自豪感；加强创新能力的考查，提升高考对创新教育与人才培养工作的促进作用。教育部考试中心在2016年提出构建“一体四层四翼”的高考评价体系。进一步深化高考考试内容改革（落实“立德树人”根本任务，深化“一点四面”要求），强化高考命题的育人功能和积极导向作用。出重拳修改考纲，逐步与新高考方案接轨。研发新情境试题，考查学科核心素养。“一体”是指核心立场：“立德树人、服务选拔、导向教学”，表明为什么考；“四层 ”是指考查目标：“必备知识、关键能力、学科素养、核心价值”，表明考什么；“四翼”是指考查要求：“基础性、综合性、应用性、创新性”，表明“怎么考”。教育部考试中心主任姜刚于2018年12月25发表《落实立德树人根本任务，进一步深化高考内容改革》文章，进一步强调高考是素质教育的正向指挥棒（不是唯分数，唯升学的指挥棒）。高考要落实立德树人根本任务（涵盖体系、标准建设、命题实践、成绩报告）。高考主要考查“4点4性12方面”（是内容，是要求，更是方向）。高考命题教师队伍要完善学科机构（国家规定高中课程的学科教师都要有）。成立高考内容改革指导委员会（科学家、教育家、企业家、教育官员都参与）。教育部考试中心2016年8月成立“高考考试内容改革专家工作委员会”，所有委员5年一聘（也就是说2017年至2020年的高考题都将出自该机构）。换句话说，这几年高考试题应该出自同一批人之手，试卷的平稳度应该是有保障的。高考试题充分体现了高考的选拔性和方向性。但是近几年高考在理综第33题的得分率一直比较偏的。为什么学生的高考成绩与老师和命题者的预期有比较大的偏差？本研究以高二、高三及刚毕业的理科学生的为调查对象，采取了微信上问卷不记名调查方式，以便对学生对选修3-3学情进行了解，从而找到改变这种高考选题得分率不高的途径。

二、研究方法

为了充分保证样本的代表性以及真实性，我采取了用不记名做调查，并且选了已毕业的学生一起完成这份调查问卷。在学生微信群里发一个问卷的调查小程序，本研究自编了“选修3-3教学现状之学生问卷”，问卷包含两部分：第一部分是调查对象在高二如何学新课的情况，包括教师上这册教材所花时间，教学实验以及演示是否上过或者去实验室做过；第二部分是调查对象在高三复习时如何对待教材，主要是从学生对教材感觉，以及复习期间是否对教材上的习题、插图、思考与讨论的一些行为；所有数据都是问卷直接统计。总计统计调查问卷136份。

三、结果与分析

1. 调查问卷前半部分

调查问卷前4题主要是调查教师对这选修3-3册教材的处理，包含课时，上课的要求，教材的实验如何处理的。调查情况如表1所示。

表1 调查问卷前4题

	问题	选择项内容	小计	比例%
关于教师对选修3-3教材的处理	1.高考理科综合考试时，你会选择哪一道题作为选作题?	A.当时选33题	115	84.56
		B..当时选34题	21	15.44
	2.对于上选修3-3新课时，你们老师如何讲授本册教材?	A.老师按教材一章一节如同必修1教材仔细处理	66	48.53
		B.没有讲新课，直接告诉规律，然后做题	10	7.35
		C.提纲式讲解，老师认为重要的就讲，不重要的就不讲	60	44.12
	3.本册教材，你当时上新课花了多长时间?	A.超过一个月	36	26.47
		B.一个月	49	36.03
		C.三个星期	29	21.32
		D.不足二个星期	18	13.24
		E.不足一个星期	4	2.94
	4.本册学习过程中，你上过实验课吗?	A.上过	33	24.26
		B.没上过，但观察演示实验	55	40.44
		C.实验，没听说，从没上	20	14.71
		D.老师在黑板上讲	28	20.59

通过调查问卷的数据分析，在选修3-3的实际教学过程中，大部分老师在急于求成，并没有按照教学参考书目所给时间开足课时。大部分老师都是在追求教学进度，以应试为主要目的。对于教学要求的实验和一些科学的学科素养根本就没有在教学过程中

渗透给学生，也没有从核心素养的角度去培养学生。忘却了教材设计的要求：增强实践意识、重视科学思想与科学方法、渗透情感态度价值观的教育等几个方面。

2. 调查问卷后半部分

调查问卷的后6题主要是调查学生在高三复习期间自己对教材的地位的认识和处理，包含对教材基础知识点，教材习题的处理，以及教材中“情景，说一说，思考与讨论”等小的环节的处理，主要目的是调查学生对课本地位的认知。调查情况如表2所示。

表2　调查问卷的后6题

	问题	选择项内容	小计	比例%
学生对教材的处理方法	5.你当时觉得本册书学习的难易程度怎样?	A.好学，好理解，好拿分	65	47.79
		B.好学，好理解，不好拿分	48	35.29
		C.不好学，也不好理解，但好拿分	13	9.56
		D.不好学，不好理解，也不好拿分	10	7.35
	6.在学习新课时你阅读过教材吗?	A.全部章节都认真阅读	30	22.06
		B.少部分章节阅读	99	72.79
		C.从不看教材	7	5.15
	7.你做过课本习题吗?	A.做过少量	69	50.74
		B.从不做课本上的题	32	23.53
		C.认真做过每一题	2	1.47
		D.挑重点做	33	24.26
	8.你在高三复习期间认真复习课本了吗?	A.直接刷题，从不翻课本	34	25
		B.直接用教辅资料	27	19.85
		C.用过，但不知怎么用	34	25
		D.老师引导下认真复习	41	30.15
	9.本册课本在高考复习备考中对你有作用吗?	A.没有用，所以直接刷题	29	21.32
		B.想用，但不知道如何用	48	35.29
		C.比较有用，我自觉认为教材有用	44	32.35
		D.比较有用，是老师要求或引导的	15	11.03
	10.你认真思考过课本上的插图以及说一说吗?	A.有	44	32.35
		B.偶尔会看	72	52.94
		C.从不	20	14.71

通过调查问卷的数据分析，学生在对选修3-3的学习过程中，不知是否是受到有些老师的影响，还是受到应试的影响，大部分学生从不阅读教材，基本不做教材上那些经典的习题，更别说课本上要求“思考与讨论”中那些简单一句就所体现物理学科素养的问题。在高三复习期间基本对教材不闻不问，可以说这样的复习建立在无本之木上，大

厦地基不牢，终究是不能成就大功。

四、关于选修3–3复习建议

1. 教师要担负起主要责任

教师应从正面引导落实选修3–3的教学要求，不追求时间效应，不追求应试结果。特别是高二学新课时，要实实在在落实新课标的要求。担起培养学生核心素养的责任。实际上，选修3–3继承了必修教科书的编写思想，即循序渐进、改变学习方式、贯穿探究精神、增强实践意识、重视科学思想与科学方法、渗透情感态度价值观的教育等几个方面。只要老师在日常的教学过程中落实核心素养的要求，结合选修3–3的实际情况，才能让学生感受学科中美学。才能感受物理学与生活的息息相关。例如“压强的微观解释”中要求用实验让学生感受压强是微观粒子对器壁的撞击结果。为了让学生对这个点有所认知，可以让水滴冲击雨伞来感受压强，或者用生活中豌豆冲击电子秤的实验来感受微观现象，可以用生活中宏观物体的现象来替代。对气体分子运动的特点用统计学的规律来解释。在高三备考复习中，要有计划理清教材的知识网络。有目的性地将课本插图和讨论，说一说等进行改编，以填空，选择，证明题等题型来拓展学生的思维体系和知识宽度。

2. 学生在高三复习时要重视教材

学生首先要重视教材。教材又称课本，它是依据新课程标准编制的、系统反映学科内容的教学用书，教材是课程标准的具体化，它不同一般的书籍。它里面无论是内容、插图、说一说，还是阅读材料都无一不体现国家对学生培养素质的要求。也是高考试题所体现的素养。教材中“思考与讨论”虽然只有一句话，却体现了科学探究的精神。在它之前，通过观察和实验，我们已经掌握了一些事实，在这些事实的基础上就可以做出猜想和假设了。教材上把很多地方原来平铺直叙的讲述改为启发式的思考与讨论，目的是提倡独立思考，引导学生主动地学习。教材上所有的习题是编写者结合新课程标准的水平要求层次而选定，符合试题的“四翼”：基础性、综合性、应用性、创新性。“一体四层四翼”在往届高考物理试题中的体现“基础性、综合性、应用性、创新性”。课本中的主干知识，是试卷体现基础性重点考核点，课本中的思考与讨论反映了本节的必备知识和关键能力，体现试卷中的综合性。课本中阅读材料中的生活中的物理、理论联系实际，是试题应用性的体现。课本上的说一说，科学漫步环节是最能体现知识点探究性和开放性，体现创新性。可以说教材是我们复习中最有宝藏的红宝书。所以教材是最好的复习工具书，重视教材，可以从中找到“黄金矿”。

学生其次要重视教材的习题、课本的插图、说一说等素材。这些素材无一不是教材编写者结合新课程标准和高考能力要求精心挑选和编制的，每道题都体现学科核心素养的要求。结合近8年高考第33题（即热学试题（2011—2018年）来看，教材上的试题是高考命题组最喜欢的题材。有很多都是源于教材而高于教材。

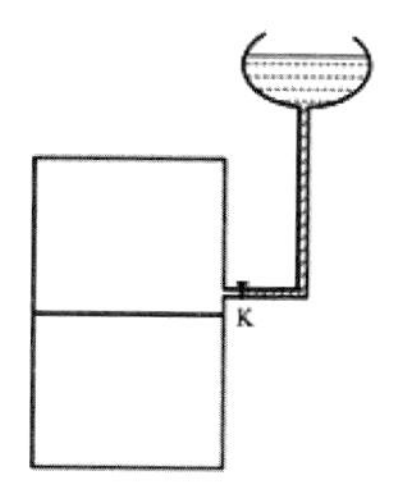

例1：（2018·全国卷Ⅰ）高考试题33（2）

如图，容积为V的汽缸由导热材料制成，面积为S的活塞将汽缸分成容积相等的上下两部分，汽缸上部通过细管与装有某种液体的容器相连，细管上有一阀门K。开始时，K关闭，汽缸内上下两部分气体的压强均为p_0。现将K打开，容器内的液体缓慢地流入汽缸。当流入的液体体积为$\frac{V}{8}$时，将K关闭，活塞平衡时其下方气体的体积减小了$\frac{V}{6}$，不计活塞的质量和体积，外界温度保持不变，重力加速度大小为g。求流入汽缸内液体的质量。

这道题源于人教版高中物理教材选修3–3第22页例题，有变式。

例2：（2017·全国卷Ⅰ）高考试题33（1）

氧气分子在0 ℃和100 ℃温度下单位速率间隔的分子数占总分子数的百分比随气体分子速率的变化分别如图中两条曲线所示.下列说法正确的是________.

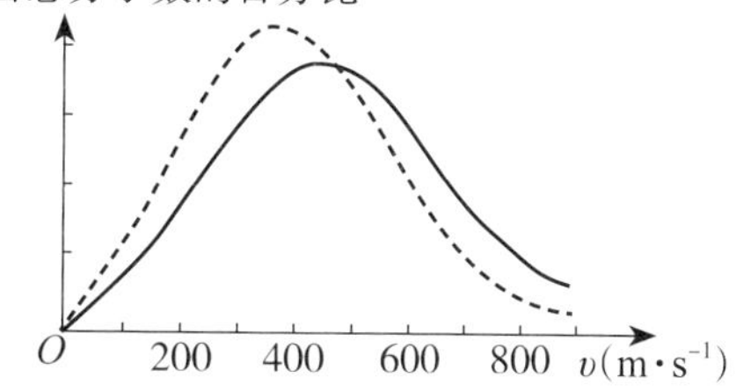

A.图中两条曲线下面积相等

B.图中虚线对应于氧气分子平均动能较小的情形

C.图中实线对应于氧气分子在100 ℃时的情形

D.图中曲线给出了任意速率区间的氧气分子数目

E.与0 ℃时相比，100 ℃时氧气分子速率出现在0—400 m/s区间内的分子数占总分子数的百分比较大

这道题也来源于人教版高中物理教材，选修3–3第28页插图其实还有很多，限于篇幅，不一一罗列。实际上，高考试题来源于课本在教育部考试中心主任姜刚2018年12月25发表的《落实立德树人根本任务，进一步深化高考内容改革》中有迹可循。该文章指出“成立高考内容改革指导委员会（科学家、教育家、企业家、教育官员都参与）。教育部考试中心2016年8月成立‘高考考试内容改革专家工作委员会’，所有委员5年一聘（也就是说2017年至2020年的高考题都将出自该机构）”。说明试题一定具有平稳性。文章中又指出“成立高考国家题库。高考国家题库已于2013年基本完成。建设高考题库不仅是为了考试安全，更重要的是要改变高考命题的理念、方法、手段和技术。基本完成后，我国的高考国家题库实现40倍量的库存（也就是存有试卷题量40倍的备选试题），相当于国外标准的4倍”。所以作为教材上的经典题目以及能考查学生素养的各种插图、说一说、思考与讨论为什么不是高考命题者最有力的武器了。回归教材，重在夯基础，是高三学生备考最佳的复习蓝本。通过变式，考查对规律的理解而非简单记忆。是选修3–3复习最主要备考方向。高考试题第33题是体现基础性、应用性的要求。落实教材的能力要求，就可以达到备战高考要求。可以达到事半功倍的效果。

盐类水解教学反思

化学教研组　袁仲伟

一、从知识点的角度反思

近几年在高三教学中，每次一轮复习都发现学生对盐类水解的本质掌握得不好。尤其是当出现弱电解质与酸、碱和盐溶液比较的时候，更是一头雾水。甚至有学生连弱电解质的电离平衡和盐类的水解平衡都分不清楚。

盐类水解可以看作弱电解质的电离平衡和水的电离平衡的综合应用。因为前面两个章节的内容学生刚接触，难免会有吃力的地方。如果处理不好，将直接影响高三的复习效果。我选择在高二年级上这节课也是出于这样的实际考虑，能不能在高二的教学中加强相关的教学，带领学生理清楚“弱电解质的电离”“水的电离平衡”“盐类水解”的关系，是我重点考虑的问题。

本节课设计的思路是将教材上的探究实验进行适当的改进，让学生分别测强酸、强碱、中性盐、强酸弱碱盐、弱酸强碱盐的酸碱性。再以“在酸性或碱性的盐溶液中，$c(H^+) \neq c(OH^-)$是如何产生的”作为本节课最重要的问题引导学生从溶液中存在的电离方程式入手让学生对比分析酸和盐溶液中存在的离子，进而思考分别是什么原因使水溶液呈酸性或碱性。引导学生推导出盐溶液呈酸性或者碱性的原因是破坏了水的电离平衡这一实质。再以“盐类水解的定义和实质是什么”和“哪些类型的盐在水溶液中能够发生盐类水解”为后续问题，逐步引导学生梳理出此知识点常见的考查面。

以整个上课的实际情况来看，三个问题中的第一个问题学生掌握得比较好，思维也比较的流畅。对于“盐类水解的实质是破坏了水的电离平衡”这一关键难点来说，效果还是令我满意的。在教学中，我还有意引导学生思考“在HCl溶液中水的电离平衡是怎样的情况”等以前不关注的问题。再引导学生把HCl溶液和NH_4Cl溶液中水的电离平衡做比较，就会让学生在第一次接触这个问题的时候就印象深刻。对这个常见考点的突破是很有帮助的。

但也正因为太注重平衡本质的突破，造成本节课的不足：盐类水解方程式的书写引入略显粗糙，方程式的书写训练不足；水解的规律出现的有点突兀，缺乏给学生思考的时间。

在认真思考后，发现我不可能牺牲学生突破水解本质的时间去练习方程式的书写。如果非要在两者间做选择，我还是坚持我现在的设计。这就需要在第二课时对方程式的书写和盐类水解的规律进行适当的补充。第二课时必须充分考虑学生的实际情况，及时巩固第一课时的内容，同时将重要的考点进行强化。

二、从教学方法的角度反思

1. 关于改进课本探究实验

在设计这节课的时候，反复在“探究实验的试剂如何取舍”和“ NH_4Cl溶液是和NaCl溶液还是加上HCl溶液三者比较”这两个问题上纠结。最后还是因为课堂时间的原因，简化了探究实验的试剂，减少了HCl溶液的直接对比，改为讲授时口头加入对比提问。其实如果不考虑一个课时的完整性，再多给学生一些时间，应该对于基础薄弱的学生将更有利。但是可能就会减弱整个课堂的流畅性，给第二课时带来更大的负担。

2. 关于分组教学

在教学方法中，我用到了分组的形式，但是不再为了分组而分组，将全班学生只分为两组：“甲组”和“A组”。这里面有一个学生能理解的小幽默——我们学校在高一学生未分班的时候，将学生按成绩均衡分为甲组和A组，以利于竞争。我的课堂上的两组分别研究酸性溶液和碱性溶液的情况。这样可以节约时间，也是为了增强课堂的趣味性。但是由于本节课作为化学反应原理的重要部分，想依靠激烈的讨论来解决问题是不现实的。所以知识从节约时间、减轻学生分析的压力角度出发进行分组。

3. 关于“三问题教学法”

“三问题教学法”的全称是“三问题10分钟教学法”，是一种以限制老师在课堂上说的时间为手段，要求老师将一节课的主要问题浓缩为三个主要问题，且每个问题的解决一般控制在10分钟左右的教学方法。当然，每个问题可以由三四个小问题组成，时间也不一定是10分钟。三问题教学法的核心是限制教师的说话量，强迫老师提炼自己的语言，留给学生足够的时间。本次教学中，尝试利用三问题教学法，也是希望利用三个问题引导学生多思考。但从实际情况来看，后面的两个问题的设计有缺陷，没有很好的引导学生去思考。如果加以改进，从“学生掌握了盐类水解的本质后最需要什么样的问题来引导继续思考”的角度出发。根据盐类水解的本质，能否引导学生总结出盐类水解方程式书写方法和技巧。这样的改进应该会更有效果。

三、从贯彻化学科学观的角度反思

1. 关于引课

在引课时，利用实验室保存NaOH溶液的试剂瓶不用常见的玻璃塞而用橡胶塞来引导学生思考。此时，不可避免要用文字表述原因，我不吝时间地让学生思考和回答，就是想充分利用课堂训练学生的语言表达能力，达到新课标对学生能力的要求。

2. 关于实验操作

本次课最有可能造成时间浪费的就是研究实验部分，因为学生需要一个个测量溶液的pH值。关于测量溶液pH值的一般方法的表述，也是学生易错的部分。我专门放慢节奏，给学生时间去表述和纠正，这也是体现化学教学科学性的地方。

3. 关于学生对“事物的对立统一性”的理解

首先，通过盐类水解的学习，学生更加加深了对“平衡”的理解。某些盐虽然能够水解，但是不可能水解完全，因为水解是微弱的，如CH_3COONa溶液中CH_3COO^-仍然比CH_3COOH的浓度大得多。其次，盐水解后生成酸和碱，酸碱都在同一个溶液中共存，也是体现“事物的对立统一性”的地方。这里需要学生改变初中化学学习中的一些过时观念。其实本章第四节《难溶电解质的溶解平衡》还有需要学生改变旧有观念的地方。比如，学生一直笃信的“$Fe(OH)_3$在酸性溶液中一定不能存在”“两种离子生成沉淀后，溶液中一定都没有这两种溶液了”等。这就需要我们的学生从认知事物的本质上更进一步去思考问题。

通过这节课的认真准备和用心教学，我还是收获不小的。这是我第一次敢于修改教材的实验，这体现我的进步。我发现以前有个毛病：站在高三的角度，总是埋怨高二的学生为什么没有把知识学得更扎实些。通过这样一节课，我明白了大部分学生囿于理解能力、学习劲头的不足，在高二的时候是不可能一下子达到高三的要求的。如果非要实现学生学习的更高效、更符合现代社会的需要，需要从更低的年级开始改变，这也是我们所有的教育工作者应该奋斗的方向。

《资源跨流域调配对区域地理环境的影响》说课有感

地理教研组　张红娟

笔者有幸作为广东省代表之一参加了中图版高中地理实验教材说课比赛，与来自北京、天津、山东、陕西、宁夏、江西、湖北等13个省市自治区共20名选手同台竞技。回顾整个说课的准备阶段，付出了许多，同时在市、区教育专家的指导下和科组同事的帮助下，也收获了许多。笔者参加此次说课比赛的课题是《资源跨流域调配对区域地理环境的影响》，通过本次说课，让自己的人生拥有了一段难忘的经历，充实而美好。下面结合说课实际，谈谈此次比赛的收获与感悟。

一、此次说课比赛的成功之处

1. 明确说课流程和说课内容

说课，需要遵循一定的步骤。如首先准确解读课标，即制定教学目标，确定教学过程的出发点和归宿。教材分析包括说明教材地位、教材内容及教材处理三方面，不仅要说出教材的好处、作用和意义，还要说出教材里的不足及对教材不足之处的处理。针对学情分析，要说出学生已有的知识、能力及目前的认知方式、学习习惯等，指出学生不良学习习惯并加以改正是教学得以顺利开展的基础。在三维目标制定方面，要依照课标和学生的实际情况而定，要从知识与技能、过程与方法、情感态度价值观等方面深入分析。重难点的制定要以对课标、教材与学情的分析为依据。此外，还要说出教法与学法的有机结合，说明教学方法选取的理论依据，说清楚教学过程中在教学重难点突破上别具一格的教学设计与安排等。

2. 案例既是课堂教学的出发点，又是落脚点

本节课是典型的案例教学，案例教学法不同于简单的案例分析，案例教学法的基本模式是：案例—理论—案例，即遵从案例分析—模式构建—案例分析的一般模式。本节课主要任务是引导学生从“南水北调”的个案中，归纳总结出资源跨区域调配对地理环境影响的一般分析方法和规律，再迁移应用到其他案例诸如“西电东送”的特殊案例中，这是教学过程能否顺利实施的一个难题。教学的最后再以案例分析作为落脚点，目的是为了让学生掌握理论且更好地应用一般分析方法。

3. 选取有效的素材，设计巧妙的环节，突破教学重点与难点

“南水北调”对调入区、调出区及沿线地理环境产生的利弊影响属于教学的核心部分，也是教学的重难点。为了突破教学的重难点，课前根据课标要求及学习目标，确定

学生收集的资料，并对资料进行加工，形成可供课堂教学使用的教学资源。教学中补充了丰富的地理素材，有图片、视频、文字资料、表格等，通过这些地理素材及设计恰当的讨论问题，引导学生分组合作，对案例进行分析、讨论、探究。各组讨论完毕后，各小组长将本组记录结果进行成果展示，最后老师引导学生进行归纳总结与点评。笔者对该部分内容的处理设置了紧密结合的几个环节：资料呈现—问题设置—活动探究—成果展示—总结归纳—过程评价，通过环环相扣的教学环节，使学生尽可能理解并掌握重难点知识。

4. 注重学生自主、合作与探究能力的培养

整个教学过程分为课前资料收集与课中合作探究两个阶段。课前教学资料收集，目的是让学生尽快进入“角色”， 激发学生学习的积极性，并为新知识的学习做准备和铺垫。课中辅以计算机多媒体手段呈现背景材料，通过学生三个合作探究活动，巧妙地引导学生探求新知，让学生先知道，再分析，最后掌握不同程度的知识。与此同时，还要让学生在知识生成中培养合作、探究的学习能力及小组合作精神与竞争意识。授课中尽可能地让学生从图文资料及影像视频中发现问题、分析问题、解决问题，从而培养学生自主学习、合作交流、探究分析的能力。

通过本次说课，也发现了自己的不足，这表现在：首先，用于突破重难点知识补充的资料代表性不强。例如，补充的图片资料中除了“南水北调”对文物的破坏具有典型性及针对性外，其他三幅关于调水工程远景图、中段郑州段工程及东段“穿黄工程”的图片对地理环境产生的影响展示得不够明显；有的图表显得太单薄，缺乏相应的文字资料补充及说明，致使学生无法从呈现的地理素材中分析问题。其次，自身专业知识的欠缺。说课完后，通过专家们的宝贵意见，才意识到应用拓展环节中“西电东送”不属于典型的资源跨区域调配问题，“电力”应属于能源问题。最后，时间把握方面略有欠缺。视频播放的时候，为了把握有效的说课时间，可适当调低音量，而不要停止说课内容。另外，说课时还需要更多与评课专家们进行眼神的交流。

二、此次说课比赛的诸多感悟

经历就是财富。的确，这一次说课经历让我收获很大，成长很多，深刻领会到说课不必像讲课那样将每个教学环节都面面俱到地展现出来，重点应定位于在课标分析、教材分析与学情分析的基础上，如何确立学习目标及教学重难点，教学过程中如何体现教法与学法的有机统一，教学资源的有效利用及教学评价的有效实施等问题。以下是笔者本次说课比赛归纳起来的几点感悟，希望能为各位同人抛砖引玉。

1. “说清”教学设计思路

本次说课流程包括资料收集—合作探究—模式构建—应用拓展四个环节。课前分组，分成六小组，每组八人，每组都选出小组长、监督员及记录员，并做到责任到人，任务细化。老师课前布置任务，让学生利用网络、报刊等媒体查找关于“南水北调”工

程的视频、工程基本概况及相关的图文资料，并提供参考网址。课中利用三个小组合作探究活动，让学生通过对“南水北调”相关图文资料的分析，了解水资源跨区域调配对地理环境的影响，由此引导学生总结归纳出资源跨区域调配对区域地理环境影响的一般分析方法，并能迁移应用到对其他资源跨区域调配案例上。

2.“说明”对学习目标的落实

给予对课标分析及教材学情分析的基础上，我确立了本节课的三维教学目标。知识与技能方面，目标由浅入深，由简单到复杂，指向十分明确。首先，让学生知道“南水北调”工程背景及工程概况；其次，分析“南水北调”对地理环境的影响；最后，掌握资源跨区域调配对地理环境影响的一般分析方法。为了达到这样的教学效果，在过程与方法目标中，要求学生课前查找“南水北调”资料，培养学生对资料进行加工、处理的能力，课中以小组为单位，对相关图文资料进行分析，培养学生合作、交流、探究的学习能力。本节课还培养了学生的情感态度与价值观目标，通过分析“南水北调”对地理环境带来的利弊影响，让学生了解我国的资源现状，增强学生节水意识，进一步树立正确的资源观、环境观、可持续发展观，并培养小组合作精神与竞争意识。在说课、教学过程中，一定要体现出三维教学目标的落实情况，即体现“以学生为主，教师为辅”的课堂教学模式。

3.“说中”教法与学法的有机结合

为突破教学的重点与难点，整个教学过程紧紧围绕“南水北调”设计了三个探究活动，授课中以问题为载体，以学生活动为主线，实现了教与学的有机结合。本节课主要的教学方法有案例分析法、图表教学法、合作探究法，即以“南水北调”为例，通过学生对相关图文资料的分析，掌握水资源跨区域调配对区域地理环境的影响，由此归纳出资源跨区域调配对区域地理环境影响的一般分析方法，在此之中运用图形语言帮助学生了解“南水北调”工程相关知识，培养学生利用地理图像获取有效地理信息的能力，并通过小组合作探究“南水北调”对地理环境的影响，培养学生交流、合作、探究的学习能力。另外，多媒体信息技术的运用，构建了学生自主探索的教学平台。

4.“说透”重点与难点

依据课标分析，确立本节课教学重点为“南水北调”对调入区、调出区及沿线地理环境的利弊影响。针对高二学生对地理规律的概括归纳能力比较欠缺的现状，确立本节课的教学难点为通过对“南水北调”的案例分析，总结归纳出资源跨区域调配对区域地理环境影响的一般分析方法。中图版教材关于水资源调配对地理环境的影响所占篇幅极少且以文字形式呈现，缺乏可直接感知的地理素材。说课中，为了充分突破教学重难点，补充了相关图片、视频等地理素材，让学生在分组讨论中从图文资料、图表及视频里充分感知地理事物，获取“南水北调”对地理环境产生哪些利弊影响的知识，并培养学生从图像资料中获取有效地理信息的能力。

5.“说出”教学过程中的亮点

说课一定要说出自己的亮点。本次说课最大的亮点在于教学评价贯穿于整个教学过程的始终。以此次说课为例，在课前资料收集环节里，让学习委员根据“资料收集内容调查表”检查六个小组学生对资料收集任务的落实情况，并及时向老师反馈检查的结果，做到有任务、有落实、有检查、有反馈，并进行适当的评价，激发学生学习的积极性。授课中针对“南水北调”对地理环境带来的利弊影响问题，学生分组扮演调出区及调入区的居民，展开模拟对话活动，交流看法，各小组记录员记录小组讨论的结果，随后，各小组长在投影仪上进行成果展示，老师对学生的成果展示及时做出反馈性的评价。新课学习围绕三个探究活动进行，每次探究活动各小组的监督员根据“成员参与监督表”对每次活动中学生的发言次数和发言质量做出记录，以检测小组成员课堂活动的参与度。教学最后，让学生填写“小组成员学习效果评价表”，老师最终收回，以便反馈课堂教学成效。

6.“说明”时间安排

只有通过实践，才能充分认识到说课的流程及要点。说课的过程其实是提取教学设计主干信息的过程，主要说出采用什么方式和手段突破教学重难点，并说明每个教学环节设计的意图，重在说明怎么去教和为什么这么教。每位老师的说课时间为20分钟，如何把课堂40分钟的授课内容浓缩在有限的时间段中完成，并在有限的时间内完成说课八大步骤，要求说课流程需条例清晰，说课内容详略得当，老师语言简洁明快，语气抑扬顿挫，且有一定的表演成分在里面。为了达到理想的状态，需要通过反复试说，删减啰唆重复的语言。

说课是一门艺术，没有一定的实践经验的积累，总是很难达到艺术的高峰。说课是一种反思，让教师在展示自我的同时，也进一步审视和反思自我。通过本次说课经历，使我深刻意识到今后的教学无论是备课，还是上课，都应关注到个体的发展，切实把课堂评价融入教学的各个环节中，优化课堂设计，提升教学效果，使老师教得轻松，学生学得轻松。

小题大做，过好高三政治一轮复习关

政治教研组　赵　虹

高考政治科目以学科核心素养为载体进行考查，即学生政治认同、科学精神、公共参与、法治意识等。以习近平新时代中国特色社会主义思想为指导，以立德树人为根本任务。根据全国高考卷的考试大纲，高考政治科目凸显了“必备知识、关键能力、学科素养、核心价值”四层考查目标。在备考复习的过程中，尤其是在一轮复习夯实基础的阶段，需要学生落实对知识把握的基础性、综合性、应用性、创新性。那么，一轮复习中，必备知识如何铺开？如何运用各种能力分析问题和解决问题，以什么材料为载体进行能力提升？如何提升更有效率？提升过程中哪些方法更符合学生的特点和要求？这些都是复习备考过程中需要认真思考反复实践的问题。本文就一轮政治复习过程中的主观题复习进行分析和总结。

一、一轮复习的能力提升及其现状

高考要考查的“关键能力”主要包括获取和解读信息、调动和运用知识、描述和阐释事物、论证和探究问题等四个方面。要求学生能够在不同情境下综合利用所学知识和技能处理复杂任务，具有扎实的学科观念和宽阔的学科视野，并体现出自身的实践能力、创新精神等内化的综合学科素养。这一能力往往体现在那些“难题”上，如政治模块和经济模块的问答题。要在这些难题上拿分，就要把握两点即思路和整合。思路就是对每一道试题的思路：考查知识是什么？设问的指向在哪里？解答思路有几个角度？同类试题见过没有？答案组织的模式是什么？整合就是把教材内容，包括大体系和小框架知识，与材料提取信息，与时政热点进行整合。这三个方面也是解答政治主观题的答案来源。根据这一思路，高考的能力考查的第一步“提取信息的能力”就显得非常关键。同时，根据全国卷高考主观题的答题特点，答案更加注重逻辑和生成。主观题答案的组织均要求考生结合背景材料具体分析，需要答案思路清晰，逻辑性强，运用多种思维方式论证分析，强化了“重逻辑、忌罗列”的答题要求。如果学生在回答中忽略这些特点和要求，丢分会比较严重。

根据一轮复习的现状，学生呈现出来的问题有：①因为教材知识储备不够，看不懂材料；②因为对时政材料和题型积累的缺乏，对考题材料的信息不敏感，无法提出关键词和信息点；③因为对知识体系的整合能力不够，导致答题散乱拼凑，无法针对考点拿分；④对有逻辑层次的复杂设问，缺乏解读能力。不能根据做过的题进行独立汇总和思考；⑤因为一轮复习的知识细杂，缺乏科学有效的方法；⑥不能落实主观题的常规限时训练，对平时的训练不重视、畏难，对答案的解读不够，不能主动分析自己的缺漏点。

二、立足典型主观题，小题大做夯实能力

分析近几年的政治高考试题，小切口的特征非常明显。如全国Ⅰ卷第38题“分析近来我国马拉松热的驱动因素”；全国Ⅱ卷第38题第（2）问“分析企业税负降低与财政收入增长之间的经济联系”；第40题第（2）问“说明我国杂交水稻研发推广是如何增强我们的文化自信的”；全国Ⅲ卷第38题“分析人工智能技术的应用对中国制造业的影响”；第39题“分析追责问责在生态文明建设中的重要意义”；第40题第（2）问“分析新时代传承和弘扬艰苦奋斗精神对建设中国特色社会主义文化的意义”。考题往往立足一个社会事件，将相关信息揉进材料中进行描述，并且，将要考查的考点有层次有结构地蕴含在材料中。这就需要学生具备非常细致全面的解读能力。“描述和阐释事物”要求考生运用简洁语言描述相关学科所涉及的基本概念和基本观点，能运用辩证的、历史的观点分析比较有关社会现象，能综合阐释或评价有关理论问题和现实问题，提出体现科学精神和创新意识的问题并能准确、清晰、顺畅表述自己的观点，得出合理结论。

在下面这一段高考题的材料中，如何引导学生解读材料是关键。

“中国是制造大国，但还不是制造强国。2014年，中国推出‘中国制造2025’国家战略，将智能制造作为战略主攻方向之一，提出到2025年中国迈入世界制造强国行列的战略目标。

“近来，人工智能成为全球智能制造技术的热点，人工智能技术正在被不断地应用到图像识别、语音识别、自动驾驶、故障诊断与预测性触护、质量监控等领域，涵盖了电子、纺织、冶金、汽车等传统产业，还涉及高端装备制造、机器人、新能源等战略新兴产业。

“目前，中国在人工智能的创新上已经和世界先进技术并跑，部分甚至领跑。有专家认为，人工智能时代的到来，对中国制造业将是重大机遇，其应用的推进将彻底改变我们的制造业。”

结合材料并运用经济知识，分析人工智能技术的应用对中国制造业的影响。（14分）

根据答案的三个来源：教材、时政、材料，组织答题思路。

第一步，审设问。“人工智能是什么”，它和教材哪些知识有链接？这一步，其实就是引导学生回归教材，梳理教材知识点，如果基础知识不过关，学生的答题就容易出现缺漏。按照对人工智能的理解，它和第四课的“科学技术是第一生产力”有关，和第五课的“企业成功经营的措施”有关，和第十课的“创新新理念”有关。找到这三个点，答案一般就出来了。由此可见，小题大做的思路，是落实基础和掌握必备知识的有效措施。

第二步，对中国制造业的影响。制造业的相关时政知识点是否有储备。在经济生活模块中，制造业的知识散落在各个单元，需要教师带动学生进行汇总，如制造业的现状——质量不高，供需失衡，国际市场竞争力不强，耗能，污染等；制造业的解决措施——供给侧改革，转变经济发展方式，结构优化，绿色生产，提高质量和效益，科学技术创新等。因此，以制造业为载体，可以考查与之相关的知识体系是否完整。首先，如果没有进行过梳理，学生很难全面整合答案。其次，根据材料信息提炼答案。哪些是关键词，根据它们能链接什么考点？三段材料分别是什么内容？之间的逻辑关系是什么？第一段：中国智造强国目标；第二段：人工智能的运用，传统产业和新兴产业；第三段：人工智能对制造业本身发展以及世界的关系。根据材料信息，考点就提炼出来了。

由此可见，小题大做的过程中，可以非常扎实地培养学生提取和解读信息的能力，分析和整合知识体系的能力。

第三步，答案的语言组织结构和要求。怎样才能更好地凸显答案的考点，更容易拿分？材料和考点之间怎样糅合才能让答案更通畅？14分的题，哪些是必须拿的分，哪些是拓展补充得分的点？这些点的落实，有利于学生掌握哪些点是必考重点，应该如何描写，哪些是补充得分的点。在这个过程中，论证问题的能力也得到了提升。一个小切口的题，夯实下来，不仅仅是解决高考的考点，更是能力的提升。

做一个题，得一个题。得到的不仅仅是必备知识，更是全面的知识整合能力和举一反三的方法。对学生能力的培养，并非一朝一夕能成，必须贯穿整个教育教学过程始终，落实到课堂教学的每一环节。教育教学过程倘若无法实现学生知识学习向能力培养的转化，考试中出现“基础题送分，能力题送命”的情况就在所难免了。

三、小题大做需要注意的几个问题

首先，作为高三应届生，要注意浮躁的毛病，认真做好第一轮的复习，不可太毛躁，切忌好高骛远和粗枝大叶，特别是不能眼高手低！该重新记的要记一下，不能只看看。组织答案也是一种能力，需要在平时培养，不能光用眼而不用手。每次练习和考试，需要总结一下，自己考试失误的原因是什么，做到对症下药，究竟是在审题上出现思路的问题，还是在组织答案的时候出现基础知识的储备问题。在平时就要做到有重点的训练。在第一轮复习中，考生要一步一步地走，稳扎稳打，只有保持好的心态做好第一轮复习，才能在以后的复习中游刃有余，轻松制胜。

其次，教师要精选试题。因为小题大做的方法需要夯实的面比较多，时间长。做完一个题，往往需要一节课甚至更多的时间。因此，对试题的典型性要求就更高。不能随便抛一个题给学生。能大量花时间练习的题，必须是精选的结果。高考政治的方向是时事政治与教材知识密切结合，所选试题必须既是时事政治的重点，又是教材的重点问题。因此，我们在平时的备考过程中，必须学会运用所学原理对热点问题进行分析思考，不断提高自己的能力。比如2019年的热点：改革开放40周年、澳门回归20周年、中国发展新时代、党的十九大等。同时，注重时事热点之间的相互联系。各个时事热点不是孤立的，不能就事论事地理解和把握，有些热点问题共同反映了同一规律性的东西，我们可以将这些时政热点进行归类、整合，从而以一个典型的热点来统帅众多的热点，不但要明确其内容本身，而且要知其背景、原因、意义和影响。时政热点试题可以是“一材多题”的客观性试题，也可以是对同一问题从多角度、多层面考查的主观性试题。时政热点问题可以直接切入，即对人们关注的重点、焦点问题直接命题，直接以这些问题作为试题的载体和考查目标，直接考查考生的了解、掌握情况。也可以间接切入考点，对于知识点的考查不易察觉，一般较为综合和间接地反映命题人的意图。由于政治学科在注重培养学生基本理论素养的基础上，更为重视的是对学生理论联系实际、解决实际问题能力的培养，因此，除了对重大时事问题直接命题外，命题人常常会间接选取较为深层次的出题点，来考查学生利用所学知识分析实际问题的能力。

总之，高三政治一轮复习方法很多，每个人技巧不同，学生需要根据自己的学习特点，充分发挥自己的优势，调整思路和心态，合理而科学地安排自己的有效时间，扎扎实实地做好第一复习。

古典诗词意境还原初探

——以《秋兴八首·其一》为例

语文教研组　赵　燕

目前，围绕古典诗词鉴赏能力目标所进行的教学实践中，我们通常将精力放在应试题型分析和答题技巧训练上。虽然有许多教师已经充分意识到，“读懂”才是鉴赏的前提和基础，但对于学生“读懂”古典诗词的具有可操作性的指导依然不够具体清晰，故学生古诗今译质量普遍不高。

说到这种低质量诗歌翻译的具体成因，一方面是不了解古典诗词的语言体系特点，不了解古典诗词与文言文和现代文学语言的本质差别在于前者采用点面感发式的语言体系，后者则采用线性陈述式的语言体系。这就造成了当古典诗词后的注释不足时，疏通文字障碍难度尤其大，学生难以说明文本意思。

古典诗歌的点面感发式的语言体系造成了许多反常的语言现象，这些现象可以概括为：词性活用、人称不明、成分省略、词序错综、关联脱落。所以，首先要把原作的词性活用变得规范；人称不明的，代入原作者使之明确；成分省略的，全部给予补足；词序错综的，按语法规范序列的要求理顺；关联脱落的，全都给有机地连接起来。

示例：

刘禹锡的《酬乐天》“病树前头万木春”中，“春”是名词活用为形容词，形容万木茂盛，是取名词所代表事物的特征作比，应翻译成“春意盎然”。

杜甫的《望岳》“岱宗夫如何？齐鲁青未了”中，“青”为形容词作名词，指青青的山色。

刘长卿《逢雪》“风雪夜归人”，词序错综，应为“人归”。

辛弃疾的《贺新郎》：“把酒长亭说。看渊明，风流酷似卧龙诸葛。”晋代的陶渊明怎么会酷似三国的诸葛亮呢？原来作者是把他们二人都用来比喻友人陈亮的文才和武略，按句意实为“看风流酷似渊明、卧龙诸葛”。宾语“渊明”跑到了主语的位置上。

杜甫《月夜忆舍弟》：“戍鼓断人行，边秋一雁声”后一句省略了谓语动词“响起”。

常建《题破山寺》：“竹径通幽处，禅房花木深”，后一句省略了谓语动词“藏”。

王勃的《送杜少府》：“与君离别意，同是宦游人”，前一句中省略了主语“我”，后一句中省略了主语“我们”。

温庭筠的《商山早行》：“鸡声茅店月，人迹板桥霜。”这两句写了六种景物，这些景物组合在一起正好点了“商山早行”这个题。

而更重要的一方面是对如何复现原作的意境往往考虑不多。“意境至上”是中国古典诗词之所以能特立于世界诗歌之林的决定性因素。中国古典诗词的语言系统是一个包括情绪、想象、意象等诸多方面，围绕着意境而展开的多向交流系统，这个语言系统绝不仅仅是为了“直线性”地“传递意思”，因此，只有忠实地还原了原诗的意境才算是完成了古诗今译的使命，才算是真正地“读懂”了古典诗词。

高中阶段对古典诗词的鉴赏考查中，通常有四个大的考查纬度：情感、手法、形象和语言。过去的课堂学习中我们侧重于对诗歌相关知识背景资料的补充、情感主旨的分析和艺术手法的体会，但是，却忽视了对诗歌语言特征的认真琢磨和借由各种诗歌人物形象、景物形象、事物形象所进行的形象体悟和意境还原。笔者在进行人教版必修三第二单元《杜甫诗三首》教学时，将教学重点放在了诗歌翻译意境还原能力的训练上，并取得了较好的教学效果。

教学过程：

秋兴八首·其一

杜甫

玉露凋伤枫树林，巫山巫峡气萧森。
江间波浪兼天涌，塞上风云接地阴。
丛菊两开他日泪，孤舟一系故园心。
寒衣处处催刀尺，白帝城高急暮砧。

一、还原意境第一步

结合创作背景，参考重难点词语注释，根据古典诗词语言特征，准确理解字面意。

（一）相关背景了解（课下注释1）

1. 选自《杜诗详注》（中华书局1979年版）。这组诗共八首，是唐代宗大历元年（766）杜甫流寓夔州（今重庆奉节）时所作，这里所选的是第一首。秋兴，就是借秋天的景色感物抒怀之意。

（二）重点字词理解（课下注释2—13）

2. 玉露：白露。

3. 凋伤：使草木凋落衰败。

4. 萧森：萧瑟阴森。

5. 兼天：连天。

6. 塞上：这里指夔州的山。

7. 两开：第二次开放，这里指第二次看到。杜甫于唐代宗永泰年（765）五月离开成都，打算出川东水路回故乡，至此已经过两个秋天，两次见菊花开。

8. 他日：往日。

9. 系：指系舟上岸。

10. 寒衣：指冬天穿的衣服。

11. 催刀尺：指赶制新衣。

12. 白帝城：古城名，在今重庆奉节东白帝山上。东汉初年公孙述所筑，公孙述自号白帝，故城名为“白帝城”。

13. 急暮砧：黄昏时急促的捣衣声。砧，捣衣石。

（三）教师补充重要注释

寒衣、刀尺和砧声：古时制衣的料子如罗纨、缟练等大都是生料，必须捶捣，使之柔软熨帖，做成的衣服才能穿着舒适。妇女把织好的布帛铺在平滑的板（称为砧，一般为石制）上，用木棒（称为杵）敲平；有时是在衣服做成之后进行捶捣，或是对冬衣进行敲打使其松软蓬松，前人诗歌中统称捣衣。

妇女白天一般忙于操持家务，照料孩子，晚上才有空闲时间为家人准备衣物，而捣衣工序对光线要求不高，所以多于寒冬来临之前的秋夜进行。凉风冷月下持续不断的砧杵之声，在古典诗歌中经常被称为寒砧、清砧或暮砧，用以表现征人离妇、远别故乡的惆怅情绪。

菊花：菊花进入文学作品，最早从屈原开始，后经陶潜益彰，历代文人骚客多加咏之，由此而愈来愈显其在文学上的审美价值。在这些诗篇中，诗人多借菊花抒发隐者幽士的超然洒脱、宦游之人的感时伤怀、闺中思妇的淡淡闲愁、志士的坚贞高洁以及勇者的壮志豪情。

（四）反常语言现象梳理还原

1. 阴：结合对偶知识，对应上句的“涌”，所以“阴”这里是形容词活用为动词，充斥阴气的意思。

2. 他日泪、故园心：丛菊两开他日泪，“丛菊两开”和“他日泪”之间关联脱落，“他日泪”前主语残缺。“丛菊两开”和“他日泪”之间，表面上看起来简单，前者是后者产生的原因，触景生情，但是本质的关联在于“两”和“他”，也就是在于“仍旧”这个意思上：丛菊仍旧开放，我的泪仍旧与去年一样无改。因此，下句按照同样的理解模式，就不可能理解成“一叶孤舟上，永系着思念故园之情”（《步步高学案导学设计》），“孤舟一系”和“故园心”之间的关联到底是什么呢？应该是在“系”和“一”字上，“一”此处应该理解为“一直以来”，而“系”此处不应理解为“牵挂、系念”（xì），而应该是“拴着、绑着”（jì）之意：孤舟从我上岸那天，就一直被拴在岸边；而我自从来到异乡，热恋故园的心渴望回去，但一直受到各种牵绊无法返乡。

3. 寒衣处处催刀尺：字面上看“寒衣”是“催”的主语，但真正内心着急挥动刀尺去赶制御寒衣物的是家家户户关爱亲人的妇女们。

4. 白帝城高急暮砧：“白帝城高”和“急暮砧”之间的关联脱落，密集的暮砧声是主语，“高”形容词用作名词，此处应当理解成“高处”，“白帝城高”作状语，而真正的动词“传达、传递”残缺，所以这句诗应当理解成：密集的暮砧声一直飘荡到了白帝城的最高处。

二、还原意境第二步：整体把握古典诗词诗句的内容类型，归纳主旨情感

在平时的鉴赏训练中，笔者一直强调要具体关注古典诗词诗句的内容类型，抓住每一种类型的总体特征，从而更好地理解主旨情感。诗句的内容类型包括人物形象、历史事件、生活事件、事物形象、景物形象。

具体来看《秋兴八首·其一》的诗句内容类型：1—4句是景物形象，5—6句是人物形象，7—8句是生活事件。1—4句景物总体特征：肃杀冷寂的秋气充塞天地；5—6句人物总体特征：思乡望归；7—8句生活事件总体特征：亲人温情。

本诗情感主旨：悲秋思乡。

三、还原意境第三步：鉴赏艺术技巧，品味诗歌意境，将诗化语言转换成线性陈述描写语言

还原意境要建立在准确地翻译形容词、动词基础上，适当地添加意象，考虑整体意境特征的呈现。在前两个步骤的基础上，学生开始提笔，对诗句进行意境还原：

首联：玉露凋伤枫树林，巫山巫峡气萧森。

生1：白露使枫林凋落了，巫山巫峡山高林密，萧瑟阴森。

生2：暮秋，凝结的露珠晶莹剔透，缀连在片片枫叶之上，秋风微醺间，无意地将其凋伤，弥散开一抹橙红。

生3：秋风萧萧，枫林瑟瑟，白露凝结在枫叶上，渗出道道血痕。巫山巫峡一片萧瑟阴森，凄清肃杀，令人心生寒意。

分析：

生1补充了“巫山巫峡”的特征“山高林密”，并且解释了“萧森”为“萧瑟阴森”，但是没有考虑意象之间的关系，只有“点”，没有“面”，更没有“境”。

生2错误理解意象特征，比如形容露水是“晶莹剔透”的，添加了一个意象“秋风”是有必要的，但是形容秋风是“微醺”的、“无意”的，显然与整联的意境相背离。

生3增添了意象“秋风”，形容其为“萧萧”，是恰当的；白露之“伤”，体现充分具体“渗出道道血痕”。

从整联来看，诗人想要营造的意境是秋气充塞天地的萧瑟。如果上句是通过“枫树林”来展示一个横向的无处不在的凋零广度的话，那么下句就是借助“巫山巫峡”，从高山之巅到川峡谷底来展示一个纵向的无处不在的萧森深度，因此，在还原意境的时候，一方面要关注到具体的意象，如“玉露”的“玉”，这里体现的不是玉的温润，而是冰冷之感，“凋伤”，不仅是指枫叶凋落，还可以让人联想到枫林的红色等。另一方面还要从根本上还原整联的意境。

教师还原意境示例：

漫山遍野的枫林被闪着冷玉光泽的寒露覆盖上了一层触目惊心的血红，秋风吹来，片片枫叶凋落残败；从巫山的山巅一直到巫峡的谷底，都充满了重重冷寂阴沉的深秋之气。

颔联：江间波浪兼天涌，塞上风云接地阴。

生1：江上的波浪像离愁一样连天涌来，拍打着我的心。沉重的战争风云铺天盖地地压迫而来，敌人虎视眈眈，也是危在旦夕。

生2：一望无际的江面，在狂风的怒吼下激起层层波浪连天涌来，边塞的天空仿佛是电光火石般汹涌激荡。

分析：

生1在“江上的波浪”之后加入状语“像离愁一样”，笔者认为显然是不合适的，虽然说写景的目的是传情，但意象和情感之间并不是直接对应的关系，要本着意境来理解情感主旨，此处明显属于解读过度，同样，将“塞上风云”解读成“战争风云”也有过度拔高之嫌，背离了写景的根本目的，直接将其理解为隐喻表达，这显然是不当的。

生2对“江间”进行了想象描摹，用“一望无际”来修饰，来体现其广度，是值得肯定的，因为由于古典诗词的点面感发式的语言特点，江间也可以作为一个画面的“点”，而不仅仅是“波浪”的定语。更难的是，该生添加了一个意象“狂风怒吼”，来解释波浪形成的原因，更加有画面感。但是对于“兼天”的还原不够，仅仅解释成为“连天”是不够的，因为这里要求还原一副“波浪涌向天际”的纵向的由下到上的延伸感。而下一句对于“风云”和“接地阴”几乎没有翻译还原。

颔联和首联都属于写景，但相对于首联的秋气充塞、万物萧森的整体感而言，颔联着重于从“江间波浪”和“塞上风云”两个点来具体点明夔地深秋特征；如果说首联呈现的是静态的秋景，那么颔联表现的就是动态的秋景。诗人匠心独运之处在于，波浪在地，却说向天际奔涌；风云在天，却说接地而阴。作者自下而上，又自上而下，虽然是具体的“点”的描写，但和首联一样，同样体现了一种贯彻天地之感。

教师还原意境示例：

巫山中的江水波涛翻滚，涌向天际；山间的阴云密布，飒飒的秋风从云层中跌下，直扑大地，搅动了宇宙，给万物覆盖了一重阴气。

颈联：丛菊两开他日泪，孤舟一系故园心。

生1：在这里，我已看过两次菊花开放，想起故乡，不知花是否如此般绚烂，不禁终日感伤流泪。茫茫江面上，只有一叶孤零零的小舟随着水波来回飘荡，仿佛要挣脱那系紧的绳子，正如我牵挂故乡的心。

生2：一丛稀疏的菊花又开放了，看着那些下垂着的灰黄色花瓣，我不禁回想起一年前面对它们悲伤流涕的场景。家乡就在前处，但我却久久只能遥望，乡愁一年一年没有穷尽，菊花一季一季兀自盛开。漂泊的孤舟已经上岸停泊，而我思念故乡的心仍然牵系在故乡，四处飘荡，无依无靠。

分析：

生1在为“丛菊两开”和“他日泪”建立关联时，进行了合理的想象，“想起故乡，不知花是否如此般绚烂”是值得肯定的。但是对于“他日”所体现出来的异乡滞留之久的情状理解不准确，解读成了“终日”。

生2对于“丛菊”意象进行了想象描摹，但用了“稀疏”“下垂”和“灰黄色”这几个词来修饰“菊”。笔者认为，这样理解菊花意象倒不是完全不可以，但是用一组相反的修饰词是不是会取得更好的表达效果？这里理解成姜夔《扬州慢》中写“念桥边红药，年年知为谁生”之用意是否更好？乐景对哀情的反面衬托意味会更加强烈。但该生对“丛菊两开”和“他日泪”建立关联时的诠释是充分而生动的：“我不禁回想起一年前面对它们悲伤流涕的场景。家乡就在前处，但我却久久只能遥望，乡愁一年一年没有穷尽，菊花一季一季兀自盛开。”但将“孤舟一系”解读成漂泊的孤舟已经上岸停泊，忽视了“系”的“限制性”意思，将“孤舟一系”和“故园心”的关联建立在了对比关系上，笔者认为是不妥的。

“丛菊两开”和“他日泪”本质的关联在于“两”和“他”，也就是在于“仍旧”这个意思上，“孤舟一系”和“故园心”之间的关联是在“系”和“一”字上，孤舟从我上岸那天，就一直被拴在岸边；而我自从来到异乡，热恋故园的心渴望回去，但一直受到各种牵绊无法返乡。

教师还原意境示例：

一丛一丛的菊花盛开了，和去年一样灿烂，我今日又再次为它洒下泪花，这泪是否会一直流淌进以后的岁月？一叶孤独的小舟，连同我的挂念故园的热肠，都被一直牢牢地拴在异乡的岸边。

尾联：寒衣处处催刀尺，白帝城高急暮砧。

生1：在秋天的时节，人们开始赶制冬用防寒的衣服，站在白帝城的高处，望着千家万户，听到她们急促的捣衣声。

生2：大街小巷里妇女忙着赶制冬衣。傍晚，我孤身一人立在白帝城高处的瑟瑟秋风中，听到急促的捣衣声，声声不绝，挥霍了奔波的许多年，我的孤独，依然完美。

分析：

生1的还原中对“处处”和“催”的解读缺失，对于“白帝城高”理解错误。

生2除了同样对“白帝城高”的理解不当之外，“挥霍了奔波的许多年，我的孤独，依然完美”属于解读过度。

寒衣处处催刀尺：字面上看“寒衣”是“催”的主语，但真正内心着急挥动刀尺去赶制御寒衣物的是家家户户关爱亲人的妇女们。“白帝城高”和“急暮砧”之间的关联脱落，密集的暮砧声是主语，“高”形容词用作名词，此处应当理解成“高处”，“白帝城高”作状语，而真正的动词“传达、传递”残缺，所以这句诗应当理解成：密集的暮砧声一直飘荡到了白帝城的最高处。

教师还原意境示例：

示例：深秋已至，家家户户的妇女们都在挥动刀尺急急地赶制家人御寒的冬衣，密集的捣衣声在暮色里一直传到了白帝城的最高处……

总之，意境并非神秘抽象的存在，它的物化形态是意象及其组合体，所以意境实为对意象及其组合体具体而真切的体验。通过这次以《秋兴八首·其一》为例所进行的意境还原实践，学生和笔者都充分意识到，只有充分还原了意境才能接近原诗的情致韵味和艺术风貌。古典诗词意境还原不仅需要从理论上进行探讨，也应从实践上做出尝试和提高，因为它直接关系到对祖国传统诗性文化遗产的继承和推广，也关系到新诗诗体的发展与建设。

殷勤三更雨

——随笔于苏轼词二首授后

语文教研组　钟玉霞

一、关于《蝶恋花》

2012年的一节全区古诗词教学研讨课，我选择了苏轼的这首词来讲。这节课对我有特殊的意义。一是多年不赛课，对大型公开课总是缺乏主动的热情，这一年，承担这节公开课，是为一个小小的心意和新意。二是这份心意的产生源自一份酬赠，几个要好的朋友对我关爱有加，他们皆以正能量的方式给予我许多，于是，刻意地以此作为表示，告诉他们我会很好，我会加油。

木棉花缀满枝头的一天。那天的课上得特别自由流畅，与平日上课流程几乎相似，在应对课堂反应方面没有大难度，甚至有一种在自己学校、自己班级上课的感觉。但毕竟多年不在场面上，到底还是很紧张，听课老师颇多，学生求知的眼神恳切，于我而言始终是一份压力。学生或许从未见过让他们把课本、笔记都抛到一边的老师，于是爽性放开了来听课。我和学生一起小跑起来，压力与渴望变成了愉悦，40分钟的课堂的节奏踩得轻快轻松，雪娟给我评课，那张评课资料，我至今留存着，天啊，那是怎样的一种被肯定之后的羞涩！点评一句，我脸红一下，解释一句，我心跳一下。但必须承认，我真的很快乐。

于是，到今天，我给学生一同重温这个课件，我仍旧说，对这一首诗词的教授，我恐怕再没有办法调整了，或许是因为迷恋当时那个场景，故而有些故步自封、自我满足了，但时至今日，我的确不愿意去过多修改与调整思路。殊不知，每个人，都需要一个念念不忘的回忆，哪怕发黄，仍旧有力量让自己快乐和自足。

二、关于《江城子》

千古悼亡之作，无出其右了吧？讲完这一课，我的心率明显加快。或许此时我也动心动情了，我是不是在那期间，有那么几个瞬间，是在说自己的话，表自己的情；是在诉说衷情，而非转述他言。

这个男人的确是思想最深刻者，所以，他既能关注到那即时而生的美，并对此钟爱、护佑（《蝶恋花》），也能在长达十年的深切怀念里依旧存留对爱人的眷恋和思念（《江城子》）。是的，他多情，但对每一个瞬间产生的美都是尊重、并矜持地爱着；他长情，对镌刻内心底里的挚爱，有着恒久不变、甚至发酵得更为浓郁深厚的珍惜与惦念，更悠长更绵远的爱……这样的生命，必定是丰富且又安稳的，这样的胸怀，也定然是宽广而厚实的。这样的男子，让人痴迷，却很安心，因为他的情感如同溪水真实清澈却又如鹅卵石般敦实真切。

十年，模糊了彼此的双眼和记忆，于是两茫茫。从不需要刻意想起，但却永远不会忘记。镌刻烙印在心了，岂会因外力有所变更？抹不掉擦不去盖不住掩不了……永诀！是人类最恒久而不可抗拒的绝望和悲伤，是吗？并且，这样的绝望和悲伤，千里之外无从寄托，此中凄凉，又岂是三言两语能够言说的？何况，纵有千种万端情愫，更与何人说？ 斯人不在，世间便没有那个最适合倾诉的人了！这个男人何尝不清醒地知道永诀便是生死相隔的绝望？但思念又岂是可以压抑与掩饰的？它让一个人无端陷入臆想与奢望：相逢可会有时？是啊，谁不愿呈现自己所有的美好给深爱的人？可是如果不能见到你，还有谁能抚慰我十载磨折、抚平我多年的辗转？故而，我尘满面鬓微霜，你，依旧能辨识我的容颜。依旧能，是吗？

于是明白了为何那么多人愿意做梦，愿意一梦千年，它实在是现世里不能给予的温柔！噫！小轩窗，正梳妆！这样具体可见历历在目的一场一景，能不能惊艳这一整天这一整年啊！深沉的爱让人飘行十年而依然念念不忘，细腻的爱让此时此刻的相逢来得这样清晰明确！是你吗？是你。是梦吗？是梦但何妨！是的，千言万语无由说起，但此时无声胜却低语呢喃！清泪簌簌而落，十年悉数淡褪！心，应当要消停些啊，跳得慢一些可好？跳得轻一些可好？触手可及却不可触及！一伸手便可能掀起另一场永诀！是吗？这样一场相逢，能否让彼此有更多的勇气，来面对余生、来生的每一个思念的恒久瞬间、每一个明月光下清清楚楚的身影、每一阵山冈上淅淅沥沥的松风声。

我无意肤浅煽情，但却恨憾于浅薄言语，且不得不言说……

哎哎，究竟是要泪落了！

第四辑　教育实践

激发中国孩子创造力的思考

数学教研组　梁　洁

创新者赢未来

纵观人类社会近代经济发展史，国力强大的国家都是“创造力”强的国家。只有拥有创造力的人才，一个民族才有前行的动力，一个国家才会在全球化的经济发展中立于不败之地，一个社会才能更加富有活力。在21世纪，具有创新意识的人才将主导社会经济发展的走向，不论是新的产品的研发、新行业的崛起、新的管理意识，这一切都离不开人的创造力。

对一个国家和社会而言，教育的重要目的之一是提高人的创造力。社会对创新人才的需要变得更加突出，所以教育的方法和手段也需要日益革新。而这一切，都对教育提出了新的挑战。

中国孩子的创造力有很大的提升空间，急待提高

英特尔国际科学与工程大奖赛（Intel ISEF）是当今世界上规模最大、参与最广的中学生科技创新大赛。在Intel ISEF评判标准里，创新性被放在首要的位置。这里比的不是艰涩的公式或高难的演算，而是展示创造力。那些身为科学大师的评委们告诉孩子：富有想象的探索远比完美的结果更为珍贵。

英特尔组织这个大赛评讲标准叫作：“选出最好的，鼓励大多数。”在学科奥赛上，中国是金牌“常客”。但在这一赛事上，相比来讲中国却稍显薄弱。奥赛强调解题思路和逻辑思维，我国很多聪明的孩子可以通过老师的教授或教科书习题的反复训练获得好成绩。而Intel ISEF需要创新，老师那里和教科书上是没有的。在这样的比赛中，中国选手较少获得像奥赛那样辉煌的成绩。

参与这次大赛评审的专家，中科院的周红章博士在接受记者采访时说：“我们这几年的项目得奖率比较高一点，但是真正去冲击一等奖也很难……美国参与这个项目的大环境，纯粹是个人的爱好，学生有家庭、学校等各种各样的条件参与，甚至可以有第一届、第二届。今天我们评的就有第四届来参与的，前面也得了奖，但并没有因为得了奖上了大学就不再搞这个了……不过，实际上整体水平上，我们的孩子的还是比较高的。但是在顶尖水平上，还是兴趣最重要，我们的孩子往往还要承受考试、升学压力等，这些都会有一些影响。”

另外还有一些事实警醒我们，2009年，教育进展国际评估组织（International

Association for the Evaluation of Educational Achievement）对全球21个国家进行的调查显示，中国孩子的计算能力排名第一，想象力排名倒数第一，创造力排名倒数第五。在中小学生中，认为自己有好奇心和想象力的只占4.7%，而希望培养想象力和创造力的只占14.9%。

另外还有，美国几个专业学会共同评出的影响人类20世纪生活的20项重大发明中，没有一项由中国人发明。中国学子每年在美国拿博士学位的有2000人之多，为非美裔学生之冠，比排第二的印度多出一倍。但美国专家评论说，虽然中国学子成绩突出，创造力却大大缺乏。

中国孩子的创造力怎么了？中国孩子没有创造力吗？有！孩子们的创造力是与生俱来的。但为什么中国孩子的创造力发挥不出来或体现不出来呢？教育工作者要怎么做呢？

提高孩子创造力的途径——走向太平洋中间的教育

（一）对我国现行教育体制的反思。我国现行的教育体制和学校强调并执行着统一的课程标准以及对学生统一的严格要求，这样的模式有利于学生系统地学习知识，也便于我们选拔，但这也会缩小学生之间的个性差异，同时也一定程度上抑制了学生的创造力。学校和老师对所有的学生以统一的标准来要求，布置同样的习题，用同样的标准答案批改作业。从小被训练写标准答案的他们很多不敢挑战权威，循规蹈矩，渐渐丧失了探索和质疑精神，创造力被压抑住了。

哈佛大学的心理学教授埃伦·兰格强调说："如果我们准备让直觉和创造力来帮助我们，那么我们要避免给自己的思想设置条条框框，或给自己设下过于严格的规定，如果我们的思维被限制在某一事物上，或者做事的某一方法上，不动脑子就做出判断，那么我们会抹杀我们的直觉，忽视周围很多现实世界的事物。"如果阿基米德的思路被限制在洗澡上，他可能不会发现阿基米德浮力定律了。

被授予2003年美国教育研究协会早期成就奖的美国密歇根州立大学教育学院的赵勇博士曾经指出："媒体普遍认为，东方人基础知识扎实，学习比较系统，但是比较死板，缺乏创造性；西方人很有创造性，但是基础知识不够。东西方教育改革希望能走到太平洋的中间，实现东西方的最佳结合。"那么西方的教育者是怎样激发孩子的创造力的呢？

美国的基础教育时期，十分注重独立思考和自主的研究性学习。虽然也有教科书，但讲课从不照本宣科，有的甚至根本不用教科书。每个学生都要经常做报告，从选题、撰写到演讲，全部是独立完成。研究报告要求有完整的几部分：假说、研究目的、方法程序、实施（或观察）情况、分析、结论。美国中小学生的这种研究报告结构，博士论文也不过就是这样。一位中国儿童到美国读书，在一次课后的研究题目是"运动后多长时间心跳才能恢复正常？"她自己跑步、记录心率，然后分析数据，在计算机上做图表并撰写文字，再打印出来贴在大纸板上用彩色插图装饰，最后当众演讲。这类学习方式锻炼了她的逻辑思维能力，并使她亲自体会到科学家是怎样思考、观察、工作的。

美国一所学校六年级的历史作业是关于“二次大战”的问题：“你认为谁对这场战争负有责任？”“你认为纳粹德国失败的原因是什么？”“如果你是杜鲁门总统的高级顾问，你将对美国投放原子弹持什么意见？”“你是否认为当时只有投放原子弹一个办法去结束战争？”“你认为今天避免战争的最好办法是什么？”……这些问题在课堂上都没有标准答案，老师不会拿标准的教科书和标准答案去限制学生的思路。十一二岁的孩子为了完成这些作业必须利用图书馆和计算机查找他所需要的各种文字和图像资料，然后就是动脑筋思考，而不是按照年代、事件死记硬背书中的结论。学生们不会只是重复前人的结论，而是依赖于自己的思考。没有自己的思考，就难有新的创造。像这样泛泛的没有标准答案的作业还有“中国的昨天和今天”“我怎么看人类文化”等。只要认真阅读和思考，每个孩子都能得到出色的答案，都能体会到自我成功的快乐，都能有自我展示的机会，都能发挥自己的创造力。

美国一个高中的一次作业是亚利桑那州图桑市政府的一个市政科研项目。图桑是美国天文观测台的云集地。对天文观测来说，不仅要求空气的澄净，而且对地面的反射光的要求也很严格，越微弱越好。但是图桑又是一个拥有几十万人口的城市，整个城市的夜间公共照明系统的明亮度直接关系着当地居民的切身利益，市民们希望这个城市夜间灯光璀璨。这样一个尖锐的矛盾，让市政府和相关科学工作者都非常头疼，始终找不到一个两全的方案。中学就把这个难题拿回了学校，摆到了学生们面前。学生们组成了一个个课题组，从互联网上查找资料，在世界范围内去寻找其他城市照明的各种布局结构，公共照明系统的最新技术，将地面照明对天空反射影响降低到最低限度的可行途径。甚至有些孩子走访了当地的城市照明管理机构，用电子邮件向世界上一些研究城市照明的专家求教，寻找当今世界上一些最新的公共照明技术，或者走访了亚利桑那大学天文系一些天文观测机构，与天文学家们一起探讨天文观测所需要的环境条件。这个作业整整做了一个学期又加上一个暑假。最后，有一个课题组从照明系统的整体布局，根据不同时段对光源强度的适时调控，灯管、灯罩、防反射装置的配备等方面，提出了一个图桑市区新型照明系统建设的可行性报告和一组新型照明系统的规划图。没过多久，他们的研究报告就受到了市教育部门的嘉奖，在讨论城市照明系统的专门会议上，一群真正的专家们还请这个课题组去列席旁听。学校就是在这样的活动中让孩子们知道，一切学习最终都是要解决现实生活中的实际问题，因此，要勤于动手，要勤于思考，要敢于创造。

有人会担忧，我国学生面临高考这个巨大的压力，怎么能放开来搞什么创造呢？事实上我们有大量学有余力或兴趣广泛的学生，只要学校和老师给这样的孩子机会，社会能给予这样的孩子充分的信任和支持，一定会有越来越多的创新型人才纷纷涌现出来。令我振奋的是，深圳是一个非常注重创新的城市，深圳市青少年科技创新大赛已举办了20多届，青少年科技创新大赛参与人数和参赛作品逐年增多，水平也越来越高，每年都涌现出不少有特色、有创意的优秀作品被选送到全国青少年科技创新大赛（CASTIC），并获得好成绩。2018年5月，在第69届Intel ISEF上，人大附中女生丑瑞华因研究恶劣天气下路况环境增强感知系统，斩获“系统软件学科最佳奖”，为此将有一颗小行星以她的名字命名。这也是参赛19年来，北京学生获得的最佳成绩。

作为教育者的我们，在与考试不冲突的情况下，可以在授课和布置作业的时候，给孩子一些创造的机会。激发孩子的想象力，但不把学生们分出三六九等，不给出标准答案，最后让每位学生在全班同学面前展示研究成果。相信学生们会在兴致勃勃的学习中发展出创造力。让我们走到“太平洋的中间”，适当地借鉴西方，完善我们的教育。

（二）孩子的创造力需要被认可。作为Intel ISEF评审之一的香港浸会大学能源研究所姜冬梅博士说：“人是需要别人认可的，孩子们也特别需要得到鼓励。中国教育不缺严谨、不缺知识，最大的缺失就是老师已经忘了怎么鼓励孩子，已经忘了我们的孩子本身已经很优秀了。”Intel ISEF获奖的孩子未必以后就是诺贝尔奖的得主，但是他在18、19岁的时候可以站在领奖台上获得“青年科学家奖”，是让他很自豪的一件事。所以Intel ISEF的宗旨是“选出最好的，鼓励大多数”。北京大学生命科学院的屈铭志是53届Intel ISEF大赛中成绩最好的中国学生，他幼稚地用一个制作粗糙的小转盘来提高相片的精度。这项小发明在国内大赛上并未引起关注，但在Intel ISEF，每个评委都对这个粗糙的小仪器非常感兴趣，高度赞赏他的创造力。屈铭志因此夺得当年“动物学科特等奖”。如今屈铭志回忆这段往事时说：“参加这样的科技创新活动，首先是思维方式的改变，你的创新得到鼓励，你就会努力创新。”

我们不要把学生的创造成果分成三六九等，更不要批评任何一个孩子的劳动成果，而是应该竭尽全力去肯定孩子们的一切努力，去赞扬孩子们自己思考的一切结论，去保护和激励孩子们所有的创造欲望和尝试。尊重他们的想法，甚至那些可能第一次听来有些微不足道的想法，这些想法似乎很傻，但激励之后也许能让他联想到一个更好的想法。伟大的想法常来自出人意料的方式。激励可以使孩子的创造力沸腾。

除了教育者给予孩子表扬之外，社会也需要给孩子更多的支持和认可。Intel ISEF对于参赛者最具吸引力的是，获奖学生将应邀参加当年的诺贝尔奖颁奖典礼，还可以经美国麻省理工学院林肯实验室（小行星发现机构）以自己的名字给小行星命名，把自己的名字写在星空！更能优先就读哈佛、麻省理工等国际顶级大学和北大、清华等国内著名学府。此外，该竞赛有高达400万美元的奖金。哈佛大学计算机博士朱元晨曾经两次参加Intel ISEF，2001年，朱元晨获得计算机学科类的唯一一个特等奖，2002年12月被美国哈佛大学以全额奖学金提前录取，2004年Intel ISEF上，他一举夺得最高奖项“英特尔基金会青少年科学精英奖”，他还被正式邀请参加2004年12月在瑞典首都斯德哥尔摩隆重举行的年度诺贝尔奖颁奖典礼和一系列的颁奖庆典活动。应邀者的所有费用将由发奖机构资助。此奖被视为全世界中学生可获得的最高学术荣誉。并且随后，在浩瀚的星空中，有一颗小行星以朱元晨的名字命名。朱元晨创新的学习为创新的成果打下了基础，幸运的他遇到识才的伯乐，才成就了朱元晨不一样的人生。

教育是百年大计，是国家发展的基石。教育工作者应该成为伯乐，而不仅仅担当知识传授者的角色，要知道激发孩子创造力是教育工作者的不可推卸的重大责任，应致力于激发出孩子天生的创造灵感，保护好他们不懈追求创新的欲望，鼓励他们一切别出心裁的努力。教育工作者担当着神圣而艰巨的任务，为祖国和人民培养合格的人才。

因为有您，我的心里有阳光

语文教研组　唐梓钟

这里记录的是一段特殊的师生“情缘”。学生视老师为“知己”，向他倾诉心声，倾吐学业压力、人生困扰；老师和她娓娓相叙，化愁释疑，终使学生摆脱绝望，走向阳光。

文中的这对师生互相并不认识，一切的结缘都因为“网遇”——老师在2015年10月下旬开创了写作微信公众号，学生关注了公众号。于是，学生倾诉如晤，老师欣赏点评，一来二去，亦师亦友。那时，学生正读高一，老师正教高二。

这个学生是澜清，这个老师是望岳。

澜清致信老师（2018年2月4日13: 39）

上了高三后，和大部分为自己前途担忧的学生一样，我也很迷茫。自高三以来，我的成绩直线下滑，由最初的佼佼者沦落到如今在重本线边缘徘徊的地步，这样的落差让我一直无法接受。

我开始害怕考试，害怕明天，害怕即将到来的高考。我变得胆怯、懦弱，终日沉溺于灰色情绪，心情也不如从前开朗。我曾想一了百了，因为我已看不到自己存在的意义，也不曾挖掘到自己存在的价值。我恨懦弱懒惰的自己，恨那些说着风凉话而不关心理解别人的人。

是啊，年轻人就是爱做梦。因为梦里有自己想要的未来。我多么想成为一名伟大的心理学家，改变当下中国人对心理问题轻视的状况。可是不行啊，我连好的心理专业都考不上，奢谈梦想、未来显得卑微而可笑。

我开始研究自主招生，可那些严苛的条件让我傻眼。我感到绝望，恨不能立刻发愤图强，可是我该怎么做，我根本不知道。我感到很无力，想要改变却不知道该怎么做。我以前说人要诗意地活着，如今望着那些天地交接的界限，我只想化成一阵风，随它一起去了。

老师，希望您原谅我的唐突与任性，我真的已经穷途末路、举步维艰了。

望岳老师复信（2018年2月4日14: 28）

你的出现让我甚是欢喜，却没想到你早已被分数沉重打击，挤压人生。

我本来忙着编辑今天的公众号文章，可看到你的“呼救”，我感到了焦虑和不安，要知道，你的人生你的路，一切只能靠自己。

犹记得，两年前你关注了我的公众号，并投来高质量的稿件，追求诗意地存在；现如今，高三了，现实如此生硬和骨感，这是怎样的无力无助啊。

我能体会到你的愁苦，但我知道，成绩的高低只是一个相对的概念，尽力奋进时，你何苦在乎别人的看法？尽心无悔，顺其自然，这是我提倡的态度。在学校竞争，分数似乎成了衡量一切的标准，岂不知，你的潜力何止一处？更何况，世界如此广阔，简单的分数岂能满足多元丰富的需要！

当务之急，你莫急于求成，心态沉静，方可全心致远；尽心而为，自然无悔高三。相信你会积极调整自己，让内心强大起来。

澜清复信老师（2018年2月4日15: 36）

谢谢老师（请允许我深情地唤您一声老师）！在最困惑、最想要倾诉的时候，我想到了您，我相信您会明白我内心的焦虑。

在连自己都不对自己加以期许的日子，非常高兴能看到您对我的期许。或许未来的日子里我也会慢慢强大，等待盛夏那一树的花开幸福，但此刻，我脆弱的心正在电脑前颤抖。真的很感激，总算让我焦躁的情绪平复了下来。

我从前写出的文字，大家都只觉得美，却无人看到字下的情深，直到您的出现让我觉得原来是有人能明白我的，也让我正视了自己浅薄的才情，还让我深刻地感觉到，那种仅仅靠着诗意而不添加名言警句的文字，原来是有人赏识的。虽然不曾谋面，但我相信那端的您一定有着和蔼可亲的面容。或许对您来说这只是一段简单的回复，可对我来说却是一种生命的鼓舞。谢谢您！

望岳老师复信（2018年2月4日18: 07）

我知道，你的心因巨大的学业压力而无法轻松，也难以驰骋在希望的原野。

苏格拉底说没有被检省的人生是不值得过的，而你却忧虑过度，甚至以为天要塌下来，这其实是胆怯懦弱带来的幻觉。看来，你是该缓一缓匆匆奔忙的脚步，走走神，超然物外，相信你一定不会错过哪怕些微的沿途风景。

你本善良而美好，何苦自忧而落魄？单就成绩而言，你由最初的佼佼者沦落到重本线边缘，这样的落差让你一直无法接受，那更多的无法上重本甚至只能上专科的学生难道就不活了吗？难道他们今后的人生就没有体面、没有诗意了吗？放开分数的面子，你能真正懂得“胜败乃兵家常事”的道理。分数的一直下滑就能证明你的人生会一直失败吗？如果不能，你又何苦陷入绝望的深渊而不能自强？

我对文字很敏感，我乐意用心咀嚼文字背后的情深似水或者苍凉落寞。而你的文字正有这种追求，我能不欣赏吗？

你视我为未曾谋面的老师知己，我很开心你的认同，其实这也是教职工作的幸福荣光。祝你开心。

澜清复信老师（2018年2月4日18: 25）

我现在急着赶去学校，但我已没了忧惧和低沉。因为有您，我感到心里亮堂多了，人也轻松多了。再次谢谢您。

后记

澜清的“呼救”结束了，老师的关爱和慰藉使一个面临高考的孩子焦灼彷徨的内心得到了救赎，老师自己也挺受用这师生间美好的情谊。

时间回溯到2015年12月12日，望岳老师没有想到，自己的微信公众号正式推送中学生的青涩美文仅仅50天，就在留言箱里收到了自称高一学生“澜清”的诗意倾诉。

澜清的留言是以手机翻拍的图片形式呈现的——两页随笔，字迹有行书格调，流畅秀美，文末有老师“诗意是一种生活态度”的点评种种。这是望岳老师第一次收到图片随笔投稿，颇为新奇，更感慨内容，他随即进行了大篇幅的回复，既欣赏澜清的创作天分，又鼓励她更好地学习和写作。12月下旬，望岳老师在公众号上编发了这篇特殊的随笔，让“向往诗意栖居的生活”借助网络无限倾诉、无限扩展。澜清看到后，被老师长长的回复深深地感染了。她那“渴望诗意的心”获得了慰藉，她也因此而感动，并以更大的热情和干劲去阅读和写作。

随后她把自己写的心情随笔又寄到了公众号邮箱。这次她的心语转型了：“蓦然回首，才发现自己已经走过了15个春夏秋冬。我似乎才感受到时间的存在，才意识到自己真的长大了。”望岳老师又是大段回复，并于2016年1月上旬在公众号上编发了她的这篇《蓦然回首》。

因为有老师的相知理解，澜清的高中岁月日益充实，学习也一直保持良好的势头。尽管日子忙了点，可澜清并没有忽视自己内心的声音。就在高二第一学期，她又以日记的方式给望岳老师发了一封电子邮件，谈她想要的生活——想要的不多，亲人的一句问候，够花的钱，洒脱的一场爱恋，朋友善意的眉眼——这些足矣。在望岳老师看来，这些想要的生活其实不简单，她还需要岁月的打磨。

2018年2月，在面对高考的恐惧与迷茫时，学生澜清再一次想到了网络那端未曾谋面的“望岳”老师，于是发出了一封呼救的邮件。在老师情真意切的教诲中，那个“曾想一了百了”的孩子，终于摆脱抑郁灰暗的情绪，心里透着阳光了。而老师望岳也因这心里的阳光而倍感幸福和幸运。

对“领袖力课程训练营”的观察和思考

政治教研组　赵　虹

2015年4月，龙城高中部分学生参加了为期三天的香港保良局“领袖力课程训练营”。三天的课程紧凑高效，一气呵成，无论是学生还是老师，都感触良多，受益颇深。训练营的整个团队6名教官，在培训的方法和思路上都显示出了非常高的专业素养，对我们的学校教育和课堂教学有非常重要的借鉴意义。

一、情感态度价值观的必要性和重要性

一般情况下，我们会把情感态度价值观这个教学目标和具体教学内容结合在一起，以知识内容为载体来落实。但是，这样的做法往往忽略了很多根源性的问题，比如：学生进入课堂教学前的情意状态、学习态度、意志力、坚持、忍耐、合作意愿、妥协能力等，这些才是学习的内在发动机和原动力，也是决定教学效果的个体主观因素。

在领导力课程中，几乎每一个活动都特意强化情感和态度意识。比如在攀爬毕业墙的教学环节。教官要求每组学生进行任务的讨论，并进行角色和任务的分工。活动之初，进行比较顺利。但是教官敏锐地观察到：大家仅仅是在完成任务而已，每个人只是在做自己应该做的事情。似乎大家的表现也没有可指责的地方，但是，如果继续下去，不可能在规定时间完成任务。教官于是及时喊停，整顿情意状态。教官分组引导大家反省以下问题：我拼尽全力了吗？我尽了本分就够了吗？我为团队出力了吗？没有出力的时候我为队友呐喊了吗？我有思考过更有效的完成任务的办法吗？如果我什么都没有做到，那么我在这里存在的意义是什么？这是一个简单的关于“主动，用心”的态度问题，态度的转变足够产生翻天覆地的效果。在反省前爬，20人花了5分钟，反省后爬，20人花了1分半钟。同学们都觉得太不可思议了，原来我可以做得这么好。同样的团队，同样的方法，同样的墙，一旦转变和激发了自己的情意状态，每个人的内在潜力得以爆发，效果完全不同。

当然，我们在执行的过程中，首要条件是：学生要认可自己面对的目标，并且通过引导产生强烈的实现目标的愿望。我们面对的困难是：课堂教学的知识目标相对比较枯燥，也难以长久地激发学生的奋斗力量，而三年考学的目标又太过遥远，不够紧迫。学生在奋斗过程中很容易产生倦怠。这就需要教师帮助学生规划更为详细的阶段性目标，并及时地予以奖励，探索各种方法让学生在奋斗过程中有成就感，享受到奋斗带来的成功的喜悦，保持奋斗的激情，为后续的努力提供源源不断的动力。

二、严格的时间观念

什么是时间观念？是在限定的时间内做完规定的事情吗？我们往往把注意力放在守时上，忽略事情完成的质量和效率。严格的时间观念，应该包括两个层面。

在每一个活动或者事件中，时间被严格地切割成各种大小块，以求达到任务的完成并追求效率的最大化。比如：吃饭10分钟，饭后收拾2分钟，整理5秒钟。这是一个看起来很简单的道理。似乎也很容易做到。在这个过程中，需要教官在树立时间规则的前提下，及时发现问题，掌控进程。当受训的学生在执行任务的过程中出现动作缓慢或者执行效果不好，即将产生不能完成任务的后果时，教官立刻喊停。及时引导大家发现问题，并反省和调整（或是技巧，或是态度，或是精神状态），重新计时开始。

在课堂教学中，如果也能引入这样严格的军事化时间管理，相信学习效率也会事半功倍。如果课堂时间设计随意化，只是大概掌控每一节课的教学内容，那么，教学效果就不能准确有效地及时呈现。我们仅仅以讲完知识点作为教学任务，而不能在有效时间里实现反馈，并不能产生良好的教学效果。那么，只能通过抢占学生的课余时间，通过作业的形式来操练教学内容，事倍功半。不过，时间管理在课堂教学的执行过程中，是一个需要专门规划的命题。在人数众多的大班级里，实行起来困难比较大。比如学生的数量太多，会直接影响教学效果的实现程度，时间管理的效果也会打折扣。

三、制定合理的目标和发现问题的敏锐度，以及必要的惩罚

古语有言：子不教父之过，教不严师之惰。体现在教学过程中，就是要对学生提要求和任务，并且跟踪任务的完成效果。确保学生在学习过程中有所得，而不是敷衍了事。在领导力课程中，我们发现教官根据学生特点制定了相对比较高的要求，几个活动下来，只有一个活动没有实现目标，其他都完成得很完美。在这一过程中，基本上每一个活动都有一个反思效果和惩罚的环节。“问题出在哪里？是技术问题还是态度问题？”引导学生反思：“我是简单地遵从安排，还是认真思考过更积极的方法。遇到挫折的时候，是被动的屡次失败，还是转变思路争取成功？”这样的反思需要教官在旁边仔细观察活动进程，需要教官具有发现问题的敏锐度，并给予一定的引导。同时，需要给予学生一定的时间和空间自己去反思，及时调整自己的行动。

在课堂教学中，我们在这方面遇到的问题会比较复杂。首先，因为学生人数多，“因材施教”的目标制定比较困难。其次，教学时间有限，学生需要的足够的反思时间和空间也存在困难。因此，需要教师根据整体学生的特点，及时敏锐地发现存在的问题，并制定详细的引导反思的活动。比如：在课堂教学的知识层面，错题观摩、学生相互评价、纠错活动等，都是引导学生发现问题并及时改善的好办法。同时，根据暴露的问题，重新再次设置相关的强化训练，才能巩固教学效果。“发现问题—引导反思—强化训练”，是一个必要的流程。

训练营的活动过程中，惩罚也是必不可少的一个环节。基于每个人都要为自己的行为负责任，在整个活动中，触犯了规则就必须接受惩罚。而在课堂教学中，首先要做的是惩罚的标准制定，其次是如何令行禁止，确保实施的有效性。很多时候，我们都放松了这个环节，导致学生察言观色，敷衍了事。最终导致学习任务的无法完成。

四、如何采取“保持积极状态”的手段

这是一个心理学问题。从各种角度，我们都能找到一些可操作的手段。在领袖力课程中，各种激发活力、调整情绪、刺激斗志的手段穿插在整个活动中，比如聆听音乐、合唱、拉歌对唱、即兴舞蹈、口号式的呐喊、热烈的拥抱（拥抱不够热烈，再次拥抱），根据不同的情境，水到渠成的起承转合，成功实现了对受训者的洗礼。在这个过程中，音乐是很重要的一个元素。音乐是人类的第二语言，是人类灵魂的避难所，它能直接走进我们的心，激发我们的斗志，安慰我们的失败，调整后续的行为。舞蹈也是人类表达情绪的一种直接途径。汉民族作为世界上最大的一个族群，受传统儒家思想的影响，形成内敛、含蓄的民族性格，更需要激发学生展现自我，挖掘内在的潜能和动力的动机。拥抱、击掌是相互赞赏和鼓励的表达方式，应用在团队合作的活动中最是贴切。

教室和学校并不只有明晃晃的日光灯和冷冰冰的座椅，我们可以为它添置更多柔软的元素。上课前、临近下课、大课间、午餐后、活动中，我们都可以预先设定各种类型的情绪调节器，适当地调整每天九节课的节奏。针对人数众多的课堂和年级、针对安静的需要循循善诱的环节、针对疲劳和烦躁的不同情境，都需要我们合理设定不同的调节器。根据训练营在调节学生情绪和保持积极状态上的做法，我们在借鉴的时候需要考虑两个问题：首先，我们提供的学校和课堂是否足够安全？其次，我们有没有探索和形成完整的体系，来支撑持续的学校教学和课堂活动。

五、团队合作

在训练营里，学生分成A、B两个大组进行活动，6个教官一直保持在场状态。在进行“信任和合作”的环节时，有一个女生的情绪出现了小的波动，一名外场的女教官及时发现，立刻出列、询问、探讨、提要求。完成这些工作后，要求这位女生到自己的小组直接找教官进行检讨。辗转3个人，这位女生最后归队。6位教官在活动中形成一个随时作战的整体，各有分工和责任，在相互配合这方面做得尤其出彩。在我们的课堂教学中，学生的班主任和科任老师是一个团队，班主任无法跟踪每一个课堂，科任老师也不能做到对每一个学生了如指掌。如果二者没有紧密的配合和合作，那么，学生出现问题，老师们也只能单兵作战，教育效果会大打折扣。当然，我们受限于教学的模式，也受限于学生的人数众多，难以关注全面。但是，这种对教师团队配合能力的培养和行之有效的训练，也是完全有必要的。只有立足于教师自身的改变，才能从源头上带来教育的改变。做教育的机器，还是做教育的发动机，是每一个老师都需要思考的问题。

新高考背景下行政班班主任的重要使命

生物教研组　何　龙

新高考背景下的行政班班主任，在指导学生树立正确的生涯目标、制定生涯规划、随时监测规划执行情况的过程中担任重要角色。因此，行政班班主任应充分发挥自己在学生生涯规划中的重要作用，采取各种有效措施指导学生在生涯规划中正确认识自我、挑战自我、超越自我，增强社会责任感、提升融入社会的竞争力和环境的适应能力。

一、新高考背景下高中生涯规划的必要性

对高三学生和家长的问卷调查显示，高达92%的学生在学校没有接受过生涯规划方面的指导，9.9%的家长对学生的职业选择产生了一定的影响，而绝大多数家长并没有给学生一定的帮助。这反映出学校和家长在对学生进行生涯规划引导方面的严重缺失。

近年来，一项针对“当代大学生对所学专业满意度”的调查表明：有42.1%的大学生对自己所学的专业不满意。如果可以重新选择，有65.6%的大学生表示将另选专业。许多大学生甚至毕业时也不知道自己将来要从事什么职业。这些学生在高中时就没有做好职业生涯规划，所以很多人填报志愿选专业时并没有依据对自身特点的认识，也没有站在关注自己潜能发展的角度去正确选择专业，往往是听从父母的意见选择所谓的“热门”或“好就业”的专业，却忽视了自己的兴趣和能力。一旦进入大学或走上工作岗位，才发现自己缺乏兴趣或不能胜任自己的学习和工作，从而丧失了学习和工作的动力。因此，尽早对中学生进行职业生涯规划的教育非常重要，甚至迫在眉睫。笔者认为，在新高考改革背景下，高中行政班班主任工作的特性和主要职责决定了其在学生生涯规划教育中将发挥举足轻重的作用。

二、行政班班主任在学生生涯规划工作中的自我认识

1.行政班班主任开展学生生涯规划教育的优势

在工作性质方面，行政班班主任与学生接触最多，了解最深，担负着对学生进行思想品德教育、心理健康教育、生涯规划教育等多方面的工作，新高考改革制度下开展学生生涯规划教育是行政班班主任的本职工作；在个人素质方面，行政班班主任一般拥有很强的综合素质，有丰富的知识储备，有精湛的业务能力，有良好的沟通能力等，在学生学习生活中担负着学生的生活向导、人生导师等诸多角色，职业素养比较高，能起到很好的引领示范作用；在工作内容方面，行政班班主任经常与学生和家长打交道，对学

生的脾气性格、各种能力、特长爱好、学习情况及家庭情况等都比较了解。综上所述，行政班班主任可以根据自己所带班学生特点开展既了解学生本人又结合家庭实际，既有针对性又很有人性化的生涯规划的指导工作，促进学生的全面健康发展。

2.行政班班主任是学生制定生涯规划的引路人

高一的学生进入校园还一脸懵懂，家长也无规可循，但高考正在发生巨大的变化，学生生涯规划还是一片空白。要让学生从高一开始就树立自己的生涯规划目标，明确自己在每个阶段的奋斗目标和要具体采取的措施，并为之努力。行政班班主任可以根据学生自身的实际情况来启发他们的生涯规划理想，参与学生的生涯规划制定，并对不同的学生提出个性化的指导意见，给学生以明确的目标，会大大增加学生的学习动力。行政班班主任组织学生通过测试了解自己的职业倾向，选择自己喜欢的专业，在高中就有所倾向，这样进入大学后学习也会更加主动，自然就减少就业时的迷茫感。

3.行政班班主任是学生制定生涯规划的鞭策者

行政班班主任在学生制定职业生涯规划中应当是一个鞭策者的身份，有些同学有计划和目标，但没有实际行动，缺乏持之以恒的动力，总是需要一股外力的推动，行政班班主任可以开展形式多样的生涯规划的指导活动，如开展“二十年后的我”“成功者都是含着眼泪奔跑的人”“职场面试”等主题鲜明的各类活动，从而激励学生为自己的生涯目标努力拼搏。

三、行政班班主任在学生生涯规划工作中的具体作用

行政班班主任是学生生涯规划指导中不可替代的重要组成部分，不仅在学生的生涯规划中发挥着指导和引导作用，还能帮助学生在不断认识自我的兴趣爱好、性格特质、能力倾向的基础上，找到最适合自己的职业发展方向，最大限度地发挥自己的主体优势服务社会。

1.在思想上引导学生树立积极的生涯规划观念和职业理想

高中学生的年龄大约在16—18岁，正处于生涯规划发展的探索阶段。行政班班主任要以正确的方式引导学生来充分认识自我、分析自我，帮助学生了解自身的性格、兴趣和才能，用正确的世界观、人生观、价值观树立正确的生涯规划观念和职业理想。这里要注意的是，生涯规划观念和职业理想要与实际相符合，既要符合自己的能力特点，又要符合社会发展的需要。在设计学生生涯规划时，不再单纯地考虑学生的兴趣、爱好，还要考虑到学生的能力。这就需要行政班班主任一方面帮助学生总结个人的兴趣爱好和能力倾向，树立适合自己的职业理想。另一方面，通过专业的性格、兴趣、能力等测试，并参照家长、老师、朋友对学生的评价，帮助学生全面地认识自我，找到“想从事的职业”和“能从事的职业”两者的最佳结合点。

2.在实践活动中让学生切身感受职业需求与个人竞争力

加强和改进学生社会实践既是促进学生全面发展的基石，也是促进学生健康成长的需要，还是进一步加强和改进学生思想教育工作的保障。行政班班主任要多组织开展社会实践活动，对学生进行辅导，提供平台让学生多多体验。例如，可以充分发挥家长的资源，利用课余或寒暑假空余时间到现实的岗位锻炼，组织学生参观相关的工厂，了解某些行业在世界的发展水平以及涉及的相关领域等，一方面让家长了解学生生涯规划的重要性，另一方面，也可以让学生切身体会职业需求和自己的能力发展方向，了解自己想要从事的职业的特点，了解这个职业的要求，认清社会发展和行业前景，及时修正理想。再次，在社会实践中了解自己的不足，明确提升能力的方向。另外，还可以通过组织参与“学生志愿者”活动、校园选修活动等启发学生对自身能力以及社会环境的认识，进而帮助学生提升融入社会的竞争力。

3.在综合素质评价成长档案中开展个性化辅导

目前的普通高中学生暴露了许多突出问题，如人际交往的能力差，缺乏对社会的认识。再加上，现在学校教育又较功利化，智育和德育、书本知识和社会实践等严重脱节，大多数高中生难以正确认识社会和正确认识自己，行政班班主任要就这些问题的出现开展针对性的个性化辅导。所以，行政班班主任应该在高一入学的时候就给每位学生建立综合素质评价成长档案，真实记录在学校期间的成长过程并为之归档，使学生在高中的学习过程中，不断调整自己的轨迹，对自己的了解更加清晰，未来的发展方向更加明朗，在毕业时此档案就会作为填报志愿和将来职业选择方面的参考资料，通过大数据和具体事例分析，该生在哪些领域可能比较适合。由此也可以看出新高考背景下普通高中学生的生涯规划迫使学生在高中阶段就思考现在与未来、自我与社会的关系，参与社会实践，扮演社会角色，承担社会责任，体验社会艰辛。

随着社会的高速发展，对新时代人才的综合能力要求越来越高。物竞天择，适者生存。要想在这场激烈的竞争中脱颖而出并始终立于不败之地，必须认识自我、规划未来。高中生未雨绸缪，做好未来生涯规划，明确自己的特点和适合自己的发展方向，有的放矢地学习，一定可以起到事半功倍的效果。总之，学校要全面推进素质教育，提高学生的核心素养，真正实现以人为本，就要切实加强行政班班主任在学生职业生涯规划工作中的作用。行政班班主任要充分了解学生的思想动态，结合社会发展实际，做出客观准确的判断，引导学生最大限度地发挥自己的主观能动性。只有这样才能确保高中学校各项工作适应社会的需要，为社会培养出有创造力、有竞争力的人才。

高中学生个性引导策略探析

历史教研组　常　虹

一、当代高中生的心理特征

（一）独立性

高中生的年龄段基本处在15—19岁，正处于青春中期，是逐步走向社会的筹划期，这个年龄段的学生普遍都表现出自我为中心的强烈愿望。如在课程学习方面，他们更希望选择自己喜欢的课程，而非适合的；在判断事情方面，他们更侧重于坚持自己的观点，而不愿分享别人的想法；在购物方面，他们更喜欢自己单独行动，而非父母陪伴。他们经常追求独立的外部环境和保持自由的内部空间，并不想让其他人打扰其学习和生活。因此，心理学家提出，高中生在此阶段自我意识的增强，极大提高了他们的认知能力、思辨能力、自我决策能力以及领悟力。

（二）叛逆性

由于90后高中生大多生活在中国经济快速发展的黄金期，这一时期扩大了高中生的国际视野，使他们更快、更方便地接触世界各个角落的信息。同时他们生理机能的快速发展诱发了他们思想和价值冲突，具体表现为：第一，否定原有的教育制度。过去由于信息技术落后，许多学生没有渠道了解外面的世界，但现在已发生巨大变化，他们通过网络、电视、手机等工具可以知道其他国家的教育制度和方法，他们不再相信应试教育，甚至否定国内整个教育体系，各地区高考人数的下降便是例证。第二，否定过去的传统思想。勤俭节约一直以来都是中华民族的传统美德。然而，当今许多高中生却把勤俭节约的思想当成守旧的、保守的生活习性。他们甚至认为早恋是一种时尚，是一种流行的生活方式。第三，排斥家长式的管理。由于他们的独立性越来越强，促使其在任何事情上都希望自己亲自设计、实施和完成，反感或排斥家长或长辈过多的管理和干涉。

（三）不平衡性

高中生群体正从儿童阶段走向青年阶段，在此过程中其生理各机能发展速度较快，如身高、体重，外部特征发生了明显变化，但其心理各机能的发展却相对落后于生理机能的成长，特别是男同学表现尤为突出，这就导致高中生的个性具有不平衡性。①情感方面。受到计划生育的影响，国内大部分90后高中生都是独生子女，家长和长辈的过度溺爱滋生了他们的依赖性和自我性，使他们忽视了社会的残酷性和竞争性。一方面，当他们遭遇困难和挫折时，其情感表现是痛苦、绝望和颓废；另一方面，当他们受到表扬和赞美时，就表现出得意和自负。可以说，高中生情感的不稳定也是诱发部分学生走极端的原因之一。②学习方面。这个阶段学生的学习状况较大依赖于自身的兴趣和情绪，缺乏持续的学习状态，学习成绩也表现出不稳定性。③社交沟通方面。受到个性不平衡影响，许多高中生在处理人际关系时表现出时冷时热的特点，心情好时，则愿意与人沟通和交友；反之亦然。

（四）社会性

生物学解释人是社会性的高级动物，人与动物最大的区别就在于人能体现出社会属性。社会是由人作为个体单元组成的关系网络，高中生也不例外，他们生活在社会大环境下，其思考的方法、处事的态度、社交的技巧等都会受到周边环境的影响。教育心理学家发现高中生所生活的环境与其沟通能力、社交能力有直接联系，那些生活在开放、活跃环境中的高中生比一些生活在封闭、紧张环境中的同学要更善于沟通，更渴望交往异性朋友。

（五）求知性

由于受到心智的影响，小学生和初中生一般是在老师的指引下来接收新知识，学习新事物，是一种被动的学习方式，相反，高中生却表现出强烈的求知欲望，他们不再满足于老师在课堂上所讲授的知识，甚至认为老师的诸多观点都存在问题，用怀疑的态度来辨别事物的真伪。

（六）滞后性

个性的滞后性是指高中生的生理机能在外部环境的推动下得到较快发展，而心智能力的发展却要远远落后于生理机能。而高中生个性的滞后性表现在三个方面：第一，气质的滞后性。可以说，外表形象方面，许多高中生不仅身高很高，而且体格也很壮，但气质却与同样类型的成年人差距较大，因为气质的形成是以社会阅历和经验积累为基础。第二，情绪的滞后性。处于高中阶段的学生，大多数人的情绪都非常不稳定，经常用极端的手段来处理问题。第三，想法的滞后性。尽管当今大部分高中生拥有丰富的想象力和思维能力，但一旦遇到棘手的问题时，其想法和解决方法就略显稚嫩。

（七）封闭性

高中生的内心世界非常丰富和精彩，但他们却很少愿意主动与他人分享和沟通，个性方面存在保守封闭性。由于受到社会、学校和家庭的影响使他们不再相信周围的人或事，不愿意把自己的困难与障碍与外界分享，从而隐匿在自己的内心深处，使自己的身体长期处于紧张的状态。主要体现在：①思想的封闭性。少数高中生认为，由于自己的想法经常被家长、老师否定，所以他们选择保持沉默。②行为的封闭性。由于受到思想封闭性的影响，部分高中生在家庭、学校的个人行为也表现出隐秘性特点，如喜欢自己独处、排斥与他人合作等。③语言的封闭性。教育心理学家发现，高中阶段的学生比小学生、初中生更喜欢评价他人、关注他人隐私，这就使高中生主动把自己的私事隐藏起来，不愿意与他人分享。

二、影响当代高中生个性特征的因素

马克思说，世间万物是相互联系、相互作用的有机整体。可以说，当今高中生的个性特征的形成是诸多因素作用的结果，有学者认为，高中生个性特征受到内部因素和外部因素的影响；而部分心理学家则更加细化了影响因子，他们从学生、老师、社会、家庭各方面展开研究。文章在前人研究的基础上，将影响当代高中生性格特征的因素划分为两类，即拉力因素和推力因素。拉力因素包括社会因素、学校因素、家庭因素；推力因素主要指学生自身的生理机能要素和心理机能要素。

（一）推力因素

改革开放40年来，随着国外一些餐饮连锁集团入驻中国，国内餐饮行业取得实质性进展，国人关注的视角也发生着变化，过去人们只关心吃饱问题，而现在许多人注重吃什么，如何吃，营养学也应运而生，人们更看重食物的安全和营养。所以，随着饮食品种和质量的提高，推动了当今高中生生理机能的成长。同时，许多家长和老师认为，当今的学生越来越有个性，心智比少数成年人还成熟，这是由于部分学生的心理机能发育过快而产生的现象，并影响着他们性格的形成与发展。

（二）拉力因素

1. 社会因素

中国各领域与世界各国合作日益紧密，扩大了对外开放的内涵和外延，政治制度的透明化和民主化已深入高中生的日常生活和学习中，如班委会竞选、民主投票等，增强了他们的独立性和自主性；同时，中国经济的迅猛发展间接改变了人们原有思想体系，金钱至上的观念深入人心，现实主义和拜金主义思想盛行。部分学生不再充实自己的精神生活，而是追求物质上的攀比，个性变得动荡和浮躁，希望通过走捷径来实现成功，其危害性不言而喻。另外，文化的多元化也影响着高中生的个性塑造。教育家和心理学家提出，书籍、网络、电影、电视剧等娱乐方式所宣扬的文化元素直接影响着高中生的性格发育。如部分学生在欣赏完一部励志电影后，会重新规划自己的学习和生活，他们甚至会模仿电影中的角色。

2. 学校因素

对于高中生来说，学校是其第二个家庭。如果学校领导和老师只重视考试结果和升学成绩，而忽视学生个性的培育，其后果将非常严重。当今大部分学校教育仍然采用应试教育方法，学生被考试分为三六九等，同学间的友谊被考试的排名代替，特别是高三学生经常会由于考试而过度劳累和紧张，其性格也会变得内向和封闭。学校制度也是影响学生个性的因素之一，科学合理的管理制度和教学制度可以使学生变得放松、开朗、积极乐观；而僵化落后的管理制度会阻碍学生个性的正常发展。如有的学校规定高三学生晚修结束后必须回到宿舍，不得与异性交往。

3. 家庭因素

家庭环境在影响高中生个性发展方面也发挥着关键作用。具体表现在：①家庭的传统伦理。家庭的传统伦理直接影响高中生的性格取向，如在民主、开放式家庭成长的高中生，他们的个性都表现出积极乐观；而在专制封闭式家庭成长的高中生，其性格主要以内向、封闭保守为主。②父母或长辈的性格特征。生物学家提出，人类的个性主要是遗传基因，即染色体变异形成。父母或其他亲戚长辈的性格也对他们的个性产生影响。③家庭环境条件。教育学家提出，出生在富裕家庭的高中生性格特点主要表现为积极主动、任性、娇气、自负、开放等；而出生在贫穷家庭环境中的高中生则体现出独立、自卑、封闭、内向等。

三、引导当代高中生个性发展的策略

积极引导当代高中生的个性发展是社会主义精神文明建设的需要。政府、媒体、社会、学校和家庭在引导高中生个性发展过程中都起着重要作用，具体措施主要表现在以下四个方面。

（一）政府作为宏观指导者，科学定位学校教育改革的方向

政府在引导高中生个性发展过程中主要发挥宏观指导作用。首先，政府可以通过立法的方式引导学校教育改革发展的方向。以学生的需求为中心，积极拓展学生德、智、体、美全面发展，为国家培养一批既有丰富的科学理论知识，又有高度的爱国主义精神和思想道德情操的综合型人才。其次，建立健全监督和责任机制，规范学校的教学管理制度。最后，政府应适时公开表扬和奖励好人好事，为学生树立良好的社会主义新风气。

（二）媒体作为社会监督者，积极创造高中生个性发展的外部条件

新闻媒体产业和信息技术的兴起和发展一方面增强了社会透明度，另一方面促进了信息流通和传递，缩短了人们之间的空间距离。新闻媒体在引导高中生个性发展过程中，应发挥社会监督的作用。

（三）学校作为教育实践者，努力深化高中阶段素质教育发展

学校教育是高中生个性发展的基础和保障，教师既是文化知识的传播者，也是学生的生活和思想导师，老师的言行举止时刻影响着学生个性发展。学校教育和管理在引导高中生个性发展时，应注重以下四个方面工作。第一，教学方法。高中教师讲授课程时，改变过去传统的“老师讲，学生听”的教学方法，相反，应鼓励学生表达观点和思想，创造活跃、积极互动的教学环境，有意识地培养学生开放、民主的个性特点。第二，管理制度。学校在建立管理制度上应充分考虑高中生的生理和心理特征，采用弹性的校规管理机制，坚持“以人为本”的思想，关心和注重学生的困难和障碍，如定期召开学生代表会议，及时了解学生的一些想法和情感，并做好补救工作。第三，教学内容。除了课堂式理论知识教学外，教师作为引导者和观察者，可以适当增加一些有利于

学生互相了解、相互沟通的课外活动。如部分学校不仅在高一阶段增加研究性学习兴趣课程，而且在高二、高三时期开设少量的旨在缓解学生学习压力的课外交流课程，内容涉及人生规划、兴趣爱好等。第四，奖惩机制。学校在实施奖惩机制上应讲求“公开表扬，秘密批评”原则，公开表扬一方面可以使被表扬者感受荣誉和自豪，另一方面推动其他学生向更高、更强、更好的方向努力；秘密批评是指对于违纪的学生来说，老师应尽量采用秘密会谈的方式及时了解和发现学生的困难和问题，这样既有利于学生自尊心的维护，又可以帮助学生解决实际问题。

（四）家庭作为直接监护者，认真辅助学生个性的培育

家庭教育是高中生个性形成和发展的核心。父母的言行、家庭的传统道德伦理、家庭教育方法等都深深影响着学生个性发展。因此，家庭作为高中生直接监护者，应努力做到：第一，父母行为应适当得体。许多教育心理学家发现，大部分高中生的性格特点是受其父母的影响，父母言语、处事风格都是他们模仿的标准。这需要父母在说话、做事时应避免过激的语言和行为。第二，家庭教育方法应开放民主。家庭教育方法需科学化、公平化和人性化，积极采用私下面谈，加深理解的手段来了解孩子的生活和学习状态，而非体罚、谩骂、侮辱等方法，从而为他们性格的良性发展提供开放民主的外部环境。第三，家庭生活的各个方面应体现出积极乐观。为孩子健康的成长营造良好的氛围，从而培养他们具有积极向上的乐观精神。

现代的高中生有活力、有个性、学习能力强，但又比较张扬和注重自我。一方面，突出反映他们自主学习的可塑性强，另一方面，也暴露出他们自我控制力薄弱，需要社会、学校、家庭的正确引导，发扬长处，避其短处，塑造健康的个性，这需要我们了解高中生的个性特征，对症下药，因材施教，来正确引导高中生个性的发展，实现人生理想，推动社会的进步。

静待花开

——高三年级纪事

英语教研组 陈 瑶

十年树木，百年树人。教书育人是教师的天职，而作为班主任，既是学生德育工作的承担者，又是班级工作的组织者，更重要的是沟通家长与学校的桥梁。班主任的工作不仅是每个教师的必修课，也是一门艺术。经常听到前辈和父母告诫，没有当过班主任的教师，他的教师生涯是不完整的。所谓初生牛犊不怕虎，作为刚入职几年的菜鸟教师，我怀着满腔热血，正上着这样一堂必修课。在这门课上，我不知道自己是否能够拿个优秀毕业，但我一直告诉自己要全力以赴。

刚送走我的第一届毕业生，我留在高三，接手一个新的班级，只有45名学生，男生32人，女生13人，理科班正常的男女比例。在我还未见到孩子们之前，级组领导就曾告诉过我，班级里有几个棘手的男生，班级班风学风也不如其他班。我的心“咯噔”一下，有些忐忑，我知道自己的责任重大，也开始思考了一些对策。虽然不知道这四十多个孩子会给我怎样的“惊喜”，但我需要做的是无论什么时候都要“斗志昂扬”。

这个班的孩子有几个尖子生，但是“尾巴确实非常严重”的情况增加了成绩提升的难度。班级纪律比较散漫，班风学风也不算好，学生不仅日常行为习惯差，对学习兴趣也不浓厚。在这样的大框架下，班级学生问题也相对复杂一些。但是我清楚的是，教师对学生教育的这一过程是师生之间不断交流的过程，既有信息的发出，也有反馈，又有情感的交流。而最重要的前提就是了解学生，一切从这里开始。如果老师无法了解学生，走进学生的心里，那么就会增加教育的难度。因此为了打开学生心扉，走进孩子们的心灵世界，我让孩子们一周写一次周记给我，很多学生会跟我分享一周的校园生活：学习得失、困惑、成功的喜悦、失败的痛苦、与父母之间的矛盾等，所有的一切都帮助我以更快的速度了解学生。与此同时我也经常和家长进行沟通，了解孩子在家学习的情况和表现。只要有时间就与孩子们“鬼混”在一起，时不时找一些学生谈心、聊天，一切都很顺利。学生各方面的进步也得到了家长、老师和领导的肯定。我当然也不会天真地认为孩子们会一直这么乖。班主任神秘的世界，我只猜到了故事的开始，后面发生的事我们绝对无法预料。

在班主任工作中，“转化后进生或者是行为习惯较差的学生”一直是令人头痛的。学生小王上课不听讲，总是犯困，不交作业，高三我接手之后小王也屡次因为看小说、玩游戏被年级组长和我没收手机，但是他总能从别的同学那里借到手机。后来我和他父母深入沟通和交流之后发现，初中开始孩子就有很严重的网瘾，手机不离手。他的父亲自己开公司，虽然重视孩子的教育，但是由于平常工作非常繁忙无暇顾及孩子，平时都是母亲在照顾孩子的学习生活。母亲对孩子的教育经常是通过说教的方式，这是孩子比较反感的，根本就不会听母亲的说教。由于高三学业紧张，在宿舍休息不好，家长为了让孩子休息好就给他在学校边上租了房子，母亲在这边照顾他，但是孩子反感母亲的唠叨，母子关系紧张，两人经常出现矛盾，孩子就不按时回家，根本没达到当初租房子的初衷。

我接手之后一直比较关注该生，发现他的问题越发严重。我通过以前的老师、同学多方面了解之后发现，孩子缺乏信心，学习没动力，把精神寄托在虚拟世界，但是平常对同学讲义气、乐于助人。首先我知道的是要走进孩子心里，必须让他认同我，信服我说的话。这样才有可能听我的话，按照我的建议做。由于我们之间的年龄差距小，跟小王同学沟通比较顺畅，孩子也没出现逆反现象。于是我经常找他谈话，有时候深入交流，有时候只是简短地询问近况，让孩子知道老师一直在关注他。而且只要找到机会我就表扬他、鼓励他，督促他坚持学习。同时也和父母有比较紧密的沟通，建议父亲多陪伴孩子，与孩子进行交流，家里多一些亲子活动。功夫不负有心人，孩子还是取得了一定的进步，学习状态和态度都变好了。我和他的父母都很欣慰。

放完寒假回来上学的时候，我明显发现，他又回到了以前的状态，我有些担忧。一模考试结束后的晚修，我拿着答题卷给他讲解问题和努力的方向，并且表扬了他做得好的地方。他态度非常好，我以为他稍微转变了。结果第二天却发生了令人心寒的事：上午理综考试时，他并没有认真答题，而是在抽屉里偷玩手机，和同桌讲话，影响其他同学考试，化学老师进行制止和教育，小王不但没有接受老师的教育，还恶言相向，用极其难听的话语辱骂了那位老师。我知道教育是反复的，这些问题再次出现也很正常，可是还是心痛的。这种目无尊长的表现，让我深深了解到沉迷于网络、手机可以导致孩子六亲不认，还给其他学生造成极坏的影响。这次我请来了家长、年级组长一起进行教育批评。年级对他做出了通报批评和停课的处罚，孩子做了自我反思和检讨。从家里返校之后，他果然判若两人，目前学习状况良好。但是事情反反复复，我并不觉得他的问题已经彻底解决了。教育就是这样一个不断反复的过程，我不知道他是否能一直朝好的方向发展，但是一旦出现问题我一定不放弃。

教育是心灵的艺术。苏联教育家赞可夫曾说过，漂亮的孩子人人都喜欢，而爱难看的孩子才是真正的爱。作为班主任，对自己的学生要有爱心、耐心、理解、尊重和鼓励。没有差学生，只有不恰当的教育方式。我们教育学生，首先要与学生之间建立一座心灵相通的爱心桥梁。如果我们承认教育的对象是活生生的人，那么教育的过程便不仅仅是一种技巧的施展，而是充满了人情味的心灵交融。心理学家认为“爱是教育好学生的前提”。当孩子出现问题的时候，不能一味简单地说教，而是用心去了解每一个孩子，一定要找到根本原因，在这个基础上进行因材施教，“动之以情，晓之以理”，用爱去温暖他，用情去感化他，用理去说服他。一定要让孩子在感受到我们关爱的同时，也能感觉到自己发展的潜力。

无意间看到这样一段话，甚是喜欢：“每个孩子都是一颗花的种子，只不过每个人的花期不同。有的花，一开始就会很灿烂地绽放，有的花，需要漫长的等待。不要看着别人怒放了，自己的那颗还没动静就着急，相信是花，都有自己的花期。细心地呵护自己的花，慢慢地看着长大，陪着他沐浴阳光风雨，这何尝不是一种幸福。相信孩子，静等花开。也许你的种子永远不会开花，因为他是参天大树！”

静待六月花开，树成荫！

谈高三艺术生的管理和教学

美术教研组　林荣广

本人一直担任高三艺术生专业教学和学生管理工作，现就将高三艺术生管理工作的一些心得体会总结如下。

一、充分了解艺术生的学习动机

艺术生是近年来越来越受到关注的群体，每年的艺术高考更是吸引了各大新闻媒体的目光。原本作为尊重学生个性差异和特长的考试，也因为文化课相对要求较低，因而成了很多考生“走捷径”的选择。在每年的教学工作中，我都接触过很多因为希望考一个比较好的大学而“被迫”选择艺术这条道路的学生，但是面对高三高强度的专业学习，由于学习动力不足、对艺术专业缺乏热爱，因而这类学生在高三阶段会面临比较大的心理压力和挫败感。当然，在艺术生的群体里也不乏从小学习艺术，有一定的专业基础和审美能力，并且愿意把艺术作为毕生事业追求的学生。因此，我认为作为高三艺术老师，如何明确和了解每一位学生的学习动机，并根据不同的学习动机，帮助他们制定不同的学习目标甚至专业报考方向，对高三学生而言大有裨益。

二、树立艺术生的自信心

记得有一次，有一位同学非常沮丧地对我说：“老师，无论我怎么努力，但总是和别人有一定的差距，看着自己一张张用心完成的作品，最后变成垃圾丢出教室的瞬间，我真的好想放弃。”在文化成绩判断标准的氛围里，艺术生这个群体比其他学生更容易产生自卑心理。诚然，在他们个性鲜明的背后，其实他们比任何学生都渴望获得老师们和同伴们的肯定和认可。因而，如何帮助他们树立自信成为我每年班级管理工作的重中之重。

我认为，想要树立艺术生的自信心可以从以下三个方面入手：首先，我期望每个学生都体验成功，我会根据每个学生的具体情况，制定符合他们发展规律的专业成长计划和目标，遵循渐进的原则，让他们一步一步地肯定自己，发掘他们的潜力，针对他们的错误，用严格而坚定的态度帮助他们改正错误，并对他们的改正怀有深深的期待。有了成功的体验之后，他们对自己的信心也就增大了。其次，根据学生层次水平，帮助他们建立良好的同伴学习关系。心理学研究表明，在群体里是否获得接纳和评价对其自信心的树立影响重大，因而专业老师根据学生阶段测验的情况，帮助他们建立良好的同伴合作学习小组，教会他们学会分享、帮助他人，自信心在同伴学习体验中自然就会得到不断的提升。最后，借助家庭的力量。艺术生的心理压力更大一部分来自家庭，很多孩子担心自己因为学习艺术给家庭增加许多经济负担，许多家长有时也会自觉不自觉地提到这个问题。因此，可利用家长会等机会和家长进行有效的沟通，教会家长如何帮助孩子缓解压力，少一些批评指责，多一些欣赏，缓解孩子的紧张情绪。

三、根据艺术生特点进行有效教学

高三的课堂教学压力繁重，在升学压力重压之下也需要不断变化教学方法和教学形式，提升教学的有效性。第一，可在每节课的课前给基础较为薄弱的学生进行一定程度的提升，这样有利于这类学生适应课堂内容，提升他们的自信心。第二，针对艺术生独有特点进行教学，艺术生思维活跃，表现欲强，因而在教学过程中可以让学生“主动参与”，让学生充分参与到教学活动之中，从而满足他们的表现欲，提升他们的学习主动性和积极性。第三，制定符合每个学生特点的激励原则，并追踪学生的完成情况。由于很多艺术生存在自我管理能力不足问题，为了帮助他们更好地实现目标，老师务必追踪学生每天学习计划完成情况，并在此过程中不断鼓励学生战胜自己，提升他们自强、自律和自信力。

艺术生教学和管理千头万绪，以上所提到的一些做法，有时候在执行的过程中也会面临这样那样的现实因素的干扰，比如学生自身素质问题、家长不配合工作、学生学习动力不足等问题，虽然每年的教学过程中总会有这样那样的遗憾，但是我相信，秉承“为每个学生负责”的工作态度，尽心尽责地帮助每一个学生树立对艺术的热爱，并帮助他们考上理想的大学应该是作为老师最有成就感的事情吧。

教育中的谈话艺术之我见

生物教研组　刘　莹

“老师，我想找您谈谈。”这是一句每个老师经常听到的学生请求，“谈谈”，短短两个字，说起来简单，做起来好像也不难，但是谈话要想既让学生满意，又能收到好的教育效果，里面的学问真是大得很呢！教师与学生的谈话是一种艺术，如果我们每一位教师都能运用好这门艺术，那么它对素质教育一定会起到事半功倍的作用。鲁迅先生说过，“急不择言的病源，并不在没有想的工夫，而在有工夫的时候没有想”，我想了想，从教15年来，找我谈话的和我找来谈话的学生已经很多了，在和学生的交流过程中，也逐渐感悟和收获到了一些经验，现提供给同行们批评指正。

一、选择适合的时机和地点谈话

1. 要注意抓住时机

抓住有利的时机谈话，学生易于接受，往往能有事半功倍的效果。当学生心理失衡时，如：失败痛苦、成功得意、内疚负罪等，是学生情感最为强烈的兴奋点，这时候他们的心理最为敏感和脆弱，最渴望得到别人的理解、帮助或表扬、鼓励，这是我们谈话的有利时机。

2. 要注意选择适合的地点谈话

其实，我一般很少在办公室跟学生谈话，我也反对在办公室与学生交流。老师办公室是老师办公的地方，如果在办公室和学生谈话会影响其他教师的工作。但更为严重的是，学生进入班主任办公室这个严肃的空间之后，马上便感到压抑，感到羞愧，感到恐惧，他不知道自己将遭到什么批评，受到什么惩罚，心里惴惴不安，老师一再盘问，他心不在焉地回答着，心里却在思考着：“同学们会不会看不起我？会不会嘲笑我？我的父母会知道我犯错了吗？”诸如此类的问题，在这种心态下是不可能实现和学生平等谈话的。据我的经验，对新生，宜在学生寝室交流，他不够了解你，而寝室是他最放松的地方，便于交流；对体育爱好者，宜在球场，从评价、称赞打球导入正题，效果颇理想；对调皮学生宜在人多的食堂，他放得开，谈话可随便一些；对外向性格的学生，宜在路上，边走边吹，他什么都敢对你说；对内向性格的学生宜通过网络聊天和短信等手段交流，这些方式不会直接面对老师，他会变得大胆些；对于勤奋的学生，宜在课余他的座位上，随手拿起他的书引出话题，显得自然。

二、谈话过程中的艺术

1. 接纳学生

注重谈话艺术的前提是接纳学生，接纳是这样的一种心理品质：“教师相信学生是一个有价值的人，并想尽一切办法让学生相信他自己是一个有价值的人；帮助学生相信他的老师即使对他的某些行为和想法不认同，而且它们必须改变，但是，他在老师的眼中仍然是一个有潜力和价值的人。”老师不要求学生先改正错误，变得完美，然后才接受他，而是始终无条件地相信学生自己有朝好的方面去无限发展的可能性，这是接纳较完整的品质。美国著名心理学家、咨询专家高顿认为接受他人是培育良好关系的重要因素。接受令学生深思，敞露自己的情感；不接受则使学生焦虑不安，导致反抗，致使交流滞塞、终止。

2. 尊重学生

教师要尊重学生的人格，师生在人格上是绝对平等的。有这样一个故事：一个四五岁的小孩和母亲逛商场，孩子在母亲答应买最想吃的冰激凌的情况下，依然吵着要回家。当无奈的母亲蹲下身子来抱孩子的那一刻，蓦然发现了孩子的视野里只是各式各样成人的大腿。母亲理解了孩子的要求是正当的，欣然抱着孩子回了家。教师若能像故事中的母亲对待她的孩子一样对待学生，师生关系就会得到很大的改善。教师们也许会觉得很难做到这一点。那么至少注意在处理问题、批评学生时就事论事，不要批评、诋毁学生的品性与人格。荀子说：“与人善言，暖于布帛；伤人之言，深于矛戟。”英国哲学家培根说过，对一个心持反对意见者，讲话却有必要谦和而委婉，否则正像把盐撒入伤口，会使他已有的成见更深。

3. 有同理心

有人将同理心也称为换位、移情。有同理心要求教师能站在学生的立场和角度了解学生的心情，思考问题。对任何事物的看法，教师和学生之间都不可能完全一致。培根说：“谈话的范围应当广泛，好像一片原野，每个人行走其中都能左右逢源，而不要成为一条单行道，只能容纳自己一个人。”如果教师只一味强调自己的观点，忽视学生的感受，就易让学生产生逆反心理，学生就会疏远你、拒绝你，甚至讨厌你。学生平时最感苦恼的就是不被人理解，尤其是不被自己的师长理解。所以教师要设身处地地从学生的角度去观察和分析，了解学生的心情，找出与学生产生不同看法的原因，让学生感到老师是理解自己的。学生接受了你，沟通才能有效地继续。

4. 幽默的妙用

老师的谈话工作无论做得多细致，班上都可能会出现一些突发事件，让你措手不及，面对这种情况，老师必须机智冷静，如果能够幽默地处理，效果会更好一些。幽默的语言，不伤学生面子，不伤学生自尊心，学生不会有受到严厉批评的感受，当然不会产生抵触情绪，比如，课间有些男同学不留神溜出一句脏话来，我马上大声说：“喂，朋友，你有几天没漱口了吧？嘴太臭，去洗手间漱漱口！”那位学生尴尬地走向洗手间，从那以后没听见他再说脏话。

5. 真诚赞美

其实，许多教师都已经知道要赞美学生。关键是如何赞美，怎样的赞美才会发挥效用？太笼统、太空泛的赞美，例如“你是个好学生”“这道题做得很好”“你有进步了”等也许并不能起到教师想象中的促进作用。赞美需要有针对性，具体而明确，并且有创意。“你的生物成绩有了很大进步”“你做得很好，老师也没想到”……这些语言虽然简单，但却能鼓舞学生斗志，增强学生自信，激发学生潜能。作为回应，学生会以自己的行为来回报教师的赏识。在教育教学工作中我就经常用这种方式与学生进行沟通。比如和字迹不好的男同学谈话，我会跟他说：“一个帅小伙儿，也应该写一手漂亮的字。老师愿你的字能写得像你的人一样帅气！”他今后的作业俨然整齐了很多。要赞美学生，发现学生的闪光点是很重要的。每个学生都有自己的长处和闪光点。教师们如果能发现学生的闪光点并予以肯定，则原本小小的一个长处可以得到加倍的发展，并且带动学生其他方面的发展。

卡耐基告诉我们：“哪怕一个牢骚满腹、怨气冲天，甚至最不容易对付的人，在一个有耐心、具有同情心的倾听者面前，常常会被‘软化’而变得通情达理。”不管面对一个怎么冲动或愤怒的场面，你一定要让学生把话说完。只有耐心倾听，你才可以了解实情，了解学生内心的真实想法，在了解的基础上才能实现艺术的谈话。

浅谈如何对中学生进行诚信教育

政治教研组 罗 燕

“爱国、敬业、诚信、友善”是社会主义核心价值观中公民个人层面的价值取向，按照党的教育方针，对中学生培养应始终坚持“德育为先”。根据《公民道德建设实施纲要》，中共中央、国务院《关于进一步加强和改进未成年人思想道德建设的若干意见》以及教育部《关于进一步加强中小学诚信教育的通知》的精神，应把诚信作为加强中学生道德教育的重点内容。

“诚信”是以真诚之心，行信义之事。分开来说的话：诚，真实，诚恳；信，信任，证据。所以说，诚信，是诚实无欺，信守诺言，言行相符，表里如一。

“诚信”这种品质不论在哪个时代，哪个国家，哪个社会，都是人之为人的最重要的品德。在中国传统文化中，“诚信”二字具有极其重要的分量。古人云：“言而有信，君子也。”“仁义礼智信”是人们倡导并力求遵循的行为准则。子曰：“人而无信，未知其可也。”在长期的社会实践中，中华民族形成了重承诺、守信义的道德传统，留下了“千金一诺”“一言既出，驷马难追”等美谈佳话。

“诚信”如此重要，对今日的中学生来说，如何对其进行行之有效的“诚信”教育呢?

一、抓好课堂阵地，重视“诚信教育”

课堂教学作为实施素质教育的主阵地，是对学生进行诚信教育的有效途径。各学科教师应充分挖掘、开发教材中有关诚信教育的因素，善于捕捉渗透点，在课堂教学中有机渗透诚信教育。班主任尤其应充分利用班会课课堂开展有关诚信教育的活动，让学生在活动中体悟，有助于收到事半功倍的成效。针对中学生的心理年龄特点，组织收集有关诚信的格言、谚语，如：“一言既出，驷马难追”“人无信不立，事无信不成”“诚实立身，信誉立业”“一诺千金”“言必行，行必果”……将这些“格言”做成小卡片互相传阅，充分感悟“诚信”的道德价值。组织学生开展“诚信在我身边”故事分享会、“让我们与诚信相约”演讲会、“诚信之花开心中”朗诵会……组织开展班内“诚信学生”“诚信宿舍”等多层次的评比活动，在班级为学生树立活生生的榜样，以身边的典型来教育学生，让学生在活动中感悟，在活动中明理，在活动中内化，并使学生在讨论、体悟中达成共识：“诚”是做人的核心，“信”是做人的根本。

二、打造校园环境，渗透“诚信教育”

校园文化是一种无形的力量，要以创建诚信校园为目标，加强学校环境的整治，营造良好的诚信教育氛围。让学校的每一面墙壁都说话，让学校的一草一木都体现诚信的魅力，如在教室、寝室、食堂、道路、操场等公共场所设置师生诚信规范标语牌，利用广播室、黑板报、宣传橱窗媒介对“诚信与做人、诚信与学习、诚信与成才”做全面的宣传，精心打造校园文化，以文化的力量影响和感染学生。尤其在传播媒介技术比较成熟的学校，还可充分利用校园电视台、校园网、校报进行诚信宣传，发挥学生的主观能动性，让他们成为自我教育与发展的主体。浓郁的校园诚信环境，必将对全体师生产生一种潜移默化、润物无声的教育作用。

三、搞好课程开发，提升“诚信教育”

教材是最核心的课程资源，但不是唯一的课程资源。在诚信教育中，教师可以利用的教材信息较少，利用网络平台搜集处理有关诚信的信息，利用计算机多媒体辅助教学手段制作课件，为课堂教学增添活力。

教师不仅要开发外在的资源，还要开发自身的资源。教师自身的学识、魅力以及情感态度、价值观都是重要的课程资源，往往能潜移默化地影响教学效果。

在课程资源开发主体群中，学生是课程资源开发的关键主体。学生的经验和兴趣应该是教学的起点也是重点，教师应该充分发挥学生的智慧，运用调查问卷、规划设计、小组探究等模式收集采纳学生的智慧，这样既能让诚信教育贴近学生生活，引起学生的共鸣，也能从学情出发，让学生真正理解并接受诚信教育。

四、家校有效配合，践行“诚信教育”

学生，除了接受学校教育之外，家庭的教育影响也很重要。英国作家萨克雷说过，播种行为可以收获习惯；播种习惯，可以收获性格；播种性格，可以收获命运。对父母来说，这种播种就是家庭教育。为了孩子的身心健康发展，家长对儿童的诚信教育有着义不容辞的责任。家长是孩子的第一任老师，也是孩子的终身老师，家庭是孩子受教育的重要课堂，孩子身上的优点或缺点，与父母有直接的关系。作为家长来说，是孩子成长的监护人，更是孩子的榜样，要让孩子生活幸福，首先要教育孩子如何做人。因此，家长要增强垂范意识，应时时处处严格要求自己，做孩子的楷模，平时父母自己要说到做到，比如制订了学习计划，就一定要按计划进行；在人际交往中要讲诚信；要求孩子说话算数，家长对孩子首先要说话算数，如果确实无法实现对孩子的承诺，一定要向孩子解释原因，这样在孩子幼小的心灵里才能对诚信的重要性有深刻的印象和理解。总之，要让孩子在家长的日常行为举止中去感受诚信、学习诚信，这是一种身教。

教育专家苏霍姆林斯基说过：“教育的效果取决于学校和家庭的教育影响的一致性。”两者“不仅要一致行动，要向儿童提出同样的要求，而且要志同道合，抱着一致的信念”。学校要提高家长对家庭教育的认识，让家长积极担负起教育者的责任，有效地配合学校开展教育，保持与学校教育的一致性。

诚信教育是一个理论性和实践性都很强的系统工作。创新不是无源之水、无本之木，要真正使诚信教育工作成为有灵魂的、不空洞的、整合的、生活的、共鸣的、通情的创新德育，就需要我们具有全局意识和历史责任感，在继承的基础上与现实结合，在道德教育实践中敏锐地发现问题，追求独特性和多样性，增强思维的灵活性，善于变通，做到思路开阔并积极践行。

地理教学中的思想道德培养

地理教研组　彭传楼

党中央制定的《中国教育改革和发展纲要》中明确指出："必须把教育摆在优先发展的战略地位，努力提高全民族的思想道德和科学文化水平，这是实现我国现代化的根本大计。"近几年来，全国中小学都在积极贯彻《纲要》精神，努力创造条件，逐步由应试教育向素质教育转轨。那么，什么是素质教育呢？素质教育的内涵极其丰富，素质的经典定义是指人的先天解剖生理特点，是神经系统、脑的特征以及感觉器官的特点。今天，人们已经把素质提高到人的品质发展的深层内蕴。从静态上看，素质构成基本有以下五个因素：品德素质、文化素质、身体素质、心理素质和劳动素质。从教育过程实施的动态方面分析，素质教育的实质乃是积极创造和利用一切有利的外部条件，使受教育者能够主动而非被动地将人类科学的、道德的、心理的、劳动的文化成果内化为自身的较全面的素质，使身心两方面的潜能都获得提高，使发展呈现出一种生动活泼的态势。可见，"素质教育"虽是一句简单的话，然而，实行起来却是一项浩大的工程。

由于思想道德素质教育是素质教育的首要一环，也就是说素质教育要将德育放在首位。因此，作为一名地理教师，如何在教学中对学生进行思想政治素质教育，下面仅就我自己的体会和做法试谈几点粗浅的心得。

一、政治导向教育

根据教材结合国内外形势对学生进行政治导向教育，是思想政治素质教育的重要组成部分。人的后天素质是在家庭、学校、社会三大环境中形成的，其中以学校教育最为重要。因此，我们教师应利用一切可能利用的时机和场合，向学生灌输正面知识，增强他们对形形色色政治病菌的抵抗能力，帮助他们树立起正确的人生观和世界观。例如，我在讲授关于美国的一节"多民族国家和种族间的不平等"这段内容时，向学生强调白人在政治、经济和社会生活中享有的特权和黑人在美国社会中受到的不平等的待遇，然后再让学生看阅读材料和看黑人居住区的失业者图片。这说明一贯标榜"自由""平等""人权"的美国并没有真正的"自由""平等"和"人权"，从而剥下了美国虚伪的漂亮外衣，使学生明辨了是非。

二、爱国主义教育

爱国主义是体现一个人对自己祖国的深厚感情，它作为一种意识形态对于一个伟大民族不仅是政治标准，也是道德规范。因此爱国主义教育主要表现为爱祖国、爱人民、爱共产党、爱社会主义的教育，使学生增强民族自豪感，自觉抵制不良思想侵蚀，克服自卑感，增强责任感和为国献身的使命感。

例如我在讲授“中国的疆域”一节时，重点介绍我国陆地面积960万平方公里，居世界第三大国，然后通过我国优越的地理位置和辽阔的国土等内容的教学，增强学生的民族自豪感。在讲授“中国的行政区划”时，则重点强调台湾是我国神圣领土不可分割的一部分，教育学生维护祖国统一，保卫祖国领土完整是每一个公民的神圣职责。

三、国情教育

国情教育是培养学生的忧患意识和辩证唯物主义意识，并将忧患转化为学生的危机感和改变现实的紧迫感。以日渐发达和强盛的新中国作为背景去正确评价出现的诸多问题，即从消极的事实中引发学生积极向上的进取精神和彻底改变中国落后面貌的决心。

例如我在讲授“中国的人口”一节时，教育学生，使他们知道我国约有人口14亿，基数大，增长快，给国家、社会、家庭、环境都增加了沉重的负担。因为人一多，衣、食、住、行都紧张了，年轻人升学、就业也困难了。学生们了解到我国人口问题的严重性，从而理解实行计划生育是我国的基本国策，是解决我国人口问题的好办法，也是我们每一个公民应当履行的义务，讲的都是身边的事，无半点矫揉造作，丝丝入扣，入情入理，学生们都乐于接受，并且回家后能积极向亲戚朋友做进一步的宣传。

四、乡情教育

爱不爱自己的家乡，往往反映了一个人的爱国情操程度，热爱家乡与报效祖国是密不可分的。因此，我在讲授工农业区位时，介绍了深圳市有何工农业区位优势，一再强调深圳市的地理位置优越性——毗邻港澳，改革开放的窗口，有得天独厚的地理优势，激发他们热爱自己的家乡。举例说深圳市是全国的创业之都、设计之都，在深圳有很多发展机会。学生们听了极为感动，纷纷表示，如果今后不能进一步深造，回深后一定也贡献自己的力量，为深圳特区的发展添砖加瓦。

五、法制教育

国家制定的各类法规，无一不是约束人们行为的准则。可是，至今人们的法制观念仍然很淡薄、违法违纪，有令不行的情况时有发生。近年来，国家制定的各种法律、法规已经很多了，例如跟我们地理有关的《土地法》《森林法》《环境保护法》《生物资源保护法》等，虽然早已公布神州了，可是滥伐森林，滥垦荒地，滥杀野生动物，滥放污水、废气……种种违法违纪之事，多如牛毛，这是极为令人痛心的。因此，我在讲授“森林资源”一节时，沉痛地教育学生，由于滥伐森林，滥垦荒地，黄河、长江沿岸水土流失严重。如今，黄河每年输入下游的泥沙达16亿吨。黄河每年带走的氮、磷、钾肥约4000万吨。难怪外国地理专家惊讶地说：“黄河流走的不是泥沙，而是中华民族的血液；不是微血管出血，而是主动脉破裂。”而长江呢，目前已是紧跟黄河之后黄水滚滚，水无清日了。因此，我们每一个公民都要遵纪守法，这样才能国富民强，否则将会变成历史的罪人。

六、人地关系教育

新编地理教材体现了人与自然环境的密切关系，以环境—资源—人类活动为线索，正确阐明了人地关系，使学生感到学有所得，学有所用。例如我在讲授“环境的保护”一节时，就以龙岗河为例，由于当初的领导忽视环境保护的重要性，把各种废水排放到河流里，严重地影响了河流周边居民的生活……组织学生实地考察，写了加强环境保护的专题报告寄给当地领导，如今，情况有了很大的改善。

环境、资源、人口是当代人类社会面临的严峻问题，关系到人类未来的命运。而地理教育恰恰关联到相关知识，因此，我在地理教学中经常联系这方面的实例对学生进行思想政治教育，起到事半功倍的效果。

倔强少年“变形”记

物理教研组　彭　玲

2011年5月初，我接手了文理分班之后的高一（8）班。初为班主任，心中满是豪情壮志。可是，当我看到名单的时候，我不禁全身冒了冷汗，班里有几个很有个性的“烫手山芋”。针对这种情况，从接班的第一天起，我就制定出非常细致的班规，让学生认识到：这个新班主任是比较严格的，不同以往的班主任。

分班后的第一节班会课，我在班会上详细讲解、宣读，尤其声明每个学生的行为必须以班级的利益为准则；接下来的工作是把几个有个性的学生列入工作重点，蔡嘉鸿就是其中的一位。通过和他前任班主任毛京晖老师沟通，我了解到：该同学学习还算认真，可是他是一个极端“个人主义者”；家里有妈妈和姐姐，父亲常年不在家。母亲的话，他根本就听不进去；做人做事，只要自己不开心的，绝不做，而且从来不顾及别人的感受。据说有一回不知因什么事，与其母亲吵架，用木棍大打出手，还把木棍给打折了。为此，他的母亲多次与班主任联系，希望老师能够帮忙教育他；并恳请老师多注意他，其母亲认为他是一个很注重“被关注”的人。这样的学生无疑是被我列为“危险分子”，我是格外关注的。还好开学头一周相安无事，我不禁松了一口气。

开学第二周，某日晚自习，我趁学生们不注意，到班上来了个“突然袭击”。走到蔡嘉鸿的旁边，发现他大摇大摆地将手机放在课桌上。更可恶的是，当我站在他旁边的时候，他的手机竟然响了。我二话没说，将手机没收了。并且在班上声明：“我对班上的每个同学都会一视同仁。按照学校的规定，是不能带手机的。晚自习跟上课没有任何区别，而在上课的时候手机响了，更是不允许的。蔡嘉鸿的手机我没收了，高三毕业之后再归还。”说完，我就离开了教室。

第二天正好是周五，下午下了第七节课，我在办公室批改作业。突然听到身后有人说了一句“把我的手机还给我。我妈叫我来拿手机”。我回头看了一下，原来是蔡嘉鸿。

“手机可以给你。你让你妈妈来拿。”说完，我继续批改作业。

“干吗不给我？以前毛京晖都给我的。”他很理直气壮。

“蔡嘉鸿同学，我向你声明三点：第一，毛京晖不是你能随便这样叫的，你应该叫‘毛老师’；第二，学校三令五申不准学生带手机到学校，你不仅带手机到学校，还大摇大摆在晚自习时将手机放在课桌上，并且手机还响了；第三，你母亲让我把手机给你，她自己应该来了解下为什么老师要没收你的手机。”

他沉默了。然后，拨通了他母亲的电话。我在旁边听到他跟自己母亲说话的语气，态度十分恶劣。接下来的情形可想而知，在我面前，他母亲说一句，他顶撞十句。他母亲很无奈。我二话没说，将手机给了他。我理解做母亲的心，更明白了以后工作的严峻。

不多久，他到办公室向我请假要出去剪头发。我发现他装在口袋里的手机，向他收缴，他拒交；我以不开出门条为由，使他上交了手机。回校之后他屡次向我讨要，我没有答应。他悻悻扔下一句“你高兴就好”，头也不回就走了。由于手头事多，我没把他的话放在心里。

过了两天，学校由于一项活动分配每班按人数填写表格。时间紧迫，名单必须第二天上交。当天晚上，我冒雨从家里赶到学校布置这件工作。我介绍完大体的情况及要求，开始发表格的时候，他在旁边冷冷冒出一句：“手机带来了没有？”

“怎么又提手机的事？”我皱着眉头摇了摇头就走开了。

当我开始收表格走到他身边的时候，他双手抱胸一动不动，桌上摆放着空表格。

我问他：“为什么不填？”

他满不在乎地说：“不填，会不会开除？”这头犟牛终于发飙了。

“下课到我办公室！”我淡淡地说。

“我为什么要去，我又没错！”

我不想在班级与学生发生冲突，可是避之不及。我最不能忍受的是当着公众场合与我抬杠的学生。但我强压怒火，转向他同排不同组的另一男生，没想到这位也是如此。我向他询问的时候，另一名来自A10班的“金刚”在一旁煽风点火：“不填不行？又不会死人！”

我怒不可遏，大声说：“我跟他讲话，关你什么事！给我到办公室去！”

他挑衅道：“我为什么要听你的？我就不去！”

“我是你班主任，你不听，那你调班吧！”我觉得一股气直冲脑门。

“我凭自己的本事进这个班，又不是靠你的关系，凭什么调班？你没权利叫我调班！”他一脸不屑。

我简直气疯了，从教以来，就没见过这样的学生！我让班干部把他们的桌子搬到了后面，并把他们请出了教室，让班长通知级长。

我把手头的东西整理完之后回到办公室，只见他们面不改色，还与级长争辩不休，坚决不承认有错。我知道“金刚”是蔡嘉鸿的“死党”，我决定采取一一击破的方法，先从“死党”入手。刚接手（8）班时，我通过和前任班主任沟通，了解到“金刚”很有孝心。我赶紧联系他的家长，让他的母亲突然出现在他面前，他很吃惊。在他母亲的帮助下，我暂且收服了“金刚”这匹“野马”。

接下来，我全力以赴做蔡嘉鸿的工作。为了收服他，我制定了“十日计划”。跟他谈话又必须不能影响他学习的时间（这是他规定的），这个要求虽然有点儿野蛮，但可以看出他对自己的学习还比较上心，我只能利用晚上的时间来校与他交谈。刚开始针尖对麦芒，我下决心非把这个顽石给磨圆不可！到了第五天，我跟他讲这次填表的意义，讲什么是集体。第六天，他虽然不认错但也知道自己有错，就是宁愿受处分也不愿承认错误。不过也不能说没有一点儿效果，至少这两三天他口气没那么强硬，至少今天他已经认识到“错误”这两个字，尽管他还是始终不肯认错。我知道他不认错的根由在我身上，我那天也有错，伤了他的面子，毕竟是高中生了，也有自己的自尊心。第七天晚上，我态度平和地把他叫出来，开头就向他道歉，他一声不吭，我知道他在思索。第八天，我询问他晚自习迟到的原因，询问他的母亲，他放弃了抵触情绪，虽然还有不快，但是也交谈了几句，但是一谈到我们之间的事他又闭口不谈。第九天，分析我们两个的性格，他也比较认同。第十天，我看到火候已到，来了个“欲擒故纵”。向他承认我这几天来对他束手无策，我的思想工作做得很失败，决定把他交给德育处处理，希望他认真考虑一下。我刚离开学校就接到他打来的电话。

“老师很对不起，我对你那么凶，你还这么耐心地对我……”不管他是真心的还是迫于我施加的压力，最终这头“犟牛”能有这样的态度，对我来说也是一种安慰。但我深知前面的路还很长，我必须做大量的工作让他成功转变。

以后的日子里，我抓住所有的机会，表扬他、肯定他。让他感觉到班级的温暖，感受到班主任的温暖。当然，他学习更加认真，高一期末考试考到了班上前十名。在行为方面，虽然偶尔还有点小毛病，但只要是我跟他谈，他都能够接受。我还记得本学期初，我生病住院，他还借用同学的手机给我发了问候的短信：“老师，以前我总是觉得您在针对我。经过您对我的教育，我发现其实您对班上的每个同学虽然严格但充满爱，您并没有刻意针对我。老师，我要跟您说声‘对不起’。祝您早日康复！我会好好学习的。”

德育工作有时需要真刀真枪、针锋相对，有时却需要虚晃一枪、以柔克刚；有时需要当面锣对面鼓，有时却需要旁敲侧击；有时需要大张旗鼓，有时却需要冷静地“无声”处理。青少年富有个性，我们的思想工作也应因人、因事、因地不断变化。作为新时代的班主任，让我们多一些谅解，少一些责备；多一些鼓励，少一些批评；多一些宽容，少一些苛求吧！正如苏霍姆林斯基所说的：“有时宽容引起的道德震撼比惩罚更强烈！”由此，我们的德育工作才能取得实效。

指尖上的快乐

——DIY手工社活动日记

美术教研组　佘　娟

篇一：2013年9月11日　我与手工有个约会

今天是龙高DIY手工社成立后的第一次活动，我怀着无比激动的心情和志同道合的孩子们见面。没有意外，全都是可爱又单纯的小女生，让我欣喜的是，人数很具规模。

因为是新成立的社团，我先进行一个小小的问卷调查。诸如：

（1）从0到100%，你有多喜欢手工制作？

（2）你有自己独立制作手工的经验吗？如果有，你曾经做过最满意的手工作品是什么？

（3）你觉得交多少社团活动经费比较合理？

（4）在这里，你最想尝试什么样的手工制作？

当我坐下来看问卷的答案时，想象中大家围坐在一起奇思妙想、心情愉悦制作手工的完美场景瞬间成了泡影。大部分的孩子没有做手工的经验，只怀有对手工的憧憬。原定计划自由创作的活动全部要取消，需要重新制定适合多人的、水平参差不齐的新的活动方案。

学生才是教学的对象，是学习的主题，备课先要备学生。

篇二：2013年10月　毛球的传统做法

小时候我和哥哥穿的毛衣都是妈妈给织的，为了让我的毛衣更漂亮，妈妈会做两个毛球系在上面，我就是那个时候学会了用毛线做毛球。

毛线球可爱、温暖、颜色多种多样，制作过程不复杂，材料也容易准备，社团孩子们也渴望学习制作方法。昨天的社团课上，我像当年妈妈教我那样将毛线球的做法传授给了学生。用硬纸板画同心圆—减掉中间的圆—毛线一圈圈绕—剪开最外圈的线—扎紧中间的线—剪圆。学生们做得热火朝天，各种颜色、大小的超萌毛球诞生了，孩子们极有成就感，把毛球挂在自己的书包上，愉快的气氛在空气中荡漾着。

下课了，有个学生来问我：“老师，用这个方法做小毛球不太好做，还有其他更简单的方法吗？”我脑中有片刻空白，从小时候妈妈教我之后，我都是用这个方法在制作毛球，从来没有想过还会有其他的方法。我只能如实回答：“我不知道呀！也许有吧！”

今天，我特意上网搜索了毛线球的做法，果然方法不止一种。经过实践，我发现我的方法适合做较大的毛球，做出来饱满匀称。还有一种用方纸板绕线的做法，特别适合做直径在4cm以下的毛球，绕线更简单，用时更少。

感谢这位学生的探求精神，老师的职业要求我们与时俱进。

篇三：2015年3月　烫画的魅力

几年前，在浏览手工网站时发现了一种可以自己定制图案，并将图案印在布上的好玩的东西。经过自学，知道了这种工艺叫作烫画。它不是我国传统意义上的烫画，而是一种源于欧美的印刷工艺，现在人们常常将它运用于印制服装、包袋的图案。

我第一次给学生提到烫画时，孩子们表示从来没有听说过。当我告诉她们，我校很多班级都定制了个性班服，班服上印制的图案，就是烫画。她们才懵懂地有了对烫画的第一印象。

今天，经过前期的充分准备，孩子们终于制作了属于她们手工生涯的第一件烫画作品。刚开始，由于很多同学没有用过熨斗，又担心印失败，忐忑、紧张不敢开始。我拿出了自己印制失败的但又完美补救的袋子，鼓励她们。学生们在我的指导下有序地开始印制了：平整袋子—放好图案—熨斗熨烫—撕掉薄膜，当颜色鲜艳的图案出现在笔袋上时，孩子们惊呼：“太神奇了！”“我太佩服自己了！”“好玩！”一个个极具特色的笔袋诞生了，学生们沉浸在制作的快乐中。

我站在旁边默默地注视着忙碌的她们，为自己能给繁重的高中学业压力下的孩子们带来快乐而倍感欣慰！

你是我的百分之百

数学教研组　时运好

有人说："教育不是万能的。"但作为一名一线的老师，而且是一名连续做了八年班主任的老师，我想说："虽然教育不是万能的，但是我们必须尽己所能。"

在我们的班级当中，的的确确会有各种各样的孩子，有的成绩优异、有的乖巧可爱、有的认真负责，当然也有的成绩糟糕、调皮捣蛋、不服管教。但正如习近平总书记要求的那样——教育是公平的、神圣的，每一个孩子都值得被关注，因为他们是我们这个社会和国家的未来。

高中三年，我有幸担任我校文科火箭班的班主任兼数学老师，班里的学生都是学校里、甚至区里文科最优秀的孩子。但是有一个孩子——陈同学，她以最后一名的成绩进入文科火箭班。分班的当晚，她找我倾诉：说自己在火箭班的压力很大，想转班。但经过我的分析和鼓励，她留了下来。同时，为了激发她的自信心，便推荐她做我们班的卫生委员，她很乐意地接受了，而且也一直做得很好、很用心。火箭班的孩子，从来不缺乏勤奋努力，可是这孩子却始终稳定在班里最后一名，雷打不动。虽然老师、家长、同学们都不会给她压力，但我知道，她一直都非常紧张。

还记得高三第一次模拟考试之后，陈同学又是班里的最后一名。那天上课我看到她一直埋头趴在自己的桌子上，我就知道这丫头情绪不对了。然后，我把她叫到了办公室，那一刻她再也没绷住，当时那么多老师都在场，她哗的一下就哭了，哭得伤心欲绝。我静静地等着她，等她好好地把自己心中的压抑和不快释放出来。

擦完眼泪，红着眼睛，她慢慢平静了下来。我问她："丫头，今天是怎么了？哭成这样？"虽然我知道原因，可是必须要让她自己敞开心扉。

她吞吞咽咽地说："考得太差了，不管我怎么努力，都是倒数第一，好绝望……可是我觉得这次我已经用尽了我所有的办法，每天我们宿舍我起的是最早的，课堂、自习课我也都很认真，周末回家别的同学都有去休息调整，我都不敢，可是结果还是这么差……我觉得我没希望了。"

停了半分钟，我很严肃地问她："丫头，你认输了吗？"

她说："老师，我没有……可是我实在是……"

"既然不认输，而且距最后的高考还有5个月的时间，足够了。但是，你最关键的问题不在这里，你知道是什么吗？"

“不知道……”

“做事情，失败了不要紧，要紧的是要吸取经验教训，反思改进。而你现在最大的问题恰恰就在于你不敢去正视你的学习中存在的问题，更确切地说是你找不到或者你不知道自己的问题在哪里，只是一味地认为自己用心了，可是没有收获。”她听了，频频点头。“我们的生活中，时时刻刻都会遇上不一样的困难，这就是你面临的挑战。在挑战面前，最重要的不是抱怨和忧伤，重要的是让自己快速平静下来，去思考为什么会出现这样的问题，该如何解决这些问题，尽快想好对策并去实施……当然，影响考试成绩的因素有很多，也许是我们平时的积累不够，也许是我们临考的发挥不佳，也许是学习方法不当……”

经过反复沟通，她终于能面对自我，找出自己的问题：平时的学习，只是一味地拼时间，却忘记了如何提升效率；考试前对自己的想法太多，要求太多，导致自己更加紧张，出现一系列的连锁反应，比如：答题时，非常想答好，但是又怕答不好，犹豫不决，心乱如麻……

鉴于此，我们一起制定了高三复习策略：坚信自己，稳定并巩固好自己相对优势的科目；调整作息时间，保证白天学习的精力；修改完善自己每天学习的计划表，合理分配各科学习的时间……

经过同学们的帮助，更重要的是她自己的努力，2月份的深圳市高三第一次模拟考试中，她终于进步了，终于不再是我们班的最后一名了，她很激动，跑到我办公室来找我，又哭了……在之后的家长会上，为了再鼓励一下这小丫头，特意安排了三位同学分享自己的学习经验，她就是其中一个。那天，她讲得很好、很深刻、很感人。她，又哭了，她妈妈也哭了，还有好多家长和同学也都哭了，可是我心里挺高兴的，因为她终于没有放弃自己，她的坚持让她看到了希望。

是的，也许班里的每一位学生对于我们老师来说，只是我们的几十分之一，但对于孩子们来说，在学海中遭遇迷茫和无助时，我们教师却是他们的百分之百，也许我做不到让每个孩子都变得足够优秀，但我会一直守护着他们，和他们一起同行，不放弃任何一个！

花开笑靥

物理教研组　涂太平

6月25日，高考成绩赫然出现在我面前。

看着Y同学的高考成绩，我心底暗自舒了一口气——这孩子总算考上本科，并高出本科线20分，不错！回想Y在高三这一年的经历，我尤为感慨。家，在任何时候都是孩子心灵宁静的港湾，对于处在高考压力下的高三孩子们来说，更是如此。

我们还是先来听听Y同学的故事。

Y同学活泼可爱，是同学们眼中的小美女，高二期末时成绩位于班级倒数十名左右，并有谈恋爱迹象。迈入高三阶段，为了让孩子们更加明确自身的任务和目标，我要求每位同学把自己预期的高考目标写下来，并且根据统考成绩分阶段写，然后郑重交给我，这是一种承诺，也是一种契约精神的培养，旨在希望孩子们督促自己每天都进步一点点。首月，所有的同学都有干劲，在高二还懵懵懂懂的同学们在氛围的感染下，也自觉把行动转向备战高考中来。Y同学，就是其中的一员。

时光飞逝，转瞬间，同学们经过了第一次模拟考和惠州模拟考试。许多同学这时候有些泄气了，觉得使了劲，成绩却也不见提高，心理压力更大了，脾气也随之急躁了，Y表现得尤为突出。一次班会课后，Y所在宿舍的寝室长就找到我，表示Y这一段时间比较怪，和同学之间口角变多了。随后，我找到与Y有过口角的同学聊天，发现这些同学也未说难听的话，也没表现出过激的行为。在此基础上，我找到了Y，并未开门见山提出她与同学之间有过不愉快的事情，而是先和她随意聊了学习情况，最后问到她最近心情如何，她眉头紧锁，脱口而出，她心情比较糟，很烦。特别听到其他同学说回家后，和家里爸爸妈妈的情形，心里堵得慌。我意识到她心理压力过于沉重，但还不愿说得更具体，似乎有所顾忌。于是，我故作轻松地说了一句："你如果哪天心情很糟，很烦，可以随时来找我聊聊。"说完，就让她回教室去了。Y走了，我回味着她的话，觉察到她家里应该有状况发生。随即，我分别联系了她父母，了解到她父母目前不在一地工作，很少有机会与孩子进行沟通。我心里开始焦急，盼着Y早日来找我聊聊。

转眼一个星期过去了。周六，学生们下午返校。那时，我还在返校的途中，Y的电话来了："老师，你有时间吗？"孩子口吻里的无助，尽管通过声波，我还是能深切感受到。"有，等一下，我马上就到学校了。"我马不停蹄地赶到学校，一上五楼办公室，就看到Y站在五楼角落里，眼睛红红的。

“怎么了？先别急，慢慢说。”

Y趴在栏杆上抽噎着说：“老师，我好烦。我今天和我最好的朋友吵架了。”

“为啥？”

“她今天一回寝室，就说她爸爸妈妈周末陪她一起吃饭、买东西，特别高兴，我一听这就烦。”

“她说这些怎么了你，你和她吵？”

“她没怎么我，就是我一听这些，就不舒服。”

“她看不惯你，还是……”

Y抽噎的声音愈加大了起来。

“是不是发生了什么事情，让你很烦躁？如果你信任老师，可以和我聊聊，我帮你分析分析，如果你觉得你不好说，先哭出来，也好受点。”我决定先等她情绪宣泄出来。

孩子又哭了一会儿，断断续续地说：“老师，我爸爸妈妈要离婚了。”说完哭得更伤心了。我一听，心里大惊，心想着这对父母上次还一起来参加过家长会，当时我还一再叮嘱他们说，今年家长一定要注意家庭和谐，让孩子在高压之际有良好后盾，怎么闹出这场戏？孩子只有三个月就高考了，这让孩子还怎么备考呀？

我连忙说：“你能详细点告诉我吗？”在孩子的抽噎声中，我将其父母之间的矛盾和家庭所有人的关系听了个明白。孩子父母由于工作缘故，不在一起生活，孩子父亲怀疑妻子有外遇，并表示掌握着一些证据，而孩子母亲又不解释，誓要离婚。两人互不相让，拉锯式争吵已是好几年了。这个周末，孩子父亲将这些事情原原本本告知正在备考的女儿Y，表示这些年的矛盾累积下来，已不可调和，只有准备离婚了。Y本就觉得母亲这几年对他们比较冷淡，对高三的她也没怎么照顾，也就越发觉得母亲做得不对，一定是有了外心。她心里很难过，情绪比较差。当听到其他同学说到家里和睦，与父母双亲的疼爱场景就很烦，有意识地避开。之前虽然爸妈吵架，但是还能见到他们。但是这个周末……

我建议她主动和母亲沟通一下。“我不想和她说话。”提到母亲，Y很反感。

“姑娘，我不知道你父母关系到底怎么成这样的，你听老师给你分析，你爸妈都有原因。一个巴掌拍不响，所以你不能先入为主，就认定你爸爸一定对，你妈妈一定错。你最好和你妈妈进行深层次的沟通。倘若沟通不好，爸妈还是要离，作为你来说，你应明白，强扭的瓜不甜，你也不希望你爸爸每天很辛苦且很痛苦吧，妈妈也不舒心，天天吵架。但你要明确的是你已长大了，要懂得你爸爸和你说的深意，他希望你好好读书，考一所不错的大学，你妈妈同样如此！不管他们对错，都是你的父母，作为子女，你只能祝福他们，你如果一直沉浸在他们的故事当中，你能够评判一件事情的高低吗？结果只有一个，你很烦恼，并且很痛苦，在你的心里，你不希望妈妈是你爸爸说的那样，你完全不能接受那样的母亲。你这样，你觉得对你自己和你妈妈公平吗？最终，你父母的期望都成了泡影。再者，你都这样，你觉得你弟弟会怎样？我听你说你弟弟今年中考，你这样对待你妈妈，你弟弟会如何面对你妈妈，如何参加中考？”我设身处地地尽量从她关注的角度出发，推心置腹地同她分析。

大约三小时后，Y终于停止哭泣了，主动说要回教室。孩子走后，我立即与孩子父母进行沟通，请其迅速到学校，我在学校等着他们。21点50左右，孩子父母来了。我首先让Y母亲说说Y在家的表现，随后请Y父亲也谈谈。然后我就直言问道："Y先生，您是不是不打算让您家姑娘轻松地参加高考？您觉得她已长大到可以承受了？您知道您孩子成绩已经下滑非常厉害吗？原来活泼开朗的孩子，现在沉默寡言了，您是不是不知道这样对她的伤害有多深？”面对我有些咄咄逼人的发问，孩子父亲默不作声，估计也明白我所指何事。我决定趁热打铁："我不管你们夫妻之间有多大的矛盾，麻烦二位仔细想想，你们家的两个孩子，现在分别处在高三毕业和初中毕业阶段，都是孩子人生比较重要的关口，请你们好好想想，误了孩子的一生，您不后悔？作为妈妈的您来说，您这时候应知道您姑娘最需要什么，记得在开学时的家长会上，我就说过，家庭要和谐，要让学生感到温暖，您不会不记得。您需要和您姑娘好好沟通，您觉得呢？”

在Y父母诚恳的要求下，我去教室叫了Y。当她看到父母时，甚是吃惊。Y母亲迎上她，想摸摸Y的头，Y下意识迅速避让。Y母亲一脸的落寞，我马上对Y说："不管怎样，妈妈永远都是妈妈。”Y母亲一把拉过她，搂着Y，母女俩都哭了。

"您两位，我希望夫妻之间不管有什么问题，都不能忽视对孩子的关心，孩子虽然到了18岁，但在目前高考的压力之下，她很脆弱，需要爸爸的呵护，也需要妈妈的关怀，这是你们为人父母必须要做的……Y，今天你随爸妈回家，和他们好好沟通，明天我们迎接一个新面貌的你。”当Y去办请假手续后，我就Y的情况仔仔细细和其父母沟通，最后要求："麻烦二位，不管你们有什么矛盾，希望在最后三个月时间，有时间就接接孩子，孩子在家时，不要争吵，多让孩子感受到家的温暖，拜托两位！”

最后备考的日子里，Y笑容多了，同学关系也融洽了，成绩也渐渐有了起色，高考成绩出来后，Y对我说："老师，谢谢你！”眼里的由衷，溢于言表。她脸上笑靥如花，我看着尤为欣喜！

看到孩子如花的笑容，我在想，家对于我们的孩子，特别是处在重压下的孩子，是何等重要呀！他们脆弱的心灵，需要父母细心呵护。心的宁静，才是他们战斗力的源泉。那些留守儿童，又该在何处停靠那脆弱的心？快节奏生活、快餐式婚姻，对于我们的孩子又有多少伤害？作为我，一名教育者，面对缺失父母爱的学生群体，又如何才能让家成为孩子们最好的港湾呢？

化“点滴”为“契机”

语文教研组　魏　巍

高中生处于14到18岁之间，他们对社会的认知已经有一定的目的性和系统性，可以进行一定的理性思考，但是往往需要一些感性经验作为支撑。作为班主任，我们应该把生活中的“点滴”变为“契机”，由此“感化”学生，这样不仅可以拉近师生之间的心理距离，更有利于学生从感性认识上升到理性思考。

2014年9月27日

这一天是高二（19）班黄雪莹同学的生日，作为第一次担任艺术班班主任的我，想用一种独特的方式把普通的生日变得更有意义。

黄莺北飞

黄莺翩跹翅飞歌
花雪絮絮笙笙和
泪眸莹然映霞色
冥冥众生共此刻
日出龙高日朝北
相爱十九相快马
遥遥有期君复乐

这首诗记录了我的点滴感触，包含了我对黄雪莹的祝福，包含了我对19班的期许，包含了我对19班这个集体的看重，也包含了我们之间的奇妙纽带。

2015年2月17日和2月27日

这两天分别是高二（19）班三个同学的生日——何泳瑶、程子嫣和罗佳慧。他们三个不喜欢背诵古诗文，对语文的学习缺乏兴趣，学习也不在状态，正好当时我们正在学习宋词单元（柳永的《望海潮》和贺铸的《青玉案》），于是我又写了一首生日词。

青　玉　案

二月

冷风冷雨洗日暮，菊瑶池、梅泳翔。何须空涤掩瑕污。鹏程斗转，桂子嫣然，香飘春里住。

忽如一朝清风路，和气暖日迎面拂。奈何寻梦叠巘阻？慧日佳期，梅菊拥簇，绮罗知春处。

这样一来，这三位女生不仅收到了惊喜，而且对这首词格外喜欢。她们在期末考试中诗词默写都拿到了满分，最重要的是她们对诗词、对生活都有了不一样的理解。

2015年6月5日

今天是糟糕的一天，因为一件打扫卫生的小事，班级出现了一些不和谐的音符，归根结底，就是自私，只为自己着想，缺失换位思考的观念。于是我就想，能不能找到一个合适的机会，用一种“感化”的方式把坏事转化成好事。

于是我在一次以“为他人着想”为主题的班会里跟学生说了一番总结的话：

你们为我准备的班服。我今早在办公室看到了黑色的班服，后背上印了CHINESE，还有你们给我留的字条，我感到很温暖。为什么？这是你们在为他人着想，为我着想，为你们的各科任老师着想！

高二（19）班男生的处事原则。每次布置考场，我留下男生的同时，还会留下当天值日的同学，或者是违规违纪的同学（女生占绝大部分），但最后留下来把教室打扫干净的就只有男生。难道他们就没有怨言吗？如果换成是你们自己，你们会有什么样的感觉？你们可能会说，女生力气小，理应承担少一些，可是等你们进入社会，哪个女生会在工作中受到特殊待遇！等待你的只会是被淘汰的结局！反观男生们的任劳任怨，着实让人心生温暖。

女生也有让人感动的事。跑操请假是经常的事，特别是女生请假，我绝对不会勉强你们跑步，但是我们班人数本来就很少，请假的人一多，人数更少，即使跑得很整齐，也会显得很松散。但是丘芷文有一次感冒了，戴着口罩，她观察到很多人请假不跑，她坚持不请假，坚持跑步！我说不要勉强，实在不舒服就休息吧，她还是坚持了，丘芷文坚持的精神让人动容。

2015年9月5日

今天是高一A10班叶莹莹同学的生日，我又用了一首生日诗来祝福叶莹莹，祝福A10，祝福我们每一个人。

启　程

几叶絮飘落龙城，泪莹军装快哉风。
莹莹荣光展风采，于十于尔于心生。
众班千寻终恨晚，且共千里山无棱。
载启瑞祥绘龙图，鹏程似锦捷足登。

2016年4月8日

这一天是高一（10）班杨思哲同学的生日，我也用了同样一种方式开始了与高一（10）班共成长的旅程。

再　启　航

杨生共闻新拾恻

暗思情谊几多舍
安之哲慧怎奈何
暖风拂生定心歌
缘来彰聚辰兴色
齐心十班谱快歌
复展翅飞人文乐

生活的点滴需要记录，生活的记忆值得珍藏。我个人认为班主任的工作也是一样，不同之处是，要用智慧把“点滴”变成“契机”，这样才更利于“感化”学生，也更利于班主任与学生的共成长、共感悟、共成熟。

出人意料的换座风波

地理教研组　谢新春

学期中，班上有两位同学提出换座申请，考虑到学生换座的理由是加强自律和调节性格，我都爽快应允。

晚自习看班，我正在讲台上编排座位，发现几对上课期间爱讲话的同桌又开始交头接耳，我立马将这几对同学与先前提出换座申请的同学一并列入换座名单。座位编排好后，利用下课时间，我第一时间找到这些被调整座位的同学沟通。听闻被调整座位，有三位同学几乎瞬间崩溃：一个同学当场在班上踢凳子发泄；另两个同学则质问是不是因为成绩不好就要把她们分开，是不是歧视成绩差的同学……

事情发展大大出乎我的意料，简单的换座行为立马演变为班级“公关危机”，如果应对不好，副作用会很大。为处理好危机，我决定采取常用的“离场—沟通—调查—调整”策略化解危机。

第一步是离场。做学生思想工作可谓“无人围观，事情好办”。为方便沟通，也为减少对其他同学、同事的干扰，在做学生思想工作时，我习惯将学生请出教室或者带离办公室。这次换座危机发生后，我先请三名同学离开教室，来到教师办公楼一个相对安静的过道位置展开“公关”。一离开教室，先前踢凳子的同学宣泄压抑的情绪，开始委屈得直掉眼泪。另外两位同学则更是痛哭流涕，心情激动。看到她们这种状态，我意识到换同桌对她们的冲击确实很大，需要好好了解情况，做通工作。

第二步是沟通。待她们略微平静下来，我先说明了她们座位被调整的原因，并强调这是从班级管理、纪律约束的角度出发，没有成绩歧视，希望能得到她们的理解。接着，我让她们说说各自的想法。她们或担心换座后和新同桌会很难适应，或质疑换座是否就能改善纪律，或提出为什么不能事先给个整改机会……作为回应，我既认可她们的担心，也回答了她们的质疑：换座只是班级管理的一种常规手段，改善纪律需要多方面努力，对于事先没有给整改机会，我则承认可能铺垫做少了，让她们很难受，工作方法有欠缺……通过细致沟通，我了解了她们的真实想法，她们也慢慢冷静下来，并开始反思冲动行为。

第三步是调查。虽然直接卷入这场换座风波的是班主任和三位同学，但影响的却是全班：换座一事和刚才三个同学的反应肯定会在全班每个同学脑海中持续“发酵”，他们一定在等着看这个事件如何收尾。与其让他们去想象、议论，不如把他们全部吸引进来参与讨论、决策。我决定立马在班上开展问卷调查工作。为提高效率，我把需要了解的问题编成10个小题直接写在白板上，全班同学则在便利贴上按题号填写答案。问题主要有四方面内容：班级现阶段纪律如何；课堂、自习纪律差能否调整学生座位；调整座位能否促进课堂、自习纪律；换座是否会影响原同桌感情。通过调查，我了解到：班级整体纪律尚可；大部分学生支持纪律变差时调整座位，但对换座位的效果不太确定，大部分同学认为换座会影响原同桌感情。

第四步是调整。通过调查，我了解了班上整体纪律状况和大部分同学的想法，每位被换座的同学也都亮明了态度，并在此过程中受了教育。我也在无形中获得了舆论支持，换座阻力减少。根据调查结果和当事学生的诉求，我对换座的动机和策略进行了调整：此次换座的动机以教育、警示为主；策略改为座位调整期限暂定两星期，两星期后想换回原座的同学提出申请，我综合考虑是否换回。最后，趁势将今后换座流程明确为：班主任对需调整座位的同学先进行两次警示。两次警示后，学生应对调整座位的决定无条件配合执行。对以上调整，全班同学都表示支持、认可。至此，此次换座按编排表顺利执行，由换座带来的风波亦和平化解。

一次尴尬的课堂生成引发的思考

历史教研组　杨友谊

一、精心的教学预设与尴尬的课堂生成

情感态度价值观作为三维教学目标之一，是教师课堂教学务必要达成的教学成果。如《高中历史课程标准》有如下表述："在掌握历史知识的过程中，既有能力的训练，也有对史学方法的了解和运用，更有态度、情感和价值观的体验与培养。掌握历史知识不是历史课程学习的唯一和最终目标，而是全面提高人文素养的基础和载体。"为了有效地进行历史教学，完成情感态度价值观的教学目标，笔者精选史料、精心预设。但有时精心的教学预设，并不一定能够带来理想的课堂生成，更有甚者会出现尴尬的课堂生成。比如笔者在进行《新民主主义革命》一课的教学时，一次精心的教学预设却带来了尴尬的课堂生成。

笔者在教授高三复习课《新民主主义革命》时，当教学进行到情感升华——"感悟五四学子的革命壮举与爱国情怀"环节，笔者精心选择了《青岛潮》中的《五四日之运动》一文的内容"当时北京大学学生谢某，即咬破手指，血书'还我青岛'四字。并各制白布旗多面，执以游行。旗上有书'还我青岛'者，有书'章宗祥曹汝霖卖国贼'者，有书'宁为玉碎不为瓦全'者，有书'卖国贼宜处死刑'者"和"火烧赵家楼"痛打章宗祥的有关图片。当两则材料展示后，绝大多数的同学为五四学子的爱国行为所振奋、为五四学子的时代担当所折服，当情感升华的教学目标即将达成时，一位学生霍地站起来问道："老师，我们每个人都爱国，但是用'咬破手指'的自残方式来表达是否理性？再者1919年，我国处在中华民国北洋政府统治时期，当时有《中华民国约法》《中华民国宪法草案》等法律，爱国学生的'卖国贼宜处死刑'和'火烧赵家楼'痛打章宗祥是否违法？如果违法，违法的爱国还是爱国吗？"

原本以为水到渠成的情感升华，却随着学生的质疑转变为对五四学子爱国热情和行为合法性的商榷！

二、先入为主的学生观与学生自主意识的博弈

课后笔者对本课的教学进行了反思。首先，尴尬的课堂生成是真实的，不是学生无病呻吟的哗众取宠。因为《中华民国约法》《中华民国宪法草案》等专业术语教科书中没有涉及，教科书中只涉及《中华民国临时约法》，所以这位学生是在自己大量阅读并思考后产生的疑问。其次，出现尴尬的课堂生成原因在哪里？笔者认为传统的教学思维

和先入为主的学生观导致教学预设的单向性与封闭性，是产生“课堂尴尬”的“罪魁祸首”。传统的历史教学思维往往是依据课程标准设置教学目标，根据目标选择史料，立足史料设置问题，用问题引导学生形成课堂生成。这一传统思维决定了教师对于史料分析的角度和引领问题的设置具有明确的方向性、指向性，从而使教师自己的思维具有了一种封闭性；另外，教师预设问题的难度是基于先入为主的学生观，根据平时对学生的观察而得出的主观性、整体性的认识，往往是重视整体学情忽视个体差异，重视教学进度的推进忽视个别学生偏离教学目标的质疑，这一切导致了溢出教学预设轨道的课堂生成以及教师尴尬的结果。

导致课堂尴尬生成的原因除了教学预设的因素之外，学生的自主意识也是重要因素。我们现在所面对的高中生已经不再是“乖乖听话任我牵引”的小绵羊了，他们经过了十几年的教育，其课堂主体意识、问题意识、展示欲望均与日俱增。其次，现在的高中生其信息储备已经不再局限于课本知识，他们的课外阅读、上网冲浪以及同学之间的交流，使其信息与知识的储备在某些方面不亚于甚至超过教师。另外，当今高中学生的平等意识、法制意识、公民意识等都有了显著的提升。随着学生生命积淀的累积、自主意识的增强，其价值取向必然发生嬗变，这些又导致学生不会囿于教师教学预设时设置好的教学轨道，所以，溢出预设轨道产生“课堂尴尬”在所难免。

基于以上分析，超出“教学预设”之轨的“尴尬生成”具有必然性，它是教师先入为主的学生观和学生自主意识博弈的必然产物。排除有意扰乱课堂纪律哗众取宠的“假冒生成”，作为教师不仅不应该扼杀、规避此种“尴尬生成”，本着素质教育的精神，教师还应该肯定、鼓励、褒扬学生的质疑精神，哪怕学生的质疑确实和教学目标没有关系，只有这样才能从更深的层次唤醒、激发学生对知识的渴望，进而超越形式主义的问题探究与教条主义的课堂生成。

三、理性反思后的教学技艺再打磨

高中学生尤其是高三学生，因其知识储备、自身阅历、自主意识的增长，平等意识、公民意识、法制意识的确立，从而引发对于教学内容的深入思考，进而导致脱离教学预设轨道、超出教学目标设置而又合情合理的“尴尬”课堂生成。身为教师的我们，在肯定这种生成的同时如何才能“化险为夷”“变废为宝”呢？

首先，深入了解学情、完善课堂预设不失为减少课堂“尴尬”的有效途径。这要求我们不能再用囫囵吞枣一知半解的“整体学情”“大体情况”“绝大多数”等曾经“放之华夏学堂皆准”的词汇来描述学情。其实，不论古代孔子所主张的“因材施教”还是当今课改所提倡的“以生为本”，其共同的要求都在于教师应该对学情有一个精准的把握，而何谓“精准”？就学情把握而言，笔者认为精准至少应该包括：精确把握每一名学生的学业水平，准确掌握每一名同学的学习动态。唯其如此，我们的教学预设才能做到知己知彼，进而完善自己的课堂预设，使之有的放矢，减少“尴尬”的生成。

其次，教师苦练基本功，丰富知识储备，完善学科体系是摆脱课堂“尴尬”甚或“变废为宝”的关键。仍以笔者的“五四尴尬”为例，当学生的质疑涉及《中华民国约法》《中华民国宪法草案》，质疑角度转向五四学子行为合法性的时候，我震惊于学生的知识储备超过了我的预估，欣慰于学生的思考角度走向更深的层次，感叹于学生的质疑精神摆脱了师道尊严的束缚。与此同时，我没有出现一丝的慌乱，因为我研读过《北洋大历史》《辛亥：摇晃的中国》《历史的底稿》《重说中国近代史》《历史的碎片：侧击辛亥》《大历史的边角料》《近代中国社会的新陈代谢》等历史专著，对于学生质疑涉及的课外知识我了如指掌，对于学生质疑的角度历史大家早有定论，于是，我从北洋政府法律自身的合法性、弱化强势社会里合理诉求的表达方式、法治社会下的今天等角度给予学生回答，看见学生满意的表情，我更加深刻地认识到教师知识储备的重要性。

最后，教学技艺的再打磨，是化生涩“课堂尴尬”为流畅有效教学的“橄榄枝”。历史教学尤其是教学中的情感态度价值观升华部分，它不同于史实记忆、知识运用等教学内容，它具有学生主观认知的认同性、思考角度的多元性、价值升华的层次性、教学技艺的无痕性等特点。针对情感态度价值观的教学，笔者通过教学实践认识到：传统的思想说教之路，只能生成学生“貌合神离”的普遍赞同，带不来学生灵魂深层次的震撼，如果我们通过打磨教学技艺，走细节深挖、情感体验、价值提升、润物无声之路，不失为有效途径。

总之，通过本次的“尴尬生成”，笔者认识到历史教学中情感态度价值观教学，如果“好自为之”的话可以成为一节课的点睛之笔，而“好自为之”的前提是教师对学生的深入了解、丰富的知识储备和精湛的教学技艺，可以说是学情、学识、学法三者的完美结合。唯其如此，我们才能减少“尴尬”、不畏“尴尬”、巧用“尴尬”。

难忘的课堂幽默

语文教研组　于香玲

新学期如期而至，我任教高一年级。面对新的学生、新的班级，我有着很多的期待。我期待第一节课能讲得很精彩，期待在第一节课上学生能喜欢上语文，期待第一节课能让学生明白学语文可以“修身养性”……在诸多的期待中，我如期站在了他们的面前，自信满满地接受全班57个学生的检阅。57张面孔，57双眼睛，57颗火热的心……看着眼前的一切，我心里有激动，有感动，也有些许的紧张和惴惴不安。

时间缓缓地滑过，本已紧张的心放松了很多，彼此陌生的我们在40分钟里拉近了距离，似乎天生就是一家人。那种熟悉让我突然想起席慕蓉《抉择》里的两句话，“只为了亿万光年里的那一刹那，一刹那里所有的甜蜜与悲凄”。席慕蓉《抉择》中的“一刹那”是对彼此的爱的追寻和等待，我和学生的一刹那可能是万世修来的缘分。在和学生共同度过的学习生活中，我尽自己最大的能力做好本职工作。我和他们一起讲故事，一起讨论如何解决文言文中的“之”“其”等虚词运用问题，一起欣赏朗诵名家散文、诗歌。我尽量让语文课成为名师文学展示课，成为古代诗歌、散文鉴赏课，更成为师生智慧较量课。

轻松的课堂气氛，让师生的幽默感有了展示的平台。记得，我讲《氓》时问学生鲁迅先生眼里的悲剧是怎样的。一个学生说，人生就是一个茶几，上边摆满了杯具和餐具，师生笑成一团。虽然有点文不对题，但学生的幽默感得到了呈现。我接着说，那美好的杯具和餐具摔碎在你面前，你会有什么感觉？学生说，可惜、惋惜、心疼……我没有再明确鲁迅先生对悲剧的理解，因为学生已经明了。

因学生刚进入全寄宿学校学习，状态还没有完全调整好，我放慢讲课速度，以此调整他们的学习情绪。因课程安排需要，我们的语文授课先从文言文开始。我多次跟学生交流他们初中学习文言文的情况，了解他们对学文言文有哪些看法。

我印发了一些跟学生生活比较贴近的散文、小故事，有现代的，有古代的。古代文言文主要是一些故事，不超过150字，有“立木南门”“披肝沥胆”等。在印发的资料中，我没有标标点符号，希望学生能通过反复朗诵来断句，以此增强他们的语感。有一节课，课前5分钟，我让学生朗诵“指鹿为马”。其中一个学生是这样朗诵的：“……问左右，左右或默或言，马以阿顺赵高……”还没有读完，我就忍不住打断她的朗诵。我重复了“马以阿顺赵高”，对着她说：“马能阿顺赵高吗？”并重点强调了“马”

字。话音刚落，全班学生哄堂大笑。我自认为自己诙谐幽默的语言和表情赢得了学生赞赏，扬扬得意，沉浸其中。那个被我调侃的学生却尴尬地站在那里，张口结舌，不知所以。当时，我没有意识到自己的失误，还让她继续读下去。学生断断续续，读得句不成句。我看向她，只见她的眼神多了些胆怯。我恍然大悟，不合时宜的幽默吓到了她，伤害了她的自尊。我稍微调整了自己的情绪，从刚才自以为是的愉悦中跳出来。我想我应该及时来弥补这个错误。接下来，我跟全班学生说，你们是不是觉得刚才“马以阿顺赵高”这种读法很好笑，很幼稚，很没常识，其实，我们班可能有部分同学也是这么断句的，这就叫作身在其中，“不识庐山真面目”。下边有很多学生连连点头，认同我的说法，也表明他们可能犯了同样的错误，这或多或少给刚才的学生解了一点围。

生活和学习中，我们对“幽默”并不陌生。幽默可以使枯燥无味的课堂变得生动活泼，可以让剑拔弩张的气氛变得轻松缓和，可以让生活情趣横生、生机勃勃。在生活中，每个人都希望在和别人打交道时能展现高超的幽默智慧，却不知道幽默运用不当会适得其反，伤害到别人。开学初，班级里的学生彼此还不是很熟悉，学生和老师也不是很了解，学生很在乎同龄人对自己的看法。我的“马以阿顺赵高”的幽默恰好让朗诵的那个学生丢了脸。

在后来的教学过程中，我找了一个机会，和这个学生攀谈起来。我问她当时是不是觉得要是有个地洞一定会立刻钻进去。学生笑了笑，不置可否。我看着她释然的笑容也坦然地笑了。生活中，我们的幽默真的要拿捏好，不要让它成为暗箭，伤人伤己。

致我的第一届学生

生物教研组　周小燕

尽管年初八就要开学报到，但想到可以见到久违的小伙伴们和你们还是很激动的。刚到办公室，被级长告知我要去高二年级了，带1个理科班加7个文科班，并不用当班主任。在小伙伴们看来，这似乎是一件该庆幸的事，但我除了面对毫无准备的调动而产生的陌生感，还多了一丝莫名的失落和伤感。当天下午回到家，看到微信提示自己被移除高一班主任群时，竟失去了在家长群里告知此事的勇气。此时的我才清楚地意识到，我早已喜欢上做你们的班主任了。抱着试试我这个曾经的班主任账号还能不能用的心态点开“懂你教育”，幸好还没有来得及更动，所以我顺利地登进去了，看着你们的进步，还有上学期末我熬夜写了五六晚的评语中的“家长评”“同窗评”“教师评”，借着评语追忆着你们的一点一滴，眼泪竟不自觉地往下流。尽管只有短暂的5个月，我们却恍惚经历了许多事情，从一开始的“青春期”的叛逆、误解和矛盾，到后面“成年期”的接纳、欣赏和奋力拼搏，高一（19）班，见证了你们和我的共同成长。

去年9月，得知我被委任为高一（19）班的班主任，内心比较复杂，又惊喜又惶恐，惊喜是因为没当过班主任，对于爱挑战的我来说，激发了自己的斗志与激情；惶恐是作为一位刚毕业的新老师，教学和班级管理经验不足，对高中生的心理也把握不准，害怕会做不好。带着这种复杂的情绪，我在开学第一次班级见面会上认识了你们，那时的你们相互之间还不熟悉，对于未知的高中生活充满新奇之余又有点忐忑，相信你们当时的心情不会比我简单。面对新的班主任，你们表现非常机灵，帮忙搬书发书、打扫卫生。在自我介绍中，我发现你们个个身怀绝技，多才多艺，很有主见。这些都让我迫切地意识到我需要快速成长，才能成为合格的班级组织者和建设者。

古人云“欲速则不达”。而我却在开学的前一个多月，犯了激进的错误，为了快速成长，我会经常跟有经验的老师探讨经验，怎么处理班级问题；看到别的班上好的措施，我也会搬到自己班来用；在上生物课的时候，也会不由自主地代入班主任角色。为了帮助你们养成良好的行为习惯，怀着“为你们好”的心态，想着把你们滋生的不良习惯扼杀在摇篮之中，因而时常提醒和批评你们。直到有一次周五下午，体育课暂停，加上一节自习课，还有我的生物课，为了帮你们突破当时正在学习的光合作用和呼吸作用这一生物课难点，还有对班上近期表现进行总结，我决定上两节生物课，最后一节课开班会，然后放学回家。结果三节课下来，我自己口干舌燥，声音嘶哑，为自己的敬业而自我感动的时候，你们却似乎不以为然。周六晚上收到你们群里的聊天记录内容，我整个人都快崩溃了，彻夜气愤、心痛。面对当时的情形，我心情糟糕透顶，也束手无策，只能请求学校来处理。幸好后来局面出现了反转，否极泰来。

那件事对我的影响特别大，我开始不断反思。我意识到我一直走在路上，很少停下来思考。尽管每次出发点是好的，但很少去思考这样究竟是不是真的适合你们。在级长的指点下，我积极聆听心理讲座，并主动加入“心教师工程”，尝试进一步认识你们，并改变自己不好的作风。你们好像也感觉到我的努力和改变，变得越来越“乖”了，还时不时地帮着我出谋划策，共谋班级发展；在校园里面偶遇时，也总能听到你们响亮地喊“老师好！”，这些都让我感受到一股股暖流。

回顾这与你们相处的五个多月，其中有辛酸、有泪水、有感动、有惊喜，在期末考时中，你们也取得了很棒的成绩。但最让我开心和欣慰的是你们在备考中的勤奋和在学会与同学相处时产生的集体友谊，我相信这些都将会为你们日后的收获种下一颗种子。同时我也很感谢你们能够包容我这个年轻老师做得不够好的地方，譬如爱笑场、智商不在服务区，等等。

在与你们相处的日子里，我也有一点点体悟，现总结如下，希望能为日后成为一名优秀的班主任积累经验。

首先，要构建一支强有力的班干部团队。班干部对班级的正常运转、良好班集体的建设和班级健康舆论的形成起到重要作用。对于这个我也是尝到了很多甜头，对此我甚至觉得班干部培养得好，整个班级管理就成功了一半。让我很自豪的是，我们班的主要班干部都很得力，不但成绩优异，给同学们做了良好榜样，还有责任心、有智慧、有胆量。在学校量化考核中，我们班几乎没有在班级卫生、宿舍纪律和学校各项检查中扣分，因此连续多次被评为校文明班级和文明宿舍。至于班干部的选拔，个人认为不是件急活也不是一成不变的，可在学期前几周成立临时班委或是散养，经观察和了解学生以后，结合学生意愿，再选出和培养班干部，选出后也不能因为怕麻烦或是其他考虑而固定下来，对于重要职务，如班长、团支书、纪律委员和劳动委员，应进一步考察和培养，有必要可采用竞选制。

其次，多进班，多参与学生们的活动。我的班主任师傅曾跟我说，管理班级就像在菜园种菜一样，勤一点，才会有收获。一开始没怎么听明白，现在觉得简直就是金玉良言。勤奋，既可了解班级学生状态，也可及时发现班级问题，对于不良风气可以及时制止，有利于构建良好班集体。对于学校或班集体活动，要积极参与或是多加鼓励，可增强与学生之间的交流，促进老师和学生之间的相互了解，建立感情基础。但也要适度，既能让学生向你敞开心门，又能在他们心中有一定的威信，教育才会取得事半功倍的效果。

再次，与任课老师多沟通。很多任课老师具有丰富的教学和班主任经验，有很多地方值得我们新老师学习。结合各位任课老师的观点还可以更加全面地认识和了解班级动态。处理好与各任课老师的关系既有利于班级教学的正常运行，又可以在关键时候帮把手。譬如在第一次家长会上，我们班各任课老师应邀出席，加上资深的化学老师帮我说的一番话，不但让我现场得到来自全班同学家长的感谢，最重要的是让家长们“放心”我这个年轻班主任。

最后，提升自己的专业知识和人格魅力。作为班主任同时也是任课老师，渊博的知识和高超的教学技能更能取得学生的敬佩和信任，同时良好的行为习惯和高尚的人格魅力可以给学生树立一个良好的榜样，有利于学生良好习惯的养成。

教育是有情怀、有温度的事业。当我们真的爱学生时，就会不自觉地去尊重、理解和接纳学生，只有心与心之间真诚地交流，学生才会对老师打开心扉，我们才能做好学生人生道路上的引路人！作为一名年轻教师，我还有很多需要去学习、去钻研、去积累，我会努力用心去做好教育，与学生共同经历，共同成长，共同收获喜悦，争做一名幸福的教育者！

第五辑　读书随笔

50岁，做好自己

龙城高级中学副校长　程烂谟

年轻的时候，最不喜欢的就是50岁左右的人，随着岁月的流逝，最怕的就是50岁的到来。但是该来的还是来了，转眼，50之年已经快过了一半。记得2010年，刘良华教授在师训报告会上曾经说过，人过了50岁就该去死。前些天在一个讲座上又遇见他，我问，你现在还认为过了50岁就该去死吗？刘教授哈哈大笑，他说，不能死，舍不得！因为他发现，人若到了50岁以后，上天为他开启了另一扇门，他觉着活得很滋润，所以舍不得去死。今年，他49岁。

那么50岁的人到底是怎么了？为什么这样不招人待见？有人说因为更年期，据说男人也有更年期。这个说法，我觉着不能苟同。更年期的症状，常见有烘热汗出、烦躁易怒、心悸失眠或忧郁健忘等。但对男士来说，这些情况倒不多见。那么50岁的症状有哪些呢？可能是因为“不识庐山真面目，只缘身在此山中”，自己搞不清楚，所以，我就向年轻的一代去请教。当然，人家不便直说，在我的循循诱导下，还是了解到以下几个现象。

第一，50岁的人，特别是男人，喜欢自以为是，总认为自己是正确的。当然上了年纪的人可能都这样，60岁以上的人会以长者的口吻劝你，教导你，最多像九斤老太一样感慨“一代不如一代”，而不会骂街。但是50岁的人却不同，他们常常倚老卖老，似乎不屑于去教导你，最多只是教训你，或者是懒得理你。

第二，50岁的人变得懒惰起来。或许是因为过了50岁，人生大致也就这样了，年轻时的宏图大志眼见得成了过眼云烟，没有什么追求。当然，在锻炼身体这个方面，特别是在养生方面，50岁的人还是蛮积极、蛮勤奋的。不然，养老保险岂不是白白交了？

第三，50岁的人爱面子，喜欢听好话，特别渴望被尊重，经常以功臣自居，但又常常陷入矛盾当中，比如坐公交地铁，自己也不知道是否希望别人让座。

了解到这些，自己便迫不及待地反思，发现还真是有道理。当然，并不是所有50多岁的人都那么招人烦，生活中还是有很多被人尊敬的人。那么，这些人的特质又有哪些呢？为了探寻让自己理直气壮活下去的理由，我对这些人进行了研究，发现原来真如刘教授所说，到了50岁，人生的精彩不过才刚刚开始。对以下每个特质，我们只要留意，都会在身边找到榜样，恕我不一一举例。（所谓金无足赤，人无完人，人一旦被放在聚光灯下，喜欢挑刺的人就会把他的缺点无限地放大。）

首先，人过了50岁，便拥有了相对丰富的阅历。读书恋爱，就业成家，养儿育女，他们已经度过了人生最艰辛的时光，而这些时光，都会变成他们美好的回忆。也正因为如此，如果他（她）愿意，无论是投入事业还是业余爱好，都会达到痴迷的境界。这样的人不会有时间去抱怨，我们总会在他（她）的身上感受到正能量。这样的例子在我们身边有很多。

其次，大多数50岁的人，在事业上积累了丰富的经验。如果他（她）愿意指导年轻人，一定会取得很好的效果。不仅可以在专业上取得成果，更重要的是一群青年人的追随，会让自己赢得良好口碑，青春永驻。他（她）未必有名师的头衔，却有大师的风范。龙高正是因为有了他们，学术力量才不断壮大。

再次，人过了50岁，追求也变得单纯起来。除极个别穷怕了的“赵德汉们”看着花花绿绿的人民币，就像看到绿油油的庄稼一样，大部分人不再看重身外之物。当然，这个年龄段也使追求名利成了水中月、镜中花，因此，精神方面的愉悦成了重要的追求。可以说，50岁的人活得更潇洒、更率真。

最后，50岁的人，在体力和精力上，至少保留着最高水平的90%，加上丰富的经验和人生阅历，无论是事业上还是生活上，都能够做到风生水起。

50岁，人生的精彩才刚刚开始。我们不必为渐渐增多的白发而苦恼不已，也不必因为年长几岁而以前辈自居；我们不再为竞争中的失利郁郁寡欢，也不会为到来的利好欣喜若狂；我们知道“己所不欲，勿施于人”，我们也懂得“己欲达而达人，己欲立而立人”。50岁，做好自己；50岁，活出自己；50岁，活着真好！

妈妈也是老师

英语教研组　方　静

我的妈妈和爸爸是大学同班同学，1961年考入湖南大学生物系，1963年全国高校院系调整，湖大和湖南师大生物系合并，1966年以湖南师大毕业生身份大学毕业，有30余年教龄，先后教过生物和化学两个学科，现已退休多年。

我大学毕业后，和妈妈在同一所学校共事过几年。妈妈曾经和我说过的几句话一直扎根在我心中，每当想起妈妈质朴的话语，就觉得她是那么睿智，活得那么通透，她是真正领悟到了教书的真谛。

妈妈在我刚上班的第一年说："方静啊，我估计你也不会半路改行，那么这一教就是30多年啊。我告诉你，无论你是校长、是局长、是组长，共同的身份就是教师。不要想那么长远，立足当下，每一天的课都当作公开课去上，尽快站稳讲台。"那时我任教两个班的英语，负责每周二、四的早读。妈妈建议我将早读调整为周一到周四，每天看一个班，而不是一次看两个班。她说：新老师没得什么讨巧的地方，就是比别的老师多花时间，多做事。与其"磨学生"，不如"磨自己"。我乖乖听从妈妈的建议，从小小的半小时早读开始，渐渐到承担"青年教师讲课比赛""岗位竞赛"的任务，到整个年级的英语资料的编写、带社团、组织英语角。一件件的事情做下来，我很快就掌握了上课的基本规律和模式，整个高中阶段英语学科的知识体系和架构也清晰地形成。慢慢地，我在课堂上也变得游刃有余，自信满满。我想这就是妈妈说的"尽快站稳讲台"吧。

很快我教书进入第二年。那时我还非常年轻，急于出成绩，眼中也只看得到学生的分数。一旦碰到学困生，总是心焦气躁。妈妈告诉我，不要轻易地批评学生，更不要当众将学生叫出教室，在走廊上大声责骂。她教我怎么和孩子们打交道。妈妈说："要学好英语，就先不要说英语。要先了解学生其他的事情。比如他的数学、他的语文、他的脾气、他的性格、他和同学们的关系甚至他的家庭。走不进他的心，学不好你的英语，更不会听你的话。"当年的我实在太年轻，如今，我是恍然大悟，这就是"亲其师而信其道"。我记得那时候的晚上或者周末在家批改试卷，看到反复讲过的知识点学生依旧错误百出，我总会和妈妈发几句牢骚。妈妈会笑眯眯地说："教书不要着急，学生这次不会，下次你再讲一次。高一不会，到了高二他长大了一点，说不定就会了。若是班上有个别学生实在是不会，那就算了。没有人要求人人都会，只要这个孩子不讨厌读书就成功了。”我伟大的妈妈啊。这是她20多年前说的话，多么质朴无华。那个年代，还没有人能说出“静待花开”“培养身心健康的普通劳动者”这样的金句，但是我的妈妈却用她自己的语言阐述了教育的真谛，让我获益终身。

日子过得很快，我教书第三年了，第四年了……今年第23年了。无论是当年未嫁的小姑娘，还是结婚成立自己的家庭，离开故土在深圳开创新的生活，每周我都会给妈妈打上一两次电话。我们什么都说，说学校、说老师、说学生、说各自的生活……妈妈总是静静地听，时不时地来上几句，让我醍醐灌顶，茅塞顿开。她的话陪伴着我一路走来，我从学校最年轻的老师成长为深圳市名师、工作室主持人、年度教师和特级教师。我也喜欢将妈妈的话和同事们分享，他们都笑着说，静姐，你写一本书，就叫作《妈妈说》。我真的想哪天空闲下来，将妈妈和我聊天说的话整理出来，做个纪念。

一年一度的教师节又快到了，这是所有教师们的节日，更是我们家的节日，因为我的爸爸妈妈，我和我的先生，我们都是光荣的人民教师。再次感谢妈妈的培养，我们要牢记“教书育人”的使命，铭记“师范”二字的重任，一代代传承下去。时代在变化，做教师，不再被简单地描写成“园丁”“蜡烛”“人类灵魂工程师”。我们不再悲壮，不再苦情，我们是幸福的，我们是优秀的——优秀的我们要培养更优秀的人！

破茧成蝶

——在反思中成长

心理传美教研组　罗玲子

不知不觉，我已在龙高工作一年半了。回想刚参加工作的时候，不禁感叹时间如白驹过隙。在这段时间里我成长着、收获着，并惊叹着自己的变化。

我是一名新入职的心理老师。虽然老师最基本的工作是教学，但我还有一项我认为更重要的工作，那就是心理咨询访谈，这是心理健康教育重要的组成部分。现在的学生要面对学习压力增大，竞争激烈，青春期躁动以及一系列青少年常见的心理问题，他们迫切需要心理辅导以摆脱不良情绪的困扰。

去年新入职，刚刚开始做咨询的时候，我感到很吃力。因为在咨询的过程中，我发现了一个问题。那就是，每个人有每个人不同的态度，每个人有每个人不同的世界观、价值观。我们的来访者有时候是学生，有时候是家长。他们可能来自社会的任何一个层次，他们会有属于他们自己的生活态度以及对孩子教育的态度。有时候，有一些态度我们会非常赞同，并且感同身受。但是有时候有一些态度、想法、做法，是我们咨询老师自己本身都很难接受的。

在大学的学习中，我记得很清楚，在咨询课上，我们的教授跟我们说过很多次："当面对来访者时，如果我们无法接受甚至反感其态度、世界观、人生观，一定要学会判断，并及时转介给其他咨询师。"在那个时候，我觉得教授说得好有道理。是的，如果自己面对来访者的问题出现了与本次咨询无关的属于咨询者另外的情绪，那咨询者是很难帮助到来访者的，有时候甚至可能伤害到对方。

于是在工作初期，当面对一些来访者的问题、观念，我自己很不认同时，我有好几次都想到了转介给他人。但在准备转介的时候，突然想想，我是真的不认同吗？如果所有咨询者不认同来访者的世界观或其面对人生的态度就马上想到把他转介给别人，那么转来转去，最后该转介给谁好呢？虽然也有说法是总有一个人不会反感其态度的，也就是总有一个人会接的。但是学校的心理老师毕竟数量有限，如果所有老师都一样，那很多同学将得不到帮助。

面对这个问题，我特意找了一些大学的同学聊了聊，希望能从他们那里得到帮助。在大家的共同帮助下，我认真地去思考了以下几个问题：来访者的观念、态度真的令我那么不喜欢，以至于做不到以中立的态度帮助他吗？会不会只是因为我自己太狭隘，包容度不够了？是的，每个人的观念都不可能完全相同，他们跟我只是观念不同，并没有谁对谁错之分，为什么要那么反感，反感到要转介呢？

在那一段时间里，我不停地反思以上的问题，并尝试自己寻求答案。最后我发现，最主要的原因还是来自我自己。是我自己功力不足，包容度不够，在做咨询的时候，没有把自己的位置、身份摆好。在咨询室，我的身份是咨询师而不是代表我个人，所以面对一些问题，要学会适当地调整自己的态度，不要动不动就说："这个人我好反感，转介给其他的咨询师吧。"其实，来访者并没有想象的那么让人反感，一切的情绪都来自我自己本身而已，与对方的关系不大。就好比对方喜欢说脏话，喜欢在"说"上占你便宜。如果我们觉得他是针对我们本身的话，我们会很不舒服，会感到反感，以至于不想跟他继续聊下去。但是经过反思之后，我发现这只是他的口头禅，不针对任何一个人，没有任何恶意，也就不特别反感了。这一种改变是心里由衷地接受，而不单单只是表面说不介意而已。

反思，在做咨询时有着非常重要的作用，它可以让我及时发现自己的问题，调整自己成长的方向，让自己及时改变步伐。所以，通过这一次反思，我觉得包容度、中立的态度对于一个咨询师来说，是很值得培养的能力。最起码，对于刚刚入职，开始工作不久的我来说，这个能力我很需要提升。只有拓宽了包容度，我才能更好地为更多学生、家长服务，帮助他们成长。

在这一年里，我接待了无数学生。从访谈的内容看，学生的心理困惑主要涉及新生适应（学习、生活）、人际关系处理（同学、家人、师生）等问题。针对学生在学习与生活中遇到的各类心理困惑，我会从心理专业角度，以咨询师的身份帮助他们，引导他们顺利度过心理困惑期。我现在依旧会遇到让我不喜欢的世界观、价值观，等等，但是没有关系，因为我会继续成长。看到自己的改变，无形之中给了我很多能量。我会继续努力，不断反思，我深信我的包容度会慢慢拓宽，最终我会破茧成蝶。

黯淡天际，星河闪耀

——《儒林外史》典型真儒贤士评析

历史教研组　黄斌胜

一、真儒贤士之时代：明清天空，暮色沉沉

当代作家魏明伦谈及清代康乾盛世有这样一段言论："康乾时期当然有其繁荣一面，但远没有唐朝思想开明，清朝最突出的是思想禁锢，其对知识分子残酷迫害空前，负面影响前所未有。中国真正腐败和衰落就在清代。一个思想空前禁锢的时代，怎能叫盛世？"《儒林外史》作者吴敬梓（1701—1754年）正生活于这样一个年代。表面繁华，盛世不盛，各种社会矛盾已然凸显：政治集权与吏治腐败、经济繁荣与国人贫困、文化昌盛与思想禁锢等。尤其是思想自由受限，乃文人之大害、社会之大害。作者借明写清，以明清渐渐黯淡的灰色天际线为大背景，各式儒林文人众生相为主线，隐射自己生活中的种种磨难艰辛及所见所思，探求希冀之中展现苍凉无奈。暮色已沉沉，吴敬梓式真儒贤士身在何方？又将何去何从？

1. 理学科举，腐朽而生

孔孟儒学经宋代改造形成程朱理学，作为官方政治意识形态，"理"是一架巨大的控制机器，牢牢掌控士人知识范围和思想源泉。明清科举八股取士畸形实施，强化这种压制和操控。明初科举规定以"四书""五经"内容为考题，朱熹注疏为标准答案，用排偶文体阐发经义，称作"八股"，格式刻板，内容僵化，不可能有自己思想情感。此后至清，程朱著述是士人学子必读之书，八股科举成为出人头地必由之路。这种冷酷的思想控制，暴露统治者利用其奴化读书人的需求，是日趋腐朽的封建专制制度的产物。作为当时官宦之家、名门之后的吴敬梓屡试不中，遭受侮辱，生活穷困潦倒。他对八股取士弊端透彻研究后痛恨至极。别人愿意沉浮于迂腐官场，他选择站出来，与那个时代大趋势为敌。

2. 迂儒陋儒，嘲讽呈现

贡院撞号板痛哭昏厥的周进、意外中举发狂疯癫的范进、鼓励女儿为夫殉节仰天大笑"死得好"的王玉辉是典型的迂儒形象。他们的共同点是：醉心举业，老年得中，儒家精髓未展现，反而思想僵化；言行愚蠢却不自知；迂腐不堪，但内心善良，值得同情。比如，范进中举是因周进感同身受的提携、王玉辉失女看水色山光时的栖栖惶惶。陋儒以严贡生、匡超人和牛浦郎为代表。严贡生恃强凌弱，强买强卖。匡超人纯朴可爱，勤奋好学，至纯至孝感动天地。可叹遇到一帮头戴方巾的假名士，转变思想，投奔

潘三，加速质变，最终变成薄情寡义、不知廉耻的真小人。牛浦郎冒名顶替牛布衣可恶至极。他们的共同特点是：科考是谋取个人利益的阶梯；为人虚伪，行径丑陋；善于钻营，泯灭人性。迂儒陋儒再加之装腔作势的娄三、娄四公子，假人头骗财的张铁臂和以“三年清知县，十万雪花银”为信念的贪官王惠——吴敬梓在《儒林外史》前半部分，以极端嘲讽的语气，呈现了以姿态各异、深受理学八股毒害的群儒形象为核心的整个残破不堪的明清世俗风气。

二、真儒贤士之当下：秦淮河畔，星光熠熠

明清程朱理学和八股取士，思想僵化，阻碍社会意识更新和创造。为救治程朱思想专制造成的流弊，随资本主义经济萌芽而产生，促进人性解放的新思想已然活跃。明朝理学家王阳明在陆九渊心学基础上提出以“致良知”为核心的心学理论，在继承程朱思想优秀部分前提下，强调个体意识的重要性，补救支离烦琐和僵化教条之弊，开启理学发展新方向。之后，明末清初之际出现杰出思想家黄宗羲、顾炎武、王夫之。王夫之倡导“明天理，灭人欲”，人欲亦是天理重要组成部分，宣扬儒家合理之处。顾炎武大声呐喊“天下兴亡，匹夫有责”。三人甚至明确提出反对封建专制制度。继承发展而来的民主思想萌芽起到启蒙作用，或许也是推动杂乱不堪的儒林中的真儒贤士产生发展的重要力量。《儒林外史》的后半部分中杜玉卿、庄绍光和虞育德等文人形象即是真儒贤士典范。这类人物与前半部分迂腐、丑陋的人物形成鲜明对比，是吴敬梓按照自身形象和理想尽心描绘的。他思路渐开，浑身舒畅，笔调由原来讽刺灰暗变为赞许明亮。与作者自身遭遇相似，他们经历若干挫败之后，不选择功名权利象征的北京，却不约而同以南京作为漂流的暂时性终点。他们蜗居河房，彼此结识，饮酒作诗，因熠熠生辉的品性成为知己，惺惺相惜，畅谈人生。

1. 品性高洁，淡然洒脱

杜少卿是作者最倾心创造之人，与吴敬梓原型十分相似。他出身官宦之家，对祖父、父亲的怀念敬爱，常被人利用为骗财借口；但凡有人来求，一掷千金，变卖衣裳田产也心甘情愿；文人傲骨不屑与官宦同流，当倾慕他的王老爷落难时，却主动收留；对忠仆故旧诚挚之爱，超越贵贱尊卑形式；对妻子知己情爱，遗礼弃俗，纯纯然如天真童子。“少卿大醉，携娘子手，大笑在清凉山走一里多路。”古时携妻同走是伤风之举，少卿前有美景，侧有发妻，自在风流！季苇萧劝少卿：“据你才名，何不娶个标致如君，及时行乐？”他极力反对纳妾，并借晏子话回复：“今虽老而丑，我固及见其姣且好？”此时的他，真正让人看到了爱情的所在。对于科举入仕杜少卿彻底看穿，装病辞去征辟，说道：“我做秀才有了这一场结局，将来乡试不应，科、岁不考，逍遥自在。”家财散尽后，迁居南京，清风明月淡如水，品茗咏诗游山水，好不洒脱。无独有偶，庄绍光和虞育德与他品性相似。庄绍光进京之时，告诉妻子只是奉旨面圣，即刻便回。与天子奏对顷刻，头顶难忍疼痛，答不出话。之后除下头巾，发现一蝎子，释然笑说："藏仓小人，原来就是此物，看来我道不行了。"主意便定，恳赐还山。天子赐他玄武湖隐居，从此与妻子坐拥山水，恩爱有加，果然是世外高人。虞育德南京任满进京时，少卿单独送他上船，知己互诉衷肠。"我本赤贫，南京做了六七年博士，每年积几两俸金，挣三十担米一块田，此番去，多则三年，少则两年，再积些俸银，添二十担米，每年养我夫妻不得饿死就罢，子孙事不去管了，我要做这官怎的？"这番话足见虞育德真乃天怀淡定之君子。他们共同倾囊相助千里寻父的郭孝子，从而引出武能提枪戮金甲、文能挥笔定天下的少年英雄郎萧云仙。他们关注且敬佩不愿屈身为妾，只身前往南京，靠手艺营生的独立女性沈琼枝。这几位真儒贤士最大的共同点是：生活中，有高尚的家庭情感、慷慨的助人品质；精神上，儒道互补，淡泊名利，追求自由。他们与同时代的豪侠奇女，共同构成了秦淮河畔的灿烂星河，是昏暗丑陋士林及残败社会中的一道亮丽风景。

2. 白璧微瑕，瑕不掩瑜

高翰林评价杜少卿：杜家第一个败类！说杜父做太守，全不晓得敬重上司，只一味希图百姓说好，说杜少卿败光家业不求上进。还言道，教子侄读书，以他为戒。每人书桌上置一纸条：不可学天长杜仪。要说这高老爷进士出身，一生功名利禄也无他错，却全然不晓得你是你，万千翰林之一，他是他，千古少卿独一。不知杜少卿听到那句，会是怎样笑态。他人笑我太疯癫，我笑他人看不穿。虽然家财散尽和家境窘迫是由于性格弱点直接造成，但就全文而言，这些瑕疵无损其形象。杜少卿为他人倾囊相助的豪爽个性、对功名富贵的彻底弃绝、对发妻深沉真挚的情感依然是其性格和形象上的光辉点。被推为泰伯祠主祭的虞育德出仕超脱，身仕心隐，对世俗采取不执不惧的大隐态度，更能凸显儒道互补的文化心态，和谐平宁，淡泊自足。庄绍光更是一位追求悠然自得、崇尚归隐桃源生活的士人。但他们身上似乎都缺少一些推动个体奋进、积极变革的内在驱动力，相对保守，更不可能实践"天下兴亡，匹夫有责"反封建专制统治的时代命题。变革才是唯一出路。即便如此，掩盖不了真儒贤士闪亮的高贵品行。封建社会经历2000多年的漫长岁月，明清两代，早已败象丛生。用理解之同情眼光看古人，黑暗腐败官场，文人大厄之时代，胸怀大志却怀才不遇者比比皆是，即便如文治武功皆出众的萧玉仙，最终还是得了个"任意浮开"的罪名，何况这些儒林之中的文弱书生？

三、真儒贤士之后来：尘世之中，余光幽幽

吴敬梓只能把一群真儒贤士高尚而庄严的心灵，投像在古典仪式上。条述泰伯祭祀每一细节，制造堂皇逼真气氛，借此恢复古老礼乐制度，却是形式的枯燥和理智的瞻顾，缺少某种生命热情。泰伯避太王传位而逃隐，断发文身，永居草野，不过以此颂扬隐退的高志以自白罢了。他们终究也风流云散。泰伯大祭之后，出现异样画面，带着神话和传说色彩，闪现在山野荒边。郭孝子寻亲，萧云仙救难，平少保建功，确实和前面那一班文士不同。吴敬梓似乎想努力再借寓言式想象有所振作，还是不可避免用了嘲讽手法。郭孝子精诚所至，克猛虎化恶人，终于不能感动父亲；萧云仙文治武功，耕作教化，图构理想国，结果只是海市蜃楼。两故事和泰伯祠虽异，本质相同，欲努力实现理想，结局一样空洞。心如明镜，却又无可奈何，想必是吴敬梓当时当刻内心的悲凉痛楚所在吧。那么，曾经美好的真儒贤士、豪侠孝子之余光对后来是否还有照耀的力量？

1. 奇人观祠，往昔追思

全文进入尾声之时，吴敬梓又添四客，只是“客”，非儒林士人。小说正文起自明季成化末年，至此际万历二十三年（1595年），为时整一个世纪。作者从自己的生活环境出发，撷取奇人们不为“流俗”理解的行为加以歌颂，反映他们闪烁光芒的性格，倾泻一己深厚赞赏之情，包含“述往思来”深思。奇人盖宽，出身富贵人家，后家道中落沉沦市井，透露“盛世”真实景况。他瞻仰泰伯大殿，“屋头倒半边，大门倒半扇，大殿柜子没了，五间楼直筒筒，楼板缺一块。当年祭祀盛况早已不见，只有乡下老妇在祠内挑荠菜”。这种形象描绘表明“贤人”已去，理想后继无人，体现礼乐理想的泰伯祠已颓废不堪，无人“修理”。盖宽面对现实终于醒悟，对邻居老爹说：“这些古事，提起令人伤感，不如回去吧。”此刻，再看雨花台顶风光只是一轮红日，沉沉傍着山头下去，写景抒情，即使颇有“贤人”风范的盖宽也沦落下层，被人以八两银子的束脩，请到家里教馆，依然走着往世士人老路。这展示了作者对自己既往理想破灭的再度认证，对一个时代结束流露浓郁伤往之情的述往式总结。另三位奇人以自己一技之长，自食其力，经济独立，生活自理，不事权贵，精神平等。结局不结而结，透露作者对此等人物能否代表生活发展的必然趋势，成为新一代理想人物犹有疑虑，不能预期他们的前途。三人作为书中的艺术形象，寓意显然，倾注作者通过自身痛苦经历，寻找士人另一种生活的苦苦求索及迷茫彷徨的凄婉孤独之感。

2. 今人回望，古今关照

中华传统文化浸透《儒林外史》。该书主导思想是儒家，范进、周进、严贡生、匡超人等并未完全习得其精华，而真儒杜玉卿、庄绍光、虞育德等则真正传承了儒家之仁义、礼治、德和、中庸等精髓。治礼作乐，礼乐文化，他们不仅遵守外在一整套秩序规范，并演化为与内在心性情感的联系，礼节、道德、人伦、孝道、疾恶如仇等。通过陶冶性情、涵养德性、调节情感，达到人际和谐。礼乐式微之时，秉持儒家正统，弘扬泰伯精神。习学礼乐，成就人才，以助政教。儒家在当今依然优秀，去其糟粕、取其精华，延续真儒贤士之道德风范是必由之路。另外，隋唐以来，儒道佛三家相互争辩融合形成以儒为核心三位一体的文化共同体。佛道宣扬自我精神解脱的适意人生哲学及闲云野鹤、自然恬淡的生活情趣和清净虚明、无思无虑的心理境界。全书开篇处的王冕，人生境界超越特定社会的限制，返归自然的气韵，是出淤泥而不染高洁人格的写照。他如一方明鉴，鉴出官场蝇营狗苟的同时，也穿越投射到杜、沈、虞生活的年代。他们主张天人和谐，乐天知命，天怀淡定。斗转星移，朝代更替，制度变革，人性善与恶，处世情和理，其实不变，这是真正好书能超越时代的原因。今人可汲取其中养分，和谐、德性，平衡身心，从而做到“淡泊以明志，宁静以致远”。从人类长远的福祉看，儒林中真儒贤士们的幽幽文化之光普照全球，典范意义深远。

清风明月疗养法

——我读苏轼《赤壁赋》

语文教研组　廖素婷

苏轼是我国历史上罕见的全才，琴棋书画、诗词歌赋、天文地理、医学饮食等样样精通。但仅凭他的文学才艺这一项，就足以俘虏我了。最喜欢诵读的是他的《赤壁赋》，跟着苏轼一起泛舟游于赤壁之下，领略月下的江景，体会他如何一步步自我超脱出来的成熟心境。

赏月下美景，歌自己心声

苏轼因“乌台诗案”被贬黄州。长江边上的黄州有一块鼻子形状的红褐色山崖，当时人们都称其为“赤鼻矶”，因为这个山崖特别陡峭，像一面墙壁，因此也叫“赤壁”。这个风景胜地在一个月夜里把苏轼吸引来了。

苏轼朗月前行，夜游赤壁，他选择的不只是月的光，更是夜的静，白天的赤壁多少有些干扰，夜晚静谧，泛舟游玩，随波荡漾，不急不缓，走进自然，与大自然安静对话，静享自然给自己带来的美景。这时的风是清风，月是明月，最美的要算月下的江水了，一片雾气蒸腾，给了苏轼一个人间仙境的背景，他乘坐的这苇小舟在茫茫的江面上飘荡，不受任何限制，放松身心，很有列子御风而行超然物外的感觉，更有飘飘欲仙飞升上天的幻觉，此时苏轼乘舟泛江真可以达到物我两忘、天人合一的境界！

明月朗照下，苏轼看到了仙境，喝进了豪酒，吐出了歌声——“渺渺兮予怀，望美人兮天一方。”然而正是这歌的内容，让我们感受到苏轼还是有所期待的，他在游玩中没有忘记心中的牵挂和希冀——“美人”，也如屈原笔下的“美人”，遥指那圣明的君主或者美好的理想。身虽被贬，心系朝廷，其实当下的心情和眼前的美景是有距离的，他没有完全投入地欣赏美景，而是赏玩之中还夹杂着自己的心事，也许是无意识的，但这个心事的干扰力太大，毕竟苏轼的人生因“乌台诗案”经受了前所未有的重创和改变。

这时候同游的人好像听出了苏轼的心事，以“如怨如慕，如泣如诉”的箫声相和，箫声的幽怨甚至可以惊动深谷的蛟龙，可以使孤舟上的寡妇落泪。美好的月夜江景在哀伤的箫声里沉寂了，凝滞了，让我感到他们泛舟游江的寂寥，甚至我想到了箫声结束后，可能是相对无言泪落千行。但那一定不是苏轼了。苏轼的反应是正襟危坐，问同游之人为何吹出来如此悲凉的箫声，可见苏轼没有完全沉浸在自己的心事和箫声的悲凉里，反而很快转换角色觉得这样的配乐不太适合，这是苏轼有意在把气氛往另一个方向调节。情节的反转让我们看到苏轼对消极情绪的积极处理，展现他豁达与超脱的一面，这才是我们心中“秉性难改的乐天派”苏轼！

思英雄远去，看水月变化

同游之人（一说苏轼自己）说出了他配悲乐的理由。在这月明星稀的夜晚，在这叫“赤壁”的地方（苏轼此次黄州所游的赤壁并非赤壁之战战场），他自然而然想到了和赤壁之战有关的人和事，那个被周瑜所困的曹操，那个临江酾酒的曹操，那个横槊赋诗的曹操，那个一世之雄的曹操，大浪淘沙，真正的历史英雄确实留下了英名，可是如今他又在哪里呢？当初这么呼风唤雨叱咤风云的人物都已不在了，何况如今渔夫樵夫的你我呢？苏轼被贬黄州以后过着农夫生活，在东坡那块地上开荒耕种来谋生，所以当他面对无穷的长江时，发出了自己人生短暂的悲音。而“乌台诗案”中一些莫须有的罪名，使苏轼的命运急转直下。剩下的余生还有多少？有限的生命里自己还能否回到当初？此时寄身在黄州的苏轼就像天地间的一只蜉蝣，就像茫茫沧海里的一颗米粒。如此短暂而渺小的生命让苏轼找不到存在感。思英雄远去，叹自我渺小，只能托遗响于悲风。我好像听到此时徐徐的江风冷飕飕地吹来，有低回的悲鸣。如果情绪一直被茫茫江面的悲风包围，这条小舟今晚怎么荡得出来？那也一定不是苏轼了，我相信他就要拨开迷雾。

陷入对英雄不再、人生无常的沉思，怎么拉得回来？此时苏轼快速跳出历史，就地取材，主动和大自然缩短距离，回到眼前的水与月，好一个快速转移！最妙的是苏轼能辩证地来看“水”与“月”的变化：从变化的角度来看，水与月都是不停地处于运动变化中；如果从不变的角度来看，水还是那水，月亮还是那个月亮。这些大自然的事物都是永存的，那么人也可以成为永恒，这样的话还有什么理由去羡慕无穷的长江呢？

最近微信里看到一篇文章《我们的后半生》，里面有几句话特别在理：“我们的后半生，学会和命运握手言和，福兮祸兮，都要珍惜。”可以说，此时的苏轼开始和命运握手言和，已被贬谪，成为事实，那就既来之则安之，抛开个人问题，用大英雄和大宇宙观来解决自身烦恼，这样一来，境界变大了，什么事情在天地间就都变小了。这就是苏轼，看似信手拈来的身边事物和事例，却传达出朴素真挚的哲理，宽慰了自己，也宽慰了一代又一代后人。

莫取他人物，共适无禁物

“天地之间，物各有主。”这是一种宿命论，万物都有自己的主人，是自己的就是自己的，不是自己的，“虽一毫而莫取”。刚毅，强硬，有尊严，有骨气，这就是苏轼，“乌台诗案”的打击，仕途的失意，生活的变迁，让他从原先的儒家思想中渐渐趋向道家思想，这也是一个拯救自己的良方。

那还有没有一些没有主的物呢？有的。“惟江上之清风，与山间之明月，耳得之而为声，目遇之而成色，取之无禁，用之不竭，是造物者之无尽藏也，而吾与子之所共适。”“惟”，只有。今非昔比，此时的苏轼什么都没有了，只有江上之清风与山间之明月了，但这算是有吗？清风与明月，就像空气，是自然存在，是人之共享。这不算“物”的物，才是苏轼能拥有的。苏轼被贬黄州，做了个团练副使，这实际上是个有职无权的闲职，相当于被软禁在黄州地界，这种极不自由处处禁令的生活，还有什么是可以拥有的呢？唯有清风与明月了！可是，那不是还有清风与明月吗？就这样，苏轼在身体不自由的处境里寻求心灵自由，且很快寻到了。

苏轼就是苏轼，穷途末路时，他拥有的是清风明月般的心情，把这些看作大自然无尽的宝藏，看作大自然对自己的馈赠，我能破涕为笑吗？紧着的心终于放下来了。苏轼给自己安慰让自己突围的方法，我把它称之为“清风明月疗养法”，甩开那些自己没有的东西，想想自己所拥有的东西，哪怕虚无得只剩下空气，也还有继续生活下去的资本和勇气。我们为苏轼在这么艰难的时候还能有如此洒脱的想法感到庆幸和欣慰，苏轼随遇而安，他可以在黄州生存和生活了。

宋代禅宗大师青原行思提出参禅的三重境界：“参禅之初，看山是山，看水是水；禅有悟时，看山不是山，看水不是水；禅中彻悟，看山仍然是山，看水仍然是水。”此时的苏轼已经达到了第三重境界，这是苏轼洞察世事后的返璞归真，对世事和自我的清醒认识，只是这山与水，在苏轼心里，早已有另一种精神慰藉的内涵了。余秋雨在《苏东坡突围》一文中写道：“这一切，使苏东坡经历了一次整体意义上的脱胎换骨，也使他的艺术才情获得了一次蒸馏和升华，他，真正地成熟了——与古往今来许多大家一样，成熟于一场灾难之后，成熟于寂灭后的再生，成熟于穷乡僻壤，成熟于几乎没有人在他身边的时刻。”宦海沉浮的苏轼，如今有了道家这剂良药，他清醒了，成熟了，他渡过了心里的难关，完成了人生困境的突围。于是在清风明月般的心情下，苏子与客喜而笑，洗盏更酌，一醉方休，相与枕藉，不知天明。

文本情感几次起伏，我的心也跟着多次跳动，但是有一点我很肯定的是，不用担心，苏轼实属极大的乐天派，不会传染给我们负面情绪，他会给我们看到风雨，但更会让我们看见他的晴天。余光中先生在央视纪录片《苏东坡》里说：“我常常跟朋友讲，如果要去旅行，我不要跟李白在一起，他这个人不负责任，没有现实感；跟杜甫在一起呢，他太苦哈哈了，恐怕太严肃；可是苏东坡他就好，他可以做一个很好的朋友，他真是一个很有趣的人。”跟着这样有趣的人夜游赤壁，从无尽和无禁的清风明月之中求平衡享安乐，真是一次看美景、宽心结、怡性情、听哲理、学智慧的美好旅行啊！

《阅读杜威——为后现代做的阐释》读后

历史教研组　曹雪梅

詹姆斯·加里森在《作为教育学的杜威哲学》里讲道："成长是人生的特点，因此教育也伴随着成长；它没有超越自身的目的。"对于杜威来说，成长是有节奏的。既然孩子的个性是内在的和理智的东西，而不是外在的和生理性的东西，教师就不应采取自由放任的政策，让儿童爱干什么就干什么。诚然，适量的人身自由和活动是需要的，这样，儿童们才能显示他们精神上的个性。但仅仅是表面的自由，不一定能保证大量的表现个性或是成就个性的机会；人身的自由，如果不受内在的和个人的纪律约束，就可能导致混乱的和没有规则的行动。教师必须考虑一个更重要的问题，就是如何为儿童提供机会"使他们自己思考，制定自己的计划，系统地阐述自己的问题，使他们的想法得以实现，并且检验他们的计划和想法，以确定其结果"。

杜威特别指出"为自己思考"这个概念的意义。他说："如果不是为自己，就不成其为思维。要发展思维，我们必须尊重个人的因素，这是在脑力活动中不能被取代的独特因素。"教师应该认识到在物质和人之间有着极大的差异：前者可能是划一的、标准化的，但后者却没有这些特性。正因为如此，管理学校不能跟管理工厂一样，因为学校所做的，是关乎"精神、灵魂或是心灵的"，不能把它们看作是没有生命的事物。如果学校强求划一的标准，个性将无可避免地被降到一个机械化的较低水平上。

因此，在教育中强调个性，对发展健全的人格至为重要。不过，教师必须懂得培养儿童的个性，并不是要孤立他们，或是授之以与其他儿童不同的教学。实际情形刚好相反：表现民主主义社会成员特征的个性，是在社会环境中发展起来的，而不是在孤立环境中发展的。它是"通过某种社会性的权利和义务，彼此互相合作"才发展起来的。因此，在学校中帮助儿童发展个性的最佳途径，是设计出"一套社区计划，使每个人都能参加，并且计划实施做出自己的贡献"。

杜威自己也承认，要把一般原则付诸实践是很困难的。但他尝试通过实验去找出一种方法来。在《学校与社会》一书中，杜威引述在芝加哥大学的初等学校所做的实验，选出例子和图解，具体地描述了他的发现。

他认为教室的布置影响着教师和学生的态度。在传统的教室里，同样大小的书桌，一行行拥挤地排列在一起，丝毫不能引发学生的积极态度，在这种情况下有的只是被动的态度。因为这样的教室，只是为学生吸收书本上的内容和听教师讲课而设的。

杜威所要的，是儿童可以工作的地方；理想的课堂，应该是一个作坊，一个实验场，备有儿童用以构思、创造和积极探究的各种物品和工具。低年级的儿童应该学习烹饪、缝纫、编织、用黏土制造模型以及其他的手工作业，渐渐地，他们应接触一些简单的科学实验。而教育工作者所主要关心的，不应是物质制成品而是教育经验所带来的智力成果。

此外，传统教室是为容纳大量学生，为“应付尽量多的学生”而设计的，在这种环境里，儿童被消极地视作“一个集合体”来处理，个别儿童的原创能力最终就会下降，而发展个性也变得无望。新教育的价值即在于尊重每一个儿童，视之为一个独特的个体，为让他们为自己而去感受、思考以及行动提供机会。

很显然，要实现个性化教育，就得放弃千篇一律的课程和方法。在新教育中，重心不在外部，而是在儿童内部；但这并不意味着根据个性原则儿童就应当拥有绝对自由，不需要任何引导。正如前面所讨论的，杜威在谈及自由问题时，首先便强调思想自由以及精神上的态度和活动自由。本质上，自由是指思维在学习时所起的作用：“它意味着主动的思考，独立的观察，富有见识的发明，对结果的预测以及可以适应这些条件的灵活性。”个性并不只是一些感受、冲动或外在的行为，它依附于智慧。杜威批评卢梭所主张的关于个性的浪漫主义教条，是“感情用事地把儿童的不成熟加以理想化，非理性地否认成年人的知识和成熟的经验具有较高的价值；刻意地否认社会组织所体现的目的和工具的价值”。诚然，理智的自由如果要起作用，通常都要求好奇心的表现有一定的弹性，即使这些好奇心的表现不太成熟和过于空想。不过，理智自由仍需要接受指导才能有效地运作。通过指引和建议，儿童的自由活动便会以符合逻辑的方式达到有价值的结果，而不再是散漫的、单纯的冲动表现。

杜威指出，如能充分了解儿童的本性，就会知道他们与生俱来的冲动，就是发展个性的自然资源。在学校中最能加以利用的冲动可分为四类：交往、探究、建造和艺术表现。它们可称为儿童的“兴趣”。教育的作用，就是把这些天生的冲动或兴趣变成智力活动；而教育的责任，就是帮助学习者找到能够满足他那被刺激起来的好奇心的途径。当然，科学方法是最值得推荐的方法，它向学习者“确切而具体地展示出理智在最有利的条件下，如何最有效地运作”。

培养科学方法或理智的方法，应从直接经验开始。教师应该鼓励儿童积极地参与教育过程——为自己去亲自体验、思考并且采取行动。在实际经验中，总有一些问题可以激起儿童的好奇心，进而促使他们运用理智来探讨这些问题情境。毫无疑问，实际经验为锻炼人类理智、培养思维以及发展个性提供了上佳的机会。

性格的犹豫踟蹰与人生的悲剧

——读《美国的悲剧》的一点思考

语文教研组　杨　眉

《美国的悲剧》是美国现实主义小说家德莱塞的代表作，讲述了一个积极奋进、努力向上爬的卑微男子克莱德的悲剧一生。他只活了短短20来岁，却因为被法律判决故意杀人而被判处死刑。从其人生历程来看，这个判决对他来说确实存在冤枉，但其性格的软弱犹豫也决定了他悲剧命运的必然。我们不妨从男主人公人生轨迹中，从其性格上探究一下他命运悲剧的根源。

一、克莱德对女性的追求

作为一个年轻的男子，有追求女性的本能，克莱德也不例外，他追求霍丹丝。霍丹丝有很多男子追求，她自视甚高，甚至对于犹豫软弱的男子——克莱德，只想享受他的追求的热情，感受他对她情感的表达，接受他给予或自己要求的物质。克莱德好像是受她欺骗，被她骗取情感与物质。其实，这是克莱德性格里的犹豫不决所导致的结果。作为一个男子，他完全可以果断地提出自己的要求，并按照自己的想法来规划人生与爱情走向。甚至在一起出去玩时，霍丹丝与另外的男子打得火热，他也只是自己难受。霍丹丝最后也只是和一个鞋柜的伙计逃走，那个伙计并未能给予克莱德那么多的物质与情感，但也许他比克莱德更果断。

霍丹丝正是看穿了克莱德的软弱犹豫，才能轻易地将其玩弄于股掌之间。

二、面对两个女人时的犹豫

当克莱德拥有了漂亮温顺的罗伯塔，拥有了爱情，他明明知道此段爱情会对他所追求的事业或者说是他的野心有很大影响，他却小心翼翼地掩藏。当他遇见桑德拉，他知道，他的梦想——对富裕生活、上流社会的追求即将通过与桑德拉的交往实现时，他又背着罗伯塔偷偷摸摸与桑德拉交往。此时，他已经决定抛弃无任何身份背景、地位低下的罗伯塔，但他内心却存有懦弱，他总是用谎言来推迟与罗伯塔将要面对的一切。直至罗伯塔怀孕，罗伯塔的无路可退对他形成逼迫，他同样用谎言、欺骗、犹豫来推迟做决定。他没有勇气来直面罗伯塔，也同样没有勇气面对桑德拉。

这里他缺少作为一个男人的担当，既然选择了罗伯塔，他就应该有担当，他可以一如既往地和罗伯塔在一起，同样可以继续向上爬，只是假想的困难吓退了他。他也可以当机立断，告诉罗伯塔事情的真相，伤心总比掩饰要真实得多。

即使在他决定把罗伯塔带到湖面上，制造一起沉船事故的假象时，他也在犹豫。面对水中挣扎的罗伯塔他还在犹豫。

三、法庭上的懦弱

克莱德本来有杀罗伯塔的意图，但后来确实是失误导致了罗伯塔的溺水。面对漫长的审讯，面对强悍的检察官，还有整个社会的强大舆论，他怯懦犹豫，甚至不如他母亲强大勇敢，他内心始终在犹豫自身的有罪无罪，充满对审讯结果的担忧徘徊。

他不能不算是一个有明确人生目标、有积极向上追求并积极努力实现人生目标的男子，因为他努力向上，有追求，有行动。但他缺乏的是果决、当机立断、敢于担当，以及面对人与事的强硬。他的软弱犹豫，导致了他最终的命运悲剧。

可见，性格决定命运。

那抹灵魂深处最熨帖的安放

——白先勇《永远的尹雪艳》主人公简析

语文教研组　杨　眉

白先勇《永远的尹雪艳》是后来结集的《台北人》的开篇。他笔下写的都是从大陆逃亡到台北的遗老遗少，这些失去家园的“台北人”，白先勇对他们流亡异乡的孤寂落寞感同身受。而尹雪艳这个如神一般“总也不老”的人物形象的塑造，正是这些无处安放的落寞灵魂中的一抹“红”。几乎所有人如飞蛾扑火向她扑去，寻找那一份心灵慰藉，与此相比，生命也不足惜。

一

“尹雪艳总也不老”，小说开篇就给我们介绍了一个神一样的人物。她的不老“连眼角儿也不肯皱一下”“着实迷人”。而与她相关的那一班上海百乐门舞厅的五陵年少却“开了顶”“两鬓添了霜”。她的永远不老，是那些被无情冷酷时间打磨而沧桑变化的人来寻找年轻昔日的慰藉。

尹雪艳的净扮、从容、不慌不忙，让这群流亡异乡的遗老遗少心灵平和。“她浑身银白”“雪白的肌肤”“不多言、不多语”，说话“中听，熨帖”，跳起舞来“没有失过分寸”。外界的迁异，绝不会影响到她的均衡。这里是落寞人的心灵最好的安放处，这里像一个世外桃源，到这里的人感受不到外界的变迁，不再有昔胜今衰的落寞。平和从容的人总能让周边的人也平和下来。净扮的装扮也少了浮躁，多了舒适。

尹雪艳新公馆的布置，环境熨帖得叫人坐着不肯动身；尹雪艳的痴侬软语，更是一剂心灵的良药。尹雪艳公馆中的“桃花心红木桌椅”，沙发“塞满黑丝面子的湘绣靠枕”，还有精巧的麻将桌、麻将灯、隔音设备间。在尹雪艳营造的这个环境中，坐于其中的人心灵处于休憩状态，完全忘掉了外面的“阴寒及溽暑”，忘掉了那些逼仄于此的无奈伤痛。人总是喜欢选择将不幸忘却。李煜亡国后在梦中“一晌贪欢”，尹雪艳给现实的人们造了一个梦，入梦就不愿醒来。哪怕是嫉妒数落甚至诽谤她的那班太太们，在尹雪艳这有吃喝玩乐，“熏”得她们的委屈焦躁都抚平。她们内心熨帖了，即使她们对尹雪艳有愤懑也挡不住内心安放的渴望来与她交往向她诉苦，收获的是把“不如意的事儿一股脑儿抛掉”。

尹雪艳安排牌局，配合每位客人的牌品与癖性；安排菜牌，天天转出筵席；她还有娇声亲切的称呼，使所有来公馆的人，在这里觉出了自己的重要，心理上恢复了优越感，“客人们都讨尹雪艳的口彩来恢复信心及加强斗志”。到这里来的人本是失落失意的，经由尹雪艳的安排，在牌桌上，饭桌上，还有佳人的软语中又有了斗志，这种让灵魂安放的“法术”，让人欲罢不能。人总要有点精神追求才叫活着。

二

男人们在尹雪艳这儿获得欲望的满足、冒险的乐趣与征服的快感。他们在满足欲望、冒险与征服中屡屡付出生命代价，但仍然前仆后继，也许灵魂深处的熨帖——无尽的欲望，更胜于生命。

上海棉纱财阀王家的少老板王贵生是探险者，他“将尹雪艳身边那批富有的逐鹿者一一击倒，然后用钻石玛瑙穿成一根链子，套在尹雪艳的脖子上，把她牵回家去”。王贵生与其说是在追求尹雪艳不如说是在男人的战场上决战，他与其他男人拼财富的多寡。他不择手段地积累财富，尹雪艳是他财富比拼战的战利品。但灾难也由不尽的欲望而起，王贵生犯上官商勾结的重罪，下狱枪毙。

上海金融界的洪处长把尹雪艳变成了洪夫人，尹雪艳在上海上流社会以压倒群芳的姿态绽放起来。可洪处长一年丢官，两年破产，最后连个闲职也没捞上。尹雪艳就像那欲罢不能的欲望，为此洪处长“休掉了前妻，抛弃了三个儿女，答应了尹雪艳的十条条件”，埋下了他最终落魄的导火线。

台北市实业巨子徐壮图一踏进尹公馆，那沁人脑肺的甜香，血红的郁金香，鲜红的樱桃，笑吟吟的软语就勾住了他的魂魄。最后徐壮图被工人用扁钻前胸穿到后背。

沉沦在尹雪艳这里的男人还将前仆后继。也许男人骨子里都有一种探险的冲动，这种探险这种斗志才是其“心”之所向。尹雪艳的姐妹中有醋心重的说她带“重煞”，但这更使男人们对她“增加了兴味”。

尹雪艳永远不老，尹雪艳永远冷静地站在一旁看客人们厮杀、宰割，尹雪艳永远在男人的追逐中轻盈、淡定、无情。她似乎是一个来自现实又高于现实之人。她更像是象征着一种人们内心深处渴求的让灵魂熨帖的东西。无它，人们生活无味无处安放；逐它，人们丢却生命也在所不惜！

感触柏杨的另类历史

——读《中国人史纲》有感

历史教研组　蔡双玲

越读柏杨的历史著作，越有相见恨晚的感觉，越来越鄙视自己当初对柏杨的种种误解。曾经很天真地认为柏杨只不过是一个嬉笑怒骂的幽默老头，是一个“愤老”而已，如今看来自己真是浅薄了。很佩服易中天和于丹能够把枯燥的古文字解说得那么生动鲜活；很惊讶当年明月可以把如公式般的《明实录》阐释得如此妙趣横生、喜闻乐见；看了柏杨的《中国人史纲》才发现原来柏杨早就是他们三个人的老师了，风格如出一辙，只是三人功底较柏杨显得薄弱。

这套书之所以被称为《中国人史纲》，是因为作者始终站在人民的立场来梳理华夏几千年的历史；当人民安居乐业，作者便赞叹不已；当人民处于水深火热之中，作者会表示深深的同情；对于中国那些腐败阶级，作者不吝笔墨狠狠地进行控诉……作者的史学观点是人性史学观点。柏杨以一个民间历史学家形象来叙述和评论历史，观点是深刻的更是犀利的。本书摒弃了传统的史书写作模式，不谈政治制度发展也不谈经济模式的变革，更不谈简单的朝代更替，着重于人物的评价和分析，以人的发展为主线，引人入胜而又线索清晰，从神话时代写起，一直到20世纪结束，其中轻描淡写地穿插些许政治、经济和文化制度。10年的牢狱，对于柏杨先生自己来说是人生的灾难，但却给国人留下如此丰富的精神财富。

《中国人史纲》语言生动、风趣幽默，而且充满现代气息。比如，他会亲切地称老子为“老头”，直接用国防部长来形容一个官职；历史上不断变换的官衔常常令人无法理解，柏杨便直接用现代的官职来称呼，然后附括号注明当时的官职，通俗易懂；无论是三皇五帝还是孔圣文武，柏杨在书中都以全名称之。柏杨对帝王将相、文武圣贤大胆揭露不留情面，不为亲者讳尊者讳，观察角度奇特，诙谐之中却不失公正，令人思维豁然开朗。比如，柏杨对孔子的评价就非常别具一格，但又不失中肯，充分肯定了孔子的教育思想和“仁”的思想，但是对于孔子试图恢复“礼”的行为予以抨击，幽默地戏说孔子是一个“只致力于美化过去，而不前瞻未来”的人，形象而又生动。孔子编《诗》300篇，很多人大加赞赏和美誉，柏杨却大加批驳，本来有很多诗篇流传下来，孔子有什么资格非得删减剩下300篇？简直是中国古典文学的一大损失。再者孔子的思想多存在于《论语》之中，柏杨认为非常可疑，认为这是孔子门生弟子美化老师的一部著作。

再如，一般很多研究历史、文学和哲学的学者都认为春秋战国时期是中国文化发展的一个黄金时期，是一个百花齐放、百家争鸣的时代。柏杨认为如此形容力度实在不够，应该是一个大黄金时期，是一个百花怒放、百家争鸣的时代，仅仅是只字的修改，便使人有焕然一新的感觉。

但柏杨先生又是极其残忍的，只要一翻开《中国人史纲》，便自然地会产生一些不忍不愿不敢的恻隐之心，因为柏杨先生为我们除去历史那华丽的外衣时，血淋淋的事实，总是能让我们瞠目结舌！柏杨先生告诉我们，历史并非全是鲜衣怒马繁花似锦，它事实上如此残酷，战争和暴政将它涂抹得血迹斑斑。这斑斑血迹又迷惘了众生的眼睛，在穿越历史重重迷雾之后却对狰狞的暴徒流露出顶礼膜拜的眼神，原来颠倒众生的，并非只有倾国倾城的美女。中国的历史包括历史教材一直使很多人都处于误解和一叶障目的情形之中。人们一直无法理解为何明孝陵甬道上的牌匾会将朱元璋这个“热爱杀人的混蛋”描述成“恩泽天下的圣主”，就像人们一直无法理解为何很多历史书籍会赋予项羽这个“徒有武力的莽夫”以英雄的地位并崇拜了悠悠数千年。项羽一把大火烧掉了咸阳，不但给后世的暴徒们开了一个以焚烧故都来彰显自己盖世武功的恶劣先例，而且烧尽了保存在咸阳的记录着春秋战国以来璀璨学术思想的珍贵典籍，而同样是因焚烧罗马城而闻名的尼禄，却遗臭千古。相形之下的差别和痛心，我一直不知怎样才能言语。这就是很多中国人的习惯，对于过去一直在盲目地美化或者逃避，以至于形成了习惯。所以，当看着自己的偶像和祖先一步步地从神坛走下来或者掉下来的时候，心里着实有着无法掩饰的痛楚。但这才应该是历史，它和科学一样，读史让我们接近世界本来的面貌。而我认为，人就应该选择喜欢事物本来的面貌，不论它是美是丑，因为真正的完美，总是包含了残缺于其中。

作者的眼光不仅是深邃的，同时也是开阔的，作者在每一个“世纪单元”的最后，都写了“东西方世界”，这使读者在深入了解国史知识的同时，可以将之与世界的同步状态进行一个对比。于是，我们为起初中国先进于世界而欢呼，对后期中国落后于世界而悲愤。

柏杨的历史功底是扎实的，无论多么纷纭繁复的年代，他都能够整理得清晰明了，时间、地点、人物和事件一目了然，详略得当。当年明月能把一部流水账历史——《明实录》解说得有血有肉确实令人啧啧赞叹；但柏杨竟然能把传说、半信史都能写得活灵活现且有据可考，梳理得井井有条，我想这样的学者绝对是当世罕见的。一位刚刚大学毕业的书友看完《中国人史纲》后感叹：“如果说这个世界上存在着中国人必读的书的话，那就应该是这套《中国人史纲》。”

让孩子们生命中不再缺失自然

——读苏霍姆林斯基《育人三部曲》随感

语文教研组　于香玲

阅读是教育的灵魂，这是对教育本质的一个深刻揭示。“一书在手，就可以打破时空界限，自由穿梭于古今中外，漫游于人类所创造、拥有的一切文化空间，在阅读中，重新经历、重新感受书本中的生活。”为拓展学生的生活世界和精神世界，我格外强调阅读美文的重要性。我试图通过阅读来放松孩子们的心灵，让他们在文学中重新找到那曾经的天真烂漫、那曾经的鸟语花香。有时，看着面前那本该天真烂漫、享受自然的孩子如今却是一片愁眉苦脸，我不得不质疑教育的真谛究竟为何物。

阅读，不应是“我考故我在”的应试语文教育的陪衬，而应是为学生的人生开启各种不同想象和可能的必经之路。暑假阅读苏霍姆林斯基《育人三部曲》，我羡慕那些坐在葡萄园里，“透过朦胧的绿荫”欣赏美景的师生；我赞叹那些坐在星空下的高冈上，聆听一片草虫鸣叫的师生；我崇尚那些在夕阳彩霞陪伴下放声歌唱放学而归的师生。在他们的生活里，自然的魅力浸润其中，净化他们的心灵，开拓他们的思维，启示他们的生命。而今，我们的生活里，自然又是处于何种境况？

记得刚开学，我给孩子们印发了丰子恺先生的散文《闲居》，希望他们通过欣赏丰先生的闲适来纾解自己刚入学的恐慌和紧张，更希望他们能体会到生活的美好。《闲居》中丰先生的“闲”形式上是表现在对房间的布置、对自鸣钟的装扮，而这份闲适是从心灵深处渗透出来的，其根源是对自然情怀的感悟。自然的美好、心的闲适让丰先生的生活浸润着愉悦，丰先生常把自己的生活情调比作音乐，“春日如孟檀尔伸（门德尔松），夏日是贝多芬，秋日是肖邦、舒曼，冬日是修斐尔德（舒伯特）”。我转而问孩子们，在生活中，你们的闲适体现在哪里？问题抛出后，我瞬间看到部分孩子脸上那懵懂、迷茫的表情，他们彼此打量，继而窃窃私语，却不曾有所回答。突然，有个声音响起，老师我们的闲适大概就是到KTV唱歌吧，或者在房间里偷偷摸摸玩电脑游戏吧，要不就是带着MP3、MP4听音乐吧。我看到有些孩子在点头表示认同。我没有评价，接着又问孩子们，你们有没有人会在秋天夜晚到公园里静静地躺着聆听蟋蟀的鸣叫声？声音刚落，下边哗然一片，笑声四起。有一个孩子说，老师，哪里有蟋蟀，我长这么大从来就没有见到过蟋蟀，更没有听见叫声。随后，响起其他孩子们的附和声。此时，我心中虽有些许对孩子们的抱怨，但更多的却是心疼和惋惜。他们生命中的那份自然被轰轰隆隆的现代化进程一点点地割舍掉了。而教育可能在这个过程中起着推波助澜的作用。

苏霍姆林斯基的“蓝天下的学校”让孩子在自然中认识世界，触摸世界。他建议老师们“切莫让过量的知识潮水般地涌向孩子”，那样可能淹没孩子们的求知欲和好学精神。那些无忧无虑在大自然中畅游的孩子们是何其幸运和幸福。“大自然是健康的源泉”，是智慧的根基。苏霍姆林斯基用心、用爱和智慧开启了孩子们的人生。回转目光，我们再看看今天的孩子们。

如今的孩子，很早就被送到那些开发智力的早期教育班。虽然不是系统地学习知识，但这已剥夺了他们享受自然的权利。从幼儿园到中学，教育体制下的儿童教育总是用一些无形的“帘子”把孩子和大自然隔开。教育改革的过程中，有些教育者忘却了孩子们对自然的天性需求。暑假，我送三岁的小侄女上幼儿园。因时间早，进入园内后，我拉着小侄女向滑梯走去。不想那些室外设施上已布满了灰尘，小侄女告诉我那里已经好久没有人玩了。我抬头仔细打量幼儿园的环境，发现园内除了围墙、水泥地，还有每个窗户上突出的防护栏，几乎没有一点绿的颜色，墙边那不知名的植物，其生命已摇摇欲坠。这突然让我想起一句有趣的话：真是干净得一贫如洗。自然就这样无缘无故地消失在孩子们的视野里。其实，孩子们对自然不是天生没有渴求。沃尔特·惠特曼说，有个孩子在一天天长大，他第一眼看到的东西，他就成了它，那东西在后来的某一天，某几年或岁月流转中，又成了他的一部分。孩童在呱呱落地来到这个世界的时候，是拥有享受自然的记忆的，只是现代的进步和教育的规训把本是孩子生命的一部分的它抹掉了。

回望自己曾经的求学生活，我欣慰自己的童年生活里留有蝉的叫声、荡秋千、爬树、田野里奔跑的欢笑声、槐树花的甜香味。那时，我并没有真正地了解自然对生活的影响，也没有深思自然对生命的传承，只是觉得光着脚在田野里奔跑是舒服、愉悦的。在那里，我认识了蚯蚓，知道了蚯蚓即使被切成数段仍能存活；在那里，我明白了蝉为了夏天的鸣叫，要在土里等上17年之久；在那里，我知道了农作物的耕种时间和收获时间。如今，回头再来看今天的孩子们，连“以鸟鸣春，以雷鸣夏，以虫鸣秋，以风鸣冬”的自然现象都不能明了。这不知道是教育的可叹之处，还是可悲之处。

孩子的灵性需要自然的滋养。今天，我们虽然不能像苏霍姆林斯基那样让孩子们真正地仰望星空，但我们仍要努力。我们要让教育帮助孩子们亲近自然，品味自然，敬畏自然，进而保护自然。只有让孩子们的生命中不再缺失自然，他们才能真正体会到“七月在野，八月在宇……十月蟋蟀入我床下”（《豳风·七月》）的乐趣，才能顿悟自然之于人的生命意义。

爱了？伤了！

——读《学校会伤人》有感

语文教研组　王钟利

“反对学校旧文化，重拾学习的乐趣”是《学校会伤人》这本书作者的创作目的。这本书讲到了受伤的几个对象：学生、家长、教师、学校。本文我想主要就“学生受伤”这方面谈一谈自己的感想。

清晰地记得这么一个场景：有个学生看到我手上拿着这本书，脸上即刻露出让人极难用任何词语形容的表情（之所以难以形容，是因为学生将自己隐藏在真实与非真实之间，学生明显变得“聪明”了——不轻易让别人读出他们的心思）。之后抛出一句“老师，这一定是一本好书！”就闪了。看到学生这样的表情，听到学生对这本书如此的评价，我当时心里百味杂陈。但即便如此，我依然可以准确地感受到学生这复杂表情中所包含的畅快之感，清晰地揣摩出学生这简单评价背后的丰富潜台词——“竟有人写这样的书，太牛了！”“啊？！终于有人替我们说话了。”“如果有人写了这样的书，出版社也出了这样的书，老师都在看这样的书，那以后我们的处境是不是会好一点呢？！”……

这本书写的是美国的教育问题，但是读过之后我发现中美教育在某些方面的问题竟是一致的。的的确确有一些学生因为学校教育受伤了，而且伤得不轻。即使这些受伤的孩子中不乏日后有所成就的，也不能否认他们曾经在学校教育中所经历的“伤”。那些受伤之后仍能够有所成就的学生要么是因为在父母的帮助下疗伤成功了，要么是自己在受教育的过程中渐渐参透了“学校法则”，做了遵循“学校法则”的“聪明”学生。这两种情况似乎都很可喜！但那些受了伤，又没好的学生呢？他们活该受伤吗？他们有没有可能不受伤？

我们的学校到底怎么了？我们的学生受了怎样的伤？我们的学生可不可以不受这些伤？在看《学校会伤人》这本书的过程中，我一遍一遍地问着自己这几个问题。

我们当下的学校有公立的、私立的，有重点的、普通的；学校内部的班级有第一层次、第二层次甚至第三层次（每个学校的叫法不完全相同）的划分；甚至每个班里也有尖子生、中间生、困难生的隐性区别。学生像商品一样被分类了，也无形中被贴上了类别标签、等级标签。这种标签很难让学生不受伤，此所谓标签之伤。

我们当下的学校课程设置虽门类多样，但在“学校法则”里，课程已经有了“公认”的主次之分。第一层次的班级每天的课程几乎都是大家认为的“主科”——所谓有用的科目，而那些比如音乐、美术、信息、综合实践等课程都一概被认为是无用的科目。“第一层次的学生学好文化课就行了，学那些东西那就等于浪费时间。”——有老师极负责任地这样认为。有学校这样安排，有个别老师这样认为，最后学生就只能按照“法则”被分别对待。试问：我们的学习主体——学生呢？学校征求他们的意见了吗？他们是怎么想的？他们也觉得这些课程无用吗？就这样，又有一些学生因为被“特殊照顾”而受伤了，此所谓“被选择”之伤。

我们当下的学校有几所是被自己的学生深爱着的？又有多少学生在感叹“校门一入深似海，从此是己又非己”！六岁的孩子一进小学大门，看着严肃的教学大楼，背着赶超自己体重的书包，穿着清一色的校服，上着一节接着一节的45分钟的课，好不容易放学了，还有繁重的家庭作业等在后面。每逢周五放学，应该是孩子们最开心的时候，因为他们暂时自由了！而这种学习生活只要开始了，那这种“节奏”就将持续12年！学校对学生而言，不同的只是地理位置、学习阶段、学习内容、教学老师，而“学校法则”却是大致相同的。只要“学校法则”不变，那“节奏”就不会有什么大不同。

我们的学校承担着学生受教育的重要责任。教育的方式有很多种，检测教育结果的方式也有很多种，那我们是不是可以在选择的时候多考虑考虑我们的学习主体——学生！我们的一些学校总是在大声地宣扬着这样的口号：我们这么做都是为学生好！那学校是否考虑过：那些被划分到第三层次的学生的内心感受，那些被列为困难生的学生的心理状态，那些不能上音乐、美术、信息、综合实践课的学生的美育、综合能力发展的需求，等等。

学生不是商品，学校不能用生产商品的方式来做教育。教育是人的教育，是互动的教育。既然是人的教育，那它就应该是活的，而不能是死的；既然是互动的教育，那它就应该是彼此对话的，而不能是一厢情愿的。真心地希望，我们在做教育的时候少给学生贴一些“标签”，多给学生一些自主选择的权力；真心地希望，我们在做教育的时候少一些自以为是，多一些兼顾倾听。学校爱学生、为学生好，心之诚、情之切毋庸置疑，但是不是可以选择适当的爱的方式，尽量让“被爱的人”少受点伤？！

自尊，一个容易造成错误的概念

——《正面管教》读后感

地理教研组　曹欢颜

伴随着孩子的长大，我和孩子的冲突日渐多了起来，现在想想，对当初手忙脚乱只为照顾好孩子一日几餐的日子还颇为怀念，起码不会为我和孩子间时时处处出现的对抗而扎心和焦虑。在这样的心境下，我从网上买了《正面管教》一书，它是简·尼尔森的著作，据说是“让数百万孩子、家长和老师受益终身的经典之作”。刚开始，我仅是希望能从书中学到一些实用的技巧，能够在面对孩子的问题时不再一味纵容或是歇斯底里。可通读下来，它不仅刷新了我的认知，更让我学会了作为一名老师，如何更好地处理学生的问题并达到帮助和教育学生的目的。

我将就以下几个方面，具体谈一谈我的感受。

（1）正面管教是一种既不惩罚也不娇纵的管教孩子的方法——孩子只有在一种和善而坚定的气氛中，才能培养出自律、责任感、合作以及自己解决问题的能力，才能学会使他们受益终身的社会技能和生活技能，才能取得良好的学业成绩。我想这是这本书的一个大前提，也是一个宗旨。如果我们能带着这个前提面对我们的小孩，对待我们的学生，我相信，所有的冲突都能化解，并且我们会和孩子们一起，在冲突中找到解决问题的最好办法，并且把冲突当成成长的契机，能以更理性平和的心态看待自己的问题，在以后的学习生活中做得更好。

（2）理解了学生的四种错误目的：①寻求过度关注——错误观念：只有在得到老师的关注时，学生才有归属感。②寻求权利——错误观念：只有当学生自己说了算或至少不能由老师对我发号施令时，我才有归属感。③报复——错误观念：学生得不到归属，但他至少能让老师同样受到伤害。④自暴自弃——错误观念：我不可能有所归属，我放弃。这几种发生在学生中的错误目的，其实是他们行为不当的真正的内在原因，也是他们出现问题的内在驱动力。但作为老师，我们往往只能看到学生们的负面表象，而看不到表象的实质，很多问题也不能从根本上得到解决。其实，这或许就是我们的很多学生一而再再而三地犯错误的原因。如果我们老师能真正解读孩子行为背后的东西，也许许多问题我们处理起来就会容易得多，也会更有效。

（3）自尊，一个容易造成错误的概念。读了这本书，使我对我们以前常常挂在嘴边的自尊有了新的认识。我相信，如果我们认为自己能够给予学生自尊，实际上就是对孩子的一种伤害。一场“给孩子自尊”的运动延续至今，内容包括我们课堂内外经常运用的赞扬、快乐小贴纸、笑脸以及让孩子做“今天最重要的人”。这些都可以是好玩儿而无害的，只要孩子不认为自己的自尊取决于外在的他人的评价。如果出现这种情况，孩子可能就会变成“讨好者”或“总是寻求别人的认可”。他们就学会了观察别人的反应来判断自己行为的对错，而不是学会自我评价与内省。他们培养出来的是“他尊”，而不是“自尊”。我们能为孩子做的最有益的事情，就是教孩子学会自我评价，而不是让他们依赖于别人的赞扬或观点。这一观点我要好好地琢磨，并在我以后的工作中不断实行和改进。

（4）孩子们需要感觉到自己被人需要。我们怎样来“赢得”孩子？当孩子们觉得你理解他们的观点时，他们就会受到鼓励。一旦他们觉得被理解了，就会更愿意听取你的观点，并努力找出解决问题的方法。记住，在孩子们感受到你的倾听之后，他们才更可能听你的。

（5）一个行为不当的孩子，是一个丧失信心的孩子。如果我们能够牢记，在不良行为的背后，是一个仅仅想要有所归属并且不知道该怎样以一种恰当、有效的方式来达到这一目标的孩子，我们对不良行为就会有不同的感觉。而且，仔细审视一下是否是老师的行为招致了孩子相信自己无所归属或没有价值，也会有帮助。如果我们能正确认识到孩子的行为是以目的为导向，并意识到孩子行为背后的目的首先是寻求归属感和价值感，我们对待孩子不良行为的态度就会不同了，我们就不会以为孩子总是在故意捣乱，总是喜欢跟我们对着干，而且也该反省自己的言行是否忽略了孩子的感受，或者伤害了孩子的感情，才招致孩子缺乏归属感和价值感的。

（6）犯错误是学习的好时机。我们自己要学会而且也要教孩子学会把错误看作一个让人兴奋的学习机会。当我们把错误看作一个学习机会而不是什么坏事时，为自己的错误承担责任就变得容易多了。正像大多数成年人和孩子一样，即使我很明白应该怎么做，可有时却不一定能照着去做。

（7）要确保把爱的信息传递给孩子。当老师记住了要确保把爱的信息传递给孩子时，我们就不但能够取得积极的效果，而且还会体验到更多的快乐。我深有同感，多少次我和学生们都是在爱的信息传递中消除隔阂，增进感情。因为“没有爱就没有教育”！

教育孩子需要智慧，需要耐心，更需要尊重。对待孩子的错误，我们不能一味地生气，要寻求解决问题的办法，找出犯错误的原因至关重要。在教育犯错误的孩子的时候，我们要坚持有错必改的原则，不能娇纵他们，不然会积少成多，错上加错。

《三体》要告诉我们什么

物理教研组　郑　斌

2015年8月23日，第73届雨果奖在美国华盛顿州斯波坎会议中心揭晓，中国作家刘慈欣凭借科幻小说《三体》获最佳长篇小说奖。雨果奖，是“世界科幻协会”（World Science Fiction Society，WSFS）所颁发的奖项，自1953年起每年在世界科幻大会（World SF Convention）上颁发，正式名称为“科幻成就奖”（The Science Fiction Achievement Award），为纪念“科幻杂志之父”雨果·根斯巴克（Hugo Gernsback），命名为雨果奖。这是亚洲人首次斩获此奖。一时间，刘慈欣和《三体》在网络上大火。

学生时期比较喜欢《科幻世界》杂志，所以很早就拜读过大刘的作品。其实，在2006年5月，《三体》“地球往事”系列的第一部就已经在《科幻世界》杂志上连载了。这次为了庆祝大刘获奖，我也专门在“当当”购了一整套《三体》，重新细细品读。

《三体》第一部的大致内容是：天文学家叶文洁被带到军方绝密计划“红岸工程”的基地。叶文洁以太阳为天线，向宇宙发出地球文明的第一声啼鸣，取得了探寻外星文明的突破性进展。在三颗无规则运行的太阳主导下，四光年外的“三体文明”百余次毁灭与重生，正被逼迫不得不逃离母星，而恰在此时，他们接收到了地球发来的信息。对人性绝望的叶文洁向三体人暴露了地球的坐标，彻底改变了人类的命运。地球的基础科学出现了异常的扰动，纳米科学家汪淼进入神秘的网络游戏《三体》，开始逐步逼近这个世界的真相。汪淼参加一次玩家聚会时，接触到了地球上应对三体人到来而形成的一个秘密组织ETO。地球防卫组织中国区作战中心通过“古筝计划”，一定程度上挫败了拯救派和降临派扰乱人类科学界和其他领域思想的图谋，获悉处于困境之中的三体人为了得到一个能够稳定生存的世界决定入侵地球。在运用超技术锁死地球人的基础科学之后，庞大的三体舰队开始向地球进发，人类的末日悄然来临。

第一部对故事背景只是略提一笔，更多的是叙述故事的前因后果，但不难看出作者的态度。叶文洁的思想行为难道不是被时世影响改变的吗？所以也就明白了人性是如何扭曲的。我还是很欣慰地看到她其实只是想借助外星文明改造地球改造人类，而不是仇恨地要毁灭地球。一个人要做到以牙还牙总是十分容易，要以德报怨就相当困难，所以孔子说的以直报怨，其实也只是裹着棉布的匕首而已。

《三体Ⅱ·黑暗森林》的大致内容是：三体人在利用科技锁死了地球人的科学之后，出动庞大的宇宙舰队直扑太阳系，面对地球文明前所未有的危局，人类组建起同样庞大的太空舰队，同时PDC利用三体人思维透明的致命缺陷，制定了“面壁计划”。出乎意料地，社会学教授罗辑被选出作为四位“面壁者”之一，展开对三体人的秘密反击。虽然三体人自身无法识破人类的计谋，却依靠由地球人中的背叛者挑选出的“破壁人”与“面壁者”进行智慧博弈。在这场你死我活的文明生存竞争中，罗辑由一开始的逃避和享乐主义逐渐意识到自己的责任心，想到了一个对抗三体文明入侵的办法。科研军官章北海试图借一场陨石雨干涉飞船推进形式的研究方向。近200年后，获选增援未来的他在人类舰队被“水滴”清除殆尽前，成功抢夺战舰逃离。此时罗辑证实了宇宙文明间的黑暗森林法则，任何暴露自己位置的文明都将很快被消灭。借助于这一发现，他以向全宇宙公布三体世界的位置坐标相威胁，暂时制止了三体人对太阳系的入侵，使地球与三体星建立起脆弱的战略平衡。

第二部让我印象最深的人是章北海，这个面对三体人入侵，人类科学研究被阻断，战争基本无胜算的可能，却仍然要履行战斗职责的军人，竟然从一开始就抱着必胜的信心，你不得不对他表示尊敬。直到最后你发现其实他从一开始就知道人类必败，从一开始就已经定好目标做好计划，那就是劫持飞船逃离地球，为人类文明保存希望的火种。是的，最终他成功了，这时候，你再回头去看他为自己的计划而实施的谋杀，你又会如何评价呢？如果谋杀是错，为人类保存希望是对，那他这么做到底是对是错？对错可以相抵吗？我们评判对错都是基于自己对价值观立场的选择，如果你更看重法律，那他肯定是错，如果你更看重意义结果，那他也许是对的。我觉得评判他还得注意最后的一个细节，章北海劫持飞船逃离地球，有两艘飞船追击，在这个过程中，地球舰队全部被三体人的一颗水滴毁灭，他成了英雄，但是面对逃离地球，三艘飞船无法满足所有人的生存，最后时刻他不得不再次做出决定攻击其他两艘飞船，因为他明白，只有这样人类文明才有延续的可能。但他晚了一步，另一艘飞船率先发动了攻击，死之前他说了一句，都是一样的。也就是说，他觉得没什么比延续人类文明更重要的了，总是要有人牺牲的，那谁牺牲其实都一样，包括他自己。从这一点看，他确实值得尊敬。

第二部的另一个主角罗辑，这个被命运安排不得不接受面壁人计划的面壁者，从一开始的拒绝接受到滥用权利享乐到最后担起责任，虽然是老套的救赎剧情，但依然让人感动。他最后时刻提出的黑暗森林理论十分震撼。简单叙述就是：宇宙是一个黑暗森林，各种文明在宇宙中既是猎人又是猎物，谁先暴露谁先玩完。也正是由于他认识到这一点，用暴露三体人星球位置作为威慑，保住了地球，当然只是一小段时间，但这足够了。

《三体Ⅲ·死神永生》的大致内容是：身患绝症的云天明买下一颗星星送给暗恋着的大学同学程心，而程心因参与PIA向三体舰队发射探测器的工作，却想让航天专业背景的他放弃安乐死，作为被执行人将大脑捐献给阶梯计划。与三体文明的战争使人类首次看到了宇宙黑暗的真相，地球文明因为黑暗森林打击的存在如临大敌，不敢在太空中暴露自己。在零道德的宇宙中发起黑暗战役的战舰被诱导返航，却受到有道德的地球文明审判。不称职的懦弱少女程心被选来充当掌握地球命运的执剑人，她因为罗辑的成功将这看作一项只需花费时间的任务，刚刚任职水滴就向地球发动攻击，程心为了忠于人性做出了错误的决定。在警示下继续逃离的“蓝色空间”号，受到具有发射引力波能力的“万有引力”号与两个同行的水滴追击，其上的人员进入四维空间摧毁水滴并占领了“万有引力”号，启动引力波广播向宇宙公布了三体星系的坐标。云天明与地球取得联系，通过讲述三个自己编创的童话故事，向程心透露大量情报；人类自以为悟出了生存竞争的秘密，开始进行掩体计划，维德领导的空间曲率驱动研究因为程心的错误判断被终止，使得人类最终没有能够逃脱被高级文明毁灭的命运。因为宇宙中还存在更强大的文明，战争的方式和武器已经远超出人类的想象，极高文明发出了一张卡片大小的“二向箔”，使整个太阳系压缩为二维平面而毁灭。在地球人类接近灭亡之际，只有程心和艾AA两个幸存者乘坐光速飞船离开。罗辑成为设置于冥王星的地球文明博物馆的“守墓人”，她们在冥王星带走人类文明的精华。在云天明送的恒星的一颗行星上，程心遇到关一帆且探讨了宇宙降维的真相，然而超乎一切之上的力量要求宇宙归零重生，穿越长达170亿年的时空……

第三部是一个爱情悲剧，云天明患病临死前送了程心一颗星星，程心却把他的大脑送给了三体人。虽然也希望三体人的技术能复活他，但更多的是希望他能打入三体人内部刺探情报，即使不是她的本意，我还是觉得太残忍了。云天明果然被复活了，通过三个故事传递信息，最终帮助了程心在太阳系毁灭之前逃离了出来，他们相约在他们的那个星星上相聚，最终阴错阳差，天人永隔，也许这就是所有俗套爱情的结局吧，你永远没办法和自己喜欢的或者喜欢你的在一起，最后和你在一起的往往是那个想也想不到的人。

三部曲中最让人记忆深刻的是每次面对危机面对末日时人类的丑恶行径。世人对逃亡主义的批判又认可，对面壁者的盲从到抛弃，对罗辑的失望到希望、迷信到唾弃，对程心的选择到咒骂，等等，无一不让人感到人类实在是太可笑了。面对末日面对死亡面对利益，几乎所有人都是一样的，这难道就是人类的局限吗?

看完《三体》之后，抬头再次仰望天空，仰望日月星辰。天还是那片天，但是在你看来，已经不会是过去那么一无所有了。

读《做最好的老师》有感

地理教研组 姜 严

最近读了李镇西老师所著的《做最好的老师》一书。这本书集中展示了李老师的教育教学思想、艺术和具体操作方法。他从自己身边的故事讲起，朴实形象的语言中透出诗意，饱含着深情。读着书，我时常会被李老师充满智慧和哲理的语言打动，不禁为之赞叹、折服。下面我就谈谈阅读本书后的几点体会和感悟。

感悟一：爱是永恒的教育理念

有人说，爱是一盏灯，黑暗中照亮前行的你；爱是一首诗，冰冷中温暖渴求的心房。李镇西老师从教这25年，他把自己所有的爱，全部倾注给他所热爱的教育事业，他所教的每一位学生。他能够把自己融入班集体里，走进学生的内心世界，他把自己当作学生的朋友，去感受学生们的喜怒哀乐，因而他赢得学生的信任与敬佩。所以，从这里可以得出这样的结论，没有爱就没有教育。只有我们做老师的心中充满爱，并毫无保留地播撒爱，才能在学生的心里种下爱的种子。我想，李镇西老师之所以能够成为全国有名的教师，与其对教育事业的热爱，对学生的热爱是密不可分的。

另外李老师在书中还提到：爱学生不仅仅是只对自己所教的这一年或几年负责，而是“要对学生的成长以至未来一生负责”。爱学生不单单是欣赏优秀的学生，而是“怀着一种责任把欣赏与期待投向每一个学生”。这就是在告诉我们对待后进生，要克服偏见。因为他们在班集体里常常是处于孤立、被歧视的地位，久而久之，便养成自卑和自暴自弃心理。因此，对他们一定要施以爱，在面向全体的基础上，要把更多的爱倾注在他们身上，即“偏爱”他们，要像农民对弱苗那样，给他们多一点保护，多一点浇灌，使他们和其他幼苗一样，能茁壮成长。而且我们还要善于让后进生发现自己身上的可爱之处、优秀之处。其实仔细想想，后进生还是有许多值得欣赏的地方的。如当我们对他们施以训斥或责罚，再见面时他们仍然会主动热情地与我们打招呼，他们的宽容是他们的闪光点；当打扫卫生时，后进生往往不怕脏、不怕累，主动替我们承担劳动，热爱劳动也是他们的闪光点。当我们发现了学生的这些闪光点，相信我们永远不再会用刻薄的语言对他们说话，因为他们或许在学习上是差的，但他们也许会在未来的某一天、在某一个领域用他们的美德去创造最好，达到优秀。

感悟二：做一个爱学习、善思考的教师

李镇西老师在书中这样说道：从教20余年，我可以这样说，我一直在不停地阅读，这已经成了我的生存方式之一——或者干脆说，“阅读欲”就是我的“生存欲”！这种“阅读欲”源于自身的危机感。学问的功底，学识的功底，使我如饥似渴地阅读。李老师热爱阅读，并坚持阅读，他丰富而广泛的阅读经历让人十分钦佩。望着那些密密麻麻我几乎从没有见过的书名，我心里再也明白不过，我和名师的差距有多大。作为老师，连教育巨人苏霍姆林斯基的书都很少读过，而其他的书也几乎是闻所未闻，想想名师身上显示的那种丰厚的文化底蕴和表现出来的人文素养，不正是这些优秀书籍长年累月熏陶的结果吗？所以，我认为要想做一名称职的好老师，就应该学会像李镇西老师那样，修炼好做一名好教师的资本，不断地通过丰富的阅读去充实、提升自身素质，只要我们争取每天多读些书，每天都有进步，每天都做得更好，我想我们一定会有很大的提高。正如同我们希望自己的学生每天进步一点是一样的道理。只要自己肯付出，认真地去想，努力地去做，我相信我们每天都会有新的发现、新的领悟、新的收获。

李老师在读书时总是伴随着思考，而思考总是使他情不自禁地把自己的思维火花记录下来。于是，一篇又一篇的读书随笔发表出来了，一本又一本的教育教学精华诞生了。同样身处教学一线的我们，与其抱怨教育的要求过高，不如静下心来用心“充电”。摆脱这种困境的最好途径就是读书和思考。“厚积”才能“薄发”，这是一个恒久不变的真理。不做“经师”做“人师”，光读书还不够，我们还要善于思考。李老师建议我们用写作来进行清晰、完整、有条理的思考，这是促成我们教师成长的一条“捷径”。所以我们要坚持阅读，坚持反思，只有我们扩大了阅读面，我们在课堂上才能够达到驾轻就熟的效果，学生才能够更多受益。

做最好的老师，应该成为每个教师的生活方式、工作常态和人生追求！李老师在书中谈到的教育理论将成为我工作的指路明灯，我相信没有最好，但是我相信可以越来越好，让自己在教育的舞台上演好自己的小角色，让台下的观众为自己的表现发自内心地喝彩！

最后，我想把李老师在序言部分说的一段话献给各位同人：

“‘做最好的老师！’是一种平和的心态，也是一种激情的行动；是对某种欲望的放弃，也是对某种理想的追求；是平凡的细节，也是辉煌的人生；是‘竹杖芒鞋轻胜马’的闲适从容，也是‘惊涛拍岸，卷起千堆雪’的荡气回肠。”

桃花源美　何人问津

——重读《桃花源记》

信息技术教研组　康红琼

世外桃源的梦想

《桃花源记》是千古名篇，文字优美，结构巧妙，叙说精当，脍炙人口，被人们传颂至今。文章描述的世外桃源，已经成为千百年来历代中国人所追求的理想社会。无论时代如何变迁，技术如何进步，环境如何变化，美丽的桃花源始终是国人追求的理想乐园。

桃花源很美丽。她的外面“芳草鲜美，落英缤纷”；她的内部“土地平旷，屋舍俨然，有良田美池桑竹之属”。好一派土地肥沃、物产丰饶的自然环境！

桃花源很和谐。“阡陌交通，鸡犬相闻”，人们“往来种作”，“黄发垂髫，并怡然自乐”。好一副自然和谐、老少皆宜、丰衣足食的社会面貌！

桃花源人很热情。见到武陵渔夫，“便要还家，设酒杀鸡作食”，村中其他人“闻有此人，咸来问讯”，并且“各复延至其家，皆出酒食”。好一幅乐善好施、真情相待、宾至如归的大同社会图景！

桃花源人记取前车之鉴，珍惜现实幸福。其“先世避秦时乱，率妻子邑人，来此绝境，不复出焉；遂与外人间隔”。因为饱受秦朝暴政之苦，所以避世来此，不再入世。不与外界（俗界）来往，也不把世间的争名夺利、尔虞我诈那一套带进来，没有暴政，没有争斗，没有剥削，没有算计，只有各尽所能，自食其力，相互帮助，共建和谐。

桃花源人谨慎、淡泊。“见渔人，乃大惊，问所从来。”细问清楚，确认无虞，方才接受和认同渔人，然后就热情相邀，盛情款待。当渔夫“停数日辞去”时，他们特地告诫渔夫：“不足为外人道也！”这句话一方面表明桃源人宁静自谦，不自以为是，觉得自己身处的美好社会是很平凡很简单的生活状态，没有必要大肆宣传，到处推广。另一方面表明桃源人不希望被世俗所叨扰，既是洁身自好的自然流露，又是对世俗社会的否定和远避。

桃花源是引人向往的。那武陵渔夫“既出，得其船，便扶向路，处处志之”，由此可见，作为当时社会最底层人士代表的渔夫是十分向往桃花源的，因此，返回时沿途做下记号，其目的显而易见，就是想再进桃花源。地方官太守“即遣人随其往，寻向所志”。看得出来，太守当机立断，马上付诸行动，派人前往寻找桃花源。当时的高级知识分子南阳刘子骥“闻之”，则“欣然规往”，看，他不仅想去，还做好了计划和方案。可见，在当时，社会各界都已把桃花源作为理想乐园，不由自主地前往追求。

但是，他们的志愿都没有实现，其探索都以失败告终，而且，“后遂无问津者”。直到今天，世外桃源依然是一个美丽的梦想。

作者陶渊明的追求

文章最后一句话是：“后遂无问津者。”这一句话，作为这篇千古佳作的结束语，看似突兀，却也自然，因此一向被人们忽视。但是，我在读《叶嘉莹说陶渊明饮酒及拟古诗》时，了解了陶渊明的生平经历和理想追求后，才发现这一句话实在是意味深远。它体现了陶渊明对世人冷静而深刻地观察和认识，也体现了陶渊明对现实世界的深深失望，同时也看到了陶渊明洁身自好、勇于追求理想、绝不同流合污的勇气和气节。

美好社会，人人追求；世外桃源，谁不向往！文中渔夫、太守和刘子骥三人代表的社会各阶层都以积极的实际行动进行了探索，但都以失败而告终。这一方面揭示了一个道理：幸福生活、理想社会不是向世外去求得到的，而必须在现实生活中去创造。另一方面，它表明，人们在浅尝辄止后，就放弃了对理想的追求。对于寻找和建立美好社会，无人问津。不追求美好理想，不去建立美好社会，就只有同流合污、随波逐流，所以，理想永远也不会实现！这就是陶渊明对当时的人们和社会的冷静观察和分析，这就是陶渊明在千年前对社会和人们深深的失望之情。时至今日，读《桃花源记》时，仍然感觉到陶渊明在纸后深沉的叹息，仍然感觉到陶渊明对理想的执着和苦心孤诣的追求。

虽然世人如此，但是，陶渊明绝不放弃理想和追求，他五次出仕，五次放弃，最后归田园居，成就了其千古气节，也用生命回答和践行了一种对理想的追求方式，那就是：坚守理想，不同流合污。实现理想，往往需要付诸坚定明确的行动，不行动理想不会实现，理想就会成为空想。因此，人们常常是做、做、做，行动、行动再行动，直到实现理想。但是，陶渊明向我们展示了身逢乱世，“不做”——不按世俗的“潜规则”行动，不与世俗同流，不与歪风邪气合污，坚守正气，洁身自好，也是坚守理想、追求理想、实现理想的一种途径。

陶渊明生于东晋哀帝兴宁三年，即公元365年，卒于刘宋文帝元嘉四年，即公元428年，享年63岁。他生活在乱世，这63年是一个“篡”“乱”交替、动荡不安的时代。东汉末年，三国争雄，战火纷飞，曹魏代汉；后来司马氏篡夺曹魏建立西晋；西晋初建即爆发“八王之乱”，内战不息；不久又遭外族入侵，形成“五胡十六国”局面，北方被胡族占领；西晋皇族便在南方建立东晋，偏安江南。接下来就进入中国历史上的南北朝时期。

陶渊明生在东晋。但是东晋不仅没有收拾江山，统一南北，相反也没有逃脱“篡”与“乱”的宿命。东晋后期，桓玄废掉晋安帝，自立为帝；不久，又被刘裕取代，建立了刘宋王朝；之后齐、梁、陈几个短命王朝依次建立和灭亡。朝堂之上，宗庙频替；世俗乡里，竞逐物欲。可以看出，当时是一个何其纷乱复杂的乱世。陶渊明曾经分别在桓玄、刘裕手下担任参军一职，因为与他们志不同、道不合而辞职。后来陶渊明做过彭泽县令，管过文化教育，但是他实在看不惯官场行为，也不愿委屈自己，不愿“为五斗米折腰”，“富贵非吾愿，帝乡不可期”，于是再次辞官回乡，躬耕田园。

陶渊明的田园生活并不像他的诗歌那么浪漫、恬静、闲适。相反，他过得非常艰苦，过的是实实在在的百姓生活。苏东坡说他“饥则叩门而乞食，饱则鸡黍以迎客”。他自己也说“旧谷既没，新谷未登”，“夏日长抱饥，寒夜无被眠”。由此可以想见，陶渊明的田园生活物资多么匮乏，而精神上的负担和压力则更重。很多人都说，陶渊明个人清高也就罢了，何苦让老婆和孩子跟着受苦受累呢？他小孩较多，“幼稚盈室”“瓶无储粟”“亲老家贫”，亲人也不理解他的志向，但他说：“饥冻虽切，违己交病。”意思是虽然物质贫乏很可怕，但是要让他违心做事更受不了。还说：“托身已得所，千载不相违。”可以说，陶渊明为了自己的理想和追求，付出了极大的代价，承受了极大的压力，但他仍然坚守着。

陶渊明的归隐是自觉行为，绝不是因为无能而做出的无奈之举。当时的统治者虽然荒淫无度，但都喜欢让文人相助，抬高身价。例如，当年司马昭就想让阮籍的女儿嫁给儿子司马炎，司马炎就是西晋的第一位皇帝。但阮籍不愿意攀附篡位谋权的豪门贵族，又得防范权贵们的政治迫害，于是他常常装醉，据说曾经一醉六十日不醒，借此逃避。陶渊明乃一代名士，也免不了受到类似的邀请。他有一首诗这样写道：

清晨闻叩门，倒裳往自开。问子为谁欤？田父有好怀。壶浆远见候，疑我与时乖。褴缕茅檐下，未足为高栖。一世皆尚同，愿君汩其泥。深感父老言，禀气寡所谐。纡辔诚可学，违己讵非迷！且共欢此饮，吾驾不可回。

这首诗写的是，有一位长者清早来送酒给他，并劝他接受现实，出山为官，不要执迷不悟。陶渊明说，感谢您的劝告，但我这人秉性不能随俗沉浮，不能接受您的劝告，也不想改变选择。我可以和您饮酒共欢，但矢志不移。他还有很多诗里面也有类似的描述。

“达则兼济天下，穷则独善其身。”这是真正的中国读书人气节。陶渊明是位真正的隐士，但他不是没有社会责任感，不是不关心社会和人民，而是因为对当时物欲横流、“篡”“乱”交替的社会无法认同、无法接受，其才能和志向也无法施展，因此归隐田园。可以说，陶渊明是真正的读书人，是有抱负、有气节的中国知识分子的典型代表。

陶渊明写自己少年壮志：“少时壮且厉，抚剑独行游。谁言行游近，张掖至幽州。”他针砭时弊：“蔼蔼停云，濛濛时雨。八表同昏，平路伊阻。”他歌颂神话英雄刑天：“刑天舞干戚，猛志固常在。”他歌颂忠义之士田畴：“闻有田子泰，节义为士雄。斯人久已死，乡里习其风。”他还写诗咏颂壮士荆轲：“君子死知已，提剑出燕京”，“雄发指危冠，猛气充长缨”。

南宋豪放派爱国词人辛弃疾赞扬陶渊明说：“老来曾识渊明，梦中一见参差是”，“须信此翁未死，到如今凛然生气”。清朝思想家龚自珍评价陶渊明说：“陶潜诗喜说荆轲，想见停云发浩歌”，“莫信诗人竟平淡，二分梁甫一分骚”。“梁甫”即《梁甫吟》，是三国时期诸葛亮隐居时喜欢吟诵的诗，是表达济世治国抱负的诗；“骚”即《离骚》，是集中代表屈原文采的诗歌，也是集中表达屈原忧国忧民情怀的诗歌。

可见，陶渊明有着一腔报国救世的热血，有着激昂慷慨的悲壮气概，也不乏治世的才能，但是在那样一个时代，其志难酬，只好洁身自好，通过辞世、归隐的方式来保持“桃花源”这样一个美丽的理想，也通过自己的行为为世人保留着“桃花源”这样一个梦想，维系着人们对美好社会的追求。

孔子说：“道不行，乘桴浮于海。”人在乱世独善其身很难，也似乎很消极。但是，在乱世能坚守正道，不同流合污，高扬起理想主义和人文主义的大旗，就像洪流中的砥柱、黑暗中的灯塔一样，给世人也给后人以实实在在的鼓舞和激励。

谈谈对差异教学的认识

——读《差异教学策略》笔记

数学教研组　李　丹

“世界上没有两片完全相同的树叶。”这就意味着世间万物都是有差异的。现代生理学、遗传学、心理学等研究表明，由于遗传素质、社会背景和家庭文化等因素的影响，学生的性格、学习习惯、学习能力、学生的心理、情感等也都客观存在着差异。作为教师，我在自己的教学活动中，也往往把“差异”看作是“差距”，总是尽可能地减少学生之间的差异，对不同的个体采用相同的方法进行教学，导致有些学生“吃不了”，有些则“吃不饱”“吃不好”，长此以往，势必阻碍学生的发展。

而差异教学是指“在班集体教学中，立足学生的个性差异，满足不同学生的学习需要，促进每个学生最大限度发展的教学”。差异教学就是要求在关注学生共性的同时也要照顾学生的个性差异，在教学中将共性与个性辩证地统一起来，使教学与每个学生的学习和发展最大限度地匹配。

差异教学对我们教师的能力提出了较高要求，而提高专业能力可以从掌握教学策略入手。在教学中有效地照顾学生的差异，不是个别策略方法就能奏效的。差异教学策略已构成一个逻辑体系，其中一个内容就是：全面、动态地测查学生差异的策略。

学生的差异是客观存在的，这意味着差异数量的存在，而数量就可以利用某工具测量。差异又不仅仅相关于数量，还有质量等方面，所以还需要进行有关的调查。差异测查的目的是在认识学生共同特征的基础上，进一步了解学生个性特征，了解学生个体间的差异，从而更好地满足学生学习和发展的需要，从而使教学更有针对性，更加有效，也能节省教师的时间和精力。

《差异教学策略》中给出了一些具体的方法和途径，其中关于测验的方法操作性较强，也是我们平时教学中经常用到的方法。测验后一定要进行结果分析，否则就会前功尽弃。对结果进行分析要有一定的理论依据，但是由于工具、手段的局限性，往往测验所得结论只能作为参照，并不一定能反映学生的本质，所以要从多个方面多个角度进一步来分析。例如可以对学生的作业进行前后对照，分析学生的进步情况。

差异教学策略的另一个内容就是：多样化的教学方法和手段。

“教师对教学法的多样性的概念了解得越多，他与学生的交往越全面，教师的科学基础知识越广泛，那么教学法就会越灵活、越有效、越明确，因此，多种被选择出来的方法的综合就是最优化的。”书中给出了几个案例，有音乐课案例，也有数学课案例。这些案例要实施就必须要在充分了解学生情况的基础上在课前精心设计，但是由于课堂教学是动态的，随时可能有突发事件发生，所以在实施过程中要能随机应变，可根据学生的情绪表现，针对不同学生灵活地调整教学方法，而这种急智需要我们的智慧和经验积累。

我们的教学工作最终“要使学生学会学习，帮助他们形成独立获取知识信息和运用知识信息的兴趣、能力、意志和习惯，知道从哪里迅速而正确地找到所需要的知识信息，并有能力加以检索、鉴别、分析和利用。这种独立学习能力的培养，与教学方法有很大关系”，在我们自己的教学过程中，教学方法虽然也在力图多样化，但是还需要进一步探索能帮助学生提高学习能力的教学方法。

总之，差异是必然的，实施差异教学也是一种必然的趋势。它对我们教师提出了巨大的挑战。我们只有在实践中不断地探索，才能让每个学生得到充分的发展。

赏“余霞散成绮，澄江静如练”

语文教研组　钟玉霞

《晚登三山还望京邑》是谢朓的一篇辞意兼美的诗作。其中“余霞散成绮，澄江静如练”一句千古流传、脍炙人口，可以说成就了《晚登三山还望京邑》的盛名。下面，试赏析其中的幽妙之处。

一、取之于景还之以物

诗人在描绘自然景物、抒发感情时，二者并不截然分开，但又绝非直接表述。谢朓从灞涘望远，诗意兴起，故而取景余霞、澄江，诗人眼中的余霞或许并非现实中的余霞，或只是情之所至，彩云成余霞。当物质的东西进入人的心理世界的时候，必然要克服其中异质，否则物质的景未必能使心理和情绪有所冲击而产生诗意。诗人自有手眼，心中有对景致的微妙感受，如何将诗意传达出来便是其个人本事了——并非只在傍晚的彩云在被想象为日薄西山时的余霞时，就入了安谧的境了。

谢朓将“余霞”喻成“绮”，将“澄江”想成“练”，两种都属丝织品。不可否认，这确实将两种景致描绘确切了，并且意象精致。这就是作者在看到眼前景时，与自己当下心境相互契合、容纳的结果。而我们在读诗时，所看到的景自然未必是诗人当时所处环境的景，而是诗人艺术处理之后的景。但诗人只是在营造氛围，却并不苛求这景被我们所摄入后会与作者一模一样——诗人取景而还原物态，读者也独有手眼，自去体会意境。本人初读上口，脑海中倏地浮起一幅画面：清澈的江水上映照着落霞的倒影，如同白绢之上绣了大朵大朵的牡丹花，热烈而盎然。应该说，从直接的感官享受来看，诗人将眼前景色描绘得非常的华美。从他取景到产生心理冲击到还原成文字物象，可说都是符合诗人本人的心理状态的。正如刘勰所说的，“既随物以宛转”，“亦与心而徘徊”。物与景，与作者的情，完美融合又艺术呈现。

二、诗中之画里诗人本身的存在

谢朓诗中所描绘的景致可说华美。那诗人只为呈现绚丽？在霞光流逸、江水细流的极致中徘徊、流连越久，我们就越容易从这种瑰丽里看到灞涘之上诗人的身影。画面浓冶热烈，诗人则正是在长景的宏远中浓缩成一个黑影。仿如电影镜头，从起初的广角中渐渐聚焦，直到最后，诗人在焦点处。身影于广阔的天空、江水而言，微小如一黑点，画面自然而然地便升起一股苍茫之感，诗人的落寞不自觉地流逸于画面之中了。诗人没有说自己在，也不着一字说自己怎样，但，我们却难免会“看”到他。

这种由景而致的感受在后来的诗歌中也有同样的艺术表现方法。极典型的就是《江雪》诗中“千山鸟飞绝，万径人踪灭”这一句，无疑是将场景拉得非常高远辽阔，使人有踮足以极目的愿望。但全文的重心却并不是这种高远，而是敦敦实实地落在“孤舟蓑笠翁”上，这句提示将我们的思绪从高空远山拉回到这个具体的人身上。这像极中国传统山水国画，满目高山浮云，只林间一寺，径上一人，就已极其点睛！因而可以说诗人有着将自我融入景致当中的潜意识。柳宗元是将之挑明，将观者目光直接引落在重心上，而谢朓则隐而不发，只让我们在留白中“看”到诗人。我们不能否认，这种微小“人影”的重中之重的笔调，唯一、独立、举重若轻——落寞之情自内而发。

综上，我认为，虽然余霞澄江的景物大气、广阔，但岸边诗人的缩影却是深镌其中，让人不免有孤芳独自赏、一枝径自秀的落寞之感！

三、关于“静”的取舍

“澄江静如练”一句中的“静”存有一定的争议。有资料记载它可能是“净”字，而非“静”。在中华书局编译的《魏晋南北朝文学史参考资料》一书中，除了正文采用的是“静”字，其余引文、评述中，凡涉及该句诗的，全部是用“净”。且书中有这么一个段落：“王世贞曰：谢山人谓‘澄江净如练’，‘澄’‘净’二字意重。欲改‘秋江净如练’。余不敢以为然，盖江澄乃净耳。”由此更加证明，“净”字出现在这句诗中，并非一般的讹传，而是有一段渊源。自然，真实的面貌我们已无从考究，我们且试着分析这两个字的各自的妙处。

先看“静”。静乃指一种状态，说江水静，大概可有两种理解，一是江水潺潺，波澜并不太壮阔，乃属静流；二是诗人心思徘徊于物外，没有顾及身外之杂物，虽眼中有景，却早已是心中之景。如此一来，这种静就将诗人的情趣表现得非常含蓄，诗人此时心境宁谧安静。同时，这种静与前句余霞实际也是呼应的，余霞即使是动态的，也是微动，这与静应当说是更有契合感、融合感。

再看“净”。净是一种性质的描写。“净”字更说明的是江水之清，也只有清净、清澈的江水，方可映照余霞。同时，一“净”字更是将整个诗的格调化成明净之色，应当说也用得不错。但，由于“澄江”中的“澄”字已是水清澈的样子的描述，再用一“净”字确实是稍嫌累赘。如果说再用“净”字，恐怕也就不简练不轻盈了。

若从用法角度再结合前一句的“散”字来细究，散，即铺展开来，应当也属状态的描写，铺展过程之后的结果，是平整安定的，用“静”来描写状态，与“散”应当更为匹配，上下句的承接相对更紧密。这样看来，“静”字确比“净”字所营造的画面感来得更细致、更统一。

四、“绮”与“练”给人带来的感官享受

绮，指的是有花纹的丝织品；练，指的是白色的熟绢。二者均是丝织品，用带花纹的织物来形容霞，用素绢来比喻江水，表面看逻辑是恰当的。但，我个人认为，这两个字到底俗气了。绮与练都是人工的织品，把自然物比喻成人工织品，原本极清远的意象，被掐作人工痕迹极强的织物，个中韵味难免折损。诚然，绮的华美可媲美霞，绢之洁白可喻江水，可是这二字的选用恰是破坏了这首诗的超然感。单独看来，可说白璧有瑕，但我们可再联系上下文来进一步看看。

这两个字使原本有动感的自然物变成了沉闷而没有生气的东西，让人有“闷”的感觉。确实，人工丝织品，固然是热烈而具有了精美之感，但其人工所为，不免使格调显得逼仄狭隘，反倒使余霞江水显得滞而闷。但不得不说，这种滞闷感实际上会被紧接而来的“喧鸟覆春洲，杂英满芳甸”冲散开，后两句清朗、明丽，喧鸟无疑最具动感，嘤嘤其鸣，顿时破开了滞闷感，而杂英也生机盎然，沙洲满芳草，甚至引人想象，其间是否有花鸟虫鱼。这种突变的冲击力，远远高于绮、练所带来的滞闷。由此，这滞闷，是可以随紧接而至的诗情消融的。

因此绮、练二字虽难免有匠气的滞闷，成了缺乏自然情趣的俗，但可贵在于及时被后面的灵动自然的意象打破，逼仄就又有了清新境界了。

总而言之，此两句诗确实精美，点睛整首诗，使全诗的格调高远而清明。

那些失去身份的人们

——《追风筝的人》观后感

英语教研组　林秋萍

看完电影《追风筝的人》，内心感觉很复杂，其中牵涉到的国家、民族、宗教家庭、信仰，太多东西揪着你的心，久久难以平复。正如李书磊所言，今天我们之所以能够坐在这里为爱情、亲情甚至是其他微不足道的事情伤叹感怀，那是因为我们脚底下踩着坚实的政治土地，我们无须再为它操心了。

看这部电影之前我从未关注过阿富汗，如果不是今天偶然看了这部电影，我想我可能永远也不会留意这个国家。正是它，挑起了我对阿富汗以及其他中东国家的关注，关注不同的民族以及其命运，而不仅仅是经济发达闻名于世的几个欧美国家。所以，《追风筝的人》对我而言，其实是一本教科书，书中写尽了阿富汗近代的历史变迁。

每一个人物似乎都有他自己的意义和隐喻。哈山有如母亲般的隐忍和忠诚，有着哪怕是在蒙受冤屈的时候也永远不曾更改的微笑。那句"为你，千万遍也愿意"真的融入了他的血液里。最后，他用自己的生命捍卫了阿米尔的家园。

而阿米尔，虽身为富人家的少爷，可懦弱的天性让他父亲失望，并且常常被拿来与哈山对比。这种比较既让阿米尔自卑，更让他产生了强烈妒忌，正是这种阴暗心态和他个性中的软弱，酿成了他终生都为之自责和忏悔的阴暗小巷里的背叛和逃避。他试图洗刷自己的罪，可是哈山像是什么事也没发生。可这种淡然让阿米尔愈发不安，最后他甚至捏造了偷盗事件，把哈山驱赶出家门。"每个人都多多少少会犯下无可挽回的错误，那么就看你之后是面对它，还是穷尽一生来逃亡。阿米尔的前半生都在逃跑，逃避他对哈桑的情谊，逃避他所犯的错，逃避他的责任，于是他就一直被困在当年那条污秽的小巷无法动弹。"

阿米尔的父亲，一个正直商人，对生命有自己的理解和原则。面对规则、战争或者其他，他都有自己的解读。在他看来，世界上不可饶恕的罪只有一样，那就是偷窃。杀人就是偷窃了别人的生命，撒谎就是偷窃了别人知道真相的权利。无论是在阿富汗时的受人尊崇还是到美国后的平凡谋生，他始终不卑不亢，保持着作为一个人的尊严。尤其是当他为一个陌生妇女挺身而出的时候，我见识了生而为人的真正气度。

看到昔日富商成了普通的加油站老板，将军成了无所事事的老头，我不胜唏嘘。没有国家和族群的依托，继续生存下来的人，活着的好像就只有身体。所有昔日的荣耀、地位还有阶层无一例外都遗留在了远离的故土，他们只有一个共同的身份——流亡在美国的阿富汗人。这样的生活，是幸还是不幸？无从得知。

随之仓皇而去的，也包括一整套社会秩序。没有了这些，他们只是苟活的人，在现世里，他们，其实并没有找到地方来安放自己的心。失去了家国和族群，生命显得那么凄凉和单薄。是的，在一个富庶的国度里，哪怕是从事最卑贱的工作也能丰衣足食。可是，随着祖国远去的是作为一个人的身份感。就像那位父亲，到了生命最后一刻，他所念念不忘的恐怕还是能不能把手里的那一抔土放回它的来时地吧。所以，在面对那个塔利班分子对阿米尔的责问时，心里有了震撼和矛盾。跑去遍地黄金的美国，过自己的安稳日子就是爱阿富汗吗？就有权对自己的祖国说三道四吗？谁是真正爱阿富汗的人？是那些在美国，以阿富汗人身份逍遥地生活着，远离充满硝烟的故土，远离极权统治和暴力的蹂躏，伤怀地回忆的人吗？

给我留下深刻印象的，还有那个衣衫褴褛的孤儿院负责人，“不让他们带走1个，他们就会一次带走10个”，“我拿着那些钱给孩子们买些吃的”，“到底是什么，交给阿拉真主去审判吧”。在那样一个境况底下，什么才是正确？什么才是坚持？

而在这个世界里，又到底什么是正确？什么是正义？什么是真理？

我们所坚持的，其实是不是也只是由我们的偏见或者自以为正确的立场所决定的？可是，什么是正确？我们脑中并没有确定的答案，至少，我没有。

读《给教师的建议》有感

英语教研组　罗　霞

1977年，苏联著名教育理论家和实践家苏霍姆林斯基写成《给教师的建议》，书里所传达的真知灼见，到今天仍值得我们细细品味，给我很大的震动。在这里，我想摘出几句来，让我们一起细细地品读。

一、“教师要做自己的主人”

教师首先是一个完整的人，他们应该有自己的精神空间，他们也要享受生活。这样的观点就把教师从“圣人”的位置上拉了下来。教师不可能人人成为“圣人”，也没有那个必要。要做一个成功的教师，必须首先学会做一个成功的普通人。做自己的主人绝不仅限于做自己肉身的主人，而是指以下一个完整的过程：一是认识自己，对自己的专长和优缺点要心知肚明，哪有做自己主人却不认识自己的？特别是我们这些年轻教师，更应该明白自己的优缺点。二是要自己选择，如果教师这个行当是你自己选择的，就要无怨无悔地做下去，而且要尽自己的努力做得更好。三是按自己的方式教书，本来就“教无定法”，只要你守着教学的基本规范，剩下的空间都是你的，在完成教学目标任务的前提下，你可以这样教也可以那样教，教出你“自己”来。四是自己评价自己，自己教得好不好自己要总结，只有善于总结才会去学习提高。

二、“教师要继续学习”

以前总是说，要想给学生一杯水，教师必须有一桶水，可按现在的现实要求来看，一桶水是远远不够用的。一个教师如果不继续学习，他将不能胜任教师这个工作。对于这一点，我深有体会。以前很少有专业知识方面的学习，近来常有紧迫感，总觉得知识欠缺，“书到用时方恨少”。近一年来，在学习这一块有了大进步，便觉得自己充实了许多，也自信了许多。教育改革的发展指出了继续学习的必要性，学校的发展也体现了继续学习的紧迫性。现代教育提出了“终身学习”的概念，教师首先要以身作则。所谓：“其身正，不令而从；其身不正，虽令不从。”所以教师必须要养成继续学习的好习惯，给学生树立学习的榜样。

三、“爱惜自己的每一根羽毛”

“金杯银杯不如口碑”，刚开始看到这句话觉得有些荒诞，不是说事实胜于雄辩吗？而且现在基本招工单位不是一律看简历、荣誉吗？但读完书中这一段话，静心细想，确实如此。一位教师是否优秀怎么能凭几节公开课或论文的篇数来断定呢？如果你的上司、你的同事、你的学生、你的学生的家长们都口口相传地赞美你、敬重你，你有着很好的口碑，那么你的工作肯定也很出色。而要想做一个口碑很好的教师，郑校长说的第一条真的很重要，如果没有丰富的知识，你终将被时代淘汰。我觉得今后的生活中应该把学习摆在第一位，“爱惜自己的每一根羽毛”，让自己活得美丽而开心。

四、“欣赏缺憾”

古人说得好：“人有悲欢离合，月有阴晴圆缺。”人生存在着许多美好，也有许多的缺憾，就看我们有没有能力去直面它，欣赏它。作者认为“欣赏缺憾的人生是追求幸福的人的一种能力，这种能力来自对生活的深刻理解和因为理解了生活而升腾起的对生活的挚爱”。虽说我们所从事的教育事业是一份崇高的职业，可经历中仍难免有一些不令人愉悦的回忆，甚至是心底涌起的阵阵苦痛，但这些不是生活的全部，只要我们足够热爱生活，就能去体验生命中的每一点感动，哪怕这感动并不是美好的。可以这么说：有着缺憾的人生，才是完整的人生，懂得欣赏缺憾的人生，才是美丽的人生。

五、“永不放弃”

优秀学生是相似的，“差生”却各有各的“差法”。在这篇文章中，作者告诉我们每个老师：“那些特别的孩子正是通过犯各种各样的错误来学习正确的，我们永远都不要绝望，是因为只要我们充满期待，他们或许很有希望。”“照亮学校的将永远不是升学率或者其他名和利的东西，而是圣洁瑰丽的师道精神，是一种对孩子的不染一丝尘埃的博大的爱和对每个孩子作为无辜生命的深深的悲悯。怀着爱与悲悯，我们不放弃，绝不放弃。让我们专注的神情告诉所有人，我们没有放弃。”从这些话中我深深地感受到用爱心去开启学生心灵的窗户，走进学生的心灵世界，成为他们的良师益友的重要性。对于这些尚未开放的花朵，我们就应该倾注更多的耐心，倾注更多的温暖，特别的爱给特别的他们，百花齐放才能迎来满园的春色！

六、“学会倾听不容易”

“倾听”与“听”是两个不同的概念。听是入耳，但不一定入心，别人说话你听到了，仅仅是一种声波和信号，是人的一种本能而已。而倾听呢，是一种身、心两方面的活动，既入耳又入心，需要注意力的高度集中。学会倾听是非常重要的，倾听不仅是一种交往艺术，更是一种美德。教师当然需要倾听，乌申斯基说：“如果教育者希望从一切方面去教育人，那么就必须从一切方面去了解人。”真正的教育必然是从心与心的对话开始的，而心与心的对话又是从真诚的倾听开始的。教师善于倾听才能理解孩子，才能反思自己的教育教学，从而提高自己的水平。工作之余，善于倾听又会让你交到知心朋友，拥有和谐融洽的家庭。因此，学会倾听真的很重要，通过它会让你学到更多的东西，也会让你得到许多东西。

读《老师的10个对不起》有感

政治教研组　罗　燕

《老师的10个对不起》是台湾老师简世明的著作，也是台湾地区销量第一的教育畅销书。翻阅此书，首先打动我的便是简老师作的《爱与生命的希望手记》自序，自序中，他袒露自己作为老师的局限，并回顾自己还是学生时也一样对生命充满疑问，对周遭满是愤懑，对一切充满困惑。老师对他的训诲，他总是质疑、反抗、不放在心上。所以真正改变他的，是一些发生在他身上的故事，是那些遇到的人与事，渐渐地教会他认识生命的本质，他原本不知道人生一世到底有何追求，直到现在才发现他正在做的事才是他一生要完成的事。最后，他还无比可爱地对他的孩子们说："你们长大了，不喜欢别人对你们说教，其实我也不喜欢别人对我啰啰唆唆。就把我们的故事说给大家听听吧。给我一点时间，我有点老了，需要慢慢地回想。"看，多么真实自然、亲切平和的简老师啊！

该书一共教给孩子们六课，分别是"宽容""尽责""奉献""公平""尊重""勇气"。难能可贵的是，课课均无说教的语气，而是结合他自身丰富的经历娓娓道来，读来如沐春风。前言中，他表明一个人是一个怎样的老师，跟所处的第一个学校有绝对的关系。简老师1991年开始从教，后在左营的海军陆战队服役，服役结束后又继续做老师。当时教师行业的职业信条是"严管勤教"，初入职简老师就严厉处罚了一名偷水彩的学生，不仅当众搜遍全班，最终人赃俱获，还在当天晚上进行家访，换来的却是孩子父亲对孩子的毒打及孩子更加冷漠、不屑的态度。从那一刻开始，他深深懊悔，从此下定决心要真正成为孩子们的老师。

在"宽容"一课中，他直言有了宽容，自然懂得发自内心的尊重。通过四个亲身经历的故事，将宽容这一人生大道理分析得鞭辟入里。看完这一课，心情久久不能平静，想起自己偶有的锱铢必较，不觉赧颜。其实，宽容也并不如我们所想象的那样简单，如度的大小，适用的时间、场合与对象都是我们要研究的范畴。倘若宽容成了纵容，倘若宽容并未建立在相互理解的基础上，一味地宽容只是在抑善扬恶。做老师的，既要赏罚分明地建立规矩意识，也要有博爱精神。善用宽容，实在需要人生智慧啊！

本书给孩子们的第二课是"尽责"。作者讲述了在地震结束后，永康小学洪聪明校长亲自清理便坑之事，布农人部落的学校校长姜福进为重新筹建学校，亲自给素未谋面的台塑王永庆先生写信。在作者服务的学校有一位后勤老师，非常爱惜物力，年纪一把的他总是将数支破旧的扫把重新拼凑成一支，虽满头大汗却甘之如饴。作者亦是有机会便到监狱补校、中辍生之家、少年哺育院当义工。对被排挤的孩子，简老师总是巧妙地让其恢复自信；对转入的学生，他耐心帮助其融入新的集体；对转出的孩子，他亲自写信相送；甚至对班里孩子高考落榜的姐姐，还赠送CD进行鼓励。对自然科的教学，他从不照本宣科，而是经常带学生到户外亲身体验。对学生的毕业留言，也坚持独特的风格，用心对待。为激励学生阅读，他抽空写出读书笔记，尽力去触动孩子们的心境。教书育人，尽力还需尽心。

本书给孩子们的第三课是“奉献”。作者小时候曾非常排斥当老师，有一颗与生俱来的不受羁縻的心。后阴差阳错考上师范学院后，去学校报到也是不情不愿的。大学期间，买了超炫的摩托车，得意忘形，发生车祸。多年后，为感谢医治他的台东基督教医院，在其重建之际寄去小额捐款并附信一封。当年为他看诊的外籍医生放弃种种自由，自愿到台东行医一生的举动令作者醍醐灌顶，由此作者才慢慢接受现实，开始准备当一名老师。在南投有一名奇特的医师，在患者结束看诊的空档，耐心辅导在学习方面适应不好的孩子。结果，这些孩子居然大放异彩，还有考上知名大学医技系的。还有一位林医师，诊所桌面上永远摆放着一张贺卡，每年的母亲节换一次。原来是一位小朋友的妈妈因为不堪忍受家暴而离家出走，小朋友只是依稀记得妈妈曾经带他到林医师的诊所看诊，于是寄希望于采用这种办法找到妈妈。妈妈虽始终未出现，但这个小朋友在医师的鼓励下，最终考上大学并顺利毕业。与作者成为莫逆之交的家长朋友家中，先生专门买地种上光蜡树，致力于环保议题，太太对闽南语情有独钟，希望传承“妈妈说的话”，在推广闽南语的路上尽心尽力。台湾“9·21”地震后，即使背负近千万的债款，作者还是发愿在家扶中心资助一位小孩，只因这孩子简单的一句“我爱你！”，他就热泪盈眶无比满足。

本书给孩子们的第四课是“公平”。作者通过五则事例向我们诠释了什么是真正意义的公平及如何迎战“假公平”。小筠辩才优异却在法律系推甄的口试中失败，最后在简老师的鼓励下才考上法律系。小芳才貌俱佳也在医学院甄试中落选，见此情形，简老师亦只能悲叹，小芳则选择就读其他的大学开启另一段人生。阿良家境普通，大学联考落榜，只好先就读三专，因要成为大学生的心不死，重拾高中的自修课本，不料在课堂上被三专的某老师好一阵冷嘲热讽，从此愈发勤奋，最终成为南部某科技大学的教授。还有阿晟，在军中被嘲笑为考不上大学的垃圾，退伍后，瞒着家人偷偷补考，后一战成名。至于简老师，他认为与学生互动的诀窍就在于“公平”，“公平”是一种承诺，承诺把自己放在天平的另一端与学生两相对照。不觉得自己是老师，不以指导者的姿态“君临”学生，那么学生将学到公平待人。

本书给孩子们的第五课是“尊重”。懂得尊重，是人格升华的开始。闽南语界的“通天教主”黄清辉老师在辅导学生演讲时，非常尊重学生的意愿，他不是要求学生要表现出什么样子而是让学生想象并且表现出最好的样子。作者的第一位顶头上司施世贤校长，真诚待人善解人意，主持校务十年，学校一路发展，从未要求老师怎样，也从未训斥过学生，有的只是尊重。作者所带班级要参加运动会入场式，但在入场式前妻子不幸出车祸受伤，作者销假回学校后，马上要面对的就是运动会。他充分尊重孩子们的意愿，冒着被校长与长官们批评的风险，与孩子们一起将自己的班级打造成“黑道班级”的模样，结果大放异彩，班级凝聚力空前高涨。

本书给孩子们的第六课是“勇气”。勇气与创新相伴随。作者念大学时，一位教美劳教育的陈教授，找油漆匠粉刷厨房，竟然不限时间不限风格地让油漆匠随意涂画，油漆匠先是左右为难，没想到在接下来两个月的时间内悟出了“工作”与“创作”的不同，然后拜师学艺学起了油画。2007年毕业季轮到作者出考题，他在二百多个孩子的考卷上一一写上祝福。第二年的毕业季，他在考卷上给孩子们真诚地道出了“10个对不起”。2009年的毕业季，他写信给素未谋面的知名人士，希望邀得他们对孩子们的祝福。为推动阅读成为校园风气，简老师向学校老师发出“召集令”，号召他们给孩子们写一个有趣的故事。四十岁之后，作者还积极学习闽南语演讲，参加简报比赛，画绘本出版。魏德圣说：“做事要带一点愤怒！”简老师说他的愤怒是：“退休后，绝对不要只剩下‘退休金’。”

简老师的“10个对不起”，在教师生涯中其实是司空见惯的。因着他良好的个人修养和崇高的教育情怀，他才能把一般教师视作再寻常不过的事当成不普通的事。作者为师，得到很多人的热心帮助，一部分人是被他对教育的热忱所打动，还因为台湾人整体素质的提升，使得“我为人人、人人为我”的理念成为共识。人的一生虽然漫长，可做的事情看似很多，但其实真正能做的，不过只有一件而已。这件事就是一个人来到世间的使命。使命不能依靠“天启”——虽然很多人的确是在梦中或灵光一闪之间突然意识到自己的使命——教育是最重要也是最根本的手段，简老师就是这样用爱和智慧点亮学生心灯的好老师。要成为简老师那样的老师，并非一朝一夕之功，除了丰富的人生阅历，丰沛的内心情感，十足的同理心，还需不断进取与创新，将优秀的教育理念付诸实践。

未来的教育之路还很长，但路，就在脚下。

此时·此生

——读东野圭吾《时生》

英语教研组　陈　瑶

“时生，我在花屋敷等你。”

故事的最后，这句话一直萦绕在我的心中，久久不能释怀。虽然在故事的一开始，我就清楚地知道，这是一部不可逆转的悲剧。可是想想，在最年轻无忌的年纪，能够遇到来自未来的儿子，这是一件多么美妙多么美好的事啊！这种相遇，这种幸福，又是何等地打动人心呢！

朋友讨论东野圭吾作品的时候，大多认为他的作品都是悬疑、推理，揭露人性的阴暗面。他所描写的故事并不美好，总是揭露了人性险恶，他们只注意到了故事阴暗的那一面。但我总能从他的故事里感受到他对这个世界怀抱着温柔的希望、爱和美好。从最早接触的《幻夜》《白夜行》和《嫌疑人X的献身》，我总能从他文字的各个角落看到美好。也许是自己本来一直有着这样的信念，相信一切的事物都有美好的一面，有时候只是我们看不见。

17岁的时生，饱受家族遗传病症的折磨，即将走向生命终点之时，穿越回20年前，找到了自己的父亲。当时23岁的宫本拓实是一个生活潦倒的青年，离开了养父母的家，对抛弃自己的生身父母心怀怨恨，没有固定的工作，虽有心爱的女友，自己却常常连生活费都拿不出来，甚至还依赖女友生活，让女友不得不下决心离开他。面对不成器的父亲，时生以朋友的方式耐心陪伴并时时劝导，一起渡过了一个又一个难关，更是让拓实与自己的生母冰释前嫌了。这些都是奇妙的。当我们终于看到拓实的人生因为这个来自未来的儿子发生了转变，一种甜蜜在心中慢慢发酵，也许这就是亲情的力量。

故事一开篇就揭示了结局，因而在他们相遇之后，会发出愈加无力而无奈的伤感的悲叹。即便故事发展到中段，因为冒险、推理而冲淡了心中如此的感慨，然而还是在读到书中最后那句话的时候潸然泪下，为这一个终究不可逆转的悲剧。但故事并不阴暗，即使是个悲剧，小说的字里行间流露出的点点滴滴的温暖也让人感动，其中依旧有着对未来的乐观与希望。“确信喜欢的人能好好活着，即使面对死亡，也有如看到了未来。未来不仅仅是明天。未来在人的心中。只要心中有未来，人就能幸福起来。”时生如是说道。作者在封底道出写作《时生》的动机：到了我这个年龄，周围的朋友都有了孩子。问及生下孩子的原因时，所有人的回答都是顺其自然之类。但我更想知道的是他们能否在孩子面前自信地问：“作为我们的孩子，你觉得高兴吗？”孩子是否会回以“我非常庆幸有你们这样的父母”的答案？这其实是永远的谜。我一直想解开这一谜团。这便是《时生》的源头。

拓实在他的母亲须美子的病床前，对母亲说：“我感谢你生下了我。谢谢。”来自未来的时生，要离开了，他对拓实说：“能与你在一起，我就感到很幸福，在这个世界相遇之前，我就这么想。与现在的你相遇之前，我就非常幸福。我觉得能生在这个世界上真好。”这就是拓实和时生的答案，也是给所有读者的答案吧！

我们对生命这个词的思考太少，对于死亡总是惧怕太多，可是读完这本书之后，我觉得死亡并不可怕，不过是踏上了新的旅途，那只是另一段伟大冒险的开始。记得曾有友人问过，是否经历过亲近的人离世，或者有目睹死亡的经历？老实说，真真切切的经历没有，都是别人的转述。9岁的时候最爱的奶奶离世，当时年幼，父亲和母亲把我留在深圳朋友家，仅仅他们二人回家送了奶奶最后一程，这是我这辈子最大的遗憾。高二的时候，父亲的挚友突然去世。他自己有个女儿，可是对我的宠爱并不亚于她，从小只要父母没时间照顾我，就把我扔在他家。他的离开曾一度让我不知所措。到如今，我仍然觉得奶奶和叔叔从未离开过我，他们只是在我看不见的地方生活得很好，不常来往罢了。

感悟这本书中的内容，最暖心的莫过于生命的馈赠。去年暑假和今年寒假的经历让我想起时生说过“出生到世上，单单因为这个，就该心存感激”。去年暑假，在美国纽约和一群朋友吃完饭，驾车驶出停车场。开车的朋友一声惊呼，一个急刹车，一个垃圾桶从车子左侧飞出滚到我们车前，一辆白色的轿车撞上右侧马路的大树，安全气囊也弹出了。车上的两个人瞬间跳出车外，幸而没有大碍。而另一边则听见一位母亲凄惨的呼救声，孩子伤得不轻，躺在地上一动不动。在离开纽约去波士顿的路上看新闻报道才得知孩子过世了，母亲内出血还在医院做手术。一个鲜活的生命离去了，这个家庭该如何承受这样的伤痛呢？寒假，我还在老家的时候，凌晨，妹妹在美国给我打电话让我快回家（妈妈在群里发了微信，美国时间刚好是白天，所以她看见我没看见），说爸爸在厕所摔倒了，还昏迷抽搐。我又担心又害怕，就买了最早的动车票赶回深圳。在这一刻，我才意识到死亡有时候离我们那么近，生怕那个不知名的漩涡将爸爸啃噬，带走。徐璐在《好友教导我面对死亡》里提到：“我们的时代有救人性命和鼓励人活着的艺术，但很少教人面对死亡。”的确如此，如果你在网上搜索关键字“面对死亡”，没有多少有价值的资料。曾经的自己面对无知的世界，满是恐惧，而如今当面对死亡的时候，现在的我会怀着感恩的心，继续幸福地生活着。记得有人说过，我们是因为出生到这个世界上，才得以拥有现在所拥有的一切：看世界的眼睛，感受世界的心灵，爱人的勇气，独立生存的能力，享受幸福的权力……而父母正是这所有一切的施予者。如果要问我：“有没有来到这世界真好的感觉？”我会毫不犹豫地告诉我的父母，来到这世上真好，真幸福，感谢我的父母，我更要好好地珍惜与他们相处的所有时光。

因为未来不仅是明天。它是此时，它是此生。

因为我有你们做父母。我在此时，我在此生。

今天，我们该成为怎样的教育者

——读《孩子挑战》一书有感

历史教研组　晨　曦

前前后后用了一个月时间认真地读完了美国儿童心理学家、现代实践派儿童心理学奠基人鲁道夫·德雷克斯的代表作《孩子挑战》一书，读罢很长一段时间，我仍然无法用语言形容它在我内心深处产生的震撼和波澜。面对现在诸多的教育难题，作者在序言部分一针见血地指出，从“独裁的阶级社会”到“人人平等的民主社会”，现代社会正在经历着深刻的变化，民主不仅仅是一种政治思想，其实更意味着一种生活方式。在既往对于家庭教育的思考的过程中，我们会理所应当地认为家庭教育的方式和做法是纯粹的个人行为，是自我意志和行为方式的自主体现，因为每个自我受教育的程度、对教育的理解不同，所以也会有了不同的教育方法。但是这本书开篇却从另外一个角度引人思考，教育仅仅只是个人或家庭的事情吗？它和社会有没有关系？和社会发展阶段有没有联系呢？作者德雷克斯认为，过去是男权社会，等级社会，家长很容易让孩子服从，也因此家庭教育比较轻松。而现代社会越来越重视民主，男权制度与等级制度一同消失，“当父亲失去了对母亲的控制权的时候，父母双方也就失去了对孩子的控制权”。这振聋发聩的呼声让我不禁思考，作为今天的教育者，我们该成为什么样的人？当我们在抱怨现在的孩子越来越难教育，问题越来越多的时候，我们是否反思，我们的教育理念和教育态度是否跟得上时代发展的步伐？

在这本书里，作者用38章的篇幅来论述当今教育思想变化的新观念，作者基于自己在儿童心理学领域长达40年的经验，通过给读者展现丰富而贴近生活的家庭教育案例来传递当今社会亲子关系中的新准则和新理念。印象最深刻的一个章节的标题是“和他们说话，而不是对他们说话”。一字之差，却是天壤之别。作者认为青春期的孩子和家长大人之间一个最为突出的问题就是彼此之间无法沟通，虽然我们提到家长们对老师抱怨“我们平时的教育都是非常民主的，但孩子就是不听我们的，孩子进入叛逆期了，没办法”。其实仔细想一想，我们在面对亲子关系的时候，是否真正做到民主？还是徒有民主的形式而无民主的内涵？是否能够认真地聆听孩子们真实的想法，即使我们不同意他们的想法，也能够克制住自己的说教的冲动，保持对他们想法的尊重而不是强迫他们去接受大人的意见呢？

书中提到了一个来自美国家庭普通的教育场景，一个妈妈无意中听到两个孩子因为玩纸牌时其中一个作弊而发生的冲突，开始的时候，妈妈保持了中立没有介入，过了一会儿，两个孩子心平气和的时候，她觉得还是有必要对孩子就这件事展开教育。于是她对孩子说：“你们都知道，作弊不对，而且作弊也让游戏不好玩，那么你们干吗不好好遵守游戏规则呢？”透过这个案例，我们看到这个妈妈有一定的教育智慧，她把握了教育的时机而且在极力地注意把握用词和教育的分寸，但是实际上在孩子看来，妈妈的这段话其实还是在说教，还是在委婉地批判他们，这让孩子的心里很不好受。

有没有另外一种更好的方式来处理这种场景，一方面能够保护孩子的自尊心，另外还能够达到让孩子自己去思考和反思的效果呢？作者给出了另外一个答案。

一两天后，妈妈跟孩子说：“我有件事想不明白。”孩子们感到很好奇，妈妈有什么不明白的事情呢？这样妈妈就得到了孩子的注意，然后她说：“当两个人玩游戏时，其中一个作弊，接下来会发生什么？”“他们会吵架。”“那你们觉得，为什么那个人要作弊呢？”妈妈认真倾听孩子的回答，这样妈妈就可以了解他们各自的想法，可能孩子会说：“因为他想赢”“因为他想让自己很厉害”，这样一来，不但妈妈可以了解孩子们的想法，孩子之间也增加了解。然后妈妈可以问：“那么，作弊对游戏的乐趣产生了什么影响呢？作弊的那个人对被骗的那个人会有什么感觉？你们觉得这样能让我们学会公平吗？怎么能让游戏不失去乐趣，而且继续好玩呢？”通过类似的提问，妈妈就会清楚两个孩子竞争的心理原因。最后妈妈可以说：“我很高兴了解你们的想法，这对我很有帮助。”

通过这种处理方式，我们可以看出和第一种方式不同的地方在于，妈妈一直没有试图去灌输和说教自己的想法，告诉孩子们什么是对的，什么是错的，而且一直不断地引导孩子自己挖掘并且思考，问题在哪里？怎么解决？让孩子思考，然后静观其变。

其实在日常的生活中，无论是亲子关系还是师生关系，我们所谓的教育多数是一种居高临下的姿态，“对”孩子说话，是在告诉他，你们应该怎么做，应该如何顺从大人的意志。但是“和”孩子说话，实际上是引导孩子和我们一起思考，找寻解决问题的办法。不要小看这一字的差别，其实是教育观极大的转变。

类似这样的生活中常见的案例和处理情景，在这本书里比比皆是。作者自己对儿童的心理细致入微的了解令人欣赏，但是更值得称颂的是，教育者在生活中把握教育的时机、情绪的把控和说话的艺术，蹲下身来真正走进孩子的内心世界。与其说透过这本书，诸多在教育中感到头疼和困惑的老师和家长掌握了许多教育场景里非常实用的小方法和小技巧，不如说作者在透过这些小方法和小技巧在对传统教育观进行巨大的革新：那就是如何去构建一个民主型的教育关系，如何透过生活中的细节去引导孩子遵守规则、承担责任、学会独立以及分享合作，如何在点点滴滴的教育里让家长学会尊重孩子，避免过分关注和介入，避免过度保护，让孩子们真正从内心里感受到被尊重和被平等对待。我想，这可能不仅是每一个教育者一生该有的修行，更是每一个具有现代素养的公民应有的修行。

情字所牵

——读《你在天堂里遇见的五个人》有感

化学教研组　伍昱锜

《你在天堂里遇见的五个人》是作者米奇·阿尔博姆在完成《相约星期二》6年之后的全新力作。米奇·阿尔博姆是美国著名专栏作家、电台主持、电视评论员，此外还是活跃的慈善活动家。迄今为止，阿尔博姆已经出版了8部畅销著作，其中纪实作品《相约星期二》在全美各大图书畅销排行榜上停留4年之久，被翻译成包括中文在内的31种文字，成为近年来图书出版业的奇迹。在2003年，阿尔博姆6年磨砺一剑的这本小说《你在天堂里遇见的五个人》，就其风格与题材而言，不啻为《相约星期二》的继承与延伸。

《你在天堂里遇见的五个人》是以故事的结局为开始的——其实，所有的结尾又何尝不是开端呢？死亡从结局变成了开端，里面的主角和《相约星期二》里面的主角一样是一个老人，不过不再是一个洞明世事的教授，而是到死都对自己的一生心存惶惑的退伍老兵，游乐场维修工。他叫爱迪，在他80岁生日那天，为了拯救在突发事故中身处险境的女孩而殒命游乐场。醒来的时候，爱迪已经身处天堂，这才发现：那里并不是牧歌萦绕的伊甸园，而是地球上生活片段的交叠重现。五个被爱迪或铭记或忽略或遗忘的人，轮流登场，引领他寻找逝去的时光，追问人生的谜底。无形间，天地间仿佛有一条巨大的锁链，爱迪只是其中的一环……

爱迪在天堂遇见的第一个人——蓝皮人约瑟夫·克韦奇克，一个对爱迪来说甚至是不认识的人，在那他想要逃脱想了一辈子的地方——爱迪工作的游乐场，和爱迪遇见了。

约瑟夫变成蓝皮人是因为他小时候有心理障碍，导致生理上的不正常，所吃的药（硝酸银）产生的副作用的最终结果。蓝皮人生前遭人歧视，后来到了爱迪长大的那个游乐场找到了一个固定的工作，演出一个叫“怪异人物”的杂耍戏。七岁生日的那天，爱迪得到了一个棒球作礼物，当他跑去马路上捡那个棒球时，差点就被车撞到了，对，是差点，那辆车避开爱迪后就掉头走了。车上坐的就是蓝皮人，他开着从朋友那里借来的车。遭到差点就发生意外的刺激后，肾上腺素的突然变化使他的心脏急速跳动，他的心脏本来就不健康，这样的剧烈跳动使他感到精疲力竭。他感到一阵眩晕，头垂下来，顷刻之间，他的车差点撞到另外一辆车，于是他扭方向盘踩刹车，汽车滑行一段路后就撞了。走出车，看到这样的情形，他手抽搐，胸口绞痛，倒下了。当周围的人发现他的时候，他已经去了。

所以，天堂，蓝皮人告诉爱迪，是他把他杀了，但是，蓝皮人并没有责怪他。这让爱迪知道，一个故事，从两个不同的角度去看，会有不同的感想，就像爱迪和他在天堂要见的第一个人见面的地方——那个爱迪长大和工作的游乐场。对于蓝皮人来说，那是一个天堂，因为在那里，他反而遭人们的歧视很少，可以有比起从前多得多的自由。而对于爱迪来说，那只是一个让他厌烦的地方。

蓝皮人让爱迪知道，世上没有偶然的行为，大家都是联系在一起的，人们无法将一个生命和另一个生命分割开来，就像风和风筝紧密相连一样。蓝皮人的死和爱迪的生没有所谓的公平与不公平，因为，公平并不主宰生与死。在灵魂深处，人们知道所有的生命都是相互关联的，死亡把一个人带走的同时，也留下了另一个人，在被带走和被留下的短短距离中，生命改变了。就像蓝皮人死了，而爱迪却被留下、活了一样。“陌生人，只不过是你还没有遇见的家里人罢了。”蓝皮人的这句话，说得意味深长。

爱迪在天堂遇见的第二个人——在军队里服役时他的指挥官，他的上尉。

是的，在服役时，他从上尉那学到了不少的东西，打仗的、生活中好的和不好的、外国话，等等，他在那时深刻体会到战争的残酷。在他们的“重聚”交谈中，他们慢慢回想起服役的最后那段日子——他们被捉了，成了俘虏，当中的种种辛酸与最后的“机智”脱险。他们之中的一个战友，在敌方的高压强迫奴役下，累出病并且被敌方打死后，他们再也熬不住了，因为他们知道要是他们继续这样下去，收场会是一样的——死。所以在一天晚上，爱迪用他在游乐场学到的杂耍戏分了敌方的心，然后趁机将敌方收拾了。在逃脱了的兴奋催使下，他们以最快的速度，分工去找车和必需的东西，还有，把这片可恨的地方烧掉！可是，到了最后，爱迪发现火场里面还有一个小孩子的身影，于是他拼了命地想要冲进去，上尉认为这是那些崩溃了的士兵的幻觉，所以阻止了他，并且用枪把爱迪的腿打伤了——上尉认为腿伤了可以治好，不过让爱迪冲进火场，那命就没了——这一枪让爱迪的后半辈子成了瘸子。知道了真相的爱迪猛向上尉挥拳泄愤。在他们逃走的过程中，上尉，尊敬的上尉，为了探路，被地雷炸死了，他救了一车包括爱迪在内的三个士兵。

死亡，并不是一切的结束，我们以为是，但是地球上发生的事情不过是一个开端。犹如亚当第一次在地球上过夜的时候，他躺下睡觉的时候，他以为一切都结束了，但当他第二天醒来，一个崭新的世界等待着他去开拓，而且，他拥有了另一样东西，他拥有了他的昨天。

自我牺牲其实是生命的一部分，包括渺小的牺牲、宏大的牺牲。有时候，当你牺牲了一件宝贵的东西，其实你并没有真正地失去它，你只不过将它传递给另一个人。就好像上尉那样，拿自己生命的牺牲，换来了爱迪他们的生命，这是绝对有价值的。

爱迪和上尉是在上尉死去的那个地方见面的，那是上尉的天堂。因为，上尉喜欢没有战争的世界，喜欢大自然，所以他的天堂是一个没有战争却有优美环境的他们曾经战斗过的这块土地。

爱迪在天堂遇见的第三个人——一个他从来没有见过的老妇人。

当老妇人还年轻的时候，就是在码头旁边的一家小食品店里面工作的，在那里她认识了她的丈夫。两人很恩爱，于是做生意的有钱的丈夫就在码头旁边建起了那座爱迪工作了一辈子的游乐场。后来一场由于庆祝节日而不慎造成的火灾把游乐场烧垮了，老妇人的丈夫就这样破产了，搬到离游乐场远远的地方再没接近游乐场。火灾过后，别的人接手经营游乐场。老妇人认识爱迪的父亲，知道爱迪父亲生前的许多不幸，包括他的好友因为失意强暴了他的妻子，气愤的他原本想把那人揍死，但看见喝醉酒的好友掉进水里，还是跳进水里救他。事后他的身体也变差了，情绪也一直不怎么稳定。爱迪父亲生前最后的一个晚上，正好老妇人和她卧床的丈夫就在爱迪父亲住的医院的隔壁床，她知道爱迪父亲死去的真正原因是他想要回到爱迪他们身边打开了窗户而被冻死的，而不是医院所说的那样是由于疾病导致的结果。

老妇人让爱迪知道，影响一个人是由于很多很多原因的，有些原因是在他出生以前就发生了，是他所不能够了解到的，而影响了他父亲对爱迪的态度，忽略、暴力、沉默让爱迪对他的父亲产生了恨意，爱迪一直抱怨父亲对他的不好，一辈子都在责怪他的父亲。然而，让我们领悟到宽恕是多么的重要，世界上的身边的所有的事情不是我们所都能理解的，包括觉得亲人对自己的不是，所有的一切也不是说过去就能过去的，事情总是改变着人，当自己无法理解的时候，宽恕，对别人和自己，或许就是最好的解决方法。

爱迪在天堂遇见的第四个人——他的妻子玛格丽特。

“失去的爱依然是爱，”玛格丽特对爱迪说，“而且依然如此强烈。”生命终结了，可爱依然存在。深爱一个人，不是因为外表，而是因为内在，因为那份感觉，那种亲切，那种无形的牵引力依然真切。世界万物时时刻刻在发生着变化。玛格丽特在天堂选择的逗留的地方是世界上所有举行婚礼的地方，地方之间以一扇门相隔，当然，也有他们两个的婚礼，虽然他们两个人的婚礼不仅不豪华，甚至是十分的简陋，可是两个人的爱意足以将他们的婚礼渲染得无比的温馨，是那么容易满足，只要你深爱的人在你的身旁，许下那一辈子的承诺。

爱迪在天堂遇到的第五个人——被爱迪在参军服役逃亡时放火烧死的那个小孩塔拉。

塔拉让爱迪知道他自己是在游乐场保证孩子们的安全，是在为她做好事，他就是应该在那里，一辈子。爱迪是因为在游乐场救那个小女孩而死的，他记得最后一刹那感觉到的是一双小手，所以他以为他是把那个小女孩拉出来的，但是塔拉在河里舀了一些水，然后把小手放到爱迪的大手上，然后爱迪就明白了，是塔拉，是塔拉的小手，是塔拉把爱迪带到天堂的，是塔拉让爱迪安全。塔拉拉着爱迪，穿过不同颜色的空间，最后，来到了爱迪工作了一辈子的那个游乐场，渐渐地，塔拉消失了，爱迪高高地飘着，他看到了他的妻子，他知道，到家了，对，家。

冥冥之中，人生的许多事情好像真的注定了似的，巧妙的，有趣的。我们每一个人都会影响到另一个人，另一个人又会影响到另一个人，世界上充满了各式各样的故事，但是，所有的故事都连成了一个故事。

小说当中的天堂并不是爱迪所想象当中的伊甸园，不是那个他可以同亲人相会，可以“在云头飘浮，在河中嬉戏，在山间漫游”的地方。他在天堂遇见了五个人，这五个人中有他失去的亲人，熟人以及完完全全的陌路人。他们逐一地向爱迪讲述和解释了他的生活中似乎与他毫不相关的故事和联系，揭示出这样一个道理：所有的生命都是相互联系的，就像河底的卵石，一个牵连着一个。爱迪终于领悟到，他在人世间自以为毫无意义的生活，其实正是他生命的价值所在。

这本书作者浓墨重彩所描写并贯穿故事始末的是一个“情”字。正是因为这个“情”字，主人公爱迪才会扑到游乐车下去救一个小女孩；正是因为这个“情”字，爱迪才会那么深切地爱他的妻子；正是因为这个“情”字，爱迪才会在受到父亲的极大伤害之后，仍然无法将他忘怀；正是因为这个“情”字，爱迪才能抛开自己生活的不如意，兢兢业业维护游乐车的安全；也真是因为这个“情”字，爱迪终于在生命的尽头，找到了他一生所追求的宁静和慰藉。天堂，对西方笃信上帝的人们来说，是至高无上的境界；然而，这个“情”字，这故事所展现的人类感情，不正是我们当今社会及其缺少而人们又引颈渴盼的东西吗？

回望当年留学路

——读《留德十年》想到的

外语教研组　李　姣

读季羡林先生的《留德十年》就像是坐在一叶轻舟里，两岸是季老那在德国的十年里所经历的丛丛簇簇的人生风景。这就是这位语言大师的魅力所在，笔触虽谦逊平实，时不时加上那么几句颇有意境的诗词，却真实地反映了留学之路的沧桑及动人之处，点点滴滴之间很是打动人，也将我原本已经模糊的留德记忆唤醒，某些深藏在脑海中的细节变得逐渐清晰起来……

留学热

季先生说到20世纪30年代，一股浓烈的留学热弥漫全国，那时候就有两句名言："毕业即失业。""要努力抢一只饭碗。"一个大学毕业生，如果没有后门，照样找不到工作，也就是照样抢不到一只饭碗。如果一个人能出国一趟，"镀一层金"，回国立马身价百倍，金光闪烁，好多地方会抢着要他，成了"抢手货"。看到这里，我不禁莞尔，即便20世纪的大学生那么稀缺，还是会面临与我们大学毕业时"毕业就失业"的窘境：要不毕业在家待业，要不加入公务员考试大军，再不然就只能走上考研这条不归路了。

大三那一年真是无比迷茫的一段时期：忙忙碌碌地过了大学三年，努力学着填报志愿时没怎么经过大脑思索填下的德语，面对即将到来的大四，却完全不知道将来要何去何从。在打了无数个电话咨询长辈、朋友、教授后，想到这几年的德语学习只能算得上学了个皮毛，要想当个合格的德语老师是断然不够的，最终决定考研。改革开放后的中国经济不断攀升，留学热却只升不减，但凡条件不错的家庭都想送孩子去外国喝喝"洋墨水"，长长见识，镀镀金。现如今"海归"含金量虽与老一辈的差的不是一点半点，我当时想去德国读研的想法却很简单：一门语言要想学得精通，一定要有语言环境，德国人治学严谨，在这个大家都"镀金"的年代，去德国镀的金也算是24k 金，认真读书想来会收获不少。

做了这个前半生最大的决定后，感谢我的父母无条件支持我；感谢德国的教育免费制度，让我可以在没有给父母带来太大经济负担的情况下完成学业；感谢我的老师们对我的谆谆教诲；更加感谢自己当时的努力和认真。现在一闭上眼还能想起当时暗无天日的情境：每天蓬头垢面在图书馆奋战不下12个小时，准备TestDaf（德语语言考试）、英语六级、德语八级等一系列考试，及毕业论文、APS审核（使馆审核）、毕业答辩、各个大学的申请材料……当我终于拿到大学毕业证和德国大学Offer（录取通知书）时，感觉一切的努力都是值得的。这段日子可以说是我人生中闪闪发光的一段：通过自己不懈的拼搏与努力，最终达成了预期的目标。这也是我在工作几年后偶尔出现懈怠时，拿来鞭策自己的最好良药。

拿着新鲜到手的签证，提着两个大旅行箱，站在法兰克福机场时，心里真是五味杂陈：充满了渴望，却又忐忑不安；充满了对家人、朋友的不舍，却又期待独自在异国他乡的生活……在各种思想矛盾中，开始了我生平最大的选择与冒险。

道路终于找到了

终于来到了德国，来到了Kassel（卡塞尔）这个格林兄弟出生的童话之乡。在来之前，即便申请了DAF（对外德语教学法）专业，我的眼前仍然是一片迷茫，因为手中还有别的学校的Offer，也不知道DAF这个专业具体学些什么，就想着先学着看看，不行再换专业。结果这么一学，就这么学了下来。在这里我终于找到了我要走的道路——认真掌握DAF的理论知识，实习积累相关的教学课堂实践经验，争取当一名合格的德语老师。

这与季先生当时在哥廷根终于找到自己学梵文的道路如出一辙。我想我们能在这里找到自己未来要走的道路与德国大学自由的学术氛围密不可分。在德国的大学绝对自由，只要经过Abitur考试，学生愿意入哪个大学就入哪个；入学以后，愿意入哪个系就入哪个；愿意改系，随时可改；愿意选多少课，选什么课，悉听尊便；学文科的可以选医学、神学的课；上课时，愿意上就上，不愿意上就走；迟到早退，完全自由。有的学生，初入大学时，一学年，或者甚至一个学期换一个大学，经过几经转学，二三年以后，选中了自己满意的大学满意的科系，这时才安定下来，认真潜心研究同教授接触，再考虑是否读研乃至读博。在德国，只要一个学生想读下去，他可以十年八年地念下去，想当初我班上的同班同学就有48岁的德国大叔，这就叫作“永恒的学生”（Ewiger Student）。

就是在这样一种绝对自由的气氛中，我在第一学期选了大部分DAF的相关基础理论课，另外又杂七杂八地选了许多课，经常一天上课6—8小时。因为在德国是教授说了算，什么院长、校长、部长都无权干涉教授的决定，所以大多教授都是严谨治学的研究型教师。很幸运，我们院系的教授用他们上课时的魅力彻底征服了我，让我从刚开始坐在最后一排低着头不敢与教授有眼神接触的学生变成了每次提前去占据第一排积极与教授、同学讨论的活跃分子，也更加坚定了我要当一名德语教师的决心，我从此就找到了我真正想走的道路。

我的德国教授们

现在回忆起在德国留学的日子，除却在图书馆没日没夜赶论文时大把大把掉落的头发以及时不时涌上心头的思乡之情外，大都美好而温暖。这种直到今天回忆起来仍旧温暖的感觉，归功于我在德国遇到的教授及同学们，他们都非常友好、善良及和蔼，在学业上及生活上给予了我太多的帮助。

在德国老师中同我关系最密切的当属我的研究生导师Dr. Pro. Haymo Mitschian教授。这个文质彬彬的德国教授，每次都是西装革履地出现在任何场合，有着教授特有的教授架子，但对人的态度却又和蔼可亲。这个曾经在浙大任教过10年的教授，对中国人无比和善友好，我们学校开始招收中国学生，Mitschian教授功不可没。在与他相处的几年里，我时刻感觉到他的耐心与严谨：他不厌其烦地回答我们提出的每一个问题，一遍又一遍，直至我们理解；他对论文的内容乃至标点都要求很严。记得他在帮我审毕业论文时，他居然能在论文中引用的一句话里批注出“此处应是分号而不是逗号”。在他看来，学术必须是严谨的，一个符号、一个字、多一个字母、少一个字母，意义方面往往差别很大。从他身上我学到最多的就是对待学习及教学就要一丝不苟，丝毫不能马虎。

另外一位教授就是Dr. Prof. Michael Koenig。这位大胡子的德国教授完全不同于Mitschian教授的典型德国做派，而是完全轻松、浪漫、幽默的美国做派。他的课总是出其不意，不到最后一分钟你永远不知道将会有什么样的知识惊喜等着你。他多才多艺，唱歌跳舞弹琴都不在话下，还能将这些技能很好地融入课堂。他有一席话到现在我都无法忘怀：“中国的学生在我看来更像是一件Produkt（商品），而不是一个有灵魂的人。中国的学生像流水线上下来的统一作品，没有创造力也没有鲜明的个性。但是你是有的，我希望你以后要像在德国学习时，发挥你无尽的创意，彰显你的个性，把这种培养学生的理念带给你的中国学生。”我毕业离开德国时，满脑子就有一个念想：有生之年，希望能成为像Koenig教授一样的老师，风趣幽默，让学生受益匪浅，备受学生爱戴，即便没有十分，希望也能有他五分的样子。

我的留德时间远没有季先生的长，也没有他的经历那么荡气回肠，更没有他在学术上所能达到的高度，谨以此文记录我留德生活中的一些点滴，更以此文来提醒自己：不忘初心，牢记使命，别忘记自己曾经努力奋斗过的岁月，勿忘怀自己要当一名合格德语老师的那份初心。

恋上龙岗

语文教研组　蔡　麟

恋上龙岗，是因为她的温暖

20世纪初，我的高中语文老师从老家离职到顺德一中担任教研组长，召我前往。在北滘坐中巴到顺德，一车人说粤语，说粤语者，车费5元，说普通话者，车费10元。我据理力争，司机翻着白眼，爱搭不理，意思是，你爱坐不坐。我气急，也没有再去坐别的车。给老师打了一个电话，解释了原因，便离开了顺德。离开顺德后，准备回家。在候车室里等车，闲得无聊，把候车室的报纸翻了一个遍，在《中国教育报》的一个显要位置上，看到了深圳龙岗招聘老师的消息。于是，便马不停蹄，赶来龙岗参加笔试、面试、讲课。报名的时候，要交照片，可我什么也没准备。先照相去。等坐上公交车才发现，没带零线，投不了币。看到我着急的样子，身边一位女士站起来，替我投了币。硬币叮当一声落下投币箱的声音，彻底融化了我的心：这是一座多么温暖的城市！不说她整洁的街道，不说她的绿荫遍地，不说她满城的普通话，不说她来自东南西北全球各地的餐馆，单是这温暖的人心，我便发誓，一定要来深圳！因为她值得我为她奉献余生！

参加完考试，不会马上出成绩，教育局要我们回家等待。这时已经接近期末，接近年关，老家的单位催得急，让我赶紧回去完成期末的一系列工作。我到柜员机取钱，准备买票回家。取了几次，取不出钱来。问银行的工作人员，答复是，银行卡还没有全国联网，只能用广东省的卡取钱。听了以后，我傻眼了，以为银行卡已经全国联网，没带多少现金，连回去的路费都没有了。正在我不知所措的时候，正在买票的一位大哥走过来说："我借钱给你吧！"我又诧异，又感动，还有点不好意思。他看出了我的窘态，说："我是平冈中学的老师，在平冈已经代课一年，这次也参加了龙高的面试，我在考场外看见过你。"他替我付钱买了车票，请我吃了一餐饭，还借了500块钱给我，说以防路上的不时之需。这件事，感动了我一路，感动了我一辈子，感动了我的妻儿，感动了我的亲友。

后来，我调到了深圳龙岗，又经历了无数次温暖和感动。小区里、地铁站，这座城里到处飘飞的红马甲，让我温暖和感动；冬日里免费给清洁工热饭、加菜、送热茶的商家，让我温暖和感动；十字路口，排成长龙的汽车静静地等待蹒跚的老人和残疾人通过，这让我温暖和感动；台风、暴雨里，人们站在齐腰深的水里捞堵塞物，脸，吹成了红色，衣，早已湿透，手，流了血，这让我温暖和感动；扶老人过马路、给老者或孕妇让座的年轻人，手拉手送学生放学的老师，大街上游弋的巡逻车，机关大楼深夜值班的灯光，这些的这些，都温暖和感动了无数人。

恋上龙岗，是因为她的变化

过去，一道二线关，把龙岗和罗湖、福田隔开。龙岗人到罗湖、福田去，就说到市里去，龙岗仿佛是市外；福田、罗湖人到龙岗，就说到关外去，龙岗又远又偏，宛如农村。

水官高速开通前，坐公交车到东门，只有一条线路，不堵车，一个半小时，遇上堵车，三个小时到东门算是幸运的了，而且要排队候车，有时排上一个小时也上不了车，为了坐上车，有的人到始发站去坐车。

水官高速开通后，龙岗人到罗湖、福田，方便多了，开私家车到罗湖、福田，半个小时就够了。公交车也开始走高速，但限制坐车人数，乘客坐满座位就不能上客了。遇上急事或者赶时间，非常不便。有一次，在武警医院站，351路公交车满客了，这时，上来5位乘客，要到龙岗中心城去有急事。乘务员不让他们上车，可5位乘客就是不听，就要上车。5位乘客不下车，就超员了，车没法开，等了10来分钟，还在僵持不下。我和另外4位乘客商量了一下，就下车了，让出名额来，公交车开走。这一让，把我和另外4名乘客害惨了，我们一连等了5台公交车，都是满员，最后，只好一起打的到始发站，才坐上351。这件事，我印象特别深刻。因为我的人生历史上，只经历过两次乘车难。一次是从温州到长沙，车厢里、过道里，全是人，挤得我想吐，挤得我几小时里脚不沾地，挤得我透不过气来。最后，实在受不了了，咬着牙，两手搭着别人的肩膀往上顶，再从人的肩膀上踩过，从车窗口爬出来，在鹰潭提前下了车，住了两个晚上才休整过来。然后坐汽车一个一个城市挪，才挪回长沙。这次坐351的经历，也与那次温州回长沙的经历相似，所以才会记忆深刻。

2011年，地铁龙岗线开通，从龙岗中心城坐地铁到东门，只要35分钟。现在，从龙岗中心城出发，坐地铁，可以到达深圳市的角角落落；坐高铁，可以到达中国的绝大多数城市。从龙岗到厦门，3个小时。从龙岗到贵阳，到桂林，时间都很短。我回老家长沙，从龙城广场出发，经布吉，到北站，再到长沙，然后在长沙南站坐地铁回爸妈家，4个多小时就到了，而且整个行程都没出过站，这在以前是不敢想象的。有一段时间，老家有事，我都是礼拜六回长沙，礼拜天回深圳，连续两个月，也没感觉累。今年夏天，我从家里出发，经万科连廊，到龙城广场坐地铁，经罗湖，到香港九龙塘，连入关时间计算在内，两个半小时到达。外面倾盆大雨，一下一整天，我们没带雨伞，从家里到大围名城，再到九龙塘购物、吃饭、休憩，然后回到龙岗的家，硬是没淋到一滴雨，而且仿佛感觉不到外面在下雨，真是出奇的爽！

将来，3号线、10号线、14号线、16号线齐聚龙岗；随着红棉路、盐龙路等断头路打通，龙岗交通便捷，瞬间千里将不是神话。

现在，在龙岗，居住、逛街、购物、乘车、吃饭、上学、工作，都感觉到“无所不能”的方便。散步锻炼，100米之内有公园；看书学习，“三馆一城”全能满足；看比赛、看歌舞、看大咖，在大运，早已不是新鲜事；育小孩，从上幼儿园到上大学到读硕士读博士，全部家门口解决。

恋上了龙岗！爱上了深圳！

童年的旷野

政治教研组　陈旭东

沈从文小时候喜欢绕远路上学，为的是看铁匠打铁。我上学无须绕路，到处都是田园风光。

1980年爸爸返乡创办南湖中学。黄陂南湖本是滠水入江口的一片湿地，在围湖造田的运动中形成了一个略似圆形的生产大队，逐渐发展到有1000多户人家6000多人。圆心的南湖中学离最近的生产队有近两里路，我在距离圆心两里多远的大队部边的南湖小学上一年级。

每天我都等十八队的胡同学，他要走两里路跟我会合。然而他家似乎很多事需要他做，经常不能去上学，我往往孤独地来去。直到有一天，有人送了一条黑黑的小乳狗，我一见就欢喜地取名小黑。

小黑很快就长大了。它每天把我送到小学附近就消失在如林的庄稼地里，当我放学走出没有大门的学校，它会忽然从地里窜出来扑在我腿上，然后我们相互追逐回到南湖中学。

南湖中学刚开始只有三排平房。第一排是全校唯一的一间大办公室，校长坐在一角，桌面上多一块玻璃压着；其余的地方被分割成12间宿舍和一个公共厨房。然而，晚上只有我们一家住校。尤其是放暑假，我没有玩伴孤独无比，只能看朝霞看夕阳，看《少年日报》《儿童文学》《少年文艺》《故事会》。虽然有姐姐，但她大我四岁又是个爱学习的三好学生，我只好自己找乐子，把学校的大头钉折弯做鱼钩，砍校园里的竹子做鱼竿，缝被子的粗棉线做渔线，去附近的野湖汊子钓鱼去！

有了小黑，生活完全不一样了。暑假我带它去钓鱼摸小龙虾，冬天带它去挖田鼠掏冬眠的蛇，然后烧一堆野火烤给他吃。聪明如它，很快学会了自己抓野物找我烹饪。可能我现在做饭的手艺是发源于当初给小黑烧烤吧？

芝麻收获的季节里，我们偶尔大中午外出溜达。乡人把芝麻秆收割后扎成小捆，三小捆架在一起晒太阳。我和小黑在少人的大中午，带着一张报纸来到打谷场，轻轻拍拍芝麻架收获一小把芝麻，再换一堆拍又收获一小把芝麻。无师自通，不会犯老孃一只羊的错误。

每年春上，家里还买上百只鸡苗鸭苗放养在学校周边无尽的田野里。这是个赊账买卖，等鸡苗能分出公母的时节卖苗的人上门收钱，母鸡母鸭有一只算一只，公的不收钱。每到暑假的开始，最大的鸡娃儿长到七八两时我家开始吃小公鸡了。有了小黑后，抓鸡这个事也成了个游戏。小黑把鸡群一阵乱轰乱撵，撵至有鸡瘫软不动时，我去捡起一只送交爸爸手上。然而，陈校长似乎杀鸡不大行，抹了脖子的鸡躺一会又神态自若地去捉虫吃，我妈妈属鸡，坚决不杀鸡也不吃鸡，贪吃的我踊跃担起补刀重任。我很快找到诀窍，鸡脖子皮肤松软，一定要用手往后紧紧捏住，凸现喉管快刀抹断。年少的我对外捕鱼捞虾挖老鼠、对内杀鸡宰鸭，好在家境尚可，不然也是个前网红时代的杀鱼弟。

有了好菜就想喝一点。陈校长酒量不行只能喝啤酒，我杀好了鸡他派我去大队部打一瓶“行吟阁”散装啤酒，我说我也想喝，获批买两瓶。不承想，第一次喝一瓶啤酒我脸不红心照跳，于是开启了每晚对饮啤酒的好日子。

好日子总是过得那么的快。南湖中学发展越来越好，上级决定将南湖小学并入，更名为南湖学校。陈校长发动富裕起来的南湖人民集资建成一栋三层的教学楼，开武汉市集资办学之先河。然而我的小黑，被来偷建材的人下了毒。我抱着它哭，再也不养狗了。

很快，爸爸也升职离开南湖。我们一家四口快乐的南湖中学时代过去了。我的童年也过完了。

今天是爸爸逝世10周年纪念日。感谢带给我们幸福童年的爸爸妈妈，想念在南湖旷野里快乐奔跑的不一样的童年。

（手机备忘录：2018年11月17日凌晨三点于武汉。10年前的这个点武汉也下着雨，从机场我赶到市一医院，瘫坐在重症监护室。）

我的美国同行们

——《我在他乡》之十二

语文教研组　陈　丽

只有二百多年历史的美国，在短短的时间内成为世界上最发达的国家之一，创造出了无数个辉煌成就，这是一个奇迹。在这个奇迹的创造中，教育无疑发挥了重要作用，而教育的执行者——美国的老师们当之无愧是其中重要的角色。此次去美国游学，除了能够近距离感受美国文化、经济、人文等方面的魄力、认识和了解美国人民的精神与智慧之外，作为老师的我最关注的当然是美国的教育理念和教学方式。教育理念的缔造者和教学方式的完成者——美国的老师们自然成为我最想了解的人。所以，我带着几分敬意、几分好奇和十分谦虚的心走进了课堂。

给我们上课的老师因为是零距离接触，而且待在一起的时间最长，他们就成了我认真观察和研究的对象。

Helon教授是我最早认识的美国老师，在国内培训时，听过她的课。她给我们上了一个星期的课。有些人，是让你见了一次就再也难以忘记的，Helon教授就是这样一个人。我这样说，不只是指她的外貌，更是指她的思想。她举手投足间流露出的学识、修养、智慧只能让你仰观而无法平视。何况她又是一个标准的美人。说一口最美最准当然也是最动听的英语（这是我们班的英语专业的老师们的一致评价，应该是极其权威的）。其实，对于Helon教授，我们是未见其人，已经留下一大箩筐好感。记得在国内培训时，负责培训的贺英老师每每提到我们将要前往的美国圣文森山学院，就禁不住提到Helon，那夸张的语气和崇拜的神态早已给我们留下了无数的好奇和想象。

我甚至做这样的推想，这次深圳市教育局领导在九所学校里确定了圣文森山为培训的地点，Helon一定起到举足轻重的作用。其实，一所学校或一个政府，乃至一个小家，一个国家都太需要这样举足轻重的人物，他们或因才干，或因胆略而定乾坤、挽狂澜，这样的人就是家和国的福祉。

在纽约机场，接我们的是Helon教授，在和我们拥抱的同时，她准确地喊出了我们每一个人的英文名字，你可以想象，踏上异乡的我们那时是何等的快乐和幸福。如果说在国内时我对Helon教授的赞美还止于用一些形容词的话，这一刻，这一具体的细节让我觉得她就是我们的亲人。

来美国之后，我才知道，能准确喊出学生的名字是美国老师重要的一课，是尊重更是平等，给我们上课的老师几乎都能做到这一点。在后来下校访问中，我们发现连校长们都能叫出每一个他随时遇到的学生。凡事有规则，教育教学更应该有规则，但在国内又有多少规则被我们忽略了或抛弃了。唯愿类似“细节决定成败”这样的话，不仅仅只是我们的格言。

在两个月的学习过程中，Helon真的就是我们最信赖的亲人，最值得尊敬的导师。

我们喜欢和她交谈，那注视你的眼神，闪耀的是圣母般的光辉，让你无拘无束。当然更不需要担心你发音的不准，用词的不当，眼神和肢体语言能让我们彼此的心相通。我们喜欢听她讲课时引经据典的文化底蕴。耐心细致的解说，抑扬顿挫的音调，恰当的手势和表情都让你沐浴其中。她为我们安排的每一次活动，都让我们觉得意犹未尽，包括去商场购物，她都只为我们介绍最合适的商场，最合适的价格，包括提前为我们到商场索取优惠券。

在随意穿戴的美国人中，Helon又是特殊的一个，讲究的穿着总会配上得体的项链和耳环。许多次，她的出现引来了我们班同学包含男同学在内的一片掌声和欢呼声。可以说，Helon的气质风度让我们同学全都倾倒，她总是我们饭后的谈资。

后来的日子，还发生了很多与Helon有关的故事，我在其他文章中另外叙述。

总之，因为Helon，使我们异国他乡里多了一抹暖色。

普琳娜女士，纽约市前教育局局长，退休后又返聘到圣文森山学院做教授（但她不允许我们喊她教授，虽然她也是一位学识渊博的教授）。她利用她的资源为我们安排了访学的学校（美国的学校是不能轻易参观访问的，这儿还牵涉到钱的问题）。从访问的学校类型和观看的内容可以看出，她是多么用心。她甚至清楚地知道，我们班有多少位校长，多少位管理人员，多少位分别教哪些学科的老师。她总能满足我们的每一个愿望——每个人都想知道更多的东西。我们同学背地里叫她“吴仪”——她真的很像中国国务院前副总理吴仪。“吴仪”的穿戴总是正装，并且更多是套装；“吴仪”的气质，让你一见她便有几分胆怯。我没有听过吴仪讲话，但我想她的讲话也应该是“吴仪”式的——果断、从不拖泥带水，论证时逻辑缜密。她很幽默，只是不轻易流露。她最喜欢夸自己的校长和老师们，而且每次用词都不一样，但绝不是虚夸。我们访问过后，直佩服她的眼力和做出的判断。她是敬业的，因为她对纽约市乃至美国各州的基础教育了如指掌。她更是坦诚的，从不回避矛盾，不拒绝任何一个问题。两个月的下校过程中，她始终伴随我们左右，为我们展示了一个热爱教育、懂得教育、深爱学校和下属的官员。

Anderson教授无论多么热的天，她总是西装革履，只是有时西服的里面不是衬衣，而是T恤。她的课程教育理论应是最枯燥的，但她总是让它变得有味，有故事。第一次上课时，她了解到我们班绝大多数同学不是英语专业的，于是，第二节上课，她为我们带来的除英语原稿之外还有自己花了400美金请人翻译的稿件，只是错误百出，笑话百出，尤其是成语的翻译（为此，教语文的我就临时客串了讲解成语的角色）。我知道我们国家早已在批判和自我批判关于英译汉的错误，看来无论英译汉，还是汉译英，这之间的距离确实难以跨越，因为文字包含了太多文化的内容。所以，我们坦率告诉Anderson教授，不必再翻译了，这是费钱不讨好的事。谁知，第二次，她仍然做了翻译，只是把翻译稿放在了网上。她的理由是“你们没有说不能放在网上啊”。孩子般天真的回答，引起了同学们的哄堂大笑。“作为老师，尽量给学生提供便利的学习条件是应该的。”当翻译把这句话说出来的时候，教室里想起了热烈的掌声。Anderson教授是我们公认的最负责的老师，她讲课总爱提出许多问题，喜欢与我们互动，只是每节课总是有些头重脚轻、匆匆收尾。

Mary教授，穿着怎么看都像是进城卖菜的大嫂，而且常常只穿着拖鞋（不只是凉拖）来上课的。她是我们英语面试时的考官之一。因为面试的缘故，上语言课时我们和她已不陌生。我们的语言课是典型的分层教学。从早晨8点到12点分为四个层次，也就是说Mary教授要上四节课，中间只是换学生，而她是不休息的。我们佩服的是，连着上四个层次的不同内容，从没看见她存在卡壳搞错的时候。我们奇怪的是，连着上四节课，她的嗓子依然洪亮清晰，也很少看她喝水。我注意到一个细节，她上课几乎不说废话，连环节转换时的“停”都用开灯关灯来示意。她的课堂是最活跃的，她总是喜欢联系我们的学习和生活来讲课，让我们笑逐颜开而舍不得下课。只是她的发音我听起来有点怪怪的，按她的发音，我们龙高的英语老师发音就难有几个合格的了。可是据我们班英语专业的老师讲，Mary是正宗的美式英语。遗憾的是，Mary给我们上了四期的课就换了一个老师，因为她在圣文森山学院的聘期已到了，而她不愿再续聘，因为她要带着孩子去旅游。

Mary，一位穿着随意，但讲课却超级认真，最喜欢表扬我们的老师。我想，回国之后，也许我的英语又还给了Mary，但她的工作态度和她从不出错的工作表现，会长久留在我的脑海里。

还有，在Mary的课表安排中，也体现了对有特别需求的学生的重视，因为第四层次的学生（最后一个层次）上课时间是9点到10点的黄金段。

Ron Scapp教授，一个颇受同学争议的人。有同学说喜欢他上课的风格，汪洋恣肆。甚至有个女同学说他是她的梦中情人，从上他课那一刻起，她就开始暗恋他了。我是属于苏格拉底派，不十分讨厌他，但对他还是持有保留意见。我不喜欢他的原因是，他是我在美国看见的唯一上课经常迟到而没有半点解释的人（顺便说一句，美国人的“Sorry”是挂在嘴边的），而其他给我们上课的老师总是比同学们先到。这还是次要的，他上第一次课时，前半段是讲他的经历，是很复杂的，很辉煌的，也很有故事的。我还记住了他的太太（因为他介绍他的太太也用了至少3分钟），一个会3种语言却很懒但又很有才华的女人。他们周末不在纽约过，而是去山上的别墅和太太一起烧烤，但他一陪太太就打瞌睡。说这些的时候，他的动作很夸张，但天真的神情，告诉我们他是很爱他的太太的。天真的人的灵魂是自由的，但我感觉自由得差不多了，他还是收不住。后半段讲起了他和他的太极师傅，在同学们的起哄下，他耍了两下，做了个“气沉丹田”的动作，在来自校本课程就是太极拳的我看来，Ron Scapp的动作实在是太不咋地。可见他的这个中国太极师傅一定是冒牌的或耍他玩的。第一节课就在这太极般的推来推去中“收式”了。显然，他是没备课的，同学们没有宽宥他，立即通过班长向Helon教授做了反映。

当然，简单的美国人也许永远搞不懂，为什么一方面我们强烈要求他表演，另一方面又对此表示强烈的不满而有了投诉他的证据。

第二节课，Helon坐在我们中间，开始听他的课，他问我们：“你们需要我讲什么？”一个同学提出了他在上节课提的“批判教学法”（我个人认为那是他第一节课唯一有用的话），他开始讲解，过了半个小时，还在绕弯子，翻了18座山，又是8分钟过去了，他终于绕到了正题上。

他是学哲学出身的，并且教了16年哲学，莫非学哲学的就该如此？后来他改教教育学，在耶鲁工作过。能在耶鲁工作，我多少又有点原谅他。

他留着长发，总是蹦着进教室，蹦着离开教室，他一定是个很浪漫的人，讲课时眼神的夸张甚至超过肢体。

别的老师下课后，我们同学讨论的一定是老师讲课的内容，而他每每上完课，同学们讨论的话题一定首先是他本人。有的同学说，这就叫有个性，有同学甚至说有一种在他乡遇故知的快感。

而我不喜欢这样的个性，但同时我也在思考，美国的课程能允许这样的老师存在（他好像在至少7个以上的学校任过教），请他给外国人上课，如果真出了纰漏，这不是自抖家丑吗？美国人不至于简单到这样的思维，他一定有他在课堂上存在的道理。正如美国的语文课堂，展示的是多种观点，没有一个绝对的正确答案。

“批判教学法”，我不陌生，但我还是记下了他的一些可以称作真理，也可以称作谬误的观点。我个人认为哲学家的头脑也许就是和常人的不一样。他的这些话无论是真理还是谬误都还是给人启迪的，也是值得深思的。何况他还有许多充满哲理的闪光的语言，尽管他讲得浮光掠影了点。

“教育是不需要竞争的，教育是自由的。”在这个观点支撑下，他有如下结论：①教育就是一个终身学习的过程，不应该鼓励师师之间、师生之间、生生之间的竞争。教育不应该施加额外的压力，如名校竞争、奖学金竞争，教和学与名气无关。就如在他妈妈的眼里，他曾经工作过的耶鲁和现在圣文森山学院是一样的。②教育不应该有任何商业概念，教育的产业化、私有化、商业化都是错误的。在商业化模式中，把信息错误等同于知识，又把知识错误等同于智慧。我还记住他的关于此观点的两个经典比喻：有知识的医生不一定能开出最合适的药方；懂得吸烟有害健康的人却照常吸烟。③传统教育就是教师拥有知识，从而主宰课堂并以考试为手段，并把教师评价和学生成绩捆绑在一起。他说这是非常错误的思维。“批判教学法”就是教师帮助学生在自己知识的积累之上，融合新知识，并经过分析、整合形成多元的知识结构。

“自由是最终决定教育的力量。”他的这个观点是从关于同性恋的问题开始讲起的，让我知道了一个概念，在美国同性恋又被称为“彩虹协会”（彩虹原本象征多种族，“彩虹行动”原本是发生在1992—1993年的美国多元化文化教育冲突运动）。“彩虹协会”的“彩虹行动”甚至有自己的课程标准与教材。同性相恋，教授认为是自由的，不是疯子，他自己本人就有两个妈妈。他还讲了我们熟悉的感恩节的故事，但他却认为感恩节是林肯的一个美丽谎言，因为美国经过“残忍血腥”（他的评价）的南北战争后，急需疗伤，急需温情的故事来使国家团结起来，凝聚起来，于是感恩节的故事便成了一剂良药，而圣诞节更是起着疗救经济萧条的功用（我想起了我们的黄金周）。教授反复强调感恩节的故事当时根本没有发生，因为真实的事实是：当时的移民大量屠杀印第安人等美洲土著，或以其他方式破坏和改变了当地人固有的生态环境和生存方式，致使当地人大量死亡。

“不能相信一切，但就该怀疑一切吗？”我心里冒出这样一个念头。但教授紧接着的阐释又让我这个念头中引出了另一个想法，因为教授说老师的责任就是要将不同版本的故事都交给学生，不说结论，不评判好坏对错，只是为学生提供资源和知识，提供运用资源和解读知识的方法和途径。

这似乎很有道理，但教授忘了一个基本的道理。哪些真相该揭秘，哪些该隐瞒，或者什么时候去讲真相，什么时候该撒谎都很难有定论的，对教育而言，是个非常复杂的问题。美国的教育中肯定有许多谎言，难能可贵的是，美国给予了揭示谎言的人生存空间和时间。也许只有等到了教育只为个人服务的时候，教育才会是一种真正的释放，才会是自由选择、自由享受的过程。

教授认为，历史是可变的，取决于谁在讲这个历史，而讲历史的人往往是历史上的胜者、王者，不能把胜利者的历史当作真理交到孩子手上。按照教授的“批判主义教学法”，应该提供多角度、多层面的平台，让孩子们自己去发现、去思考、去调查事实真相，然后再决定要相信什么，抛弃什么，哪些是对自己好，哪些是对国家好，哪些是对全人类好。

教授的这番话我是接受的，但我认为对于历史的阐释，从来都有不同的版本，所谓正史或许也是编造的。然而，作为“传道”的老师，还是要多给孩子们更多的积极向上的美好的东西。

“该说什么就说什么，做到这一点，靠什么？就靠自由。自由是最终决定教育的力量。”说这话的时候，我看到了Ron Scapp教授握了一下拳头，“如果连询问的自由、了解真相的自由都没有，还谈何教育？没有自由的教育只能是灌输思想。一个孩子和一个科学家一样，有权表达阳光是怎么照射大地的，没有谁能够控制，学校不能，总统不能，政府更不能。谁也不能肯定今天的真理是否就是明天的谬误，而今天的谬误或许就是明天的真理。很多科学的真相当初就被押上过审判台，甚至绞刑架。那么只有靠自由，各种各样的问题才会有各种各样的答案。”教授瞪圆了眼睛。

其实，仔细想想，自由岂止是决定教育的力量，自由同样是决定一切的力量。问题是，什么是自由呢？我估计没人能给出个圆满答案。

教授在举自由的例子时，用了一个这样的比喻：美国主流社会对社会主义、共产主义的排斥，这就是典型不允许别人自由。我看得出教授的语气是真诚的，并非讨好我们。这个时候，我对这位教授是另眼相看的，敢于把矛盾直指社会主流，这倒显示了一个学者的独立和某种气概。这也许就是学者的自由吧。当然，他也抨击了美国政府攻打伊拉克的行为，一针见血地指出是“为了石油”（美国是世界石油储藏量最丰富的国家之一，但美国却从不开采，而宁愿进口石油）。

教授最后的结论是，美国还有一点点自由，就是还有不少的科学家和思想家敢站出来说说话，而且也能说说话。连美国自己人都说自己才有一点点自由，可见，美国人对自由的需求之高——谁都知道美国的自由和其他地区相比是个什么概念，这让我对自由又有了一种别样的感受。

对Ron Scapp教授的争论还在继续，只要上他的课，下课后，同学们讨论的不仅仅是他的上课内容，而更多一定是他这个人。对他和他的观点，我也总是矛盾的，所以就多写了一些关于他的故事。当然他还是值得写的。

Aderson教授为我们上“教学法”。一个总是拿着许多资料来上课的老师，我对她极有好感。原因是她举例时常常举语文教学的例子，使我怀疑她之前是教语文的，其实，我知道我这个怀疑是错误的。因为美国的老师几乎是全能的，文理都能教，经历也丰富。给我们上课的所有老师全都教过中小学甚至是幼儿园，当过大学教授，清一色的有校长资历。这在中国是不可想象的，也是难以做到的。

“术业有专攻。”在美国老师这儿是行不通的。

“传道受业解惑”，在中国是这样定义老师的。美国又是如何定义“老师”呢？我追寻着答案，又似乎知道了答案——Aderson是这样告诉我们的：教师应该是社会工作者、心理学家、护士（他强调是护士而非医生）、爸爸、妈妈等角色的总称，教育者就是帮助别人成为教育者。

限于篇幅，其他为我们上课的教授将在其他文章中叙述。即使对以上教授的书写，也可能是浮光掠影，对他们的观点我也许是一知半解。但在这些老师的身上，不知能否“一叶知秋”“窥一斑而见全豹”，从而发现美国教育令全世界仰慕的原因的蛛丝马迹。

如意路上的933

数学教研组　刘楚元

我住的居家花园在如意路上，如意路上有一路公交车——“史上”票价最低的933路。

2007年我在如意路旁边的花园买了一套新房，离工作单位有点远，琢磨着入住后能买辆车上下班。买房时老婆很是不乐意，觉得上班远，房贷多，买车遥遥无期。但没想到的是房子还没装修好，忽然有一天在楼下公交站台发现有路公交车——933路，这路公交车竟然直达我所在的单位，且票价只要1元，刷卡居然还打8折！房子装修好前老婆因嫌不方便没去过两次，可是入住后老婆每天坐着可爱的933路，总有一种说不出的开心，无数次“教育”我说：“买车的费用与坐933路的费用相比是一个多么大的倍数关系。”学数学的，你懂的。就这样，在她的谆谆劝导下，9年后的我依然是无车族，虽然我的房贷时代早已结束。

933路公交车是政府实施的一项民生工程，沿途有几家医院，十几所学校，许多工厂企业，还有几十家居家花园，沿途居民可享受政府提供史上最低票价的公交福利。这路车自开通起，简直就成了我的工作用车。刚开始乘坐的人还不多，有时很长一段路就我一个，这时933路就是我的“专车”，尤感惬意。渐渐地，乘车的人多起来了，尤其是在早上。933路公交车将许多学生、就医的老人和孕妇、赶着上早班的工薪族载往目的地，给沿途居民带来极大的便利。

乘车时间一长，我与开车的师傅们和同程的乘客也熟悉起来了。因为他们，我感受到了人间的温情，沉醉于上班路上的快乐，工作和生活的幸福指数直线上升，也为这个城市的政府做出这样的民生工程感到骄傲和自豪。

随着市民文化素质的提高，文明乘车蔚然成风。开始那会儿还没有公交卡，乘客需自备1元零钱。有一天，我赶着上车后才发现身上没有1元零钱，正在尴尬之时，跟着我上车的靓女毫不犹豫地说：“我这有。”到现在我还记得她的模样，她是多么具有魅力啊！我无数次想着有一天还能在933路公交车上遇到她。后来，上帝也给了我这样的机会。那是一个穿工作服的小伙子，因出门匆忙而忘带零钱，正犹豫着下车，我也像那位靓女一样毫不犹豫地说：“我这有。”还有一次，一个上学的小女孩上车后在文具盒里只找到5角硬币，非常着急，我也果断地替她投了币，她却执意要把那5角的硬币给我。

早上首班车乘客很多，每看到有老人、小孩、孕妇上车时，总会有人让座位，这常让我感动，也感染着我乐意为别人多做些事。我是一个垂垂老矣的人，想抓住机会感动他人，心想着只要是我身边有需要座位的人我都会让座的，可几年下来似乎更多的是他人给我让座。有一个个子不高的老太太，每天都送她的孙子去平安里学校上学，在933路公交车上我给她孙子讲过几次数学题，鼓励他好好读书以后能考到我的学校读高中，老人目光中刻满了尊敬之意，有时竟然给我让座，总是说："老师老站着讲课很累。"这让我很感动！

933路公交车上令人感动的人和事很多。不少人在乘车高峰期主动当起了义工，帮有困难的乘客上下车，疏通车内通道，把正能量传递给周围的人。

933路的师傅们感动我的地方更多。有时，乘客会为第一班车晚几分钟而抱怨，殊不知师傅们要在早上6点前就要做好一切准备工作，有时来不及吃早餐，忍着饥饿也得开车行驶。师傅们只要手握方向盘，就倍感责任重大，一时一刻安全意识不可放松，压力陡增。但他们不忘初心坚守岗位履行职责，确保每一位乘客的安全。他们这些默默的职业奉献不为大多数人所明了。记得有位乘客下车不小心被车门夹了一下，师傅立即停好车，下去询问乘客是否受伤，是否需要上医院，关怀备至。那位乘客很感动地说："没事没事，师傅快开车走吧，别耽误了别人。"还有一次，车到人民医院站出了故障，师傅立即向乘客诚恳致歉，并迅速联系下一班车赶来救援，还特别对我说怕耽误了我参加周一的早上升旗仪式。你看，933路的师傅们多么可亲可爱啊！

933路末班车是晚8点从我们学校发出的。我经常在学校打完球后乘坐这班车回家。有时候，师傅特地在我赶来后才发车，这叫我感动不已。末班车师傅到站后往往还要自己想办法回家，很晚才能休息。长年累月的高压力、高强度工作，使他们不少人得了涉及颈椎、腰椎等的职业病。有一个很帅的师傅在我的影响下，休息时偶尔去学校球馆打羽毛球。在交谈中了解一些他们在深圳的生活情况。有的师傅也有抱怨，如家庭负担重，生活捉襟见肘，显得有些无奈。有的师傅表示满意，说自己文化程度不高，公司的待遇还可以，还是知足的。有个明年就退休的银发师傅，身材魁梧，在公交干了几十年，说起要退休就来劲，他打算回老家养老，满脸的幸福。

跟这些师傅们一样，还有无数的来深建设者们在各自岗位上默默无闻地为这个城市奉献着，他们是这个城市的精灵，是城市的脊梁；他们是最值得尊敬的人、最可爱的人。

多年来，我见证了933路公交健康运行的历程，目睹了师傅们一路的风尘风采，感受到人间的温情，社会的正能量。933路公交车已成为我生活中不可或缺的重要组成部分，它给我的生活了带来无穷乐趣和幸福！

墙角的花

地理教研组　周　义

“墙角的花，当你孤芳自赏时，你的世界就小了。”我很不赞同这句话。我就是墙角那微不足道的小草，回望我一步步走来，曾经的日子依然清晰浮现。我赞扬自己一直那么坚强和坚持。生且不易，且行且珍惜。

幼年、童年、少年时代生活的小乡村向我走来，打开了我记忆中的窗。我出生在四川的小乡村里，母亲在集体干农活，父亲是马尔康森工局工人。母亲歪着嘴，性格很强势，经常和村里人吵架；父亲文化不高，不善言语，偶尔过年回到家里。平日里，母亲去集体劳动，把我交给外婆。外婆那时已有70多岁了，小脚，非常善良，和蔼可亲，也非常勤劳。她从没依靠过自己的儿女，集体收粮的时候，她带着我和她的两只小猪到集体的地里捡粮食（那是集体收割时掉到地里的），有时可捡到一串串的，更多的时候是一颗颗地捡起来的，她自己种菜够自己吃，她还到地里打猪草喂猪。她迈着小脚快乐地生活着，她养活了自己，也养育了我，她还时常说感谢新社会呢！那段岁月里，外婆伴着我成长，可以说是她撑起了我整个幼年的天空。

那时我已4岁了，麦收之后，天渐渐暗下来了，妈妈还没有回家，她被人诬告偷了集体的小麦正在生产队广场接受批斗。天下起雨来，我和哥哥在雨里跳啊跳啊，等啊等啊，累了湿透了，我们就上床睡着了。妈妈回来后，发现我和哥哥烧得一身通红。后来，哥哥病好了，我却开始与哮喘为伴，一路咳着喘着（常常半夜“火火”地叫着），到处惹人憎恨。外婆收留了我，我和外婆住在一起，常常半夜喘不过气来，而外婆毫不厌烦地起来，找人提着灯笼，70多岁小脚的外婆背着我去找赤脚医生给打针。从此，白天，我常一边喘着，和外婆一道带着她的小猪，走过一道道田，翻过一道道岭，拾麦穗，外婆还给我讲她悲惨的童年故事。在那些日子里，外婆让我有了依靠。我还记得我趴在地上，听着外婆纺车声音，看着外面绿满枝头、鸟儿跳跃的样子，多么盼望自己也像自由的鸟儿一样啊。小时候我特别自卑，外婆鼓励我说：“孙儿啦，你将来高楼大厦住不完，钱多得用不完。”我说，不可能的，你看我病成这样，将来完蛋了。外婆说她的预言很准的，今天，想起当年和外婆一起的点点滴滴，我忍不住潸然泪下。

6岁多了，我也去上学了，我的各科老师都是慈祥的陈老师。她教我们到四年级就退休了。那时候学校是我的乐园，也是我常很恐惧的地方。我喜欢听到陈老师的声音，听她说你真棒，你背课文真快。实际上，那时候哮喘常让我只能上半天课，能正常去上课对我来说真不容易。一天，妈妈说，你上学长大了，应该帮家里做事了，做什么呢?去给猪打些草回来吧。我背着兜不知道什么是猪草，转了几圈之后，想到桑叶连蚕都能吃的，猪肯定会喜欢的，于是就高高兴兴摘了些桑叶准备回家了。突然，生产队管理员出现了，说："大胆地主崽子，竟敢偷集体的桑叶！"抓过兜把桑叶倒到水田里，并把兜踏扁扔进了水田，顺便给了我一耳刮子。从此，我在学校也进入了噩梦之中。第二天在学校里课间时分，几个愤怒的贫农子弟把我拖出教室惩罚我这个"万恶的小偷"。被人无端辱骂和殴打成为家常便饭，那时，陈老师和外婆常常来保护我。啊，童年那些日子啊!

我是初二才开始发奋读书的，常饿着肚子听课，太饿了去喝自来水，穿着父亲给我的大大的工作服，在冬天里甚至是光着脚到学校，一路冰雪一路鲜血。我忍受各种歧视的目光，吃下了别人受不了的苦头。因为我读书占了家里的便宜，每天回家得尽量多地帮着做各种家务，还得成为家人的出气筒。然而，在百万考生仅6000个上重点的1987年高考"大战"中，我以高分考入了中山大学。

我曾经是那无名墙角的小草，在严酷的疾病中、别人打骂中、歧视的目光中顽强、坚定地前行。我从四川小乡村到广东广州，又到深圳扎根发展，今天终于在深圳绽放。我闻到自己花开的味道、听到自己花开的声音，虽不惊艳，在心的世界中花已漫卷原野。

距　　离

心理传美教研组　童平香

龙应台的《目送》以温柔细腻的笔触描写了亲子间关系的微妙变化，有着父母与子女双重身份的她逐渐明了人世中亲情的牵绊与无奈，以及渐行渐远。她一反批判犀利的笔调，描写生活中常见的细节，反映出其细腻的情感，读起来温馨有味，不禁引起与她有同样身份的我的共鸣，内心竟冒出两个字——距离。

当母亲十月怀胎时，我们与母亲同呼吸，共欢乐，我们与母亲的距离可以说是负数；当我们是婴儿时，每天吮吸着母亲的乳汁，我们与母亲的距离为零；在我们蹒跚学走路时，不肯放开母亲的手，母亲是我们安全的港湾；当我们遭遇痛苦时，喊的是妈妈。我们人生学会的第一个词是妈妈。那时妈妈的拥抱和吻是世界上最美好的东西，拥有便是最幸福的事情了。

“所谓的父女母子一场，只不过意味着，你和他的缘分就是今生今世不断地在目送他的背影渐行渐远。你站立在小路的这一端，看着他逐渐消失在小路转弯的地方，而且，他用背影默默告诉你：不必追。”

我也曾决然地推开父母送来关怀的手，淡然地回望他们关心的眼神，不耐烦地逃避他们的絮絮叨叨，却从未回过头去，看到他们眼底的失望与心伤，我骄傲地认为自己已经长大。年轻时只想离父母远点，心想能够去外省上大学最好。毕业后去了外地工作，这时不是想回就能回，想回去却已经不是那么容易的事情。

离别时，母亲温柔的目光目送我消失在小路的尽头，心里的不舍与心痛浮现于眼里。但她知道，这是每个孩子必须要走的，虽然万般不舍，却不得不放手，放开所有的一切，看着女儿消失在路的尽头，去接受岁月的洗礼，去学会成长。寡言少语的父亲则每次必送我到车站，目送我乘坐的客车远去，直到看不见车的影子，才慢慢离去。从我上大学开始父亲就这样目送我，直到现在他已是耄耋老人，三十多年间不管严寒还是酷暑，都风雨无阻。而我或满心欢喜地奔向远方，奔向一个未知的世界，或心情复杂地远走他乡。

不知何时，我已不再遇到不开心的事就哭着扑向父母怀里，那个牵着父母的手蹦蹦跳跳的身影也在时光的冲洗中渐渐淡去，开始学着自己承受，自己解决，自己还击；自己做出抉择，自己勇敢地站起来。这些时候，我见不着父母在我身后静默的目光。虽然不能经常回去看望父母，但三十多年间不管雪灾水灾，每个寒暑假我都风雨兼程，回到他们身边。而平日里每周的电话自是少不了的，每次跟父母通话，无非就是聊聊家常，唯一不变的就是报喜不报忧，父母亦然。所以总是从弟弟妹妹口中才知道父母的烦忧，于是赶紧打电话过去，或安慰、或打气。

年轻时听到说“不养儿不知父母恩，不养女难报父母恩”，并不理解其深刻内涵，直到我为人母才有了深切的体验和感受。因为某种原因，我不得不离开曾经生活过的地方，离开我挚爱的年幼的女儿。每次离开都是一种煎熬，年幼的女儿抱着我的腿，撕心裂肺地哭着求我不要离开。我痛彻心扉，泪流满面，却无法回头。这画面让我一生难忘，每每想起都是痛，痛入骨髓。即便坐了几个小时的客车，等上了火车，泪水还是止不住，如决堤般汹涌，直到尽情哭过为止，全不顾旁人如何猜想。因为踏上火车，就意味着我与女儿再见要等近半年，那是怎样漫长的日子啊。

终于能够和女儿团圆了，在一起了，一种距离感却又让我忧伤。当怜爱地想抚摸女儿时，她推开手说不要，说自己不喜欢别人摸她的头，那满是欢喜伸出去的手，尴尬地停在空中，心底的落寞无法抑制；跟她闲聊，听到一些自己不懂的话题，询问她，她却说“跟你说了你也不明白”，或是“说不清楚”，不觉一股寒意从心底涌上。

所幸，随着女儿一天天长大，她越来越乖巧体贴，而我也跟着女儿一起成长，于是母女间凝固的东西开始慢慢融化。偶尔，母女也会互相调侃，也会揭揭彼此的“老底”，一起计划出游，一起享受旅途的快乐。此时两人的“讨价还价”更像是做游戏。

我知道终有一天，女儿会长大，会离开我，但我不忧亦不再惧，因为那份浓浓血亲的情感已深深根植于彼此心中，相互联结牢不可破。我是女儿永远的支持者，女儿亦是我永远的骄傲。

无论我走多远，有一根线永远牵着我，使我不会远离，不会迷失。纵使身处天涯海角，心也近若咫尺。我与父母距离的变化，在我和女儿身上又重现了，我们的人生不就是这样不断复制、重演的吗?

龙高，我把精彩献给你

校园电视台　潘德元

由中国教育电视协会、中央电化教育馆主办的第十届中国中小学校园影视颁奖晚会在无锡刚刚落幕，龙高电视台选送的影视作品《破译教育密码，探秘龙城高中》又获“金犊奖”最佳创意奖。十年努力，龙高人的身影在中国校园影视史上又留下宝贵的一瞬，我们也登上了影视作品全国最高奖项的奖台！

带着一缕阳光，充满坚定的信心，龙城高中校园电视走在阳光发展路上。几番辛酸苦痛，我也将这种校园之外的荣耀深藏心底。

校园电视人最怕回首。但回放影像时，失去的时光又好生令人追忆。追忆，隔得越远才看得越从容。一年一回首的血过于沸腾，而十年后再凝眸，心情该有合适的温度。

时间是把刻刀，岁月不饶人。一年，五年，十年，我们就看着影像里老师的容颜被硬生生刻上皱纹。校园电视人在记录着别人的同时，自己也在成长在成熟在老去，但挂在头顶的那句口号始终未变：为龙高留住精彩，为梦想搭建舞台！为了这句话，我们将岁月和梦想一捆就是十年。

正因为梦想不灭，所以精彩连连。这群校园电视人挥洒年华，喷薄才华，将最激情美丽的一段岁月献给了这个同样美丽激情的校园，并于其中懂得了爱和责任。十年来，校园电视用流淌的影像将逝去的岁月、真实的学校、精彩的校园呈给您！

这是一个怎样的校园！丰富，因而充实；多元，所以多彩。

曾记得，对校园里病重的同学，我们关心；对校友洪志文的牺牲，我们关注；入学之初的母子泪别，我们定格；礼堂里的歌舞飞扬，我们记录；不计其数的大小活动，我们聚焦；远隔重洋的龙高学子，我们跟踪；风中雨中的草长莺飞，我们留痕……校园电视创办之初，我们便试图用朴实的影像呈现给您一个真实、完整、血肉丰满的龙高时空。

堆积如山的磁带如超市琳琅满目的商品，你可能不关心全部，但你不可能全不关心。在这些影像中，能给您带来一点小小的触动、一份小小的感动、一些小小的激动，这就是校园电视人工作的全部价值所在。

几年积淀，深刻的影像记忆何止一部两部：

2007年，中央电视台《同一片蓝天》节目中，《金螺号》与鞠萍姐姐面对面；

2009年，首次参加全国校园电视评比，《梦想从这里起飞——龙高孩子向往大运，做大运先锋好少年》，龙高校园电视有了不错的根底；“龙高电视”名声不大，但从此以后赛场扬名，花开不败，几多作品被津津乐道，几多作品让人泪眼蒙蒙，几多作品被广为传诵。

2010年，科纪片《追寻日食靓影，探究天文奇观》，师生们身背肩扛设备到武汉，记录日全食灿烂霞光，摘得中国校园电视最高大奖“金犊奖”评委会大奖。颁奖辞这么说：“百年难遇天文奇观，千里中跋涉执着追寻，精密的筹备，完整的记录，翔实的资料，让校园电视真正成为传播科学的载体，师生求知的乐园。从此校园电视人终有机会紧跟全国校园电视创作潮流，开始了新的腾飞；从而校园电视人第一次证明了自己并非业余爱好，而是职业选手。”

同年，“辩驳有道，和而不同”首届中学生辩论赛通过深圳卫视频道走进千家万户，让龙高DV、家国社团从小众走向大众。

2011年，微电影《心结》，让大家看到了龙高小女生在高考与体育舞蹈彷徨取舍中大运力量的强大，终获全国校园影视评比“金犊奖”最佳摄影奖。

2012年，微剧《那片落叶》亮相中国校园电视节，赢得无数掌声，赚得无数泪水，又一次成为参赛作品的经典之作，摘下“金犊奖”最佳编剧奖。

同年，龙高校园电视台微博开通了，多年的影视文化积淀使它很快成为面对毕业生和在校学生极有影响力的新闻发布平台。

何止这些，龙高专题《文明美德——龙高在践行》《山高水长　师恩难忘》记录着龙高人美好心灵，爱心常在；龙高MTV《放心去飞》表达了龙高学子好学好动、勇于进取，同时对母校无限留恋之情；龙高微剧《有梦就去冲》《奇遇》《七天纠结》《这不是梦》是龙高人的教育教学梦，是龙高师生的拼搏；龙高课本剧《变色龙》再现龙高学子大方、幽默、极具表演天赋……

今天，校园电视人不再广种薄收。当我们有选择地去展示一些作品，甚至用一颗平常心去面对一些奖项的时候，校园电视终于实现了其在校园文化中由饭后甜点向文化大餐的华丽蜕变。

于是，圈内开始探究龙高校园电视台的成功秘籍，就像校园里接踵而至的访问者希望在走马观花中即可探寻到一条办学成功的捷径一样。

返璞归真。十年来，我们始终信守两个字：真实！因为，真实可以感同身受，它是校园电视的基色，是一群人的责任。龙高立志要办“中国最好的基础学校”，校园电视便没有理由不将这个真实的学校呈现给社会。

有了真实才有说服力，有了真实才能赢得口碑。我们庆幸能真实地记录龙高的发展、改变、进步，我们也庆幸在一个领素质教育之先、中西文化交融的开放校园里，成为记录者，成为参与者。

我们也是思想者。“做高素养的现代中国人”，我们一直在实践着这个理想，并试图用真实的影像去诠释它的内涵和外延，试图用这种独特的方式演绎一场感官与思想完美结合的盛宴。

校园电视做到“真实”不难，想要复制，不易！校园电视台因生长在这个独特的基础教育机体中，才孕育出今天校园电视的别样风光。它就像榕树的气须，扎根这块适合生长的土地，才会年复一年，枝繁叶茂。

“崇真尚本，追求进步”，校园电视，十年努力。成功的背后，是龙高独特的办学理念，是龙高和谐的人文氛围，是学校领导的超前视野，是全体师生的包容理解。

我们庆幸能在这个独特的生态环境中酿出“龙高琼浆”，我们更庆幸能成为这生态中的一员。十年来，总有人会问：一群职业电视人，理应走向社会，站得更高看得更远，为何蜗居一隅？我们的回答是：也许走向社会，我们可能什么都做不了，留在这里，我们可能会把电视做到极致，毫无疑问，这是距离理想最近的地方。在这里，可以梅妻鹤子，谈一场与校园电视的倾城之恋，赚得别人羡慕的眼神。

十年来，我们以“热爱”的名义，无限榨取自己身体的剩余价值：忘不了，为一句同期声，搜遍了无数影像；忘不了，为一段配乐，找遍了无数网页；忘不了，为一句解说而搜肠刮肚、翻江倒海，为一个创意而绞尽脑汁、黔驴技穷……

十年，不足以建成罗马城，却足以让一个电视小孩长大成人。从年少轻狂到淡定从容，从个体生存到肩负重任，我们伴随学校一同走过风雨，见证彩虹。

在十年的节点上，龙高校园电视人用这段文字为自己的过去画上一个句号，因为有了结束才会有新的开始，有了新的开始，才会梦想千年。

爱洒天山情更浓

——深圳市龙城高级中学教师刘焕玉新疆支教纪事

科研处　张　冬

2014年1月6日下午，刘焕玉在深圳机场走下飞机，被早早等候在那里的龙城高级中学副校长谢开碧接回了龙岗区龙城高级中学。他太想马上回到阔别一年之久的校园，把新疆各族老师和学生的感谢与问候带给全校师生了。从2013年2月28日抵达喀什，到2014年1月6日回到深圳校园，刘焕玉在新疆度过了一年难忘的支教岁月，也为他30多年的教师生涯写下了为民族团结倾情奉献的精彩一页。

用爱温暖心灵，用知识唤醒渴望

2月的早春，广袤的新疆大地正是冰封雪盖的酷寒季节，地处新疆西部的喀什，迎来了中组部第五批援疆干部团。来自深圳市龙岗区龙城高级中学的干部团成员刘焕玉老师，被分配到喀什市第28中学，担任高三理科班数学教学工作。

喀什市28中，地处喀什市城乡接合部，学生大部分是外来务工人员子女。由于学生的父母成天为生计奔波，孩子的家庭教育严重缺失，养成了自由散漫的不良习惯。学生学习自信心严重缺乏，注意力不集中，老师在讲台上讲，学生在下面睡觉、说话，甚至打闹。对于需要良好基础和学习习惯才能学好的数学学科，更是兴味索然。初来乍到的刘焕玉，完全不能适应这混乱的教学秩序。一堂课下来，教师声嘶力竭，学生收获甚微。

如何破解这个巨大的难题？经过周密观察和深思熟虑，有着几十年教育经验的刘焕玉迅速找到了打破困境的钥匙：从孩子的心理出发，主动与学生交朋友，从提高学习兴趣入手，把抽象的数学概念最大限度地通俗化、趣味化，逐渐提高学生的学习积极性。一位汉族学生上课萎靡不振，刘焕玉找他单独谈心，了解到这位学生每天放学回家都要做大量家务活，十分疲倦。刘焕玉找到学生家长，耐心细致地做思想工作，说服了学生家长，减轻孩子的家务负担，让孩子安心学习。维吾尔族学生阿丽克孜聪明好学，但由于汉语理解能力较差，听课有困难。刘焕玉便每每课后单独辅导，使她的学习成绩迅速提高。第一学期结束，阿丽克孜的数学成绩升为全班第一名。

刘焕玉深知，要改变全班学生数学成绩差的落后局面，仅凭每周8节数学课是远远不够的，必须加大力度，从补齐基础做起。刘焕玉在征得校领导同意后，开始在每个星期六到学校给学生义务补课。学校离住地有十多公里路程，刘焕玉每次到学校都必须花几十元钱打车来回。经过一段时间的艰苦努力，学生学习兴趣大大提高，数学成绩跃上了一个新台阶。以前最厌倦的数学，成了最受欢迎的学科，只要有其他老师缺席，学生们都争着抢着要上数学课。一个学期下来，刘焕玉也成了学生无话不谈的知心朋友。

师徒结对传帮带，言传身教育高徒

喀什市28中青年教师多，教学经验普遍不足，教学水平参差不齐。刘焕玉的到来，使学校的师资队伍培养获得了良好契机。刘焕玉刚一到任，学校便给他配了6位徒弟，让他负责对他们在业务上的“传帮带”。这6位刚从教一两年的青年教师，教学经验不足，但是工作有热情，勤奋好学。刘焕玉一下就喜欢上了这些充满活力的年轻人，暗下决心一定要帮助他们尽快提高业务水平，使他们尽快成长为学校独当一面的教学骨干。刘焕玉要求他们每人每周至少听自己两节示范课，让他们获取宝贵的课堂教学经验。为了发现每位教师的不足，加强业务辅导的针对性，他挤出时间，每周至少听每人1节课。通过师徒之间的反复听课评课，交流心得，共同切磋，几位青年教师不仅很快学会了备课、讲课的基本技巧和方法，还掌握了调动学生的情意状态、实施因材施教等先进教育理念，进一步找到了工作的乐趣和自信。一年下来，这几名徒弟教学水平大幅提升，其中3名教师在全市的教学比赛中获奖。

为了利用好宝贵的支教资源，培养教学带头人，喀什市从各个学校挑选13位优秀教师成立了研修班，聘请刘焕玉为导师。研修班规定每位学员在学习期间都要上一节全市公开课。为了使每一位教师的公开课都成为精品课、示范课，刘焕玉和他的导师团队每周二定期开设专题磨课或市级公开课，从教案设计、知识逻辑安排到教学方法的运用，每一个技术环节，刘焕玉都亲自主导，严格把关。为了做好示范，给学员们壮胆，刘焕玉亲自上了第一节全市公开课。在学期末，他还做了一场题为“新课标下如何进行课堂教学设计”的专题讲座。短短一年时间里，刘焕玉除了完成本职教学工作，还先后为喀什市和28中做了4场大型辅导讲座和6场报告。严谨的工作作风，高超的教学技巧，卓越的工作业绩，无私的奉献精神，刘焕玉以他的扎实和真诚赢得新疆同行的广泛尊重和赞誉。

当深圳的爱心大使，做民族团结的楷模

刘焕玉深知，组织上派自己到新疆支教，不仅要求自己成为一名传授知识的好教师，更肩负着实施爱国主义和民族团结教育的神圣使命。他经常深入少数民族学生家庭，了解学生的家庭情况，义务补课。看到有的学生家庭经济困难，便以过节发红包的名义，给学生以经济上的资助。随着工作的不断深入，刘焕玉了解到所任教的喀什市28中学大量的学生家庭贫困，严重影响学生的学习与生活；在当地，不少学校教学设施落后，教学条件较差，有的学校连一台多媒体设备也没有，与深圳学校优越的教学条件相比真有天壤之别。支教是一种义务，更是一份沉甸甸的责任和使命。刘焕玉向龙城高级中学领导讲述了当地学校的困境，提出了对口捐助的想法。龙城高级中学马锐雄校长立即表态大力支持。很快，一场“牵手慈善，与爱同行”的全校规模的义捐活动在龙城高中校园轰轰烈烈地开展起来。师生们捐出衣物、书籍14箱，现金6200元。当这些凝结着龙城高级中学全校师生浓浓爱心的钱物万里迢迢运抵喀什的时候，也带去了深圳人民对边疆各族人民的深厚情谊和良好祝愿。

对自然环境的不适应，超负荷的工作，都没能压制住刘焕玉如火的激情。他克服了工作和生活上的重重障碍，全身心奉献喀什的教育事业，播下了民族团结的爱的种子。喀什人民也给予刘焕玉崇高的礼遇：中共喀什地委、地区行署授予刘焕玉“喀什地区第七批援疆干部人才”称号，喀什市委市政府授予刘焕玉“优秀教师”称号，喀什市教育局授予刘焕玉“优秀评委”称号及“优秀兼职教研员”称号等荣誉。2014年3月，深圳市教育局隆重授予刘焕玉“深圳市教育援疆先进个人”称号。

刘焕玉即将结束支教工作回到深圳的消息传开，喀什市28中的老师和学生们依依不舍。高三理科班的学生们更是流着泪要求把刘老师留下来。他们纷纷把自己亲手制作的刻着自己名字的小礼物塞进刘老师的手中。学校按照民族礼节为他举行了盛大的送别仪式。

在刘焕玉的手机上，保留着一条他在深圳机场走下飞机时收到的喀什市28中高三理科班学生集体署名的短信：“敬爱的刘老师，你教给我们知识，教会我们做人。您是我们永远的好老师！我们等您回来！”

刘焕玉说，这是他收到的一生中最珍贵的礼物！

后　记

本书是龙城高级中学教师教研论文和教学随笔的第四个选集，主要收入了本校教师2013至2019年写作的文章共130篇，其中多数文章在学校主办的《发展》（教师专业发展专刊）上发表过。

作为学校自创的教学研究交流的主阵地，《发展》专刊坚持学术性、多样性、可读性的办刊宗旨，在促进教师课改创新、教学研讨、阅读学习、反思写作等方面起到了重要作用。近年来，《发展》专刊高举教育改革创新旗帜，坚持与教学和教研同步，始终站在教学第一线，传递教育理念，引导课改创新，促进教学研讨，报道和展示教学教研成果，促进教师阅读学习和思考，刊登大量学校教育改革创新信息，发表了大量高质量的教研论文和教学随笔，其中不少被中央、省、市级刊物转载或发表，在树立学校形象、促进团队进步、引导名师成长等方面起到了重要作用，成为教师专业发展的重要平台和学校品牌的重要载体。与此同时，《发展》专刊还切入教师校园生活场景，引导教师关注教育教学工作实际，用文字记录工作和学习感悟，展示教育情怀和师生情感，成为教师个人成长历程的珍贵纪念。青年教师通过《发展》专刊学习借鉴、练笔起步，一步步走向成熟，走上名师之路。阅读这些文章，仿佛看到了我校各层级、各学科教师们潜心教学、深入钻研、勤奋学习、快乐生活的动人场景，读来饶有趣味，引人思考。

毋庸讳言，一些文章也有视野不够开阔、思考不够深入、论证缺乏力度、文字稍嫌粗疏的缺点，仍有很大的提升空间，敬请广大读者不吝赐教。

本书在编辑出版过程中，得到了学校领导和广大教师的热情关怀和支持，在此一并致谢！

编　者